Reihe
Germanistische
Linguistik 36

Herausgegeben von Helmut Henne, Horst Sitta
und Herbert Ernst Wiegand

Sven Frederik Sager

Sprache und Beziehung

Linguistische Untersuchungen zum Zusammenhang
von sprachlicher Kommunikation
und zwischenmenschlicher Beziehung

Max Niemeyer Verlag
Tübingen 1981

Für Frauke

CIP-Kurztitelaufnahme der Deutschen Bibliothek

Sager, Sven Frederik:
Sprache und Beziehung : linguist. Unters. zum Zusammenhang von sprachl. Kommunikation u. zwischenmenschl. Beziehung / Sven Frederik Sager. – Tübingen : Niemeyer, 1981.
(Reihe germanistische Linguistik ; 36)
ISBN 3-484-31036-7
NE: GT

ISBN 3-484-31036-7 ISSN 0344-6778

 Printed in Germany. Druck: fotokop wilhelm weihert KG, Darmstadt.

VORWORT

Eine erste Fassung der vorliegenden Arbeit wurde im Sommer-Semester 1979 vom Fachbereich Sprachwissenschaften der Universität Hamburg als Dissertation angenommen.

Die zwischenmenschlichen Beziehungen, die hier Gegenstand der Betrachtung sind, waren letztlich auch deren Voraussetzung; wie denn alle sachorientierte Arbeit wohl nur im Rahmen zwischenmenschlicher Kontakte wirklich gelingen kann. In diesem Sinne möchte ich allen meinen Lehrern, damaligen Kommilitonen, Kollegen und Freunden, die mir mit fachlicher wie persönlicher Unterstützung geholfen haben, an dieser Stelle recht herzlich danken.

Mein besonderer Dank gilt den beiden Gutachtern der Dissertation, Herrn Professor Dr. Klaus Brinker und Herrn Professor Dr. Walter von Hahn, die mich speziell in der letzten schwierigen Phase der Arbeit in außergewöhnlicher Weise durch Gespräche und hilfreiche Hinweise unterstützten. Vor allem aber hat mir die jahrelange kritische Auseinandersetzung mit Professor Brinker zu dem Verständnis kommunikativen Geschehens verholfen, deren Ergebnis die vorliegende Arbeit darstellt. Für weitere kritische Anmerkungen und Hinweise danke ich aber auch den Herausgebern der RGL. Geholfen haben mir ferner die Diskussionen mit Dr. Hans-Dieter Hellmann und Dr. Luise Lutz sowie den Teilnehmern der Oberseminare von Professor Brinker. Weiter möchte ich Dank sagen der (ehemaligen) Freiburger Forschungsstelle für gesprochene Sprache, die mir eine Reihe von Tonbandaufnahmen für die Analyse zur Verfügung gestellt hat. Für das Schreiben der verschiedenen Manuskriptfassungen danke ich Frau Rosemarie Pakula und Frau Helga Suck.

Schließlich aber möchte ich ganz besonders meiner Frau für all die Erfahrungen danken, die über alle theoretische Reflexion hinaus jenen von der Wissenschaft uneinholbaren Rest darstellen, der nicht mehr in Worten faßbar ist, der aber eigentlich erst den einmaligen und unverzichtbaren Wert ausmacht, den Beziehungen für uns alle besitzen.

S.F.S.

INHALTSVERZEICHNIS

0. EINLEITUNG

Akzeptiert man die Orientierungsetikette universitärer Wissenschaftsorganisation, so versteht sich der vorliegende Ansatz als ein interdisziplinäres Konzept, das in etwa im Grenzbereich zwischen Linguistik und Sozialpsychologie anzusiedeln ist. Gleichwohl liegt der Schwerpunkt auf den linguistischen Aspekten. Wie sich im einzelnen jedoch zeigen wird, ist eine Einteilung in unterschiedliche wissenschaftliche Disziplinen niemals streng vorzunehmen, speziell wenn es um das eigentlich immer schon soziale Phänomen "Sprache" geht. Denn die einzelne sprachliche Äußerung hat ja stets auch soziale und psychologische Momente, und soziologisch bzw. psychologisch interessantes Verhalten ist letztlich niemals unabhängig von sprachlichen Phänomenen möglich.

Mit anderen Worten: Der allgemein soziale Charakter menschlichen Verhaltens ist niemals unabhängig von den sprachlichen Möglichkeiten und Fähigkeiten zu sehen und zu bestimmen, die das einzelne Individuum besitzt. Diese Überlegungen gelten in besonders starkem Maße für das soziale Phänomen "Beziehung". Will man so gesehen sinnvolle Aussagen über einen Zusammenhang von Beziehung und Sprache machen, muß man sich des sozialen Charakters der Sprache und des sprachlichen Charakters der Beziehungen stets bewußt sein. In letzter Konsequenz bedeutet das, daß Sprache wohl nicht möglich wäre, wären die Menschen nicht zu zwischenmenschlichen Beziehungen fähig; und die Beziehungen wären nicht das, was sie sind, gäbe es die menschliche Sprache nicht. Von dieser speziellen Dialektik von Sprache und Beziehung wird im Verlauf der weiteren Ausführungen noch detaillierter die Rede sein. Hier geht es zunächst nur darum, die spezielle Notwendigkeit eines interdisziplinären Ansatzes anzudeuten. Eine Arbeit, die sich mit dem Zusammenhang von Sprache und Beziehung beschäftigen will, kann in diesem Sinne niemals eine rein linguistische Arbeit bleiben. Die Relevanz ihrer Aussagen wird stets über die engen fachspezifisch orientierten Grenzen hinausweisen und damit nicht zuletzt den stets sozialwissenschaftlich relevanten Status jeglicher linguistischer Beschäftigung aufzeigen.

Diese hier nur kurz skizzierten Thesen sind nun durchaus keine Novität. In dieser oder ähnlicher Form sind sie ein immer wieder beliebtes und geradezu zum Topos gewordenes Credo linguistisch pragmatischer Abhandlungen - speziell als fast konstitutiver Bestandteil in deren Einleitungen zu finden. Betrachtet man jedoch dann die weiteren Ausführungen genauer unter diesem Aspekt, so wird man in den meisten Fällen feststellen müssen, daß es bei dem allgemeinen Credo geblieben ist. Dies scheint besonders auf Arbeiten zuzutreffen, die sich mit dem Zusammenhang von Sprache und zwischenmenschlicher Beziehung beschäftigen.

Das sozio-psychologisch-linguistische Phänomen (Konzept) "Beziehung" war und ist für die Linguistik insofern interessant, als es zur Erklärung sprachlichen Verhaltens herangezogen werden kann. Dabei tauchten in der bisherigen Forschung Fragen auf wie: Welchen Einfluß hat die Beziehung auf eine bestimmte singuläre Handlung? Worin drückt sich dieser Einfluß der Beziehung sprachlich aus? bzw. Welche Rückschlüsse sind aufgrund einer bestimmten Äußerung auf die Beziehung von Sprecher und Hörer möglich?

Dabei war die Auseinandersetzung um die Beziehungsproblematik oder besser: die des Zusammenhangs von Beziehung und Sprache im Rahmen linguistischer Betrachtungen mit einem Namen verknüpft, der in geradezu assoziativ reflektorischer Weise auf den Plan gerufen wurde, tauchte der Terminus "Beziehung" auf: nämlich der Name "Watzlawick". Gerade die Watzlawickrezeption innerhalb der Linguistik kann nun als typisches Beispiel jenes oben erwähnten, häufig nur als reines Lippenbekenntnis formulierten Anspruchs auf interdisziplinäres Vorgehen angesehen werden.

Seitdem nunmehr vor etwa zehn Jahren das Buch von Watzlawick, Beavin und Jackson über die "Menschliche Kommunikation" erschienen ist, hat sich an der relativ unkritischen Haltung diesem Buch gegenüber kaum etwas geändert. Beispiel für diese auch heute immer noch unkritische Rezeption des Watzlawickschen Ansatzes ist die neuere Arbeit von Holly (Holly 1979), der trotz der inzwischen allerdings auch erhobenen dezidierten Kritik (speziell von Schülein 1976 und Ziegler 1977) an den Thesen Watzlawicks dessen Standpunkt weitgehend übernimmt.

Charakteristisch für die gesamte Watzlawickrezeption (mit wenigen Ausnahmen) ist speziell die unkritische Übernahme jenes sozialwissenschaftlich relevanten Begriffs der "Beziehung". An diesem Begriff und seiner völlig naiven Verwendung im Rahmen linguistischer Untersuchungen zeigt sich die noch immer nicht vorgenommene, zumindest aber unzulängliche Einlösung der interdisziplinären Ansprüche an eine linguistisch-pragmatische Sprachbetrachtung. Bisher hat sich keiner der besonderen Mühe unterzogen, diesen für eine auch die sozialen Aspekte berücksichtigenden Sprachbetrachtung so wichtigen Begriff einer genaueren, kritischen Analyse hinsichtlich seiner linguistisch-pragmatischen Verwertbarkeit zu unterziehen. Das hatte zur Folge, daß die Beziehung völlig unkritisch zumeist als etwas objektiv Gegebenes angenommen wurde, als ein "außerlinguistischer Faktor", auf den der Linguist bei seinen Erklärungsversuchen im gegebenen Fall ohne weiteres zurückgreifen könne, ebenso wie auf bestimmte feststehende außerlinguistische Faktoren wie "Alter", "Geschlecht", "soziale Position" von Sprecher und Hörer oder "institutioneller Rahmen", "Schichtzugehörigkeit" oder bestimmte "physisch-physiologische Eigenschaften". Die damit verbundene Reifikation ließ die Beziehung als eine unabhängig von Sprechen und Handeln existierende Entität erscheinen, die "irgendwie" als eine Art kombinierter Eigenschaft von Sprecher und Hörer aufgefaßt wurde, die ihnen eigen sei, ihnen anhafte und sie gleichsam aneinander binde. Diese äußerst problematische Verwendung des Beziehungsbegriffs resultiert weitgehend aus der oben erwähnten unkritischen oder völlig fehlenden Reflexion hinsichtlich des theoretisch prinzipiell bestimmbaren Status des Phänomens "Beziehung". Diesem offensichtlichen Mangel will nun die vorliegende Arbeit - zumindest in einem ersten Ansatz - abhelfen. Hier soll der in der Linguistik bisher leider noch immer nicht erkannten Notwendigkeit entsprochen werden, die in den Sozialwissenschaften zum Teil recht ausführlichen und detaillierten Untersuchungen zur Beziehungsproblematik einer kritischen Diskussion zu unterziehen und die für die Linguistik relevanten Aspekte herauszuziehen, um sie als Grundlage einer für die weiteren Untersuchungen adäquaten Beziehungsdefinition zu machen.

Was die vorliegende Arbeit dabei zu zeigen versucht, ist, daß das Phänomen der "zwischenmenschlichen Beziehung" nicht in einem reifizierenden, angeblich außerlinguistischen Sinne Gegenstand linguistischer Betrachtungen und Analysen sein kann, sondern daß sie aufs engste mit der sprachlichen Kommunikation zwischen den Menschen verknüpft ist, ja, daß sie teilweise völlig mit dem Sprachverhalten als identisch angesehen werden muß. Diese Erkenntnis wird jedoch erst vor dem Hintergrund einer ausführlichen theoretischen, die spezifische Dialektik von Sprachverhalten und Beziehung explizierenden Reflexion möglich. Diese Reflexion ist notwendig, um das äußerst schwierig zu fassende Phänomen "Beziehung" auf eine - für linguistische Untersuchungen konkreten Sprachverhaltens - gesicherte theoretische Basis zu stellen.

Dabei wird sich zeigen, daß viele von der bisherigen Linguistik als sinnvoll angesehene Fragestellungen wie etwa die nach den sprachlichen Indikatoren für zwischenmenschliche Beziehungen als völlig falsch gestellt aufgegeben werden müssen. Ebenso wird sich die von der Linguistik bisher weitgehend als adäquat akzeptierte, auf Watzlawick et al. zurückgehende Unterscheidung von "Inhalts- und Beziehungsaspekt" als unhaltbar erweisen.

Die vorliegende Arbeit versucht in diesem Sinne sowohl grundsätzlich neue Fragestellungen wie grundsätzlich andere Unterscheidungen zu entwickeln.

Sie versteht sich damit als Beitrag zur linguistischen

Pragmatik. Linguistische Pragmatik wird grundsätzlich als verhaltens- und kommunikationstheoretisch orientierte, funktionale Sprachbetrachtung aufgefaßt. Was damit im einzelnen gemeint ist, wird in den weiteren Ausführungen detailliert zu explizieren sein. Hier sei damit nur auf die allgemeine Eingebundenheit linguistischer Untersuchungen in einen als adäquat und relevant erachteten interdisziplinären Rahmen verwiesen. Wie ist aber nun der Standpunkt der vorliegenden Arbeit innerhalb der Linguistik genau zu bestimmen?

Betrachtet man die wissenschaftliche Disziplin "Linguistik", so muß man feststellen, daß die augenblickliche Situation dieser Linguistik als sehr heterogen bezeichnet werden kann. Die verschiedenen "linguistischen" Ansätze reichen von der stark formalisierten Ausarbeitung unterschiedlicher Grammatikkonzepte über statistische und empirische Untersuchungen bis hin zu reflexiv philosophischen Betrachtungen oder den interpretativ verstehenden Verfahren, die durch Ethnomethodologie und Ethnotheorie oder die im Anschluß an Wittgenstein arbeitende common-sense-philosophy beeinflußt sind. In dieses Spektrum muß die vorliegende Arbeit eingegliedert werden.

Um in diesem Sinne nun den eigenen Standpunkt in etwa skizzieren zu können, muß man davon ausgehen, daß sich die bisherige linguistische Forschung - grob gesprochen - in zwei grundsätzlich unterscheidbare Entwicklungsstränge unterteilen läßt. Vergleicht man die Entwicklung der Sprachwissenschaft vom frühen 19. Jahrhundert über die erste Hälfte dieses Jahrhunderts bis heute, so läßt sich unter anderem feststellen, daß die verschiedenen Ansätze von zwei unterschiedlichen methodischen Prinzipien ausgingen. Auf der einen Seite wurde versucht, möglichst kleine Elemente der Sprache bzw. des sprachlichen Prozesses zu betrachten. Innerhalb dieser Richtung lag der Schwerpunkt des Interesses auf isolierten Einzelphänomenen. Auf der anderen Seite bestand die Tendenz und das Interesse, den Prozeß sprachlicher Kommunikation als Ganzes wissenschaftlichen Analysen zugänglich zu machen. Gegenstand linguistischer Untersuchungen ist in dieser zweiten Richtung die Kommunikationssituation mit all ihren sozialen, psychologischen und linguistischen Faktoren und Erscheinungen. In diesem Sinne können die beiden grundsätzlichen Betrachtungsweisen von Sprache als

(1) die isolierende Betrachtung von Sprache;
(2) die integrierende Betrachtung von Sprache

bezeichnet werden.

Gegen die isolierende, im engeren Sinne linguistisch grammatische Richtung erhob sich schon früh Widerspruch, der letzten Endes immer wieder darauf hinauslief, daß man feststellen mußte, daß in den isolierenden Analysen das tatsächliche sprachliche Verhalten bei der Untersuchung durch den Linguisten von eben den Faktoren getrennt würde, die diesem Verhalten zugrunde liegen und es in letzter Konsequenz hervorbringen. Sprache wurde nicht mehr primär als abstraktes, syntaktisch-semantisches System betrachtet, sondern als eine für den Menschen charakteristische Form, sich sozial zu v e r h a l t e n . Die Sprache wurde generell als eine soziale Institution betrachtet, die in ihren konkreten Realisierungen durch bestimmte Interaktionspartner in realen sozialen Situationen untersucht werden sollte. In bezug auf dieses grundsätzliche Postulat waren sich ansonsten so verschiedene Richtungen wie die semiotische Pragmatik, die Sprechakttheorie oder die ethnotheoretischen und funktionalen Ansätze einig. All diesen Ansätzen war und ist, unabhängig von ihren weiteren theoretischen Implikationen und den unterschiedlichen wissenschaftlichen Bereichen, denen sie verpflichtet sind, die grundlegende Erkenntnis gemeinsam, die teilweise auch in expliziter Form als Kritik an den isolierenden Verfahren der Systemlinguistik formuliert worden ist, daß eine sinnvolle Sprachbetrachtung nur dann möglich ist, wenn man Sprache und sprachliches Verhalten im Rahmen einer integrativen, alle jeweils relevanten sozialen Faktoren mitberücksichtigenden Untersuchung analysiert.

Gegenüber systemlinguistischen Konzepten, die sich in der Betrachtung isolierter Sätze und deren Bedeutungen erschöpfen, weisen solche integrativen Ansätze eine Reihe von Vorteilen auf:

(1) Sie legen einen Sprachbegriff zugrunde, bei dem Sprache primär als ein bestimmtes Verhalten von menschlichen Individuen aufgefaßt wird. Linguistik wird in dieser Hinsicht wesentlich stärker als Wissenschaft vom Menschen begriffen. Ihre Fragestellungen und Ergebnisse bekommen damit in viel größerem Maße unmittelbar eine Bedeutung für das Leben und die Probleme der Menschen.

(2) Sie berücksichtigen, daß das sprachliche Verhalten immer auch im Zusammenhang mit anderem, nichtsprachlichen Verhalten auftritt, wodurch die Leistung und der Wert einzelner sprachlicher Phänomene wesentlich realistischer bestimmt und eingeschätzt werden kann.

(3) Sie stellen allgemein den realen Bezug der linguistischen Phänomene zu der gesellschaftlichen Wirklichkeit her, von der diese Phänomene ja letztlich einen nicht unbedeutenden Teil darstellen. Das heißt im einzelnen, es werden sowohl die Sprachbenutzer wie die situativen und sozio-kulturellen Kontexte berücksichtigt. Damit werden die sprachlichen Einheiten, die untersucht werden, nicht von den Faktoren getrennt, die letztlich für ihre Existenz überhaupt verantwortlich sind.

(4) Sie benötigen für die Entwicklung ihrer Theorie keine konstruierten, unrealistischen Konzepte wie

etwa den idealen Sprecher/Hörer.

(5) Sie gehen in ihren Untersuchungen zumeist von tatsächlich stattgefundenen sprachlichen Ereignissen aus und sind damit unmittelbarer mit der sprachlichen Realität verbunden, die sie untersuchen. Diese stärkere Empirizität macht die Ergebnisse besser überprüfbar, was zu allgemein gültigeren Aussagen führt.

(6) Sie sind, was den Objektbereich und die zusammen damit zu berücksichtigenden Faktoren betrifft, wesentlich stärker interdisziplinär orientiert. Sie sind damit hinsichtlich der wissenschaftlichen Ökonomie effizienter.

Aufgrund dieser Tatsachen kann davon ausgegangen werden, daß integrative Ansätze der von verschiedener Seite erkannten und immer wieder betonten Komplexität sprachlich-kommunikativen Geschehens besser gerecht werden. In der vorliegenden Arbeit wird, entsprechend dieser Einsicht und aufgrund der eingangs erwähnten Unmöglichkeit, das Phänomen "sprachliche Kommunikation" rein unter ausschließlich linguistischen Gesichtspunkten betrachten zu können, ein interdisziplinärer, integrativer Ansatz zu entwickeln versucht. Die Arbeit versteht sich in diesem Sinne als interdisziplinärer Ansatz, insofern als Erkenntnisse aus verschiedenen anderen Disziplinen wie Ethologie, Anthropologie, Ethnologie, Soziologie, Psychologie, Sozialpsychologie, Kybernetik und Modelltheorie e x p l i z i t aufgenommen und verwertet werden; sie versteht sich als integrativer Ansatz, insofern als sprachliche Phänomene im Rahmen der gesamten Kommunikationssituation, in der sich Sprachverhalten realisiert, ja, sogar darüber hinausgehend, im Rahmen übersituationeller Wirkungszusammenhänge betrachtet und analysiert werden. Im einzelnen wird dabei so vorgegangen, daß die hier zu explizierende integrative Theorie des Zusammenhangs von sprachlicher Kommunikation und zwischenmenschlicher Beziehung in drei großen Schritten entwickelt wird. Diese drei Schritte entsprechen den drei großen Teilen der Arbeit.

Im ersten Teil wird zunächst die Arbeit als pragmatischer Ansatz legitimiert. Dabei geht es um die Explizierung der wichtigsten Rahmenbegriffe, auf denen im weiteren aufgebaut werden soll. Da eine linguistische Pragmatik grundsätzlich als Teil einer allgemeinen Theorie des menschlichen Verhaltens aufgefaßt wird, müssen zunächst so grundlegende Begriffe wie Verhalten, Kommunikation und Handlung in ihren Grundzügen geklärt werden. Bei der Explizierung dieses allgemeinen verhaltenstheoretischen Rahmens wird sich der Begriff der sprachlich kommunikativen "Funktion" als besonders wichtig erweisen. Aus der Entwicklung eines als allgemein gültig betrachteten Katalogs von Sprachfunktionen werden dann zwei für die vorliegende Arbeit zentrale Funktionen abgeleitet werden: die Beziehungsfunktion und die Gebrauchsfunktion.

Der damit relevant gewordene Begriff der "Beziehung" wird dann im folgenden einer detaillierten, kritischen Analyse unterzogen. Im einzelnen wird es darum gehen, die verschiedenen impliziten und expliziten Beziehungskonzepte zu untersuchen, die in den Sozialwissenschaften und der Linguistik Gegenstand oder Grundlage der Betrachtung gewesen sind. In dieser kritischen Auseinandersetzung sollen Kriterien erarbeitet werden, die an einen für die vorliegende Problemstellung relevanten Beziehungsbegriff angelegt werden sollen.

Neben dieser ausschließlich auf die Beziehungsproblematik gerichteten Darstellung soll weiterhin jener Ansatz einer kritischen Analyse unterzogen werden, der die spezielle Problematik des Zusammenhangs von Sprache und Beziehung thematisiert hat und der in der Linguistik jene oben bereits erwähnte starke Rezeption erfahren hat, nämlich der Ansatz von Watzlawick, Beavin und Jackson (1969).

Die Ergebnisse dieser kritischen Analyse der sozialwissenschaftlichen und linguistischen Diskussion um die Problematik des Zusammenhangs von Sprache und Beziehung werden im zweiten Teil der Arbeit als Grundlage der weiteren Entwicklung der hier vorzulegenden Theorie verwendet. Dabei geht es zunächst um die Explizierung der allgemeinen wissenschaftstheoretischen Grundlagen und Voraussetzungen, auf denen das hier vorgelegte Konzept im einzelnen aufbaut. Damit sind speziell zwei Thesen gemeint: Zum einen die modelltheoretische Erkenntnishypothese, derzufolge jede Erkenntnis eine Erkenntnis in und durch Modelle ist, wobei die für Modelle charakteristischen Eigenschaften zu berücksichtigen sind; zum anderen die Hypothese von der Systemhaftigkeit letztlich aller Realitätsbereiche und damit natürlich auch der hier betrachteten Formen sozial relevanter sprachlicher Kommunikation.

Auf der Grundlage dieser metatheoretischen Postulate und der aus dem ersten Teil abgeleiteten Forderungen wird ein für linguistische Analysen als adäquat erachteter Beziehungsbegriff entwickelt, der über diese rein theoretisch wissenschaftliche Legitimation hinaus auch mit einem Beziehungsbegriff konfrontiert wird, der aus der Analyse der unzähligen, in der Alltagssprache vorkommenden Ausdrücke und Wendungen, die sich direkt oder indirekt auf "beziehungsrelevante" Aspekte beziehen, abgeleitet werden kann. Der hier vorgelegte Beziehungsbegriff wird damit sowohl als theoretisch legitimiert wie auch alltagssprachlich sinnvoll betrachtet.

Die Beziehung wird dabei - grob gesprochen - als ein Handlungssystem aufgefaßt, das sich aus spezifischen, partnerorientierten (Sprech-)Handlungen zusammensetzt. Im nächsten Schritt der Theorieexplizierung wird es dann darum gehen, den spezifischen das Handlungssystem der Beziehung konstituierenden Sprechhandlungstyp genauer zu untersuchen. Dieser Sprechhandlungstyp, der hier als "Kontakt" bezeichnet werden soll, wird dabei in Gegenüberstellung und Abgrenzung gegen den Sprechhandlungstyp des "Sprechakts", so wie er bisher von der Sprechakttheorie expliziert wurde, dargestellt und in seinen einzelnen, konstitutiven Teilakten (die den konstitutiven Teilakten des Sprechakts entsprechen) untersucht.

Den Schluß der eigentlichen theoretischen Untersuchungen bilden dann noch einige Überlegungen zu dem Problem der theoretisch und methodisch gesicherten Bestimmung beziehungsrelevanter Kommunikation. Diese Problematik wird anhand des Begriffs des "sprachlichen Indikators" für Kontakte diskutiert.

Im dritten Teil der Arbeit wird es dann darum gehen, die im ersten Teil vorbereitete und im zweiten Teil im einzelnen explizierte Theorie des Zusammenhangs von sprachlicher Kommunikation und zwischenmenschlicher Beziehung auf konkretes sprachliches Datenmaterial anzuwenden. Neben der allgemeinen modelltheoretischen Charakterisierung linguistisch empirischer Analysen zum Problem der beziehungsrelevanten Kommunikation wird die eigentliche empirische Analyse entwickelt. Dabei werden im Zusammenhang mit der detaillierten Analyse von zwei längeren Dialogen einige für Beziehungskommunikation charakteristische Eigenarten deutlich werden. Außerdem wird eine besondere Form des Übergangs von nicht-beziehungsrelevanter zu beziehungsrelevanter Kommunikation in einem real stattgefundenen Dialog nachgewiesen.

Die vorliegende Arbeit versteht sich in diesem Sinne also einerseits als ein linguistischer Beitrag. Sie versucht grundlegende Aussagen über ein für die linguistische Pragmatik zentrales Problem zu machen - nämlich das der theoretisch und methodisch gesicherten Erfassung und Deutung sprachlicher Handlungen. Andererseits erhebt sie aber durchaus auch den Anspruch - zumindest ansatzweise - ein Bindeglied darzustellen, das die Linguistik mit den wissenschaftlichen Disziplinen verbindet, die sich immer schon mit jenen Bereichen und Phänomenen beschäftigt haben, die als die eigentlichen Bedingungen der Möglichkeit zu sinnvoller, funktionierender Kommunikation betrachtet werden müssen, das sind: die Beziehungen, die Menschen miteinander aufbauen und formen, und die konkreten sozialen Kontexte, in denen dies geschieht, Kontexte, in denen Menschen miteinander leben und kommunizieren. Solche Beziehungen und Kontexte aber werden letztlich auch - und das wird die vorliegende Arbeit im einzelnen zu zeigen versuchen - durch eben diese Kommunikation überhaupt erst geschaffen und im einzelnen nach den Bedürfnissen, Einsichten und Hoffnungen der Menschen gestaltet werden.

1. DER SYSTEMATISCHE ZUSAMMENHANG DER SPRACHVERWENDUNG

Sprache soll im folgenden im Zusammenhang der gesamten Verwendungssituation betrachtet und erklärt (1) werden. Unter "Sprache" wird dabei nicht das abstrakte Sprachsystem verstanden, sondern ein sozial relevantes Verhalten, das bestimmte Individuen in einmaligen konkreten Situationen zeigen. Die einen Sprachbenutzer - die Sprecher - verwenden in diesen Situationen Sprache zu bestimmten Zwecken, die mittelbar oder unmittelbar aus dem Kontext abgeleitet werden können. Sie richten ihre Äußerungen an andere Sprachbenutzer - die Hörer -, die ebenfalls bestimmte Zwecke in der gegebenen Situation verfolgen.

Dieser Sachverhalt wird im allgemeinen durch ein Kommunikationsmodell beschrieben. Einfachste Modelle dieser Art beschränken sich auf einige wenige Faktoren (etwa Sender/Empfänger/Kanal/gemeinsamer Symbolvorrat oder dgl.) (2), andere Modelle berücksichtigen wesentlich mehr Faktoren. Allerdings ist mit solchen Modellen in jedem Fall nur die einfachste Struktur der tatsächlich ablaufenden Prozesse angedeutet. Selbst detailliertere Modelle (3) können nicht die gesamte Komplexität der Kommunikation erfassen.

Es ist daher notwendig, in Einzeluntersuchungen bestimmte Aspekte des Gesamtzusammenhangs der natürlichsprachlichen Kommunikation herauszugreifen und detailliert zu analysieren. Die Ergebnisse dieser Einzeluntersuchungen müssen schließlich wieder zu einem Gesamtmodell integriert werden.

Bevor solche Untersuchungen aber angestellt werden können, ist es notwendig, den Gesamtzusammenhang, in dem sprachliches Verhalten auftritt, ansatzweise zu skizzieren. Zu diesem Zweck bedarf es der Legitimation und Ableitung einiger grundlegender Begriffe. Sie bilden den allgemeinen Rahmen der Untersuchung, vor deren Hintergrund Fragestellung wie Ergebnisse beurteilt werden können. Zwei für den vorliegenden Zusammenhang wichtige Rahmenbegriffe sind die Begriffe "Kommunikation" und "Sprachfunktion". Aus dem generellen Begriff der "sprachlichen Kommunikation" soll der Begriff der

---

1 Zum Erklärungsbegriff siehe Abschnitt 5.2.3

2 Etwa Saussure 1916,14; Meyer-Eppler 1959,2; Eco 1968,139; Hörmann 1970,19; Klaus 1971,306; Tembrock 1971,41; Graumann 1972,1155; Herrlitz 1973,41; Baumgärtner/Steger 1974,18; Meier 1974,68; Welte 1974,252; Behr et al. 1975,27

3 Maas/Wunderlich 1972,77ff; Meier 1974,72ff

"Sprachfunktion" abgeleitet werden. Dieser Begriff der "Sprachfunktion" wird dann den Rahmen darstellen, innerhalb dessen eine grundlegende Unterscheidung in zwei Arten von sprachlichen Handlungen vorgenommen werden kann. Diese wiederum bilden die Grundlage für die weitere Darstellung.

1.1 Der Begriff der 'Kommunikation'

Die Verwendung des Terminus "Kommunikation" ist in der aktuellen Diskussion sowohl in den Sozialwissenschaften wie auch anderen Bereichen derart gebräuchlich, daß eine einigermaßen systematische Definition äußerst schwierig ist (4). Dennoch ist eine gewisse Systematik in den einzelnen Ansätzen festzustellen. So lassen sich mit Baacke und Ruesch (5) drei Richtungen kommunikationstheoretischer Ansätze unterscheiden:

(1) mathematisch, technisch orientierte Ansätze;
(2) soziologisch, ethologisch orientierte Ansätze;
(3) klinisch, praktisch orientierte Ansätze.

Im folgenden soll ein Konzept der zweiten Richtung entwickelt werden. Entsprechend dem oben genannten Interessenschwerpunkt - der Betrachtung von Sprache in realen, sozial relevanten Situationen - wird primär Kommunikation zwischen menschlichen Individuen betrachtet. Dabei liegt die Betonung speziell auf der verbalsprachlichen Kommunikation.

Generell ist Kommunikation als eine Form menschlichen Verhaltens zu bestimmen. Nach den Postulaten der allgemeinen Ethologie kann unter Verhalten die Menge endogen wie exogen motivierter Aktivitäten (6) eines Individuums verstanden werden. Entsprechend dieser Bestimmung sollen folgende Unterscheidungen vorgenommen werden: Der Zugang zum Verhaltensbegriff ist prinzipiell über zwei miteinander zusammenhängende Beschreibungsebenen möglich. Einerseits läßt sich Verhalten rein äußerlich als eine bestimmte Abfolge von Bewegungen und/oder Leibexpressionen beschreiben.

---

4 Graumann 1972,1109
5 Baacke 1973,44f
6 Meyer 1976,212. Die doppelte Motiviertheit des Verhaltens durch endogene und exogene Faktoren ist in der Verhaltensforschung seit langem unter dem Terminus 'doppelte Quantifizierung' bekannt (cf. Hassenstein 1972,78). Dieser Sachverhalt wurde aber auch von anderer Seite, unter anderen Fragestellungen immer wieder betont, cf. Bühler 1933,50; von Wiese 1933,165; Argyle 1969,26ff,202; Hörmann 1970,3ff; von Wright 1971,85f; Cazden 1971,273; Maas/Wunderlich 1972,77ff; Ungeheuer 1972a,20ff; Stachowiak 1973,343

Bewegungen sind alle Phänomene der Motorik und Lokomotion, also Bewegungen der Gliedmaßen, des Rumpfes, des Kopfes etc.; und die Fortbewegung des gesamten Körpers. Unter Leibexpressionen sind Phänomene zu fassen wie Erröten, Schwitzen, Tränen, Erzeugen von Lauten etc. Bewegungen wie Leibexpressionen sind für andere Individuen wahrnehmbare Phänomene. Sie lassen sich im allgemeinen eindeutig auf bestimmte Prozesse zurückführen. Unter Prozessen sollen die zumeist nicht wahrnehmbaren neurophysiologischen Phänomene und Vorgänge verstanden werden, die im Innern von Individuen ablaufen, also etwa Muskelinnervationen, endogene Sekretionen, Leitung zentralnervöser Impulse etc.

Bewegungen sind in fast allen Fällen der Willkür der Individuen unterworfen, brauchen allerdings nicht immer bewußt zu sein. Leibexpressionen dagegen sind nur begrenzt der Willkür zugänglich. Prozesse schließlich dürften kaum willkürlich gesteuert werden können. Der Willkür unterworfene, bewußte und/oder unbewußte Bewegungen und Leibexpressionen sollen Aktivitäten genannt werden. Unter Aktivitäten in diesem Sinne sollen die Vorgänge verstanden werden, die ausschließlich auf ein einzelnes Individuum bezogen sind und im Rahmen seiner i s o l i e r t e n Leibpräsenz beschrieben werden können. (Also etwa das Beugen oder Strecken von Armen, Beinen, Drehungen des Rumpfes, des Kopfes etc.)

Diese Menge rein äußerlich beschreibbarer Aktivitäten soll als nichtgedeutetes Verhalten (N-Verhalten) bezeichnet werden. Ihr gegenüber kann man Verhalten und die es konstituierenden Aktivitäten unter einem interpretativen Gesichtspunkt betrachten. In dieser Hinsicht soll von gedeutetem Verhalten (D-Verhalten) oder einfach von Verhalten gesprochen werden.

N-Verhalten wie D-Verhalten sind modelltheoretische Begriffe, die auf den unterschiedlichen Zugang zur Beschreibung menschlichen Verhaltens hinweisen. Es ist also nicht so, daß Menschen zwei irgendwie unterscheidbare Typen von Verhalten zeigen, sondern so, daß ein und dasselbe Verhalten lediglich unterschiedlich beschrieben werden kann.

Ein D-Verhalten setzt sich demnach aus verschiedenen Aktivitäten (Bewegungen/Leibexpressionen) zusammen, die unter einem integrativen Moment betrachtet werden können. Damit ist auf die Tatsache hingewiesen, daß Verhaltenselemente keine rein objektiv beobachtbaren Sachverhalte darstellen. Das Verhaltenskontinuum eines Individuums wird fast immer aufgrund interpretativer Prozesse von seiten eines Beobachters in diskrete Einheiten zergliedert (7). Ebenso ist die Abgrenzung zwi-

7 Zu dem generellen Problem, Verhalten zu segmentieren und diesen Segmenten Bedeutung zuzuschreiben, cf. Eibl-Eibesfeld 1977,268ff; Krampen 1978,426ff; Stokoe 1977,168; Wunderlich 1971b,170

schen Aktivität und Verhalten durch den Beobachter vorzunehmen.

Die Deutung von Aktivitäten ist nun möglich, wenn den Bewegungen und Leibexpressionen Zweckhaftigkeit unterstellt wird. Zwecke lassen sich in einem supraindividuellen Zusammenhang beschreiben, in dem die Aktivitäten des einzelnen Individuums und die Vorgänge und Phänomene seiner Umwelt in Relation zueinander gesetzt werden (8). Die allgemeine Ethologie beschreibt dieses Wechselverhältnis mit den Begriffen 'Funktionskomplex' und 'Funktionskreis'. Ein Funktionskomplex setzt sich dabei aus mehreren Funktionskreisen zusammen. Diese wiederum werden als "das Gefüge von Verhaltensmechanismen" definiert,

> denen gleiche oder ähnliche Motivationen zugrunde liegen und die eine bestimmte biologische Funktion erfüllen (9).

Wird dieses supraindividuelle System von Umwelt und Aktivitäten des Individuums herangezogen, um Verhalteneinheiten zu bestimmen, soll in bezug auf diese Einheiten von Handlungen gesprochen werden. Eine Handlung ist somit die intentional und/oder funktional deutbare Aktivität eines menschlichen Individuums. Eine Handlung ist intentional, insofern sie als vom Handelnden zielgerichtet ausgeführt, erlebt oder legitimiert werden kann bzw. von einem Beobachter in dieser Weise analysiert wird; sie ist funktional, insofern sie in einem supraindividuellen Wirkungszusammenhang eine bestimmte Bedeutung (Funktion) besitzt. Ein Handelnder ist sich in diesem Sinne immer der Intentionalität seiner Handlungen bewußt (Er weiß, daß er etwas mit der Handlung erreichen will), braucht aber längst nicht in jedem Fall deren Funktionalität zu kennen, da er nicht immer von den größeren Zusammenhängen, innerhalb derer seine Handlungen eingeordnet sind, etwas weiß.

N-Verhalten ist somit in Aktivitäten zu segmentieren, D-Verhalten in Handlungen. Dabei ist es gleichgültig, wer das Verhalten deutet: ein teilnehmender Interaktant, ein unbeteiligter Beobachter oder gar der Handelnde selbst, der im nachhinein über sein Handeln reflektiert (10). Der Verhaltensbegriff läßt sich in

---

8 Zur gesellschaftlichen "Konventionalität von Zwekken" cf. Rehbein 1977,108

9 Meyer 1976,69

10 Die Notwendigkeit, Verhalten zu interpretieren, besteht sowohl für den externen Beobachter wie auch für den an einem Interaktionsprozeß beteiligten Handelnden: Diese Tatsache ist innerhalb der Ethnomethodologie deutlich herausgearbeitet worden, cf. Cicourel 1964,77ff; Garfinkel/Sacks 1970

diesem Sinne entsprechend Abb. 1.1 strukturieren.

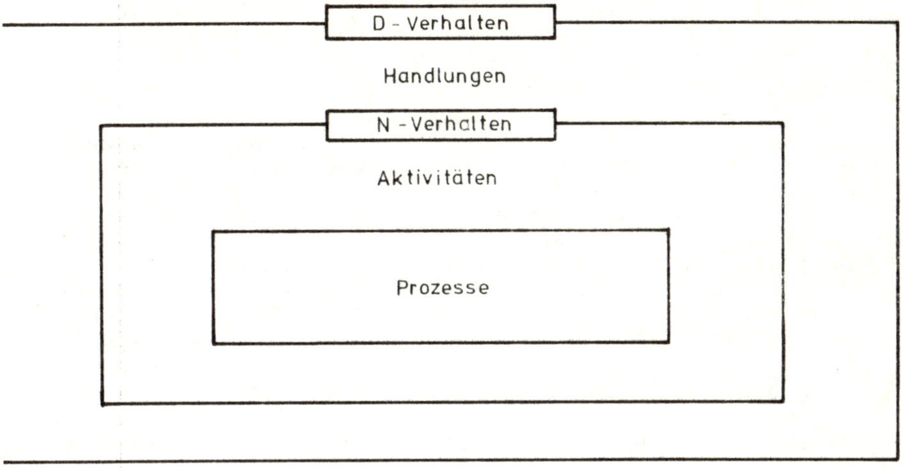

Abb. 1.1

Wenn nun Kommunikation als Verhalten entsprechend den soeben aufgestellten Überlegungen aufgefaßt werden soll, so gelten damit für die Kommunikation im hier betrachteten Sinne zunächst einmal folgende Grundbedingungen.

(K1) Kommunikationsverhalten wird von menschlichen Individuen produziert.
(K2) Kommunikationsverhalten ist prinzipiell für andere Individuen wahrnehmbar.
(K3) Kommunikationsverhalten ist unterteilbar in einzelne Subsegmente (Handlungen).
(K4) Kommunikationsverhalten ist prinzipiell deutbar.

Neben diesen vier Grundbedingungen gelten zwei weitere Bedingungen, die die Kommunikation erst vom übrigen Verhalten unterscheiden.

(K5) Kommunikationsverhalten liegt nur vor, wenn mindestens ein weiteres Individuum anwesend ist.
(K6) Kommunikationsverhalten besteht im Übermitteln von Signalen.

Signale sind nach Informationstheorie und Kybernetik (wahrnehmbare) Objekte, die die materielle Manifestation von Information darstellen und entsprechend zur informationellen Kopplung von Individuen dienen (11). Nach Meyer-Eppler sind sie Konfigurationen oder

11 Klaus 1971,569

Vorgänge, die sich eindeutig als

> skalare oder vektorielle Funktion von höchstens drei unabhängigen Ortskoordinaten q_1, q_2 und q_3 und einer Zeitkoordinate t durch einen mathematischen Ausdruck der Form $F(q_1,q_2,q_3,t)$ darstellen (12)

lassen. Die Komponenten dieser Funktion stellen die Signalparameter dar, deren unterschiedliche Zustände die Trägerinformation bilden. So kann das Heben des Armes dadurch beschrieben werden, daß die unterschiedliche Stellung der Armteile zueinander (Oberarm/Unterarm/Hand) innerhalb bestimmter aufeinanderfolgender Zeitintervalle angegeben wird. Diesen unterschiedlichen Armpositionen, die etwa durch Winkelgrade in einem dreidimensionalen Koordinatensystem beschrieben werden können (also den Zuständen der Signalparameter q_1,q_2, q_3), kann dann etwa die als "Hauptinformation" bezeichnete Deutung "Gruß" zugeordnet werden. Der Terminus "Hauptinformation" wird hier im Sinne Ungeheuers verwendet. Ungeheuer formuliert als ersten Hauptsatz der Kommunikationswissenschaft:

> "Bei allen Kommunikationsprozessen sind zwei Kategorien von 'Information' zu unterscheiden, (α) die Hauptinformation (α-Information), deretwegen der Kommunikationsprozeß überhaupt abläuft, also die zu kommunizierende Information;
> (β) die Trägerinformation (β-Information), welche die Übertragung der Hauptinformation erst ermöglicht. (13)"

Damit ist die Verbindung zum Kommunikationsverhalten gegeben, das sich ja ebenfalls - wie letztlich alles Verhalten - als wahrnehmbarer Vorgang manifestiert. Die unterschiedlichen Zustände der Signalparameter sind wahrnehmbar und diskriminierbar. Aus ihnen ziehen die Kommunikationspartner dann ihre Schlüsse. In diesem Sinne sind die Signale menschlicher Kommunikation zurückzuführen entweder auf bestimmte Lautfolgen (verbale/paraverbale Kommunikation) oder auf bestimmte Bewegungsfolgen oder Expressionen (nonverbale Kommunikation). Die Elemente der Kommunikation sind somit auf eine begrenzte Menge unterschiedlicher Verhaltenssegmente eingeschränkt. Diese bilden das e i n z i g e und a u s s c h l i e ß l i c h e Signalreservoir der menschlichen Kommunikation. Mit Argyle können folgende generelle Formen unterschieden werden (14):

---

12 Meyer-Eppler 1969,6
13 Cf. Ungeheuer 1968,230
14 Argyle 1969,91ff; Scherer nimmt eine ähnliche Unterteilung vor. Er unterscheidet einen auditiven, visuellen, taktilen, olfaktorischen und thermalen Kommunikationskanal, cf. Scherer 1970

1. nonverbale Kommunikation
1.1 Körperkontakt
1.2 räumliche Distanz
1.3 Körperhaltung
1.4 äußeres Aussehen
1.5 Mimik
1.6 Gestik
1.7 Blickrichtung
2. paraverbale Kommunikation
2.1 Sprecherwechsel
2.2 Tonfall
2.3 Sprechfehler
2.4 Akzent
3. verbale Kommunikation
3.1 Arten von Sprechhandlungen
3.2 Codestruktur

Im Unterschied zu den Bewegungen und übrigen Leibexpressionen sind die Lautfolgen zum großen Teil konventionell codiert. Insofern ist ihre Verwendung auch in wesentlich stärkerem Maße vom Bewußtsein gesteuert. Während also verbale Kommunikation ein nahezu ausschließlich bewußt intendiertes Verhalten darstellt, kann para- und nonverbale Kommunikation auch unbewußt erfolgen. In diesem Fall liegen potentiale Signale vor, die jederzeit von einem (anwesenden) Kommunikator gedeutet werden können, ohne daß der Expedient dieser Signale sich dessen bewußt ist oder etwas dagegen unternehmen kann (15).

Aufgrund dieser Tatsache ist eine genaue und scharfe Trennung zwischen Kommunikationsverhalten und allgemeinem Verhalten nicht möglich. Jedes Verhalten kann kommunikativ gedeutet werden. Dennoch muß im gegebenen Fall zwischen beiden Arten getrennt werden. Daher soll mit Baacke (16) und Haseloff (17) zwischen Kommunikation und Interaktion unterschieden werden. Für Haseloff ist Interaktion "alles kooperative, kompetitive oder agonale Handeln" (18). Baacke wie Haseloff betonen, daß Interaktion nur möglich wird, wenn Kommunikation stattfindet und stattfinden kann. Interaktion ist dann "sowohl kooperativ als auch kommunikativ"; und die Wechselseitigkeit von Zeichen und Aktion "wird konstituiert durch die Wechselseitigkeit von Handeln und Verständigung" (19). Unter Interaktion soll dementsprechend im folgenden jedes simultane oder innerhalb eines vorgegebenen Zeitintervalls aufeinanderfolgende

---

15 Diese Tatsache liegt dem ersten Watzlawickschen Axiom von der Unmöglichkeit, nicht zu kommunizieren, zugrunde, cf. Watzlawick et al. 1969,53; cf. auch Scherer 1970,5

16 Baacke 1973,51f

17 Haseloff 1969,152

18 Haseloff 1969,152

19 Baacke 1973,52

Handeln von mindestens zwei Interaktanten verstanden werden, das sowohl zeitlich wie inhaltlich aufeinander abgestimmt ist. Diese Koordination wird durch sowohl bewußtes (intendiertes) wie auch unbewußtes Kommunikationsverhalten ermöglicht. Unter Kommunikation soll also dasjenige Verhalten verstanden werden, das die Interaktion überhaupt als solche konstituiert, dasjenige Verhalten, das auf der Grundlage bewußten oder unbewußten Signalaustauschs ein zunächst unverbunden nebeneinander herlaufendes Verhalten von mehreren Individuen zur gemeinsamen Interaktion zusammenschließt.

1.2 Kommunikation als Verhalten in Gruppen

Wie oben (Abschnitt 1.1) dargestellt, ist Interaktion (also ein aufeinander abgestimmtes Verhalten) nicht möglich, wenn nicht ein Teil des Gesamtverhaltens der Individuen als Kommunikationsverhalten eingesetzt wird. Das Kommunikationsverhalten muß, damit es als solches überhaupt gedeutet werden kann, für andere Individuen wahrnehmbar sein. Die Wahrnehmung von Verhalten setzt ganz bestimmte materielle und räumliche Verhältnisse voraus, über die die Vermittlung der Trägerinformation möglich ist. Diese materiell räumlichen Verhältnisse stellen die Kommunikationskanäle dar, die zusammen mit den kommunizierenden Individuen das Kommunikationsnetzwerk bilden (20). Menschliche Kommunikation stellt nun eine Multi-Kanal-Kommunikation dar, die hauptsächlich über den auditiven und den visuellen Kanal abläuft (21).

Der Kommunikationskanal ist somit, genauso wie das eigentliche Kommunikationsverhalten, das ja aus in bestimmter Hinsicht gedeuteten Aktivitäten besteht, notwendige Bedingung für Kommunikation und damit für Interaktion. Der Interaktionsbegriff kann damit weiter präzisiert werden. Damit Interaktion stattfinden kann, müssen folgende Bedingungen gegeben sein:

(I1) Es müssen mindestens zwei Individuen zusammentreffen, und zwar derart, daß

(I2) aufgrund ihrer räumlich zeitlichen Positionen die für sie relevanten Kommunikationskanäle geöffnet sind (22).

(I3) Die Individuen müssen irgendein Verhalten (Aktivitäten) zeigen, das dann als Handlung deutbar ist.

(I4) Ein Teil der Handlungen der Individuen dient der intendierten Koordination der übrigen Handlungen (Kommunikationshandlungen).

Die Bedingungen (1) - (3) seien die Basisbedingungen

20 Ungeheuer 1968
21 Scherer 1970
22 Searle 1969,88; cf. auch Maas/Wunderlich 1972,80

der Interaktion, Bedingung (4) die konstituierende Bedingung genannt. Die Bedingungen (1) - (3) sind zwar notwendige Bedingungen für das Entstehen von Interaktion, sie sind aber in vielen Fällen gegeben, ohne daß deshalb schon von Interaktion gesprochen werden kann - so etwa im Wartesaal eines Bahnhofs (23), in einem Bus, einem Restaurant oder dgl. Erst wenn auch die Bedingung (4) erfüllt ist, soll von Interaktion gesprochen werden.

Die Kommunikation bzw. das Kommunikationsverhalten der Individuen schließt eben diese Individuen in ihrem Handeln zu interagierenden Gruppen zusammen (24). Solche Gruppen bestehen innerhalb bestimmter Zeitintervalle und sind aus miteinander interagierenden Individuen zusammengesetzt, die ihre Handlungen durch Kommunikationsverhalten aufeinander abstimmen. Kommunikation ist somit ein Verhalten, das in Gruppen immer beobachtbar ist und das diese Gruppen zu komplexen Gebilden werden läßt.

Die einzelnen Individuen, die die Gruppe bilden, müssen nicht unbedingt menschliche Individuen sein. Interaktion im oben definierten Sinn kann genausogut zwischen Tieren wie auch zwischen Maschinen stattfinden (25). Es ist daher sinnvoll, zunächst einen verallgemeinerten Individuenbegriff zugrunde zu legen. Dieser Begriff kann dann in einem zweiten Schritt auf menschliche Individuen eingeschränkt werden.

In diesem Sinn kann ein Individuum folgendermaßen beschrieben werden:

(1) Ein Individuum weist räumliche, zeitliche, qualitative Einheit auf (26).
(2) Ein Individuum kann aufgrund perzeptiver und kognitiver Prozesse mit einer Umwelt, die nicht Teil des Individuums ist, in Verbindung stehen.
(3) Ein Individuum zeigt ein kontinuierliches, beobachtbares Verhalten, indem es sich durch Aktivitäten gegen die Umwelt abgrenzt und/oder verändernd in die Umwelt eingreift (27).

---

23 Hier kann es in dem Augenblick zur Interaktion kommen, wenn die Wartenden beim Eintreffen des Zuges das gemeinsame Verlassen des Wartesaals organisieren müssen, so z.B. durch Blicke, Gesten oder auch sprachliche Handlungen wie "Bitte nach Ihnen" oder dgl.

24 Der Gruppenbegriff wird im Abschnitt 6.1 präzisiert.

25 Im Sinne informationsverarbeitender Roboter

26 Buhr/Klaus 1964,516

27 Die Punkte (2) und (3) werden bei Stachowiak unter dem Terminus K-Organismus zusammengefaßt. Nach Stachowiak verfügt ein K-Organismus über die Funktionseinheiten Perzeptor, Motivator, Operator und Effektor. Für "K-Organismus" schlägt Stachowiak auch "K-Individuum" vor. Cf. Stachowiak 1973,69ff, 346 ff

Aufgrund des einheitlich geordneten Zusammenhangs der räumlich, zeitlich, qualitativen Merkmale, der perzeptiv kogitativen Prozesse und der kontinuierlich beobachtbaren Aktivitäten soll auch von einem <u>Individualsystem</u> gesprochen werden. Jedes Individuum kann in diesem Sinne als Individualsystem beschrieben werden. Wichtige Aspekte des Individualsystems sind die unten (in Abschnitt 6.3.2.3.1) diskutierten Individualbereiche. Individualsysteme sind nun entweder natürliche oder künstliche Systeme. Innerhalb der Gruppe der natürlichen Individualsysteme sollen hier noch tierische und menschliche Individuen unterschieden werden.

Menschliche Individuen (Individualsysteme) sind besonders dadurch ausgezeichnet, daß sie

(4) ein besonders hochentwickeltes kognitives System besitzen, durch das sie in charakteristischer Weise ein Bewußtsein von ihrer Umwelt und sich selbst haben;

(5) ein kompliziertes System spezifischer Werte geschaffen haben, mit dem sie ihre soziale und natürliche Umwelt strukturieren und bewerten;

(6) ein Symbolsystem (Verbalsprache) ausgebildet haben, um über die Bewertungen und ihre Bedürfnisse kommunizieren zu können.

Wenn im folgenden von einem menschlichen Individuum (bzw. nur Individuum) gesprochen wird, so ist damit ein Individualsystem gemeint, auf das die Merkmale (1) - (6) zutreffen.

Im vorliegenden Zusammenhang sind Gruppen menschlicher Individuen von Interesse. Wie oben bereits erwähnt, entstehen derartige Gruppen durch das Interaktion konstituierende Kommunikationsverhalten der in ihnen enthaltenen Individualsysteme. Kommunikation ist nun allerdings in solchen Gruppen kein Selbstzweck, sondern steht im Zusammenhang mit den Gründen und Notwendigkeiten, die letztlich für die Entstehung von Gruppen verantwortlich sind. Wenn also Kommunikation als Verhalten in Gruppen beobachtet und analysiert wird, so kann das in adäquater Weise nur dadurch geschehen, daß dieses Kommunikationsverhalten in Relation zu den unterschiedlichen Funktionen (Zwecken) gesetzt wird, die es innerhalb der Gruppe haben kann.

1.2.1 Der allgemeine Rahmen und die Funktionen der Kommunikation

Bestehen und Existenz von Gruppen über einen bestimmten Zeitraum hängen davon ab, inwieweit innerhalb der einzelnen Individuen ein Bedürfnis zum Zusammenschluß besteht. Aufgrund einer charakteristischen Bedürfnisstruktur kommt es dann zu gemeinsamem, aufeinander abgestimmten Handeln. Bedürfnisstruktur wie Interaktion werden aber letztlich durch die konkreten äußeren Verhältnisse, also die Zustände, Ereignisse und Prozesse der

Umwelt geprägt. In dieser Auseinandersetzung mit der Umwelt bildet sich die Gruppe aus und von daher muß letztlich auch die Beschreibung und Analyse der einzelnen kommunikativen wie interaktiven Aktivitäten erfolgen.

Dabei ist es gleichgültig, welche Art von Gruppe betrachtet wird und welches konkrete Verhalten die einzelnen Individuen auch zeigen bzw. zeigen können. In jedem Fall, gleichgültig, ob es sich um tierische oder menschliche Gruppen handelt, müssen bestimmte Verhaltensweisen der Individuen ganz bestimmte, immer wieder gleiche Aufgaben und Leistungen erfüllen können, damit es zum Zusammenschluß einer Gruppe kommt. Sei es nun das Hervorbringen charakteristischer Lautfolgen, Bewegungsabläufe, seien es Sekretaussonderungen oder die Produktion von Stromimpulsmustern, immer wird man allgemeine und grundlegende Zwecke nachweisen können, auf die das Verhalten der Individualsysteme abzielt. Somit gibt es für alle Gruppen universelle und gleiche Prinzipien für Interaktion und Kommunikation (28). Diese allgemeinen Zwecke, Aufgaben oder Leistungen, die für das Kommunikationsverhalten bestimmend sind, sollen Kommunikationsfunktionen genannt werden. Entsprächen die einzelnen Handlungen diesen Funktionen nicht, wäre auch nicht die Möglichkeit gegeben, daß Individuen sich zu Gruppen zusammenschließen könnten.

Die Funktion in diesem Sinne ist allerdings nicht das beobachtbare Verhalten selbst oder etwas Beobachtbares an diesem Verhalten. Funktion ist vielmehr ein modelltheoretisches Konzept, das es ermöglicht, ein bestimmtes Verhalten in einen größeren Zusammenhang einzuordnen. Denn eine Funktion als solche - so betont Helbig im Anschluß an Meier (29) - existiert nicht. Sie besteht immer in bezug auf bestimmte Formen (hier das Verhalten), und sie besteht - und darauf weist Halliday hin (30) - immer nur in Relation zu einem größeren Verwendungskontext (31) bzw. einer bestimmten Fragestellung (32).

Diesem Zusammenhang von Form - Funktion - Kontext, den sowohl Helbig wie Halliday herausstreichen, entspricht bei beiden eine wichtige Grunderkenntnis. Helbig faßt sie im Anschluß an Schmidt in prononcier-

---

28 Es soll im hier vorliegenden Zusammenhang kein evolutionstheoretischer, sondern ein systematischer Ansatz verfolgt werden, d.h. es wird lediglich behauptet, daß Gruppen, egal aus welcher Art von Individuen sie sich zusammensetzen, bestimmte allgemeine und gleiche Leistungen der in ihnen stattfindenden Kommunikationshandlungen aufweisen müssen, um überhaupt als Gruppe sich bilden zu können.

29 Helbig 1971,166

30 Halliday 1973

31 Halliday 1973,51

32 Halliday 1973,9

ter Weise zusammen. Er stellt fest, daß

(1) nicht jede Funktion nur einen ihr eindeutig zugeordneten Funktionsträger besitzt, sondern bestimmte Leistungen durch unterschiedliche Mittel erzielt werden können;
(2) nicht jede Form nur eine bestimmte Funktion auslösen kann, sondern daß manche Formen verschiedene Leistungen hervorbringen können (33).

Im Bereich der Untersuchung natürlicher Gruppen und der in ihnen stattfindenden Interaktion und Kommunikation - also der biologischen Ethologie, der Anthropologie, Soziologie und der Linguistik - gibt es eine ganze Reihe von funktionalen Ansätzen (34).
Faßt man nun die in den unterschiedlichen Bereichen aufgestellten Klassifikationsschemata der Kommunikationsfunktionen zusammen, so lassen sich daraus einige generelle Funktionen ableiten, die für alle Arten von Gruppen charakteristisch sind und universal genannt werden können. Kommunikationsverhalten hat in diesem Sinne

(1) Individuative Funktion
es dient zur Abgrenzung und Sicherung der Stellung des einzelnen Individuums innerhalb der Gruppe;
(2) Identifikative Funktion
es dient zur Identifikation von Objekten, Zuständen oder Vorgängen
(2.1) innerhalb der Individuen,
(2.2) innerhalb der Gruppe,
(2.3) außerhalb der Gruppe;
(3) Soziative Funktion
es dient zur Sicherung der gesamten Gruppe oder einzelner Individuen innerhalb der Gruppe (etwa Kindern);
(4) Koordinative Funktion
es dient der räumlich-zeitlichen Koordination der Gruppe und deren gemeinsamen Aktivitäten.

In diesem allgemeinen Rahmen von Gruppen und der Funktionen des in ihnen stattfindenden Kommunikationsverhaltens muß auch die menschliche Kommunikation betrachtet werden.

1.2.2 Menschliche Kommunikation

Die bisher erarbeiteten Eigenschaften, die allgemein auf Gruppen zutreffen, müssen und sollen nun für den

---

33 Helbig 1971,178
34 Ethologie: cf. Tembrock 1971,163f,164,164f,166,167,171f,172f
Sozialwissenschaften: Ogden/Richards 1923; Malinowski 1923; Hymes 1968
Linguistik: Bühler 1933; Helbig 1969; 1971; Halliday 1973; Braunroth et al. 1975; Steger 1976

weiteren Gang der Überlegungen eingeschränkt werden. In diesem Sinne ist es notwendig, zwei Restriktionen vorzunehmen:

(1) Es werden nur menschliche Gruppen betrachtet;
(2) Es wird nur verbalsprachliches Kommunikationsverhalten untersucht.

Zunächst soll nun geprüft werden, inwieweit die allgemeinen Funktionen von Kommunikationsverhalten in Gruppen hinsichtlich verbalsprachlicher Kommunikation in menschlichen Gruppen spezifiziert werden können.

Für menschliches verbalsprachliches Kommunikationsverhalten gilt, wie für Kommunikation allgemein, daß es sich aus einzelnen Handlungen zusammensetzt. Handlungen sind (so wurde in Abschnitt 1.1 definiert) intentional und/oder funktional deutbare Aktivitäten eines Individuums. Außerdem wurde darauf hingewiesen, daß diese Aktivitäten bzw. Handlungen durch endogene wie exogene Faktoren motiviert sind. Die intentional/funktionale Deutbarkeit wie auch die doppelte Motiviertheit der Handlungen gilt auch und besonders für den Menschen (35). Damit sind für die menschliche verbalsprachliche Kommunikation vier Begriffe gegeben, deren genauer Zusammenhang zunächst einmal geklärt werden muß. Es sind die Begriffe

- Handlung,
- Funktion,
- Intention,
- Motivation.

Sprachliche Handlungen, die letztlich die Grundlage für die Möglichkeit zur Konstitution menschlicher Gruppen darstellen, lassen sich auf zwei Faktorenbereiche zurückführen (36):

(1) Aufgrund bestimmter Bedürfnisse und Erkenntnisse, die innerhalb der Individualsysteme entstehen, kommt es zur Ausprägung einer bestimmten Motivationsstruktur.
(2) Die jeweils gegebenen spezifischen Verhältnisse in der unmittelbaren Umgebung der Individualsysteme bilden den jeweils aktuellen Aktionsraum.

Die Handlung entsteht aufgrund von Motivationsstruktur und den Verhältnissen des Aktionsraums. Der Zusammen-

---

35 Argyle 1969,41ff

36 Ungeheuer unterscheidet zwei "Bestimmungsstücke" am "Begriff von Individuen", nämlich äußere, beobachtbare Handlungen, wodurch die Individuen zur äußeren, realen Welt gehören, und innere, subjektive Handlungen der Kognition. Das Handeln der Individuen habe nun "Ziele entweder im Bereich der beobachtbaren Welt oder in der subjektiven Welt", cf. Ungeheuer 1972a,20

hang von Handlung, Motivation und Intention kann nun folgendermaßen bestimmt werden: Die Motivation ist eine Disposition (erhöhte Handlungsbereitschaft) zu Handlungen eines bestimmten Typs aus einem jeweils charakteristischen Bereich (37). Die Motivation hält gewöhnlich über einen längeren Zeitraum an (über mehrere Handlungen hin). Die Intention ist dagegen eine spezielle, kurzfristig entstandene, aus der Motivation und den Verhältnissen des Aktionsraums ableitbare, zielgerichtete Handlungsabsicht eines Handelnden (Sprechers) zu einer bestimmten einmaligen Handlung. Die Intention besteht, im Gegensatz zu der Motivation und den Verhältnissen des Aktionsraums, nach dem erfolgreichen Vollzug der Handlung nicht mehr.

So entsteht z.B., wie Jäger darstellt, in Dialogen nach einer bestimmten Zeit eine erhöhte Disposition (Motivation) zum Abbruch des Dialogs (38). Aufgrund dieser Motivation entsteht dann bei einem der Dialogpartner etwa die Intention, ein Schlußeinleitungssignal zu produzieren (etwa: "gut", "also", "ja" oder dgl.). Der erfolgreiche Vollzug dieser Sprechhandlung wird vom anderen Dialogpartner durch Schlußzustimmungssignale angezeigt. Damit ist jedoch noch nicht die Motivation aufgehoben. Denn für den erfolgreichen Abbruch von Dialogen sind noch weitere Sprechhandlungen notwendig, denen bestimmte Intentionen entsprechen. So kann etwa diese Anfangssequenz der Terminalphase eines Dialogs mehrfach wiederholt werden (39). Allen Sprechhandlungen dieser Phase werden jeweils bestimmte Intentionen korrespondieren, die nach erfolgreichem Vollzug der einzelnen Sprechhandlung nicht mehr bestehen. Die allgemeine Motivation zum Dialogabbruch dagegen ist auch nach Vollzug dieser einzelnen Handlungen noch vorhanden.

In diesem Sinne legen Motivationen das allgemeine Verhaltensrepertoire fest, das kulturell bzw. biologisch begründet ist. Aufgrund einer Intention wird dann aus diesem Repertoire eine bestimmte Alternative ausgewählt (40). Unter Intention soll im vorliegenden Zusammenhang dann der innere Zustand eines Individualsystems verstanden werden, der vom jeweiligen Individuum als

---

37 Siehe unten Abschnitt 6.1.2

38 Jäger gibt sogar für diese erhöhte Disposition eine Maßzahl v an; nimmt diese Maßzahl den Wert $v < 1$ an, so wächst die Wahrscheinlichkeit für den Vollzug von Dialogabbruchshandlungen, cf. Jäger 1976,117f

39 Jäger 1976,121ff

40 Zur Kategorisierung von Motivationen, cf. Argyle 1969,41ff; zur Kategorisierung von Intentionen hat Steger 1976 einen Vorschlag gemacht; der Intentionsbegriff bei Steger unterscheidet sich jedoch von dem hier vorgelegten insofern, als Steger unter "Intention" sowohl bewußtes Wollen als auch unbewußtes Verhalten versteht.

bewußtes Wollen erlebt wird. Gleichwohl kann unbewußtes Verhalten ebenfalls zielgerichtet sein bzw. als ein sinnvolles Handeln betrachtet werden, und zwar insofern, als es eine bestimmte Bedeutung in einem größeren Handlungszusammenhang haben kann. Ebenso kann bewußtes, also intentionales Handeln eine Bedeutung im größeren Zusammenhang besitzen, die dem Handelnden nicht bewußt zu sein braucht. Sprachliche Aktivitäten von Individuen, die eine solche Bedeutung besitzen, sollen ebenfalls als Handlungen bezeichnet werden, und zwar insofern sie eine bestimmte Funktion besitzen.

Die Intentionalität von Handlungen ist somit immer der für den Handelnden bewußte Aspekt, die Funktionalität der Handlung ist der unbewußte bzw. nur potentiell bewußte Aspekt von Handlungen in einem größeren Zusammenhang. Sie ist entweder nur dem jeweils anderen Interaktionspartner bewußt oder sogar nur einem externen Beobachter bei einer späteren Rekonstruktion des Geschehens. Der funktionale Aspekt von (sprachlichen) Handlungen ist somit gegenüber dem intentionalen der umfassendere Aspekt.

Der funktionale Aspekt von Handlungen bietet für wissenschaftliche Analysen zwei Vorteile:

(1) Er stellt einen umfassenderen und damit adäquateren Zugang zur Beschreibung und Erklärung von Handlungen dar. Denn da jede Handlung nie isoliert, sondern immer in einem größeren Zusammenhang steht bzw. eingeordnet werden kann, besitzt jede Handlung zwar mindestens einen funktionalen, nicht aber unbedingt auch einen intentionalen Aspekt.

(2) Er ist individuenunabhängig bestimmbar. Da Intentionen im Gegensatz zu Funktionen intrapsychische Phänomene darstellen, sind sie nicht der direkten Analyse zugänglich und damit niemals voll überprüfbar (41).

1.2.3 Die Sprachfunktionen

Alle als Handlungen bestimmbaren Aktivitäten sind also durch einen funktionalen Aspekt ausgezeichnet. Dieser Aspekt kann, bis zu einem bestimmten Maße, unabhängig von den Meinungen, Wünschen und Vorstellungen des einzelnen Individuums in Relation zu einem größeren Zusammenhang bestimmt werden. Die Frage, die sich jetzt stellt, ist, inwieweit die speziellen Sprachfunktionen, ähnlich wie die Motivationen und Intentionen, klassifiziert werden können. Entsprechend den oben angestellten Überlegungen werden sich bei sprachlichem Kommunikationsverhalten unter Menschen ebenfalls die Funktionen nachweisen lassen, die allgemein für jedes Kommunikationsverhalten gelten. Zu prüfen ist allerdings, ob

41 Zu prinzipiellen Schwierigkeiten intentionaler Analysen cf. Sager 1977a,39f

das allgemeine Klassifikationsschema ausreichend ist, ob es weiter differenziert werden muß und ob für sprachliche Kommunikation eine Modifikation notwendig wird.

Diese Fragen sollen im folgenden im Zusammenhang mit einer Reihe funktionaler Ansätze diskutiert werden, die alle implizit oder explizit Klassifikationsschemata für menschliche sprachliche Kommunikation vorgelegt haben. Die generelle Frage ist in diesem Zusammenhang, wie weit die Funktionskataloge vollständig das gesamte Spektrum sprachlichen Verhaltens abdecken, also wie weit sie allgemeingültig sind. Die spezielle Frage, die bei dieser Diskussion geprüft werden soll, ist: Aufgrund welchen Unterscheidungskriteriums wird das jeweilige Klassifikationsschema der Sprachfunktionen entwickelt? Die sechs Kataloge von Sprachfunktionen, die hier geprüft werden sollen, sind die von Ogden/Richards (42), Malinowski (43), Bühler (44), Hymes (45), Halliday (46) und Braunroth et al. (47).

Ogden und Richards

Der von Ogden und Richards vorgelegte Katalog sprachlicher Funktionen ist das früheste der hier betrachteten Klassifikationsschemata. Bei ihrer Analyse des Begriffs der Bedeutung nehmen die Autoren hinsichtlich der Funktionen, die ein Sprechereignis haben kann, zunächst eine Zweiteilung vor, die sie als eine

> Unterteilung in den symbolischen und den emotionalen Wortgebrauch charakterisieren (48).

Unter dem "symbolischen Wortgebrauch" verstehen sie dabei den "Bezug", die Referenz auf außersprachliche Entitäten. Unter dem "emotionalen Wortgebrauch" wird die Tatsache zusammengefaßt, daß Wörter

> auch Zeichen von Gemütsbewegungen, Einstellungen, Stimmungen, dem Temperament, dem Interesse oder der Verfassung des Geistes (49)

sind.

Unter "Funktion" verstehen Ogden und Richards dann bestimmte "Leitprinzipien", aufgrund derer die "symbolische Form variiert" (50) werden kann, also Fakten, die für eine spezielle Auswahl aus einem möglichen Zeichenrepertoire verantwortlich sind. Die anfängliche Dichotomie dieser Funktionen der sprachlichen Form wird dann später zu einem Katalog von fünf Sprachfunktionen erweitert:

---

42 Ogden/Richards 1923
43 Malinowski 1923
44 Bühler 1933
45 Hymes 1968
46 Halliday 1973
47 Braunroth et al. 1975
48 Ogden/Richards 1923,175
49 Ogden/Richards 1923,260
50 Ogden/Richards 1923,260

(1) Symbolisierung des Bezugs;
(2) Ausdruck der Einstellung gegenüber dem Hörer;
(3) Ausdruck der Einstellung zum Referenten (51);
(4) Beförderung beabsichtigter Wirkungen;
(5) Unterstützung des Bezugs (52).

Das Unterscheidungskriterium für diese als vollständig und erschöpfend charakterisierten Funktionen ist hauptsächlich - wie Hymes zu recht bemerkt (53) - die Möglichkeit unterschiedlicher Expression emotionaler wie rationaler Aspekte. Dieser Bereich wird dann der allgemeinen Referenzfunktion gegenüber gestellt. Ogden und Richards gehen bei ihren Überlegungen primär davon aus, was ein S p r e c h e r mit der Sprache machen kann bzw. was die Äußerung für den H ö r e r bedeutet. Ihr funktionaler Ansatz soll in diesem Sinne als primär <u>Benutzer-zentriert</u> bezeichnet werden.

<u>Malinowski</u>

Im Anhang des Buches von Ogden und Richards entwikkelt Malinowski in enger Anlehnung an die beiden Autoren seine Überlegungen bezüglich einer funktionalen Sprachbetrachtung. Er schreibt dabei aus der Sicht des Ethnographen, "der die primitive Mentalität, Kultur und Sprache untersucht" (54). Malinowski polemisiert dabei gegen die "relative Sterilität" (55) der Sprachtheorien vieler Philologen, deren Blickwinkel er als "fiktiv und irrelevant" (56) charakterisiert, was er auf das

> Fehlen einer klaren und präzisen Vorstellung von der Sprachfunktion und von der Natur der Bedeutung (57)

zurückführt.

Malinowski selbst hat nicht explizit einen Katalog von Sprachfunktionen vorgelegt. Aus seinen Bemerkungen und Beispielen läßt sich aber ein solcher Katalog ohne Schwierigkeiten extrahieren. Zunächst stellt Malinowski das Sprachverhalten, wie es bei Naturvölkern zu beob-

---

51 Mit "Referent" ist das Bezeichnete gemeint, also das "signifié" im Sinne Saussures.

52 Diese etwas unklare Funktion bezieht sich auf die Zugänglichkeit (Verständlichkeit) des bezeichneten Sachverhalts, die durch die Unterscheidung "Schwierigkeit/Leichtigkeit" des Bezugs charakterisiert wird. Diese Funktion hat etwas damit zu tun, inwieweit dem Sprecher das, worüber er spricht, klar und verständlich ist (also der kognitive Zugang zum bezeichneten Sachverhalt) und inwieweit er es schafft, dies dem Hörer klar und verständlich zu vermitteln.

53 Hymes 1968,429, Anmerkung 9

54 Malinowski 1923,327

55 Malinowski 1923,343

56 Malinowski 1923,339

57 Malinowski 1923,342f

achten ist, einem reflexiven Sprachgebrauch, wie er in unserer Kultur als allgemein üblich postuliert wird, gegenüber.

> Wir müssen erkennen, daß die Sprache ursprünglich unter primitiven, nichtzivilisierten Völkern niemals als bloßer Spiegel reflektierten Denkens gebraucht wurde (58).

Dem Aspekt als Mittel des Denkens stellt Malinowski den "Aktionsmodus" von Sprache gegenüber. Dabei unterscheidet er, inwieweit Sprache dazu benutzt wird, Emotionen auszudrücken, in Arbeitsvorgängen zur Sicherung des Lebensunterhaltes (Jagen, Fischen etc.) integriert ist oder zur Konstitution sozialer Bindungen dient (60). In diesem Sinne können Malinowskis Überlegungen im folgenden Sprachfunktionenkatalog zusammengefaßt werden.

(1) Reflexive Funktion;
(2) Emotive Funktion;
(3) Operative Funktion;
(4) Phatische Funktion (61).

Der Terminus "Phatische Kommunikation" stammt von Malinowski selbst und bezieht sich auf die Sprache als einem Mittel zur Schaffung sozialer Bindungen.

Malinowski charakterisiert dann seinen Ansatz als pragmatisch. Er leitet das Kriterium zur Unterscheidung verschiedener Sprachfunktionen aus der Feststellung ab,

> daß die Sprache wesentlich in der Wirklichkeit der Kultur, des Stammeslebens und der Sitten und Gebräuche eines Volkes wurzelt und daß sie nicht ohne fortwährende Bezugnahme auf diese umfassenden Kontexte verbaler Äußerungen erklärt werden kann (62).

Entsprechend dieser Position kann Malinowskis Position als Gesellschafts-zentriert bezeichnet werden.

Bühler

Das wohl bekannteste Klassifikationsschema sprachlicher Funktionen stammt von Bühler. Bühler geht bei seinen Überlegungen von der "Zeichennatur der Sprache" (63) aus, die er mit der scholastischen Formulierung des "aliquid stat pro aliquo" (64) charakterisiert. An dieser Zeichennatur der Sprache unterscheidet Bühler weitere Aspekte. Ausgehend von dem grundsätzlichen Zeichenprinzip des "Stellvertretens" (65) und "Zuordnens" (66) zeigt Bühler, daß die Sprache erstens ein

---

58 Malinowski 1923,346
59 Malinowski 1923,352
60 Malinowski 1923,338f
61 Malinowski 1923,350
62 Malinowski 1923,336
63 Bühler 1933,24ff
64 Etwas steht für etwas anderes.
65 Bühler 1933,26
66 Bühler 1933,78

System "von Phonemen" ist, "zweitens lexikalische Sinneinheiten und drittens eine Syntax" (67) besitzt und daß

> dies die unentbehrlichen Momente eines universellen Darstellungsinstrumentes sind (68).

Neben dem Darstellungsmodus betont Bühler aber noch wie bereits Malinowski, daß das menschliche Sprechen auch "ein Modus des Handelns" (69) ist. In diesem Sinne bestimmt Bühler die Sprache im Anschluß an Platon als "organum", mit dem "einer dem anderen etwas (...) über die Dinge"(70) mitteilen kann. Daraus ergeben sich drei Modi des Zeichen-Seins. So ist das Zeichen

> Symbol kraft seiner Zuordnung zu Gegenständen und Sachverhalten, Anzeichen (Indicium) kraft seiner Abhängigkeit vom Sender, dessen Innerlichkeit es ausdrückt, und Signal kraft seines Appells an den Hörer, dessen äußeres oder inneres Verhalten es steuert wie andere Verkehrszeichen (71).

Daraus ergeben sich für Bühler drei Funktionen sprachlicher Kommunikation:

(1) Darstellungsfunktion;
(2) Ausdrucksfunktion;
(3) Appellfunktion.

Zwar erkennt Bühler an, daß der "biologische Quellpunkt der Zeichenproduktion" letztlich in der Notwendigkeit einer situationsgerechten "Kooperation von Individuen" (72) zu suchen ist. Da es ihm aber weder um Teile noch Modi des Sprechvorgangs geht, sondern um die "Grundaspekte des Gegenstands" in bezug auf "das Zeichenhafte" (73), insofern von allen psychischen Erscheinungen beim Umgang mit Symbolen abstrahiert wird (74), kann der Bühlersche Ansatz als Medium-zentriert bezeichnet werden.

Hymes

Einen neueren Versuch der Kategorisierung von Sprachfunktionen hat Hymes vorgelegt. Hymes beruft sich bei seinen Überlegungen zum Teil auf Jakobson, zum Teil auf Malinowski und damit letztlich auch auf Ogden und Richards. Unter "Funktion" versteht er zunächst ganz allgemein, entsprechend "der linguistischen Tradition", nichts anderes als die

> spezielle Deutung der Faktoren des Sprechereignisses im Hinblick auf Motive oder Zwecke (75).

---

67 Bühler 1933,60
68 Bühler 1933,64
69 Bühler 1933,48
70 Bühler 1933,74
71 Bühler 1933,90
72 Bühler 1933,25
73 Bühler 1933,40
74 Bühler 1933,63f
75 Hymes 1968,363

Da für Hymes in jeder Theorie des Sprachverhaltens

> irgendeine Konzeption der Funktionen des Sprechens (bzw. kürzer: Sprachfunktionen) (...) (76)

enthalten ist, geht es ihm weniger um die Frage,

> ob es überhaupt eine Konzeption von Sprachfunktionen geben solle (77),

sondern lediglich um die detaillierte Klassifikation solcher Sprachfunktionen.

Sinnvolles Unterscheidungskriterium für Hymes ist die Möglichkeit der Zuordnung von Motiven und Zwecken zu bestimmten Faktorenbereichen, die bei einem Sprechereignis unterschieden werden können. Die sieben Faktorentypen sind für Hymes im einzelnen: Sender, Empfänger, Form der Mitteilung, Übertragungskanal, Kode, Inhalt der Mitteilung, Situation (78). Diesen Faktoren werden bestimmte Sprachfunktionen zugeordnet:

(1) Expressive Funktion;
(2) Direktive Funktion;
(3) Poetische Funktion;
(4) Kontakt-Funktion;
(5) Metasprachliche Funktion;
(6) Referenz-Funktion;
(7) Kontext-Funktion (79).

Da Hymes sich sowohl auf Sprecher und Hörer wie auf den Zeichenaspekt der Sprache beruft (und von daher seine Sprachfunktionen entwickelt), kann sein Katalog sowohl Benutzer-zentriert wie auch Medium-zentriert genannt werden.

Halliday

Ebenso wie Hymes beruft sich auch Halliday auf die Untersuchungen Malinowskis. Halliday berücksichtigt bei seinen Betrachtungen sehr stark Faktoren aus dem Bereich des Spracherwerbs. Dabei stellt er sich die Frage, welche Rolle das Phänomen der Sprache (im Sinne konkreter Sprechereignisse) für die Erfahrungen des Kindes spielt (80). Anders gewendet wird diese Frage zur Frage nach den Funktionen der Sprache (für das Kind). Funktion in diesem Sinne bedeutet dann das, was das Kind mit der Sprache alles machen kann, wie es Sprache einsetzen kann, um seine Grundbedürfnisse zu befriedigen. In diesem aktional pragmatischen Sinne entwickelt das Kind ein Sprach"modell", indem es erkennt, daß

> Sprache ein vielgliedriges und angepaßtes Instrument für das Verwirklichen seiner Intentionen (81) ist.

---

76 Hymes 1968,363
77 Hymes 1968,363
78 Hymes 1968,355ff
79 Hymes 1968,364
80 Halliday 1973,10
81 Halliday 1973,10f

Aus der Analyse dessen, wie das Kind Sprache verwendet, leitet Halliday dann bestimmte erste Sprachfunktionen ab (82). Diese zunächst für die Kindersprache geltenden Sprachfunktionen werden dann verallgemeinert.

> Ich behaupte jedoch, daß im Prinzip das gleiche für die Strukturelemente der Erwachsenensprache zutrifft: daß diese auch ihren Ursprung in den sozialen Funktionen von Sprache haben (83).

Die große Menge dieser speziellen, relativ zum situativen Kontext (84) entstandenen und durch ein jeweils adäquates Muster von Sprachvarianten (85) realisierten Funktionen faßt Halliday dann unter drei "Makro-Funktionen" zusammen. Dabei sind

> diese Makro-Funktionen (...) die hoch-abstrakten, sprachlichen Reflexe der Vielfalt der sozialen Sprachverwendungen (86).

Die drei Makro-Funktionen nennt Halliday

(1) Ideationale Funktion (87);
(2) Interpersonale Funktion;
(3) Textuale Funktion (88).

Ähnlich wie schon Hymes geht auch Halliday bei dem Aufstellen seines Sprachfunktionenkatalogs davon aus, was die Benutzer mit Sprache "tun können" (89). Hallidays Ansatz kann somit ebenfalls als Benutzer-zentriert bezeichnet werden.

Braunroth et al.

Braunroth et al. charakterisieren ihre Überlegungen, in denen sie "Gegenstand und Aufgaben der linguistischen Pragmatik" (90) zu skizzieren versuchen, nicht explizit als funktionalen Ansatz. Wird unter Sprachfunktion aber im weitesten Sinne die Leistung der Sprache hinsichtlich verschiedener Wirkungszusammenhänge verstanden, so lassen sich auch die Bemerkungen Braunroths et al. als funktional begreifen. Der - in diesem Sinne implizite - Funktionsbegriff, den Braunroth et al. zugrunde legen, ist der, daß Sprache als Mittel für

---

82 Halliday 1973,12ff
83 Halliday 1973,29
84 Halliday 1973,50ff
85 Halliday 1973,22
86 Halliday 1973,34
87 Sprache als Medium zur Übermittlung von Information, cf. Halliday 1973,34f
88 Damit ist gemeint, daß durch Sprache "operational relevante" Texte konstruiert werden, die eine bestimmte Struktur aufweisen, wodurch Sprache erst eine "lebendige Mitteilung" wird, cf. Halliday 1973,38f
89 Halliday 1973,88
90 Braunroth et al. 1975,49

verschiedene Zwecke der Sprachbenutzer eingesetzt werden kann (91). Da Sprechen als Handeln aufgefaßt wird, werden die Aspekte dieses Handelns herauszuarbeiten versucht. Das geschieht dadurch, daß auf den gemeinsamen Ursprung bestimmter sozialer und psychologischer Phänomene wie Sprache, Arbeit, Bewußtsein und zwischenmenschliche Beziehungen hingewiesen wird (92).

Daraus ergeben sich drei "Themenkomplexe der linguistischen Pragmatik" (93). Diese Problemkomplexe werden als Relation der Sprache zu bestimmten Phänomenbereichen beschrieben. Sie werden als die Bedeutung und Leistung der Sprache für diesen Bereich herausgehoben (94). Diese drei Relationen müssen als Sprachfunktionen gedeutet werden. Es sind die

(1) Arbeits-Funktion;
(2) Bewußtseins-Funktion;
(3) Gesellschafts-Funktion.

Im Zusammenhang des Problembereichs Sprache/Gesellschaft nennen Braunroth et al. allerdings explizit vier "allgemeine Funktionen" der Sprache:

(1) Funktion der allgemeinen Widerspiegelung;
(2) Kommunikationsfunktion;
(3) Akkumulative Funktion (Erhaltung und Überlieferung von Wissen);
(4) Operative Funktion (Möglichkeit des regelhaften und systematischen Austauschs von Bewußtseinsinhalten) (95).

Diese Funktionen entsprechen aber weitgehend den hier als Arbeits-, Bewußtseins- und Gesellschafts-Funktion bezeichneten Aspekten der Sprache. Und da diese drei Problemkomplexe sprachlicher Zweckorientiertheit bei Braunroth et al. als übergeordnetes Gliederungskriterium der Darstellung gewählt wurden, wird es als legitim angesehen, sie als die drei "Braunrothschen Sprachfunktionen" wiederzugeben.

Der Zusammenhang dieser drei Bereiche wird von Braunroth et al. so charakterisiert,

> daß die Sprache, indem sie zwischen der gesellschaftlichen Arbeit und dem gesellschaftlichen Bewußtsein vermittelt, zum entscheidenden (aber nicht alleinigen) Träger gesellschaftlicher Beziehungen wird (96).

Die beiden Pole, innerhalb derer eine adäquate Sprachbetrachtung zu erfolgen hat, sind in diesem Sinne das Individuum und die Gesellschaft. Der funktionale Ansatz von Braunroth et al. kann daher sowohl Gesellschafts-

---

91 Braunroth et al. 1975,49
92 Braunroth et al. 1975,50
93 Braunroth et al. 1975,50
94 Braunroth et al. 1975,50ff
95 Braunroth et al. 1975,56
96 Braunroth et al. 1975,50

zentriert wie auch Benutzer-zentriert bezeichnet werden.

Betrachtet man nun die Sprachfunktionenkataloge im einzelnen, so wird man feststellen können, daß sie alle weder dem (teilweise explizit) erhobenen Anspruch nach Vollständigkeit noch der Forderung nach einer konsistenten, nach nur einem Unterscheidungskriterium erfolgten differenzierten Aufteilung genügen. Sie sind m.a.W. weder vollständig noch systematisch. Die oben vorgenommene Unterteilung nach Medium-zentriert, Benutzer-zentriert und Gesellschafts-zentriert stellt also nur eine erste grobe Einteilung dar. Bei allen Katalogen werden letztlich mehrere Betrachtungsweisen miteinander vermengt.

So findet sich z.B. bei allen Katalogen eine Vermengung von Medium-zentrierter und Benutzer-zentrierter Betrachtung. Das heißt, die Sprachfunktionen werden sowohl von dem Aspekt des Zeichencharakters der Sprache her entwickelt - so etwa in der Symbol-Funktion (Ogden/ Richards), der Reflexiven-Funktion (Malinowski), der Darstellungs-Funktion (Bühler), der Poetischen-Metasprachlichen und Referenz-Funktion (Hymes), der Ideational-Funktion (Halliday) und der Bewußtseins-Funktion (Braunroth et al.) - als auch von ihrem aktionalen Aspekt für den Sprachbenutzer her bestimmt. Berücksichtigt man aber, daß das Zeichenhafte der Sprache im aktionalen Sinne benutzt werden kann, so wird deutlich, daß solche Funktionen nicht auf einer theoretischen Ebene betrachtet werden dürfen.

Das gleiche gilt für die Vermengung von Gesellschafts- und Benutzer-zentriertem Betrachtungsstandpunkt beim Aufstellen eines einheitlichen Funktionenkatalogs. So kann z.B. der Themenkomplex Sprache und Gesellschaft bei Braunroth et al. nicht auf gleiche Ebene gestellt werden wie der von Sprache und Arbeit, da hier wohl eindeutig eine Inklusionsrelation besteht. Ebenso kann etwa bei Malinowski die Emotive-Funktion - wie Malinowski selbst beschreibt (97) - durchaus im operativen wie phatischen Sinne verwendet werden. Die ersten sieben Hymesschen Funktionen lassen sich in diesem Sinne alle auch als Kontextuelle Funktionen auffassen.

Soll in diesem Sinne ein sowohl systematischer wie konsistenter Katalog von Sprachfunktionen aufgestellt werden, muß dies notwendigerweise in zwei aufeinander bezogenen Schritten erfolgen:

(1) Es muß die theoretische Beobachtungsperspektive genannt werden, die als Unterscheidungskriterium für die generelle Aufteilung in Sprachfunktionen dienen kann.

(2) Es müssen relativ zu dieser Beobachtungsperspektive einzelne Sprachfunktionen unterschieden werden.

---

97 Malinowski 1923,344f

Aus der Analyse der bisher vorgelegten Funktionskataloge lassen sich entsprechend der ersten Forderung drei funktionale Niveaus unterscheiden, die den weitesten Rahmen für die funktionale Leistung der Sprache abstecken können. Diese drei funktionalen Niveaus bilden nun eine Hierarchie. Die funktionalen Bestimmungen auf der einen Ebene können alle unter einem funktionalen Aspekt auf der nächst höheren Ebene eingesetzt werden. Als unterstes funktionales Niveau kann die Medium-zentrierte Betrachtung angesehen werden. Bei dieser Betrachtungsweise kann von der konkreten Verwendung in einzelnen sozial-relevanten Situationen abstrahiert werden.

Das nächst höhere funktionale Niveau ist die Benutzer-zentrierte Betrachtung. Die Medium-Funktionen der Sprache können hier daraufhin untersucht werden, zu welchen individuellen Zwecken sie von den Sprachbenutzern eingesetzt werden können. Abstrahiert wird auf dieser Ebene allerdings noch von der Tatsache, daß das sprachliche Handeln der Sprachbenutzer für die gesamte Gruppe eine bestimmte Bedeutung besitzt. Dies wird erst auf dem obersten funktionalen Niveau mit in die Betrachtung einbezogen, was dann zu einer Gesellschafts-zentrierten Betrachtung führt.

Die drei hierarchisch geordneten funktionalen Niveaus sind also:

A: das Gesellschafts-zentrierte Funktionsniveau;
B: das Benutzer-zentrierte Funktionsniveau;
C: das Medium-zentrierte Funktionsniveau.

Eine bestimmte sprachliche Äußerung ist nun auf allen drei Niveaus gleichzeitig beschreibbar. Dazu müssen aber jetzt in einem zweiten Schritt die Niveaus weiter ausdifferenziert werden. Erst damit ergibt sich ein vollständiger und konsistenter Katalog von Sprachfunktionen. In diesem Sinne lassen sich folgende Sprachfunktionen unterscheiden:

A: Gesellschafts-zentriert
- (1) Gebrauchs-Funktion
- (2) Beziehungs-Funktion

B: Benutzer-zentriert
- (1) Expressive Funktion
- (2) Referentielle Funktion
- (3) Epistemologische Funktion
- (4) Individuative Funktion
- (5) Interaktive Funktion

C: Medium-zentriert
- (1) Denotative Funktion
- (2) Prädikative Funktion
- (3) Textuelle Funktion
- (4) Poetische Funktion
- (5) Metasprachliche Funktion

Entsprechend der im Abschnitt 1.1 gemachten Unterscheidung in supraindividuell deutbare Handlungen und auf das isolierte Individuum bezogene Aktivitäten soll auf der A-Ebene von Sprechhandlungen, auf der B-Ebene von Sprechaktivitäten gesprochen werden. Auf der C-Ebene, auf der vom realen Sprechereignis abstrahiert werden kann, kann dann von Zeichen gesprochen werden. Analog zu der Bestimmung von Handlungen relativ zu einem supraindividuellen Zusammenhang können Zeichenfunktionen relativ zu dem Gesamtzusammenhang des Zeichensystems bestimmt werden (98).

Die Funktionen sind insofern nun hierarchisch geordnet, als man feststellen kann, daß die Medium-zentrierten Zeichenfunktionen die Grundlage bilden für die Benutzer-zentrierten Sprechaktivitätenfunktionen, diese wiederum die Grundlage für die Gesellschafts-zentrierten Sprechhandlungsfunktionen. D.h. für die Bestimmung einer Gesellschafts-zentrierten Funktion ist die vorherige Bestimmung der Medium- und Benutzer-zentrierten Funktion notwendig.

Für die Ableitung des Themas der vorliegenden Arbeit sind nun die beiden Funktionen des obersten funktionalen Niveaus primär von Interesse. Unter der Gebrauchsfunktion von Sprache soll verstanden werden, daß Sprache dazu dienen kann, die in Gruppen notwendigen und anfallenden Probleme und Aufgaben aufeinander abzustimmen und zu lösen.

Auf der anderen Seite kann Sprache auch völlig unabhängig von diesem Aspekt benutzt werden: nämlich zur Herstellung, Lenkung oder dem Abbruch der sozialen Bindungen zwischen den Gruppenmitgliedern. Das Knüpfen und Erhalten von Beziehungen ist eine fundamentale und notwendige Tatsache im Leben jedes Menschen, und die Sprache spielt dabei eine zentrale Rolle.

Diese hier postulierte Unterscheidung von Gebrauchs- und Beziehungsfunktion stimmt auch mit einer Reihe unabhängig durchgeführter empirischer Untersuchungen überein. Argyle hat die Ergebnisse dieser Untersuchungen zusammengefaßt (99). Er stellt fest, daß zwei grundsätzliche Motive nachweisbar sind, aufgrund derer sich Individuen in Gruppen zusammenschließen, nämlich

> Befriedigung interpersonaler Bedürfnisse und Befriedigung von Bedürfnissen, die mit der Aufgabe verknüpft sind (100).

Die Leistungen, die der Sprache in diesen Zusammenhängen zukommen, können durch die Gebrauchs- und Beziehungsfunktion erfaßt werden.

Für die Untersuchung der Gebrauchsfunktion besteht, wie weiter unten noch näher zu zeigen sein wird, bereits ein umfassendes Konzept, nämlich die Sprechakt-

---

98 Das Zeichensystem fungiert hier in diesem Sinne als der supraindividuelle Zusammenhang in bezug auf das token eines Zeichenindividuums.

99 Argyle 1969,214ff

100 Argyle 1969,217

theorie. Für die Beziehungsfunktion der Sprache gibt es bisher keine derart ausgearbeitete Theorie. Die vorliegende Arbeit soll in diesem Sinne als erster Versuch zur Entwicklung einer solchen Theorie verstanden werden. In ihr soll der theoretisch faßbare Zusammenhang von sprachlicher Kommunikation und zwischenmenschlicher Beziehung explizit und detailliert beschrieben werden.

2. FORSCHUNGSLAGE ZUM BEZIEHUNGSBEGRIFF

2.1 Ein wenig beachteter Problembereich

Der Blick in die aktuelle Diskussion um den Zusammenhang von zwischenmenschlicher Beziehung und sprachlicher Kommunikation zeigt, daß in diesem Bereich die Untersuchungen noch ganz am Anfang stehen bzw. die Probleme noch gar nicht in das allgemeine Bewußtsein gelangt sind. Daß für diesen Problemzusammenhang bisher keine ausgearbeitete Theorie vorliegt, hat seinen Grund sicher mit in der Tatsache, daß es äußerst schwierig ist, einen befriedigenden und ausreichenden Begriff der "zwischenmenschlichen Beziehung" zu definieren.

Eine Ursache für das Fehlen einer solchen expliziten Begriffsdefinition mag darin liegen, daß "Beziehung" ein auch im Alltag durchaus gebräuchlicher und überaus häufig verwendeter Begriff ist. Solche immer wieder benutzten Begriffe haben aber nun oft die Eigenschaft, als klare, unmißverständliche und unproblematische Begriffe zu gelten, über die man sich recht wenig Gedanken macht. Hinzu kommt, daß häufiges Reden über einen Sachverhalt den Eindruck erweckt, man wüßte über diesen Sachverhalt genauestens Bescheid.

Werden solche Begriffe in wissenschaftlichen Kontexten verwendet, besteht die Gefahr anzunehmen, daß damit auf unproblematische, scheinbar allen verständliche Sachverhalte rekurriert werde. Genau dieses Problem zeigt sich immer wieder in linguistischen Arbeiten, in denen der Begriff "Beziehung" undefiniert eingeführt und benutzt wird. Bevor also der Z u s a m m e n h a n g von Kommunikation und Beziehung im einzelnen geklärt werden kann, muß zunächst eine hinreichende Definition des Begriffs "Beziehung" selbst gegeben werden.

Es gibt nun eine Reihe von Versuchen, vor allem innerhalb der Sozialwissenschaften, den Begriff "Beziehung" zu fassen. Der wohl ausführlichste und detaillierteste Versuch in dieser Hinsicht ist von der frühen deutschen Beziehungssoziologie unternommen worden (1). In der Linguistik taucht der Begriff "Beziehung" sowohl im Sinne des allgemeinen Sprachverständnisses auf als auch speziell in Anlehnung an das Konzept von Watzlawick et al. In all diesen zum Teil recht unterschiedlichen Konzepten liegt das Interesse der Untersuchung entweder primär auf außerlinguistischen Phänomenen sozialer oder psychologischer Art oder auf speziell linguistischen Phänomenen, ohne daß der jeweils andere Bereich wirklich ernsthaft berücksichtigt wird. Erst in neuerer Zeit finden sich

1 Siehe unten

immer häufiger von beiden Seiten, wenn auch zumeist erst in programmatischer Form, Hinweise, die die Notwendigkeit interdisziplinärer Zusammenarbeit von Linguistik und Sozialwissenschaften betonen (2).

Ein weiterer Grund für das Fehlen einer Theorie des Zusammenhangs von Kommunikation und Beziehung ist, daß dort, wo innerhalb der Linguistik außerlinguistische Problembereiche berücksichtigt wurden, andere theoretische Konzepte im Vordergrund standen. So wurde und wird etwa im Zuge der Entwicklung der Sprechakttheorie sehr stark der Handlungsbegriff diskutiert (3). In psycholinguistischen Untersuchungen lag der Schwerpunkt des Interesses vornehmlich auf Untersuchungen im Bereich der Grammatik, speziell dem Versuch einer psychologischen Fundierung syntaktischer und semantischer Modelle. Weiter wurde die Sprachentwicklung des Kindes untersucht oder der Zusammenhang von Sprache und Kognition bearbeitet (4). Neuerdings werden auch Zusammenhänge zu Ergebnissen aus neurophysiologischen Untersuchungen hergestellt, etwa in der Aphasieforschung (5).

Im Bereich der Soziolinguistik dagegen standen Probleme schichtenspezifischen Sprechens stark im Vordergrund der Analysen (6). Weiter gingen die Bemühungen um die Ausweitung des Chomskyschen Kompetenzkonzepts in Richtung auf eine Theorie der allgemeinen kommunikativen Kompetenz (7).

Die Beziehungsproblematik tauchte in allen diesen linguistischen Untersuchungen und Darstellungen - wenn überhaupt - nur als marginaler Aspekt auf. Das ist um so erstaunlicher, als viele dieser Arbeiten sich explizit als pragmatische Ansätze verstehen. Berücksichtigt man aber die wohl allgemein anerkannte Definition der Pragmatik (8) als der Disziplin, die sich generell mit

---

2 Argyle 1969,63ff,113ff; Hymes 1972,40f; Cicourel 1973,212ff; Israel 1973,209ff; Schmidt 1974,7; Wunderlich 1974,123; Braunroth et al. 1975,49; Wiggershaus 1975; Wunderlich 1976,30

3 Cf. etwa Maas/Wunderlich 1972,189ff; Buddemeier 1973; Schnelle 1973,265ff; Frese 1974,52ff; Wunderlich 1974,309ff; Braunroth et al. 1975,74ff; Brennenstuhl 1975; Kummer 1975; Hennig/Huth 1975, 112ff; Dittmann 1976,63ff; Pleines 1976; Wunderlich 1976,30ff; Rehbein 1977

4 Hörmann 1970; Engelkamp 1974; Halbe 1976; List weist allerdings schon auf die Notwendigkeit einer Ausweitung der Psycholinguistik in Bereiche der Interaktionsforschung hin, cf. List 1972,97ff

5 Cf. Kotten 1972; Viethen et al. 1977,327ff

6 Cf. Labov 1966; Oevermann 1970; Bernstein 1971; Klein/Wunderlich 1971; Ammon 1973; Dittmann 1973; Hager et al. 1975; cf. auch Simon 1974

7 Habermas 1971; Dittmann 1973,229ff; Kochan 1973

8 Cf. etwa Heupel 1973,1985; Abraham 1974,343; Welte 1974,454; Henne 1975,17; Schlieben-Lange 1975; Stammerjohan/Jensen 1975,327; Lewandowski 1976,545

der Verbindung von Zeichen und Zeichenbenutzer beschäftigt, so ist damit eigentlich unmittelbar auch auf das Problem der Beziehung zwischen den Zeichenbenutzern hingewiesen. Denn gerade die Beziehungen, die die Menschen eingehen, gehören zu einem grundlegenden und wesentlichen Aspekt ihres Lebens. Die linguistische Pragmatik hat hier die Möglichkeit und Aufgabe, eine der wohl wichtigsten Funktionen der Sprache zu analysieren und damit dem Morrisschen Diktum von der Pragmatik als der Untersuchung der "lebensbezogenen" Aspekte der Semiose gerecht zu werden.

Wie diese Aufgabe bisher unter zum Teil recht unterschiedlichen Fragestellungen bearbeitet worden ist und welche Probleme dabei entstanden sind, soll im folgenden dargestellt werden. Dabei werden aus der Kritik an den vorliegenden Ansätzen einige der Forderungen abgeleitet, die für das eigene Konzept der Beziehung Ausgangspunkt und Grundlage darstellen sollen.

2.2 Der Beziehungsbegriff innerhalb der Linguistik

In dem Maße, in dem in der Linguistik der soziale und situative Kontext berücksichtigt wurde, innerhalb dessen sprachlich kommuniziert wird, wurde auch das soziale Phänomen "Beziehung" als ein Faktor dieses Kontextes erkannt. Dabei ist allerdings festzustellen, daß unter "Beziehung" recht unterschiedliche Sachverhalte zusammengefaßt werden. Insofern muß auch die soeben gemachte Behauptung dahingehend relativiert werden, daß nicht <u>das</u> soziale Phänomen "Beziehung" berücksichtigt wurde, sondern sehr verschiedene Erscheinungen als soziale Determinanten sprachlichen Verhaltens erkannt wurden, denen allen dann die Bezeichnung "Beziehung" gegeben wurde.

Vor allem waren es die Vertreter der Sprechakttheorie, die die unterschiedlichen Beziehungskonzepte immer wieder als einen Aspekt ihrer Überlegungen mit einbezogen. Der Terminus "Beziehung" tritt dabei mit unterschiedlichen Bezeichnungen auf. So wird z.B. von zweiseitigen (9), zwischenmenschlichen (10), sozialen (11), persönlichen (12), gesellschaftlichen (13), kommunikativen (14), emotionalen (15) oder von Rollen-Beziehungen (16) gesprochen. Gelegentlich tauchen auch Termini wie Kontakt (17) oder Interrelation (18) auf. Will man

9 Maas/Wunderlich 1972,117
10 Searle 1969,54
11 Maas/Wunderlich 1972,83
12 Wunderlich 1974,334
13 Braunroth et al. 1975,50
14 Braunroth et al. 1975,70
15 Baacke 1973,145f
16 Maas/Wunderlich 1972,104
17 Wunderlich 1969,264
18 Wunderlich 1971,177

nun, wie hier beabsichtigt, die Frage nach dem Wechselverhältnis von sprachlicher Kommunikation und zwischenmenschlicher Beziehung klären, ist es natürlich von großer Bedeutung, angeben zu können, was genau unter einer "Beziehung" zu verstehen ist. Wie sich zeigen wird, kann unter diesem Gesichtspunkt keines der folgenden Beziehungskonzepte als befriedigend angesehen werden.

Betrachtet man nun im einzelnen die theoretischen Konzepte, in denen diese spezifischen Termini stehen, so lassen sich prinzipiell drei unterschiedliche Auffassungen von "Beziehung" daraus ableiten:

(1) Beziehung als die Kommunikation selbst;
(2) Beziehung als Relation der gesellschaftlich determinierten Rollen;
(3) Beziehung als affektive, emotionale Stellung der Kommunikationspartner zueinander.

Diese drei Auffassungen des Beziehungsbegriffs sollen im folgenden näher dargestellt und kritisiert werden.

2.2.1 Die Kommunikationsbeziehung

Der wohl reduzierteste Begriff von Beziehung ist der, bei dem Beziehung als identisch verstanden wird mit der Tatsache, daß ein Sprecher eine Äußerung produziert, die er an einen Hörer richtet. Indem Sprecher und Hörer durch das sprachliche Geschehen der Mitteilung miteinander verbunden sind, besteht zwischen ihnen eine kommunikative Beziehung. Beziehung wird in diesem Sinne also verstanden als die Kommunikation selbst, durch die das "isolierte" Individuum mit einem zweiten "isolierten" Individuum zu einer Dyade zusammengeschlossen wird. Wunderlich spricht hierbei auch vom "Kommunikationskontakt" (19), womit der Sprecher "gewisse momentane Beziehungen zum Angesprochenen herstellt" (20), was dann im weiteren zu "faktischen", "zweiseitigen" Beziehungen führt (21).

Diese zunächst ganz reduziert verstandene Kommunikationsbeziehung (22) wird allerdings sowohl bei Wunderlich wie auch später bei Braunroth et al. immer schon im Zusammenhang mit dem spezifischen (illokutionären) Charakter der durch die Äußerung sprachlich realisierten kommunikativen Funktion gesehen (23). Gleichwohl macht Wunderlich noch explizit eine (wenn auch analytische) Trennung zwischen einer Beziehung im Sinne des einfachen Herstellens eines kommunikativen Kontakts und

---

19 Maas/Wunderlich 1972,80
20 Maas/Wunderlich 1972,116
21 Maas/Wunderlich 1972,117
22 Maas/Wunderlich 1972,83
23 Siehe unten

dem, was durch diesen Kontakt entsteht und was er "soziale Beziehungen" (24) nennt.

Baacke (25) hat nun versucht, diese kommunikative Beziehung im Rahmen einer systemtheoretischen Betrachtungsweise näher zu beschreiben. Baacke geht davon aus, daß jeder Kommunikator Vorstellungen und Kenntnisse besitzt über

(1) den Gegenstand der Kommunikation (X);
(2) sich selbst (A);
(3) seinen Kommunikationspartner (B).

Die unterschiedlichen Relationen zwischen diesen Faktorenbereichen (X,A,B) nennt er "interne Kommunikationsbeziehungen" (26), welche er als "Set von Theorien" versteht, die jeder Mensch entwickelt und die als "soziale Schemata" (27) letztlich das Verhalten steuern.

Die internen Kommunikationsbeziehungen (also die sozialen Schemata) treten nun in einem größeren System miteinander in kommunikative Beziehung. Baacke formuliert in diesem Sinne seinen axiomatischen Satz:

> Jede Kommunikation stellt eine Beziehung dar, die Bedingung ist für den Aufbau wie die Veränderung von erworbenen, in der Kommunikation ständiger Überprüfung ausgesetzter Schemata (28).

Hiermit ist also ähnlich wie bei Wunderlich eine analytische Trennung zwischen dem reinen Herstellen eines kommunikativen Kontakts und bestimmten Inhalten, die über diese "Beziehung" ausgetauscht werden können, vorgenommen. Die Beziehung in diesem Sinn ist die Voraussetzung der Möglichkeit jeder sozial relevanten Kommunikation und Interaktion.

Aber sowohl Baacke wie auch die Sprechakttheoretiker gehen in ihrer Bestimmung des Begriffs der kommunikativen Beziehungen über diesen rein formalen Aspekt hinaus. So weist Wunderlich darauf hin, daß das Herstellen von "zweiseitigen Beziehungen", die er an anderer Stelle auch als die "Interrelation von Sprecher und Hörer" (29) bezeichnet, das determinieren,

> was Verständigungsebene genannt werden kann, von der auch erst Intentionen und Inhalte ihren praktischen Sinn in Handlungstexten bekommen (30).

Die kommunikative Beziehung, die durch die sprachliche Mitteilung etabliert ist, wird näher durch den Begriff der "Verständigung" beschrieben, der es nun ermög-

24 Maas/Wunderlich 1972,83
25 Baacke 1973,106ff
26 Baacke 1973,106
27 Hier übernimmt Baacke einen Begriff von Kueths, cf. Baacke 1973,108
28 Baacke 1973,108
29 Wunderlich 1971,177
30 Maas/Wunderlich 1972,177

licht, näher auf den inhaltlichen Aspekt einzugehen.

Indem die kommunikative Beziehung unter inhaltlichem Gesichtspunkt als Verständigung betrachtet werden kann, entsteht die Frage nach der besonderen Art dieser Verständigung. Für Wunderlich besteht sie letztlich darin, daß der Sprecher eine bestimmte kommunikativ funktionale Stellung gegenüber dem Hörer zum Ausdruck bringt, die dieser akzeptieren kann oder nicht. Diesen illokutiven Akt des Sprechers, durch den sich die Interrelation sprachlich manifestiert, stellt Wunderlich als "den eigentlichen irreduziblen Effekt" dar (31).

Diese reduzierte Auffassung von Beziehung als Kommunikationsbeziehung greifen Braunroth et al. wieder auf. Entsprechend ihrer handlungstheoretischen Orientierung unterscheiden sie vier verschiedene Typen von Sprachhandlungsmustern:

(1) Inhaltsmuster;
(2) formale Muster;
(3) modale Muster;
(4) Beziehungsmuster (32).

Hier interessieren vor allem die Beziehungsmuster. Unter Beziehungsmustern verstehen sie die "Illokutionen" der Sprechaktphilosophie (33). Beziehungsmuster sind der sprachliche Ausdruck der kommunikativen Beziehungen. Die wiederum sind die kommunikativen Positionen, die die Dialogpartner in und durch die Kommunikation selbst zueinander einnehmen. Die Partner sind durch die kommunikativen Beziehungen in der Weise zusammengeschlossen, daß sie den kommunikativen und damit intersubjektiv gültigen Verwendungssinn ihrer Äußerungen durch Beziehungsmuster festlegen können (34). Allerdings kann dieser Verwendungssinn auch implizit

> durch den sprachlichen Text oder Kontext und die Sprechhandlung im ganzen schon festgelegt (35)

sein.

Braunroth et al. entwickeln damit im Anschluß an Wunderlich ein ganz ähnliches Konzept, wie es Baacke mit seinen internen Kommunikationsbeziehungen vorgelegt hat. Braunroth et al. leiten nämlich die Beziehungsmuster aus den modalen Ausdrücken ab. So kann der Satz "Dieses Material ist vermutlich schlecht" in "Ich glaube, daß dieses Material schlecht ist" überführt werden. Mit dieser Stellungnahme zum ausgedrückten Sachverhalt wird "explizit die Beziehung zu einem Gesprächsteil-

31 Wunderlich 1971,177
32 Braunroth et al. 1975,64
33 Braunroth et al. 1975,71; in diesem Sinne wird auch in der neueren Arbeit von Holly der Beziehungsbegriff verwendet, cf. Holly 1979,5ff
34 Braunroth et al. 1975,71
35 Braunroth et al. 1975,71

nehmer" (36) hergestellt. Über diese Stellungnahme zum Sachverhalt wird eine Stellungnahme zum Partner übermittelt (37). Die Stellung zum Partner wie zum Sachverhalt setzt letztlich aber ein Wissen von den eigenen Wünschen, Vorstellungen und Absichten voraus, also ein Selbstbild. Damit sind dann die drei Faktoren (X,A,B) Baackes thematisiert.

2.2.2 Die Rollenbeziehung

Die kommunikativen Beziehungen werden allerdings sowohl von Wunderlich wie auch von Braunroth et al. sehr eng mit dem in Zusammenhang gebracht, was "soziale", "gesellschaftliche" oder "Rollen-Beziehung" genannt wird. Die enge Verknüpfung dieser beiden Beziehungsdefinitionen ist daher zu erklären, daß die erweiterte Kommunikationsbeziehung im Sinne der Festlegung des kommunikativen Verwendungssinns einer Äußerung über die Illokution, entsprechend der Sprechakttheorie als regelgeleitetes Verhalten begriffen wird. D.h. die kommunikative Beziehung wird als durch gesellschaftliche Normen und Konventionen determiniert aufgefaßt. Das steht in engem Zusammenhang zum Rollenbegriff, der ja als ein "Satz von Erwartungen (von irgendjemandem) bezüglich des Inhabers einer Position" (38) definiert ist. Erwartungen wie Position aber sind dabei relativ zu den gesellschaftlichen Normen und Konventionen zu bestimmen.

Gesellschaftliche Konventionen legen somit gleichermaßen "symmetrische" wie "nichtsymmetrische Rollenbeziehungen" (39) wie auch die Formen "speziell verbalsymbolischen Handelns" (40) fest. Den Zusammenhang von Kommunikationsbeziehung und sozialer oder Rollenbeziehung sieht Wunderlich als eine wechselseitige Abhängigkeit:

> Man muß jedoch auch sehen, daß soziale Rollenbeziehungen nicht nur die Kommunikation bestimmen, sondern im Kommunikationsvollzug auch bestätigt oder neu hergestellt werden (41).

Ein solches Konzept läßt sich auf die von Searle vorgenommene Unterscheidung in regulative und konsti-

---

36 Braunroth et al. 1975,204

37 Braunroth et al. 1975,71; zu den unterschiedlichen Möglichkeiten gegenseitiger Stellungnahme, cf. Holly 1976,176

38 Sader 1969,209; an der gleichen Stelle definiert Sader den Positionsbegriff: "Eine Position ist dann ein Ort in einem Gefüge sozialer Beziehungen. Es gibt also etwa die Position des Lehrers in einer Klasse, des Briefträgers (...), eines ältesten Kindes (...)", Sader 1969,209

39 Maas/Wunderlich 1972,82

40 Wunderlich 1972,14

41 Maas/Wunderlich 1972,82

tutive Regeln zurückführen. Regulative Regeln regeln nach Searle in diesem Sinne

> zwischenmenschliche Beziehungen, die unabhängig von jenen Regeln existieren. Konstitutive Regeln dagegen regeln nicht nur, sondern erzeugen oder prägen auch neue Formen des Verhaltens (42).

Damit ist natürlich die Möglichkeit gegeben, auch verändernd auf schon bestehende Beziehungen einzuwirken. Die Rollenbeziehung wird somit bestimmt durch beide Regelarten, vor allem aber durch die konstitutiven Regeln, durch die auch die Kommunikationsbeziehung konstituiert wird.

Die einfache Dichotomie von symmetrischen und nichtsymmetrischen Rollenbeziehungen wird von Braunroth et al. im Anschluß an Watzlawick weiter ausdifferenziert. Für Braunroth et al. ist kommunikatives Handeln primär gesellschaftliches Handeln (43), was in Form geeigneter und angeeigneter Handlungsmuster (etwa der Beziehungsmuster) geschieht. Die Realisierung der kommunikativen Beziehung durch diese Muster hängt aber nun

> häufig davon ab, in welchen sozialen Beziehungen die handelnden Personen zueinander stehen (44).

Hier wird die soziale Beziehung hauptsächlich als außersprachlicher Faktor beschrieben, der einen Einfluß auf die sprachliche Produktion (bzw. die kommunikative Beziehung) hat. Allerdings darf man Braunroth et al. nicht unterstellen, sie sähen nicht auch die Beeinflussung der sozialen Beziehungen durch die Kommunikation. Dieser Aspekt wird bei ihnen dadurch hervorgehoben, daß sie davon sprechen, daß sich soziale Beziehungen sprachlich durch Interaktionsmodi ausdrücken, die festlegen,

> wer welche Begriffe verwenden darf oder annehmen muß, wer welche sprachlichen Handlungen vollziehen kann oder ihnen folgen muß (45).

Die Interaktionsmodi konstituieren dann bestimmte Dialogrollen. Diese dialogischen Beziehungen (46) können als die sozialen Beziehungen betrachtet werden, die nicht objektiv und unveränderlich bestehen, sondern sich auch in der Kommunikation konstituieren und verändern können. Braunroth et al. unterscheiden im einzelnen folgende Dialogrollen:

<u>(1) Symmetrische Kommunikation</u>
Aufgrund der beiderseitigen Position kann jeder Partner die gleichen Begriffe verwenden, die gleichen Handlungen ausführen.

---

42 Searle 1969,54
43 Braunroth et al. 1975,92
44 Braunroth et al. 1975,92
45 Braunroth et al. 1975,93
46 Braunroth et al. 1975,85

(2) <u>Komplementäre Kommunikation</u>
Aufgrund der Positionen besteht wechselweise freiwillig akzeptierte Dominanz, um einander ergänzende Handlungen zu vollziehen.

(3) <u>Asymmetrische Kommunikation</u>
Aufgrund der Positionen sind die Handlungsmöglichkeiten ungleich verteilt.

(4) <u>Paradoxe Kommunikation</u>
Aufgrund der Positionen werden die Handlungen nicht aufeinander abgestimmt; es kommt zu symmetrischem Handeln, wo eigentlich komplementäres Handeln angebracht wäre (47).

Die Prinzipien, nach denen diese sozialen Rollenbeziehungen ausgehandelt werden, werden von Braunroth et al. als alltägliche Konvention bezeichnet. Demgegenüber unterscheiden sie noch die institutionellen Konventionen (48), durch die folgende Dialogrollen konstituiert werden:

(1) <u>Horizontale Kommunikation</u>
Sie liegt vor zwischen Vertretern gleichen Rangs aus dem gleichen Tätigkeitsbereich.

(2) <u>Vertikale Kommunikation</u>
Sie liegt vor zwischen Vertretern unterschiedlichen Rangs aus dem gleichen Tätigkeitsbereich.

(3) <u>Diagonale Kommunikation</u>
Sie liegt vor zwischen Vertretern gleichen Rangs aus unterschiedlichen Tätigkeitsbereichen (49).

Aber sowohl die alltäglichen wie die institutionellen Konventionen sind gesellschaftlicher Art. Soziale Beziehung ist somit die gesellschaftlich normierte, durch einen Satz von Regeln und Konventionen bestimmbare Stellung der Partner zueinander. Der Zusammenhang mit der sprachlichen Kommunikation ist dadurch gegeben, daß sich diese sozial normierte Rollenbeziehung in jener Form regelgeleiteten Sprechens manifestiert, die "Sprechakt" genannt wird.

Soziale Rollenbeziehungen lassen sich damit als die "allgemeinen Standards einer Gesellschaft" (50) beschreiben, nach denen

> menschliches Handeln nicht als Zufallswahrscheinlichkeiten unterliegend zu erklären (51)

ist, sondern nach den überindividuellen Werten, Normen und Sanktionen bestimmt wird, die sich aus den allgemeinen Positionen von vergesellschafteten Individuen im sozialen Gefüge ergeben.

---

47 Braunroth et al. 1975,93
48 Braunroth et al. 1975,89
49 Braunroth et al. 1975,93
50 Baacke 1973,120
51 Baacke 1973,138

2.2.3 Die Emotionalbeziehung

Schließlich gibt es noch eine dritte Auffassung von Beziehung, die Baacke diskutiert und die hier als Emotionalbeziehung bezeichnet werden soll. Baacke grenzt diesen Typ von Beziehung gegen den oben skizzierten, reduzierten Beziehungsbegriff der kommunikativen Beziehung ab, indem er feststellt:

> wir müssen unterscheiden zwischen "Beziehung", verstanden als Zuwendung zweier oder mehrerer Partner (bzw. ihrer "Schemata") zueinander, Grundbedingung jeglicher Kommunikation, und "Beziehung", verstanden als (durchweg emotional getönte) Definition einer so hergestellten Beziehung (52).

Die emotionale "Tönung" der Beziehung läuft über die Vermittlung bestimmter Inhalte ab. Die Partner können über beliebige Themen reden. Dennoch werden sie immer auch gleichzeitig damit ihre emotionale Haltung zueinander bestimmen. Diese emotionale Haltung zueinander ist dann aber letztlich die Beziehung. Hier lehnt sich Baacke stark an das Watzlawicksche Konzept der Unterscheidung von Inhalts- und Beziehungsaspekt an (53).

Baacke spricht in diesem Zusammenhang dann auch (wie Watzlawick) von dem "Beziehungsaspekt" der Mitteilung, der eben jene emotionale Tönung aufweist (54). Diese emotionale Tönung kann allerdings von unterschiedlicher Stärke sein. Im Anschluß an die soziologische Diskussion von Stendenbach, Parson und Shils unterscheidet Baacke dann zwischen

(1) Imitation;
(2) Identifikation.

Imitation liegt dann vor, wenn in spezifischen Situationen bestimmte Verhaltenszüge einer Person zum Vorbild genommen werden (etwa bestimmte Attitüden). Identifikation dagegen liegt dann vor, wenn die andere Person "als Gegenstand emotionalen Engagements", zum

> Modell für generalisiertes Lernen, das viele oder alle soziale Bereiche umfaßt (55),

wird.

Die emotionale Beziehung kann dabei auch sehr stark mit der sozialen Rollenbeziehung verquickt sein, insofern als die sozialen Standards durchaus auch der emotionalen Bewertung unterliegen können.

Darüber hinaus muß die innere Haltung nicht nur rein emotional bestimmt sein, sondern kann ebenso auch rationale Aspekte aufweisen. Eine solche Verquickung von

---

52 Baacke 1973,145
53 Eine ausführliche Darstellung und Kritik dieses Konzepts siehe unten Kapitel 3.
54 Baacke 1973,146
55 Baacke 1973,146

emotionalen und rationalen Aspekten schwebte sicher auch Holly bei seiner Diskussion der Selbst- und Partnereinschätzung vor. Denn die Begriffe "Kritik" und "Bestätigung", die Holly benutzt, um die gegenseitige Haltung zueinander zu charakterisieren, besitzen ja ebenfalls einen solchen emotional/rationalen Charakter (56), bei dem teils der eine, teils der andere Aspekt überwiegen kann.

Ebenso verweist auch Buddemeiers Begriff des "Kontaktgesprächs" (57) auf einen Dialogtyp, der grundsätzlich motiviert ist durch die stark emotional geprägte Haltung der Dialogpartner zueinander. Wie schon Watzlawick und Baacke so weist auch Buddemeier darauf hin, daß in diesem Typ von Kommunikation ein Reden über bestimmte Sachverhalte (58) benutzt wird, um zwischenmenschliche Beziehungen herzustellen. In diesem Sinne werden Informationen über die inneren Haltungen der Partner zueinander über Sachaussagen transportiert. Die eigentliche kommunikative Funktion einer Äußerung wie etwa "Der Winter fängt in diesem Jahr wirklich früh an" paraphrasiert Buddemeier in die emotionale Zustände ausdrückende Aussage:

> Die Isolierung dir gegenüber ist mir unangenehm. Ich bin dir freundlich gesonnen und will mit dir Kontakt aufnehmen. Nimm meinen Satz auf und erwidere ihn als Zeichen dafür, daß sich unsere Absichten entsprechen (59).

Auch wenn Buddemeier nicht explizit formuliert, was er unter "zwischenmenschlicher Beziehung" versteht, deuten Ausdrücke wie "freundlich gesonnen", "bedrohlich", "Zustimmung", "Verständigung", "Bedürfnis" und "Wohlwollen" auf den affektiv emotionalen Bereich zwischenmenschlichen Erlebens hin, in dem die Beziehung angesiedelt wird.

2.2.4 Kritik

Wie weit sind diese unterschiedlichen Auffassungen von Beziehung verwertbar für das vorliegende Problem? Um diese Frage beantworten zu können, muß zunächst detaillierter geklärt werden, nach welchen konkreten Beurteilungskriterien eine Entscheidung getroffen werden soll. Dazu können die Überlegungen aus dem 1. Kapitel herangezogen werden. Entsprechend den dort gemachten Unterscheidungen geht es im folgenden um die pragmatisch funktionalistische Analyse von bestimmten Formen sprachlicher Kommunikation, nämlich von Sprechhandlun-

---

56 Holly 1976,175ff; cf. dazu auch jetzt die neuere Arbeit von Holly, Holly 1979
57 Buddemeier 1973,76ff
58 Buddemeier wählt als Beispiel ein Gespräch über das Wetter, cf. Buddemeier 1973,76f
59 Buddemeier 1973,77

gen. Die Beziehungsdefinitionen müssen nun daraufhin geprüft werden, wie weit sie effizient in ein solches Konzept integriert werden können.

Das führt zu folgenden allgemeinen Fragestellungen:

(1) Ist die jeweilige Definition von Beziehung weit genug, um den beiden für eine pragmatische Analyse relevanten Teilbereichen der Zeichen einerseits und der Zeichenbenutzer andererseits gerecht zu werden; d.h. lassen sich Phänomene dieser beiden Bereiche überhaupt unter den Beziehungsbegriff subsumieren?

(2) Inwieweit läßt sich bei der jeweils definierten Beziehung überhaupt ein theoretisch expliziter und methodisch praktikabler Zusammenhang herstellen zu der Analyse konkreter sprachlicher Äußerungen, sprachlicher Handlungen?

(3) Sind die Definitionen in sich so weit konsistent, daß sie nicht - werden sie in Verbindung mit der Untersuchung sprachlicher Handlungen gebracht - zu Widersprüchlichkeiten führen?

(4) Ist die jeweilige Definition von Beziehung differenziert genug, damit möglichst viele und unterschiedliche sprachliche Phänomene mit ihr in Zusammenhang gebracht werden können?

Hinsichtlich dieser vier Problemkomplexe betrachtet, zeigt sich nun, daß alle vorliegenden Beziehungsbegriffe unzureichend sind. Sie führen zu theoretischen wie methodischen Schwierigkeiten und Widersprüchlichkeiten. Im einzelnen kann gezeigt werden, daß die jeweiligen Beziehungsbegriffe entweder zu reduktionistisch, zu statisch oder undifferenziert sind oder aber die Gefahr problematischer theoretischer Konsequenzen implizieren.

So ist etwa die Auffassung der Beziehung im Sinne des Kommunikationsakts selber viel zu eingeschränkt, um pragmatisch relevant zu sein. Ein solch reduktionistischer Beziehungsbegriff bedeutet, daß jede von einem beliebigen Sprecher an einen beliebigen Hörer gerichtete Äußerung schon eine Beziehung sei. Dabei wird sowohl von jedem sozialen wie auch individuell persönlichen Aspekt abstrahiert. Indem "Beziehung" lediglich einen anderen Terminus für "Kommunikation" darstellt, wird Beziehungswissenschaft schlicht zur Kommunikationswissenschaft, womit lediglich eine überflüssige terminologische Redundanz erreicht wäre, die keine weitere Konsequenz hätte. Zudem wäre die Frage nach dem Zusammenhang von sprachlicher Kommunikation und Beziehung paradox, da die Beziehung ja identisch mit der Kommunikation selbst wäre.

Die erweiterte Version dieses reduzierten Beziehungsbegriffs im Sinne der Festlegung des kommunikativen Verwendungssinns hinsichtlich der Illokution ist bezüglich der pragmatischen Fragestellung genauso unbrauchbar. Die gesamte Beziehungsproblematik reduzierte sich dabei auf die Fragen der Sprechakttheorie, speziell der Untersuchung der Beziehungsmuster. Damit wäre eine viel zu stark medienzentrierte Betrachtungsweise eingenommen, die zu wenig den pragmatischen Zusammenhang mit den Sprachbenutzern betont. In diesem Sinne ist Wunderlich durchaus zuzustimmen, wenn er es ablehnt, "Sprechakttheorie mit Pragmatik zu identifizieren" (60). Das Phänomen "zwischenmenschliche Beziehung" ist sicherlich nicht adäquat erfaßt, würde man es einfach generell mit dem Kommunikationsakt selber bzw. der lediglich jeweils spezifischen Stellungnahme aufgrund einer bestimmten Illokution identifizieren.

Was die Auffassung von Beziehung im Sinne einer Rollenbeziehung betrifft, so ist dabei folgendes zu bedenken: Wird die Beziehung lediglich als spezielle Kombination der gesellschaftlich normierten Positionen und der relativ dazu entstandenen Erwartungen begriffen, bleibt der jeweils individuelle Aspekt weitgehend unberücksichtigt. Dieser Aspekt aber spielt in zwischenmenschlichen Beziehungen zumeist eine große Rolle. Wird bei einer Beziehungsdefinition von diesem individuellen Aspekt abstrahiert, kann das dazu führen, Rollenbeziehungen in letzter Konsequenz lediglich zwischen theoretisch idealisierten und typisierten "Sozialelementen" zu beschreiben, anstatt zwischen Menschen, mit all ihren sozialen und individuellen Eigenarten. Es bedeutet eine Schematisierung und Reduzierung des Individuums zu einer abstrakten, sozialen Entität, nämlich einem Positionsinhaber (61). Außerdem werden in dem Maße, in dem von dem Lehrer, dem Schüler, dem Chef, dem Freund etc. gesprochen wird, gesellschaftlich normierte Schemata verwendet, die, aufgrund ihres großen Allgemeinheitsgrades, leicht zur unbewußten Übernahme von sozialen Klischees von seiten des Analysierenden verleiten.

Die Bestimmung des Begriffs "Beziehung" im Sinne einer Kombination komplementärer, sozial normierter Rollenschemata beinhaltet zudem die Gefahr, daß "Beziehung" als ein die jeweils sprachlich handelnden Individuen transzendierendes Prinzip begriffen wird. Die Beziehung wird dabei gegenüber dem Handeln der Individuen relativ immun, und zwar in dem Sinne, daß unabhängig davon, wie diese Individuen jeweils handeln, zwischen ihnen etwa die Beziehung Vater - Sohn, Briefträger - Empfänger, Kaufmann - Kunde besteht.

Damit wird Beziehung zu einem relativ statischen sozialen Phänomen, das (im Gegensatz zu der in der linguistischen Literatur behaupteten These) kaum durch sprachliche Handlungen beeinflußbar ist. Eine Lehrer-Schüler-Beziehung bleibt eine Lehrer-Schüler-Beziehung, egal wie sie im einzelnen Fall gestaltet wird. Aufgrund dieses statischen, das konkret handelnde Individuum transzendierenden Charakters besteht zusätzlich noch die Gefahr der Reifikation von Beziehung als realer "Wesenheit", die dann unabhängig vom Handelnden be-

60 Wunderlich 1976,119
61 Cf. dazu Habermas 1974,4

griffen und zu bestimmen versucht wird. Der Zusammenhang von Sprache und Beziehung kann dabei nur einseitig als Determinierung des sprachlichen Handelns durch die Rollenbeziehung gesehen werden, wobei letztlich nur entschieden werden kann, ob ein bestimmtes Handeln den Rollennormen entspricht oder nicht. Begriffe und entsprechende Handlungen wie das "Anknüpfen" oder "Ändern" von Beziehungen wären innerhalb eines solchen Konzepts nicht beschreibbar bzw. sogar sinnlos.

Die dritte Auffassung von Beziehung als einer zumeist emotional gefärbten inneren Haltung zueinander ist allerdings ebenfalls nicht befriedigend. Auch hier wird die Beziehung als ein Phänomen aufgefaßt, das unabhängig von bestimmten konkreten sprachlichen Handlungen entstehen und bestehen kann; vor allem aber unabhängig davon beschrieben werden kann. Die Beziehung als Kombination innerer Zustände impliziert dabei die Gefahr der Postulierung eines abstrakt idealistischen Prinzips, das "irgendwie" zwischen Individuen besteht.

Damit ist letztlich auch die Möglichkeit gegeben, daß eine Beziehung als nur einseitiges Verhältnis aufgefaßt werden kann. Dies widerspricht einerseits dem als konstitutiv erachteten Aspekt, daß Beziehungen immer zwischen mindestens zwei Elementen bestehen. Zum andern kann der Beziehungsbegriff in diesem Sinne dann in inflationärer Weise auf Menschen, Tiere, unbelebte Objekte oder abstrakte Prinzipien ausgedehnt werden. Denn zu all diesen "Dingen" kann eine Person eine Beziehung im Sinne einer inneren emotionalen Haltung haben. Solche "einseitigen Beziehungen" aber brauchen sich in keiner beobachtbaren Aktivität niederzuschlagen, wodurch sie für eine empirische Wissenschaft nicht mehr faßbar sind.

In dem Zusammenhang taucht eine weitere methodisch theoretische Schwierigkeit auf. Innere Zustände sind immer nur mittelbar über äußere Phänomene (etwa Sprache) faßbar. Da es aber gerade um den Zusammenhang im Sinne des wechselseitigen Beeinflussens von äußeren Phänomenen (Sprache) und inneren Zuständen (Beziehung) ginge, müßte die Natur dieser inneren Zustände bereits zuvor und unabhängig von den äußeren Phänomenen geklärt sein. Die unterschiedlichen Arten innerer Zustände aber, die völlig unabhängig von sprachlichen Möglichkeiten des Ausdrucks bestimmbar wären, würden das ganze Spektrum zwischenmenschlicher Beziehungen niemals abdecken. Jeder weitere Versuch einer Ausdifferenzierung über sprachliche Ausdrücke würde dann aber zu einem Zirkelschluß geraten.

Der innere Zustand (die Beziehung) müßte erschlossen werden auf der Grundlage eines bestimmten Sprachverhaltens. Wird nun das Sprachverhalten damit erklärt, daß eine bestimmte Beziehung (also ein innerer Zustand) vorliegt, so entsteht die paradoxe Situation, daß als Erklärungsprinzip das gewählt wird (der innere Zustand), was nur über das zu Erklärende selbst (nämlich das Sprachverhalten) erst bestimmt werden konnte.

Schließlich berücksichtigt eine Beziehungsdefinition, die sich lediglich auf die inneren emotionalen Haltungen beschränkt, andererseits wiederum nicht die Eingebundenheit der Individuen in das gesellschaftliche Gefüge.

2.3 Der Beziehungsbegriff innerhalb der Sozialwissenschaften

Mit Sozialwissenschaften ist hier einerseits die Psychologie, andererseits die Soziologie gemeint. Außerdem muß noch die diese beiden verschiedenen Bereiche verbindende Sozialpsychologie genannt werden. Letztere spielt, gerade was die Beziehungsproblematik betrifft, eine wichtige Rolle. Denn viele der Arbeiten, die sich mit Beziehungen beschäftigt haben, verstehen sich explizit als Beiträge zur Sozialpsychologie. Allerdings zeigen sich bei den einzelnen Ansätzen zum Teil erhebliche Verschiebungen der Interessenschwerpunkte. Darin drückt sich die jeweils stärkere Affinität zu Soziologie bzw. Psychologie aus. Mit Graumann lassen sich die Unterschiede in der Betrachtung ansatzweise mit "mehr individuumzentriert" (Psychologie) versus "mehr systemzentriert" (Soziologie) charakterisieren (62). Allerdings - und das betont Graumann auch - sollte man sich davor hüten, in einer solchen groben Dichotomisierung mehr zu sehen als die Tendenz, bestimmte Aspekte eher in der einen oder anderen Richtung stärker zu betonen.

Gerade im Bereich der mit dem Beziehungsbegriff in engem Zusammenhang stehenden Konzepte von "Interaktion" und "Kommunikation" hat es den Anschein, daß hier die Möglichkeit besteht, der theoretisch äußerst "gefährlichen Polarisierung Individuum vs. Gesellschaft" (63) entgegenzuwirken. Entsprechend ihrem Interessenschwerpunkt wurde die Beziehungsproblematik innerhalb der Sozialwissenschaften wesentlich ausführlicher diskutiert, als das innerhalb der Linguistik geschehen ist. Dabei hat es bereits sehr früh recht ausführliche Untersuchungen gegeben. Man kann die umfangreiche theoretische Auseinandersetzung um das Phänomen "Beziehung" in den Sozialwissenschaften exemplarisch anhand dreier Ansätze darstellen.

Der erste Ansatz ist der der frühen deutschen Soziologie. So hatte bereits Georg Simmel, einer der Begründer der modernen Soziologie, um die Jahrhundertwende auf die Bedeutung der unmittelbaren, zwischen-

---

62 Graumann 1972,1110

63 Graumann 1972,1111; siehe hierzu auch die unten (Abschnitt 5.2.3) diskutierte Dichotomie von Holismus und Atomismus.

menschlichen Kontakte hingewiesen (64). Eine eigentliche "Beziehungslehre" entwickelte aber erst Anfang der 30er Jahre dieses Jahrhunderts der Kölner Soziologe Leopold von Wiese (65).

Der zweite Ansatz umfaßt die Konzepte, die unter dem Begriff "Interaktionismus" subsumiert werden können. Diese Konzepte sind im Zusammenhang mit den Überlegungen Georg Herbert Meads zu sehen, der die Entwicklung der individuellen Person in Auseinandersetzung mit anderen Individuen beschrieb. Er verlagerte dabei den Schwerpunkt der Betrachtung vom isolierten "Ego" auf die Beziehung "Ego - Alter", indem er das Konzept des "generalisierten Anderen" entwickelte (66).

Der dritte Ansatz der Diskussion um den Beziehungsbegriff ist schließlich repräsentiert durch die neueren Konzepte von Argyle und Israel. Diese Konzepte zeichnen sich besonders dadurch aus, daß sie systemtheoretisch und kybernetisch orientiert sind. Dabei werden allerdings Überlegungen, die im Interaktionismus bzw. in ähnlicher Form in der deutschen Beziehungssoziologie entwickelt wurden, wieder aufgegriffen und verwertet.

Diese einzelnen Ansätze sollen im folgenden exemplarisch an einigen ihrer wichtigsten Vertreter dargestellt und auf ihre Verwertbarkeit für die Untersuchung im Bereich der linguistischen Pragmatik geprüft werden.

2.3.1 Die deutsche Beziehungssoziologie

Die frühe deutsche Beziehungssoziologie ist entscheidend durch die Arbeiten von Wieses geprägt worden (67). Seine Überlegungen wurden von verschiedener Seite aufgegriffen und zu unterschiedlichen Konzepten weiterentwikkelt (68). In neuerer Zeit ist dann von dem Kölner Sozialpsychologen Lersch (69) eine der frühen Beziehungslehre recht ähnliche - wenn auch nach Lerschs eigenen Angaben unabhängig von ihr entstandene - Theorie entwickelt worden.

Von Wieses primäres Ziel war, eine systematische Vereinheitlichung der soziologischen Methode zu erreichen. Das versuchte er dadurch zu verwirklichen, daß er alle sozialen Phänomene auf bestimmte kleinste Teile zurückzuführen und diese wiederum in ein Gesamtsystem einzuordnen versuchte. Der Ausgangspunkt seiner Untersuchungen war dabei das unmittelbare Verhalten zwischen Menschen. Dieses Verhalten anderen gegenüber nannte von Wiese "sozialen Prozeß".

Die eigentliche Analyse beginnt dann mit der Fest-

---

64 Simmel 1908
65 von Wiese 1933
66 Siehe unten
67 von Wiese 1933
68 Stok 1926/27; Plenge 1931/32
69 Lersch 1964

stellung, daß alle sozialen Prozesse als verbindende oder lösende Prozesse, also als Prozesse der Assoziation und Dissoziation, zu beschreiben sind. Assoziation und Dissoziation werden als Grundprozesse bezeichnet. Diese Grundprozesse lassen sich weiterhin in verschiedene Hauptprozesse, diese wieder in Unterprozesse gliedern. Die Unterprozesse können dann schließlich in die eigentlichen, konkret beobachtbaren Einzelprozesse zerlegt werden. Die Hierarchie sozialer Prozesse sieht im einzelnen wie in Abbildung 2.1 dargestellt aus.

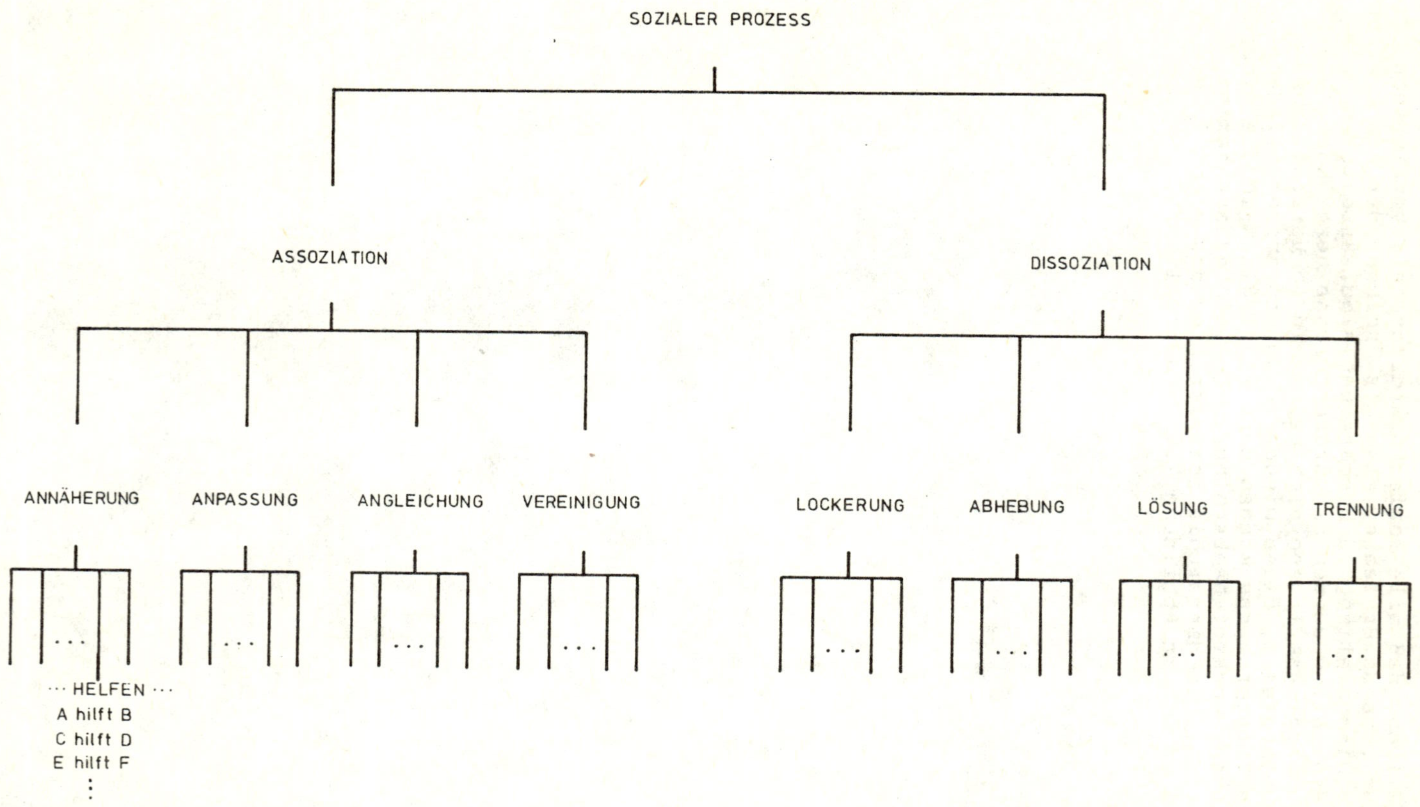
SOZIALER PROZESS
ASSOZIATION
DISSOZIATION
ANNÄHERUNG
ANPASSUNG
ANGLEICHUNG
VEREINIGUNG
LOCKERUNG
ABHEBUNG
LÖSUNG
TRENNUNG
... HELFEN ...
A hilft B
C hilft D
E hilft F

Abb. 2.1

Dabei kann man die Hauptprozesse von Annäherung bis Vereinigung oder von Lockerung bis Trennung auch als Grade der Assoziation bzw. Dissoziation auffassen. Die Unterprozesse können dann jeweils als Handlungsschemata (70) bestimmten Typs, die Einzelprozesse als die konkreten, einmaligen Realisierungen dieser Handlungsschemata aufgefaßt werden.

Soziale Beziehung definiert von Wiese dann als den labilen Zustand, zu dem die sozialen Prozesse führen. Soziale Beziehungen sind also das Ergebnis der Prozesse, die analytisch ausgegliederten Ruhezustände, die den Einzelprozessen entsprechen, die zu Beginn oder am Ende festgestellt werden können.

Der Bestimmung von Assoziation und Dissoziation als soziale Grundprozesse entsprechen als Grundkategorien zwischenmenschlicher Beziehung "Nähe" und "Ferne", was subjektiv als "Suchen" und "Fliehen" erlebt wird. Durch diese Prozesse spielt sich nun nach von Wiese ein bestimmter zwischenmenschlicher Abstand ein, der als Differenz von Zueinander und Auseinander bestimmt werden kann.

Einem assoziativen Prozeß sind dabei auch dissoziative Prozesse über- oder untergelagert. Das Gesamt einer Beziehung ist nach von Wiese dann ein ständig zwischen assoziativen und dissoziativen Prozessen oszillierendes System, das der Wissenschaftler nur in bestimmten analytisch herausgegriffenen Zuständen betrachten kann. Für diese Betrachtung steht ihm eine bestimmte Menge von konkreten, beobachtbaren, sozialen Einzelprozessen zur Verfügung.

Im Gegensatz zu dem mehr soziologisch orientierten Ansatz von Wieses entwickelt Stok (71) ein mehr psychologisches Beziehungskonzept. Ausgangspunkt der Stokschen Bestimmung von zwischenmenschlicher Beziehung ist die Grundbeziehung oder auch, wie Stok sie nennt, die "autistische Beziehung" (72). Die autistische Beziehung ist ein Zustand vor jedem realen Kontakt (im Sinne von Wieses), also vor jeder konkreten, in einzelnen Handlungen sich manifestierenden Interaktion. Sie hat nur "subjektive Wirklichkeit" (73). Dieser Zustand ist da-

---

70 Die Unterscheidung von Handlungsschema und Realisierung des Schemas ist in der neueren Diskussion von verschiedener Seite thematisiert worden, cf. etwa Kamlah/Lorenzen 1967,53ff; Lorenz 1970,171; Heringer 1974,40ff; Lorenz 1976,256ff; Rehbein 1977,108. Diese Unterscheidung kann auf die allgemeine Dichotomie von type und token bzw. Sin- und Legizeichen zurückgeführt werden, die Peirce in seiner Semiotik vorgenommen hat, cf. Walther 1974,58.

71 Stok 1926/27

72 Stok 1926/27,349ff

73 Stok 1926/27,349

durch zu charakterisieren, daß er eine ausschließlich intrapsychische Haltung oder Einstellung eines Individuums einem anderen gegenüber darstellt. Der Partner wird dabei nur vorgestellt.

Wird nun die autistische Beziehung um die tatsächliche Existenz des Partners erweitert, spricht Stok von einer "einseitigen Beziehung" (74). Die einseitige Beziehung ist dadurch charakterisiert, daß sowohl eine Stellungnahme wie auch ein Bild vom anderen vorliegt, ohne daß der Beziehungspartner jedoch etwas davon weiß. Er wird "ohne sein Wissen und Zutun zu solchem gemacht" (75).

Liegen bei zwei oder mehreren Personen solche einseitigen Beziehungen vor, besteht eine "innere Beziehung" zwischen ihnen; sie

> zerlegt sich immer in einen inneren Zustand des einen und des anderen Individuums (76).

Stok spricht in diesem Fall von einer Spaltbeziehung (77).

Bleibt man bei der Betrachtung nur bei diesen drei Formen der Beziehung, so bewegt man sich ausschließlich im psychischen Bereich des Bewußtseins. Damit ist aber nach Stok nur ein Teil der Beziehungsphänomene erfaßt. Denn:

> Aus jeder Grundbeziehung wachsen Gebilde physischer Realität hervor, physiologischen und physikalischen Gesetzen gehorchend, die in andere Grundbeziehungen eingreifen können und die wir mit größter Allgemeinheit Äußerungen nennen (78).

Wird diese Wechselwirkung mitberücksichtigt, kann mit Stok von einer vollen Beziehung gesprochen werden (79).

Die Beziehung ist nach Stok erst auf der Stufe der vollen Beziehung ganz zu erfassen, eben als die integrative Einheit psychischer wie sozialer Fakten.

In neuerer Zeit ist das Phänomen der Beziehung in der Art der frühen deutschen Beziehungssoziologie wieder von Lersch behandelt worden. Im wesentlichen kommt Lersch zu ähnlichen Unterscheidungen und Ergebnissen wie bereits von Wiese.

So differenziert Lersch, wie schon vor ihm von Wiese, grundsätzlich zwei Beziehungsrichtungen,

> und zwar insofern, als die Handlungen der interagierenden Personen in verschiedenen Richtungen zueinander verlaufen können und so das Geschehen im

---

74 Stok 1926/27,351
75 Stok 1926/27,351
76 Stok 1926/27,352
77 Stok 1926/27,351ff
78 Stok 1926/27,353
79 Stok 1926/27,353ff

interpersonalen Feld durch verschiedene Beziehungen charakterisiert wird (80).

Im einzelnen unterscheidet Lersch dann

(1) assoziative Aspekte
(1.1) das Miteinander
(1.2) das Zueinander
(1.3) das Füreinander
(2) dissoziative Aspekte
(2.1) das Nebeneinander
(2.2) das Auseinander
(2.3) das Gegeneinander (81)

Neben diesen "formalen Bestimmungen der interpersonalen Beziehungen" bestimmt Lersch zusätzlich noch deren thematisch-inhaltliche Varianten. Die Beziehung stellt sich in diesem Sinne dann als eine über bestimmte Interaktionen sich konstituierende B i n d u n g mindestens zweier Individuen aneinander dar.

Lersch führt dabei den Begriff des "Bindemoments" ein. Bindemoment kann als das theoretische Konstrukt der die Individuen verbindenden psychischen Disposition angesehen werden. Damit sind die "inneren Kräfte", die Motive gemeint, von denen der Wunsch zur zwischenmenschlichen Verbindung ausgeht. Lersch unterscheidet zwei Arten von Bindemomenten:

(1) Bindung durch emotionale Spontaneität
Sie erzeugt nach Lersch seelische Verbundenheit, echte Solidarität, ein Gefühl der Zusammengehörigkeit und Neigung zueinander.
(2) Bindung durch Reflexion
Sie erzeugt Gemeinschaftsgeist in bezug auf abstrakt gefaßte Ziele und deren technisch-zweckrationale Durchführung.

Aus diesen beiden unterschiedlichen Bindemomenten leitet Lersch drei allerdings nur idealtypisch aufzufassende Gruppen ab:

(1) die biologische Gruppe;
(2) die psychologische Gruppe;
(3) die nomologische Gruppe.

Unter biologischen Gruppen versteht er Gruppen, die durch Gemeinsamkeit der Abstammung zusammengehalten werden. Mitglied in solchen Gruppen wird man durch Geburt, wie etwa bei der Familie.

Unter psychologischen Gruppen versteht Lersch solche Gruppen, in denen Beziehungen sich aufgrund der Spontaneität und Aktualität seelischer Regungen konstituieren. Dabei lassen sich weitere drei Subgruppen unterscheiden:

---

80 Lersch 1964,78
81 Lersch 1964,78

(1) Sympathiegemeinschaften, die sich auf der Basis von Sympathie, Liebe, generell durch das Mitgefühl, die Bindung an den anderen bilden;
(2) Interessengemeinschaften, in denen die Gruppenbildung durch das gleiche persönliche Interesse an etwas geschieht, etwa in Form von Bedürfnissen, Neigungen, Vorlieben etc. Dabei spielt der Partner, im Gegensatz zur Sympathiegemeinschaft, nicht in seiner einmaligen Individualität eine Rolle, sondern lediglich als Mitspieler gleichen Interesses, wodurch er letztlich auch austauschbar wird;
(3) Sinngemeinschaften, in denen die Gruppenmitglieder sich durch ein überpersönliches Ziel in Form einer Idee, eines Ideals, einer Weltanschauung zusammenfinden.

Unter nomologischen Gruppen versteht Lersch schließlich solche Gruppen, die durch den "Nomus", das Gesetz, zusammengehalten werden. Das Gesetz liegt dabei in Form von Regeln, Vorschriften, Gesetzen oder zumindest von strengen Konventionen vor.

Eine Beziehung stellt sich nach Lersch also als eine Bindung aufgrund der Kombination der unterschiedlichen Aspekte der Bindemomente dar. Beziehung erscheint hier als eine vielschichtige, innere Disposition, die Menschen aneinander bindet.

In diesem Sinne läßt sich auch das Beziehungskonzept Morenos (82) auffassen, der, da es von der Beziehungssoziologie als zu ihr selbst analoger Ansatz aufgefaßt wurde, hier kurz erwähnt werden soll. Moreno wird zumeist wegen der von ihm entwickelten Soziometrie rezipiert. An dieser Stelle soll jedoch die soziometrische Methode unberücksichtigt bleiben und lediglich Morenos Beziehungskonzept, das seiner Methode zugrunde liegt, angedeutet werden.

Genau wie die verschiedenen Vertreter der Beziehungssoziologie sieht auch Moreno in Assoziation und Dissoziation die beiden grundlegenden sozialen Kräfte.

> Anziehung und Abstoßung müssen daher als Kräfte angesehen werden, die im ganzen biologischen, sozialen und psychologischen Bereich wirksam sind (83).

Die Abstoßungen und Anziehungen, die die Beziehung ausmachen, sind nun nach den verschiedensten Bereichen (Kriterien) zu unterteilen, wobei sich gezeigt hat,

> daß sich bei allen Konfigurationsbildungen alle möglichen Kriterien vermischen, z.B. der Wunsch des Zusammenarbeitens, des Zusammenlebens, sexuelle, kulturelle und ähnliche Kriterien (84).

---

82 Moreno 1934
83 Moreno 1934,3
84 Moreno 1934,119

Das theoretische Modell einer Beziehung, das hinter dem Konzept Morenos steht, ist - eine Kombination aus den Ansätzen von Wieses und Lerschs - ein Schichtenmodell, bei dem bindende und lösende Prozesse in den unterschiedlichsten Bereichen menschlichen Erlebens sich überlagern und vermischen und so eine "Beziehung" zwischen zwei Individuen sich einspielt.

2.3.2 Der Interaktionismus

Etwa zur gleichen Zeit, als sich in Deutschland die Beziehungssoziologie entwickelte, gab es in den USA ähnliche Bestrebungen, jene sozialen Phänomene, die sich im unmittelbaren Kontakt der Menschen untereinander konstituieren, in einem grundlegenden theoretischen Zusammenhang darzustellen und faßbar zu machen. Dabei spielte das sozialpsychologische Konzept Meads eine große Rolle. Mead versuchte, die bis dahin hauptsächlich individualpsychologisch gefaßten Begriffe "Geist" und "Identität" in den überindividuellen Rahmen gesellschaftlichen Verhaltens zu setzen und von daher zu begründen (85).

Mead hat zwar im Gegensatz zur deutschen Beziehungssoziologie das Problem "Beziehung" nicht explizit behandelt, hat aber in seiner Analyse der Persönlichkeitsentwicklung Phänomene beschrieben, die unmittelbar zum Bereich der Beziehungsproblematik zu rechnen sind. Denn unsere Identität, so lautet seine Grundthese, entwickelt und verwirklicht sich im gesellschaftlichen Zusammenhang. Und in dem Maße, in dem

> es sich um gesellschaftliche Identität handelt, wird sie in ihrer Beziehung zu anderen verwirklicht (86).

Dabei ist der Begriff der "Geste" für Mead von zentraler Bedeutung. Unter einer Geste versteht er im Anschluß an Wundt jenen Teil

> einer gesellschaftlichen Handlung, der als Reiz auf andere, in die gleiche gesellschaftliche Handlung eingeschaltete Wesen wirkt (87).

Auf diese Geste reagiert der zweite Interaktionspartner wiederum mit einer Geste, womit er wieder eine Reaktion beim ersten Partner auslöst. Dieses wechselweise Aufeinandereingehen ist dann die gesellschaftliche Handlung, die als gegenseitige "Anpassung" (88) verstanden wird.

Gesten sind weitgehend unbewußt. Wenn dagegen die Geste auch

---

85 Mead 1934
86 Mead 1934,248
87 Mead 1934,81
88 Mead 1934,83

> die dahinterstehende Idee ausdrückt und diese Idee im anderen Menschen auslöst, so haben wir ein signifikantes Symbol (89).

Die Geste wird zur (Verbal-)Sprache. Das entscheidende Charakteristikum des signifikanten Symbols liegt nun darin, daß es

> im Individuum, das sie ausführt, die gleiche Haltung sich selbst gegenüber (oder gegenüber ihrer Bedeutung) auslöst wie in den anderen Individuen (90).

Bei der Geste wird lediglich auf den anderen eingewirkt. So erzeugt die drohend erhobene Faust vielleicht eine Haltung von Angst, Unterwürfigkeit oder des Eingeschüchtertseins im anderen, nicht aber in dem, der die Geste ausführt. Dessen innere Haltung mag die der Wut, Überlegenheit oder Empörung sein. Wird dagegen ein Satz wie "Hau bloß ab" geäußert, so muß der Sprecher diesen Satz und seine kommunikative Funktion genau so verstehen wie der Hörer, andernfalls könnte er den Satz gar nicht äußern. Der Sprecher muß also wissen, was der Satz im Hörer auslöst, um ihn überhaupt sinnvoll einsetzen zu können. Der Sprecher muß nach Mead, um ein signifikantes Symbol benutzen zu können,

> die Haltung des anderen gegenüber seinen eigenen Gesten (91)

einnehmen können.

Indem wir in der Lage sind, uns zu anderen in Beziehung zu setzen, d.h. uns ihre Perspektive zu eigen zu machen, sind wir auch in der Lage, uns zu uns selbst in Beziehung zu setzen - haben wir Identität. Identität als gesellschaftliches Objekt ist somit nur durch eine Beziehung (zu uns selbst) möglich und in einer Beziehung (zum anderen) realisierbar, indem wir unser Verhalten aus der Perspektive des anderen betrachten und entsprechend gestalten.

Werden nun die vielen möglichen Perspektiven aller an einem gesellschaftlichen Interaktionsprozeß Beteiligten übernommen und jeweils entsprechend gehandelt, entwickelt sich die gesellschaftliche Identität des einzelnen. Diese

> organisierte Gemeinschaft oder gesellschaftliche Gruppe, die dem Einzelnen seine einheitliche Identität gibt, kann "der (das) verallgemeinerte Andere" genannt werden (92).

Beziehung im Meadschen Sinn kann also sowohl als äußerer Prozeß der Interaktion über Gesten und Symbole

---

89 Mead 1934,85
90 Mead 1934,85
91 Mead 1934,86
92 Mead 1934,196

aufgefaßt werden, wie auch als ein damit aufs engste zusammenhängender innerer Prozeß des In-Beziehung-Setzens von eigener und fremder Identität, in dem die gesellschaftlich sinnvolle Handlung nur möglich wird, wenn der Handelnde in der Lage ist, sich die Haltung des anderen ihm gegenüber zu vergegenwärtigen, in dem er also die Haltung des anderen übernimmt.

Die Meadschen Überlegungen gleichen in mancher Hinsicht denen, die in der Beziehungssoziologie von Wieses oder bei Stok entwickelt wurden. So hatte auch von Wiese darauf hingewiesen, daß die Haltung einer Person sich zusammensetzt aus der speziellen Individualität, dem sozialen Ich dieser Person und deren Erfahrungen von seiner Umwelt. Teil dieser Umwelt war dann bei von Wiese, ähnlich wie bei Mead, die Haltung der anderen Individuen. Und auch bei Stok weist das soziopsychische Phänomen der Beziehung neben den "Äußerungen" zwei Seiten auf, nämlich die Stellungnahme zum anderen und das Bild vom anderen, was sehr stark an Meads Prinzip der Übernahme der Perspektive des anderen erinnert.

In neuerer Zeit ist nun von Laing et al. (93) eine Reihe der grundlegenden Aspekte menschlicher Interaktion, wie sie Mead herausgearbeitet hat, wieder aufgegriffen worden. Dabei werden die Meadschen Überlegungen in Richtung auf eine Analyse der Beziehung spezifiziert und weiterentwickelt.

Ausgangspunkt der Untersuchungen von Laing et al. ist das minimale System der Dyade EGO/ALTER. EGO wie ALTER zeigen Verhalten, also Handeln, außerdem besitzen sie Erfahrung. So hat z.B. EGO sowohl ein Bild von sich selbst als auch ein Bild von ALTER. Das gleiche gilt entsprechend umgekehrt für ALTER. Dies wird von Laing et al. die "direkte Perspektive" genannt und entspricht der Feststellung Meads, daß wir uns beim sozialen Handeln die Haltung unseres Partners uns gegenüber vergegenwärtigen, indem wir die Wirkung des signifikanten Symbols auf den anderen in uns hervorrufen. So stellen Laing et al. fest:

> In dyadischen Beziehungen freilich hat jede auf den anderen gerichtete Handlung Wirkung auf einen selbst und jede auf einen selbst gerichtete Handlung Wirkung auf andere (94).

Das Bild, das EGO von ALTER (bzw. ALTER von EGO) haben kann, setzt sich aus zwei Komponenten zusammen:

(1) aus EGOs Erfahrung von ALTERs Verhalten;
(2) aus einer Reihe weiterer Annahmen EGOs über ALTERs Gedanken, Vorstellungen, Überzeugungen etc., etwa darüber, welches Bild ALTER von EGO hat.

Die Grundstruktur der Intererfahrung, auf der die

93 Laing et al. 1966
94 Laing et al. 1966,26

Interaktion und die "Beziehung" von EGO und ALTER aufbaut, sieht folgendermaßen aus (95):

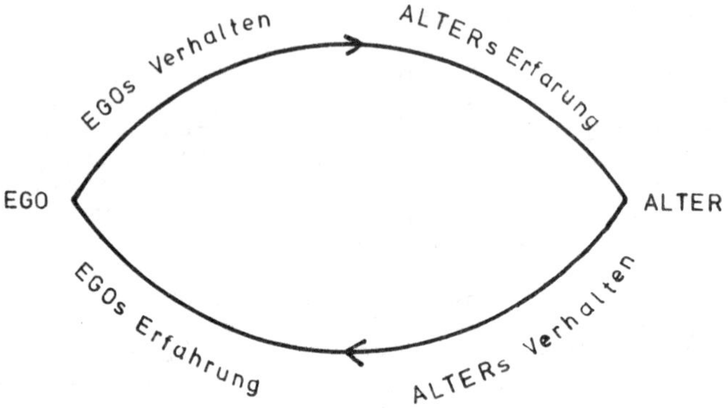

Abb. 2.2

Die Beziehung von EGO und ALTER ist nach Laing et al. zunächst ein interaktiver Prozeß, dessen Struktur aus alternierenden Ketten von Erfahrungs- und Verhaltensphänomenen besteht. Dabei ist es wichtig, daß EGOs Erfahrung ALTER niemals direkt zugänglich ist (und umgekehrt), sondern immer nur durch EGOs Verhalten. Dieses Verhalten wird dann Grundlage für ALTERs Erfahrung. Erfahrung aber, so betonen Laing et al., impliziert in jedem Fall "die Wahrnehmung der Handlung <u>und</u> ihre Interpretation" (96). Dabei werden

> all jene konstitutionellen und kulturell bedingten erlernten Strukturen der Perzeption auf den Plan (97)

gerufen, mit denen wir die Erfahrung unserer Umwelt strukturieren und deuten. Dabei kann es natürlich zu Differenzen und Mißverständnissen kommen.

Der Beziehungsbegriff von Laing et al. wird nun gerade an diesem Aspekt, der Möglichkeit, sich aufgrund der jeweiligen Interpretation zu verstehen oder auch nicht zu verstehen, weiter differenziert. Dazu greifen sie das Postulat von der Übernahme der Perspektive des Interaktionspartners auf und entwickeln es weiter. Laing et al. unterscheiden in diesem Sinne dann drei Perspektiven:

---

95 Laing et al. 1966,20
96 Laing et al. 1966,23
97 Laing et al. 1966,21

(1) die direkte Perspektive;
(2) die Metaperspektive;
(3) die Meta-metaperspektive.

Sie nennen dann noch einen vierten möglichen Standpunkt, nämlich den zu sich selbst, den man die reflexive Perspektive nennen könnte (98). Formalisiert können diese Perspektiven folgendermaßen dargestellt werden (99):

(1) die reflexive Perspektive
(EE): EGOs Bild von sich selbst
(AA): ALTERs Bild von sich selbst

(2) die direkte Perspektive
(EA): EGOs Bild von ALTER
(AE): ALTERs Bild von EGO

(3) die Metaperspektive
A(EA): ALTERs Bild von EGOs Bild von ALTER
E(AE): EGOs Bild von ALTERs Bild von EGO

(4) die Meta-metaperspektive
E(A(EA)): EGOs Bild von ALTERs Bild von EGOs Bild von ALTER
A(E(AE)): ALTERs Bild von EGOs Bild von ALTERs Bild von EGO

Natürlich gibt es auch noch folgende Möglichkeiten:

A(EE): ALTERs Bild von EGOs Bild von sich selbst
E(AA): EGOs Bild von ALTERs Bild von sich selbst
E(A(EE)): EGOs Bild von ALTERs Bild von EGOs Bild von sich selbst
A(E(AA)): ALTERs Bild von EGOs Bild von ALTERs Bild von sich selbst

Andererseits ließe sich die Ineinanderschachtelung der Perspektiven beliebig weiter fortsetzen, etwa:

A(E(A(E(A(EA))))): ALTERs Bild von EGOs Bild von ALTERs Bild von EGOs Bild von ALTERs Bild von EGOs Bild von ALTER

Das müßte dann die Meta-meta-meta-meta-meta-perspektive genannt werden. Diese Verschachtelung gegenseitiger Perspektiven nennen Laing et al. die Spirale reziproker Perspektiven (100). In bezug auf diese Perspektiven können die Partner nun übereinstimmen oder nicht. So kann z.B. ALTERs Bild von EGO übereinstimmen mit EGOs Bild von sich selbst, also (AE) = (EE). Oder ALTERs

---

98 Laing et al. 1966,73

99 Die hier vorgelegte Notation weicht geringfügig von der von Laing et al. gegebenen ab, da es hier nicht um die Darstellung der von Laing et al. entwickelten Methode der Befragung von Ehepaaren geht, sondern um den dieser Methode zugrunde liegendon Boziehungsbegriff. Zur Methode selbst cf. Laing et al. 1966,68ff

100 Laing et al. 1966,37ff

Bild von EGOs Bild von ALTER stimmt nicht überein mit ALTERs Bild von sich selbst, also A(EA) $\neq$ (AA).

Aus den verschiedenen Möglichkeiten der Äquivalenz oder Nicht-Äquivalenz der Perspektiven leiten Laing et al. ihre Grundaspekte zwischenmenschlicher Beziehungen ab, und zwar definieren sie (101):

(1) Übereinstimmung/Nichtübereinstimmung
sie wird ersichtlich durch den Vergleich zwischen den direkten Perspektiven der beiden Partner;

(2) Verstehen/Mißverstehen
wird abgeleitet aus dem Vergleich zwischen der Metaperspektive des einen Partners und der direkten Perspektive des anderen Partners;

(3) das Gefühl, verstanden/mißverstanden zu werden
wird abgeleitet aus dem Vergleich der Meta-metaperspektive des einen Partners und der direkten Perspektive des anderen Partners;

(4) die Realisation/Nichtrealisation von Verstehen/Mißverstehen
sie wird abgeleitet aus dem Vergleich der Meta-metaperspektive des einen Partners und der Metaperspektive des anderen.

Was Laing et al. durch ihre Methode ermitteln wollen, ist nun "das Profil der Beziehung zwischen zwei Standpunkten" (102). Neben diesen Standpunkten gehört zur Beziehung allerdings dann natürlich auch das konkrete Verhalten, das aus der speziellen Struktur der Spirale reziproker Perspektiven erwächst.

2.3.3 Systemtheoretische Ansätze

Das Beziehungskonzept, das der Ansatz des englischen Sozialpsychologen Michael Argyle (103) impliziert, hängt eng mit seiner Theorie der sozialen Interaktion zusammen. Argyle wendet sich in seinen Untersuchungen explizit gegen die behavioristischen S-R-Modelle (Reiz-Reaktions-Modelle) der Interaktion.

Aus der Kritik an diesen Ansätzen entwickelt Argyle seinen als "new look" (104) apostrophierten Interaktionsansatz. Innerhalb dieses Konzepts wird die Beziehung zwischen zwei Interaktionspartnern als ein spezifisches Interaktionsmuster aufgefaßt und in einem systemtheoretisch kybernetischen Rahmen beschrieben. Argyle stellt dazu fest:

> Wir werden das konzeptuelle Modell eines im Gleichgewicht befindlichen Systems verwenden. Damit es zur Interaktion kommt, muß zwischen beiden Partnern ein

---

101 Cf. dazu Laing et al. 1966,83f
102 Argyle 1969
103 Argyle 1969
104 Argyle 1969,16

> gewisses Maß an Koordination und Ineinandergreifen gegeben sein; daraus kann sich ein stabiles Interaktionsmuster entwickeln, dessen Eigenart die Beziehung zwischen den Partnern ausmacht (105).

Dabei besteht die Beziehung, also das zeitweilig stabile Interaktionsmuster, aus miteinander synchronisierten Verhaltensmustern (106) der einzelnen Interaktionspartner. Diese koordinierten Verhaltensmuster setzen sich aus den oben erwähnten (107) Elementen des Sozialverhaltens zusammen. Beziehungen lassen sich dann durch charakteristische Muster beschreiben. Ein solches Muster wiederum setzt sich aus Faktoren wie räumliche Nähe, Tonfall, Blickrichtung, Haltung, Inhalt des Gesagten etc. zusammen. Je nachdem, wie diese Elemente gestaltet und kombiniert werden, ergeben sich bestimmte Interaktionsstile, die dann als diese oder jene Beziehung charakterisiert werden können.

Die Fähigkeit zur richtigen, der Situation und Interaktion adäquaten Gestaltung des eigenen Interaktionsstils nennt Argyle "soziale Kompetenz" (108) bzw. "soziale Fertigkeit" (109). In diesem Zusammenhang entwickelt er dann analog zu einem Modell motorischer Fertigkeiten sein Modell sozialer Fertigkeiten. Im Anschluß an Welford und Crassmann, die

> zwischen dem wahrnehmungsmäßigen Input, den zentralen Übersetzungsprozessen und dem motorischen Output (110)

unterscheiden, entwickelt Argyle ein Konzept, das außer diesen drei Faktorenbereichen noch die Motivationen mit aufnimmt.

Dieses Grundmodell muß nach Argyle allerdings weiter ausdifferenziert werden. So müssen etwa auf der einen Seite jene besonderen von Mead herausgearbeiteten kognitiven Prozesse des Sich-in-die-Rolle-des-andern-Versetzens berücksichtigt werden. Auf der anderen Seite muß in Rechnung gestellt werden, daß die beschriebenen Prozesse bei zwei Partnern gleichzeitig ablaufen, wenn sie miteinander interagieren (111).

Ein solches erweitertes Modell könnte etwa wie in Abbildung 2.3 dargestellt werden (112).

---

105 Argyle 1969,164
106 Argyle 1969,196
107 Siehe oben Abschnitt 1.1, Seite 15, cf. auch Argyle 1969,90ff,120
108 Argyle 1969,323ff
109 Argyle 1969,177ff
110 Argyle 1969,178
111 Argyle 1969,183
112 Grundlage für dieses erweiterte Modell bildet die Darstellung von Argyle 1967,95, cf. Graumann 1972, 1154

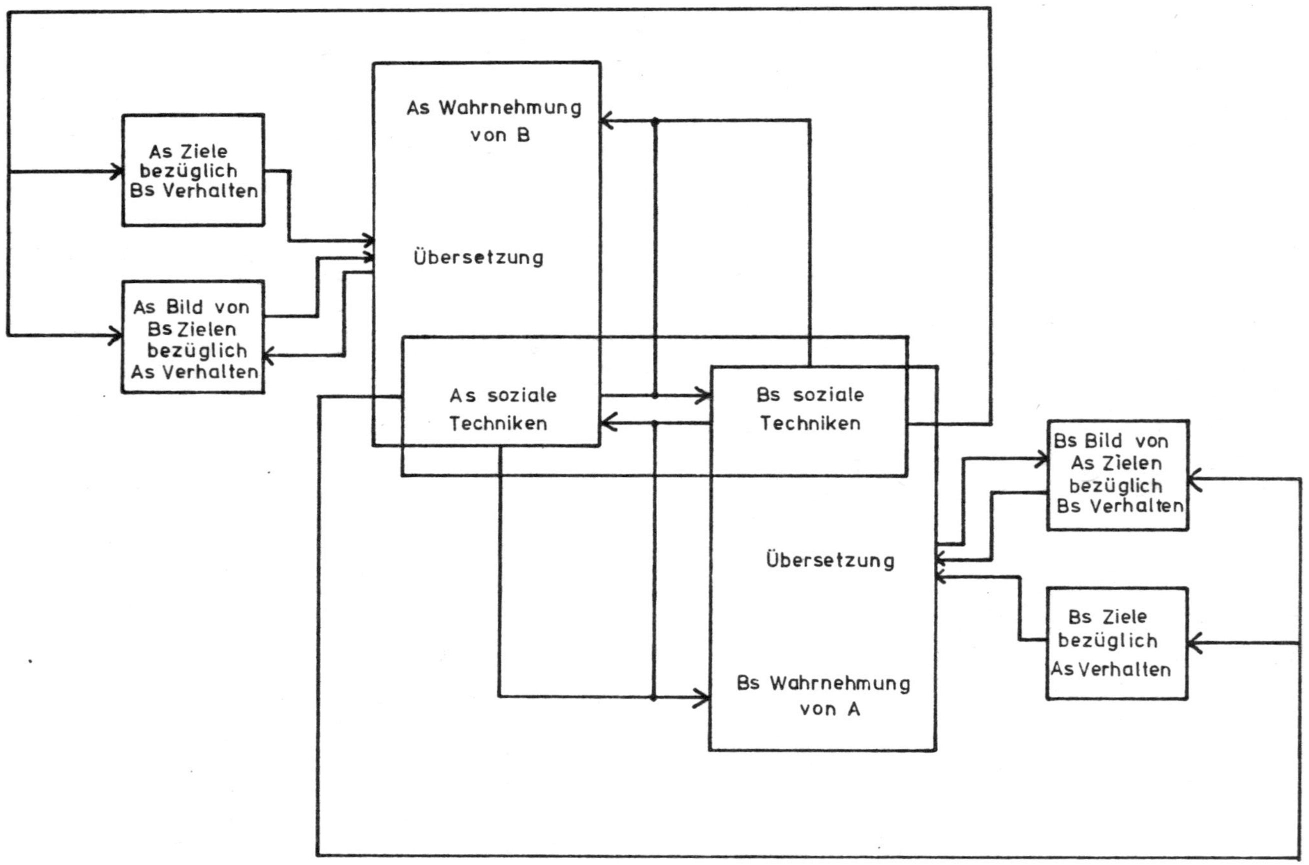
As Ziele bezüglich Bs Verhalten
As Bild von Bs Zielen bezüglich As Verhalten
As Wahrnehmung von B
Übersetzung
As soziale Techniken
Bs soziale Techniken
Übersetzung
Bs Wahrnehmung von A
Bs Bild von As Zielen bezüglich Bs Verhalten
Bs Ziele bezüglich As Verhalten

Abb. 2.3

Über die verschiedenen Rückmeldeschleifen kontrollieren die Interaktionspartner die eigenen Interaktionsstile (soziale Techniken) und die des Partners. Ihre Beziehung besteht dabei in einem Aushandeln eines relativ stabilen Interaktionsmusters. Die unterschiedlichen synchronisierten Interaktions- (oder Beziehungs-)Muster weisen nun verschiedene Strukturen und Dimensionen auf. So unterscheidet Argyle (113):

(1) ein nichtreziprokes Muster
As Verhalten wird von Bs Verhalten nicht beeinflußt oder umgekehrt;
(2) ein reziprokes, asymmetrisches Muster
As Verhalten ist abhängig von Bs Verhalten, aber nicht umgekehrt;
(3) ein reziprokes, symmetrisches Muster
keiner der Partner hat ein fest bestimmtes Verhaltensprogramm, jeder geht auf den anderen ein.

Die verschiedenen Interaktionsstile können nun im Sinne bestimmter Wirkungen eingesetzt werden. Argyle nennt diese Wirkung, die der Interaktionsstil auf den Partner hat (bzw. das, was durch den Interaktionsstil ausgedrückt wird), die "Dimensionen des Interaktionsstils" (114) oder die "Dimensionen von Beziehungen" (115). Er unterscheidet drei solcher Beziehungsdimensionen: 'Rolle', 'Intimität' und 'Dominanz'. Die Interaktion bzw. die Beziehung ist also dadurch charakterisiert, daß Verhaltensmuster gezeigt werden, die bedingt sind durch:

(1) die sozial normierte Stellung aufgrund gesellschaftlicher Positionen (Rolle);
(2) die Verbundenheit mit oder Ablehnung des Partners (Intimität);
(3) die Überlegenheit oder Unterlegenheit dem Partner gegenüber (Dominanz).

Die Beziehung im Argyleschen Sinne ist somit die sich in der sozialen Interaktion durch die Interaktionsstile realisierende soziale Kompetenz zweier Interaktionspartner, die sich in der Stabilisierung bestimmter synchronisierter Verhaltensmuster über eine bestimmte Zeit als ein dyadisches System darstellt, das sich im Gleichgewicht befindet. Wird dieses Gleichgewicht gestört, muß ein neues Interaktionsmuster gefunden werden, das dann, wenn es sich erneut stabilisiert hat, als eine neue und andere Beziehung aufzufassen ist.

Ebenso wie Argyle entwickelt auch Israel (116) einen systemtheoretischen Ansatz. Ausgangspunkt von Israels Überlegungen ist die Frage nach der "Natur des Men-

---

113 Argyle 1969,143f
114 Argyle 1969,120
115 Argyle 1969,197f
116 Israel 1973

schen" (117). Er zeigt nun, daß die meisten Menschen eine genaue Vorstellung von dieser Natur des Menschen haben, und zwar in dem Sinne, daß sie zu wissen glauben, wie Menschen "sind".

> Lehrer haben feste Vorstellungen davon, warum Kinder fleißig oder faul sind (...). Unternehmer haben feste Vorstellungen davon, wie Arbeiter beschaffen sind. (...) Politiker glauben, daß es in der 'Natur des Menschen' liegt, aufzuhören zu arbeiten, wenn die Steuern zu hoch werden (118).

Israel stellt nun zunächst fest, daß viele, wenn nicht die meisten 'Eigenschaften', die man dem Menschen zuschreibt, eigentlich nur bestimmte Formen des Verhaltens anderen Menschen gegenüber darstellen. So bezweifelt Israel etwa, daß 'Ehrlichkeit', 'Jähzorn', 'Boshaftigkeit' etc. angeborene und vererbte Eigenschaften darstellen. Denn, so argumentiert er, wenn wir von jemandem sagen, er sei 'ehrlich', 'boshaft' oder dgl., so meinen wir eigentlich, daß er sich uns oder anderen gegenüber 'ehrlich', 'boshaft' etc. verhalten habe. Von einem völlig isolierten Menschen, etwa einem Robinson Crusoe, ist es sinnlos zu sagen, er sei 'boshaft' oder 'ehrlich'.

> Es geht also um Handlungen, die wir in einer bestimmten sozialen Situation ausführen. Außerdem definieren oder bestimmen wir selbst, welche Handlungen als "ehrlich" bzw. "unehrlich" gelten sollen (119).

So ist z.B. "böse"

> keine Eigenschaft, sondern eine Verhaltensweise, eine Weise, der Umwelt gegenüber zu handeln (120).

In diesem Sinne ist die Persönlichkeit des Menschen, sein 'Ich', wie Israel im Anschluß an Mead sagt, das, was sich durch sein Handeln beschreiben läßt. Sein Handeln aber ist nicht isoliert, sondern setzt einen "sozialen Zusammenhang voraus" (121), setzt eine Umwelt voraus, zu der auch andere Menschen gehören, mit denen man handeln kann. In diesem Sinne setzen wir uns "zu der Welt, in der wir leben, in Beziehung" (122). Handeln ist also immer Handeln auf den Partner hin und mit dem Partner. Und in diesem Sinne "ist" der Mensch immer das, was ihn durch sein Handeln mit den anderen auszeichnet.

Wir können deswegen von einer ganz anderen Defi-

---

117 Israel 1973,15
118 Israel 1973,15
119 Israel 1973,27
120 Israel 1973,34
121 Israel 1973,27
122 Israel 1973,28

nition des Menschen ausgehen, einer Definition, die ich mangels eines besseren Ausdrucks die "relationistische" Definition nennen werde. Kurz zusammengefaßt besagt sie, daß der Mensch das ist, was seine sozialen Beziehungen sind (123).

Der Mensch ist also nur durch seine Beziehung zu anderen bestimmbar - eine Überlegung, wie sie bereits bei Mead aufgetaucht war -, und seine Beziehungen - und damit entspricht Israel dem Argyleschen Ansatz - stellen sein Handeln mit anderen dar.

Im einzelnen unterscheidet Israel dann einerseits gesellschaftliche oder soziale Beziehungen, andererseits zwischenmenschliche Beziehungen. Soziale wie zwischenmenschliche Beziehungen faßt er unter dem Terminus "Soziale Relationen" (124) zusammen. Die zwischenmenschlichen Beziehungen sind die Beziehungen, die im unmittelbaren Kontakt des Miteinander-Handelns und -Umgehens sich entwickeln. Sie sind die Menge der konkreten Handlungen. Wir setzen uns in dieser Hinsicht (durch das bestimmte Handeln) mit anderen Menschen in Beziehung.

> Wir lieben sie beispielsweise, was bedeutet, wir handeln ihnen gegenüber auf bestimmte Weise. Das wiederum ruft bei ihnen Reaktionen hervor, auf die wir wieder mit neuen Handlungen reagieren. Wir verhalten uns unterwürfig oder überlegen, servil oder arrogant, um weitere Beispiele zu nennen. Das bedeutet, wir handeln auf bestimmte Weise und erwarten gewisse Reaktionen auf unsere Handlungen (125).

Das, was Israel hier als Beispiele des Handelns nennt, wird bei Argyle als "Interaktionsstile" beschrieben, die in ihre einzelnen Elemente zerlegt werden und so als Verhaltensmuster ganz bestimmter sozialer Fertigkeiten beschrieben werden können.

Die sozialen Beziehungen nun sind bei Israel weitgehend die durch Normen und Konventionen geprägten gesellschaftlichen Strukturen, die sich im Laufe der menschlichen Entwicklung herausgebildet haben. So bilden etwa Verwandtschaftsbeziehungen oder die durch die speziellen wirtschaftlichen Verhältnisse entstandenen sozialen Relationen der Menschen zueinander solche sozialen Beziehungen. Dabei stellt Israel für die sozialen Beziehungen fest:

> Im Unterschied zu zwischenmenschlichen Beziehungen gelten sie nicht für direkte Beziehungen zwischen Individuen, sondern bilden den Rahmen für diese individuellen und zwischenmenschlichen Beziehungen (126).

---

123 Israel 1973,28
124 Israel 1973,29
125 Israel 1973,29; siehe hierzu auch die Ausführungen zur Geste bei Mead, Seite 57f
126 Israel 1973,29

Die Organisation der sozialen Beziehungen stellt nach Israel dann das dar,

> was wir die "soziale Natur des Menschen" nennen - im Unterschied zu seiner biologischen Natur (127).

Damit sind für Israel die dialektischen Verhältnisse charakterisiert, die zwischen Individuen und Gesellschaft bestehen, was er dann in der Feststellung zusammenfaßt:

> Betrachten wir den Menschen und die Gesellschaft, dann betrachten wir ein und dasselbe Phänomen, nur unter verschiedenen Gesichtspunkten (Heraushebung v. Verf.) (128).

Die Beziehungen - gesellschaftliche wie damit letztlich auch zwischenmenschliche - werden dann schließlich

> als kompliziertes System mit einer eigenen Struktur oder Organisation (129)

bestimmt, worauf Israel die Prinzipien einer allgemeinen kybernetischen Systemtheorie anwendet. Im einzelnen heißt das, daß er die Gesamtheit der sozialen Beziehungen als offenes System versteht. Dieses System wird durch vielfältig vermaschte Regelkreise gesteuert. Dabei bilden die zwischenmenschlichen Beziehungen die Mikro-Systeme, die in die Makro-Systeme der sozialen Beziehungen eingebettet sind (130).

2.3.4 Kritik

Entsprechend ihren primären Interessen sind die in den Sozialwissenschaften entwickelten Beziehungskonzepte natürlich differenzierter, jedoch unter anderen Fragestellungen ausgearbeitet, als das bei den in der Linguistik vorliegenden Ansätzen der Fall ist. Daher muß auch bei diesen sozialwissenschaftlichen Konzepten genau geprüft werden, wie weit sie für die vorliegende Problematik geeignet sind. Dabei sollen wieder, wie schon bei der Diskussion um die linguistischen Beziehungsbegriffe, als Beurteilungskriterien die Fragen hinsichtlich der Relevanz für eine linguistisch pragmatische Analyse sprachlicher Äußerungen zugrunde gelegt werden. Die Frage lautet also: Wie weit sind die in den Sozialwissenschaften entwickelten Beziehungsbegriffe so aufgebaut und strukturiert, daß die sie konstituierenden Aspekte sinnvolle und brauchbare (operationalisierbare) Kategorien für die Analyse, die Deutung sprachlicher Handlungen liefern? Prüft man unter dieser Fragestellung die oben dargestellten sozialwissenschaftlichen Beziehungsbegriffe, so zeigt sich,

---

127 Israel 1973,30
128 Israel 1973,30
129 Israel 1973,29
130 Israel 1973,49

daß ihnen gegenüber etliche Einwände geltend zu machen sind.

Um die relative Vielfalt der dargestellten Konzepte und der in ihnen aktualisierten Aspekte des Beziehungsproblems übersichtlicher zu machen, soll zunächst geprüft werden, wie weit es generelle Klassifizierungskriterien gibt, nach denen die Ansätze geordnet werden können.

Wie oben bereits erwähnt (131), sind die sozialwissenschaftlichen Ansätze mehr soziologischer oder mehr psychologischer Provenienz. Daraus ergibt sich eine teilweise unterschiedliche Gewichtung des jeweiligen Hauptinteresses. So wird die Entwicklung des Beziehungskonzepts für die Beschreibung und Erklärung von teils innerpsychischen, teils äußeren, beobachtbaren Prozessen eingesetzt. Dabei interessieren sich die soziologischen Arbeiten vornehmlich für die sozial relevanten Handlungen, die psychologischen Arbeiten mehr für die diese Handlungen begleitenden inneren Prozesse. In dieser Hinsicht lassen sich die Beziehungskonzepte - grob gesprochen - in zwei Kategorien einteilen:

(1) die primär intraindividuellen Konzepte;
(2) die primär interindividuellen Konzepte.

Für eine linguistische Pragmatik sind solche Ansätze von größerem Interesse, die ihr Beziehungskonzept mehr von den zwischen den Individuen ablaufenden Prozessen, zu denen ja auch die sprachlichen Äußerungen zählen, entwickeln - also den interindividuellen Konzepten. Denn solche Ansätze setzen sich weniger der Gefahr aus (wie es bei intraindividuellen Ansätzen der Fall ist), Beziehungskonzepte zu entwickeln, die sich ausschließlich auf psychische Phänomene beschränken, die nur in komplizierten, künstlichen Laborsituationen oder Befragungen (wie etwa bei Laing et al.) faßbar werden, Methoden also, die einer linguistischen Pragmatik, der es um die Deutung realer kommunikativer Ereignisse geht, nicht weiterhelfen. In dieser Hinsicht wären Beziehungskonzepte, wie sie von von Wiese bzw. Moreno entwickelt wurden, ein adäquaterer Ausgangspunkt als solche von Stok oder Lersch. Während von Wiese ja unter der Beziehung bestimmte analytisch isolierbare Zustände versteht, die durch die von ihm beschriebenen assoziativen wie dissoziativen Prozesse erreicht werden, geht es Stok mehr um die Relation der innerhalb von Grundbeziehungen gerichteten Stellungnahmen zum Partner bzw. bei Lersch um die innere Haltung zueinander aufgrund einer durch die unterschiedlichen Bindemomente beschreibbaren Handlungsdisposition.

Bei diesen letztgenannten intraindividuell orientierten Ansätzen von Stok und Lersch lassen sich die gleichen Einwände erheben, die bereits bei der Diskus-

---

131 Siehe oben Seite 49

sion der linguistischen Literatur genannt worden sind (132). Im wesentlichen muß hier zu bedenken gegeben werden, daß die Bestimmung intrapsychischer Zustände zunächst durch nichtlinguistische Methoden erreicht werden müßte, um dann das so bestimmte Phänomen sinnvoll mit sprachlichen Äußerungen in Relation setzen zu können.

Bevor z.B. eine Äußerung wie "Ich liebe dich" adäquat als Ausdruck einer aufgrund des emotionalen Bindemoments vorliegenden inneren Haltung, also einer inneren Beziehung, analysiert werden könnte, müßte ja zunächst geprüft werden, ob wirklich emotionale Bindung vorliegt. Wäre das nämlich nicht der Fall - läge beispielsweise reflexive Bindung vor - könnte die obige Äußerung als etwas völlig anderes aufgefaßt werden: z.B. als die Strategie zur Verfolgung bestimmter zweckrationaler Interessen (etwa bei einem Heiratsschwindler).

Darüber hinaus impliziert ein ausschließlich intrapsychisches Konzept auch die Gefahr einer Reifikation des Phänomens Beziehung als einer irgendwie gearteten dinghaften Eigenschaft in oder an den Individuen. Ein solches inneres Phänomen würde sich zwar nach außen durch soziale Akte zeigen, gleichwohl aber wäre es zunächst etwas Inneres, nicht Beobachtbares. Eine solche Vorstellung könnte dann schließlich zu der irrigen Annahme führen, die Beziehung ließe sich unabhängig von realen Aktivitäten als 'Wesenheit' isolieren, feststellen und beschreiben, die dann auf das Handeln einwirke.

Eine solche monadisch substantielle Auffassung von der Beziehung als einer hinter den sozialen Aktivitäten stehenden 'Wesenheit' ist in der deutschen Beziehungssoziologie noch relativ stark enthalten. Selbst bei von Wiese, der sich von einem solchen Konzept schon weitgehend gelöst hat, lassen sich dennoch Hinweise darauf finden. Etwa dort, wo er von inneren und äußeren Beziehungen spricht und aus den unterschiedlichen Möglichkeiten ihrer Kombination Begriffe wie "echte", "unechte", "offene" oder "maskierte Beziehungen" ableitet (133).

Bei dem oben beschriebenen Beispiel, in dem der Fall eintreten würde, daß ein Heiratsschwindler äußerte "Ich liebe dich", würde von Wiese vermutlich von unechter oder maskierter Beziehung sprechen, Beziehung wäre dann ein Phänomen, das aus einer spezifischen Kombination einer "inneren" wie "äußeren" Beziehung zusammengesetzt wäre. Ein solches Vorgehen wäre aber nur dann sinnvoll, wenn der "inneren Beziehung" ebenfalls eine einheitliche Realität zugesprochen werden könnte.

Auch die Begriffe "Assoziation" und "Dissoziation", die von Wiese einführt, oder die darauf aufbauenden

132 Siehe oben Seite 48f
133 von Wiese 1933,219ff

Begriffe wie "Innenabstand" und "Außenabstand", die Plenge benutzt (134), suggerieren eine vergegenständlichende Auffassung, die sich häufig in lediglich analogisierenden, metaphorischen Wendungen erschöpft, die mehr an die subjektive Intuition des Lesers appellieren, als daß sie operationalisierbare und intersubjektive akzeptable Definitionen von präzise faßbaren sozialen Phänomenen darstellen.

Sicherlich muß gewürdigt werden, daß, vornehmlich in den Arbeiten von Wieses, ein großes Wissen und intuitive Einsicht in die zwischenmenschlichen Prozesse und Phänomene zusammengefaßt wird. Auch stellt gerade von Wiese den Versuch dar, über beobachtbare soziale Prozesse zu objektivierbaren Aussagen zu gelangen. Dennoch muß festgestellt werden, daß es auch ihm nicht gelingt, über weite Strecken seiner Darstellung seine Einsichten, Begriffe und Beispiele zu operationalisieren und zu systematisieren, also intersubjektiv akzeptabel zu machen.

So wird beispielsweise nicht ersichtlich, nach welchen Kriterien er die sozialen Prozesse klassifiziert. Etwa wenn er Prozesse wie "Aufheitern" zu den Einzelprozessen der Annäherung rechnet, "Bemitleiden" aber zu denen der Anpassung, oder wenn er einen Prozeß wie "Zustimmen" sowohl als Annäherung wie auch als Anpassung auffaßt. Zudem wird nicht deutlich, welche konkreten Verhaltensweisen gemeint oder möglich sind, wenn er von einem Prozeß wie "Sich ins Mittel legen" oder dgl. spricht. Schließlich muß man feststellen, daß einerseits so konkrete Prozesse wie "Bitten" oder "Danken", andererseits aber so abstrakt komplexe Prozesse wie "Freundschaft schließen" auf einer theoretischen Ebene abgehandelt werden. Zusammenfassend läßt sich von daher sagen, daß die deutsche Beziehungssoziologie in ihren Ausführungen noch weitgehend vage bleibt und sich zum großen Teil noch in einem vorwissenschaftlichen, auf intuitives, unreflektiertes Alltagswissen rekurrierenden Bereich bewegt.

Neben diesen speziellen Kritikpunkten muß schließlich die gesamte Beziehungssoziologie einschließlich des Ansatzes von Moreno dahingehend kritisiert werden, daß festzustellen ist, daß die grundsätzliche Beschränkung der Beziehung auf einen Prozeß des Zu- und Auseinanders einen zu reduktionistischen Ansatz darstellt. Indem sämtliche zwischenmenschlichen Phänomene, seien es konkrete Handlungen, seien es die diesen Handlungen korrespondierenden inneren Haltungen, ausschließlich unter die Kategorien Assoziation und Dissoziation subsumiert werden, wird man der Vielfalt dieser Phänomene sicher nicht gerecht. Gerade was den linguistischen Bereich betrifft, müssen, abgesehen von der Notwendigkeit einer exakten, operationalen Definition von assoziativen wie dissoziativen Prozessen, wesentlich mehr

134 Plenge 1931/32,277

und differenziertere Kriterien zur Verfügung gestellt werden, um der ganzen Breite alternativer sprachlicher Verhaltensweisen gerecht zu werden.

Im Gegensatz zur deutschen Beziehungssoziologie sind die Konzepte des Interaktionismus von Mead bzw. von Laing et al. methodisch wesentlich strenger gefaßt. Da es vor allem Mead aber primär um eine Analyse intrapsychischer Phänomene wie Geist und Ichbewußtsein geht, treffen auch hier die generell für psychologische Beziehungskonzepte geltenden Kritikpunkte zu.

Deutlich werden die Konsequenzen des Meadschen Ansatzes dann auch bei Laing et al. weiterentwickelt. Das dort vorgelegte Beziehungskonzept versucht ja gerade das Phänomen Beziehung mittels einer bestimmten sich nicht der direkten Kommunikation bedienenden Methode zu fassen.

Mead hatte zwar in starkem Maße auf den direkten Zusammenhang von äußeren, sozial relevanten Akten und bestimmten inneren Prozessen und Zuständen hingewiesen - was letztlich auch die große Bedeutung seiner Theorie für den vorliegenden Problemzusammenhang ausmacht -, war aber letztlich doch weniger an der Beziehung direkt interessiert. Das Hauptgewicht seines Interesses lag deutlich auf der Struktur des menschlichen Bewußtseins. In dieser Hinsicht stellen Laing et al. zwar einen Fortschritt dar, indem sie die relationalen Aspekte stärker hervorheben und analysieren. Aber da sie dem prinzipiell intrapsychischen Ansatz Meads verpflichtet sind, können sie die tatsächlich ablaufende Kommunikation lediglich theoretisch berücksichtigen. Ihre eigentliche Analyse der Beziehung und das Herausarbeiten der unterschiedlichen Beziehungsaspekte wie "Übereinstimmung", "Verstehen" etc. können sie dann nur wieder über das recht unnatürliche und künstliche Verfahren einer Befragung gewinnen.

Dabei lassen sich die für letztlich alle stark normierten experimentellen Verfahren zutreffenden Einwände auch für das IPM-Konzept von Laing et al. geltend machen (135). Bei dieser Methode, bei der nicht die realen Interaktions- und Kommunikationsprozesse als Datenbasis genommen werden, sondern von einzelnen Probanden isoliert beantwortete Fragebögen, besteht die Gefahr, wichtige Elemente und Prozesse, die nur in der realen Kommunikation auftreten, nicht zu erfassen. Weiterhin können die Ergebnisse übertrieben oder sogar falsch sein. Denn sie sind ja entstanden aufgrund einer allzu bewußten Auseinandersetzung der Probanden mit den für normales Alltagsverständnis recht unnatürlichen Fragestellungen.

Von daher sind die Beziehungsaspekte, die Laing et al. über ein stark operationalisiertes Verfahren gewin-

---

135 Zu den allgemeinen Schwierigkeiten der experimentellen sozialwissenschaftlichen Forschung, cf. Argyle 1969,19ff

nen, in der direkten Analyse tatsächlich stattgefundener Kommunikation kaum oder nur schwer faßbar. Ein Beziehungskonzept aber, dessen wesentliche Aspekte lediglich über ein solches kompliziertes Befragungsverfahren ermittelt werden können, ist für eine linguistisch pragmatische Untersuchung, bei der ja eben das real stattgefundene, einmalige sprachliche Verhalten analysiert werden soll, wenig geeignet. Denn wie sollten dabei jene nur kompliziert zu ermittelnden psychischen Zustände aufgrund des vorhandenen, in seiner speziellen Ausprägung unwiederholbaren Sprachmaterials präzise bestimmt werden - also ohne eine nur in den seltensten Fällen mögliche anschließende Befragung der Beteiligten, die dann aber letztlich auch nur wieder eine nachträgliche Interpretation wäre?

Schließlich muß auch noch erwähnt werden, daß mit dem Konzept der Übernahme der Perspektive des anderen lediglich das grundsätzliche und universelle Prinzip des Sich-in-Beziehung-zum-anderen-Setzens formuliert worden ist. Wie Argyle aber im Anschluß an Turner (136) berichten kann, lassen sich drei Bedeutungen dieses Prinzips unterscheiden:

(1) im Sinne des Sich-Identifizierens mit dem Standpunkt des anderen (137);
(2) im Sinne der nur distanzierten Berücksichtigung seiner Rolle;
(3) im Sinne der ursprünglich von Mead herausgearbeiteten Übernahme der Standpunkte aller anderen, also als Übernahme von Normen.

Aber selbst bei all diesen Differenzierungen muß prinzipiell bezweifelt werden, daß bei einem solchen intrapsychischen Beziehungskonzept adäquate linguistische Verfahren entwickelt werden können, die die pragmatisch wichtige Frage nach dem Zusammenhang von sprachlicher Kommunikation und zwischenmenschlicher Beziehung befriedigend zu beantworten gestatten.

In dieser Hinsicht scheinen die von Argyle und Israel vorgelegten Beziehungsdefinitionen als spezifische Interaktions- oder Handlungsmuster von im relativen Gleichgewicht befindlichen Systemen wesentlich besser geeignet zu sein. Allerdings muß hier zu bedenken gegeben werden, daß diese Modelle teilweise noch viel zu allgemein und undifferenziert sind.

So können etwa die Überlegungen Israels - und darin gleicht er dem Vorgehen Meads - als universelle, eher philosophisch anthropologische Betrachtungen zur "sozialen Natur" des Menschen angesehen werden. In diesem Sinne geht es Israel eher um allgemeine Prinzipien der generellen Begründung eines Beziehungskonzepts, als daß er sich mit den detaillierten Strukturen und Aspekten von Beziehungen befaßt. Eine solche Analyse aber

---

136 Argyle 1969,186f
137 Siehe auch oben Seite 44

wäre für die hier gestellte pragmatische Fragestellung besonders wichtig und interessant. Denn erst wenn die detaillierte Struktur von Beziehungen bekannt ist, lassen sich auch sprachliche Einzelphänomene detailliert mit dieser Struktur in Zusammenhang bringen. Zwar macht Israel später (138) bei seiner Darstellung der sozialen Kommunikation einige Bemerkungen zu diesem Problembereich, dabei aber wird der Zusammenhang zu seinem Beziehungskonzept nicht mehr explizit erörtert.

Wesentlich detaillierter ist in dieser Hinsicht der Ansatz Argyles. Aber auch bei Argyle ist natürlich entsprechend seinem allgemeinen Interesse das Beziehungskonzept nicht so detailliert ausgearbeitet, als daß es direkt und ohne weitere Modifikationen übernommen werden könnte. Speziell muß in bezug auf das Argylesche Konzept bezweifelt werden, daß die verbalen Aspekte der Verhaltensmuster die von ihm behauptete geringe Rolle bei einer Konstituierung zwischenmenschlicher Beziehungen spielen. Daß diese Kritik berechtigt ist, kann an dieser Stelle allerdings nicht gezeigt werden. Dem Nachweis ihrer Richtigkeit ist schließlich die gesamte vorliegende Arbeit gewidmet.

Im folgenden wird nun, speziell bei der Entwicklung des Beziehungsbegriffs, von dem Konzept Argyles und den Überlegungen Israels ausgegangen. Die Beziehung wird dabei generell als ein Interaktionsmuster bzw. als das spezifische zwischenmenschliche Handeln begriffen. Allerdings werden, soweit es möglich und sinnvoll ist, Überlegungen der anderen hier vorgestellten sozialwissenschaftlichen Konzepte verarbeitet, vor allem der Konzepte von Mead und einiger Überlegungen von Wieses.

Generell läßt sich zu den bisher dargestellten Ansätzen nun vom Gesichtspunkt des hier interessierenden Wechselverhältnisses von sprachlicher Kommunikation und zwischenmenschlicher Beziehung folgendes sagen: In dem Maße, in dem die in linguistischen Arbeiten ansatzweise enthaltenen Beziehungskonzepte zu eingeschränkt, unklar, ungenau, undifferenziert und widersprüchlich sind, sind die in den Sozialwissenschaften ausgearbeiteten Konzepte teils zu sehr auf für den vorliegenden Zusammenhang entfernte psychologische Problembereiche ausgerichtet, teils zu weitgesteckt und was die Frage nach speziellen, für die Deutung bestimmter einzelner Sprechhandlungen relevanten Aspekten eines Beziehungskonzepts betrifft, zu allgemein gehalten.

Wenn es nun gelingt, theoretische Ansätze einer pragmatisch kommunikationsorientierten Linguistik im Sinne einer allgemeinen Sprechhandlungstheorie mit den in den Sozialwissenschaften erarbeiteten relevanten Beziehungskonzepten zu verbinden, kann damit vielleicht erreicht werden, die nur sekundär motivierte Separation von Linguistik und Sozialwissenschaft wieder aufzuheben. Dadurch bestünde die Möglichkeit, jenen letztlich beiden

---

138 Israel 1973,223ff

Disziplinen zuzurechnenden Gegenstand des verbalen Verhaltens von Menschen angemessener untersuchen zu können.

Einen ersten Versuch zu einer solchen Integration von Linguistik und Sozialwissenschaft über das Problem des Zusammenhangs von Kommunikation und Beziehung haben Watzlawick et al. in ihrem im Bereich der Linguistik stark rezipierten Buch über "Menschliche Kommunikation" unternommen. Da dieser Ansatz innerhalb der Linguistik einen so großen Einfluß gehabt hat (139), er aber eine Reihe prinzipieller theoretisch methodischer wie sachlicher Probleme aufweist, soll die Diskussion um das Watzlawicksche Konzept im folgenden detailliert dargestellt und kritisiert werden.

139 Ziegler 1977,9ff

3. DIE WATZLAWICK-DISKUSSION

Die bisherigen Arbeiten waren, wie bereits erwähnt, entweder primär an linguistischen oder aber an soziologischen und psychologischen Fragestellungen interessiert. Insofern trat die spezielle Frage nach dem Zusammenhang von Sprache und Beziehung nie explizit in den Vordergrund. Zwar war es teilweise unvermeidlich, daß auf bestimmte Aspekte dieses Zusammenhangs hingewiesen wurde, aber wenn das überhaupt explizit geschah, dann wurde dieser Problembereich nur ungenügend behandelt. So wurde er von der jeweiligen Fragestellung her entweder als marginaler Aspekt betrachtet, z.B. bei den Vertretern der deutschen Beziehungssoziologie (1), bei Laing et al. (2); oder aber er wurde unter einem anderen Gesichtspunkt bzw. mit anderem Problembewußtsein behandelt, etwa bei Mead (3); oder schließlich gar nicht als besonders problematischer Zusammenhang behandelt, wie z.B. in der linguistischen Literatur (4).

Eine Ausnahme in dieser Hinsicht stellt der von Watzlawick, Beavin und Jackson entwickelte Ansatz dar. Zwar ist das Interesse dieser Autoren auch nicht primär auf eine Erhellung und genaue Darstellung des Zusammenhangs von Sprache und Beziehung ausgerichtet, dennoch bilden diese beiden Phänomenbereiche (Sprache - Beziehung) den theoretischen wie praktischen Rahmen ihrer Arbeit. Dabei geht es Watzlawick et al. primär um psychologisch therapeutische Probleme (5). Zur Diagnose und therapeutischen Lösung (6) bestimmter Verhaltenspathologien entwickeln sie einen kommunikationstheoretischen Ansatz, für den sich der Zusammenhang, die Wechselwirkung von Sprache und Beziehung als das grundlegende und entscheidende Problem erweist.

Die Arbeit, die sich als Beitrag einer "Einführung in die Pragmatik der menschlichen Kommunikation" (7) versteht, hat, was den Bereich der Linguistik betrifft,

---

1 von Wiese 1933,163
2 Laing et al. 1966,14
3 Die Analyse der Entstehung von Bewußtsein und Identität über symbolische Interaktion kann eigentlich über weite Strecken als Betrachtung des Zusammenhangs von Sprache und Beziehung (allerdings unter einer anderen Perspektive) gesehen werden.
4 Siehe dazu die Belegstellen von Seite 35f
5 Watzlawick et al. 1969,14
6 Eine spätere Arbeit von Watzlawick und Weakland hatte dann auch den Titel "Lösungen", cf. Watzlawick/Weakland 1974
7 Watzlawick et al. 1969,14

eine ungeheuer starke Beachtung gefunden (8). Diese starke Rezeption muß innerhalb der forcierten Entwicklung der Pragmatik (9) zu Beginn der 70er Jahre gesehen werden. Dabei fanden die Watzlawickschen Thesen vor allen Dingen im pädagogisch didaktischen Bereich verstärkten Eingang. Allerdings ist die Rezeption des Watzlawickschen Konzepts in weitgehend unkritischer Haltung erfolgt. Das gilt sowohl für den Bereich der Deutschdidaktik wie auch für den eigentlichen linguistisch pragmatischen Bereich.

Abgesehen von einigen ersten kritischen Bemerkungen bei Jäger und Küchler (10) und zur Lippe (11) sowie einer schon detaillierteren Auseinandersetzung von Schülein (12), der seine Kritik allerdings mehr von einem psychologischen und allgemein ideologischen Standpunkt aus führt, ohne sich näher auf die theoretischen Hintergründe des Watzlawickschen Ansatzes explizit einzulassen, liegt mit der neueren Arbeit von Ziegler (13) eine Kritik vor, durch die die Auseinandersetzung mit dem Watzlawickschen Ansatz eine neue Qualität bekommen dürfte.

Das Buch Zieglers kann für die aktuelle Watzlawickdiskussion wohl als der bislang wichtigste Beitrag betrachtet werden. In seiner Kritik hebt Ziegler die Auseinandersetzung um die Postulate und Theoreme des Watzlawickschen Konzepts auf jenes kritisch reflexive Theorieniveau, das den wissenschaftstheoretischen und philosophischen Grundpostulaten, die in diesem Ansatz aufgegriffen werden, und deren theoretisch methodischen Kontexten entspricht.

Gerade die "Begrifflichen Grundlagen" (14) bei Watzlawick et al. waren es, die einerseits in der bisherigen Rezeption zu wenig oder gar nicht kritisch betrachtet wurden (15), die aber andererseits, wie es scheint, gerade die große Suggestionskraft des Konzepts ausmachten, das dadurch mit einer "aura des hochbedeutsamen" (16) umgeben zu sein scheint. In diesem Sinne wirkt das Watzlawicksche Konzept - wie Frankenberg zu Recht bemerkt - "zustimmungsattrahierend auf

---

8 Behr et al. 1972,65ff; Baacke 1973,144ff; Goeppert/Goeppert 1973,42ff; Herrlitz 1973,29ff; Boottcher 1975; Dietrich et al. 1975; Holder 1975,38ff; Human 1975; Jäger/Küchler 1975; Schlieben-Lange 1975,52f; Jäger 1976,90ff; Schwitalla 1976;90ff; Braunroth et al. 1976; Kaiser 1977; Posner 1977,110ff

9 Gemeint ist die Entwicklung innerhalb der BRD.

10 Jäger/Küchler 1975

11 zur Lippe 1975

12 Schülein 1976

13 Ziegler 1977

14 Watzlawick et al. 1969,19ff

15 Ziegler 1977,10

16 Ziegler 1977,62

den Leser" (17), wodurch letztlich kritische Überlegungen unterdrückt werden.

Indem Ziegler nun die Theorie Watzlawicks auf seine "theoretische stichhaltigkeit hin" überprüft und sie "einer begrifflichen und methodologischen kritik" (18) unterzieht, wird die gesamte in diesem Konzept enthaltene Problematik und Widersprüchlichkeit zum ersten Male in aller Schärfe herausgestellt.

Jede linguistisch pragmatische Analyse, die sich näher mit dem Problem der Wechselwirkung von Sprache (oder generell Kommunikation) und zwischenmenschlicher Beziehung beschäftigen will, muß sich also einerseits mit dem Konzept von Watzlawick et al., andererseits mit der äußerst detaillierten und dezidierten Kritik Zieglers an diesem Konzept auseinandersetzen. Der Wert jedes neuen Ansatzes erweist sich somit unter anderem auch dadurch, wie weit die Auseinandersetzung auf dem von Ziegler vorgegebenen theoretischen Niveau aufgegriffen und weitergeführt werden kann. Eine Kritik an Watzlawick oder die Weiterentwicklung theoretischer Positionen in diesem Bereich wird immer auch eine Kritik und Weiterentwicklung an der "Watzlawick-Ziegler-Kontroverse" sein müssen.

Im folgenden soll daher zunächst eine Darstellung und Auseinandersetzung mit dieser neueren Watzlawickdiskussion erfolgen.

3.1 Der Beziehungsbegriff bei Watzlawick et al.

Mit ihrer Einführung der Unterscheidung von Inhalts- und Beziehungsaspekt haben Watzlawick et al. einen starken Einfluß auf die linguistische Diskussion ausgeübt. Mit diesem zweiten "Axiom" entstand zum ersten Male ein größeres Problembewußtsein für das Phänomen Beziehung. Allerdings beschränkte sich dieses Bewußtsein zumeist, wie bereits erwähnt, in einer relativ unkritischen Übernahme der Thesen und Begriffe Watzlawicks et al. Das gilt vor allem für den Begriff der Beziehung selbst, der einer der grundlegendsten Begriffe des gesamten Watzlawickschen Konzepts ist.

Wie sich zeigen wird, trifft auch für diesen Begriff die grundlegende Zieglersche Kritik zu, daß Watzlawick et al. zentrale Begriffe in äquivoker Weise verwenden, wodurch ihre Theorie zu einem widerspruchsvollen Komplex begrifflicher Ungereimtheiten wird. Der Beziehungsbegriff, so wie er bei Watzlawick et al. Verwendung findet, kann in diesem Sinne keine gesicherte und solide Grundlage für eine Analyse von beziehungsrelevanter Kommunikation bilden.

So lassen sich drei prinzipielle Verwendungsweisen des Begriffs "Beziehung" bei Watzlawick et al. fest-

17 Frankenberg 1975,12
18 Ziegler 1977,11

stellen, nämlich

(1) Beziehung als formale Struktur;
(2) Beziehung als Kommunikation;
(3) Beziehung als Stellungnahme zueinander.

3.1.1 Beziehung als formale Struktur

Eine Reihe von Aspekten, die der Watzlawicksche Beziehungsbegriff aufweist, gleicht denen, die in der übrigen soziologischen und psychologischen Literatur herausgearbeitet wurden. Allerdings fügen Watzlawick et al. der Diskussion um den Beziehungsbegriff einen neuen Aspekt hinzu. In den "Begrifflichen Grundlagen" versuchen sie Beziehung in Analogie zu dem mathematischen Begriff der "Funktion" zu entwickeln.

Bei der Einführung des Funktionsbegriffs gehen Watzlawick et al. von dem Begriff der "Variablen" aus, den sie gegen den Zahlbegriff abgrenzen. Im Gegensatz zur Zahl hätten

> Variable keine ihnen innewohnende Bedeutung; sie sind nur in Beziehung zueinander sinnvoll (19).

Das führt Watzlawick et al. dann zu der für sie grundlegenden Erkenntnis:

> Eine solche Beziehung zwischen Variablen (meist, aber nicht unbedingt in Form einer Gleichung ausgedrückt) stellt den Begriff der Funktion dar (20).

In diesem Sinne ist eine Funktion für sie (und hier bringen sie ein Zitat Sprenglers!) "tatsächlich eine einzige Zahl" (21).

Den so eingeführten Begriff setzen Watzlawick et al. dann in Analogie zu Phänomenen menschlichen Verhaltens. Dabei postulieren sie,

> daß bestimmte Phänomene unerklärlich bleiben, solange sie nicht in genügend weitem Kontext gesehen werden, oder daß in diesem Fall dem betreffenden Organismus Eigenschaften zugeschrieben werden müssen, die er nicht besitzt (22).

Hier liegt eine ähnliche Argumentation wie bei Israel vor, der ja ebenfalls darauf hinweist, daß eine Reihe von Eigenschaften, die dem Menschen zugesprochen werden, eigentlich nichts anderes darstellt, als eine bestimmte Art zu handeln. Insofern kann man Watzlawick et al. auch zustimmen. Problematisch allerdings ist ihr Versuch, von dieser Erkenntnis ausgehend eine Analogie zum mathematischen Funktionsbegriff herzustellen. Sie verwechseln dabei eine Reihe grundlegender Begriffe.

---

19 Watzlawick et al. 1969,25
20 Watzlawick et al. 1969,25
21 Sprengler 1927,103; cf. Watzlawick et al. 1969,25
22 Watzlawick et al. 1969,21

Zunächst ist es zweifelhaft, Funktionen mit dem Zahlbegriff in Zusammenhang zu bringen. So bemerkt Ziegler zu Recht, die Funktion muß

> als abbildungsvorschrift aufgefaßt werden (auf gar keinen Fall als "eine einzige Zahl" (...) (23).

Funktionen sind in diesem Sinne Mengen von geordneten Paaren, die bestimmten Bedingungen genügen müssen (24).

Ebensowenig haben sie ursprünglich etwas mit Variablen zu tun. Die Mengen von geordneten Paaren, aus welchen Funktionen bestehen, können Zahlen, Personen, Elektronen, Wörter, Gedanken oder Handlungen sein. Die einzige Bedingung nach Cantor ist, daß die Elemente der Menge wohlunterschieden sein müssen (25).

Insofern können die Elemente einer Menge durchaus Eigenschaften unabhängig von ihrer Beziehung zu den Elementen derselben oder einer anderen Menge besitzen. Die Analogie trifft also in diesem Punkt nicht zu.

Nun werden Funktionen oft durch Funktionsschemata dargestellt, die Variablen enthalten, etwa $f(x) = y$. In diesem Schema wird die eine (abhängige) Variable y in Beziehung zur anderen (unabhängigen) Variablen x bestimmt, und zwar dadurch, daß y eben eine Funktion von x ist. Und das heißt, daß den Elementen der einen Menge, über der x variiert, die Elemente der anderen Menge, über der y variiert, auf eine bestimmte Art zugeordnet werden. Das Schema ist also lediglich eine verkürzte Form der Abbildungsvorschrift und der daraus resultierenden Kombination der Elemente und durchaus nicht mit dem Begriff der Funktion selbst gleichzusetzen.

Watzlawick et al. können also nicht über eine Analogie von Variablen und menschlichen Eigenschaften auf eine Analogie von Funktionen und zwischenmenschlichen Beziehungen schließen. Einmal weil die Variable nicht in der von Watzlawick et al. unterstellten Weise mit dem Funktionsbegriff zusammenhängt, zum anderen aber auch weil die Analogie zwischen Variable und menschlicher Eigenschaft unklar bleibt.

So fragt sich, welche den Variablen analogen Phänomene denn im menschlichen Bereich miteinander in Beziehung gesetzt werden sollen. Phänomene wie "Empfindung, Wahrnehmung, Apperzeption, Gedächtnis" (26) oder so

---

23 Ziegler 1977,129 (Anmerkung 14, Abschnitt 1.6)

24 Sager 1977b,163ff.
Bezüglich einer genauen Definition des Funktionsbegriffs sei auf die entsprechende Literatur verwiesen. Cf. Wall 1974,198ff; Reinhardt/Soeder 1974,31,33; Meschkowski 1971,38ff; Behnke et al. 1964,261ff

25 Cf. dazu etwa Meschkowski 1971,23; in neuerer Zeit ist diese Bedingung durch Zadeh relativiert worden, cf. Zadeh 1965

26 Watzlawick et al. 1969,26

etwas wie "Einstellung" (27) werden von Watzlawick et al. als Reifikation abgelehnt. Demgegenüber betonen sie, daß

> die Selbsterfahrung des Menschen im wesentlichen auf der Erfahrung von Funktionen beruht, von Beziehungen, in die er einbezogen ist, mag er diese Beziehungen rein subjektiv auch noch so sehr ihres Funktionscharakters entkleiden und verabsolutieren oder verdinglichen (also reifizieren) (28).

Was nun mit der "Erfahrung von Funktionen" gemeint sein soll, bleibt allerdings völlig unverständlich. Denn formale Strukturen (wie sie Funktionen darstellen) sind nicht erfahrbar. Was Watzlawick et al. allerdings damit meinen könnten, ist von Ziegler richtig herausgearbeitet worden.

Ziegler zeigt in seiner Kritik an der Watzlawickschen Beschränkung auf das direkt Beobachtbare (29), daß Watzlawick et al. ihrem pragmatischen Konzept ein einfaches behavioristisches Reiz-Reaktionsschema zugrunde legen.

Die menschlichen Beziehungen im Sinne mathematischer Funktionen müßten, wie Ziegler darstellt, im Rahmen eines black-box-Modells die Form $o = f(i)$ haben. Das bedeutet: Der Output ist eine Funktion des Input (30), bzw. das Verhalten zum Zeitpunkt t ist eine Funktion des vorhergehenden Verhaltens zum Zeitpunkt $t-1$.

Was Ziegler an dieser Stelle bei seiner Kritik nicht berücksichtigt, ist, daß völlig zu Unrecht aufeinanderfolgende Verhaltensweisen als Beziehung im Sinne von Funktion aufgefaßt werden. Zwar bemerkt Ziegler, daß bei einer solchen Auffassung eine Zeittheorie impliziert ist, er berücksichtigt aber nicht, daß eine solche Zeitvorstellung ebenfalls mit dem Funktionsbegriff unverträglich ist. Denn da eine Funktion als eine spezifische Menge aufgefaßt wird, hat sie natürlich nichts mit einer Zeitstruktur zu tun.

Wenn Watzlawick et al. die Wechselwirkungen des aufeinanderfolgenden Verhaltens (31) als die Beziehung auffassen, die Struktur dieser Beziehung aber als "dem mathematischen Begriff der Funktion analoge Strukturen" (32) begreifen, so wird der Funktionsbegriff in unkritischer und falscher Weise verwendet. Der mathematische Begriff der Funktion trägt nichts zur Klärung bzw. Definition eines Begriffs der zwischenmenschlichen Beziehung bei. Er ist im Gegenteil trotz der durch den Rekurs auf die Mathematik suggerierten Präzision verwirrend und unklar und einem Bemühen um eine genaue,

---

27 Watzlawick et al. 1969,28
28 Watzlawick et al. 1969,29
29 Ziegler 1977,41ff
30 Ziegler 1977,47
31 Watzlawick et al. 1969,43
32 Watzlawick et al. 1969,42

sozialwissenschaftlich relevante Definition letztlich hinderlich.

3.1.2 Beziehung als Kommunikation

Die Auffassung, die Beziehung habe eine der mathematischen Funktion analoge Struktur, ist nur ein Aspekt des Watzlawickschen Beziehungsbegriffs. Bei der weiteren Entfaltung der Theorie werden noch eine Reihe anderer Gesichtspunkte von Watzlawick et al. erwähnt, die für eine Explizierung ihres Beziehungskonzepts wichtig sind.

Der rationale Kern der oben diskutierten Funktionsproblematik kann in folgendem gesehen werden: Um sinnvolle Aussagen über Menschen, deren "Eigenschaften" und Verhaltensweisen machen zu können, ist es notwendig, mindestens zwei Individuen zu betrachten. Erst die Berücksichtigung der Beziehung, also der Wechselwirkung zwischen den Individuen und deren aufeinander bezogenen Verhaltensweisen, ermöglicht sinnvolle Aussagen.

Dabei sind zwei Fragen von zentraler Bedeutung:

(1) Welche Elemente werden "in Beziehung" zueinander gesetzt?
(2) Unter welchem relationalen Gesichtspunkt kann man diese Elemente zusammenfassen?

Watzlawick et al. betrachten nun solche Verhaltenseinheiten, die unter dem Gesichtspunkt ihres kommunikativen Zwecks in Wechselwirkung zueinander bestimmt werden können und die dann zusammengenommen als die Beziehung bezeichnet werden. Sie stellen grundsätzlich fest:

> Wir ziehen es also vor, weniger Gewicht auf die traditionellen Sender-Zeichen- und Zeichen-Empfänger-Relationen zu legen, sondern vielmehr die zwischenmenschliche Sender-Empfänger-Beziehung auf der Basis der Kommunikation zu unserem Anliegen zu machen (33).

Bei diesem Vorgehen wird nun streckenweise Kommunikation mit Beziehung einfach identifiziert, indem Kommunikation mit Verhalten gleichgesetzt wird (34) und Verhalten (im Sinne analoger Kommunikation) mit der Beziehung identifiziert wird. Denn, so postulieren Watzlawick et al., analoge Kommunikation definiert die Beziehung (35). An anderer Stelle spricht Watzlawick davon, daß es prinzipiell möglich sei,

> die Grundsätze einer Pragmatik der menschlichen Kommunikation - also einer Lehre von den menschlichen Beziehungen (Hervorhebung v. Verf.) -

---

33 Watzlawick et al. 1969,23
34 Watzlawick et al. 1969,23
35 Watzlawick et al. 1969,61ff

wenigstens zu skizzieren (36).

Die Beziehung in diesem Sinne ist also lediglich der wechselseitige Ablauf von Mitteilungen (Kommunikation), was Watzlawick et al. auch als "Interaktion" bezeichnen (37).

Die Verhaltenselemente sind somit Kommunikationselemente, und die zeitliche Hintereinanderfolge dieser Elemente ist die Kommunikation und damit die Beziehung. Unklar bleibt bei dieser Gleichsetzung von Verhalten, Kommunikation und Beziehung, ob eine Beziehung nur die einzelne Mitteilung eines Sprechers ist oder der einmalige, wechselseitige Austausch von Kommunikations- (bzw. Verhaltens-)Elementen oder der gesamte Ablauf der Kommunikation zwischen zwei Individuen über einen längeren Zeitraum gemeint ist. Für jede dieser drei Interpretationen von Beziehung als Kommunikation gibt es Belegstellen.

So ist etwa jede Mitteilung (Kommunikation) nach Watzlawick et al. eine "Beziehungsdefinition" (38). Je nachdem welche Alternative aus einer möglichen Auswahl von Äußerungen gewählt wird, liegen jeweils "grundverschiedene Beziehungen" (39) vor. In diesem Sinn fassen Watzlawick et al. als Beziehung die einzelne Äußerung selbst auf.

In dem Maße aber, in dem die

> Natur einer Beziehung (...) durch die Interpunktion der Kommunikationsabläufe seitens der Partner bedingt (40)

ist, in dem Maße, in dem das Wesen der Beziehungsphänomene in ihrer "überpersönlichen Natur" (41) liegt, wobei es klar ist, daß sich die Analysen "auf die Beziehungen zwischen Äußerungen" gründen und die "Reaktion des Partners" und die "Reaktion auf diese Reaktion" mitberücksichtigen (42), ist die Beziehung im Sinne von Kommunikation als Austausch von Mitteilungen aufzufassen.

Wird schließlich davon gesprochen, daß "zwischenmenschliche Systeme" sich

> objektiv am besten als Mit-andern-Personen kommunizierende Personen beschreiben (43)

lassen, so wird nach Watzlawick et al. die Aufmerksamkeit

---

36 Watzlawick 1975,110; cf. dazu auch Watzlawick 1975, 104
37 Watzlawick et al. 1969,50f
38 Watzlawick et al. 1969,54
39 Watzlawick et al. 1969,55
40 Watzlawick et al. 1969,61
41 Watzlawick 1975,110
42 Watzlawick et al. 1969,114
43 Watzlawick et al. 1969,116

> notwendigerweise auf Beziehungen gelenkt, die sowohl für alle Teilnehmer wichtig als auch von Dauer sind; Beispiele dafür sind Freundschaften, gewisse geschäftliche oder berufliche Beziehungen und vor allem Ehe- und Familienbeziehungen (44).

Hier ist die Beziehung also der sich über einen längeren Zeitraum erstreckende Kommunikationsprozeß.

Der Vergleich dieser Belegstellen zeigt, daß Watzlawick et al. auch den Beziehungsbegriff äquivok im Sinne Zieglers verwenden.

So bedeutet "Kommunikation" einmal die Mitteilung selber, zum anderen der wechselseitige Austausch der Mitteilungen im Sinne des Dreierschritts von Mitteilung - Reaktion - Wirkung der Reaktion. Er kann aber auch als dauernder Kommunikationsprozeß etwa im Sinne von "Freundschaft" verstanden werden.

Die von Ziegler herausgestellte Äquivokation des Watzlawickschen Kommunikationsbegriffs ist somit nicht nur eine doppelte - wie Ziegler darstellt -, sondern noch weit komplexer, insofern sie im Sinne eines Austauschprozesses noch als einmaliger oder als dauernder Austausch verstanden werden kann.

Durch die Synonymität von Kommunikation, Beziehung und Verhalten gerät die gesamte Begrifflichkeit zu einem unklaren und unüberschaubaren Komplex, der es nicht mehr erlaubt, klare und explizite Aussagen über diese Phänomene zu machen. Indem jeder Begriff für jeden einsetzbar wird, wird jede nur denkbare Aussage über Kommunikation, Verhalten oder Beziehung möglich.

Mußte der Versuch innerhalb der Linguistik, die Beziehung mit der Kommunikation selbst zu identifizieren, als reduktionistisch kritisiert werden, so muß jetzt bei Watzlawick et al. eine solche Identifikation als eine implizit äquivoke und damit letztlich unbrauchbare Beziehungsdefinition zurückgewiesen werden.

3.1.3 Beziehung als persönliche Stellungnahme

Schließlich kann noch eine weitere grundlegende Auffassung von Beziehung bei Watzlawick et al. festgestellt werden: Beziehung im Sinne einer Stellungnahme zum anderen. Diese Auffassung ist wohl für das gesamte Konzept die wichtigste. Im Zusammenhang der Darlegung ihrer zentralen Unterscheidung von Inhalts- und Beziehungsaspekt hinsichtlich einer Mitteilung stellen Watzlawick et al. fest

> Gleichzeitig aber enthält jede Mitteilung einen weiteren Aspekt, der viel weniger augenfällig, doch ebenso wichtig ist - nämlich einen Hinweis darauf, wie ihr Sender sie vom Empfänger verstanden haben möchte. Sie definiert also, wie der Sender die Beziehung zwischen sich und dem Empfänger sieht, und

44 Watzlawick et al. 1969,124

> ist in diesem Sinne seine persönliche Stellungnahme zum anderen (45).

Diese "persönliche Stellungnahme" erfolgt zunächst durch eine Festlegung des kommunikativen Modus, der kommunikativen Funktion der Äußerung, eben als Hinweis, wie die Äußerung vom Empfänger verstanden werden soll.

Die zwei Aspekte der Kommunikation bei Watzlawick et al. entsprechen der Doppelstruktur von Äußerungen, wie sie in der Sprechakttheorie etwa bei Searle durch die allgemeine Form illokutionärer Akte F(p) charakterisiert ist, wobei F als Variable über dem Repertoire der Indikatoren der illokutionären Rolle, p über einem Propositionen-Repertoire definiert ist (46).

Die Tatsache, daß in der Kommunikation zwei Ebenen (zwei Aspekte) unterschieden werden können, ist nun allerdings ein alter sprachtheoretischer Topos, der bis in die Antike zurückverfolgt werden kann (47). Die Einführung eines Beziehungsaspekts hat also durchaus nicht jenen innovativen Charakter, den ihm Watzlawick et al. im Zusammenhang mit ihrer antimonadischen Position zuschreiben wollen. Zudem wird hier durch den - wie bereits gezeigt wurde - sehr vielschichtigen und schillernden Terminus "Beziehung" ein wesentlich weiterer theoretischer Kontext impliziert, als es der schlichten Tatsache der kommunikativen Funktionalität von Äußerungen entspricht. Die Identifikation mit dem Phänomen Beziehung, das im Watzlawickschen Kontext ja auch Assoziationen provoziert wie "Ehe", "Freundschaft" und dgl. gibt dem linguistischen Prinzip der Illokution einen "tieferen" Sinn, der ihm so unmittelbar gar nicht zukommt.

Unverständlich in diesem Sinne von Beziehung bleibt dann auch die Bemerkung Watzlawicks et al., daß die

> Definition der Beziehung um so mehr in den Hintergrund rückt, je spontaner und "gesunder" die Beziehung ist, während "kranke" (d.h. konfliktreiche) Beziehungen u.a. durch wechselseitiges Ringen um ihre Definition gekennzeichnet sind (48).

Würde man nämlich die zitierte Behauptung im oben herausgearbeiteten Sinn als kommunikativen Verwendungssinn interpretieren, bedeutete das, daß in gesunden Beziehungen (was immer dann damit gemeint ist) der kommunikative Verwendungssinn keine oder nur eine geringe Rolle spielt. Das aber ist offensichtlich unsinnig. Denn die illokutionäre Funktion muß bei jeder Äußerung eine Rolle spielen, um damit überhaupt sinnvoll kommunizieren zu können.

---

45 Watzlawick et al. 1969,53

46 Searle 1969,51; cf. dazu auch die Analyse der Doppelstruktur von Äußerungen bei Braunroth et al. 1976

47 Graumann 1972,1202

48 Watzlawick et al. 1969,55

Nun gibt es noch eine weitere Bedeutungsnuance des Beziehungsbegriffs, die im Watzlawickschen Konzept impliziert ist. Die Beziehung bzw. die Beziehungsdefinition im Sinne der persönlichen Stellungnahme wird nämlich zusätzlich noch in der erweiterten Bedeutung einer inneren, gegenseitig ausgehandelten Haltung zueinander verwendet.

Dabei spielt dann allerdings nicht nur die einzelne Äußerung eine Rolle, sondern der wechselseitige Austausch aufeinander bezogener Äußerungen, bei dem die innere Haltung zueinander eben ausgehandelt wird. In diesem wechselseitigen kommunikativen Geschehen zeigt der eine Kommunikator dem anderen gegenüber Haltungen wie "wohlwollende Freundlichkeit, Neid, Bewunderung" (49) oder er signalisiert "Liebe, Haß, Kampf" (50). Der andere wird dann darauf eingehen, indem er nun

> diese Beziehungsdefinition akzeptieren, ablehnen oder eine andere geben (51)

wird. Hier ist es also wieder der Wechsel der Mitteilungen, der die Grundlage für die so ausgehandelten inneren Haltungen (und damit die Beziehung) zueinander darstellt.

Auf der einen Seite zeigt also der Beziehungsbegriff die Äquivokation (A):

(A1) Beziehung = Kommunikation im Sinne einer einzelnen Mitteilung;
(A2) Beziehung = Kommunikation im Sinne eines Austauschprozesses von Mitteilungen.

Beziehung als Kommunikation kann inhaltlich nun weiter spezifiziert werden, was zu der folgenden zusätzlichen Äquivokation (B) führt:

(B1) Beziehung = Stellungnahme im Sinne der Illokution;
(B2) Beziehung = Stellungnahme im Sinne der wechselseitig ausgehandelten inneren Haltung zueinander.

Zwischen den beiden Äquivokationen des Beziehungsbegriffs (A) und (B) besteht nun eine Korrespondenzrelation, und zwar derart, daß (A1) (B1) entspricht und (A2) (B2). Daraus ergibt sich das in Abbildung 3.1 dargestellte Schema.

---

49 Watzlawick et al. 1969,54
50 Watzlawick et al. 1969,98
51 Watzlawick et al. 1969,54

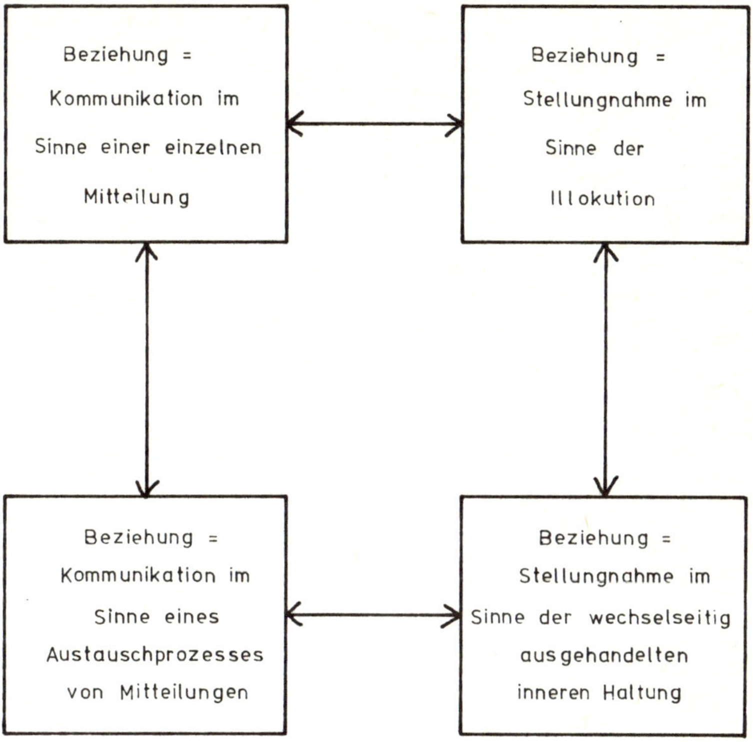

Abb. 3.1

Dabei symbolisieren die horizontalen Pfeile die Korrespondenzrelationen, die zwischen den Identifikationspaaren (Beziehung = Kommunikation und Beziehung = Stellungnahme) bestehen. Die vertikalen Pfeile symbolisieren die Äquivokationsrelationen dieser jeweiligen Identifikationspaare.

Die Kommunikation über diese Stellungnahme und die Stellungnahme selbst ist die Beziehung bzw. die Beziehungsdefinition. Beziehung ist also einmal ein Teil eines Wechselprozesses im Sinne von "meine Stellungnahme dir gegenüber" (meine Beziehungsdefinition) und "deine Stellungnahme mir gegenüber" (deine Beziehungsdefinition). Sie ist zum anderen aber auch der gesamte Wechselprozeß selber, also das Paar "meine Beziehungsdefinition" / "deine Beziehungsdefinition". Dieser zweite Beziehungsbegriff dürfte für Watzlawick et al. der wichtigere sein.

Diese wechselseitigen Beziehungsdefinitionen sehen Watzlawick et al. dann durchaus im Sinne einer gefühlsmäßigen Hinwendung aufeinander (52), was auch die Beispiele, die an den verschiedenen Stellen gebracht werden, belegen (53). In dem Zusammenhang spricht Watzlawick an anderer Stelle auch davon, daß "Beziehungsdefinitionen weder wahr noch falsch" (54) sind. Beziehungen "haben Realität (...) nur aus der Sicht der Partner" (55). Sie sind, wie Watzlawick et al. betonen, nicht "real wie Objekte gemeinsamer Wahrnehmung" (56), was sie schließlich zu "irrealen Entitäten" (57) macht.

Durch solche Bestimmungen besteht nun allerdings die Gefahr, die Beziehung ausschließlich als innere (gefühlsmäßige, gefühlsbetonte) Haltung zueinander bzw. nur einseitig dem anderen gegenüber aufzufassen. Das aber ließe die Beziehung wieder als nur schwer faßbares, endogenes Phänomen erscheinen, dessen Stellung innerhalb einer Kommunikationstheorie als problematisch angesehen werden muß (58).

Zusammenfassend läßt sich folgendes feststellen: Der Watzlawicksche Beziehungsbegriff ist nicht klar herausgearbeitet worden. Er weist - und damit läßt sich die Zieglersche Kritik bestätigen und analog erweitern - vielfältige Äquivokationen auf, die es schwer machen, eine klare Vorstellung von dem zu gewinnen, was Watzlawick et al. wirklich unter diesem Begriff verstehen. In dem Maße, in dem Beziehung sowohl im Sinne eines formalen Prinzips wie auch im Sinne von Kommunikation (in seinen unterschiedlichen Bedeutungen als Mitteilung, einmaliger Austausch von Mitteilungen oder längerer Prozeß) oder als Stellungnahme oder gar als innere Haltung zueinander aufgefaßt wird, werden die unterschiedlichsten einander widersprechenden Aussagen über die Beziehung möglich. Das Beziehungskonzept bekommt damit einen Grad von Immunität gegenüber möglichen Einwänden, der es letztlich als Grundlage empirischer Untersuchungen unbrauchbar macht (59).

Hinzu kommt, daß die äquivoke Verwendung des Beziehungsbegriffs weitere Komplikationen im Hinblick auf das gesamte Watzlawicksche Konzept zur Folge hat. Die Widersprüchlichkeit der Beziehungskonzeption setzt sich fort in der Widersprüchlichkeit der auf dieser Konzeption aufbauenden Postulate.

Dies soll im folgenden gezeigt werden, um damit vor allem auch die Unterschiedlichkeit des Watzlawickschen im Gegensatz zum eigenen Ansatz deutlich zu machen.

---

52 Watzlawick et al. 1969,84
53 Cf. dazu Watzlawick et al. 1969,54,66,97,98
54 Watzlawick 1975,115
55 Watzlawick 1975,106
56 Watzlawick et al. 1969,90
57 Watzlawick et al. 1969,90
58 Siehe dazu die Kritik an der Auffassung von Beziehung als innerer Haltung, Seite 48f.
59 Zum Verhältnis von Immunisierung und sinnvoller empirischer Wissenschaft, cf. Ballmer 1976

Zwei Positionen des Watzlawickschen Ansatzes müssen diskutiert werden:

(1) das Pragmatikkonzept;
(2) das "Axiom" vom Inhalts- und Beziehungsaspekt.

3.2 Das Watzlawicksche Konzept

3.2.1 Der Pragmatikbegriff

Ein erster Unterschied besteht hinsichtlich des Pragmatikbegriffs. Ausgehend von der Definition der Pragmatik bei Morris und Carnap (60) bestimmen Watzlawick et al. Pragmatik als "die verhaltensmäßigen Wirkungen der Kommunikation" (61). Dabei wird Kommunikation und Verhalten als "praktisch gleichbedeutend" (62) angesehen.

> Denn das Material der Pragmatik sind nicht nur Worte, ihre Konfigurationen und ihre Bedeutungen - also die Daten der Syntaktik und Semantik -, sondern auch alle nichtverbalen Begleiterscheinungen, die sogenannte Körpersprache inbegriffen (63).

Ziegler stellt nun zu Recht fest, daß die

> berufung auf das Morrissche konzept einer dreidimensionalen semiotik (...) im höchsten maße problematisch (64)

ist. Seine Kritik setzt aber letztlich an der falschen Stelle an, was ihn zu einer ebenfalls als problematisch zu kritisierenden Ablehnung der Pragmatik als einer Verhaltenswissenschaft führt. Ziegler wirft Watzlawick et al. vor, daß sie (1) die Pragmatik auf eine Verhaltenswissenschaft reduzieren, indem sie Kommunikation mit Verhalten gleichsetzen, und daß sie (2) damit den Zeichenbegriff aus der Pragmatik eliminieren (65). Dabei beruft sich Ziegler auf den Morrisschen Begriff der Semiose, bei der die drei zweistelligen Relationen

(1) Zeichen - Zeichen (Syntaktik),
(2) Zeichen - Designat (Semantik),
(3) Zeichen - Interpret (Pragmatik)

unterschieden werden. Indem aber Watzlawick et al. Pragmatik als die "verhaltensmäßigen Wirkungen der Kommunikation" definieren, sei der Bereich der Pragmatik nicht mehr der der Relation zwischen Zeichen und Zeichenbenutzern. Vielmehr sei Pragmatik jetzt die Untersuchung von Verhalten im Rahmen von Reiz-Reaktions-Schemata. Verhalten sei aber so gesehen kein Zeichen.

---

60 Watzlawick et al. 1969,22
61 Watzlawick et al. 1969,23
62 Watzlawick et al. 1969,23
63 Watzlawick et al. 1969,23
64 Ziegler 1977,21
65 Ziegler 1977,22

Hier läßt sich mit Bense für Watzlawick et al. und gegen Ziegler argumentieren, daß letztlich alles das Zeichen ist,

> was zum Zeichen erklärt wird, und nur, was zum Zeichen erklärt wird (66).

Auch das Verhalten kann in diesem Sinne zum Zeichen "erklärt" werden. Was Watzlawick et al. in diesem Zusammenhang also ansprechen, ist letztlich die auch von anderen Autoren wie etwa Argyle (67), Scherer (68), Graumann (69), Scheflen (70), Birdwhistell (71), Fast (72), Hall (73) festgestellte und wohl unbestreitbare Tatsache, daß menschliche Kommunikation ein ziemlich komplexes Phänomen darstellt, bei dem in verschiedenen Codesystemen gleichzeitig kommuniziert wird.

In diesem Sinne ist Verhalten durchaus ein semiotisches Phänomen und kann Teil einer pragmatischen Untersuchung sein.

Damit ist nun allerdings nicht, wie Ziegler behauptet, eine Zeicheneliminierung vorgenommen. Im Gegenteil: Es wird zur Bestimmung dessen, was Pragmatik ist, noch auf ein weiteres, zusätzliches Zeichenrepertoire (die Körpersprache) verwiesen. Man befaßt sich mit Pragmatik, so kann man Watzlawick et al. paraphrasieren, wenn man jegliches Verhalten als Kommunikation auffaßt. M.a.W. Pragmatik, das ist: wenn man auch die Körpersprache berücksichtigt.

Die Körpersprache aber ist ein Zeichenrepertoire, das selbst wiederum, ebenso wie das Repertoire der Wortsprache hinsichtlich der unterschiedlichen Problembereiche Syntax, Semantik und Pragmatik untersucht werden kann.

Watzlawick et al. betonen zu Recht die Bedeutung des nonverbalen Verhaltens für eine umfassende Analyse kommunikativen Geschehens. Diese Behauptung aber, auch das nonverbale Verhalten für eine Analyse des verbalen Verhaltens berücksichtigen zu wollen, bedeutet noch nicht, daß damit schon eine pragmatische Analyse verbalen Verhaltens vorliegt.

Die pragmatische Orientierung des vorliegenden Ansatzes legitimiert sich daher im Gegensatz zu Watzlawick et al. nicht aus der Mitberücksichtigung nonverbaler Kommunikation, sondern aus der Betonung der letztlich allen unterschiedlichen Sprachsystemen zukommenden sozial-kommunikativen Funktionalität. Nicht die Berücksichtigung der Multidimensionalität kommunikativen

---

66 Bense 1969,10; cf. dazu auch Walther 1974,48f
67 Argyle 1969
68 Scherer 1970
69 Graumann 1972
70 Scheflen 1972
71 Birdwhistell 1952; 1960; 1968; 1970
72 Fast 1971
73 Hall 1966

Geschehens, sonderen deren Funktionalität ermöglicht erst die adäquate Analyse jener von Morris als pragmatisch bezeichneten Zusammenhänge von Zeichen und Zeichenbenutzer. Daraus leitet sich schließlich auch die Legitimität ab, den Zusammenhang von Sprache und Beziehung nicht, wie es Watzlawick et al. versuchen, über eine Einbeziehung weiterer Zeichenrepertoires zu analysieren, sondern im Rahmen eines Repertoires (nämlich der Verbalsprache) zu bleiben. Für dieses Repertoire soll die pragmatisch relevante Relation zur zwischenmenschlichen Beziehung herausgearbeitet werden.

3.2.2 Inhalts- und Beziehungsaspekt

3.2.2.1 Die Fragestellung

Soll sich der eigene Ansatz im oben entwickelten Sinne als Weiterentwicklung der Problematik des Zusammenhangs von Sprache und Beziehung erweisen, muß gezeigt werden, welche Vorteile er gegenüber dem Vorschlag von Watzlawick et al. besitzt.

Der Versuch einer solchen Abgrenzung muß über eine Reihe von aufeinander bezogenen Schritten erfolgen. Die Stufenfolge dieser Schritte läßt sich parallel zu einer Stufenfolge von fünf Fragestellungen entwickeln.

(1) Wie wird das Verhältnis von Sprache und Beziehung bei Watzlawick et al. gesehen?
(2) Ist die theoretische Konzeption dieses Verhältnisses stringent und adäquat entwickelt?
(3) Kann das Konzept in seiner grundlegenden Struktur ganz oder teilweise übernommen werden, oder muß es als inadäquat abgelehnt werden?
(4) Wird es abgelehnt, worin bestehen die Unterschiede zum eigenen Entwurf?
(5) Welches sind die Vorteile des eigenen Konzepts, was leistet es?

In den folgenden Abschnitten dieses Kapitels geht es vornehmlich um die Fragen (1) bis (3), d.h. um eine genaue Explizierung und Kritik des Watzlawickschen Konzepts. Die Fragen (4) und (5) werden dann im wesentlichen den Gegenstand der gesamten restlichen Darstellung ausmachen.

3.2.2.2 Die Äquivokationen

Eine Explizierung des Watzlawickschen Konzepts ist, wie mehrfach betont, unabhängig von einer Berücksichtigung und Auseinandersetzung mit der Kritik Zieglers nicht möglich. Das trifft in besonderem Maße für die jetzt zu behandelnde Problematik der Unterscheidung von Inhalts- und Beziehungsaspekt zu. Dabei zeigt sich allerdings, daß auch die Zieglersche Analyse nur einen ersten Ansatz darstellt, der zwar die Zielrichtung der Analyse und der Kritik vorgibt, der aber noch wesentlich detaillierter weitergeführt werden kann.

Ausgangspunkt sowohl der Zieglerschen Kritik wie auch der eigenen Analyse ist das Watzlawicksche zweite "Axiom" des postulierten pragmatischen Kalküls:

> Jede Kommunikation hat einen Inhalts- und einen Beziehungsaspekt, derart, daß letzterer den ersteren bestimmt und daher eine Metakommunikation ist (74).

Watzlawick et al. behaupten also, daß jede Mitteilung durch zweierlei Arten von Information zu charakterisieren ist. Zum einen besitzt sie Information über bestimmte Sachverhalte. Das nennen Watzlawick et al. den Inhaltsaspekt. Zum anderen ist in jeder Mitteilung aber auch "Information über diese Information" (75) enthalten. D.h. es wird etwas über die Information der ersten Art ausgesagt. Dies ist der Beziehungsaspekt. Und da dabei über Kommunikation kommuniziert wird, wird dieser Beziehungsaspekt als Metakommunikation bezeichnet.

Diese Unterscheidung, die auch immer wieder im Bereich der Linguistik als adäquater Ansatz betrachtet und aufgegriffen wurde (76), scheint auf den ersten Blick recht plausibel. Sie erweist sich aber bei näherem Zusehen als äußerst problematisch und verwirrend.

Wie bereits gezeigt wurde, benutzen Watzlawick et al. keinen eindeutig und explizit formulierten Beziehungsbegriff. Liegt aber bereits für diesen Begriff keine eindeutige Definition vor, ist es im weiteren äußerst schwierig, wenn überhaupt möglich, das oder die Phänomene zu fassen, die als Beziehungs<u>aspekt</u> bezeichnet werden. Als weitere Schwierigkeit kommt hinzu, daß auch für den Kommunikationsbegriff keine eindeutige Definition vorliegt.

Die daraus resultierenden Probleme dienen Ziegler als Ansatzpunkt für seine Kritik. So sieht Ziegler in der Verwendung der Begriffe "Kommunikation", "Verhalten", "Beziehung" einen speziellen Beleg für seine generelle Kritik an der Watzlawickschen Terminologie. Er schreibt dazu:

> die terminologie muß vage, die ausdrucksweise zweideutig bleiben, um die grundlegende aporie in Watzlawicks theorie wenigstens sprachlich zu verdecken. Der grund für solche aporien liegt keineswegs in der realität der menschlichen kommunikation selbst; sie sind vielmehr methodisch konstruiert (77).

In der Unterscheidung von Inhalts- und Beziehungsaspekt kann diese Kritik mit Ziegler und über Ziegler

---

74 Watzlawick et al. 1969,56
75 Watzlawick et al. 1969,55
76 Siehe dazu die Anmerkungen 8 und 15, Seite 77
77 Ziegler 1977,15

hinaus im einzelnen belegt werden. Wie Ziegler zeigen konnte, liegt bei Watzlawick et al. ein äquivoker Gebrauch der Begriffe Kommunikation und Verhalten vor. D.h. für jeden dieser beiden Begriffe gilt, daß er selbst wiederum

> gleichzeitig für zwei verschiedene aber durch den falschen gebrauch identifizierte begriffe (78)

steht. Das zeigt Ziegler zunächst für den Verhaltensbegriff.

So weist er zunächst darauf hin, daß Watzlawick et al. dagegen polemisieren, Individuen isoliert zu betrachten. Die Eigenschaften, die Individuen bei solcher Betrachtungsweise angeblich besitzen sollten, würden sich bei einem genügend weiten Betrachtungshorizont eigentlich als Eigenschaften ihrer Beziehung herausstellen. Diese Wechselbeziehungen, die zwischen Individuen bestehen, würden sich dann als Verhalten manifestieren (bzw. was nach Watzlawick et al. dasselbe sei als Kommunikation). Das zwischenmenschliche Verhalten sei also die Beziehung. Weiter stellt Ziegler dann fest:

> Das beobachtbare verhalten ist gleichzeitig formales verhältnis (79).

In diesem Sinne könnten Watzlawick et al. dann auch behaupten:

> Das Studium menschlichen Verhaltens wendet sich dann von unbeweisbaren Annahmen über die Natur des Psychischen den beobachtbaren Manifestationen menschlicher Beziehungen zu (80).

Andererseits stelle Verhalten für Watzlawick et al. unabhängig von Beziehungen die Menge all der verbalen und nonverbalen Erscheinungen dar, die Menschen nicht nicht zeigen könnten. "Verhalten", so das Watzlawicksche Diktum, "hat kein Gegenteil!" (81). Verhalten sei also (um die hier vorgelegte Terminologie zu benutzen) die Menge all jener Bewegungen und Leibexpressionen (82), die Menschen in allen Situationen zeigen und zeigen müssen und die prinzipiell beobachtbar und faßbar seien.

Diesem konkreten Verhaltensbegriff stehe dann der

---

78 Ziegler 1977,54
79 Ziegler 1977,54
80 Watzlawick et al. 1969,22
81 Watzlawick et al. 1969,51; es ist somit auch unabhängig von der Tatsache zu sehen, ob es innerhalb von Beziehungen oder isoliert gezeigt wird. So kann man z.B. ein Verhalten wie Sich die Augen reiben zeigen unabhängig davon, ob es jemand sieht und als Signal für Müdigkeit versteht oder ob man allein ist.
82 Also das, was im vorliegenden Zusammenhang "Aktivitäten" genannt wurde, siehe Abschnitt 1.1

mehr abstrakte (und später dann sogar als formale, mathematische Funktion gedeutete) Verhaltensbegriff im Sinne von Verhältnis oder Beziehung gegenüber. Ziegler verdeutlicht das durch die entsprechende englische Terminologie:

> verhalten im sinne von "behavior" wird mit verhalten im sinne von "relation" (und schließlich mit "funktion" im mathematischen sinn) gleichgesetzt. Damit aber wird das wort "verhalten" in Watzlawicks kommunikationstheorie äquivok gebraucht (83).

Ähnlich stehe es mit dem Kommunikationsbegriff, der ja bei Watzlawick et al. nun wieder mit Verhalten "als praktisch gleichbedeutend" (84) verwendet werde. In dem Zusammenhang weist Ziegler darauf hin, daß der Begriff "Kommunikation" bei Watzlawick et al.

> einmal als "informationsaustausch" (pragmatische kategorie), zum anderen aber als die "information" selbst (sprachlich-inhaltliche kategorie) erscheint (85).

In diesem ersten Sinne von Kommunikation (als Austausch) benutzen Watzlawick et al. dann ja auch den Terminus "Interaktion", im zweiten Sinne (als Information) sprechen sie von "Mitteilung (message)" (86). Wie oben (im Abschnitt 3.1.2) gezeigt werden konnte, liegen dann noch die weiteren Bedeutungsvarianten des Kommunikationsbegriffs im Sinne von "einmalige Mitteilung", "einmaliger Austausch" oder "längerandauernder Prozeß" vor.

Bevor nun die Schwierigkeiten im einzelnen dargestellt werden, die auf diese Äquivokationen zurückzuführen sind, muß diese prinzipielle Zieglersche Analyse ergänzt werden. Denn durch die Identifikation von Kommunikation und Verhalten und die zusätzliche Hereinnahme des Begriffs "Metakommunikation" wird die Struktur des gesamten Konzepts noch wesentlich komplexer. Hinzu kommt, daß selbst die zwei bzw. drei Bedeutungsnuancen der Termini "Verhalten" und "Kommunikation" noch weiter ausdifferenziert werden müssen.

Die Grundstruktur der Äquivokationen, die Ziegler herausgearbeitet hat, ergänzt durch die dritte Bedeutung von Kommunikation als sozialem Prozeß, entspricht dem Graphen von Abbildung 3.2.

---

83 Ziegler 1977,54
84 Watzlawick et al. 1969,23
85 Ziegler 1977,72
86 Watzlawick et al. 1969,50f

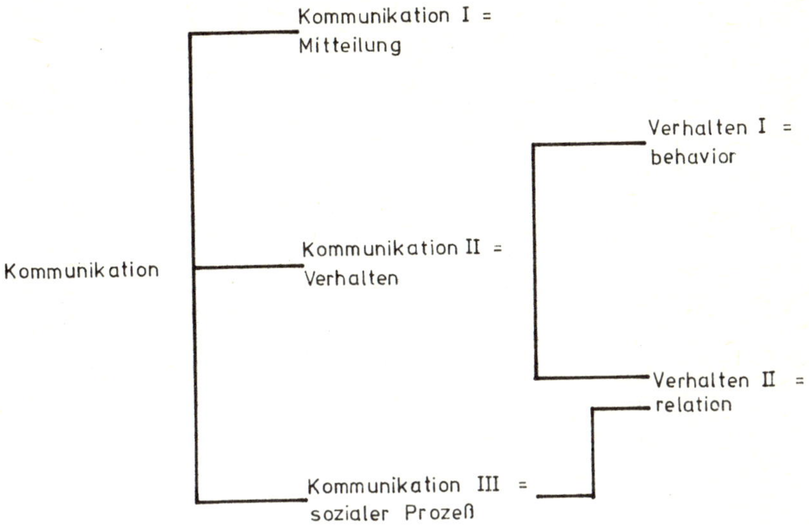

Abb. 3.2

Diese Struktur kann jetzt noch durch den Watzlawickschen Begriff der Metakommunikation erweitert werden. Auch dieser Begriff wird, wie Ziegler hervorhebt (87), äquivok verwendet. Einmal wird Metakommunikation im Sinne von Kommunikationsforschung verwendet (88), zum andern im Sinne von Beziehungsaspekt, dem Verhalten entsprechend der Bedeutung "relation", also dem wechselweisen "Definieren" der Beziehung aufgrund der "Stellungnahme" zum anderen. Das führt zu der modifizierten Grundstruktur der Äquivokationen in Abbildung 3.3.

---

87 Ziegler 1977,71

88 Watzlawick et al. 1969,4f,55f

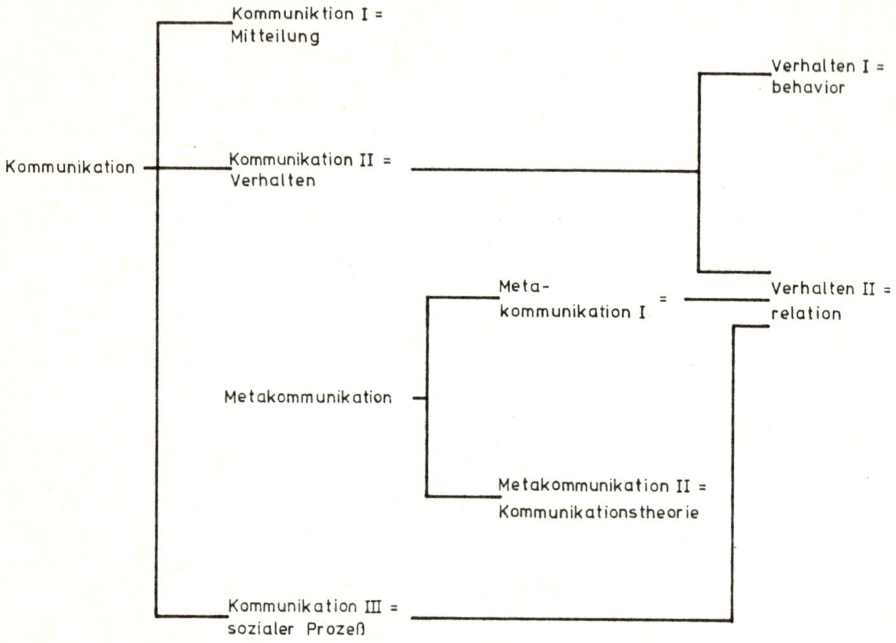

Abb. 3.3

Folgt man aber den weiteren Ausführungen von Watzlawick et al., so muß diese modifizierte Grundstruktur noch weiter differenziert werden. Aufgrund der prinzipiellen Identifikation von Kommunikation und Verhalten kann nämlich auch die Variante Kommunikation = Mitteilung ebenfalls als Verhalten aufgefaßt werden. Das führt zu einer weiteren Aufschlüsselung der Bedeutung "behavior" und "relation".

Verhalten = behavior war ja für Watzlawick et al. eine beobachtbare Erscheinung (89). Solche beobachtbaren (eben im Verhalten) manifesten Phänomene müssen nun aber von der Information als einem nichtwahrnehmbaren Prinzip unterschieden werden. Mitteilung als

89 Watzlawick et al. 1969,23,51

Information wird von Watzlawick et al. im Sinne des weiter oben eingeführten Begriffs der Hauptinformation verwendet (90). Mitteilung muß aber nach Watzlawick et al. (als behavior) auch als die beobachtbare Verhaltensmanifestation, also als konkret faßbare Erscheinung aufgefaßt werden. Dieses Verhalten ist dann der Zeichenkörper (das Signal oder die Trägerinformation) in der hier vorgelegten Terminologie (91). Es ist also das beobachtbare Verhalten, über das die Hauptinformation transportiert wird. Die Mitteilung ist also einmal die mitgeteilte (immaterielle) Information, zum anderen das diese Information vermittelnde (beobachtbare) Verhalten (im Sinne von behavior).

Dieses Verhalten muß man dann aber weiter differenzieren nach vokalem oder nichtvokalem behavior. Und schließlich kann noch ein allgemeines, nicht als Mitteilung intendiertes N-Verhalten bzw. D-Verhalten von diesem Signalverhalten unterschieden werden (92).

Das bedeutet nun einmal:

<u>Kommunikation I = Mitteilung</u> spaltet sich auf in
(1) Mitteilung I = Hauptinformation
(2) Mitteilung II = Trägerinformation

Das bedeutet zum anderen:

<u>Verhalten = behavior</u> spaltet sich in
(1) behavior I = Mitteilung als wahrnehmungsmanifestes Verhalten im Sinne von Signalverhalten (als Realisierungsform der Trägerinformation)
(2) behavior II = N-Verhalten bzw. D-Verhalten (als Aktivitäten oder Handlungen, die nicht der Informationsvermittlung dienen) (93)

Schließlich spaltet sich behavior I noch in
(1) Signal I = verbales Signalverhalten
(2) Signal II = nichtverbales Signalverhalten (Körpersprache)

Mitteilung II entspricht dabei behavior I. Diese Zusammenhänge sind in Abbildung 3.4 dargestellt.

---

90 Siehe oben, Seite 14. Watzlawick et al. sprechen in diesem Sinne von Objektinformation oder Daten, cf. Watzlawick et al. 1969,54,55
91 Siehe oben, Seite 14
92 Siehe Abb. 1.1, Seite 13; cf. auch Watzlawick et al. 1969,51
93 Die Unterscheidung von Verhalten (als behavior) im Sinne von Signalverhalten und Nicht-Signalverhalten wird innerhalb der Ethologie bei Tembrock durch die Begriffe Gebrauchshandlung und Signalhandlung bezeichnet, cf. Tembrock 1962,43. Eine ähnliche Unterscheidung für den menschlichen Bereich entwickelt Habermas mit seinem instrumentalen und kommunikativen Handeln; cf. Habermas 1968

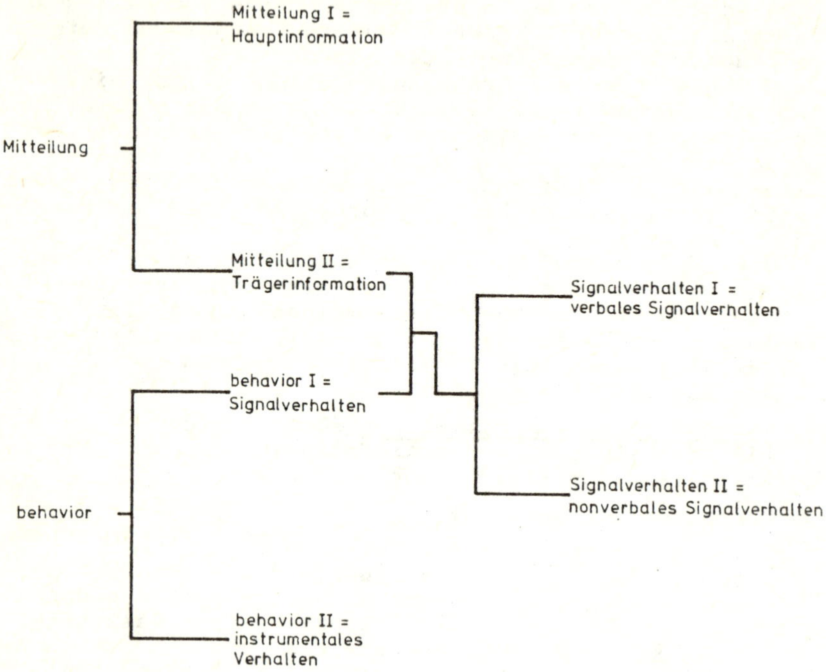

Abb. 3.4

Verhalten II = relation läßt sich ebenfalls weiter ausdifferenzieren. So ist das Verhalten als Austauschprozeß einmal im Sinne des Austauschprozesses als solchem (d.h. rein strukturell) gesehen, unabhängig davon, was ausgetauscht wird und welcher Mittel man sich dabei bedient. In diesem abstrakten strukturalen Sinne sprechen Watzlawick et al. von "Wechselbeziehungen" (94) oder "Sender-Empfänger-Beziehung" (95), von "Funktion" (96) oder komplexen identifizierbaren "Redundanzstrukturen" (97) und einzelnen "Zügen" (98) in diesen Strukturen. Dem Austauschprozeß als reiner Struktur steht

94 Watzlawick et al. 1969,43
95 Watzlawick et al. 1969,23
96 Watzlawick et al. 1969,24ff
97 Watzlawick et al. 1969,39f
98 Watzlawick et al. 1969,37

zum anderen eine Bedeutung von Austausch gegenüber, bei der primär die jeweilige code- (bzw. signal-)spezifisch manifeste Stellungnahme gesehen wird. Von Interesse ist dabei, durch welches Verhalten sich die Struktur realisiert, durch verbales oder nichtverbales Verhalten.

Somit läßt sich relation aufspalten in

(1) relation II = Austausch allgemein als Struktur,
(2) relation I = Austausch als signalspezifizierte Stellungnahme.

Weiter muß relation I differenziert werden als eine Stellungnahme aufgrund von verbalem oder nonverbalem Signalverhalten. Und bei relation II muß unterschieden werden, ob es eine einfache oder komplexe Struktur darstellt, also

(1) Struktur I = einmaliger Austausch,
(2) Struktur II = längerer sozialer Prozeß.

Diese Unterscheidungen führen zu einer Struktur, wie sie in Abbildung 3.5 dargestellt ist.

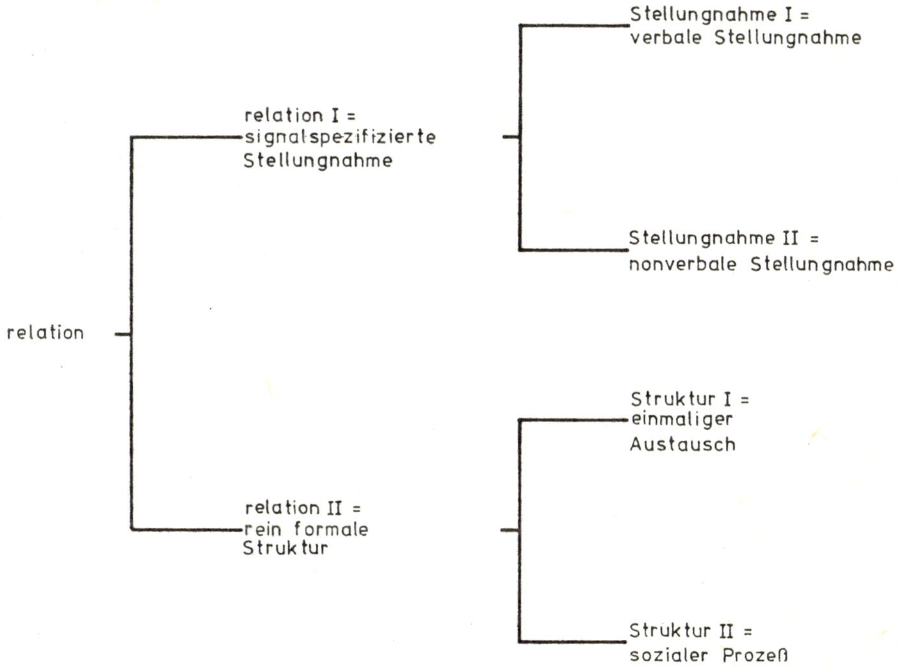

Abb. 3.5

Struktur II entspricht dabei dem Begriff Kommunikation III, also der Kommunikation als längerem sozialen Prozeß.

Zusammenfassend läßt sich die gesamte Struktur der Äquivokationen der Watzlawickschen Begriffe durch den Graphen in Abbildung 3.6 (Seite 101) darstellen.

Die Bedeutungen der einzelnen Begriffe sind nochmals in der Matrix der Abbildung 3.7 (Seite 102) im einzelnen aufgeführt. Die Zahlen in der zweiten Spalte der Matrix betreffen die entsprechenden Belegstellen für diese Bedeutungen bei Watzlawick et al. (99).

99 Die Seitenangaben beziehen sich auf Watzlawick et al. 1969

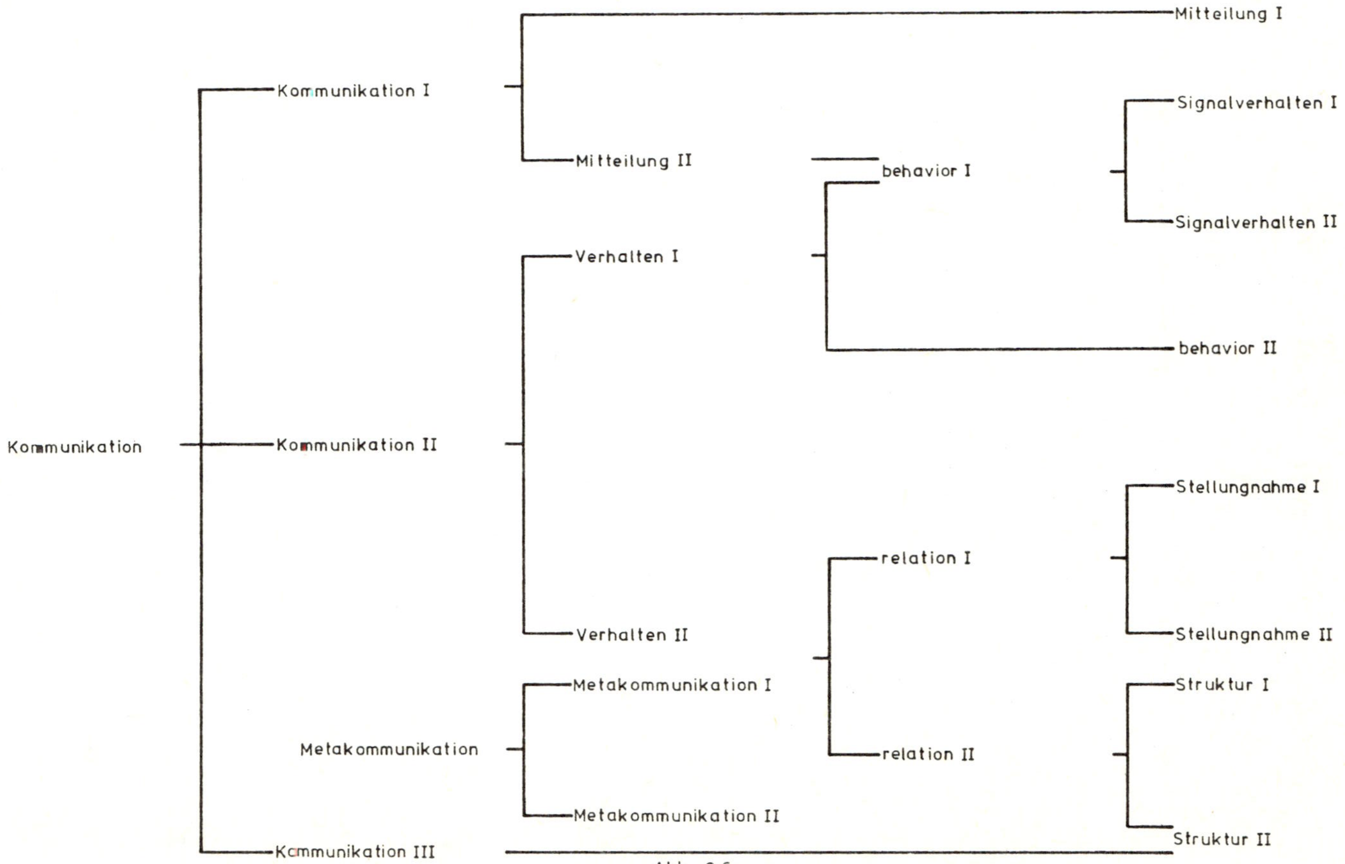
Kommunikation
Kommunikation I
Kommunikation II
Metakommunikation
Kommunikation III
Mitteilung I
Mitteilung II
Verhalten I
Verhalten II
Metakommunikation I
Metakommunikation II
behavior I
behavior II
relation I
relation II
Signalverhalten I
Signalverhalten II
Stellungnahme I
Stellungnahme II
Struktur I
Struktur II

Abb. 3.6

Metakommunikation I = Beziehungsasp.		55f
Metakommunikation II = Komm.forschung		41f,55
Kommunikation I = Mitteilung		50,53,57
Kommunikation II = Verhalten		23,51
Kommunikation III = sozialer Prozeß		124f
Mitteilung I = Hauptinformation		53,55
Mitteilung II = Trägerinformation		30,62,66
Verhalten I = behavior		22,23,51,52
Verhalten II = relation		54,63
behavior I = Signalverhalten		51
behavior II = Instrumentalverhalten		51
relation I = Stellungnahme		53
relation II = Struktur		24ff
Signal I = verbale Signale		23,51,54,55,62,74
Signal II = nonverbale Signale		23,30,51,63,64
Stellungnahme I = verbaler Austausch		74,75,76,84
Stellungnahme II = nonverbaler Austausch		54,97f
Struktur I = einmaliger Austausch		43,54
Struktur II = längerer Prozeß		58f,124

Abb. 3.7

Wenn also der Begriff "Kommunikation" im Watzlawickschen Kontext auftaucht, so kann er in einer dieser teilweise recht unterschiedlichen Bedeutungen verwendet werden. Zumeist wird dabei nicht explizit gesagt, welche Bedeutungsnuance gemeint ist. Läßt sich nicht aus dem unmittelbaren Kontext erschließen, was gemeint ist, bleibt es dem Leser überlassen, für welche Auffassung von "Kommunikation" und "Verhalten" er sich entscheidet. Genauso ist es mit dem Begriff "Beziehung". Denn wie unschwer aufgrund des Graphen von Abbildung 3.6 zu erkennen ist, stellt der Teil des Graphen, der vom Knoten Verhalten II = relation ausgeht, die Äquivokationenstruktur dar, wie sie im Abschnitt 3.1 analysiert worden war.

Die gesamte Äquivokationenstruktur von Abbildung 3.6 bildet nun die Grundlage, auf der die weiteren Aussagen des Watzlawickschen Konzepts auf ihre Stringenz hin geprüft werden müssen. Wie sich zeigen wird, ist die von Watzlawick et al. gemachte Unterscheidung in Inhalts- und Beziehungsaspekt nur möglich, weil der Kommunikationsbegriff implizit diese komplexe Struktur aufweist.

Erst die Vagheit ihrer Begriffe und die damit verbundene, auf der Beliebigkeit der Interpretation basierende Immunität ermöglicht ihnen die Konstruktion einer Theorie, die trotz ihrer Widersprüche so lange unkritisiert hingenommen werden konnte.

3.2.2.3 Das zweite "Axiom"

Im folgenden soll nun gezeigt werden, welche Konsequenzen die oben herausgearbeitete Äquivokationsstruktur für die Analyse des zentralen zweiten "Axioms" hat.

Das zweite "Axiom" besteht aus zwei Teilen, die einzeln analysiert werden sollen. Der erste Teil des "Axioms" lautet:

> Jede Kommunikation hat einen Inhalts- und einen Beziehungsaspekt (100).

Zunächst muß geklärt werden, was Watzlawick et al. meinen, wenn sie von "Aspekt" reden. In bezug auf den Inhaltsaspekt ist der Fall relativ unproblematisch. So läßt sich die Aussage, daß jede Kommunikation einen Inhaltsaspekt habe, ohne weiteres durch die Aussage paraphrasieren.

(P3.1.) Jede Kommunikation hat einen Inhalt.

Problematischer ist es mit dem Beziehungsaspekt. Hier wäre eine Paraphrasierung wie

(P3.2.) Jede Kommunikation hat eine Beziehung.

nicht möglich, ja sinnlos. Es muß daher mit der Feststellung, daß jede Kommunikation einen Beziehungsaspekt hat, etwas anderes gemeint sein. Mögliche Paraphrasierungen dieses Teils des "Axioms" sind die drei folgenden:

(P3.3.) Jede Kommunikation verweist auf eine Beziehung.
(P3.4.) Jede Kommunikation konstituiert eine Beziehung.
(P3.5.) Jede Kommunikation ist eine Beziehung.

Wie weit sind nun die Paraphrasen (P3.1.) und (P3.3.) bis (P3.5.) mit der in Abschnitt 3.2.2.2 herausgearbeiteten Äquivokationenstruktur kompatibel?

Zunächst muß geklärt werden, welchen Kommunikationsbegriff Watzlawick et al. in diesem "Axiom" zugrunde legen. Berücksichtigt man den Anfang des Abschnitts über den Inhalts- und Beziehungsaspekt, so wird dort von "Mitteilung" gesprochen (101). Es scheint also so zu sein, daß hier der Begriff Kommunikation I zugrunde gelegt wird. Nun kann aber mit Mitteilung zweierlei gemeint sein. Einerseits ist Mitteilung die Information selbst, zum anderen ist sie das konkrete, beob-

---

100 Watzlawick et al. 1969,56
101 Watzlawick et al. 1969,53

achtbare (verbale oder nonverbale) Verhalten, das Träger der Information werden kann. In diesem zweiten Sinne hat eine Aussage wie (P3.1.) durchaus einen Sinn, auch wenn sie nicht ganz unproblematisch ist, denn (P3.1.) wäre dann zu paraphrasieren als

(P3.6.) Jedes Verhalten hat einen Inhalt.

Dabei müßte geklärt werden, was genau mit "Inhalt des Verhaltens" gemeint ist.

Nun ist aber nicht klar, in welchem Sinne Watzlawick et al. "Mitteilung" verstanden wissen wollen. Teilweise verwenden sie diesen Begriff im Sinne von Inhalt selbst, teilweise im Sinne von Inhalt tragendem Verhalten.

Ist aber die Mitteilung die Information selbst, also der Inhalt, so ist eine Aussage wie (P3.1.) sinnlos, weil tautologisch. "Jede Mitteilung hat einen Inhaltsaspekt" ließe sich dann nämlich paraphrasieren als

(P3.7.) Jeder Inhalt hat einen Inhalt.

Zu einer ähnlichen Formulierung gelangen Watzlawick et al. tatsächlich selbst, wenn sie feststellen, daß der Inhalt einer Mitteilung sich als Information erweise (102).

Ähnliche Schwierigkeiten ergeben sich auch aus dem zweiten Teil des "Axioms". Steht Mitteilung im Sinne von Inhalt, so scheint eine Aussage wie (P3.3.) durchaus sinnvoll. Berücksichtigt man aber, was Watzlawick et al. unter Beziehung selbst nun wieder verstehen, so tauchen wieder Schwierigkeiten auf. Versteht man unter Beziehung eine formale Struktur, bleibt unverständlich, wie irgendwelche beliebigen Inhalte in jedem Fall auf eine formale Struktur verweisen, also eine formale Struktur als Denotat haben. Das gleiche gilt für den Begriff von Beziehung als sozialem Prozeß.

Die einzige sinnvolle Verwendung von (P3.3.) ist, wenn auch nicht völlig unproblematisch, die im Zusammenhang mit dem Beziehungsbegriff im Sinne von Stellungnahme, also

(P3.8.) Jeder Inhalt verweist auf eine Stellungnahme.

Wobei hier allerdings der Eindruck entstehen könnte, als sei die Stellungnahme etwas jenseits des Inhalts Liegendes, auf das er eben nur verweise, was allerdings eine äußerst fragwürde Vorstellung ist. Denn der Inhalt ist ja letztlich die Stellungnahme.

Gleiche Schwierigkeiten gibt es mit den Paraphrasen (P3.4.) und (P3.5.). Auch hier gibt es teils sinnvolle, teils sinnlose Aussagen, je nachdem welcher Beziehungsbegriff zugrunde gelegt wird.

Setzt man für den Terminus "Beziehung" entsprechend der obigen Analyse der Watzlawickschen Ausführungen Termini wie "formale Struktur", "sozialer Prozeß",

---

102 Watzlawick et al. 1969,53

"Stellungnahme" bzw. "wechselseitige Stellungnahme" ein, so ergeben sich etwa folgende Paraphrasen:

(P3.9.) Jeder Inhalt konstituiert eine formale Struktur.
(P3.10.) Jeder Inhalt konstituiert einen sozialen Prozeß.
(P3.11.) Jeder Inhalt konstituiert eine (wechselseitige) Stellungnahme.
(P3.12.) Jeder Inhalt ist eine formale Struktur.
(P3.13.) Jeder Inhalt ist ein sozialer Prozeß.
(P3.14.) Jeder Inhalt ist eine (wechselseitige) Stellungnahme.

Nun besteht aber noch die Möglichkeit, Mitteilung im Sinne von Verhalten zu verwenden. Aber auch dabei stößt man auf Probleme und Widersprüche. Denn Verhalten wird ja bei Watzlawick et al. ebenfalls nicht eindeutig, sondern in äquivoker Weise verwendet. In bezug auf den Inhaltsaspekt ergibt nun eine entsprechende Paraphrasierung wie in (P3.6.) gezeigt eine sinnvolle Aussage. In bezug auf den Beziehungsaspekt aber lassen sich wieder eine Reihe Paraphrasen formulieren, die entweder sinnlos, falsch oder tautologisch sind.

So ist etwa eine Paraphrasierung von (P3.3.) durch (P3.15.) sicherlich falsch

(P3.15.) Jedes Verhalten verweist auf eine Beziehung.

Oder eine Paraphrasierung von (P3.5.) durch (P3.16.) wäre tautologisch, wenn Verhalten im Sinne von Beziehung eingesetzt wird, also

(P3.16.) Jede Beziehung ist eine Beziehung.

Da Kommunikation mit Verhalten, Verhalten wieder mit Beziehung gleichgesetzt werden kann und Beziehung selbst wiederum in mehreren Bedeutungen vorliegt, läßt sich leicht einsehen, daß die möglichen Paraphrasierungen einer Aussage wie jede Kommunikation habe auch einen Beziehungsaspekt ungeheuer vielfältig sind. Wie man sieht, ist es Watzlawick et al. auf der Grundlage der Äquivokationenstruktur möglich, immer irgendeine sinnvolle Paraphrasierung ihres zweiten "Axioms" anzugeben. Allerdings sind ebensoviele, ja mehr Paraphrasierungen möglich, die sinnlos, tautologisch oder schlicht falsch sind. Damit aber wird einer Aussage wie der des zweiten "Axioms" jede sinnvolle wissenschaftliche Relevanz genommen.

Die Widersprüchlichkeit dieses zweiten "Axioms" vergrößert sich aber noch weiter, wenn man zusätzlich den zweiten Teil mitberücksichtigt. Dort wird der Beziehungsaspekt der Kommunikation dadurch spezifiziert, daß festgestellt wird,

> daß letzterer den ersteren bestimmt und daher eine Metakommunikation ist (103).

103 Watzlawick et al. 1969,56

Also: Der Beziehungsaspekt einer Mitteilung, was immer das nun wirklich sein mag, ist eine Metakommunikation zum Inhaltsaspekt.

Watzlawick et al. greifen hier auf das Konzept einer logischen Typenlehre zurück (104), wie sie von Whitehead/Russell (105) ausgearbeitet worden ist. In Weiterentwicklung dieser Typenlehre wurde dann, wie Watzlawick et al. weiter berichten, von Carnap und von Tarski die Theorie der Sprachstufen entwickelt. Diese Theorie, in der zwischen einer Objekt- und einer Metasprache unterschieden wird, ermöglicht es, semantische Paradoxien aufzulösen.

Eine solche Paradoxie (oder Antinomie) ist etwa in dem Satz enthalten "Ich lüge". Dieser Satz ist nur dann wahr, wenn er falsch ist, und nur dann falsch, wenn er wahr ist. Denn stimmt es, daß ich lüge, ist der Satz also wahr, so muß der Satz falsch sein, denn ich lüge ja, und damit ist auch dieser Satz gelogen; stimmt dieser Satz aber nicht, ist er also gelogen, so ist dieser Satz wieder wahr, denn es wird ja darin behauptet, daß ich lüge etc.

Diese Antinomie läßt sich nun dadurch auflösen, daß man eine Theorie der logisch unterschiedlichen Sprachstufen postuliert. In einer solchen Theorie wären alle Sätze, die ich gemeinhin spreche, Teile meiner Objektsprache. Mache ich nun über alle diese Sätze eine Aussage, etwa derart, daß ich sage "Ich lüge", so gehört dieser Satz nicht mehr zur Objektsprache, sondern, da er eine Aussage über Aussagen darstellt, zur Metasprache. Um nun feststellen zu können, ob auch dieser Satz gelogen ist, wie beispielsweise alle Sätze der Objektsprache, müßte ich einen Satz einer noch höheren Metasprache äußern, zu der dann die ursprüngliche Metasprache nun wieder die Objektsprache darstellt. Diese Struktur läßt sich beliebig weit fortführen.

Das Entscheidende dabei ist, daß ein und derselbe Satz nicht gleichzeitig Teil sowohl der Objekt- wie der Metasprache sein kann (Genau das könnte dann zu semantischen Paradoxien führen). Jeder Satz (jede Äußerung) gehört also entweder zur Objekt- oder zur Metaebene. Erst dadurch ist garantiert, daß Paradoxien vermieden werden.

Betrachtet man nun unter diesem Gesichtspunkt das Watzlawicksche Konstrukt von Inhalts- und Beziehungsaspekt, so wird man feststellen, daß dort genau das Umgekehrte passiert. War nämlich die Theorie der Sprachstufen ursprünglich zu dem Zweck entwickelt worden, Paradoxien zu verhindern bzw. aufzulösen, so dient das zweite "Axiom" bei Watzlawick et al. gerade dazu, Paradoxien konstruieren zu können. Diese Paradoxientheorie wird im 6. Kapitel ihres Buches dann näher erläutert und unter dem Terminus "double bind"

---

104 Watzlawick et al. 1969,174ff
105 Whitehead/Russell 1910-1913

behandelt (106). Damit verkehren aber Watzlawick et al. in völlig unzulässiger Weise den theoretischen Sinn und Nutzen der Stufentheorie. In diesem Sinn ist dann auch die Kritik Zieglers zu verstehen, daß nicht die kommunikative Wirklichkeit paradox oder absurd sei, sondern das Konstrukt der Watzlawickschen Theorie selbst (107).

Solche Paradoxien entstehen nach Watzlawick et al. nun dann, wenn die zwei in einer Mitteilung enthaltenen Aspekte sich widersprechen. Diese These ist doppelt widersprüchlich. Einmal widerspricht sie der Stufentheorie, in der festgestellt werden konnte, daß ein und dieselbe Äußerung (Mitteilung) eben nicht gleichzeitig Äußerung einer Objekt- und Metasprache sein kann. Bei Watzlawick et al. aber fallen Inhalts- und Beziehungsaspekt, also Objekt- und Metaebene, in ein und derselben Mitteilung zusammen entsprechend dem Diktum des zweiten "Axioms". Zum anderen widersprechen sich Watzlawick et al. selbst und ihrer weiteren Darstellung. So stellen sie bereits im übernächsten "Axiom" von der analogen und digitalen Kommunikation (108) und dann im weiteren bei der Entwicklung der pragmatischen Paradoxien fest, daß in Mitteilungen mehrere Kommunikationsebenen gleichzeitig bestehen, die sich "gegenseitig ergänzen" (109), bzw. daß eine Mitteilung aus mehreren "Aussagen" zusammengesetzt ist (110). Damit aber werden wieder entgegen dem Schein von der einen Mitteilung, den sie erwecken, doch letztlich mehrere Mitteilungen postuliert.

Vergleicht man das mit den Bemerkungen über Pragmatik und Körpersprache vom Anfang, so wird deutlich, daß hier eine weitere Bedeutung von "Mitteilung" vorliegt. Mitteilungen sind danach komplexe Verhaltensmuster, etwa im Sinne Argyles, die sich aus verbalem, paraverbalem und nonverbalem Verhalten zusammensetzen. Eine solche Multi-Kanal-Kommunikation enthält aber mehrere Mitteilungen, die eben über die drei prinzipiellen Kanäle (verbal, paraverbal, nonverbal) gleichzeitig übermittelt werden können.

In dem Zusammenhang wird dann von Watzlawick et al. der verbale Kanal gleichgesetzt mit der "digitalen Kommunikation" und schließlich mit dem Inhaltsaspekt. Der paraverbale und der nonverbale Kanal (111) werden

---

106 Watzlawick et al. 1969,171ff. Der Terminus geht, wie Watzlawick et al. berichten, auf Bateson und Mitarbeiter zurück, cf. Bateson et al. 1956. Zur Kritik am Konzept der "pragmatischen Paradoxie" bei Watzlawick et al., cf. Ziegler 1977,88ff.

107 Ziegler 1977,15,69,91f,97f,110,113

108 Watzlawick et al. 1969,61ff

109 Watzlawick et al. 1969,64

110 Watzlawick et al. 1969,196

111 Der paraverbale und nonverbale Kanal werden hier der Einfachheit halber unter dem Terminus "Körpersprache" zusammengefaßt.

gleichgesetzt mit der "analogen Kommunikation" und mit dem Beziehungsaspekt (112). Schließlich wird dann noch entsprechend dem zweiten "Axiom" der Inhaltsaspekt mit der Objektebene (= Kommunikation), der Beziehungsaspekt mit der Metaebene (= Metakommunikation) identifiziert. Damit liegt die in Abbildung 3.8 dargestellte Äquivalenzstruktur vor.

Verbalsprache = digitale Kommunikation =
Inhaltsaspekt = Kommunikation
Körpersprache = analoge Kommunikation =
Beziehungsaspekt = Metakommunikation

Abb. 3.8

Der konkrete Zusammenhang, den Watzlawick et al. zwischen sprachlicher Kommunikation und zwischenmenschlicher Beziehung postulieren, ist entsprechend dieser Äquivalenzstruktur der zwischen Verbalsprache und Körpersprache bzw. zwischen Objekt- und Metaebene.

Gegen ein solches theoretisches Konstrukt sind nun folgende Einwände zu erheben. Zunächst ist es problematisch und irreführend, bei der gleichzeitigen Verwendung von mehreren Zeichensystemen (dem verbalen, paraverbalen und nonverbalen Zeichenrepertoire) von einer Mitteilung zu sprechen. Irreführend ist es, weil eine Einheitlichkeit suggeriert wird, die gar nicht besteht, und problematisch ist es, weil eine solche These zu der falschen Annahme verführt, ein und dieselbe Zeicheneinheit sei gleichzeitig auf der Objekt- wie Metaebene anzusiedeln.

Eine weitere Schwierigkeit kommt hinzu. Wenn Watzlawick et al. den Inhalts- und Beziehungsaspekt einander gegenüberstellen, so scheint damit impliziert zu sein, daß der Beziehungsaspekt nichts mit irgendwelchen zu übermittelnden Inhalten zu tun habe. Es handelt sich bei ihm eben um einen anderen zusätzlichen Aspekt. Damit wird ein Gegensatz suggeriert, der gar nicht besteht und der zu äußerst problematischen Konsequenzen führt. Hätte der Beziehungsaspekt, wie es eine solche von Watzlawick et al. vorgenommene Gegenüberstellung von Inhalts- und Beziehungsaspekt nahelegt, nichts mit dem Inhalt, also dem, was hier die Hauptinformation genannt wurde, zu tun, wäre er für die Kommunikation irrelevant und damit für jegliche Kommunikationstheorie einschließlich der Watzlawickschen uninteressant. In diesem Sinne müßte man letztlich nicht wie Watzlawick et al. Inhalts- und Beziehungsaspekt unterscheiden, sondern dürfte insgesamt nur von Inhalt sprechen. Und zwar in dem Sinne, daß eine Mitteilung sich aus mehreren Zeichen unterschiedlicher Zeichenrepertoires zusammensetzt, deren jeweilige In-

---

112 Entsprechend dem zweiten und vierten "Axiom", cf. Watzlawick et al. 1969,53ff,61ff

halte sich auf verschiedene Aspekte der kommunikativ relevanten Wirklichkeit beziehen, etwa auf irgendwelche beliebigen Sachverhalte in der Welt oder schließlich auf einen besonderen Sachverhalt, der dann "Beziehung" genannt wird. Aus dem komplexen Zeichenverhalten kann eben nur der Gesamtinhalt, die Gesamtinformation von dem jeweiligen Kommunikationspartner herausgezogen werden. Dieser Gesamtinhalt bezieht sich dann entweder nur auf irgendwelche beliebigen Sachverhalte, nur auf den Sachverhalt "Beziehung" oder auf irgendwelche Sachverhalte und die Beziehung. Dabei ist allerdings erstens unklar, was die Beziehung jeweils ist (formale Struktur, die Kommunikation selbst, ein sozialer Prozeß oder eine Stellungnahme), zweitens ist auch nicht gesagt, daß wirklich jede Mitteilung tatsächlich beides enthält.

So kann etwa auch die Körpersprache durchaus nur "Objektinformation" im Sinne Watzlawicks et al. vermitteln. Etwa bei einer Mitteilung wie "Der Kasten war etwa so groß und hatte an der Oberseite solche Form", wobei mit den Händen dann Größe und Form vermittelt werden, also eine ausschließlich sachbezogene Objektinformation gegeben wird.

Dieses Beispiel zeigt zusätzlich eine weitere Schwierigkeit des Watzlawickschen Konzepts, nämlich die Identifikation der Körpersprache mit der Metaebene. Nach Watzlawick et al. ist die "analoge Kommunikation" der Körpersprache eine Information über die digitale Information der Verbalsprache. Im Beispiel wäre also eine Geste wie G1

G1: Halten der beiden Hände in Brusthöhe, in einem bestimmten Abstand zueinander (etwa 30 cm), wobei die Finger fest aneinander gedrückt werden und die Handflächen parallel zueinander stehen,

eine Metainformation zu der verbalen Information "etwa so groß".

Nun besteht kein zwingender Grund, nicht genau das umgekehrte Verhältnis anzunehmen. So kann etwa der nonverbale Ausdruck G1 genauer, nämlich als Größenangabe, bestimmt werden durch den verbalen Ausdruck "etwa so groß". Im Gegensatz dazu könnte aber auch dieselbe nonverbale Geste G1 genauer bestimmt werden durch eine andere verbale Äußerung, etwa "Übernehmen Sie doch jetzt die Diskussionsleitung". Dabei müßte G1 als etwas völlig anderes aufgefaßt werden.

So gesehen ist es viel eher so, daß die ambigen Gesten der Körpersprache erst durch die Verbalsprache desambiguiert werden als umgekehrt.

Hinzu kommt eine Schwierigkeit, die dieses Verhältnis von Objekt- und Metasprache äußerst problematisch erscheinen läßt. Wie Tarski gezeigt hat (113), muß die Metasprache die Objektsprache als Teil enthalten, oder zumindest muß die Objektsprache in die Metasprache

113 Tarski 1944,68

übersetzbar sein. So müssen z.B. alle Metaaussagen über den Satz "Ich lüge" eben diesen Satz enthalten, um überhaupt sinnvoll über ihn Aussagen machen zu können, etwa durch die Metaaussage "'Der Satz 'Ich lüge' ist wahr'" (114). Entsprechend der schwächeren Bedingung muß der Satz "Ich lüge" in die Metasprache übersetzbar sein, etwa indem er durch den Term "p" der Metasprache repräsentiert wird. Eine Metasprache, in der der Satz "'Der Satz 'p' ist wahr'" enthalten ist, muß also zumindest eine Interpretationsregel besitzen, durch die "p" als "Ich lüge" interpretiert werden kann.

Wie nun leicht einzusehen ist und wie Watzlawick et al. auch selber feststellen, kann die Verbalsprache nicht Teil der Körpersprache sein oder in diese übersetzbar sein. Dann ist eher schon das Umgekehrte möglich. Aber auch dies ist nicht so ohne weiteres möglich, wie bereits die umständliche und längst nicht vollständige Beschreibung einer bestimmten Geste durch G1 zeigt. In diesem Sinne stellen Watzlawick et al. selber fest:

> Nicht nur bringt jede Übersetzung vom Digitalen ins Analoge einen wesentlichen Verlust von Information mit sich (...), sondern auch der umgekehrte Prozeß (115).

In diesem Sinne kann zwar von sich ergänzender (oder sich widersprechender), wohl kaum aber von Objekt- und Metakommunikation gesprochen werden.

Schließlich sei noch darauf hingewiesen, daß zusätzlich zu diesen methodisch theoretischen Schwierigkeiten die Theorie der pragmatischen Paradoxie auch empirisch nicht bestätigt werden konnte (116).

3.3 Zusammenfassung der Watzlawickdiskussion

Die Auseinandersetzung mit der Watzlawickdiskussion hat gezeigt, daß der Ansatz, den Watzlawick et al. vorlegen, als äußerst problematisch angesehen werden muß. Das liegt einmal daran, daß Watzlawick et al. einen unklaren und mehrdeutigen Begriffsapparat zugrunde legen. So ist bei ihnen weder ein klarer und eindeutiger Beziehungsbegriff definiert noch sind die Termini "Kommunikation" und "Verhalten" so eindeutig gefaßt, daß sie die Grundlage für ein stringentes und widerspruchsfreies Konzept darstellen. So lassen sich für den Terminus "Beziehung" wenigstens drei Bedeutungen, für die Termini "Kommunikation" und "Verhalten" ebenfalls mehrere, zudem noch mit dem Beziehungsbegriff verquickte Bedeutungen unterscheiden. Daraus resultiert dann ein vielschichtiges und mehrdeutiges und deshalb vages Konzept. Dieses

---

114 Die Metaaussage ist durch doppelte Anführungsstriche gekennzeichnet.
115 Watzlawick et al. 1969,67
116 Argyle 1969,113,118,119,141

Konzept ist dadurch gekennzeichnet, daß seine grundlegende These in ihrer eigentlichen Bedeutung schwer, wenn überhaupt eindeutig zu fassen ist. Der Versuch, sinnvolle Paraphrasen des zweiten "Axioms" zu formulieren, führte nur teilweise zu sinnvollen Aussagen. Im überwiegenden Maße aber waren die möglichen Paraphrasen sinnlos, tautologisch oder falsch.

In diesem Sinne konnte die Zieglersche Kritik an Watzlawick et al. weitgehend bestätigt bzw. ergänzt werden. Das betrifft sowohl die Äquivokationenstruktur der verwendeten Begriffe wie auch die auf dieser Struktur aufbauende Watzlawicksche Konzeption.

Was nun die Thematik des Zusammenhangs von Sprache und Beziehung anbetrifft, so trägt der von Watzlawick et al. vorgelegte Ansatz unabhängig von seinen sonstigen Mehrdeutigkeiten und Widersprüchlichkeiten schon deshalb für die hier vorliegende Problematik nicht viel bei, weil er von einer Unterscheidung von Verbalsprache und Körpersprache ausgeht und den Zusammenhang in diesem Rahmen abzuhandeln versucht.

Der hier vorgelegte Ansatz unterscheidet sich in dieser Hinsicht grundlegend von dem Watzlawickschen Konzept von Inhalts- und Beziehungsaspekt, insofern als hier nicht der Versuch gemacht werden soll, beziehungsrelevante Kommunikation auf zwei unterschiedlichen Zeichenrepertoireebenen zu analysieren. Hier geht es vielmehr darum, eine Theorie zu entwickeln, bei der es möglich ist, weitgehend im Rahmen eines Zeichensystems, nämlich der Verbalsprache, beziehungsrelevante Kommunikation festzustellen und im einzelnen zu analysieren. Dies wird für linguistische Ansätze als adäquater betrachtet. Im Gegensatz zu Watzlawick et al. soll hier also die These vertreten werden, daß Beziehungen sich nicht hauptsächlich durch extralinguistische Kommunikationsformen konstituieren, sondern daß die sprachliche Kommunikation selbst bei der Entwicklung, Modifizierung und Beendigung von Beziehungen durchaus eine entscheidende Rolle spielt.

4. ZUSAMMENFASSUNG TEIL I

Die bisherigen Überlegungen lassen sich folgendermaßen zusammenfassen:

Ausgehend von der Feststellung, daß integrative Ansätze in der Sprachwissenschaft das komplexe Phänomen sprachlicher Kommunikation adäquater erfassen können als isolierende Ansätze, wurden die wesentlichen Begriffe für ein solches integratives Konzept bereitgestellt. In dem Zusammenhang konnten die grundlegenden und zentralen Begriffe "Verhalten", "Kommunikation" und "Interaktion" definiert werden und im Anschluß daran die Begriffe "Handlung", "Intention" und "Motivation". Damit war die Voraussetzung gegeben, auf der der grundlegende Entwurf eines Konzepts unterschiedlicher Sprachfunktionen entwickelt wurde. Bei diesem Ansatz konnten drei unterschiedliche Funktionsniveaus unterschieden werden. Die spezielle Fragestellung der vorliegenden Arbeit wurde schließlich aus der Unterscheidung von Gebrauchsfunktion und Beziehungsfunktion auf dem obersten Funktionsniveau abgeleitet.

Aus der so entwickelten Problemstellung des Zusammenhangs von sprachlicher Kommunikation und zwischenmenschlicher Beziehung leitete sich zunächst die Forderung ab, einen klaren und eindeutigen Beziehungsbegriff der Untersuchung zugrunde zu legen. Um dieser Forderung adäquat genügen zu können, mußte zunächst geprüft werden, welche Beziehungskonzepte in der bisherigen Forschung entwickelt worden waren. Da das Phänomen "zwischenmenschliche Beziehung" bisher keinen eigentlich linguistischen Untersuchungsgegenstand darstellte, mußte weitgehend auf soziologische, psychologische und sozialpsychologische Literatur zurückgegriffen werden. Aber auch die innerhalb der linguistischen Literatur ansatzweise vorgenommenen Beziehungsdefinitionen wurden berücksichtigt. Beurteilung wie Kritik der sozialwissenschaftlichen wie linguistischen Konzepte wurden dann von der Frage her entwickelt, welche Relevanz die jeweiligen Beziehungskonzepte für den hier zugrunde gelegten pragmatisch funktionalistischen Ansatz aufweisen. Wie sich zeigte, weisen sämtliche Konzepte Aspekte auf, die sie für die hier vorzulegende eigene Theorie großenteils als ungeeignet erscheinen lassen. Lediglich in einigen neueren systemtheoretisch orientierten Ansätzen zeigten sich grundsätzlich weiterzuentwickelnde Aspekte.

Schließlich wurde auf den Watzlawickschen Ansatz eingegangen, in welchem zum ersten Male versucht wurde, explizit zu der vorliegenden Thematik des Zusammenhangs, der Wechselwirkung von Sprache und Beziehung,

Stellung zu nehmen, und der darüber hinaus auch besonders stark innerhalb der Linguistik rezipiert worden ist. In Auseinandersetzung mit dem Watzlawickschen Ansatz selbst wie der im wesentlichen von Ziegler geführten Kritik an diesem Ansatz wurde dann eine grundsätzliche Kritik an Watzlawick geübt. Dabei zeigte sich, daß der Watzlawicksche Ansatz hinsichtlich der vorliegenden Fragestellung nach einer adäquaten Deutung sprachlicher Äußerungen auf der Grundlage des Begriffs zwischenmenschlicher Beziehung als weitgehend unbrauchbar abgelehnt werden muß. Das betrifft sowohl seine theoretisch methodische Stringenz als auch die postulierte besondere Art des Zusammenhangs von Sprache und Beziehung im Sinne einer Unterscheidung von Verbal- und Körpersprache. Die Zieglersche Kritik konnte weitgehend bestätigt bzw. modifizierend bestätigt werden.

Mit diesem ersten Teil ist versucht worden, eine systematisch theoretische Grundlage zu schaffen, auf der die eigenen Überlegungen und Analysen in Abgrenzung gegen die bisher vorgelegten Ansätze entwickelt werden sollen. Der relativ große Umfang des ersten Teils ist dadurch bedingt, daß die hier vorliegende Problematik in einem Grenzbereich linguistischer Analysen angesiedelt ist, der es unmöglich macht, Überlegungen, wie sie in den Sozialwissenschaften angestellt worden sind, unberücksichtigt zu lassen - Untersuchungen und Ansätze, von denen jedoch nicht angenommen werden kann, daß sie innerhalb der Linguistik als allgemein bekannt vorausgesetzt werden dürfen.

5. METATHEORIE

5.1 Vier Reflexionsebenen

Die ausführliche Diskussion des Beziehungsbegriffs in Kapitel zwei und die eines möglichen theoretisch legitimierten Wechselverhältnisses zwischen Sprache und Beziehung in Kapitel drei dürften gezeigt haben, daß es unmöglich ist, den Beziehungsbegriff unreflektiert als unproblematischen, an sich eindeutigen Begriff im Rahmen linguistischer Analysen zu verwenden. Wenn das dennoch gemacht wurde, so vermutlich deshalb, weil der Beziehungsbegriff eine aus dem Alltagsverständnis abzuleitende stark suggestive, intuitiv einleuchtende Erklärungskraft besitzt, die ihn als unmittelbar einsichtiges Explanans in linguistischen Analysen akzeptabel erscheinen ließ. Diese starke Suggestionskraft des Beziehungsbegriffs mag vermutlich auch ein Grund dafür gewesen sein, daß der Watzlawicksche Ansatz in seiner vorliegenden Form so lange unwidersprochen als adäquate Grundlage linguistischer Analysen hingenommen werden konnte.

Der erste grundlegende Fehler, der bei bisher wohl allen Ansätzen, die sich des Beziehungsbegriffs bedienten, festzustellen ist, ist der, daß, unabhängig von einer fehlenden detaillierten Begriffsexplikation, bereits der prinzipielle theoretische Status des Beziehungsbegriffs völlig falsch eingeschätzt worden ist, was dann zu der bereits in der Einleitung erwähnten Reifikation dieses Begriffs geführt hat.

Die erste Aufgabe, vor der man steht, will man für eine linguistische Analyse von Äußerungsereignissen den Beziehungsbegriff als Erklärungsmittel nutzbar machen, ist also die, den genauen theoretischen Status dieses Begriffs zu klären. Da das in den bisherigen Arbeiten kaum oder nur ungenügend geschehen ist, gelangten diese Arbeiten zu Ergebnissen, bei denen ganz stark die Gefahr besteht, daß man mit ihnen lediglich in ad hoc-Erklärungen und mehr oder weniger metaphorischer Redeweise steckenbleibt. Will man dieser Gefahr entgehen, ist die erste Forderung, die man an einen expliziten und für linguistische Probleme operationalisierten Beziehungsbegriff zu stellen hat, die, sich des theoretischen Status dieses Begriffs zu vergewissern, bevor man ihn in allen seinen Einzelheiten expliziert und mit ihm dann im Rahmen konkreter Analysen empirisches Datenmaterial bearbeitet.

Der Beziehungsbegriff wird in diesem Sinne im folgenden Kapitel - ohne daß schon explizit auf seine einzelnen spezifischen Momente eingegangen wird -

eine erste Präzision durch die Diskussion der beiden Grundlagenbegriffe "Modell" und "System" erhalten. Das folgende Kapitel ist also zu lesen als Explizierung des theoretischen Status des Beziehungsbegriffs im Sinne eines modelltheoretischen Etiketts bestimmter Handlungszusammenhänge. Im folgenden wird die für konkrete empirische Sprachanalysen äußerst wichtige und bisher völlig vernachlässigte Einsicht zu legitimieren sein, daß "Beziehung" ausschließlich als Konzept anzusehen ist, als ein theoretisches Konstrukt, das erst in den ordnenden, eine Reihe von Phänomenen zusammenfassenden, gedanklichen Operationen von Individuen Gestalt gewinnt und nicht eine irgendwie geartete Eigenschaft an oder zwischen Individuen darstellt. Die Beziehung existiert in der sozialen Realität dann insofern, als eben die Gesamtmenge der diesen gedanklichen Konzepten korrespondierenden Einzelhandlungen existiert. Erst die Erkenntnis dieses modelltheoretischen Status des Beziehungsbegriffs verhindert eine Reifikation und ermöglicht eine sinnvolle Verwendung dieses Begriffs im Rahmen linguistischer Sprachanalysen. Diese Einsicht soll im folgenden Kapital veranschaulicht werden. Dabei sollen die bisher erarbeiteten Ergebnisse aus den Kapiteln eins bis drei als grundlegende, die Überlegungen leitende Kriterien berücksichtigt werden. In diesem Sinne lassen sich aus der Watzlawickdiskussion zunächst zwei Forderungen ableiten:

(1) Es müssen, wenn der Zusammenhang von Sprache und Beziehung expliziert werden soll, klare und operationale Grundbegriffe vorgelegt werden. Das betrifft vor allem einmal den Begriff der "sprachlichen Kommunikation". (Dieser Begriff wurde bereits im ersten Kapitel hinlänglich expliziert.) Das betrifft zum anderen aber besonders den vor allem in der Linguistik noch überhaupt nicht befriedigend reflektierten und definierten Begriff der "zwischenmenschlichen Beziehung". Hier gilt es eine eindeutige und explizite Definition vorzulegen.

(2) Im Hinblick auf den Beziehungsbegriff können nun die im zweiten Kapitel angestellten Überlegungen herangezogen werden. Das bedeutet vor allem, daß es möglich sein muß, den Begriff "Beziehung" sinnvoll im Zusammenhang mit ausschließlich verbalsprachlicher Kommunikation zu verwenden. Er soll nicht wie bei Watzlawick et al. nur durch einen zusätzlichen Rekurs auf weitere Zeichensysteme (Körpersprache, kommunikative Aspekte des Kontextes oder dgl.) faßbar werden.

Aus diesen beiden grundlegenden Forderungen leiten sich weitere Bedingungen hinsichtlich der Explizierung des Beziehungsbegriffs ab. Diese Bedingungen ergeben sich vor allem aus der Darstellung und Kritik der im zweiten Kapitel behandelten Begriffsdefinitionen aus Linguistik und Sozialwissenschaften. Im einzelnen geht es um folgende Bedingungen:

(1) "Beziehung" darf nicht als ein einfaches, einheitliches Phänomen betrachtet werden. In diesem

Sinne ist sie nicht durch eine einzige Metaaussage eines Kommunikationswissenschaftlers faßbar. (Etwa: "Diese Beziehung ist symmetrisch".)

(2) Damit eng zusammenhängend ist die Forderung, daß "Beziehung" mehr ist und sein muß als der bloße einmalige Kommunikationsakt, also die einzelne Äußerung. (Etwa: "Ich finde dich wunderbar".)

(3) "Beziehung" darf weiterhin nicht als ausschließlich intrapsychisches Phänomen betrachtet werden.

(4) Sie darf ebenfalls nicht - und das steht in engem Zusammenhang mit (3) - als ein einseitiges, nur auf einen Partner beschränktes Phänomen angesehen werden.

(5) Und schließlich muß festgestellt werden, daß "Beziehung" stets mehr ist als die bloße Relation von gesellschaftlich normierten Positionen, die Individuen innehaben können.

Diese Bedingungen werden als Ausgangspunkt für einen hinsichtlich der linguistisch pragmatischen Fragestellung nach den kommunikativen Funktionen sprachlicher Handlungen relevanten Beziehungsbegriff angesehen.

An eine sowohl theoretisch wie empirisch befriedigende Bearbeitung der einen solchen Begriff voraussetzenden Problemstellung stellen sich nun eine Reihe weiterer grundsätzlicher Fragen. Eine Strukturierung dieser Fragestellungen zeigt, daß sich die vorliegende (wie letztlich wohl auch jede andere wissenschaftliche Arbeit) auf vier unterschiedlichen Reflexionsebenen zu legitimieren hat. Es sind dies die Ebenen der

(1) metatheoretischen Reflexion,
(2) theoretischen Reflexion,
(3) empirischen Reflexion,
(4) praktischen Reflexion.

Man kann in diesem Sinne mit Friedrichs den forschungslogischen Ablauf der vorliegenden Untersuchung unterteilen in Entdeckungs-, Begründungs- und Verwertungszusammenhang (1). Dabei entspricht der Entdekkungszusammenhang teils der metatheoretischen, teils der theoretischen Reflexion (2), der Begründungszusammenhang entspricht der Verbindung von theoretischer und empirischer Reflexion, und der Verwertungszusammenhang entspricht der praktischen Reflexion. Im einzelnen bedeutet das folgendes:

Auf der metatheoretischen Ebene geht es zunächst

---

1 Friedrichs entwickelt seine Dreiteilung in Anlehnung an die auf Reichenbach zurückgehende Zweiteilung von Entdeckungs- und Begründungszusammenhang, cf. Friedrichs 1973,50ff

2 Zum Entdeckungszusammenhang gehört letztlich ebenfalls die im ersten Teil entwickelte Ableitung der Fragestellung sowie die Auseinandersetzung mit und die Abgrenzung gegen bisher entwickelte Forschungsansätze.

grundsätzlich um die Legitimation und die logische Struktur von Entdeckungsverfahren. Das betrifft speziell die unterschiedlichen Möglichkeiten der Theoriekonstruktion. So muß etwa geklärt werden, welche theoretischen Grundlagen vorliegen, die den Rahmen für die eigentliche Untersuchung bilden. Unter theoretischen Grundlagen sollen dabei die erkenntnistheoretischen Vorannahmen verstanden werden, die über den Charakter des zu untersuchenden Wirklichkeitsbereichs und die Möglichkeiten des diesem Bereich entsprechenden wissenschaftlichen Zugangs gemacht werden.

Auf der Reflexionsebene der Theorie sollen dann, auf der Grundlage der im metatheoretischen Zusammenhang aufgestellten Postulate, die problemorientierten Konzepte im einzelnen entwickelt werden. In diesem Bereich geht es hauptsächlich darum, die grundlegenden Begriffe für die Analyse von Datenmaterial bereitzustellen. Dabei müssen einerseits die Analyseeinheiten bestimmt und hinreichend präzise definiert werden, andererseits die für Klassifizierungen, Erklärungen und Definitionen notwendigen Begriffe eingeführt und in ihrem theoretischen Zusammenhang dargestellt werden.

Auf der Ebene der empirischen Reflexion sollen schließlich die theoretischen Überlegungen zur Analyse konkreter Datenmengen herangezogen werden. Das bedeutet im einzelnen, daß entsprechende Datenmengen diskutiert und analysiert werden.

Auf der vierten Reflexionsebene schließlich, der praktischen, anwendungsorientierten Ebene, müßte gezeigt werden, in welcher Hinsicht die auf den drei vorhergehenden Ebenen erarbeiteten Ergebnisse verwertbar sind. Auf dieser Ebene geht es prinzipiell im Bereich der Sozialwissenschaften - neben den ethischen, politischen Aspekten - wohl hauptsächlich um therapeutisch pädagogische Fragen. Ebenso wie die erste, die metatheoretische Reflexionsebene, reicht auch die vierte, die praxisorientierte Ebene, in übergreifende, interdisziplinäre Problemzusammenhänge, die damit über die eigentlich fachspezifische Reflexion weit hinausreichen. Im Gegensatz zur metatheoretischen Ebene ist die Ebene der praktischen Reflexion jedoch hinsichtlich der theoretisch logischen Legitimation eines Ansatzes nicht notwendig. Da es in der vorgelegten Arbeit jedoch zunächst prinzipiell um eben jene Legitimation geht, soll hier nur eine Darstellung auf den ersten drei Reflexionsebenen erfolgen.

5.2 Die allgemeinen theoretischen Grundlagen

5.2.1 Die Ausgangsfrage

Ein erkenntnistheoretisch relevantes Charakteristikum sozialwissenschaftlicher Untersuchungen ist, daß sie es, im Gegensatz zu weiten Bereichen der Naturwissenschaf-

Modellbildung

ten (3), mit einem spezifischen Typ von Sachverhalten zu tun haben. Ein Großteil der Sachverhalte - und das gilt besonders für die Linguistik - kann nämlich nicht ohne weiteres als so vorfindliche Realität betrachtet werden. In diesem Zusammenhang konstatiert Ungeheuer auch:

> Man muß sich klarmachen, daß die Sachverhalte, die unter der Bezeichnung "sprachliche Kommunikation" Gegenstände analytischer Versuche sind, durchaus nicht als abgegrenzte Gegebenheiten vorgefunden werden wie Muscheln am Strand (4).

Gegenstand sozialwissenschaftlicher Untersuchungen ist somit weitgehend immer ein bereits theoretisch legitimiertes Ausgegrenztes. Was Ungeheuer in der oben zitierten Bemerkung für die sprachliche Kommunikation feststellt, gilt aber sicher auch, wenn nicht in noch stärkerem Maße für das Phänomen "zwischenmenschliche Beziehung". Das Charakteristikum der sozialwissenschaftlichen "Gegenstände" Beziehung und Kommunikation besteht somit zum großen Teil in der Tatsache, daß diese "Gegenstände" primär von der Fragestellung und der damit zusammenhängenden theoretischen Reflexion abhängen und weniger die Fragestellung von diesen "Gegenständen".

Die damit angesprochene Problematik ist die der Möglichkeit und Notwendigkeit der Modellbildung. In diesem Sinne muß das im vorliegenden Zusammenhang beschriebene Vorgehen generell als Modellbildungsprozeß betrachtet werden. Die dahinterstehende erkenntnistheoretische Position soll mit Stachowiak als das "Modellkonzept der Erkenntnis" bezeichnet werden. Nach diesem Konzept ist alle Erkenntnis

> Erkenntnis in Modellen oder durch Modelle, und jegliche menschliche Weltbegegnung überhaupt bedarf des Mediums "Modell": indem sie auf das - passive oder aktive - Erfassen von etwas aus ist, vollzieht sie sich relativ zu bestimmten Subjekten, ferner selektiv - intentional selektierend und zentrierend - und in je zeitlicher Begrenzung ihres Original-Bezugs (5).

Zusätzlich zu diesem Modellkonzept soll eine weitere theoretische Grundannahme gemacht werden: Es wird vorausgesetzt, daß die Realität nicht völlig chaotisch und willkürlich ist, sondern ein geordnetes und wohlstrukturiertes Ganzes darstellt, also ein System.

Um die theoretischen Überlegungen bezüglich des Wechselverhältnisses von zwischenmenschlicher Beziehung und

---

3 Das gilt allerdings nicht für bestimmte Bereiche der modernen Physik wie z.B. die Quantenphysik, cf. dazu etwa Heisenberg 1958,160ff; von Weizsäcker 1971,61ff

4 Ungeheuer 1972a,21

5 Stachowiak 1973,56

sprachlicher Kommunikation besser in den hier postulierten metatheoretischen Rahmen von allgemeiner Modell- und Systemtheorie einordnen zu können, sollen im folgenden die wichtigsten Postulate dieser Theorien skizziert werden. Damit sind dann die eigentlichen theoretischen Erörterungen ihrerseits wieder metatheoretisch legitimiert.

5.2.2 Der Modellbegriff

Bei modelltheoretischen Überlegungen kann prinzipiell zwischen dem Modelloriginal und dem eigentlichen Modell unterschieden werden (6). Entsprechend dieser Unterteilung läßt sich auch die folgende Darstellung untergliedern.

5.2.2.1 Das Original

Die Frage nach dem Original des im folgenden zu entwickelnden Modells ist zunächst die Frage nach dem Objektbereich, aus dem die Daten genommen werden sollen. Die Legitimation des Objektbereichs läßt sich entlang folgender Forderungen entwickeln:

(F1) Da es speziell um den Zusammenhang von Kommunikation und Beziehung geht und Beziehung, wie oben erläutert, als wechselseitiges Phänomen aufgefaßt werden soll (7), sollte es nicht um zeitlich verschobene oder gar Einwegkommunikation gehen wie etwa in den Massenmedien, sondern um Formen, in denen die Partner auch gleichzeitig präsent sind.

(F2) Um die gestellte Problematik von ihren grundsätzlichen Problemen her entwickeln zu können, sollten möglichst ursprüngliche und einfache Formen menschlicher Kommunikation betrachtet werden.

(F3) Schließlich sollten nicht irgendwelche seltenen Spezialformen betrachtet werden, sondern, um den Aussagen möglichst hohen Allgemeinheitsgrad zu geben, die gebräuchlichsten Formen der Kommunikation als Modelloriginal zugrunde gelegt werden.

Auf der Grundlage dieser drei Kriterien läßt sich folgendes feststellen: Wie im Kapitel eins bereits entwickelt wurde, setzt Kommunikation prinzipiell die Präsenz mindestens zweier Individuen voraus, die dann miteinander Signale austauschen können (8). Ebenso soll, wenn von Beziehung gesprochen wird, eine Beziehung zwischen mindestens zwei Individuen verstanden werden.

---

6 Stachowiak 1973,131
7 Siehe oben Seite 116
8 Siehe oben die Kommunikationsbedingung (K5) und (K6), Seite 13

Mit der gleichzeitigen Präsenz zweier Individuen ist nun eine Konstellation gegeben, die in der soziologischen Forschung seit Simmel (9) bereits als Gruppe bezeichnet wird: die Dyade. Kommunikation wie Beziehung ist in diesem Sinne an die Existenz von Kleingruppen (mindestens Dyaden) gebunden. Damit ist der theoretische wie empirische Ausgangspunkt gegeben.

In diesem Sinne soll als der für den vorliegenden Analyseansatz relevante Objektbereich die face-to-face-Gruppe postuliert werden. Eine face-to-face-Gruppe sei im weiteren F-Gruppe genannt. Die F-Gruppe ist eine Gruppe von geringer Individuenzahl (ca. zwei bis etwa fünf Personen), was (F2) entspricht, deren Mitglieder innerhalb eines bestimmten begrenzten Zeitraums die Möglichkeit zu direkter, individueller und wechselseitiger Wahrnehmung und Interaktion haben, was (F1) entspricht, und die auf natürlichem Wege, also entsprechend den eigenen Motivationen der Mitglieder, entstanden ist, was (F3) entspricht.

F-Gruppen im hier definierten Sinne bestehen auch dann, wenn keine bewußt intendierte Kommunikation und Interaktion zwischen ihren Mitgliedern stattfindet, wie es etwa der Fall ist bei einer zufälligen Ansammlung von Menschen an einer Bushaltestelle oder dgl.

F-Gruppen in diesem Sinne sind die Voraussetzung für das mögliche Entstehen von F-Systemen, wie sie im Abschnitt 6.1 beschrieben werden. Die im Rahmen einer F-Gruppe möglicherweise entstehende Kommunikation sei F-Kommunikation genannt. Aufgrund der F-Kommunikation entsteht aus der F-Gruppe ein F-System (10).

Der Objektbereich, der bei den vorliegenden Betrachtungen zugrunde gelegt wird und aus dem die Daten gezogen werden sollen, ist also die F-Gruppe und sind die Aktivitäten der Mitglieder dieser F-Gruppe. Das eigentliche Modelloriginal aber, über dessen Strukturen und Eigenschaften Aussagen gemacht werden sollen, ist ein System, "Beziehung" genannt, das sich aus Ketten von einzelnen F-Systemen zusammensetzt. Von diesem System wird unterstellt, daß es prinzipiell modellierbar ist.

Die vorliegende Arbeit beruft sich in diesem Sinne auf das Paradigma einer allgemeinen Modell- (11) und Systemtheorie (12). Entsprechend den Postulaten der allgemeinen Systemtheorie können in allen Realitätsbereichen - und damit auch in dem hier zu betrachtenden Bereich - Systeme nachgewiesen werden. Ein System soll dabei entsprechend der allgemeinen Definition von Hall/Fagen beschrieben werden als

> a set of objects together with relationships between

---

9 Simmel 1908

10 Näheres zum Begriff des F-Systems siehe unten, Abschnitt 6.1.1, Seite 134ff

11 Stachowiak 1973

12 von Bertalanffy 1950; 1956; 1962; 1969

the objects and between their attributes (13).

Die Notwendigkeit zur Formulierung einer solchen Systemhypothese folgt aus den Schwierigkeiten einer naiven empiristischen Auffassung, derzufolge die Basis aller wissenschaftlichen Erkenntnis die unmittelbare Erfahrung ist. Eine solche Auffassung führt, wie Händle/Jensen ausführen, zu Schwierigkeiten,

> weil sich bei der fortschreitenden Analyse die zunächst noch ganz greifbare Wirklichkeit immer weiter verflüchtigt und schließlich zu einer rein methodologischen Kontruktion wird, die sich nur noch indirekt aus der Deutung bestimmter Operationen erschließen läßt (14).

Die vorfindliche Realität stellt sich dabei relativ zu bestimmten Fragestellungen und unterschiedlichen Blickwinkeln jeweils immer etwas anders dar. Verantwortlich für diese unterschiedliche Faßbarkeit der Realität ist der jeweils vorgegebene Interessen- und Reflexionskontext.

Die Gesamtheit der Realität kann dementsprechend immer nur auf einer Stufe bestimmter Komplexität erfaßt werden. Diese Komplexität, die durch eine genaue Analyse eines dann jeweils als System zu fassenden Realitätsbereichs beschrieben werden kann, wird durch eine untere und eine obere Grenze bestimmt. Beide Grenzen sind variabel.

Die untere Systemgrenze ist durch den Begriff des "Elements" gegeben, die obere Grenze durch den Begriff "Umwelt". Die Elemente stellen dabei die nicht weiter ausdifferenzierten Bestandteile des Systems dar, die Umwelt die ebenfalls nicht in allen Einzelheiten ausdifferenzierte Umgebung, in deren Kontext das System eingebettet ist. Elemente wie Umwelt stellen allerdings selbst wieder Systeme dar, von deren differenzierter Struktur aber unter dem jeweils gegebenen Interessen- und Reflexionskontext abstrahiert wird. Damit wird die Komplexität des jeweils zu untersuchenden Systems in einem für die Analyse noch faßbaren Rahmen gehalten.

Faßt man Element und Umwelt selbst wieder als System auf, so wird damit eine Systemhierarchie konstituiert, in der das Element Subsystem des ursprünglichen Systems ist, dieses wiederum ein Subsystem der Umwelt.

Der Begriff des Systems selbst kann nun nach Wunderlich und Stachowiak prädikaten- und stufenlogisch expliziert werden (15). Entsprechend der allgemeinen Modelltheorie können, wie in Abbildung 5.1 dargestellt,

---

13 Hall/Fagen 1956,18

14 Händle/Jensen 1974,21f; cf. dazu auch den Abschnitt 6.4 zur Indikatorenproblematik

15 Stachowiak 1973,308ff

die Originale von Modellen als Attributklassen aufgefaßt werden (16), die dann als attributive bzw. auf der Modellseite als prädikative Systeme verstanden werden (17).

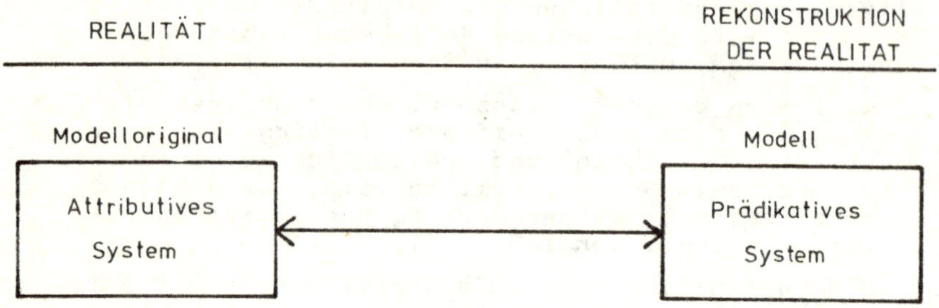

Abb. 5.1

Die Systeme der Realität besitzen dann, als ganze gesehen, eine Reihe von allgemeinen Eigenschaften, auf die bereits von Bertalanffy und nach ihm andere Autoren (18) hingewiesen haben. Wie übereinstimmend festgestellt wird, ist der für Systeme zentrale Begriff der der Relation. Hall/Fagen betonen in dem Zusammenhang, die Frage danach, welche Relationen zwischen den Elementen betrachtet werden, ist

> up to the person dealing with the problem (19).

Klaus spricht dann davon, daß die

> Aufgabe der wissenschaftlichen Abstraktion

darin bestehe,

> das, was man (...) als wesentliche Eigenschaft, als wesentliche Relation betrachtet, herauszufinden und durch wissenschaftliche Begriffe darzustellen (20).

In diesem Sinne wird die prinzipiell unendliche Mannigfaltigkeit der Dinge, Eigenschaften und Relationen reduziert (21). Daraus ergibt sich auch das wichtige

16 Stachowiak 1973,136
17 Stachowiak 1973,137
18 von Bertalanffy 1950,1956,1968; Hall/Fagen 1956; Watzlawick et al. 1969,114ff; Miller 1971; Prewo et al. 1973; Klaus 1974,130ff
19 Hall/Fagen 1956,18
20 Klaus 1974,135
21 In dem Zusammenhang muß auch die besonders in den Sozialwissenschaften kontrovers diskutierte Problematik der Reduktion von Komplexität gesehen werden, cf. Luhmann 1970; zur Kritik an Luhmann cf. Prewo et al. 1973,29ff

Relation

Verkürzung

modellmethodische Prinzip der Verkürzung (22).

Die zentrale Bedeutung der Relation für das Bestehen von Systemen bildet auch die Grundlage für die wichtigste Eigenschaft, die einem System zukommt, die Eigenschaft der Übersummativität. Das bedeutet: Das System ist mehr als die Summe seiner Teile. Gerade dieses "Mehr" macht das System zum System und damit zu einem qualitativ neuen Sachverhalt der Realität.

Wichtig ist dabei auch die bereits oben (Seite 121) erwähnte Hierarchie von Element - Subsystem - System - Umwelt. Es sei darauf hingewiesen, daß die Relationen zwischen System und Element, Subsystem, Umwelt oder der Subsysteme bzw. Systeme untereinander den Prinzipien einer Booleschen Algebra (23) entsprechen, d.h. es lassen sich eine Reihe grundlegender Operationen über den jeweiligen Elementen definieren. Vor allem das Verhältnis von System zu Element bzw. umgekehrt spielt weiter unten bei der Entwicklung eines Erklärungsbegriffs eine entscheidende Rolle (24).

Ebenso spielt auch der Zusammenhang von System und Umwelt für eine andere wichtige Eigenschaft von Systemen eine Rolle: nämlich für die Unterscheidung in offene und geschlossene Systeme. Für den vorliegenden Zusammenhang (25) ist dabei die Offenheit von Systemen entscheidend. Offene Systeme werden allgemein als Systeme definiert, die in Wechselwirkung mit ihrer jeweils definierten Umwelt stehen (26).

Eine charakteristische und wichtige Eigenschaft solcher offenen Systeme, auf die von Bertalanffy (27) und auch Watzlawick et al. (28) hingewiesen haben, ist das Phänomen der Äquifinalität. Damit ist gemeint, daß im Gegensatz zu geschlossenen Systemen ein bestimmter Endzustand des Systems nicht eindeutig durch die vorhergehenden Zustände determiniert ist, sondern von unterschiedlichen Anfangszuständen und auf unterschiedlichen Wegen erreicht werden kann. Diese Tatsache ist für die Kommunikation und die aus ihr hervorgehenden F-Systeme charakteristisch.

Damit ein System einen bestimmten Endzustand erreichen kann, muß es in jedem Fall eine Reihe anderer Zustände durchlaufen. Innerhalb dieser Zustände oder Stufen kann es eine Zeit verweilen, bis die dem System immanenten Prozesse bestimmte Grenzen überschreiten. Ist das der Fall, tritt das System in einen neuen Zustand über, bei dem es sich ebenfalls zwischen bestimmten

---

22 Siehe unten Seite 124

23 Zum Begriff "Boolesche Algebra" cf. etwa Strombach et al. 1972,46ff

24 Siehe unten Abschnitt 5.2.3

25 Wie auch generell für die Sozialwissenschaften.

26 Hall/Fagen 1956,23; von Bertalanffy 1950,155ff; von Bertalanffy 1956,3; Miller 1971,67

27 von Bertalanffy 1950,157ff; von Bertalanffy 1956,4

28 Watzlawick et al. 1969,122ff

Grenzen hält. Dieses zeitweilige Einpendeln zwischen bestimmten systemimmanenten Grenzen wird als Kalibrierung bezeichnet (29), ein ebenfalls für die weitere Darstellung wichtiger Begriff (30).

Mit dieser kurzen systemtheoretischen Skizze sind eine Reihe von Begriffen bereitgestellt, die weiter unten bei der Explizierung des Beziehungsbegriffs eine wichtige Rolle spielen.

5.2.2.2 Das Modell

Wie Stachowiak darstellt (31), kann jedes Modell durch drei allgemeine Eigenschaften charakterisiert werden:

(1) das Abbildungsmerkmal;
(2) das Verkürzungsmerkmal;
(3) das pragmatische Merkmal.

Das Abbildungsmerkmal verweist auf die Tatsache, daß Modelle stets Modelle von etwas sind,

> nämlich Abbildungen, Repräsentationen natürlicher oder künstlicher Originale (32).

Dabei wird, wie das hier ebenfalls geschehen ist, angenommen, daß die zu modellierenden Originale Systeme darstellen. Diese Hypothese kann in dem Maße bestätigt werden, in dem es gelingt, entsprechende Modelle (Modellsysteme) für diese Originale zu konstruieren und Original und Modell miteinander in Beziehung zu setzen.

Mit dem zweiten Merkmal von Modellen, dem Verkürzungsmerkmal, ist gemeint, daß im allgemeinen nicht für alle Attribute des zu modellierenden Originals auch entsprechende Prädikate im Modell vorliegen. Modelle bilden meist nur bestimmte Aspekte des Originals ab (33). Dies entspricht der oben erwähnten Tatsache, daß in Systemen nur bestimmte als "wesentlich" erachtete Relationen betrachtet werden. Modelle reduzieren somit ihre Originale je nach Interessenstandpunkt der Modellkonstrukteure.

Damit ist bereits auf das dritte Hauptmerkmal von Modellen hingewiesen: auf das pragmatische Merkmal. Danach sind Modelle niemals per se Modelle von bestimmten Originalen, sondern sie müssen stets von einem modellkonstruierenden bzw. modellbenutzenden Subjekt als solche "erklärt" werden. Der pragmatische Aspekt von Modellen verweist im einzelnen darauf, daß Modelle immer nur als Modelle gelten können:

---

29 Watzlawick et al. 1969,135ff
30 Siehe unten Abschnitt 6.2.4.4
31 Stachowiak 1973,128ff
32 Stachowiak 1973,136ff
33 Dieser Aspekt bekommt bei der in Kapitel 6. vorgenommenen Unterscheidung von Kontakt und Sprechakt eine besondere Bedeutung. Siehe unten Kapitel 6.3.3

Was sind Modelle?

(1) für bestimmte Subjekte;
(2) innerhalb bestimmter Zeitintervalle;
(3) relativ zu bestimmten gedanklichen oder tatsächlichen Operationen (34).

Zusammenfassend kann man sagen: Modelle sind stets Modelle von etwas, auf eine bestimmte Weise, für jemanden, zu einem bestimmten Zweck. Generell läßt sich feststellen, daß Modelle besonders dann entwickelt werden, wenn:

(1) die Originale der Vergrößerung oder Verkleinerung bedürfen, um anschaulich zu werden;
(2) die Originale nicht oder schlecht zugänglich sind (etwa das Original sich über einen zu langen Zeitraum erstreckt) (35);
(3) die Originale ein zu unübersichtliches und verwickeltes Geschehen darstellen, das verdeutlicht, vereinfacht oder konkretisiert werden soll (36).

Bei all diesen Verfahren wird versucht, das Original (das attributive System) entsprechend bestimmten pragmatischen Gesichtspunkten in das Modell (das prädikative System) abzubilden (37).

Die weitaus wichtigste Frage bei einem Vergleich von Modell und Original ist die des Grades der Angleichung des Modells an das Original. Stachowiak unterscheidet in dem Zusammenhang zwei Formen der Angleichung:

(1) die formale, strukturelle Angleichung;
(2) die inhaltliche, materiale Angleichung.

Unter struktureller Angleichung soll mit Stachowiak der Vergleich jener Sachverhalte verstanden werden, die übrig bleiben, wenn von den als Qualität aufgefaßten Bestandteilen von Modelloriginal und Modell abstrahiert wird. Was übrig bleibt, wenn von solchen qualitativen, materialen Aspekten abstrahiert wird, sind Zahlenverhältnisse oder allgemeine Relationsgebilde (38).

Unter materialer Angleichung wird der Vergleich materialer Attribute von Modelloriginal und Modell verstanden. Materiale Attribute sind dabei jene "Entitäten", die die abstrakten Relationsgebilde "erfüllen" (39). Dabei werden wohl meist die empirisch faßbaren,

---

34 Stachowiak 1973,133
35 Dieser Aspekt spielt bei der Entwicklung eines Modells zwischenmenschlicher Beziehungen eine große Rolle.
36 Cf. Stachowiak 1973,139
37 Eine genaue, ausführliche und formale Explikation dieser Modellabbildung entwickelt Stachowiak im dritten Kapitel seines Buches.
Stachowiak 1973,312ff, speziell 323
38 Stachowiak 1973,141
39 Der Begriff der Erfüllbarkeit hängt mit dem der Deutbarkeit formaler Systeme zusammen. Eine Formel

real gegenständlichen, wahrnehmbaren Gebilde in diesem Sinne als material aufgefaßt. Allerdings enthält das Problem der Grenzziehung zwischen strukturellen und materiellen Attributen äußerst schwierige theoretische Implikationen, die ebenfalls auf die Problematik der Abgrenzung von struktureller und materialer Angleichung übergehen (40).

Aus dem bisher Gesagten lassen sich einige wichtige Begriffe ableiten: So können zunächst zwei Formen größtmöglicher Angleichung unterschieden werden. In diesem Sinne ist maximale strukturelle Angleichung durch "Isomorphie" gegeben, maximale materiale Angleichung durch "Isohylie". Isomorphie wie Isohylie sind allerdings als

heißt erfüllbar, wenn sie für wenigstens eine mögliche (empirische) Belegung wahr ist. Man spricht dann auch davon, daß diese Belegung ein "Modell" der Formel ist, cf. Strombach et al. 1972,102,208, oder daß die Formel empirisch gültig ist, cf. Schleichert 1966,48. Formale Systeme können dann in diesem Sinne voll oder nur partiell deutbar sein, wobei letzterer Fall wohl der häufigere sein dürfte, cf. Schleichert 1966,11f.

40 In dem Zusammenhang sei auf das äußerst komplexe philosophisch erkenntnistheoretische Problem hingewiesen, daß mit einer immer weiter vorangetriebenen strukturellen Modellierung inhaltlich materiale Aspekte des Originals verlorengehen. Das läuft letztlich auf eine Entmaterialisierung hinaus, in deren Verlauf sich die Dinge in Relationen auflösen. Eine solche Entwicklung läßt sich z.B. in der theoretischen Physik beobachten, in der der Dingbegriff bezüglich atomarer Phänomene fast vollständig aufgegeben worden ist. In der Atomphysik wird heute weit eher von "Raumzuständen" oder "Wechselwirkungen" gesprochen als von "Teilchen" im Sinne konkret materialer Körper. Wechselwirkungen (also Kräfte) und Teilchen sind Begriffe, die wechselweise füreinander einsetzbar sind, womit eine Identität von Kraft und Materie postuliert wird, cf. dazu Heisenberg 1958,151f. Stachowiak spricht in dem Zusammenhang auch von der "fortschreitenden Verwischung der Grenze zwischen 'Dingen' und 'Vorgängen'" in der Physik, cf. Stachowiak 1973,145f, Anmerkung 26. Mit diesem Problem hängt auch die Möglichkeit immer weiterer Auflösung von Systemelementen zu Systemen zusammen (Siehe oben Seite 121). Zur Kritik dieser Konzeption der Entmaterialisierung aus marxistischer Sicht, cf. Klaus 1974,143ff. Eine "praktische" Lösung dieses Problems ist letztlich durch die pragmatische Dimension der Modellierung gegeben, wonach das modellierende Subjekt "willkürlich" die Grenze zwischen struktureller und materialer Modellierung festsetzt.

Grenzwerte anzusehen, die in den seltensten Fällen erreicht werden. Das liegt daran, daß die Modellabbildung, die zwischen Modelloriginal und Modell definiert ist, einige weitere Eigenschaften aufweist. Aufgrund des Verkürzungsmerkmals von Modellen werden nicht alle Attribute des Originals erfaßt. Die Menge dieser nichterfaßten strukturellen bzw. materialen Attribute wird von Stachowiak als Präteritionsklasse bezeichnet. Im Gegenteil dazu treten auf der Modellseite Prädikate auf, denen keine originalseitigen Attribute entsprechen (etwa die Längen- und Breitengrade auf Landkarten). Die Menge dieser zusätzlichen Modellprädikate heißt Abundanzklasse.

Die Modell-Original-Abbildung kann schließlich durch Abbildung 5.2 veranschaulicht werden (41).

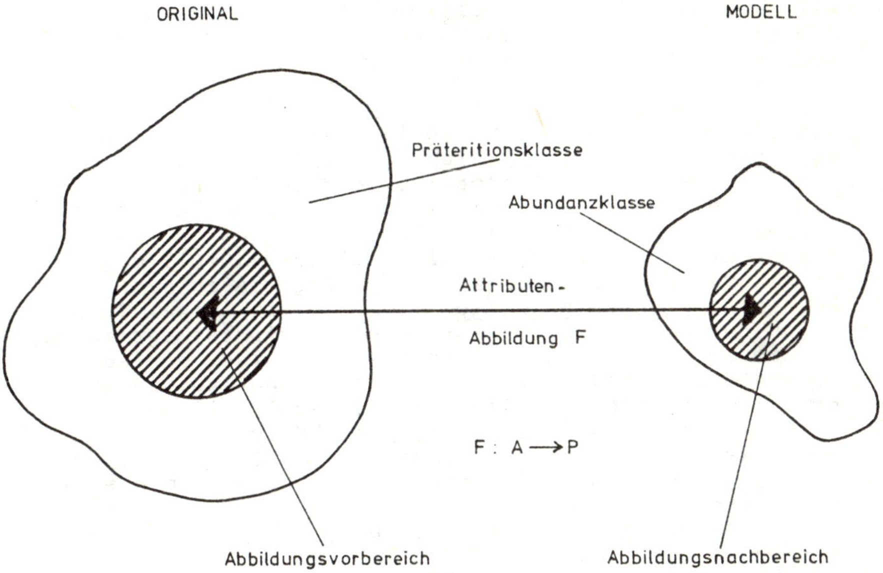

Abb. 5.2

Diese Modelleigenschaften, vor allem die Hauptmerkmale von Modellen, das Abbildungsmerkmal, das Verkürzungsmerkmal und das pragmatische Merkmal, mußten deshalb ausführlicher dargestellt werden, weil sie das oben (Seite 118) formulierte, hier vertretene Modell-

---

41 Stachowiak 1973,157

konzept der Erkenntnis hinsichtlich seiner spezifischen Merkmale charakterisieren.

5.2.3 Der Erklärungsbegriff und die Struktur der Theorie

Jede wissenschaftliche Theorie zielt nicht nur auf eine bloße Beschreibung der Realität in und durch Modelle ab, sondern letztlich auch und vor allem auf ihre Erklärung. Wie Stegmüller allerdings betont, gibt es eine Reihe recht unterschiedlicher Erklärungsbegriffe (42). Es ist daher notwendig, will man den Erklärungsanspruch einer Theorie aufrechterhalten, genau anzugeben, was man unter Erklärung im jeweiligen Theoriekontext versteht.

Wie in Kapitel 6. näher expliziert wird, stehen die Phänomene "zwischenmenschliche Beziehung" und "Äußerungsakt" bzw. "Sprechhandlung" im Verhältnis von "komplexem Gebilde" zu "singulärem Ereignis" zueinander. Die Frage, die sich daran anknüpft, ist die, ob das komplexe Gebilde "Beziehung" durch das singuläre Ereignis "Äußerungsakt" bzw. "Sprechhandlung" erklärt werden kann oder ob das umgekehrte Verhältnis der Fall ist, also, ob das singuläre Ereignis "Sprechhandlung" durch das komplexe Gebilde "Beziehung" erklärt wird.

Mit dieser Fragealternative ist die Diskussion um die methodologische Dichotomie von Holismus und Atomismus angerissen. Bei dieser Diskussion geht es, wie Israel darstellt (43), um die zwei prinzipiell möglichen Arten des wissenschaftlichen Zugangs zu sozialen Phänomenen. Unter Atomismus kann man mit Israel im Bereich der Sozialwissenschaften ein Verfahren verstehen, das, ausgehend von den kleinsten Elementen, den sozialen Atomen, immer komplexere Gebilde aufzubauen und damit zu erklären versucht, bis es schließlich bei dem alles umfassenden Funktionskomplex "Gesellschaft" angelangt ist (44). Die Gesellschaft wird also dadurch erklärt, daß gezeigt wird, aus welchen Elementen sie sich zusammensetzt.

Im Gegensatz dazu versucht der Holismus, das iso-

---

42 Stegmüller unterscheidet sieben Bedeutungen des Begriffs "Erklärung": (1) kausale Erklärung von Vorgängen oder Tatsachen; (2) Erklärung der Bedeutung eines Wortes oder als Interpretation eines Textes (Klären, Klarlegen des Sinnes); (3) korrigierende Uminterpretation (andersartige Deutung oder Klassifikation der Sachlage, Neuinterpretation von Zeichen); (4) moralische Rechtfertigung (Verteidigung); (5) detaillierte Schilderung; (6) Beschreibung des Funktionierens eines komplexen Gebildes; (7) detaillierte Beschreibung von Fertigkeiten, cf. Stachowiak 1974,72ff

43 Israel 1973,65ff

44 Israel 1973,65

liert betrachtete, singuläre Ereignis bzw. die als Elemente betrachteten Phänomene "als Folge der Ganzheitsstruktur zu erklären" (45). Das einzelne singuläre soziale Ereignis wird erklärt, indem gezeigt wird, welche Funktion es im übergeordneten sozialen Zusammenhang hat.

Betrachtet man nun die Linguistik, so kann man dort ein weitgehend atomistisches Verfahren konstatieren. Das trifft besonders auf die Sprechakttheorie zu. Im Rahmen dieser Theorie wird von der in den unterschiedlichen wissenschaftlichen Disziplinen wie Soziologie (46), Psychologie (47) und Philosophie (48) immer wieder betonten Tatsache ausgegangen, daß das Sprechen als eine grundlegende und wesentliche Form sozialen Handelns aufzufassen ist (49). Ausgangspunkt ist somit die singuläre sprachliche Handlung, die in ihren vielfältigen Bezügen zu anderen Bereichen der sozialen Wirklichkeit untersucht wird. Von der singulären sprachlichen Handlung kommt man dann, weiter aufbauend, zu "Sprechaktfolgen" und "Sprechaktsequenzen" (50), die schließlich zum "Dialog" (51) oder "Discours" (52) sich verbinden.

Dieses Verfahren kann im Zuge der sprachwissenschaftlichen Tradition gesehen werden, deren analytisch isolierter Gegenstand immer schon das isolierte singuläre Sprachelement war.

Auf eine allgemeine Sozialwissenschaft bezogen, impliziert eine solche atomistische Betrachtungsweise jedoch, wie Israel im Rekurs auf von Wright bemerkt,

> daß man nie zur "Gesellschaft" und einem Verständnis ihrer Komplexität vordringt oder daß man bei einer Art einseitigem Voluntarismus landet (53).

Speziell auf die Sprachwissenschaft bezogen, impliziert ein atomistisches Vorgehen die Gefahr, sich in vordergründigen, jeweils der speziellen, einmaligen Situation verhafteten ad hoc-Erklärungen sprachlicher Ereignisse zu erschöpfen, die dann jeweils für eine neue, veränderte Situation stets eine neue, veränderte Theorie verlangen. So müssen dann jeweils von Situation zu Situation neue modifizierte Listen von Bedingungen, Faktoren, Obligationen aufgestellt werden, die damit der unendlichen Vielfalt kommunikativer Situ-

---

45 Israel 1973,65
46 Argyle 1969,63; Israel 1973,209
47 Hörmann 1970,1ff; Graumann 1972,1117ff
48 Bühler 1933,59; Wittgenstein 1958; Austin 1962; Searle 1969; Lorenz 1970,13; Tugendhat 1976,239
49 Maas/Wunderlich 1972; Schnelle 1973,265ff; Wunderlich 1974,309ff; Braunroth et al. 1975,74ff; Hennig/Huth 1975; Wunderlich 1976,16,22ff,30ff
50 Rehbein 1972; Wunderlich 1974,344ff; Kendziorra 1976; Wunderlich 1976,29; Meibauer 1977
51 Rehbein 1972
52 Wunderlich 1976,29,293ff
53 Israel 1973,65

ationen eine annähernd große Vielfalt möglicher Beschreibungen zuordnen. Damit gelangt man aber nur sehr schwer, wenn überhaupt zu einer situationsübergreifenden theoretischen Erfassung sprachlich kommunikativen Geschehens.

Entsprechend dieser Einsicht soll hier ein als Holismus zu bezeichnendes Verfahren verfolgt werden. Dabei wird primär nicht von der singulären sprachlichen Handlung ausgegangen. Es wird vielmehr zunächst ein situationsübergreifender, komplexer Handlungszusammenhang, ein Handlungssystem, nämlich die zwischenmenschliche Beziehung, postuliert und in ihren verschiedenen Aspekten analysiert. In einem zweiten Schritt wird dann erst das singuläre Ereignis eines einzelnen kommunikativen Aktes von dem komplexen Handlungssystem her bestimmt, und zwar hinsichtlich seiner systemimmanenten Funktion. Das Element wird in diesem Sinne erklärt durch den Rekurs auf das System und seine spezifische Funktion innerhalb dieses Systems.

Allerdings muß man dabei berücksichtigen, daß sich im Prinzip der Gegensatz von Atomismus und Holismus auf eine ihnen beiden gemeinsame Grundannahme zurückführen läßt. Beide müssen nämlich davon ausgehen, daß Entitäten zusammengesetzte, s t r u k t u r i e r t e Phänomene darstellen. Unter der Hypothese dieser Grundannahme bedingen sich Atomismus und Holismus gegenseitig. Ihr Gegensatz reduziert sich dann auf die Frage, was als das primäre zu gelten habe, das Ganze oder das Teil.

Eine solche alternative Fragestellung muß allerdings mit Israel abgelehnt werden. Israel bemerkt zu Recht, daß sowohl das Teil als auch das Ganze lediglich verschiedene "Aspekte derselben Erscheinung" genannt werden können (54). Insofern besteht zwischen Teil und Ganzem eine dialektische Einheit, in der das Teil einerseits konstituierender Bestandteil des Ganzen ist, andererseits ohne das Ganze sinnlos wäre. Das Ganze bestünde nicht ohne seine Teile, und das Teil wäre nicht dieses spezifische Teil ohne das Ganze.

Wenn nun im folgenden von Erklärung einer sprachlichen Handlung h gesprochen wird, so bedeutet das folgendes: h wird als Teil eines komplexen Handlungssystems S_H aufgefaßt, innerhalb dessen h eine bestimmte kommunikative Funktion hat. Die singuläre sprachliche Handlung h erklären bedeutet nun im einzelnen:

(E1) Es wird ein bestimmtes situationsübergreifendes Handlungssystem S_H theoretisch postuliert und in seiner Struktur expliziert, so daß ein Modell $M(S_H)$ dieses Systems gebildet werden kann.

(E2) Es wird nachgewiesen, daß h Teil des durch $M(S_H)$ repräsentierten Handlungssystems S_H ist.

(E3) Es wird gezeigt, welche spezielle Funktion h in S_H hat.

54 Israel 1973,35,66

Sind bezüglich einer singulären Handlung h die drei oben genannten Forderungen erfüllt, so soll davon gesprochen werden, daß h bezüglich S_H erklärt ist.

Ein solcher Erklärungsbegriff wird möglich durch den oben dargestellten system- und modellmethodischen Ansatz, demzufolge von den komplexen Systemen der sozialen Realität adäquate (günstigenfalls isomorphe) Modelle entwickelt werden können. Liegt in diesem Sinne lediglich das Modell $M(S_H)$ eines bestimmten Handlungssystems S_H vor, so soll von einem Beschreibungsmodell gesprochen werden. Wird dagegen das Modell $M(S_H)$ über die beiden Operationen (E2) und (E3) mit empirischen Daten konfrontiert, soll $M(S_H)$ als Erklärungsmodell bezeichnet werden.

Aus der Begründung des holistischen Ansatzes ergibt sich nun zunächst die prinzipielle Struktur der folgenden theoretischen Darstellung. Ausgehend von einer Explikation der Beziehung als dem Modell eines komplexen Handlungssystems, wird das Konzept eines spezifischen Sprechhandlungstyps, des Kontakts, erläutert. Diese speziellen Sprechhandlungen werden sowohl als die das Handlungssystem konstituierenden Teile aufgefaßt, wie auch als die durch die Existenz des gesamten Systems erklärbaren singulären kommunikativen Ereignisse. Schließlich wird untersucht, wie die sprachliche Realisierung des Kontaktkonzepts theoretisch zu fassen ist. Hier spielt der Begriff des sprachlichen Indikators eine Rolle.

Aus dem holistischen Erklärungsverfahren, bei dem das Beschreibungsmodell $M(S_H)$ mit singulären sprachlichen Handlungen h konfrontiert wird, resultiert schließlich die grundsätzliche Struktur der Darstellung.

In diesem Sinne kann die vorliegende Theorie, entsprechend den Vorstellungen von Kuhn und Sneed (55), als geordnetes Paar beschrieben werden:

$$T = (K, I)$$

Das geordnete Paar (K,I) besteht, wie Stegmüller beschreibt, aus dem Strukturkern K der Theorie und der Menge I der intendierten Anwendungen (56). Die Kapitel 6. und 8. entsprechen dieser prinzipiellen Zweiteilung empirischer Theorien. In Kapitel 6. wird die Theorie expliziert, in Kapitel 8. wird sie auf empirisches Material angewandt.

5.3 Zusammenfassung Kapitel 5.

Ausgehend von der Feststellung, daß der vorliegende wie letztlich jeder mit wissenschaftlichem Anspruch auftretende Ansatz der Theoriebildung sich auf den vier Reflexionsebenen der Metatheorie, der Theorie, der Empirie

---

55 Cf. dazu Stegmüller 1975,513f
56 Stegmüller 1975,513; Finke 1977,4

und der Praxis zu legitimieren hat, wurden die grundlegenden wissenschaftstheoretischen Positionen der Metatheorie dargestellt.

Entsprechend der in dem Zusammenhang erhobenen Forderung nach Nennung der theoretischen Grundlagen wurden die beiden grundsätzlichen erkenntnistheoretischen Hypothesen dargestellt, nämlich zum einen das "Modellkonzept der Erkenntnis", zum anderen die Hypothese von der Systemhaftigkeit der (sozialen) Realität. In dem Zusammenhang wurden dann zunächst Argumente gesammelt, um den Bereich kleiner face-to-face-Gruppen als den für den vorliegenden Problemzusammenhang adäquaten Objektbereich zu legitimieren. Hinsichtlich dieses Objektsbereichs konnte als eigentliches Modelloriginal die Kette der aus F-Gruppen durch F-Kommunikation entstehenden F-Systeme postuliert werden. Die Systemhypothese wurde näher erläutert, um für den weiteren Verlauf der eigentlichen theoretischen Reflexion grundlegende Begriffe bereitzustellen. Schließlich konnten die wichtigsten modelltheoretischen Eigenschaften genannt werden.

Auf der Grundlage der modell- und systemtheoretischen Hypothese konnte dann, ausgehend von einer kurzen Diskussion des Dualismus von Atomismus und Holismus, der für die vorliegende Arbeit relevante Erklärungsbegriff abgeleitet und die prinzipielle Struktur der eigentlichen Theorie angedeutet werden.

6. SPRACHE UND BEZIEHUNG

6.1 Das Kommunikationsmodell

Wie oben bereits angedeutet, kann man davon ausgehen, daß sich Beziehungen in direkter, unmittelbarer F-Kommunikation und F-Interaktion (1) realisieren. Die F-Gruppe und die aus ihr heraus sich entwickelnde F-Kommunikation sind somit Voraussetzung für die Möglichkeit von zwischenmenschlichen Beziehungen. F-Kommunikation kann in diesem Sinne als die Realisierungsform von Beziehungen betrachtet werden. F-Kommunikation realisiert sich nun als Dialog.

Ein Modell solcher F-Kommunikation ist somit die Grundlage einmal für eine genauere Bestimmung des Begriffs "Dialog", zum anderen für die empirische Dialoganalyse und damit letztlich für die empirische Erfassung von Beziehungen. Will man das im nächsten Abschnitt (6.2) zu entwickelnde Beziehungsmodell richtig einschätzen können, muß man sich vergegenwärtigen, daß die dort dargestellten Strukturen sich in Form einzelner Dialoge realisieren. Beziehungen stellen sich also als Folge von Dialogen dar. Der Dialog repräsentiert die Mikrostruktur der Beziehung und muß in diesem Sinne in seinen Grundzügen vorgestellt werden. Dabei geht es um die prinzipielle Frage, wie beschrieben werden kann, wie die F-Kommunikation in F-Gruppen überhaupt funktioniert und wie, ausgehend von dieser F-Kommunikation, aus der F-Gruppe ein F-System entsteht, zu dessen wesentlichen Bestandteilen auch eine Beziehungsstruktur gehört, die zwischen den einzelnen Mitgliedern der F-Gruppe aufgebaut wird.

Die folgenden Überlegungen knüpfen im wesentlichen an das Argylesche Fertigkeitsmodell (2) an. Außerdem werden Überlegungen herangezogen, wie sie bei Stachowiak bezüglich des K-Organismus entwickelt worden sind (3). Schließlich wird der bei Berens diskutierte Begriff der "Situationsdefinition" aufgegriffen (4). Es soll nun versucht werden, die bei den drei genannten Autoren angestellten Überlegungen hinsichtlich der hier vorliegenden Beziehungsproblematik zu spezifizieren.

Bei der Darstellung des Kommunikationsmodells kann auf eine Reihe von Begriffen rekurriert werden, die in den vorangegangenen Kapiteln bereitgestellt wurden. So

1 Der Begriff "F-Interaktion" ist analog zu dem der F-Kommunikation gebildet. Er meint entsprechend die direkte Interaktion innerhalb von F-Gruppen.
2 Argyle 1969,177ff
3 Stachowiak 1973,346
4 Berens et al. 1976,15ff

soll einmal angeknüpft werden an Begriffe wie "Motivation", "Intention", "Aktionsraum" etc., auf die bereits im ersten Kapitel hingewiesen wurde. Zum anderen sollen die in den metatheoretischen Reflexionen entwickelten allgemeinen Begriffe wie "System" und "Modell" sowie die speziellen Begriffe "F-Gruppe", "F-Kommunikation" und "F-System" zum Tragen kommen. Dabei wird in einer ersten Annäherung spezifiziert werden können, inwiefern Beziehungen als Systeme aufzufassen sind.

Zunächst wird der Begriff des F-Systems näher erläutert. Anschließend wird die Problematik der Situationsdefinition dargestellt und dann der Begriff des Dialogs spezifiziert.

6.1.1 Das F-System

Grundsätzlich muß vorausgeschickt werden, daß das, was im folgenden entwickelt wird, natürlich nicht das F-System selbst ist, sondern das Modell bestimmter sozialer Strukturen, von denen angenommen wird, daß sie in der hier explizierten Form vorliegen. Diese Zusammenhänge werden dann "F-System" genannt.

Das F-System besteht aus fünf grundsätzlichen Faktoren bzw. Funktionsbereichen und spezifischen Relationen zwischen ihnen. Diese fünf Faktorenbereiche stellen zunächst die Elemente des F-Systems dar, über denen Relationen definiert sind. Die fünf Bereiche sind:

(1) die <u>F-Gruppe</u> (G);
(2) das <u>I-K-Muster</u> (H): das Interaktions- und Kommunikationsmuster der F-Gruppe;
(3) das <u>D-Muster</u> (M): das Muster der Situationsdefinitionen der Mitglieder der F-Gruppe;
(4) das <u>Beziehungsprofil</u> (R): die Beziehungsstruktur zwischen den Mitgliedern der F-Gruppe;
(5) der <u>Aktionsraum</u> (U): die raum-zeitliche Umgebung, innerhalb derer die Interaktion und Kommunikation der Mitglieder der F-Gruppe abläuft.

Dieses F-System ist stets in ein bestimmtes gesellschaftlich und kulturell strukturiertes Umfeld (<u>soziales Umfeld</u>) eingebetettet, das man somit als sechsten Faktorenbereich des F-Systems betrachten kann.

Über den Elementen des F-Systems ist eine Relationsstruktur definiert. Diese Struktur ist in dem Graphen von Abbildung 6.1 wiedergegeben.

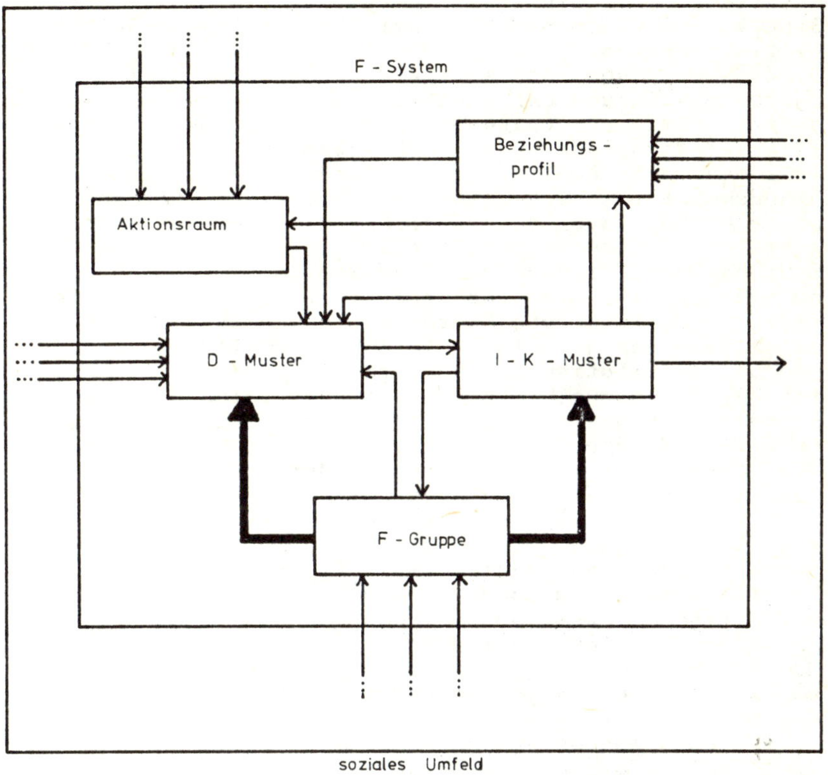

Abb. 6.1

Abbildung 6.1 muß näher erläutert werden. Wie oben (5) bereits bemerkt, befinden sich die Modelle von Systemen stets auf einem bestimmten Abstraktionsgrad, durch den die Komplexität des Systems bestimmt ist. Diese Komplexität manifestiert sich durch die beiden Grenzen "Element"

5 Seite 121

und "Umgebung", die selbst wiederum komplexe und komplizierte (6) Systeme darstellen. Entsprechend dieser Tatsache sind sowohl das soziale Umfeld wie die Elemente des eigentlichen F-Systems wieder in sich strukturiert, was schließlich einen Einfluß auf die Art der Relationen hat. Die Art der Relationen wie die innere Struktur der Elemente muß somit ebenfalls genauer expliziert werden.

Zunächst kann man feststellen, daß eine bestimmte F-Gruppe aufgrund der vielfältigen Verhältnisse des sozialen Umfeldes (also einer bestimmten Gesellschaft) sich zusammenfinden kann. Dabei besteht die Möglichkeit mehr oder weniger großer Zufälligkeit. Das Zustandekommen einer F-Gruppe von beliebigen Personen an einer Bushaltestelle wird sicher hinsichtlich der personellen Zusammensetzung zufälliger sein als etwa die F-Gruppe von Teilnehmern eines Seminars oder eine Arbeitsgruppe am Fließband oder einer bestimmten Konferenz. Die Bildung von F-Gruppen ist somit abhängig einerseits von gesellschaftlichen Verhältnissen, Normen und Institutionen, andererseits von den Interaktions- und Kommunikationsgeschichten (also den Biographien) der einzelnen Mitglieder der F-Gruppe. Diese unterschiedliche Abhängigkeit der F-Gruppe vom sozialen Umfeld ist in Abbildung 6.1 durch die entsprechende Pfeilschar angedeutet.

Die F-Gruppe als Ganzes (bzw. die einzelnen Mitglieder) erzeugen nun zwei Kontinua, einmal ein bestimmtes Verhaltenskontinuum von Aktivitäten (bzw. Handlungen), das I-K-Muster, zum anderen ein Muster von Situationsdefinitionen, das D-Muster. Während das D-Muster aus mehreren zeitlich parallelen Strängen von Situationsdefinitionen besteht, stellt das I-K-Muster ein System von aufeinander folgenden und miteinander verknüpften Handlungen dar. Da auf das D-Muster und das I-K-Muster später noch genauer eingegangen wird, sollen diese beiden Elemente des F-Systems jetzt nicht näher erläutert werden. Wichtig an dieser Stelle ist jedoch zu explizieren, wie die auf sie gerichteten Relationspfeile zu deuten sind.

Die von der F-Gruppe zum D-Muster und zum I-K-Muster führenden hervorgehobenen Pfeile bedeuten, daß die F-Gruppe diese beiden Muster erzeugt. Diese Erzeugung hat für das F-System zentrale Bedeutung (weshalb die Pfeile auch graphisch hervorgehoben sind). Denn aufgrund der Erzeugung der beiden Kontinua besteht ja erst die Möglichkeit, daß sich aus der F-Gruppe ein F-System bilden kann.

Die Mitglieder der F-Gruppe vollziehen also bestimmte Handlungen, die das I-K-Muster bilden. Das ist durch den Pfeil von der F-Gruppe zum I-K-Muster symbolisiert. Der Pfeil vom D-Muster zum I-K-Muster dagegen bedeutet, daß

---

6 Zum Unterschied zwischen komplexen und komplizierten Systemen, cf. Klaus 1969,307f

die Art und der Charakter der einzelnen Handlungen beeinflußt bzw. bestimmt werden durch die D-Muster der Gruppenmitglieder. Die D-Muster sind in diesem Sinne die Grundlage für die einzelnen Handlungen des I-K-Musters. Mit anderen Worten: Die Mitglieder der F-Gruppe handeln danach, welches Bild sie von der aktuell vorliegenden Situation haben (7).

Aufgrund der Kommunikation und Interaktion der Mitglieder der F-Gruppe kann sich die F-Gruppe selbst verändern. Der Pfeil vom I-K-Muster zur F-Gruppe bedeutet also, daß aufgrund der Interaktion und Kommunikation sich die F-Gruppe

(1) vergrößert;
(2) verkleinert;
(3) auflöst.

Ebenso beeinflußt die Interaktion und Kommunikation die Situationsdefinitionen der Gruppenmitglieder. Die Mitglieder der F-Gruppe vollziehen somit Handlungen auf der Grundlage der von ihnen erzeugten Situationsdefinitionen, die wiederum aufgrund der Handlungen ständiger Veränderung unterworfen sind.

Durch das I-K-Muster der F-Gruppe bildet sich nun ein bestimmtes Beziehungsprofil heraus. Dieses Beziehungsprofil hängt einmal von den konkreten Handlungen der Gruppenmitglieder ab (Pfeil vom I-K-Muster zum Beziehungsprofil). Andererseits aber liegt bereits - bevor es überhaupt zur Interaktion und Kommunikation kommt - immer schon aufgrund gesellschaftlicher Verhältnisse eine Beziehung zwischen den Gruppenmitgliedern vor (symbolisiert durch die Pfeilschar aus dem sozialen Umfeld). Diese Struktur resultiert aus den jeweiligen Positionen und den entsprechenden Rollen der Mitglieder der F-Gruppe. Dabei kann die vorgegebene Positionsstruktur den Mitgliedern bewußt oder nicht bewußt sein, was letztlich vom Bekanntschaftsgrad der Gruppenmitglieder abhängt (8).

So gibt es einmal sozial genau <u>definierte Zusammenkünfte</u> (tägliche Arbeit, Konferenzen, Prüfungen etc.), in denen die Strukturen des Beziehungsprofils allen Mitgliedern bekannt sind. Oder es gibt sozial <u>offene Zusammenkünfte</u> (in der U-Bahn, auf der Straße, im Kino etc.), in denen die Struktur des Beziehungsprofils nicht bekannt ist. Andererseits kann die Beziehungsstruktur, wenn sie bewußt ist, eine Rolle spielen oder nicht. In diesem Sinne kann zwischen <u>verbindlichen Zusammenkünften</u> (in einer Prüfung, am Arbeitsplatz, beim Arzt etc.) und <u>freien Zusammenkünften</u> (nach der Prüfung, nach der Arbeit etc.) unterschieden werden. Verbindlichkeit wie Freiheit der Zusammenkunft sind dabei immer nur relativ zu bestimmten Positionsmerkmalen definiert. So kann eine Situation in einer Hinsicht frei sein (etwa Prüfer - Prüfling nach der Prüfung), in einer anderen aber durch-

7 Näheres siehe unten.
8 Berens et al. 1976,23

aus verbindlich (etwa hinsichtlich der Beziehung Lehrer - Schüler). Das bedeutet, daß Verhaltensweisen immer nur relativ sanktionierbar sind (9).

Hinsichtlich des Beziehungsprofils kann man nun feststellen, daß Zusammenkünfte wohl selten lange offen bleiben. In den meisten Fällen versucht man in offenen Situationen herauszubekommen, wen man vor sich hat, auch wenn die Position dann irrelevant ist für die weitere Interaktion (im Sinne der Verbindlichkeit).

Zusammenkünfte sind somit definiert oder offen und, wenn sie definiert sind, verbindlich oder frei. Entsprechend soll je nach Einfluß, den das soziale Umfeld auf das Beziehungsprofil hat, von einem definierten, offenen, verbindlichen oder freien Beziehungsprofil gesprochen werden. In den wohl meisten Fällen ist das Beziehungsprofil definiert, gleichzeitig aber offen gegenüber den spezifischen Einflüssen durch das aktuelle I-K-Muster der Gruppenmitglieder.

Dieses Beziehungsprofil wiederum wirkt auf die Situationsdefinition der Gruppenmitglieder ein. Denn die Mitglieder - und zwar jeder für sich - versuchen sich ein Bild von der augenblicklichen Beziehungsstruktur zu machen, um entsprechend miteinander interagieren zu können.

Schließlich gehört zu jedem F-System ein Aktionsraum, also die direkte und unmittelbare raum-zeitliche Umgebung, innerhalb derer die Mitglieder der F-Gruppe sich wahrnehmen und miteinander handeln können. Der Aktionsraum der F-Gruppe setzt sich aus den jeweiligen individuellen Aktionsräumen jedes einzelnen Mitglieds der F-Gruppe zusammen.

Man muß davon ausgehen, daß jedes Individuum (und damit jedes Mitglied der F-Gruppe) in einem ihm eigenen individuellen Aktionsraum lebt. Jedes Individuum ist Zentrum dieses eigenen Aktionsraums. Dieses Zentrum ist der Raum-Zeit-Punkt, an dem sich das Individuum stets befindet. Der Aktionsraum ist nun der jeweils gegenwärtige dreidimensionale Raum um die Position des Individuums. Diese Position (das Zentrum des Aktionsraums) kann mit Wunderlich die "ich-hier-jetzt-origo" genannt werden (10).

Dieser Terminus deutet an, daß das Zentrum des Aktionsraums den Konvergenzpunkt sämtlicher deiktischer Bezüge von Sprachäußerungen darstellt (11). Dabei ist

---

9 Im normalen Unterricht etwa hat eine Antwort eines Schülers wie "Das weiß ich nicht" andere Konsequenzen als in einer Prüfung.

10 Wunderlich 1971,157; cf. auch Maas/Wunderlich 1972, 81, wo Wunderlich im Zusammenhang mit dem "ich-hier-jetzt-Ursprung" vom "kommunikativen Raum" spricht.

11 So sind z.B. Richtungspräpositionen bei Verben nur von der realen oder hypothetisch eingenommenen Position des Sprechers in seinem Aktionsraum inhaltlich genau zu bestimmen. Etwa "Ich sehe dich die Treppe

natürlich nicht immer die exakte Raum-Zeit-Stelle des Sprechers gemeint, sondern ebenso Punkte in unmittelbarer räumlicher wie zeitlicher Umgebung (12). Wie sich später zeigen wird, stellt die verhaltensmäßige Strukturierung des Aktionsraums durch den Handelnden ein System konzentrischer Kreise dar, das gerade für die Beziehung eine große Rolle spielt (13).

Der genaue Radius des Aktionsraumes wird durch die Handlungsmöglichkeiten der jeweiligen Individuen festgelegt. Dabei sind zwei gegeneinander wirkende Faktorenbereiche von Bedeutung:

(1) die Menge der Motivationen, Intentionen und konkreten Handlungen des Individuums;
(2) die Menge der auf diese Handlungen wirkenden Restriktionen, nämlich
  (2.1.) der realen Umwelt (physikalische Restriktionen);
  (2.2.) der Konstitution des Individuums (physiologisch-psychologische Restriktionen);
  (2.3.) des sozialen Umfelds (soziale Restriktionen).

Aufgrund des Zusammenspiels von Handlungen und der verschiedenen Restriktionen verändert sich der Aktionsraum bzw. der jetzt-hier-Teil der Wunderlichschen ich-hier-jetzt-origo. Wegen dieses durch die Handlungen des Individuums sich verändernden Aktionsraumes sieht das Individuum ständig sich sich ändernden Verhältnissen oder Situationen ausgesetzt, von denen es sich aufgrund der Situationsdefinition ein Bild macht. Der Aktionsraum eines Individuums kann sich nun mit dem oder den Aktionsräumen eines oder mehrerer Individuen überlappen. Auf diese Weise kommt dann schließlich der gemeinsame Aktionsraum der F-Gruppe zustande.

Der Pfeil vom I-K-Muster zum Aktionsraum zeigt die Abhängigkeit des Aktionsraumes von den konkreten Handlungen der Individuen, die Pfeilschar aus dem sozialen Umfeld symbolisiert die sozialen Restriktionen. Für diese Pfeilschar gibt es allerdings noch eine andere Deutung. Der Aktionsraum kann als konkret materieller Sachverhalt nämlich durch die besonderen sozialen Verhältnisse überhaupt erst entstehen (etwa das "Büro eines Rechtsanwalts" oder allgemein Innenräume, Straßen, Parkanlagen im Gegensatz zur natürlichen Umwelt). Dieser konkrete Aktionsraum beeinflußt somit über die Situationsdefinition das Verhalten (in einem Krankenzim-

---

h i n aufgehen" (reale Position am Fuße der Treppe) bzw. "Drehst du dich um, siehst du mich h e r aufkommen" (hypothetische Position am oberen Ende der Treppe).

12 Bei einer Äußerung wie "Komm hierher" ist natürlich nicht die exakte räumliche Position des Sprechers gemeint.

13 Siehe unten Abschnitt 6.2.4.4

mer verhält man sich im allgemeinen ruhiger als auf dem Fußballplatz), während andererseits das Verhalten den Aktionsraum verändern kann (etwa wenn man von einem Zimmer in ein anderes geht oder ein Spielfeld absteckt).

In diesem konkret materiellen Sinne stellt sich der Aktionsraum als unendlich oder zumindest beliebig große Menge von Objekten, Sachverhalten und Ereignissen dar, die der Wahrnehmung und dem direkten Zugriff der Mitglieder der F-Gruppe zugänglich sind.

Damit sind bis auf die Pfeile vom sozialen Umfeld zum D-Muster und dem Pfeil vom I-K-Muster zum sozialen Umfeld sämtliche Relationen im F-System und zwischen sozialem Umfeld und F-System expliziert. Da die beiden noch nicht explizierten Relationen aber im nächsten Abschnitt genauer erörtert werden sollen, konnte hier zunächst darauf verzichtet werden.

Es lassen sich nun noch einige allgemeine Bemerkungen zum F-System machen. Zunächst läßt sich feststellen, daß also (G), (M), (H), (R) und (U) jeweils wieder unterschiedliche, komplexe Systeme darstellen. Somit ist das F-System ein System, das sich aus mehreren Subsystemen zusammensetzt. Wie aus den oben gemachten Ausführungen deutlich geworden sein dürfte, sind diese unterschiedlichen Subsysteme von verschiedenem materialen Charakter.

So besteht etwa die F-Gruppe aus bestimmten menschlichen Individuen (Individualsystemen) mit jeweils verschiedenen Eigenschaften (etwa: männlich/weiblich; alt/jung etc.), die sich in einer bestimmten räumlich geometrischen sowie perzeptiven Relation zueinander befinden. Das D-Muster besteht aus einem System mehrerer paralleler Ketten gedanklicher Situationsmodelle. Das I-K-Muster besteht aus einem System von Ketten aufeinander abgestimmter verbaler (wie auch nonverbaler) Handlungen. Das Beziehungsprofil ist ein System spezifischer, abstrakt bestimmbarer Eigenschaften der Mitglieder der F-Gruppe und der Relationen zwischen diesen Eigenschaften. Der Aktionsraum schließlich stellt ein System sich überlappender, raum-zeitlicher Umgebungen der Mitglieder der F-Gruppe dar, die in sich wieder mehrfach (in Distanzzonen) gestuft sind.

Das F-System in seiner Gesamtheit stellt somit ein Gebilde dar, das aus einer Vielzahl unterschiedlicher Relationen in und zwischen den Subsystemen sowie auch aus einer Reihe sehr unterschiedlicher Arten von material bestimmbaren Elementen besteht. Damit ist das F-System ein sowohl hoch komplexes wie hoch kompliziertes System.

Die fünf Subsysteme des F-Systems lassen sich nun zu verschiedenen Mengen zusammenfassen, wodurch wichtige Eigenschaften deutlich werden. Abstrahiert man einmal von der Tatsache (auf die unten noch näher eingegangen werden soll), daß das F-System vermittels des I-K-Musters auf sein soziales Umfeld einwirken kann, und betrachtet nur die zunächst primäre Interaktion innerhalb des F-Systems, so kann man sagen, daß das F-System vier Randelemente (Oberfläche des Systems) (14) und ein inneres Element besitzt. Die Randelemente sind F-Gruppe, D-Muster, Beziehungsprofil und Aktionsraum, das innere Element ist das I-K-Muster. Das I-K-Muster wird sich auch noch in anderer Hinsicht als besonders ausgezeichnetes Element erweisen.

Die vier Randelemente des F-Systems lassen sich dadurch charakterisieren, daß sie jeweils (wie oben dargestellt) eine soziale wie situative Komponente aufweisen. Sie sind also unmittelbar teils durch das soziale Umfeld, teils durch die innerhalb des F-Systems ablaufende Interaktion bestimmt.

Eine andere mögliche Klassifizierung der Subsysteme ist die nach dem Kriterium ihrer Beobachtbarkeit. In diesem Sinne teilt sich die Menge der Elemente in zwei Teilmengen:

(1) die Menge der unmittelbarer Wahrnehmung (Beobachtung) zugänglichen Elemente F-Gruppe, I-K-Muster, Aktionsraum (15);
(2) die Menge der nicht direkt beobachtbaren Elemente D-Muster, Beziehungsprofil.

Die Tatsache, daß das F-System Randelemente aufweist, bedeutet, daß es ein offenes System ist. Es steht mit dem sozialen Umfeld in vielfacher Wechselwirkung. Zum einen wirkt das soziale Umfeld in unterschiedlicher Weise auf die vier Randelemente ein, zum anderen kann in einem nun größeren Betrachtungsrahmen das F-System vermittels des I-K-Musters wiederum auf das soziale Umfeld einwirken. In diesem weiteren Betrachtungskontext besteht das F-System letztlich nur aus Randelementen, wobei allerdings die vier ursprünglichen Randelemente nicht direkt auf das soziale Umfeld einwirken können, sondern nur vermittels des I-K-Musters. Umgekehrt ist das I-K-Muster nicht direkt durch das soziale Umfeld beeinflußt, sondern immer nur vermittels der vier ursprünglichen Randelemente. In diesem Sinne ist es sinnvoller, zwischen vier Input- und einem Outputelement zu unterscheiden.

So gesehen bildet das F-System mit seiner Umwelt, dem sozialen Umfeld, ein rückgekoppeltes System. Veränderungen der Umwelt wirken sich auf die Inputelemente aus und damit auf das I-K-Muster, durch das nun wiederum Veränderungen im sozialen Umfeld bewirkt werden können.

Nun zeigt sich allerdings, daß nicht nur das System "F-System - soziales Umfeld" einen Rückkopplungskreis darstellt, sondern daß auch innerhalb des F-Systems selbst mehrere Rückkopplungskreise vorliegen. Wie aufgrund des

---

14 Klaus 1974,165ff

15 Allerdings muß einschränkend bemerkt werden, daß das Kriterium der Beobachtbarkeit natürlich nicht unbeschränkt zutrifft. Wie in Kapitel 1 bereits festgestellt, sind Handlungen nicht ausschließlich durch reine Beobachtung bestimmbar, sondern immer nur durch Deutungsprozesse.

Graphen von Abbildung 6.1 ersichtlich ist, besteht das F-System aus vier Rückkopplungskreisen.

Der erste Kreis entspricht dem Graphen von Abbildung 6.2.

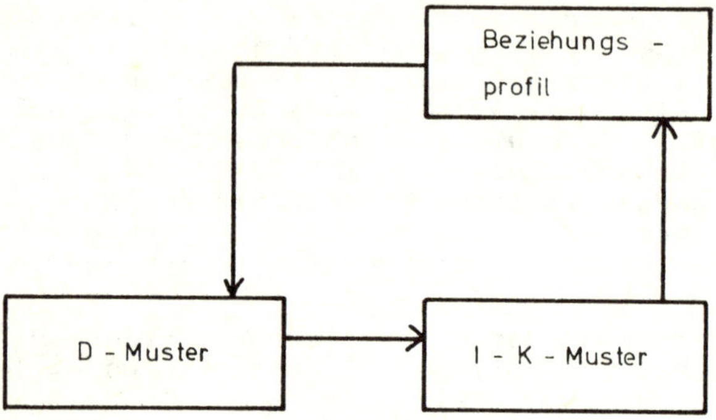

Abb. 6.2

Aufgrund einer Veränderung im I-K-Muster kann sich die Struktur des Beziehungsprofils ändern. Diese veränderte Struktur hat eine Veränderung in den Situationsdefinitionen zur Folge, die wiederum auf das I-K-Muster Einfluß nehmen. Der Rückkopplungskreis beginnt beim I-K-Muster und führt auch dorthin zurück, also:

(RK 1) I-K-Muster → Beziehungsprofil → D-Muster → I-K-Muster

Der zweite Rückkopplungskreis entspricht dem Graphen von Abbildung 6.3.

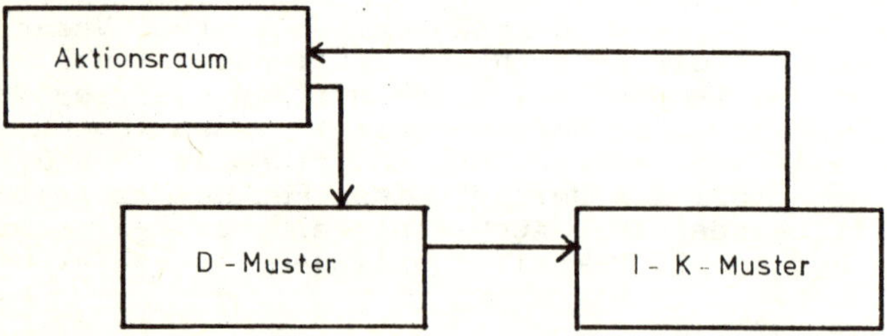

Abb. 6.3

Hier läuft der Rückkopplungspfad vom I-K-Muster über den Aktionsraum zum D-Muster, also:

(RK 2) I-K-Muster → Aktionsraum → D-Muster → I-K-Muster

Der dritte Rückkopplungskreis ist der in Abbildung 6.4 dargestellte.

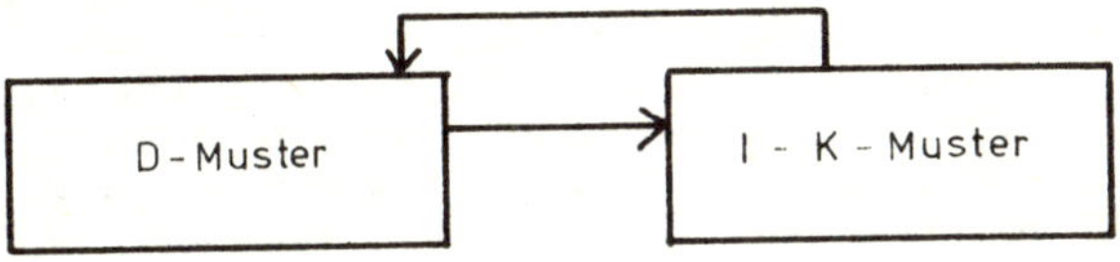

Abb. 6.4

Hier ist es so, daß die Veränderungen des I-K-Musters ausschließlich Veränderungen in den Situationsdefinitionen hervorrufen, die dann wieder auf das I-K-Muster zurückwirken, also:

(RK 3) I-K-Muster → D-Muster → I-K-Muster

Der letzte und vierte Rückkopplungskreis ist schließlich in Abbildung 6.5 dargestellt.

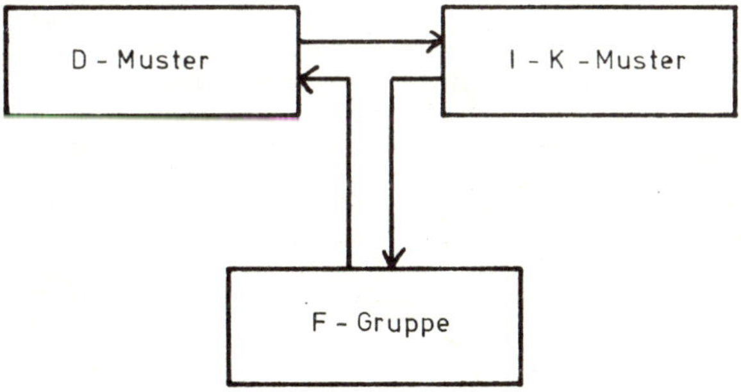

Abb. 6.5

Dieser Rückkopplungskreis besteht wieder, wie auch (RK 1) und (RK 2), aus drei Elementen. Die Veränderungen, die das I-K-Muster auf die F-Gruppe ausübt, wirken sich über das D-Muster wieder auf das I-K-Muster aus, also:

(RK 4) I-K-Muster → F-Gruppe → D-Muster → I-K-Muster

Die Veränderungen, die im F-System stattfinden, laufen also über einen oder mehrere der Rückkopplungskreise (RK 1) bis (RK 4). Dabei wird entweder nur ein Kreis durchlaufen (etwa nur (RK 2), wenn die F-Gruppe in einen anderen Raum überwechselt, wovon (RK 1), (RK 3) und (RK 4) unberücksichtigt bleiben) oder es werden mehrere Kreise gleichzeitig durchlaufen (etwa wenn ein Mitglied die F-Gruppe verläßt, können gleichzeitig (RK 1) und (RK 4) durchlaufen werden). Auch können komplizierte Spiraldurchläufe stattfinden, bei denen mehrere Kreise in einem zusammenhängenden Zug hintereinander durchlaufen werden. So hat z.B. die Wahl eines Diskussionsleiters in einer F-Gruppe unmittelbar eine Veränderung des Aktionsraumes zur Folge, wenn der neugewählte Diskussionsleiter eine Neugestaltung der Sitzordnung (etwa zu einem Kreis) anordnet. Bei der Wahl eines Diskussionsleiters wird (RK 1) durchlaufen, was in dem genannten Beispiel dann unmittelbar einen Durchlauf von (RK 2) zur Folge hätte.

Die vier Rückkopplungskreise (RK 1) bis (RK 4) können nun ebenfalls jeweils als wohlunterschiedene Subsysteme des F-Systems aufgefaßt werden. Das bedeutet, daß die Struktur des F-Systems sich detailliert auf zwei unterschiedlichen Subsystemniveaus beschreiben läßt. Das unterste Subsystemniveau besteht aus den eingangs als Elemente des F-Systems bezeichneten Subsystemen (G), (M), (H), (R) und (U). Das nächst höhere Niveau besteht aus den Rückkopplungskreisen, die sich ihrerseits wieder aus den Subsystemen des untersten Niveaus zusammensetzen.

Diese Subsysteme bilden dann schließlich in ihrer Gesamtheit das eigentliche F-System, das selbst wiederum auf einem noch höheren Niveau mit dem sozialen Umfeld (bzw. den unterschiedlichen Systemen des sozialen Umfelds) ein Supersystem bildet.

Bezeichnet man das Systemniveau, auf dem das F-System beschrieben werden kann, als Niveau Null (SN_0), so kann man die Subsystemniveaus als (SN_{-1}) und (SN_{-2}) und das Supersystemniveau als (SN_{+1}) bezeichnen. Die Systemhierarchie, in die das F-System eingeordnet werden kann, sieht dann folgendermaßen aus:

$$SN_{-2} \subset SN_{-1} \subset SN_0 \subset SN_{+1}$$

Das kann gedeutet werden als: Die Systeme auf dem Niveau SN_{-2} sind stets Teilsysteme der Systeme auf dem Niveau SN_{-1}, diese wiederum sind Teilsysteme der Systeme auf dem Niveau SN_0, die schließlich Teilsysteme der Systeme auf dem Niveau SN_{+1} sind. Im einzelnen gelten:

SN_{-2} = {(G), (M), (H), (R), (U)}
SN_{-1} = {(RK 1), (RK 2), (RK 3), (RK 4)}
SN_{0} = {F-System}
SN_{+1} = {{F-System} - {soziales Umfeld}}

Es zeigt sich nun, daß das F-System auf dem SN_{-1} durch zwei unterschiedliche Typen von Relationen charakterisiert ist. Diese beiden Relationstypen wurden in Abbildung 6.1 durch zwei unterschiedliche Pfeilstärken symbolisiert. Während der Relationstyp, der in den Rückkopplungskreisen eine Rolle spielt, als "Bewirkungs-" oder "Einwirkungsrelation" bzw. "Veränderungsrelation" charakterisiert werden kann, liegt mit dem anderen Relationstyp eine "Erzeugungs-" bzw. "Generierungsrelation" vor. In diesem Sinne soll auf dem SN_{-1} von Relationen vom Typ γ (Generierungsrelation) und vom Typ Δ (Veränderungsrelation) gesprochen werden. Die beiden Relationen können folgendermaßen festgelegt werden:

(1) $\gamma(x,y)$:= x erzeugt y
(2) $\Delta(x,y)$:= x beeinflußt y
x wirkt auf y ein
x verändert y
Veränderungen in x rufen Veränderungen in y hervor etc.

Während nun bei den Rückkopplungskreisen mehrere Δ-Relationen hintereinander geschaltet sind, etwa

$$\Delta_2(y,z) \circ \Delta_1(x,y) \text{ (16)}$$

im Falle von

$$\Delta_2(M,H) \circ \Delta_1(H,M)$$

wird bei der γ-Relation stets gleichzeitig D-Muster und I-K-Muster erzeugt. Daß dabei zwischen den einzelnen Elementen vom D-Muster und I-K-Muster nicht völlig zeitliche Synchronität besteht, wird unten noch genauer gezeigt. Insgesamt aber werden beide Muster von den Mitgliedern der F-Gruppe gleichzeitig generiert (17).

Aus der bisherigen Darstellung dürfte zweierlei bereits deutlich geworden sein: Erstens gibt es auf dem SN_{-2} zwei Subsysteme, denen besondere Bedeutung zukommt, nämlich das I-K-Muster und das D-Muster. Sie tauchen in allen Rückkopplungskreisen auf dem SN_{-1} auf. Zweitens muß das F-System insgesamt als ein in der Zeit ständig sich veränderndes, also als dynamisches System aufgefaßt

---

16 Die Formel wird gelesen als Δ_2 nach Δ_1. Die Relation $\circ$ ist die Relation der Komposition, cf. Wall 1973,205

17 Daß das hier explizierte F-System tatsächlich auch im strengen prädikatenlogischen Sinne ein System darstellt, kann mit der von Wunderlich und Stachowiak vorgeschlagenen Y-Relation bewiesen werden, worauf hier aber verzichtet werden soll. Zur Y-Relation cf. Stachowiak 1973,308ff

werden. Auf diese beiden wichtigen Aspekte des F-Systems soll nun gesondert eingegangen werden. Dabei wird sich zeigen, daß die detaillierte Darstellung des F-Systems als Grundlage sowohl der weiteren theoretischen Reflexionen wie auch der empirischen Analysen angesehen werden kann.

6.1.2 Die Dynamik des F-Systems

Betrachtet man die Rückkopplungskreise auf dem SN_{-2}, so kann man feststellen, daß sie alle, wie bereits erwähnt, über zwei Stationen laufen: über das I-K-Muster und das D-Muster. I-K-Muster und D-Muster können zwei unterschiedlichen Teilmengen zugerechnet werden. So gehört das I-K-Muster zu der Menge der Elemente des F-Systems, die der direkten Beobachtung zugänglich sind, das D-Muster dagegen nicht. Dennoch stehen beide Elemente in enger Wechselwirkung zueinander. Sie bilden den einzigen Rückkopplungskreis (RK 3), in dem nur zwei Elemente in unmittelbarer Input-Output-Relation zueinander stehen.

Die kognitiven D-Muster sind letztlich die Grundlage für die Produktion bestimmter (verbaler oder nonverbaler) Handlungen, aus denen sich das I-K-Muster zusammensetzt. Die Handlungen des I-K-Musters wiederum können unmittelbar auf die D-Muster einwirken und sie verändern. Dieses Wechselverhältnis zwischen I-K-Muster und D-Muster betrifft sowohl die Relation zwischen nur zwei Individuen wie die zwischen allen Individuen einer größeren F-Gruppe.

Der damit erfaßte Sachverhalt wird bei Laing et al. (18) mit den beiden Termini "Erfahrung" (entspricht dem D-Muster) und "Verhalten" (entspricht dem I-K-Muster) bezeichnet (19). Im Zusammenhang der Erläuterung dieser beiden Termini weisen Laing et al. zu Recht darauf hin, daß die Erfahrung von ALTER (also dessen kognitive Verarbeitung der Außenwelt) für EGO immer nur über ALTERs Verhalten faßbar wird und umgekehrt (20).

Im Zusammenhang der Dynamik des F-Systems bedeutet das, daß die Mitglieder der F-Gruppe immer nur über die für sie wahrnehmbaren Teile der Handlungen der F-Interaktion und F-Kommunikation, also den konstituierenden Elementen des I-K-Musters, auf die den anderen Mitgliedern jeweils zuzurechnenden Teile des D-Musters dieser Handlungen schließen.

Die besondere Bedeutung des I-K-Musters basiert somit auf der Tatsache, daß es das allen zugängliche Wahrnehmungspotential darstellt und daß es (wie in den (RK 1) bis (RK 4) deutlich wird) ein zentrales Kopplungselement darstellt, über das Veränderungen in allen Teilbereichen des F-Systems bewirkt werden. Die Zustandsänderungen des F-Systems und damit seine Dynamik können somit auch für einen externen Beobachter über das der Wahrnehmung zu-

---

18 Siehe oben Abschnitt 2.3.2, Seite 59ff
19 Siehe oben Seite 60
20 Siehe oben Seite 60

gängliche I-K-Muster beschrieben werden. Die enge Verkopplung des D-Musters mit dem I-K-Muster bedeutet allerdings, daß die Beschreibung der Dynamik des F-Systems nicht ausschließlich über das I-K-Muster allein möglich ist, sondern daß auch und vor allem die Veränderungen im D-Muster mitberücksichtigt werden müssen (21).

Um das Wechselverhältnis von D-Muster und I-K-Muster im einzelnen beschreiben zu können, ist es notwendig, eine detaillierte Beschreibung dessen zu geben, was mit D-Muster gemeint ist. Der Übersichtlichkeit halber sei von dem einfachsten Fall der F-Gruppe ausgegangen: der Dyade. Das D-Muster einer Dyade besteht aus den parallel erzeugten Ketten innerer Außenweltmodelle der beiden Mitglieder der Dyade. Die einander ständig abwechselnden Handlungen, die auf der Grundlage dieser Modelle vollzogen werden, bilden das gemeinsame I-K-Muster der Dyade. Sie verändern ständig die inneren Modelle der einzelnen Individuen.

Betrachtet man nun ein einzelnes Individuum, so kann man in einer ersten Annäherung seinen Anteil an der Bildung des D-Musters folgendermaßen beschreiben: Das Individuum macht sich in jedem Augenblick der Interaktion ein Bild von den aktuellen Verhältnissen (seines Aktionsraums). Aufgrund dieses subjektiven Bildes kommt das Individuum zu der "Überzeugung" (22), daß eine bestimmte Handlung die für die gegebene Situation adäquateste ist, und handelt entsprechend. Dieses Paar "Situationsbild - Handlung" muß jetzt näher analysiert werden.

Das Situationsbild, also das innere Modell des jeweils aktuellen und relevanten physio-sozio-kulturellen Aktionsraums, dessen Zentrum das Individuum darstellt, kann als Ergebnis eines kognitiven Prozesses betrachtet werden, der in den Sozialwissenschaften unter dem Ter-

---

21 Eine ausschließliche Beschränkung auf das I-K-Muster entspräche dem Standpunkt eines cruden Behaviorismus, der jedoch im Bereich der Sozialwissenschaften als überwunden angesehen werden muß, cf. dazu etwa Mead 1934,39ff. Im Zusammenhang mit dem Watzlawickkonzept skizziert Ziegler die grundsätzlichen Einwände, cf. Ziegler 1977,18ff,41ff. Zur neueren Diskussion dieser Problematik unter dem Stichwort der "Kritik der Zweistufenkonzeption der Wissenschaftssprache" (Beobachtungssprache/Theoriesprache), cf. Stegmüller 1973,28ff.

22 Die Anführungsstriche sollen im hier vorliegenden Zusammenhang andeuten, daß mit "Überzeugung" nicht der vollständig bewußte, abwägend prüfende Prozeß der Entwicklung einer letztlich auch rational jederzeit begründbaren Position gemeint ist, sondern der auch wesentlich von unbewußten Faktoren beeinflußte Zustand eines Individuums, der die innere Disposition bezeichnet, die zur jeweils beobachtbaren Handlung führt.

minus "Situationsdefinition" diskutiert worden ist.

Mollenhauer bemerkt zu den beiden Termini "Situation" und "Definition":

> Einerseits wird "Situation" als etwas dem Individuum und seinem Verhalten Vorgegebenes gedacht; andererseits wird eine Aktivität des Individuums angenommen, die sich auf dieses "objektive" Vorgegebene richtet. Es wird also unterstellt, daß das Individuum Merkmale der Situation wahrnimmt und im Hinblick oder mit Rücksicht auf diese Wahrnehmung sein Verhalten einrichtet. (...) "Definition" heißt denn auch nicht die spezielle intellektuelle Tätigkeit des Definierens im Zusammenhang rationaler, verbaler Erörterungen, sondern die bewußte oder unbewußte Strukturierung der Bedeutungskomponenten der Situation gemäß den erworbenen kognitiven und Bedeutungs-Schemata (23).

Entsprechend solchen Überlegungen soll die Situationsdefinition hier detaillierter bestimmt werden als der sukzessive, kognitive Verarbeitungsprozeß der Selektion, Segmentierung, Strukturierung und Bewertung von Elementen aus den relevanten sozialen und situativen Faktorenbereichen. Diese Elemente werden zu einem Modell des augenblicklichen physiko-sozio-kulturellen Aktionsraums des jeweiligen Individuums verarbeitet, was dann die Voraussetzung für ein situationsadäquates Verhalten darstellt. Die Situationsdefinition kann in diesem Sinne analog zu Modellen sinnlicher Wahrnehmung (im engeren Sinne) aufgefaßt werden (24). Sie ist letztlich eine Verallgemeinerung derartiger kognitiver Prozesse auf alle semiotisch sinnhaft gegebenen Elemente in Interaktionssituationen.

Mit Selektion ist dabei gemeint, daß nicht alle potentiell gegebenen Faktoren im Situationsdefinitionsprozeß berücksichtigt werden, sondern daß eine bestimmte Auswahl getroffen wird. Segmentierung meint, daß das Kontinuum der potentiell gegebenen Faktoren für weitere intellektuelle Operationen in praktikable Elemente zerlegt wird. Die Segmentierung erfolgt dabei im physikalischen wie sprachlichen, sozialkulturellen Bereich. In der Strukturierung werden dann die derart segmentierten Elemente wieder nach auf "Ganzheiten" hin orientierten Kriterien zu komplexeren Einheiten (Klustern) zusammengefaßt, die sehr stark von den Bewertungen und Interpretationen beeinflußt und gesteuert werden. Wegen des engen Zusammenhangs von Strukturierungs- und Bewertungsprozessen sollen

---

23 Mollenhauer 1974,122f; hingewiesen sei auch auf die Bemerkungen, die Berens dazu im Zusammenhang mit dem Problemkomplex der Dialogkonstituierung macht, cf. Berens et al. 1976,15ff

24 Cf. dazu die Ausführungen zu der Wahrnehmung optischer, akustischer etc. Reize bei Stachowiak 1973, 209f; cf. auch die Darstellung der "Theorie der Sinnesempfindungen" bei Klaus 1972,7ff

diese unter dem Terminus "Organisation" zusammengefaßt werden. Die Selektions-, Segmentierungs- und Organisationsprozesse der Situationsdefinition setzen die entsprechenden Prozesse der eigentlichen sinnlichen Wahrnehmung immer schon voraus.

Die unterschiedlichen Faktorenbereiche, aus denen das Individuum die einzelnen Informationen zieht und verarbeitet, sind einmal die verschiedenen Elemente des F-Systems, also I-K-Muster, F-Gruppe, Aktionsraum, Beziehungsprofil und Annahmen über das D-Muster, zum anderen das soziale Umfeld.

Damit Individuen nun Beziehungen zueinander in Interaktions- und Kommunikationsprozessen aufbauen können, müssen sie in der Lage sein, die sozial relevanten Faktoren jeweils gegebener aktueller Situationen so zu verwerten, daß sie adäquate Handlungsmuster aufzubauen in der Lage sind. Mit anderen Worten: Sie müssen in der Lage sein, Situationsdefinitionen für sich vorzunehmen. Eine detaillierte Analyse der Situationsdefinition, die als die Bedingung der Möglichkeit zwischenmenschlicher Beziehungen angesehen werden muß, wird somit erste Aspekte des Verhältnisses von Beziehung und Sprache deutlich machen können.

Wie kann nun die Situationsdefinition im einzelnen dargestellt werden? Hier bieten sich zwei Modelle an, die - von Argyle und Stachowiak unabhängig entwickelt - eine prinzipiell gleiche Struktur aufweisen und die damit eine Basis bieten, auf der weiter aufgebaut werden kann. Argyle wie Stachowiak beschreiben ein Individuum-Außenwelt-Modell, in dem, um es mit Stachowiak zu formulieren, das

> Interaktions- und Kommunikationsverhalten des individuellen Menschen zu seiner Außenwelt (25)

beschrieben werden soll.

Sowohl das "K-Modell" Stachowiaks (26) wie auch das "Fertigkeitsmodell" Argyles (27) bestehen aus fünf Funktionseinheiten, die in der Tabelle von Abbildung 6.6 zusammengestellt sind.

	Argyle	Stachowiak
1	Wahrnehmung	Perzeptor
2	Motivation/Ziel	Motivator
3	Übersetzung	Operator
4	Soziale Techniken (28)	Effektor
5	Außenwelt	Außenwelt

Abb. 6.6

25 Stachowiak 1973,69
26 Stachowiak 1973,73; ein etwas detaillierteres Teilschema findet sich bei Stachowiak 1973,347f
27 Argyle 1969,178
28 In dem Schaubild bei Argyle 1969,178 steht an dieser

Bei beiden Modellen sind die fünf Funktionseinheiten die fünf Stationen eines Rückkopplungskreises, der (in der Terminologie Stachowiaks) vom Perzeptor über den Operator, gesteuert bzw. beeinflußt vom Motivator, zum Effektor, von dort zur Außenwelt und dann zurück zum Perzeptor läuft.

Diesem prinzipiellen Rückkopplungskreis entsprechen im Rahmen des F-Systems die Rückkopplungskreise (RK 1) bis (RK 4). Welche Struktur dabei im Subsystem der Situationsdefinition vorliegt, muß jetzt allerdings detaillierter dargestellt werden.

Der gesamte Prozeßverlauf einer Situationsdefinition kann prinzipiell durch zwei analytisch unterscheidbare Phasen gekennzeichnet werden. F-Systeme sind im wesentlichen durch Interaktions- und Kommunikationsprozesse bestimmt. Finden sich verschiedene Individuen zu einer F-Gruppe zusammen, so kann man zunächst eine Zeitspanne annehmen, die vor der ersten relevanten Handlung liegt und in der das Individuum die vorliegende Situation einschätzt. In der Realität wird diese Zeitspanne vermutlich nie isoliert vorkommen, da Individuen immer schon handeln. Diese Annahme hat aber einen heuristischen Wert und kann daher analytisch eingeführt werden. Als anschauliches Modell einer solchen Zweiphasenentwicklung ließe sich eine Diskussionsrunde anführen, die mit der eigentlichen Diskussion noch nicht begonnen hat, bei der aber die Diskussionsteilnehmer sich gegenseitig "abschätzen", bis dann der erste Redner mit der eigentlichen Diskussion beginnt.

Geht man davon aus, daß Individuen ein internes Außenweltsmodell aufbauen, so läßt sich dieser Prozeß in mehreren Stufen beschreiben (29).

Zunächst erhält das Individuum aus dem unmittelbaren, materiell gegebenen Aktionsraum Informationen über Ort und Zeit. Die unterschiedlichen Komponenten von Ort und Zeit bilden das, was hier Umgebung genannt werden soll. Aus dieser real vorliegenden Umgebung entwickelt das Individuum über die oben erwähnten Selektions-, Segmentierungs- und Organisationsprozesse ein Umgebungsmodell. Gehören zur Raum-Zeit-Umgebung zusätzlich noch bestimmte Individuen (Personen), so soll von einer Szene gesprochen werden. Auf der Grundlage des Umgebungsmodells entsteht entsprechend durch Mitberücksichtigung der Personen ein Szenenmodell. Bis zu dieser Stufe werden die unterschiedlichen Objekte und Sachverhalte des Aktionsraums lediglich identifiziert und hinsichtlich ihrer Präsenz konstatiert. Diese Objekte und Sachverhalte sind nun jedoch Elemente einer sozial relevanten Umgebung.

Stelle "Motorik", weil Argyle sein Modell analog motorischer Fähigkeiten entwickelt. Den motorischen Fähigkeiten entsprechen bei Argyle nun die sozialen Fähigkeiten, cf. Argyle 1969,177

29 Vergleiche zu den folgenden Ausführungen Abb. 6.7, Seite 155

Insofern sind sie potentiell mit sozialen und kulturell bedingten Wertungen belegt. Fügt man der Szene diese Wertungs- und Bewertungssysteme hinzu, soll von einer Situation gesprochen werden (30). Von dieser Situation wird im Rahmen der Situationsdefinition vom einzelnen Individuum ein Situationsmodell konstruiert, wobei die Bewertungs- und Interpretationsnormen auf das Szenenmodell angewendet werden.

So muß ein Individuum zunächst einmal seine direkte Umgebung identifizieren, etwa einen Raum mit bestimmten Gegenständen, in dem es sich zu einer bestimmten Zeit befindet. In dieser Umgebung (etwa einem bestimmten Zimmer zur Zeit t) werden weiter bestimmte Individuen identifiziert. Dieser Szene werden dann schließlich Wertungen und Bewertungen zugeordnet (den Personen etwa das Merkmal "Mitglieder einer Prüfungskommission", dem Zimmer "Prüfungsraum", dem Zeitpunkt, etwa 11.00 Uhr vormittags, "eigene Abschlußprüfung").

Diese drei lediglich analytisch getrennten Stufen laufen im Individuum sicher nicht so streng voneinander getrennt ab. Bei einer Modellierung dieser kognitiven Prozesse müssen sie aber getrennt werden, da sie logisch aufeinander aufbauen.

Sicher ist, daß bereits auf den "unteren" Stufen des Erkennens von Gegenständen oder Sachverhalten sozial beeinflußte Identifikationsnormen eine Rolle spielen. So ist etwa die Möglichkeit, einen Gegenstand x als "Tisch" zu identifizieren, natürlich abhängig von der Tatsache, daß es in der entsprechenden Kultur Tische und ein Wissen darüber gibt. Einem als "Tisch" identifizierbaren Gegenstand können dann weitere Werte zugeordnet werden, etwa "Schreibtisch" oder "Schreibtisch des Vorgesetzten", die dann bestimmte Verhaltensweisen und Restriktionen implizieren, etwa "an diesen Schreibtisch darf ich mich nicht setzen".

Die Bewertungsmuster, die aus dem Szenenmodell ein Situationsmodell machen, sind dabei sowohl kulturell, sozial wie auch situativ beeinflußt. So ist etwa Gegenstand x in der Umgebung u_1 einfach ein "Tisch", in der Umgebung u_2 ein "Schreibtisch".

Die Bewertungs- und Interpretationsmuster der Situation werden sich relativ zu bestimmten Relevanzbereichen herausbilden bzw. aktualisiert werden. Wie Berens im Zusammenhang der Problematik der Dialogkonstituierung hervorhebt, werden Dialogpartner stets die aktuelle Umgebung bestimmten Relevanzbereichen zuordnen, für die typisierte Verhaltensnormen und Interpretationsschemata gelten (31).

Entsprechend soll hier unter Relevanzbereich jene Domäne sozialer Realität verstanden werden, auf die Intentionen, Verhaltensweisen und Sanktionen bezogen

---

30 Ein erster Versuch zur Formalisierung dieses Sachverhalts findet sich bei Sager 1977b.

31 Berens et al. 1976,21f

werden können und die vom einzelnen Individuum phänomenal als einheitliches Normen- und Situationssystem erlebt wird. In Erweiterung der von Berens vorgeschlagenen Grobgliederung der Relevanzbereiche (32) können folgende soziale Domänen unterschieden werden (33):

- Familien-Domäne
- Berufs-Domäne
- Ausbildungs-Domäne
- Freizeit-Domäne
- Kulturelle Domäne
- Politische Domäne
- Religiöse Domäne
- Institutionelle Domäne
  (öffentliche Verwaltung, soziale Einrichtungen, Behörden, staatliche Dienste)
- Merkantile Domäne
  (Geschäftsleben, Handel, Verkehr, private Dienstleistungen)
- Allgemein öffentliche Domäne
  (sozial offene Situationen wie auf der Straße, im Zugabteil etc.)

Bei all diesen Relevanzbereichen sind die Grenzen natürlich nicht scharf zu ziehen. Bestimmte Situationen können zu mehreren Relevanzbereichen gehören, etwa Freizeit-Domäne und Politische Domäne (Bürgerinitiativen) oder Berufs-Domäne und Religiöse Domäne bei einem Pfarrer. Schließlich kann ein und derselbe Handlungszusammenhang für zwei Personen zu zwei Relevanzbereichen gehören, etwa bei Schüler und Lehrer zur Ausbildungs-Domäne und Berufs-Domäne oder etwa bei einem Verkäufer und einem Kunden jeweils zur Berufs-Domäne und zur Freizeit-Domäne und gleichzeitig für beide zur Merkantilen Domäne. Trotz dieser Vielschichtigkeit des jeweils aktuellen Relevanzbereichs ist eine analytische Trennung der Relevanzbereiche sinnvoll, da sie eine gewisse Normierung der Interpretations- und Bewertungsmuster erlaubt.

Werden nun ausgehend von dem Situationsmodell zusätzlich noch die beobachtbaren Aktivitäten der Individuen bei der Modellierung berücksichtigt, kann von Interaktion gesprochen werden. Von dieser Interaktion bildet das Individuum ein Interaktionsmodell. Das Interaktionsmodell hängt insgesamt ab vom Situationsmodell, von zusätzlichen Interpretations- und Bewertungsnormen für Aktivitäten von Individuen, von der Wahrnehmung dieser Aktivitäten und damit speziellen Identifikationsnormen und schließlich von einem bestimmten motivationalen Zustand des Individuums.

Damit ist bereits auf den zweiten wichtigen Faktorenbereich hingewiesen, der ebenfalls bei den Modellen von

---

32 Berens et al. 1976,21

33 Damit ist bereits eine erste Differenzierung des sozialen Umfelds von F-Systemen gegeben.

Argyle und Stachowiak auftaucht: die Motivationsstruktur des Individuums. Entsprechend der von Argyle vorgeschlagenen Motivationsklassifikation (34) sollen in diesem Bereich nun fünf unterschiedliche motivationale Sektionen angenommen werden. Es wird unterschieden zwischen:

- Bedürfnis-Motivation
- Sexueller Motivation
- Egozentrischer Motivation (Selbstwertgefühl)
- Sozialer Motivation
- Kultureller Motivation

Bedürfnis- und Sexuelle Motivation werden als individuell wie situativ abhängig betrachtet; die Egozentrische Motivation wird als sowohl individuell, situativ wie auch sozial (durch das soziale Umfeld) abhängig angesehen; die Soziale und die Kulturelle Motivation schließlich werden als sowohl situativ wie natürlich durch das soziale Umfeld bedingt aufgefaßt.

Aus diesen unterschiedlichen motivationalen Sektionen ergibt sich im Individuum durch Verrechnung der Stärke der jeweiligen Sektionen eine einheitliche Motivationsstruktur. Diese Motivationsstruktur hat einen Einfluß auf die Modellbildung der unterschiedlichen Stufen. Je nach motivationaler Struktur wird man bestimmte Objekte, Sachverhalte oder Handlungen besonders deutlich wahrnehmen und speziell bewerten. So kann etwa bei starkem Bedürfnis, das eigene Selbstwertgefühl zu stärken, das Lachen eines Mitglieds der F-Gruppe eher als "Kränkung" empfunden werden, als wenn sich das Individuum eines hohen Selbstwerts völlig sicher glaubt.

Ein weiterer wichtiger Aspekt muß berücksichtigt werden. Wie Argyle bei seinen Überlegungen hinsichtlich des Fertigkeitsmodells feststellt, spielen Annahmen über den Standpunkt des Partners eine große Rolle (35). Argyle rekurriert damit auf die von Mead entwickelte Theorie des "generalisierten Anderen" (36) bzw. auf das, was Laing et al. die "Reziprozität der Perspektiven" (37) nennen. Die Übernahme des Standpunktes des anderen muß als besonders wichtiger Faktor der Situationsdefinition von Individuen betrachtet werden. Durch sie ist erst ein wirkliches Aufeinander-Abstimmen der Handlungen möglich. Dieses Aufeinander-Abstimmen aber wurde ja als konstitutiv für das Phänomen der Interaktion angesehen (38). Bei der Übernahme wird nun zunächst der Standpunkt des Partners partizipiert und dann auf einer zweiten Stufe dessen voraussichtliche Handlungen antizipiert. Aufgrund dieser zwei Stufen soll im Zusammenhang der Situationsdefinition von einem Partizipations-Antizipations-Modell

---

34 Argyle 1969,41ff
35 Argyle 1969,183,186ff
36 Siehe oben Seite 58
37 Siehe oben Seite 61
38 Siehe Seite 15f

oder einfach von einem P-A-Modell gesprochen werden. Ein solches Modell wird einerseits auf der Grundlage des vorliegenden Interaktionsmodells entwickelt, etwa "p_i hat auf meine Frage mit einem Vorwurf geantwortet, also will p_i Streit mit mir". Andererseits wird das P-A-Modell stark von der allgemeinen Motivationslage abhängen. Das Resultat eines P-A-Modells, etwa "p_i will Streit mit mir" kann stark von einem bestimmten aggressiv ermüdeten eigenen Zustand, also einer allgemeinen Motivation nach Ruhe und Erholung abhängen.

Aus der allgemeinen Motivationsstruktur, dem Situationsmodell, dem Interaktionsmodell und dem P-A-Modell entwickelt das Individuum nun eine spezielle, einmalige Intention bezüglich einer bestimmten Handlung. Um diese Handlung allerdings auch realisieren zu können, muß in einem Operator die spezielle Intention mit bestimmten Kompetenzprogrammen motorischer, linguistischer und sozial-kultureller Art (39) verbunden werden. Dabei wird der Intention ein bestimmtes als relevant erachtetes Verhaltensmuster zugeordnet, das nun im Effektorsystem des Individuums realisiert wird und als Handlungsimpuls in die I-K-Muster eingeht.

Bevor aber ein Verhaltensmuster mit der Intention verbunden wird, wirken die gespeicherten Kompetenzprogramme als "Bewußtsein der eigenen Fähigkeiten" (das, was man sich zutraut) bereits auf die unterschiedlichen Modellbildungsprozesse der fünf Stufen wie auch auf die allgemeine Motivationsstruktur, das P-A-Modell, und die spezielle Intention ein.

Diese ganzen verwickelten Zusammenhänge, die man bei dem Prozeß der Situationsdefinition annehmen muß, sind in einer ersten Annäherung im Graphen von Abbildung 6.7 zusammengefaßt (Seite 155).

In der Situationsdefinition sind alle Faktorenbereiche und Prozesse aufgeführt, die die Grundlage für das konkrete Handeln der Mitglieder der F-Gruppe darstellen. Dabei muß allerdings berücksichtigt werden, daß alle diese Elemente dem Individuum zum Zeitpunkt seines Handelns nur potentiell bewußt sind. D.h. sie sind ihm nicht jederzeit gegenwärtig im Bewußtsein. Es kann sie aber jederzeit prinzipiell bewußt machen.

Bewußt ist allerdings in jedem Fall die Intention (40). Darüber hinaus werden sicher immer auch Teile

---

39 Die Kompetenzen menschlicher Individuen sind teils erworben, teils angeboren. Die Frage, was erworben und was angeboren ist, ist äußerst problematisch und wird in der aktuellen Forschung stark kontrovers diskutiert. Hinsichtlich der Entwicklung der verschiedenen Kompetenzen werden drei theoretische Ansätze unterschieden: der reifungstheoretische Ansatz, der milieutheoretische Ansatz und der interaktionistische Ansatz. Näheres dazu cf. Heckhausen 1974,104ff.

40 Siehe oben Seite 23

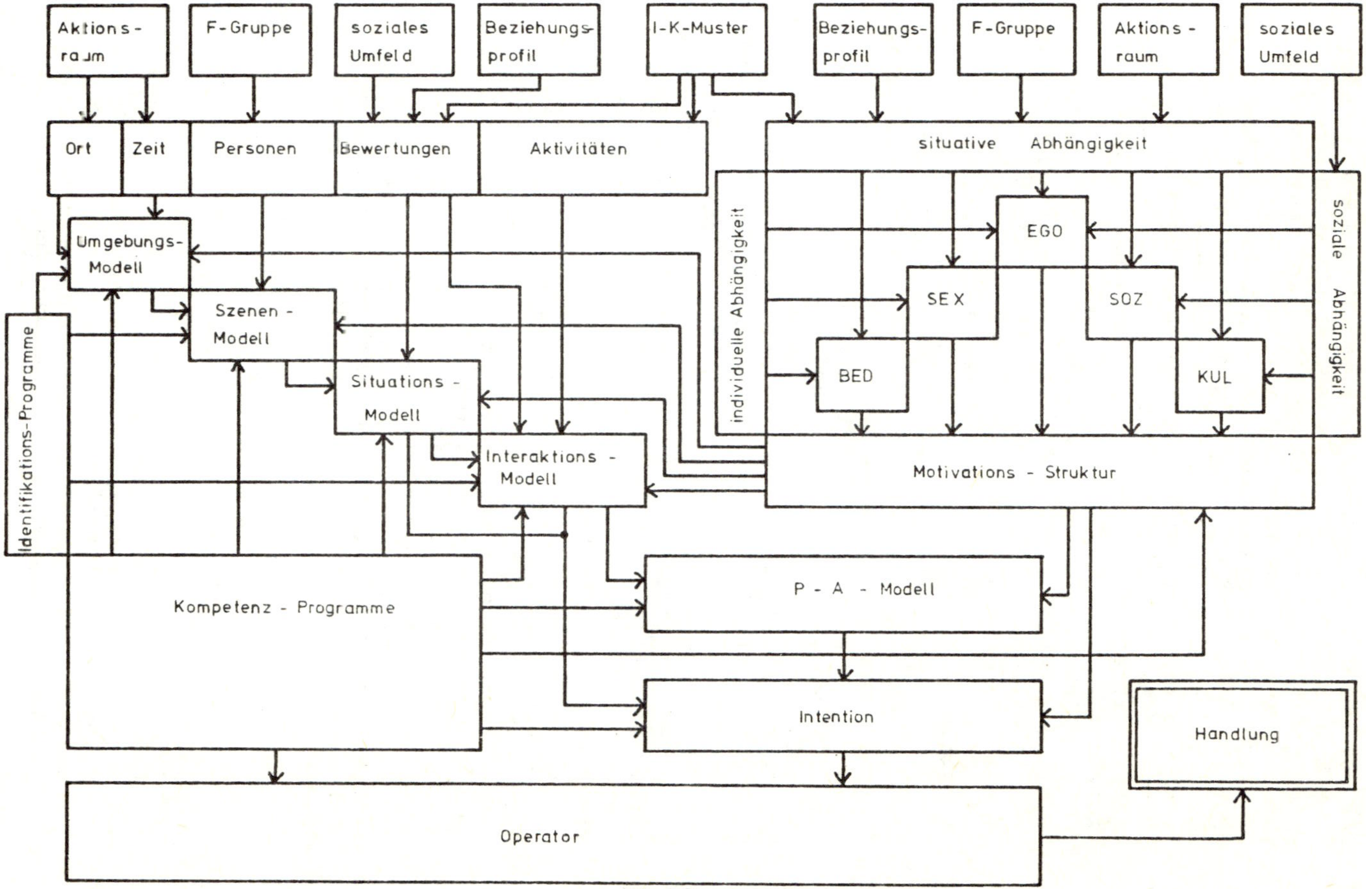
Aktions-raum
F-Gruppe
soziales Umfeld
Beziehungs-profil
I-K-Muster
Beziehungs-profil
F-Gruppe
Aktions-raum
soziales Umfeld
Ort
Zeit
Personen
Bewertungen
Aktivitäten
situative Abhängigkeit
soziale Abhängigkeit
individuelle Abhängigkeit
EGO
SEX
SOZ
BED
KUL
Umgebungs-Modell
Szenen-Modell
Situations-Modell
Interaktions-Modell
Motivations-Struktur
Identifikations-Programme
Kompetenz-Programme
P - A - Modell
Intention
Handlung
Operator

Abb. 6.7

des übrigen Situationsdefinitionsprozesses dem Individuum bewußt sein. Im Unterschied zur gesamten Situationsdefinition, bei der es sich um eine Kombination von bewußten und unbewußten Aspekten handelt, soll bei dem kognitiven Zustand, der ausschließlich bewußte Elemente enthält, vom Meinungsbild des Individuums gesprochen werden. Die Situationsdefinition kann in diesem Sinne als eine Art kognitiver Tiefenstruktur aufgefaßt werden, die nur teilweise in die ausschließlich bewußte kognitive Oberflächenstruktur des Meinungsbildes hineinreicht.

Das Meinungsbild ist in diesem Sinne ein bewußtes Modell der aktuellen "Lage", in der sich das Individuum jeweils befindet. Es ist das bewußte, subjektiv erlebte Modell der für das Individuum gerade "wichtigen" Aspekte aus den verschiedenen internen Außenweltmodellen und dem P-A-Modell. Das Meinungsbild ist der kognitive Zustand, den das Individuum auch sprachlich jederzeit reproduzieren kann. Es ist das, was das Individuum stets "gerade denkt", während es spricht und handelt.

Das Meinungsbild ist dabei vierfach pragmatisch orientiert: Indem es die situationsrelevanten Faktoren aus den internen Außenweltmodellen sowie den Modellen innerer Zustände (41) enthält, ist es rezeptiv (42); insofern das Meinungsbild Annahmen über die Meinungsbilder der Interaktionspartner enthält, ist es partizipativ; insofern es deren zukünftige Handlungen berücksichtigt, ist es antizipativ; und insofern es schließlich die spezielle Intention beinhaltet, ist es projektiv. Der Zustand des Meinungsbildes resultiert damit aus der Kombination der unterschiedlichen Zustände seiner vier Orientierungskomponenten.

Zusammenfassend läßt sich feststellen, daß ein Individuum (Mitglied einer F-Gruppe) aus dem gerade vorliegenden Zustand des gemeinsamen Aktionsraums der F-Gruppe über den Prozeß einer Situationsdefinition ein Meinungsbild entwickelt und aufgrund der darin enthaltenen Intention ein bestimmtes Verhaltensmuster produziert, das nun als Handlungsimpuls in das I-K-Muster des F-Systems eingeht und damit entsprechend den unterschiedlichen Rückkopplungskreisen weitere Veränderungen im F-System bewirken kann.

---

41 Etwa aufgrund der Propriozeption

42 Diese Zweiteilung der rezeptiven Komponente des Meinungsbildes entspricht der oben erwähnten doppelten Motiviertheit (endogen/exogen) des menschlichen Verhaltens. Siehe oben Anmerkung 6, Seite 10.

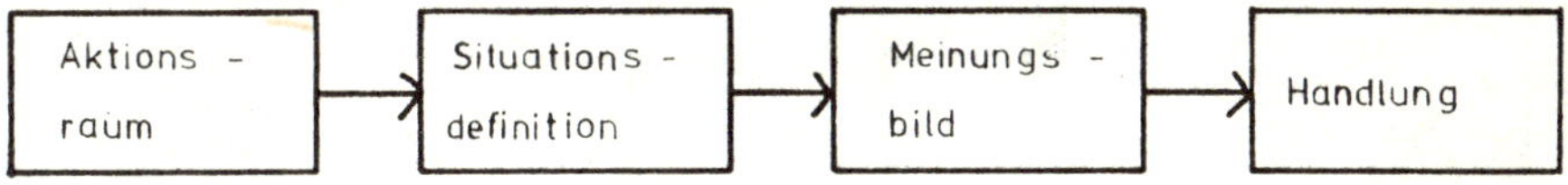

Abb. 6.8

Allerdings darf nicht angenommen werden, wie das durch Abbildung 6.8 nahegelegt werden könnte, daß Situationsdefinition, Meinungsbild (mit spezieller Intention) und Handlung in strenger zeitlicher Aufeinanderfolge stehen. Man muß sich klarmachen, daß hier eine analytische Trennung im Rahmen eines Modellbildungsprozesses vorliegt. Im Gegensatz zu der hier (Abb. 6.8) dargestellten Prozeßkette muß man davon ausgehen, daß die subjektiv gegebenen Erlebnisaspekte und die auch anderen zugänglichen, beobachtbaren Aspekte des Verhaltens weitgehend gleichzeitig gegeben sind. Ihre Unterscheidung hat lediglich analytische Funktion und stellt den unterschiedlichen modelltheoretischen Zugang zu den verschiedenen Aspekten eines Sachverhalts (der als "Verhalten" bezeichnet werden kann) dar. Diese Termini bezeichnen somit keine grundsätzlich unterschiedlichen Sachverhalte in der Realität.

Wichtig ist nun, daß das Meinungsbild kein statisches Gebilde ist, sondern sich ständig im interaktiven und kommunikativen Prozeß verändert. Jeder Handlungsimpuls (H) des I-K-Musters wird eine Veränderung im Meinungsbild (MB) hervorrufen, durch die dann selbst wieder Handlungsimpulse in das I-K-Muster eingegeben werden.

Der Prozeß, der in diesem Sinne zwischen zwei Personen abläuft, ist in Abbildung 6.9 skizziert.

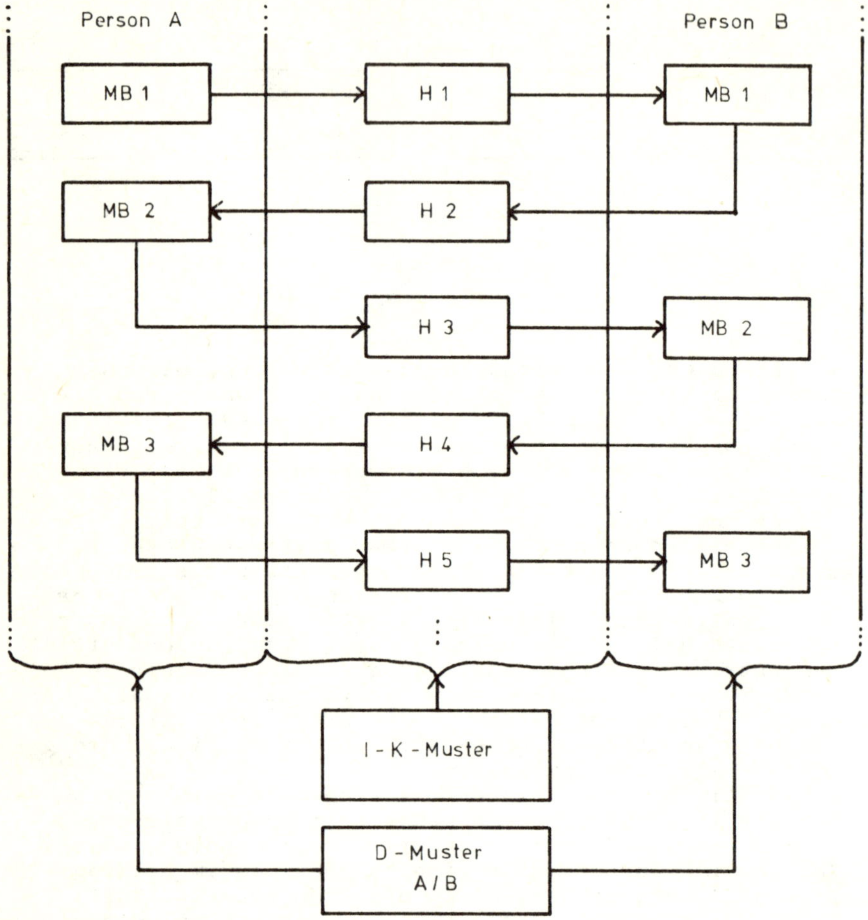

Abb. 6.9

Das Meinungsbild der einen Person führt zu einer Handlung, die Einfluß auf das Meinungsbild der anderen Person hat, die wiederum auf der Grundlage dieses Meinungsbildes handelt und damit das Meinungsbild der ersten Person ändert etc. Der Dialog stellt somit ein oszillierendes System dar, das nach einiger Zeit zu relativ festen Meinungsbildern hinsichtlich des Zwecks des Dialogs und der Art, ihn zu gestalten, führt. Abbildung 6.9 ist insofern vereinfachend, als die jeweils entsprechenden Situationsdefinitionen nicht explizit berücksichtigt wurden. Die Abbildung zeigt aber dennoch die prinzipielle Dynamik des

F-Systems.

Die relative Stabilität der Meinungsbilder hat im F-System dann einen relativen Gleichgewichtszustand zur Folge, der darin besteht, daß sich die Mitglieder der F-Gruppe über Ziel, Zweck und den allgemeinen Verhaltensstil einig sind und im Rahmen eines bestimmten Zeitintervalls sich entsprechend verhalten (43). Ein solcher Gleichgewichtszustand hat zumeist für die Mitglieder der F-Gruppe einen gewissen Befriedigungswert, der sich in erhöhter Gruppenkohäsion zeigt. Dies führt zu verstärkter Kooperation und zu positiveren, freundschaftlicheren und vertrauensvolleren Beziehungen der Gruppenmitglieder untereinander (44).

Das I-K-Muster des F-Systems kann in diesem Sinne nun auf das soziale Umfeld einwirken. Einmal geschieht das dadurch, daß die Gruppenmitglieder auf der Grundlage der relativ stabilen Meinungsbilder (Erfahrungen), die sie im Prozeß des Aufbaus eines I-K-Musters gebildet haben, in anderen Handlungszusammenhängen (anderen F-Systemen) handeln. Zum anderen geschieht das dadurch, daß im Rahmen des F-Systems bestimmte Produkte durch das I-K-Muster entstanden sind. Damit hat das I-K-Muster des F-Systems Anschluß an andere I-K-Muster anderer F-Systeme, sowohl solche, die in der Zukunft liegen, wie solche, die in der Vergangenheit liegen.

Das I-K-Muster selbst stellt nun ein Handlungssystem dar. Es besteht aus den intentional bzw. funktional deutbaren Aktivitäten der Mitglieder der F-Gruppe eines bestimmten F-Systems. Jedes Mitglied der F-Gruppe vollzieht im Rahmen des I-K-Musters eine Kette zeitlich aufeinanderfolgender Einzelhandlungen, die, wie weiter unten gezeigt werden soll, auf unterschiedlichen Ebenen deutbar sind. Diese Handlungskette, die durch längere Aktivitätspausen gekennzeichnet sein kann, sei <u>Handlungsspur</u> eines Individuums genannt.

Im Rahmen des I-K-Musters eines F-Systems handeln aber mehrere Individuen, so daß die unterschiedlichen Handlungsspuren der Individuen aufeinander abgestimmt und ineinander verschränkt sind. Die Handlungsspuren <u>intermittieren</u>. Unter <u>Handlungssystem</u> soll in diesem Sinne die Menge intermittierender Handlungsspuren der Mitglieder des F-Systems verstanden werden, die in ihrer Gesamtheit ein bestimmtes I-K-Muster bilden.

Aus diesem gesamten Handlungssystem lassen sich nun unterschiedliche Subsysteme ausgliedern, je nachdem, welche intermittierenden Handlungsspuren herausgegriffen und betrachtet werden. Ebenso läßt sich das gesamte Subsystem intermittierender Handlungsspuren zweier Interaktanten im Rahmen des F-Systems als Subsystem eines suprasituationellen Handlungssystems dieser beiden Interaktanten auffassen, das sich über mehrere Aktionsräume,

---

43 Cf. dazu Schwitalla 1976, cf. auch Argyle 1969,163f, 214ff.

44 Argyle 1969,220

über mehrere F-Systeme erstreckt, in deren F-Gruppen diese beiden Interaktanten jeweils Mitglied sind oder waren.

Das Handlungssystem (I-K-Muster) eines F-Systems ist somit immer eingebettet in umfassendere Handlungssysteme. Eine Segmentierung von Handlungssystemen läßt sich somit innerhalb eines F-Systems wie über das F-System hinaus vornehmen.

Dabei kann man ausgehen von dem Handlungssystem, das der Dauer eines bestimmten F-Systems entspricht. Unter einer linguistischen Betrachtungsweise kann dieses Handlungssystem als Dialog bezeichnet werden. Dialoge in diesem Sinne enthalten allerdings sowohl verbale wie nonverbale Handlungen. Dialoge lassen sich nun in unterschiedliche Teile segmentieren, die als Subsysteme des Handlungssystems Dialog aufgefaßt werden müssen (45). Andererseits kann der Dialog als Ganzes selbst wiederum ein Segment eines größeren Handlungssystems darstellen und muß in diesem Sinne dann insgesamt als Subsystem aufgefaßt werden. Der Dialog selbst ist somit Teil eines bestimmten kommunikativen Kontinuums, das etwa zwischen zwei Personen aufgebaut werden und das sich über Jahre oder Jahrzehnte erstrecken kann.

Damit ist auch die Verbindung zum Phänomen der zwischenmenschlichen Beziehung hergestellt, die in diesem Sinne als suprasituationelles Handlungssystem aufgefaßt werden kann. Das I-K-Muster eines bestimmten F-Systems, interpretiert als Dialog, kann somit als Subsystem des Handlungssystems einer Beziehung aufgefaßt werden. Wie dieses komplexe Handlungssystem nun im einzelnen strukturiert ist, wie der Begriff der "Beziehung" im einzelnen über den Begriff eines Handlungssystems expliziert werden kann und wie sich die sprachliche Konstituierung dieses Handlungssystems über bestimmte sprachliche Handlungen und deren konkret verbale Realisierung analysieren und beschreiben läßt, soll im folgenden näher dargestellt werden.

Dabei wird die Darstellung, wie bereits erwähnt, in einem als holistisch zu bezeichnenden Ansatz über drei Schritte theoretischer Reflexion die eigentliche empirische Analyse sprachlichen Datenmaterials vorbereiten: Über eine Definition des Beziehungsbegriffs als eines Handlungssystems wird der Begriff einer speziellen sprachlichen Handlung, des Kontakts entwickelt und schließlich das Problem der theoretisch gesicherten Erfassung von Kontakten aufgrund spezifischer sprachlicher Mittel unter dem Terminus "Indikator" erörtert, was dann zur eigentlichen Untersuchung des sprachlichen Materials führt.

---

45 Schank 1976

6.2 Der Begriff der Beziehung

6.2.1 Beziehung als "Alltagsphänomen"

Bisher wurde die Problematik der zwischenmenschlichen Beziehung primär im Zusammenhang mit theoretisch wissenschaftlichen oder methodologischen Erörterungen behandelt. Aus der kritischen Diskussion dieser Erörterungen konnten für einen im vorliegenden Zusammenhang relevanten Beziehungsbegriff eine Reihe wichtiger Bedingungen abgeleitet werden (46).

Nun kann man allerdings feststellen, daß (etwa im Gegensatz zu weiten Bereichen der Naturwissenschaften) viele Begriffe der Sozialwissenschaften auch in der Alltagssprache vorhanden sind. Das liegt daran, daß die in den Sozialwissenschaften untersuchten Phänomene und Sachverhalte auch in der alltäglichen sozialen Praxis bekannt und von Interesse sind und daher genau beobachtet wurden. Gesellschaften und Kulturen haben über solche Phänomene - oft über Jahrhunderte - ein großes Wissen angesammelt, das sich dann in der Begriffsbildung der Alltagssprache niedergeschlagen hat.

Diese Tatsache trifft auch und besonders auf den Begriff der "zwischenmenschlichen Beziehung" zu. So läßt sich beobachten, daß es in den im Alltag geführten Gesprächen neben den unterschiedlichsten Themen einen Themenbereich gibt, der immer wieder, früher oder später, direkt oder indirekt, auftaucht: nämlich das Thema der "zwischenmenschlichen Beziehung". Freunde, Verwandte, Ehepartner, Arbeitskollegen, Geschäftspartner etc. sprechen irgendwann einmal, mehr oder weniger ausführlich, über die jeweils spezifisch gearteten Beziehungen zu ihrem augenblicklichen Gesprächspartner, über Beziehungen, die sie zu dritten haben, oder Beziehungen, die dritte zu vierten haben.

In diesem Sinne tauchen "Beziehung" oder synonym gebrauchte Termini immer wieder mit den verschiedensten näheren Bestimmungen auf. Auch werden eine große Zahl von teilweise recht bildhaften Wendungen benutzt, die scheinbar unterschiedlichste soziale Phänomene benennen, die man aber alle wohl zum Bereich "zwischenmenschliche Beziehung" rechnen muß. Wie sich noch zeigen wird, ist die Möglichkeit, in der Alltagssprache über Beziehungen und die damit zusammenhängenden Phänomene der unterschiedlichsten Art zu sprechen, äußerst vielfältig und differenziert. Das hängt gewiß mit der Tatsache zusammen, daß der Erfahrungsschatz über das Phänomen "Beziehung" ungeheuer groß ist, was zu einer sehr detaillierten Begriffsbildung geführt hat.

Eine solche Auffassung entspricht der gewiß zu Recht immer wieder vertretenen sprachwissenschaftlichen These von der Wechselwirkung von historischer Sprachentwicklung und gesellschaftlicher Gesamterfahrung einer

---

46 Siehe oben Seite 115f

Sprachgemeinschaft (47). Dieser Auffassung zufolge wird für die Bereiche sozialer Erfahrung, die von besonderer Bedeutung für eine bestimmte Gesellschaft sind, ein überdurchschnittlich großer Wortschatz zur Verfügung stehen. Dieser Wortschatz erlaubt den kompetenten Sprachbenutzern, ausführlicher und detaillierter als normal über diesen Bereich sprechen zu können bzw. sich überhaupt intellektuell damit auseinanderzusetzen. Häufig wird in dem Zusammenhang darauf hingewiesen, daß es z.B. bei den Eskimos eine überdurchschnittlich große Zahl der Wörter für Schnee gibt oder daß Seevölker eine über das Normale hinausgehende Zahl von Fischnamen unterscheiden (48).

Entsprechend solchen Überlegungen kann man davon ausgehen, daß der soziale Erlebnisbereich "zwischenmenschliche Beziehung" wohl einen der ursprünglichsten und fundamentalsten Bereiche menschlicher Erfahrung und menschlichen Wissens darstellt. In dem Zusammenhang weist Argyle darauf hin, daß die zwischenmenschlichen Beziehungen "ein wesentlicher und zentraler Teil der menschlichen Natur sind" (49). Im einzelnen führt er dazu aus:

> Menschen wachsen in Familien auf, von denen sie zunächst völlig abhängig sind und in denen sie den größten Teil ihres erlernten Verhaltens erwerben. (...) In allen menschlichen Gemeinschaften gibt es Arbeiten, die getan werden müssen (...). Diese Arbeiten werden stets von kooperativen Arbeitsgruppen verrichtet. Außerhalb der Familie und der Arbeitswelt suchen Menschen in den meisten Lebensabschnitten die Gesellschaft und Unterstützung von Freunden. Das Unglück einzelner Menschen (...) geht oft einher mit dem Verlust der Beziehung zu anderen (50).

So gesehen, läßt sich Gesellschaft streckenweise völlig mit den zwischenmenschlichen Beziehungen identifizieren. Ebenso ist auch der soziale Status des Menschen erst durch und in den Beziehungen möglich, die Menschen eingehen. Ja, sogar das Bewußtsein einer eigenen, konstanten Identität bildet sich erst in der zwischenmenschlichen Beziehung heraus (51).

Es ist daher verständlich, daß sich Menschen immer wieder mit dem Problem "Beziehung" auseinandergesetzt haben. Große Bereiche der bildenden Kunst und Literatur beschäftigten und beschäftigen sich mit den Beziehungen

---

47 Recht intensiv untersucht ist in dem Zusammenhang das Verhältnis von Wortschatz und Erfahrung im Bereich der Farben, cf. Lenneberg 1967,411ff; Gipper 1972, 18ff.

48 Schaff 1964,155; damit hängt das Phänomen der Fachsprachen zusammen, die ja ebenfalls aus einer detaillierten Kenntnis bestimmter Bereiche entstanden sind.

49 Argyle 1969,15

50 Argyle 1969,15

51 Mead 1934; Israel 1973,32

und den in ihnen und durch sie entstehenden Problemen und Konflikten. Ebenso spielen zwischenmenschliche Beziehungen in Sagen und Mythen eine große Rolle, wobei häufig die fundamentalsten zwischenmenschlichen Schwierigkeiten in die Welt der Götter und Urwesen verlagert werden (52). Ebenso betreffen die Grundprinzipien der wohl meisten großen Religionen fundamentale zwischenmenschliche Beziehungsaspekte, wie etwa das Prinzip der "Nächstenliebe" im Christentum oder das Prinzip des "Mitleids" im Buddhismus.

Wenn also Beziehungen tatsächlich eine solch fundamentale Rolle im menschlichen Leben spielen - und wie die obigen Bemerkungen andeuten, scheint es keinen vernünftigen Grund zu geben, dies nicht anzunehmen -, so ist es verständlich, daß diese Beziehungen und die in ihnen und durch sie entstehenden Probleme ein wichtiges und immer wiederkehrendes Thema der alltäglichen Kommunikation darstellen. Aus dem gleichen Grund läßt sich dann weiterhin die Tatsache erklären, daß in der Alltagssprache eine Reihe von Ausdrücken und Wendungen bereitgestellt werden, um über all diese Phänomene und Probleme angemessen und differenziert sprechen zu können.

Diese Vielfalt der Ausdrücke, die auf Aspekte zwischenmenschlicher Beziehungen verweisen, spiegeln einerseits den ganzen differenzierten und reichen Erfahrungsschatz einer Gesellschaft oder Kultur in bezug auf Beziehungsphänomene wider, andererseits drückt sich in ihnen auch die subjektive Betroffenheit der gerade handelnden und sprechenden Interaktanten aus. Eine Beschäftigung mit Beziehungen - den eigenen oder denen anderer - und ihre Manifestation in bestimmten sprachlichen Wendungen ist somit stark beeinflußt von dieser Betroffenheit und dem daraus resultierenden Engagement. Diese beiden Faktoren, "Betroffenheit" wie "Engagement", bedingen zum entscheidenden Teil die Eindeutigkeit und Verständlichkeit der natürlichen, stets situationsgebundenen Kommunikation über Beziehungen.

Jene Eindeutigkeit engagierter, situationsgebundener Kommunikation über Beziehungen kann in den Termini wissenschaftlicher Analysen stets nur zum Teil eingeholt werden. Die wissenschaftliche Begriffsbildung des Terminus "Beziehung" wie anderer damit zusammenhängender Termini muß aber dennoch in der Lage sein, Beziehungsphänomene eindeutig benennen zu können. Dabei darf die wissenschaftliche Sprache in bezug auf Umfang und Differenziertheit nicht hinter der Alltagssprache und deren Begriffsbildungen zurückbleiben.

---

52 Man denke etwa an den anthropomorphen Charakter der germanischen oder griechischen Mythologie, in der zwischenmenschliche Phänomene wie Liebe, Haß, Eifersucht etc. die gesamte Götterwelt beherrschen und selbst in Weltentstehungsmythen die dort auftretenden "Urkräfte" in typisch menschlichen Beziehungen verstrickt sind.

Der hier zu entwickelnde Beziehungsbegriff muß daher so weitreichend und differenziert sein, daß er auch eine Systematisierung des in den Ausdrücken der Alltagssprache sich manifestierenden, sehr differenzierten Wissens über Beziehungsphänomene ermöglicht. Entspricht der hier vorgelegte Beziehungsbegriff nun sowohl den aus dem ersten Teil abgeleiteten theoretischen Forderungen wie auch dem aus den Ausdrücken der natürlichen Sprache abgeleiteten Alltagsbegriff der Beziehung, so kann mit einiger Berechtigung davon ausgegangen werden, daß der so entwickelte Begriff in der Lage ist, die tatsächlichen sozialen Phänomene adäquat zu erfassen. Ein solcher Begriff wäre dann sowohl in fachwissenschaftlicher und empirisch erkenntnistheoretischer wie auch in allgemeinverständlicher Hinsicht sowohl legitim als auch sinnvoll.

6.2.2 Der alltagssprachliche Beziehungsbegriff

Für eine Analyse des alltagssprachlichen Beziehungsbegriffs muß man die vielfältigen und unterschiedlichen Möglichkeiten, über Beziehungen zu sprechen, untersuchen und systematisieren. Die Möglichkeit, über Beziehungen reden zu können, setzt in der jeweiligen Sprache entsprechende Mittel voraus. In diesem Sinne müssen in der natürlichen Sprache eine Reihe spezifischer Ausdrücke und Wendungen enthalten sein, die es erlauben, die jeweils interessierenden Beziehungsaspekte eindeutig zu benennen. Die sprachlichen Mittel müssen dabei so beschaffen sein, daß sie es erlauben, sowohl in sehr allgemeiner, weitläufiger und vager Art das Gesamtphänomen "Beziehung" wie auch sehr speziell und ins Detail gehend bestimmte Aspekte dieses Phänomens Gegenstand sprachlicher Kommunikation werden zu lassen. Legt man die im vorigen Abschnitt erläuterte Hypothese zugrunde, daß das Phänomen der zwischenmenschlichen Beziehung zu den anthropologisch fundamentalsten Tatsachen der menschlichen Existenz zu rechnen ist und immer wieder Gegenstand intensiver Auseinandersetzungen wird, so kann wohl zu Recht angenommen werden, daß in jeder Sprache eine große Zahl unterschiedlichster Mittel zur Verfügung steht, um über Beziehungen sprechen zu können.

Die sprachlichen Mittel, die Kommunikatoren benutzen, um über eigene oder fremde Beziehungen explizit zu sprechen, sollen hier zunächst in allgemeinster Weise als Beziehungsausdrücke bezeichnet werden. Beziehungsausdrücke gestatten Aussagen sowohl allgemein über "die Beziehung" wie auch über bestimmte Teilaspekte von Beziehungen. Beziehungsausdrücke umfassen unterschiedliche morphologisch syntaktische Klassen. Sie sind daher erst von ihrer semantisch inhaltlichen Seite als "Beziehungsausdrücke" bestimmbar.

Das Nomen "Beziehung" ist ebenfalls ein Beziehungsausdruck. "Beziehung" ist insofern aber ein besonderer Beziehungsausdruck, als er als Oberbegriff der ganzen

Klasse gelten kann. Er ist in diesem Sinne Name der Klasse sprachlicher Mittel, die in ihrer Gesamtheit den alltagssprachlichen Beziehungsbegriff ausmachen.

Die Frage ist nun, wie und nach welchen Kriterien die Menge der Beziehungsausdrücke klassifiziert werden kann (53). Zunächst bietet sich eine recht offensichtliche und leicht verifizierbare Klassifikation nach linguistischen (primär syntaktischen) Kriterien an. In dieser Hinsicht lassen sich die Beziehungsausdrücke grob in vier Teilmengen untergliedern. Man kann unterscheiden zwischen:

(1) Nomina;
(2) Verba;
(3) Phrasen;
(4) Idiome.

Dabei sind die ersten drei dieser Teilmengen selbst wieder in Teilmengen untergliedert.

So läßt sich bei den Nomina zunächst eine Teilmenge einfacher Nomina ausgrenzen. Zu dieser Menge gehören Beziehungsausdrücke, die einfache Lexeme darstellen, die ähnlich wie das Wort "Beziehung" selbst allgemein das Phänomen "Beziehung" bezeichnen, also etwa "Verbindung", "Verhältnis", "Kontakt", "Bindung", "Band". Andererseits gehören einfache Lexeme in diese Gruppe, die spezielle Arten von Beziehungen bezeichnen:

Bekanntschaft, Bruderschaft, Ehe, Freundschaft, Kumpanei, Feindschaft, Kameraderie, Liaison, Verlöbnis, Verwandtschaft, Zwietracht etc.

Die nominalen Beziehungsausdrücke lassen sich weitgehend dadurch als solche identifizieren, daß auf sie zwei Tests anwendbar sind. So lassen sich alle nominalen Beziehungsausdrücke durch Adjektive wie "zwischenmenschlich", "gemeinsam" oder "beiderseitig" ergänzen. Oder aber es lassen sich attributive Bestimmungen wie "zwischen A und B", "von A und B" oder einfach "A und B" hinzufügen, wobei A und B menschliche Individuen darstellen. Die Nominalphrasen, die durch solche Ergänzungen entstehen, müssen neue überindividuelle, soziale Einheiten bezeichnen. Dadurch werden durchaus sinnvolle Nominalphrasen, wie etwa folgende, ausgeschlossen:

*zwischenmenschliche Befugnis, *gemeinsame Genehmigung, *Graben zwischen A und B etc.

Neben den einfachen nominalen Beziehungsausdrücken gibt es weiter die Menge der Komposita. Diese Beziehungsausdrücke werden häufig dadurch gebildet, daß eines der drei allgemeinen Nomina "Beziehung", "Verbindung", "Verhältnis" mit bestimmten anderen Nomina oder mit den spe-

53 Der Analyse der Beziehungsausdrücke wurde, neben der eigenen Sprachkompetenz, das Sprachmaterial zugrunde gelegt, das in den systematischen Lexika Dornseif 1943; Wehrle/Eggers 1961; Friederich 1966 zusammengestellt ist.

ziellen nominalen Beziehungsausdrücken wie "Freundschaft", "Verlöbnis" etc. verbunden werden:

Abhängigkeitsbeziehung, Altersfreundschaft, Familienbande, Jugendliebe, Liebesverhältnis, Freundschaftsbeziehung, Beziehungsbande, Wahlverbindung, Männerbeziehung, Geistesverwandtschaft, Mutterbindung etc.

In diese Gruppe gehört ebenfalls die sehr große Klasse der "Bindestrichbeziehungen":

Vater-Sohn-Verhältnis, Lehrer-Schüler-Beziehung, Arzt-Patient-Bindung, Mann-Frau-Beziehung etc.

Mit diesen nominalen Beziehungsausdrücken kann das Phänomen "Beziehung" ganz allgemein bezeichnet werden - oder aber bestimmte Arten von Beziehungen. Dabei wird die soziale Einheit stets in einer statischen Sichtweise erfaßt.

Im Gegensatz dazu streichen die Verba mehr die konkreten Vorgänge heraus, die für Beziehungen charakteristisch sind bzw. durch die Beziehungen näher charakterisiert werden können. Dabei lassen sich zwei grundsätzliche Gruppen von Verben unterscheiden. Zunächst gibt es eine Gruppe, die jene Aspekte bezeichnet, die das Verhalten beider Beziehungspartner gleichermaßen erfassen und charakterisieren. Es handelt sich dabei um symmetrische Verben, die durch die Pronomina "sich", "einander" oder "sich gegenseitig" ergänzt werden können (54):

sich akzeptieren, sich anfreunden, sich befehden, sich entfremden, sich entzweien, sich finden, sich lieben, sich hassen, sich verbrüdern, sich verheiraten etc.

Diesen symmetrischen Verben stehen eine Reihe nichtsymmetrischer Verben gegenüber, die das beziehungsmäßige Geschehen hauptsächlich von der Seite nur eines der Beziehungspartner beschreiben:

jemanden demütigen, sich demütigen, sich fügen, werben, anhimmeln, jemanden übersehen, jemanden enttäuschen, jemanden quälen, jemanden umgarnen, sich bemitleiden etc.

Allerdings ist die Grenze zwischen symmetrischen und nichtsymmetrischen verbalen Beziehungsausdrücken nicht ganz scharf zu ziehen. Eine ganze Reihe der symmetrischen Verben können ebenfalls nur "einseitig" aufgefaßt werden:

---

54 Laing et al. benutzen diese Verben und zum Teil auch eine Reihe der unten noch darzustellenden Phrasen und Idiome, um aus ihnen einen "Beziehungstest" zu konstruieren, bei dem sie die gegenseitige Einschätzung zur Charakterisierung dyadischer (Ehe-) Beziehungen verwenden. Cf. Laing et al. 1966,68ff; die Testfragen finden sich auf Seite 175ff

jemanden lieben, jemanden hassen, jemanden verehren, jemanden befehden etc.

Neben den Nomina und Verba gibt es eine dritte große Klasse von Beziehungsausdrücken, die teilweise recht spezielle Aspekte von Beziehungen bezeichnen: die Phrasen. Grundsätzlich lassen sich drei Gruppen unterscheiden:

(1) Nominalphrasen;
(2) Verbalphrasen;
(3) Kopulaphrasen.

In den Nominalphrasen werden die nominalen Beziehungsausdrücke durch bestimmte Adjektive (als Attribute) weiter charakterisiert. Dabei kann die Charakterisierung von recht allgemeiner Art sein:

dauerhafte Beziehung, langwährende Freundschaft, familiäre Bande, gefühlsmäßige Bindung, gesellschaftliche Beziehung, gutes Verhältnis etc.

Andererseits werden recht spezielle Aspekte herausgestellt:

wilde Ehe, zweifelhafte Männerfreundschaft, intime Beziehung, schlechte Gesellschaft, innige Geistesverwandtschaft, gespanntes Nachbarschaftsverhältnis etc.

In den Verbalphrasen werden die nominalen Beziehungsausdrücke durch bestimmte Verben weiter charakterisiert:

Beziehungen abbrechen, sich in Beziehungen einmischen, ein Verhältnis einschlafen lassen, Verbindungen knüpfen, eine Freundschaft pflegen, eine Beziehung reifen lassen, eine Liaison beenden etc.

Die Kopulaphrasen sind schließlich dadurch charakterisiert, daß sie durch die Kopula "ist" bzw. andere Verben, die eine gleiche Funktion im Satz haben können, gebildet werden. Dabei lassen sich grundsätzlich zwei Gruppen unterscheiden: die nominalen und die adjektivischen Kopulaphrasen. In den Beziehungsausdrücken, die durch nominale Kopulaphrasen gebildet werden, sind die beiden Beziehungspartner explizit hervorgehoben. Dabei wird im einen Fall beschrieben, wie die Partner hinsichtlich ihrer wechselseitigen positionalen Stellung zueinander stehen:

Brüder sein, Freunde sein, Nachbarn bleiben, Kontrahenten sein, Kumpel werden, Mitschüler sein, Brüder in Christo sein, Vettern sein, Kollegen sein, Spießgesellen sein, Verlobte bleiben etc.

Der andere Fall ist, daß nur jeweils einer der Beziehungspartner in seiner Position zum andern charakterisiert wird:

Vater sein, Mutter sein, Chef bleiben, Sohn sein, Schwiegermutter werden, Freund werden etc.

Häufig gibt es für solche einseitigen Positionen eines Beziehungspartners eine entsprechende, komplementäre Position des anderen. Das trifft besonders für familiäre Positionen zu:

Mutter/Vater - Sohn/Tochter, Tante - Neffe, Großvater - Enkelin etc.

Bei den adjektivischen Kopulaphrasen tritt zur Kopula ein Adjektiv hinzu, das die Beziehung der Partner charakterisiert:

gram sein, verfeindet sein, unnahbar bleiben etc.

Auch hier kann der Beziehungsaspekt, wie bei den nominalen Kopulaphrasen und den verbalen Beziehungsausdrücken, beide Partner einschließen, etwa "sich einander zugetan sein", oder nur einen Partner charakterisieren, etwa "jemand bleibt distanziert".

Die letzte Gruppe der Beziehungsausdrücke besteht aus der überaus großen Menge der Idiome. Damit sind spezielle, relativ feststehende Wendungen gemeint, die zumeist im übertragenen, bildhaften Sinn bestimmte Aspekte zwischenmenschlicher Beziehungen bezeichnen:

jemanden stiefmütterlich behandeln, wie Feuer und Wasser zueinander sein, die ersten zarten Bande, jemanden an die Kette legen, sich mit jemandem auf die gleiche Stufe stellen, unter dem Pantoffel stehen, Welten zwischen sich aufbauen etc.

Damit wäre zunächst das sprachliche Material der Beziehungsausdrücke linguistisch charakterisiert. Zusammenfassend läßt sich eine Klassifizierung der Beziehungsausdrücke wie in Abbildung 6.10 vornehmen (siehe Seite 169).

Eine solche Klassifikation kann eine erste Übersicht über die Beziehungsausdrücke darstellen. Für eine funktional pragmatische Analyse ist eine solche Klassifikation allerdings nicht sehr sinnvoll. Denn Ziel einer solchen Analyse ist es, den alltagssprachlichen Beziehungsbegriff über das natürlichsprachliche Material zu explizieren. Zwar erlauben die linguistischen Kriterien, einigermaßen eindeutig über die Beziehungsausdrücke zu sprechen - worin letztlich auch ihr Nutzen für den vorliegenden Zusammenhang besteht -, andererseits aber geht es hier um eine inhaltliche Analyse. Dazu sind die oben vorgelegten Klassifikationskriterien zu äußerlich. So werden durch sie inhaltlich funktional zusammenhängende Beziehungsausdrücke auf verschiedene Klassen verteilt.

Wenn also der alltagssprachliche Beziehungsbegriff in all seinen Bedeutungsnuancen, die durch die verschiedenen Beziehungsausdrücke bezeichnet werden, systematisch erfaßt werden soll, müssen die Ausdrücke nach anderen Gesichtspunkten zusammengestellt werden. Das leitende Kriterium der Klassifikation soll daher im folgenden nicht ihre linguistische Struktur, sondern ihr funktionaler Aspekt sein. Es wird demnach gefragt, auf welche sozialen

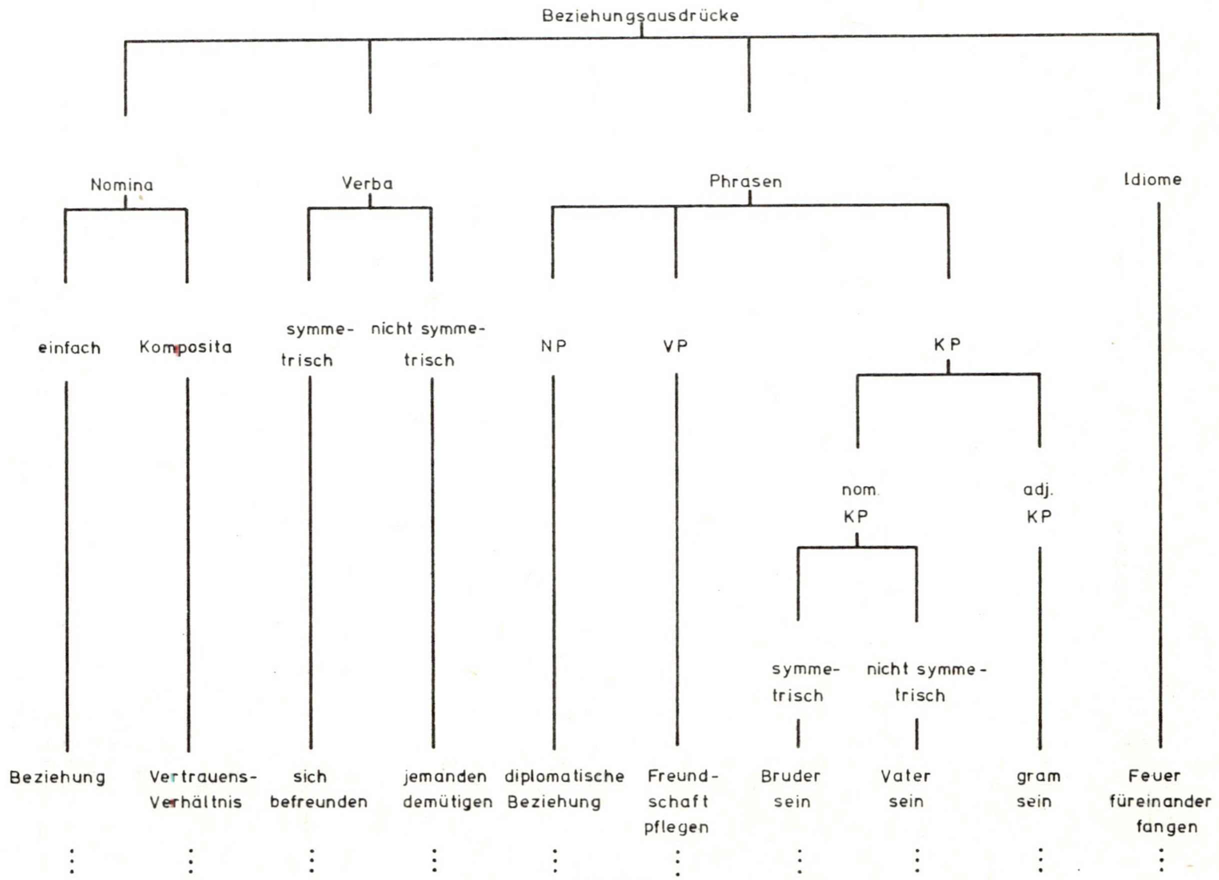
Beziehungsausdrücke
Nomina
Verba
Phrasen
Idiome
einfach
Komposita
symme-trisch
nicht symme-trisch
NP
VP
KP
nom. KP
adj. KP
symme-trisch
nicht symme-trisch
Beziehung
Vertrauens-Verhältnis
sich befreunden
jemanden demütigen
diplomatische Beziehung
Freund-schaft pflegen
Bruder sein
Vater sein
gram sein
Feuer füreinander fangen

Abb. 6.10

Phänomene zwischenmenschlichen Verhaltens wird mittels eines Beziehungsausdrucks rekurriert. All diese funktionalen Aspekte ergeben - in ihrer Gesamtheit betrachtet - den alltagssprachlichen Beziehungsbegriff.

Ein erstes Kriterium ist der Allgemeinheitsgrad, mit dem der entsprechende Beziehungsausdruck das zwischenmenschliche Verhalten charakterisiert. In diesem Sinne gibt es zunächst eine Reihe von Ausdrücken, die es erlauben, zwischenmenschliches Verhalten überhaupt als einheitliches Ganzes aufzufassen und zu benennen: eben als die Beziehung. Durch diesen Ausdruck "Beziehung" und einige weitere, ähnlich allgemein gehaltene Wörter wie "Verhältnis", "Verbindung" wird ein bestimmtes Verhalten zunächst überhaupt als einheitliches Phänomen der Kommunikation und dem Denken zugänglich gemacht. Es wird sozusagen als einheitliches "Objekt" der Realität ausgegrenzt und benannt. Beziehungsausdrücke, die das zwischenmenschliche Phänomen "Beziehung" in diesem Sinne in seiner allgemeinsten Form "konstituieren", d.h. sprachlich faßbar machen, sind etwa:

> Beziehung, Verbindung, Verhältnis, Bindung, Kontakt;
> zwischenmenschliche Beziehung, allgemeinmenschlicher Kontakt;
> Beziehungen eingehen, in Beziehungen zueinander stehen, Beziehungen knüpfen, Beziehungen wachsen lassen, Beziehungen abbrechen;
> sich binden, sich entzweien
> etc.

Dieses allgemein zwischenmenschliche Phänomen kann nun in seinen verschiedensten Ausprägungen spezieller gefaßt werden. Das führt zu einer Vielzahl unterschiedlicher Beziehungsarten. Die unterschiedlichen Beziehungen werden vor allem durch die Nomina und die nominalen Phrasen in ihrer jeweiligen Spezifik erfaßt. Diesen Ausdrücken korrespondieren allerdings entsprechende Beziehungsausdrücke der anderen linguistischen Kategorien. Grob gesprochen lassen sich drei Gruppen solcher unterschiedlicher Beziehungsarten unterscheiden. Einmal sind das Beziehungen mehr persönlich privater Art. Ihnen sind folgende Beziehungsausdrücke zuzurechnen:

> Freundschaft, Liebelei, Bruderschaft, Kameraderie, Kumpanei;
> Intimbeziehung, Jugendliebe, Geistesverwandtschaft, Männerfreundschaft, Frauenfreundschaft;
> gefühlsmäßige Beziehung, intimes Verhältnis, harmonische Beziehung, kaputte Beziehung, lebenslange Beziehung, schwärmerische Beziehung, verstandesmäßige Verbindung;
> Freundschaft schließen, ein Verhältnis haben, eine Beziehung pflegen;
> sich anfreunden, sich verlieben, sich begehren, sich binden, sich entfremden, sich entzweien, sich ertragen, sich hassen, sich verbrüdern, sich zusammentun;
> aneinander hängen, die ersten zarten Bande, jemandem

unter die Arme greifen, das Eis brechen, zarte Fäden spinnen, mit Haut und Haaren jemandem verfallen sein, jemandem das Herz brechen, jemandem eine Szene machen, jemanden in Watte packen, Welten zwischen sich aufbauen;
Freunde sein, Spießgesellen sein, Kumpel sein, Brüder sein, Schwestern sein
etc.

Beziehungen dieser Art stehen solche von mehr überindividuellem, öffentlichem Charakter gegenüber, die durch folgende Beziehungsausdrücke erfaßt und beschrieben werden:

Bekanntschaft, Verbindung, Bruderschaft;
Geschäftsverbindung, Kollegenverhältnis, Ausbildungsverhältnis;
diplomatische Beziehungen, geschäftliche Beziehung, juristisches Verhältnis, sachorientierte Verbindung;
Beziehungen haben, Kontakte knüpfen, Verbindungen abbrechen;
sich verschwören, sich zusammenschließen, intervenieren;
in fremden Diensten stehen;
Geschäftspartner sein, Lehrherr sein;
angestellt sein, abhängig sein
etc.

Daneben gibt es eine Reihe weiterer Beziehungstypen, die eine Zwischenstellung einnehmen. Diese Beziehungen haben einerseits stark individuellen Charakter, andererseits aber sind sie auch weitgehend gesellschaftlich normiert und in ihrem speziellen Charakter legitimiert. Zu diesen Beziehungstypen gehören vor allem familiäre Beziehungen und die verschiedenen gesellschaftlich legitimierten und sanktionierten Partnerschaftsbeziehungen des sexuell erotischen Bereichs. Für diese Beziehungsarten gibt es eine ganze Reihe von unterschiedlichen Beziehungsausdrücken:

Ehe, Verlöbnis, Verhältnis;
Verwandtschaftsbeziehung, Ehebeziehung, Eheverbindung, Eheband, Familienbande;
Mutter-Kind-Beziehung, Vater-Tochter-Verhältnis;
familiäre Bande, wilde Ehe;
den Ehebund schließen, die Verlobung lösen, verwandtschaftliche Kontakte abbrechen;
eine zerrüttete Ehe, in Scheidung leben;
sich verloben, heiraten, sich binden;
Bande des Blutes, unter dem Pantoffel stehen, Bund fürs Leben, jemanden unter die Haube bringen;
verheiratet sein, verlobt sein, verschwägert sein, Verlobte sein, Eheleute sein, Kusinen sein
etc.

Betrachtet man die Beziehungsausdrücke dieser verschiedenen Beziehungsarten, so kann man feststellen, daß ihre Unterscheidung von unterschiedlichen Aspekten her begründet ist. In diesem Sinne unterscheiden sich Beziehungen zunächst einmal aufgrund der unterschiedlichen Beziehungspartner, die an der Beziehung beteiligt sind. Dabei wird entweder mehr die sozial normierte Position gesehen, etwa "Geschäftspartner", "Verwandte", "Eheleute", "Lehrer - Schüler", "Vater - Sohn" etc., oder mehr die individuelle Persönlichkeit, etwa "Freunde", "Verliebte", "Glaubensbrüder" etc.

Eine andere Art, Beziehungstypen zu unterscheiden, besteht darin, sie vom psychisch kognitiven Erlebnisgehalt her zu bestimmen. Dabei sind einerseits mehr emotional affektive Beziehungen möglich, etwa "Kameradschaft", "Freundschaft", "Liebelei", "schwärmerische Beziehung" etc., andererseits mehr rational reflexive Beziehungen wie "diplomatische Beziehungen", "Ausbildungsverhältnis", "Geistesverwandtschaft", "platonische Liebe" etc. Oder aber die Beziehungen sind von moralischen, ethischen, religiösen, politischen, allgemein: weltanschaulichen Aspekten her bestimmt, etwa "Glaubensgemeinschaft", "Solidaritätsbeziehung" etc.

Ein weiteres Unterscheidungskriterium in diesem psychisch kognitiven Bereich ist der Grad der Intensität. Auch danach lassen sich unterschiedliche Beziehungsarten klassifizieren, etwa "flüchtige Bekanntschaft", "lockeres Verhältnis", "innige Beziehung", "feste Glaubensbande", "gereifte Verbindung", "herzliche Freundschaft", "eiserne Kameradschaft" etc.

Weiter gibt es die Möglichkeit, Beziehungen nach der Art der Handlungen, die Beziehungspartnern möglich sind, zu unterscheiden. In diesem Sinne kann man sich "lieben", "Intimbeziehungen pflegen", "kooperativ sein", "solidarisch handeln", "sich stillschweigend verehren" etc.

Schließlich lassen sich Beziehungen nach ihrer Dauer klassifizieren, etwa "flüchtige Freundschaft", "dauerhafte Beziehung", "lebenslange Beziehung", "kurzfristige Liaison" etc.

Die verschiedenen Arten von Beziehungen, die es gibt und die sprachlich hinsichtlich ihrer verschiedenen Aspekte unterschieden werden können, hängen natürlich von dem jeweiligen sozio-kulturellen Kontext ab. Das trifft in besonders starkem Maße auf die unterschiedlichen Arten der Verwandtschaftsbeziehungen zu (55).

Diese unterschiedlichen Möglichkeiten, Beziehungen zu klassifizieren, deuten bereits auf bestimmte Aspekte des allgemeinen alltagssprachlichen Begriffs der "zwischenmenschlichen Beziehung" hin. Dieser alltagssprachliche Beziehungsbegriff weist nun entsprechend den oben dargestellten Möglichkeiten der Klassifikation vier konstitutive Aspekte auf:

---

55 Das zeigen etwa die Untersuchungen von Lévi-Strauss zum Verhältnis von Sprache und Verwandtschaftsbeziehungen, cf. Lévi-Strauss 1958,41ff

(1) die Beziehungspartner;
(2) das wahrnehmbare Verhalten der Partner;
(3) das innere Erleben der Partner;
(4) die prozeßhafte Entwicklung der Beziehung.

Diese nach rein phänomenologischen Gesichtspunkten aus dem sprachlichen Material der Beziehungsausdrücke extrahierten Aspekte des alltagssprachlichen Beziehungsbegriffs weisen eine Reihe von Übereinstimmungen mit den in den Sozialwissenschaften entwickelten Beziehungsbegriffen (56) auf. Das ist auch nicht weiter verwunderlich. Denn die Sozialwissenschaften mußten letztlich auf dieselben Phänomene bei ihren Untersuchungen stoßen, die immer schon dem Alltagswissen "bewußt" waren und entsprechend im sprachlichen Material ihren Ausdruck fanden. Hinzu kommt, daß (wie weiter unten näher erläutert wird) (57) die empirische Untersuchung von Beziehungen auf eine Reihe nicht unerheblicher Schwierigkeiten stößt, die es geradezu erforderlich machen, als "Datenmaterial" auch die eigenen sozialen Erfahrungen und damit letztlich das allgemeine Alltagswissen mit in die Betrachtung einzubeziehen.

Verallgemeinert man nun die oben mit dem sprachlichen Material gemachten Beobachtungen, so kann man hinsichtlich des allgemeinen, alltagssprachlichen Beziehungsbegriffs einige Dimensionen unterscheiden, die in ihrer Gesamtheit den "semantischen Raum" dieses Begriffs abstecken. In diesem Sinne lassen sich vier Dimensionen des alltagssprachlichen Beziehungsbegriffs unterscheiden, die in Abbildung 6.11 dargestellt sind.

---

56 Dies gilt besonders für die Arbeiten der frühen deutschen Beziehungssoziologie, die in diesem Sinne über weite Strecken als (wenn auch nicht immer bewußte) Explikation des Alltagswissens über Beziehungen aufgefaßt werden können. Cf. hierzu besonders Plenge 1931/32.

57 Siehe unten Abschnitt 8.1

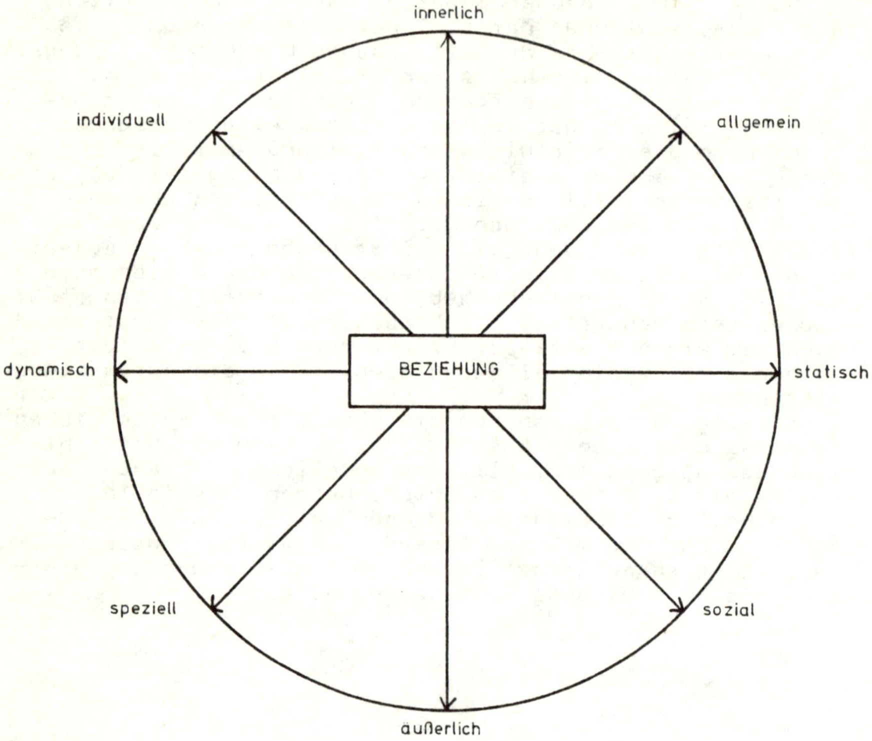

Abb. 6.11

Bisher wurde hauptsächlich die Dimension allgemein - speziell behandelt. Dabei zeigte sich, daß der Beziehungsbegriff einerseits in seiner allgemeinsten Form, repräsentiert durch Beziehungsausdrücke wie "Beziehung", "Verhältnis", "Verbindung", "Kontakt", als ein bestimmtes soziales Phänomen überhaupt erst sprachlich faßbar gemacht wird. Andererseits wird dieses allgemeine Phänomen, relativ zu den unterschiedlichsten Relevanzbereichen, in unterschiedliche Facetten zerlegt, die auf eine Vielfalt unterschiedlicher Beziehungstypen hinweisen. In diesem Sinne gibt es nicht die Beziehung, sondern eine ganze Reihe recht unterschiedlicher Beziehungen, die sich nach den verschiedensten Kriterien klassifizieren lassen.

Abstrahiert man von der Möglichkeit dieser Vielfalt und betrachtet die Beziehung im allgemeinsten Sinn, so läßt sich weiter die Dimension innerlich - äußerlich feststellen. So wird "Beziehung" einmal als durch individuelle Erfahrung phänomenal erlebbar aufgefaßt. In diesem Sinne läßt sie sich dann in Erlebniskategorien beschreiben (58), also etwa "x empfindet eine tiefe Zuneigung zu y", "sie können sich nicht leiden" etc. Dabei besteht dann auch die Möglichkeit zu einseitigen Beziehungen (59), bei denen nur ein Individuum in seinen auf ein anderes Individuum gerichteten Gefühlen und Gedanken gesehen wird. Das drückt sich in Wendungen aus wie "unerfüllte Liebe", "jemanden anbeten" etc. Mit dem inneren Aspekt der Beziehung hängt auch der Grad der Intensität des Erlebens ab. In diesem Sinne benutzt man Ausdrücke wie "Beziehungen abkühlen lassen", "für jemanden entbrannt sein" etc.

Zum anderen wird die Beziehung von ihren mehr äußerlichen, teilweise auch beobachtbaren Aspekten her erfaßt. Hierher gehört die Bestimmung der Beziehung von den Partnern her, etwa "Freunde sein", "Eheleute sein", "Mutter-Kind-Beziehung" etc. Hierher gehört ebenfalls die Bestimmung von den konkret beobachtbaren (natürlich immer mit Deutungen verbundenen) Handlungen her, wie sie etwa für ein "Arbeitsverhältnis", eine "Freundschaft" oder eine "Ehe" charakteristisch sind, also "jemandem Anweisungen geben", "sich küssen", "sich streiten", "sich umarmen", "einen Ehekontrakt unterschreiben" etc.

Ein weiterer Aspekt der Beziehung ist die Dimension individuell - sozial. Dabei spielt eine Rolle, ob Position und Verhalten mehr von übersituationellen, soziokulturellen Normen und Konventionen geprägt sind und von daher sanktioniert werden oder ob Position und Verhalten in ihrem Status mehr von spontanen, situationsgebundenen Aspekten bestimmt werden. So werden etwa die Rollen der Partner und ihr konkretes Verhalten in einer "Geschäftsbeziehung" von wesentlich anderem Charakter sein als in einer "Jugendliebe". Das heißt konkret, daß die Interpretations- und Bewertungsschemata, die zu einem Situations- bzw. Interaktionsmodell führen (60), jeweils ganz andere sind.

Schließlich kann als letzte Beziehungsdimension die Dimension statisch - dynamisch unterschieden werden. Durch die Beziehungsausdrücke wird zum einen der Eindruck erweckt, als läge mit der oder den Beziehungen jeweils ein einheitliches, komplexes, aber eben weitgehend statisches Gebilde vor, etwa bei Ausdrücken wie

---

58 Das geschieht besonders deutlich bei Plenge. Cf. Plenge 1931/32.

59 Cf. dazu Stok 1926/27.

60 Siehe oben Abbildung 6.7, Seite 155

"Beziehung", "Liaison", "Ehe" etc. Demgegenüber verweisen zum anderen eine Reihe anderer Beziehungsausdrücke darauf, daß die Beziehung ein dynamischer Prozeß ist, der in der Zeit abläuft, etwa Ausdrücke wie "Beziehungen beginnen", "Beziehungen wachsen lassen", "Beziehungen eine andere Wendung geben", "Beziehungen lenken", "Beziehungen abbrechen", "Beziehungen einschlafen lassen" etc. So gesehen ist die Beziehung zeitlich ausgedehnt. Sie hat einen Anfang, läuft über verschiedene Stationen und findet schließlich ein Ende.

Damit ist der alltagssprachliche Beziehungsbegriff in seinen Grundzügen skizziert. Die Aufgabe, die sich nun daran anschließt, besteht darin, aus diesem Beziehungsbegriff sowie den im ersten Teil aus den theoretischen Erörterungen abgeleiteten Forderungen einen Beziehungsbegriff zu entwickeln, der für die weiteren pragmatisch funktionalistischen Analysen eine adäquate und praktikable Grundlage liefern kann.

6.2.3 Begriffsdefinition

Bisher wurden zwei unterschiedliche Ansätze verfolgt, um Kriterien für eine adäquate Beziehungsdefinition zu erarbeiten: einmal die theoretische Erörterung und Diskussion der unterschiedlichen Forschungsansätze, zum anderen die Analyse des alltagssprachlichen Beziehungsbegriffs auf der Grundlage der in der Sprache enthaltenen Beziehungsausdrücke.

Die theoretische Diskussion führte dabei zu einer Reihe negativer Bestimmungen. Es wurde festgestellt, als was die Beziehung nicht aufgefaßt werden soll. Ergebnis dieser Diskussion waren folgende Restriktionen. Die Beziehung ist:

(R1) nicht als einfaches Phänomen aufzufassen;
(R2) nicht der einmalige Kommunikationsakt selbst;
(R3) nicht als intrapsychisches Phänomen aufzufassen;
(R4) nicht nur auf einen Beziehungspartner beschränkt;
(R5) nicht nur als Rollenbeziehung zu begreifen.

Im Gegensatz dazu führte die Analyse des alltagssprachlichen Begriffs zu einer Reihe positiver Bestimmungen des Begriffs "Beziehung". Konstitutive Bestandteile dieses Beziehungsbegriffs waren:

(1) die Beziehungspartner;
(2) bestimmte Wechselwirkungen zwischen den Partnern;
(3) eine Reihe von semantischen Dimensionen.

Schließlich wurden aus einigen zusätzlichen theoretischen Erörterungen eine Reihe weiterer Begriffe abgeleitet. Die wichtigsten dieser Begriffe sind:

(1) das Handlungssystem;
(2) das Modell dieses Systems;
(3) die Sprachfunktionen;
(4) die Handlungen.

Der jetzt zu entwickelnde Beziehungsbegriff muß im Schnittpunkt dieser drei Bereiche theoretischer Reflexion entwickelt werden, um zu garantieren, daß er für den vorliegenden Problemzusammenhang Relevanz besitzt. Dabei ist die Grundforderung - um es nochmals zu wiederholen - die, daß der Beziehungsbegriff so gefaßt ist, daß er sinnvoll zur Untersuchung und Bestimmung sprachlicher Ereignisse herangezogen werden kann. Das bedeutet, daß es möglich sein muß, mit linguistisch pragmatischen Mitteln festzustellen, ob und wie eine Äußerung als "beziehungsrelevant" zu charakterisieren ist.

Zunächst kann man feststellen, daß die theoretisch erarbeiteten Restriktionen und die Bestimmungen des alltagssprachlichen Beziehungsbegriffs in einigen Aspekten nicht vereinbar sind, wie etwa in bezug darauf, die Beziehung als intrapsychisches Phänomen anzusehen.

Hinsichtlich anderer Forderungen aber sind die Ergebnisse aus den beiden Bereichen theoretisch analytischer Reflexion miteinander vereinbar. Somit ist es durchaus möglich, jetzt bei einer genauen Definition des Begriffs "zwischenmenschliche Beziehung" von dem sich in den Beziehungsausdrücken manifestierenden Alltagswissen über Beziehungen auszugehen.

Worauf referrieren die oben untersuchten Beziehungsausdrücke nun? Diese Frage ist zu beantworten, wenn man sich klarmacht, welchen Zweck bzw. wann (in welchen Situationen) Beziehungsausdrücke von Sprechern einer Sprache verwendet werden. Solche Ausdrücke werden benutzt, wenn ein Sprecher Aussagen über bestimmte Beziehungen machen will, genauer, wenn er seine Erfahrung und sein Wissen über diese Beziehung vermitteln will.

Wenn also ein Sprecher eine bestimmte Beziehung als "Freundschaft", "Liebelei", "Liaison" oder als "wilde Ehe" charakterisiert, so spielen dabei folgende Gesichtspunkte, die in enger Wechselbeziehung zueinander stehen, eine Rolle: Der Sprecher erlebt das Verhalten bestimmter Personen (oder erfährt indirekt über dritte von diesem Verhalten). Dieses Verhalten stellt sich ihm dar als eine unbestimmt große Menge spezifischer einzelner Handlungen. Der Sprecher interpretiert nun sowohl die einzelnen Handlungen wie auch die Gesamtmenge aller ihm in seiner Erfahrung gegebenen Handlungen der betreffenden Personen nach bestimmten sozial wie individuell bedingten Normen und Konventionen. Dabei stehen die verschiedenen Deutungen in einem dialektischen Verhältnis zueinander: Die jeweils spezifischen Deutungen der Einzelhandlungen werden beeinflußt durch die alle diese Erfahrungen zusammenfassende Deutung, und diese wiederum resultiert zu jedem Zeitpunkt aus den vielen Deutungen der einzelnen Handlungen. Aufgrund dieser erfahrenen und gedeuteten Handlungen kommt der Sprecher zu Urteilen über das Verhalten bestimmter Personen, die dann ihren Ausdruck finden in Wendungen wie "sich lieben", "sich hassen", "Freundschaft schließen", "bei jemandem die erste Geige spielen", "jemanden anketten", "verlobt sein", "Kommilitonen sein" etc. Mit all diesen Wendungen können Sprecher ihre zusammenfassenden Urteile ausdrücken, die sie sich vom Verhalten der jeweiligen Personen gebildet haben. Diese zusammenfassenden Urteile vom jeweils erfahrenen Verhalten stellen dann das Bild dar, das der Sprecher sich von einer bestimmten Beziehung gemacht hat. Die Beziehung ist also zunächst lediglich die Menge der vom Sprecher erfahrenen spezifischen Einzelhandlungen, die unter einem bestimmten Beurteilungsetikett (das dann in Form eines Beziehungsausdrucks vermittelt werden kann) zusammengefaßt und damit erst sowohl für den Sprecher selbst wie auch für andere (denen der Sprecher seine Beurteilung mitteilt) als einheitliches soziales Phänomen faßbar wird.

Dabei beziehen sich die Sprecher einer Sprache mit den von ihnen benutzten Beziehungsausdrücken natürlich immer auf verbale und nonverbale Verhaltensweisen gleichermaßen. Im vorliegenden Problemzusammenhang aber interessiert vornehmlich das verbale Verhalten. Wird also hier davon gesprochen, daß die Sprecher einer Sprache mittels bestimmter Beziehungsausdrücke Aussagen über das Verhalten von Personen machen, so ist damit primär das verbale Verhalten gemeint.

Benutzt etwa ein Sprecher einen Beziehungsausdruck wie "bei denen kriselt es", so kann er sich damit auf eine Reihe von sprachlichen Ausdrücken beziehen, die er bei diesen beiden Personen, auf deren Beziehung er sich bezieht, in einer bestimmten Weise erlebt hat, so etwa Äußerungen wie "du gehst mir auf die Nerven", "mußt du immer dazwischenreden", "damit kommst du jedesmal", "fängst du schon wieder damit an", "laß mich doch einmal in Ruhe" etc. Beziehungsausdrücke wie "Freundschaft" oder "Geschäftsbeziehung" beziehen sich in diesem Sinne also auf die Gesamtmenge charakteristischer Äußerungen, die Personen in entsprechenden Zusammenhängen äußern und die von den Sprechern in einer ganz spezifischen Weise gedeutet worden sind.

Beschränkt man sich bei der Betrachtung des Verhaltens auf sprachliches Verhalten, so kann man entsprechend den oben angestellten Überlegungen feststellen, daß die Beziehungsausdrücke der Alltagssprache sich auf andere sprachliche Äußerungen eben dieser Alltagssprache beziehen. Beziehungsausdrücke können in diesem Sinne als Ausdrücke einer Metasprache (61) aufgefaßt werden, in der über den sprachlichen Teil einer Beziehung Aussagen gemacht werden. In den metasprachlichen Beziehungsausdrücken

61 Die Beziehungsausdrücke als metasprachliche Ausdrücke zu den in den Beziehungen direkt geäußerten sprachlichen Ausdrücken haben natürlich nichts mit der Watzlawickschen Auffassung von "Metakommunikation" im Sinne des Beziehungsaspekts zu tun. Siehe dazu oben Kapitel 3.

werden so gesehen eine ganze Reihe beobachteter oder unterstellter sprachlicher Äußerungen zusammengefaßt und gemeinsam durch ein bestimmtes Etikett charakterisiert.

Das gleiche gilt auch für den allgemeinen Ausdruck "Beziehung" selbst. "Beziehung" kann somit als Etikett des gesamten verbalen und nonverbalen Verhaltens aufgefaßt werden, das zwei Menschen im Umgang miteinander zeigen. Die Beziehung wird dabei nicht als etwas hinter diesem Verhalten stehendes aufgefaßt, sondern als eben dieses Verhalten selbst. *Die Beziehung ist das Verhalten.*

Vergegenwärtigt man sich, daß der Terminus "Beziehung" oder speziellere Termini wie "Kameradschaft", "Ehe", "Kumpanei" oder dgl. zunächst einmal nur Etikette für bestimmte Mengen von Verhaltensweisen darstellen, entgeht man auch der Gefahr der Reifikation, die leicht entsteht, wenn für bestimmte Sachverhalte der Realität ein sprachlicher Ausdruck vorliegt. Die Beziehung ist in diesem Sinne kein "Objekt" oder "Ding", keine irgendwie geartete Entität, der eine unabhängig vom konkreten Handeln mögliche Existenz zukommt, sondern lediglich ein Etikett, unter dem die Vielfalt möglicher Erscheinungen zusammengefaßt wird.

Damit wird hier eine Position bezogen, wie sie Israel bezüglich der menschlichen Eigenschaften einnimmt, die er ja ebenfalls als Menge bestimmter Verhaltensweisen charakterisiert (62). Auch bei Israel wird damit eine Reifikation von menschlichen Eigenschaften verhindert. Im weiteren Verlauf seiner Argumentation werden dann ja auch von Israel diese Eigenschaften und Verhaltensweisen für seine Beziehungsdefinition herangezogen, in der er ebenfalls zu dem Schluß kommt, daß der Mensch das ist, was seine Beziehungen sind und seine Beziehungen die Art und Weise darstellen, wie er sich anderen gegenüber verhält (63). Israel kommt somit zu demselben Schluß, wie er hier aus der Analyse der alltagssprachlichen Beziehungsausdrücke abgeleitet werden konnte.

Ausgehend von dem durch die Alltagssprache in den Beziehungsausdrücken repräsentierten Vorwissen, kann also jetzt eine erste vorläufige Definition des Beziehungsbegriffs vorgenommen werden.

Definition 1
Beziehung ist die Menge konkret beobachtbarer verbaler (und nonverbaler) Verhaltensweisen, die Menschen im Umgang miteinander zeigen.

Wenn als Beziehung das aufgefaßt wird, was sich als konkretes Verhalten von Individuen manifestiert und damit beobachtbar ist, so soll damit natürlich nicht

---

62 Israel 1973,27; siehe dazu auch oben den Abschnitt 2.3.3
63 Israel 1973,29

geleugnet werden, daß dem Verhalten innere psychische und damit nicht direkt beobachtbare Prozesse entsprechen. Mit der Definition 1 ist lediglich festgestellt, daß die intrapsychischen Prozesse nicht die Beziehung sind (was sich dann lediglich nur in Erlebniskategorien fassen ließe), sondern daß die Beziehung das gesamte Verhalten der Partner ist, von dem das innere Erleben nur einen Teil darstellt. "sich lieben" setzt natürlich ganz spezielle Erlebnisinhalte voraus (etwa im Gegensatz zu "sich hassen"), aber dieser innere Gemütszustand wird sich - zumindest in den meisten Fällen - durch bestimmte Verhaltensweisen kundtun. Erst dann aber wird es einem Betrachter möglich sein, ein Urteil abzugeben und etwa zu sagen: "x und y lieben sich". Und erst dann wird die Beziehung von x und y auch linguistisch interessant.

Wichtig an Definition 1 ist weiter auch, daß unter "Beziehung" nicht ein einziger bestimmter Verhaltensaspekt verstanden wird. Mit "Menge von Verhaltensweisen" ist bereits angedeutet, daß es sich bei der Beziehung immer um mehrere Verhaltensakte und damit um einen Prozeß handeln muß, der eine zeitliche Dimension aufweist. In diesem Sinne verweisen die Beziehungsausdrücke auf soziale Prozesse von mehr oder weniger großer Dauer und von mehr oder weniger großer Komplexität. Diese Tatsache drückt sich besonders deutlich durch Wendungen aus wie "Beziehungen wachsen lassen", "eine wechselhafte Beziehung" etc.

Wie leicht zu erkennen ist, erfüllt Definition 1 auch die aus der theoretischen Diskussion abgeleiteten Restriktionen (R1) bis (R5). Nun ist Definition 1 allerdings noch recht unspezifisch. Wenn von Verhaltens*menge* gesprochen wird, so ist damit noch wenig über den Zusammenhang der einzelnen Verhaltensweisen gesagt. Denn eine Menge ist ja zunächst nur eine unstrukturierte Ansammlung von Elementen.

Eine erste Spezifikation ist die, daß die Beziehung als Prozeß aufzufassen ist, also als Menge zeitlich hintereinander geschalteter Verhaltensweisen oder Handlungen. Diese Handlungen sind nun im vorliegenden Problemzusammenhang primär sprachliche Handlungen.

Unter Berücksichtigung dieser Überlegungen kann die Beziehung jetzt spezieller definiert werden als ein sozialer Prozeß, der sich aus einer Reihe bestimmter Handlungen konstituiert. Berücksichtigt man weiter die im 5. Kapitel angestellten Überlegungen zum Problem der Dichotomie von Atomismus und Holismus, so kann man feststellen, daß mit der jetzt herausgearbeiteten Definition der Beziehung als einem aus einzelnen Handlungen bestehenden sozialen Prozeß eine spezielle Variante dieser Dichotomie vorliegt.

In diesem Sinne kann man feststellen, daß die einzelne sprachliche Handlung auf der einen Seite und die Beziehung als Gesamtprozeß aller sprachlichen (und natürlich auch nichtsprachlichen) Handlungen auf der anderen Seite lediglich zwei Aspekte ein und desselben sozialen Phänomens darstellen. Diesem Phänomen kann man sich, modelltheoretisch gesehen, dann auf zweierlei Weise nähern: einmal atomistisch von der einzelnen Handlung her, zum andern holistisch vom Gesamtkomplex der alle Handlungen zusammenfassenden Beziehung. Diese beiden Aspekte werden lediglich bei dem jeweiligen Vorgehen analytisch getrennt. Dabei erscheint dann einmal der Gesamtkomplex "Beziehung" als Explikat für bestimmte singuläre sprachliche Handlungen, zum anderen erscheinen eben diese singulären Handlungsereignisse als Explikat der Beziehung. Im ersten Falle läge eine holistische, im zweiten Falle eine atomistische Erklärung vor.

Mit der Heraushebung und Gegenüberstellung dieser beiden Begriffe, "Beziehung" und "sprachliche Handlung", als den zwei unterschiedlichen Aspekten des einen Phänomens der sozialen Kommunikation, ist auch die im ersten Kapitel betonte pragmatische Relation von Zeichen und Zeichenbenutzer angesprochen. Je nachdem, welchen Betrachterstandpunkt man einnimmt, kann man einmal die Bedeutung und den Einfluß untersuchen, den die einzelne sprachliche Handlung für die zwischenmenschliche Beziehung hat, unter einem anderen Blickwinkel aber, welche Bedeutung und welchen Einfluß die Beziehung für die Produktion bestimmter einzelner sprachlicher Handlungen hat.

Diese unterschiedlichen Blickwinkel der Betrachtung werden auch in bestimmten Beziehungsausdrücken jeweils besonders hervorgehoben. In einer Äußerung wie "mit dieser Bemerkung gibt er ihrer Beziehung eine besondere Wendung" oder "sie kamen sich Schritt für Schritt näher" wird in einer atomistischen Sichtweise auf die Bedeutung und den Einfluß hingewiesen, den einzelne sprachliche Handlungen auf den gesamten Beziehungsverlauf haben. In Ausdrücken dagegen wie "ihrer Freundschaft zuliebe verzichtete er auf einen direkten Vorwurf" oder "sein Benehmen muß man ihrem gespannten Verhältnis zuschreiben" wird die einzelne Handlung in einer holistischen Sichtweise von der gesamten Beziehung her gesehen und beschrieben.

Unter Berücksichtigung dieser Dialektik kann eine zweite Definition von Beziehung gegeben werden:

Definition 2
Beziehung ist der gesamte soziale Prozeß, der sich aus und in den verbalen (und/oder nonverbalen) Handlungen zweier Individuen konstituiert.

Wichtig an dieser Definition 2 ist, daß in ihr explizit zwei Beziehungspartner berücksichtigt werden. Damit wird der Forderung (R4) Rechnung getragen. Zudem steht eine solche Bestimmung auch durchaus im Einklang mit dem alltagssprachlichen Beziehungsbegriff. In bezug auf diesen Aspekt der Beziehung gibt es ja auch etwa Beziehungsausdrücke wie "Zweierbeziehung", "zweiseitige Beziehung", "beiderseitige Beziehung" etc.

Natürlich gibt es auch so etwas wie "Dreierbeziehungen". Das aber bedeutet soviel wie: eine Beziehung von A und B, von A und C und von B und C. Damit läßt sich die Dreierbeziehung wieder auf Zweierbeziehungen zurückführen. Die Zweierbeziehung oder Koalition kann auch insofern als grundlegender als die Dreierbeziehung betrachtet werden, als zwar eine sinnvolle Reduzierung einer Dreierbeziehung auf verschiedene Koalitionen möglich ist, es aber unsinnig wäre, eine Zweierbeziehung auf eine "Einerbeziehung" reduzieren zu wollen. Beziehungen sind also zunächst immer erst Zweierbeziehungen.

Der zweite Fortschritt, den Definition 2 gegenüber Definition 1 gebracht hat, ist der, daß die "Menge der Verhaltensweisen" weiter spezifiziert worden ist, und zwar als sozialer Prozeß zwischen jetzt zwei Partnern und deren sprachlichen Handlungen. Damit sind bis jetzt bereits einige wichtige Aspekte eines Beziehungsbegriffs herausgearbeitet worden, die man sich für eine endgültige Definition vergegenwärtigen muß:

(1) die Beziehung ist ein komplexes Gebilde (Definition 1 und 2);
(2) die Beziehung ist zeitlich ausgedehnt (Definition 2);
(3) die Beziehung setzt sich aus einzelnen Elementen zusammen, nämlich den ihrerseits wieder zeitlich ausgedehnten Handlungen (Definition 1 und 2);
(4) die Beziehung besteht zwischen zwei Partnern (Definition 2).

Im Anschluß an diese bisherigen Ergebnisse stellt sich nun die Frage, wie der Zusammenhang der einzelnen Handlungen beschaffen ist, damit man wirklich von Beziehung sprechen kann. Zwei Individuen können ja durchaus auch verbale Handlungen vollziehen, ohne daß schon von Beziehung gesprochen werden kann, etwa wenn sie zwei Monologe halten oder jeweils mit einem dritten oder vierten Partner reden. Das bedeutet, daß die Handlungen, die die Beziehung konstituieren, aufeinander bezogen sein müssen. Damit stellt sich weiter die Frage, von welcher Art die Handlungen sein müssen. Können etwa alle beliebigen Handlungen Teil der Beziehung sein? Sind nur besondere Handlungen gemeint? In welchem Zusammenhang stehen diese Handlungen? Ist ihre zeitliche Aufeinanderfolge völlig beliebig und willkürlich, oder bilden die Handlungen eine Struktur?

Will man - um mit der letzten Frage zu beginnen - von aufeinander bezogenen Handlungen sprechen, die in ihrer Gesamtheit als sozialer Prozeß anzusehen sind, so ist es sinnvoll anzunehmen, daß diese Handlungen nicht völlig willkürlich aufeinander folgen, sondern daß sie eine bestimmte Struktur bilden. Diese Annahme wird zudem auch durch die in Kapitel 5. erörterten theoretischen Überlegungen gestützt, daß sich die Dialektik von Teil und Ganzem bzw. von Atomismus und Holismus in ihrer speziellen systemtheoretischen Ausprägung auf ein beiden gemeinsames Prinzip zurückführen läßt, nämlich die Annahme einer Struktur. Erst durch diese Annahme wird es überhaupt sinnvoll, von Teil und Ganzem, von Element und System zu sprechen. Ohne eine Struktur wäre das Ganze ja als ein einheitliches, ungegliedertes aufzufassen und besäße somit auch keine Teile.

Mit dieser Überlegung, daß der soziale Prozeß der Beziehung eine Struktur besitzen muß, ist dann schließlich die Verbindung zu den im 5. Kapitel angestellten modell- und systemtheoretischen und den in Abschnitt 6.1 erörterten Überlegungen zum F-System möglich. Der soziale Prozeß der Beziehung, der sich aus den einzelnen Handlungen zweier Beziehungspartner zusammensetzt, die gemeinsam miteinander handeln, ist somit als spezielle Form der F-Kommunikation und F-Interaktion aufzufassen. Damit kann angenommen werden, daß sich die Beziehung in Form von F-Systemen darstellen und beschreiben läßt. Der soziale Prozeß, der "Beziehung" genannt werden kann, ist somit als ein Handlungssystem aufzufassen, das die Mitglieder einer dyadischen F-Gruppe konstituieren.

Man muß nun noch die Tatsache berücksichtigen, daß die Beziehung sich sicher nicht nur auf ein F-System, das ja zeitlich sehr begrenzt ist, beschränkt. Eine solche Vorstellung wird z.B. auch durch Beziehungsausdrücke wie "lebenslange Beziehung" oder "lebenslange Freundschaft" oder dgl. veranschaulicht.

Damit sind die Aspekte herausgearbeitet, die es jetzt ermöglichen, eine für den vorliegenden Problemzusammenhang adäquate Beziehungsdefinition vorzulegen:

Definition 3
Zwischenmenschliche Beziehung ist ein übersituationell ausgedehntes und zeitlich terminiertes Handlungssystem, das sich aus den intermittierenden Handlungsspuren (64) zweier Individuen konstituiert, welche aus (sprachlichen) Einzelhandlungen bestehen, die jeweils auf die einmalige, individuelle Person des Beziehungspartners hin und an ihm orientiert sind.

Diese Definition bedarf noch einiger Erläuterungen: Was diese Definition vor den beiden anderen Definitionen auszeichnet, ist einmal die genaue Charakterisierung des "sozialen Prozeß" der Beziehung als "Handlungssystem", zum anderen ein Hinweis über die Art der Handlungen, die das Beziehungssystem konstituieren. Diese Handlungen können allgemein als partnerorientierte Handlungen bezeichnet werden.

Unter dem Begriff "Handlung" können nun die unterschiedlichsten Aktivitäten subsumiert werden. Man kann einen Baum fällen, allein oder mit anderen, man kann einen Spaziergang vor einer Prüfung machen, jemanden zur Rede stellen, jemandem einen Radioapparat reparieren, jemanden vor anderen blamieren etc. Was im vorliegenden

64 Siehe oben Seite 159

Zusammenhang bei all diesen unterschiedlichen Handlungen besonders interessiert, ist die Tatsache, daß die Handlungen sich dadurch unterscheiden lassen einmal wie weit sie einen Einfluß auf andere haben, zum anderen wie weit sie auf die jeweils individuelle Person des anderen ausgerichtet und an ihr orientiert sind.

So kann man einmal Handlungen anführen, die keinerlei Einfluß auf andere haben, etwa wenn man einen Spaziergang macht, um das Warten auf einen Zug zu überbrücken. Andere Handlungen haben wiederum einen Einfluß auf andere Personen, etwa "ein Fenster bei -30° öffnen". Dann gibt es Handlungen, die ausschließlich auf die Person des Partners hin orientiert sind, etwa "jemanden bloßstellen" - und es gibt Handlungen, die dies nicht sind, etwa "einen Radioapparat reparieren".

Um diese Beispiele besser beurteilen zu können, ist es notwendig, noch eine weitere Unterscheidung einzuführen. Bei Handlungen kann man allgemein mit von Wright zwischen einem Handlungsergebnis und der Handlungswirkung unterscheiden (65). Handlungsergebnis ist der Effekt einer Handlung, der wesentlich mit der Handlung selbst verknüpft ist, während die Wirkung den Effekt des Ergebnisses darstellt und je nach Umständen verschieden sein kann (66).

So ist das Ergebnis der Handlung "Radioapparat reparieren", daß der Apparat wieder funktionsfähig ist, die Wirkung die, daß sein Besitzer wieder die Nachrichten hören kann. Das Ergebnis einer Handlung "jemanden bloßstellen" ist, daß die Person x vor anderen bloßgestellt ist, die Wirkung kann sein, daß x sich nun minderwertig fühlt oder nicht mehr mit der Person y redet oder dgl.

Solche (sprachlichen) Handlungen nun, die sowohl einen Einfluß auf andere haben als auch auf sie (wie auch auf den Sprecher selbst) hin und an ihnen (an ihm) orientiert sind, sollen Kontakte genannt werden. Auf eine Person hin orientiert bedeutet dabei im einzelnen, motiviert zu sein, mit dieser Person als jeweils einmaliger, unverwechselbarer Person in jeweils besonderer Weise zu kommunizieren und zu interagieren, und zwar aufgrund ihrer spezifischen, individuellen Eigenschaften und Verhaltensweisen. An einer Person orientiert bedeutet, man kommuniziert und interagiert mit dieser Person unter Berücksichtigung dieser ihrer Eigenschaften und Verhaltensweisen (67).

Mit dieser noch recht vorläufigen und vagen Definition des Kontakts soll lediglich angedeutet werden, daß Beziehungssysteme nicht aus beliebigen Handlungen bestehen,

---

65 von Wright 1971,86f

66 Die logischen Probleme des Zusammenhangs von Handlung, Ergebnis und Wirkung werden bei Kummer diskutiert. Cf. Kummer 1975,29ff.

67 Siehe hierzu auch die oben dargestellten Überlegungen von Israel, Seite 65ff

sondern nur aus einem spezifischen Teil aller möglichen Handlungen. Wie diese speziellen Handlungen (Kontakte) theoretisch genau zu fassen sind, wird ausführlich im Abschnitt 6.3 expliziert werden. Die dort angestellten Überlegungen, Definitionen und Bestimmungen würden jedoch zu einem erheblichen Maße als willkürliche ad hoc-Definitionen erscheinen, könnten sie nicht auf den in diesem Abschnitt explizierten Beziehungsbegriff bezogen werden, der seinerseits nun wieder, zumindest in einer ersten vorläufigen Weise, den Kontaktbegriff verlangt. Damit ist in einer ersten Annäherung die schon mehrfach erwähnte Dialektik von Beziehung und den sie konstituierenden Einzelhandlungen (Kontakten) angedeutet (68).

Definition 3 kann für den vorliegenden Zusammenhang als adäquat angesehen werden, und zwar aus folgenden Gründen. Die konstitutiven Aspekte des Beziehungsbegriffs sind nach Definition 3:

(1) die Beziehungspartner;
(2) die Kontakte;
(3) der Prozeß, in dem Partner und Kontakte miteinander verbunden sind.

Damit entspricht Definition 3 sowohl den theoretisch erarbeiteten Forderungen (R1) bis (R5) wie auch den Aspekten des alltagssprachlichen Beziehungsbegriffs.

Als übersituationelles Handlungssystem stellt die Beziehung ein komplexes Gebilde dar, das sich nicht im einzelnen Kommunikationsakt erschöpft. Der Beziehungsbegriff entspricht damit den Forderungen (R1) und (R2). Weiter stimmt die hier gegebene Definition 3 mit einer Reihe von Aspekten überein, wie sie in der frühen deutschen Beziehungssoziologie entwickelt wurden. Vor allem aber liegt Übereinstimmung mit Überlegungen vor, wie sie bei Argyle und Israel zu finden sind. Allerdings wird in der hier vorliegenden Arbeit wesentlich stärker der sprachliche Bereich behandelt.

Indem auf die Verhaltensweisen (Handlungen) der Beziehungspartner rekurriert wird und nicht primär auf intrapsychische Phänomene und indem stets zwei Beziehungspartner mit in die Betrachtung einbezogen werden, entspricht Definition 3 den Forderungen (R3) und (R4). Auch hier ist wieder eine Übereinstimmung mit der Beziehungssoziologie von Wieses und den Positionen Argyles und Israels gegeben.

Schließlich wird, indem auf das jeweils individuelle Handlungssystem, das sich zwischen zwei Partnern entwickelt, rekurriert wird, nicht nur starr die Rollenbeziehung gesehen, obwohl, wie das bei der Diskussion des Beziehungsprofils des F-Systems deutlich geworden ist, solche Rollennormen durchaus berücksichtigt werden. Auch in dieser Hinsicht besteht Übereinstimmung mit von Wiese und Argyle und Israel.

---

68 Ausführlicher wird davon in den Abschnitten 6.3.1 und 6.3.6 die Rede sein.

Ebenso läßt sich im einzelnen belegen, daß der Beziehungsbegriff im Sinne von Definition 3 auch mit dem alltagssprachlichen Begriff vereinbar ist. Dabei zeigt sich, daß der hier vorgelegte Begriff jeweils an bestimmten Stellen des semantischen Raumes des Alltagsbegriffs zu lokalisieren ist.

So ist der Beziehungsbegriff nach Definition 3 zunächst als allgemeiner Begriff aufzufassen. Allerdings können auch spezielle Beziehungsarten im Sinne von Definition 3 als Handlungssysteme aufgefaßt werden. Weiter ist die hier gegebene Definition 3, entsprechend dem linguistisch pragmatischen Interesse, auf die mehr äußerlichen, d.h. der (allerdings immer schon interpretierenden) Beobachtung zugänglichen Phänomene sprachlicher Handlungen orientiert. Aber es werden auch innere Prozesse berücksichtigt. Dabei muß allerdings deutlich betont werden, daß diese inneren Prozesse nicht die Beziehung im hier verstandenen Sinne sind. Die Beziehung ist das Gesamt der erfahrbaren Prozesse, von denen innere Prozesse nur einen Teil darstellen. Weiterhin entspricht der hier vorgelegte Beziehungsbegriff mehr dem individuellen Aspekt des Alltagsbegriffs. Die Beziehung wird als einmaliges Phänomen bestimmt, wie es mit der Zeit zwischen zwei Personen entsteht. Wie oben jedoch bereits bemerkt, spielen soziale, überindividuelle Aspekte ebenfalls eine Rolle, ohne jedoch das einzige Kriterium darzustellen. Schließlich ist die Beziehung entsprechend der hier vorgelegten Definition 3 als dynamisches Phänomen zu betrachten. Unter dem Gesichtspunkt aber, daß "Beziehung" als Etikett für ein ganzes Handlungssystem verstanden werden kann, spielt auch das Moment einer statischen Sichtweise eine gewisse Rolle.

Die endgültige Definition von "Beziehung" kann jetzt folgendermaßen formuliert werden:

Definition 4

Zwischenmenschliche Beziehung ist das aus Kontakten sich konstituierende, übersituationell ausgedehnte und zeitlich terminierte Handlungssystem zweier Interaktanten.

Der Begriff der "Beziehung" im vorgelegten Sinn der Definition 4 kann entsprechend den hier verfolgten Zielen einer pragmatischen Analyse sowohl als theoretisch legitimiert wie auch alltagssprachlich als sinnvoll angesehen werden. Um jedoch auf der Basis dieses Beziehungsbegriffs das empirische Material bearbeiten zu können, ist es zunächst einmal wichtig und notwendig, diesen Beziehungsbegriff weiter zu explizieren. Damit wird dann die Grundlage gelegt, auf der im nächsten Abschnitt 6.3 das Konzept des Kontakts als eines speziellen Sprechhandlungstyps genauer entwickelt werden kann.

6.2.4 Das Beziehungssystem

Zwischenmenschliche Beziehungen können, wie gezeigt wurde, als komplexe Handlungssysteme aufgefaßt werden, die sich zwischen zwei Interaktanten - oft über Jahre hin - entwickeln. Diese Handlungssysteme realisieren sich in einer Reihe von F-Systemen, zu deren jeweiligen F-Gruppen die beiden Beziehungspartner gehören. Die Handlungssysteme der Beziehung, kurz: die Beziehungssysteme, bestehen, grob gesprochen, aus den verbalen und nonverbalen Handlungen der Beziehungspartner. Im vorliegenden Problemzusammenhang sollen nun speziell die sprachlichen Handlungen betrachtet werden. Dabei wird weitgehend (d.h. soweit es möglich ist) von den nonverbalen Handlungen abgesehen. Das bedeutet: Es wird ein Teilmodell des Beziehungssystems entwickelt. Das Original dieses Teilmodells ist das verbalsprachliche Subsystem des Beziehungssystems. Die Handlungen, die dieses verbalsprachliche Subsystem konstituieren, sind die sprachlichen Handlungen, die oben Kontakte genannt wurden. Dieses Handlungssystem der Kontakte, eben das (verbalsprachliche) Beziehungssystem, soll jetzt zunächst insgesamt hinsichtlich einiger seiner allgemeinsten Eigenschaften eingehender beschrieben werden.

6.2.4.1 Allgemeine Bedingungen

Die Frage, die sich zunächst stellt, ist folgende: Wann kann von einer bestimmten Menge von sprachlichen Handlungen gesagt werden, daß sie ein Beziehungssystem konstituieren? Diese Frage kann spezifiziert werden: Gibt es irgendwelche Bedingungen, die logisch hinreichend oder notwendig für die Möglichkeit des Bestehens von Beziehungssystemen sind (69)?

Wichtig ist zunächst die Tatsache, daß die Handlungen einen Einfluß auf den anderen haben. Eine Handlung von A hat nun einen Einfluß auf das Verhalten von B, wenn sowohl die objektiven wie subjektiven Wahrscheinlichkeiten (70) der Handlungsalternativen, die B nach Vollzug der Handlung von A hat, sich geändert haben. Die Menge der möglichen Handlungsalternativen kann dabei eingeschränkt oder erweitert werden.

Wenn A während eines Gesprächs mit B plötzlich aufgrund einer bestimmten Äußerung von B empört den Raum verläßt, so haben sich sowohl objektiv wie subjektiv die Wahrscheinlichkeiten der für B möglichen Handlungs-

---

69 Zu den Begriffen "logisch hinreichend und notwendig" cf. Wall 1974,42f; Bocheńsky/Menne 1973,30f

70 Der Begriff der subjektiven Wahrscheinlichkeit kann sehr differenziert auf der Basis eines komparativen Wahrscheinlichkeitsbegriffs entwickelt werden. Cf. dazu Kutschera 1973,73ff. Eine axiomatische Explizierung der subjektiven Wahrscheinlichkeit gibt Kutschera 1973,79ff.

alternativen geändert. Einerseits sind sie drastisch eingeschränkt worden: B kann nicht mehr weiter mit A sprechen; andererseits sind sie aber auch erweitert worden: B kann jetzt Handlungen ausführen, die für ihn vorher unmöglich waren, etwa den Raum verlassen und A suchen und dann A gegenüber ganz andere, vorher nicht mögliche sprachliche Handlungen vollziehen, z.B. A beschimpfen, ihn trösten, ihm gut zureden, sich bei ihm entschuldigen etc. je nachdem, welcher Anlaß gerade vorliegt.

Dieses Handlungsprädikat "einen Einfluß haben auf" kann nun weiter spezifiziert werden. So kann festgestellt werden, daß die Einflußnahme auf die Person des Partners selbst abzielt und an ihr orientiert ist. D.h. die Handlungen sind primär durch Interesse oder Desinteresse an der jeweils individuellen Person des Partners bestimmt. In ihnen wird dieses Interesse oder Desinteresse, dem Partner erkenntlich, zum Ausdruck gebracht. Aufgrund der Einstellung zur Person des Partners besteht bei dem jeweils Handelnden die Tendenz, Handlungen eines bestimmten Typs immer wieder dem Partner gegenüber zu vollziehen, etwa ihn zu kritisieren oder ihn zu bestätigen oder dgl. Weiter kann man annehmen, daß die bestimmten Handlungen dieses bestimmten Typs nicht ausgeführt würden, wenn der jeweils besondere, einmalige Partner nicht anwesend wäre.

Die beiden Handlungsprädikate

- einen Einfluß haben auf;
- partnerorientiert sein (71)

können somit benutzt werden, um die konstituierenden Bedingungen für die Möglichkeit des Bestehens eines Beziehungssystems zu formulieren. Für sich allein genommen ist jede der folgenden Bedingungen eine notwendige, aber keine hinreichende Bedingung. Zusammen aber stellen die Bedingungen (SB1) bis (SB6) sowohl hinreichende wie notwendige Bedingungen für die Existenz eines Beziehungssystems dar.

Die allgemeinen Systembedingungen (SB) für ein Beziehungssystem sind nun folgende: Gegeben seien zwei Interaktanten A und B. Jene Menge der von A und B vollzogenen Handlungen bildet das Beziehungssystem von A und B gdw. gilt:

(SB1) Es gelten die allgemeinen Kommunikations- und Interaktionsbedingungen (72).

(SB2) A ist objektiv in der Lage, mindestens eine partnerorientierte Handlung zu vollziehen, die einen Einfluß auf B hat.

(SB3) A glaubt (73), daß seine partnerorientierten

---

71 Die genaue Explikation des Handlungsprädikats "partnerorientiert sein" ist Aufgabe des Abschnitts 6.3.

72 Siehe oben Seite 13;16

73 "glaubt" steht hier im Sinne von "ist überzeugt davon, daß".

Handlungen einen Einfluß auf B haben.

(SB4) A glaubt, daß B objektiv in der Lage ist, mindestens eine partnerorientierte Handlung zu vollziehen, die einen Einfluß auf A hat.

(SB5) A glaubt, daß B glaubt, daß seine (Bs) partnerorientierten Handlungen einen Einfluß auf A haben (74).

(SB6) Die Bedingungen (SB2) bis (SB5) gelten jeweils entsprechend umgekehrt auch für B (75).

(SB2) bezieht sich auf die Tatsache, daß, will man eine Beziehung anknüpfen, man auch objektiv in der Lage sein muß, dies zu tun. D.h. die Beziehung hängt stets von der tatsächlich gegebenen Interaktionsmöglichkeit ab. So wird man etwa, auch wenn man es gerne möchte, keine Beziehung zu Menschen fremder Kulturen haben können, wenn keinerlei Kommunikationsmöglichkeiten bestehen. Entsprechend müssen auch die anderen in der Lage sein, überhaupt Kontakt aufzunehmen. Damit wird z.B. die Möglichkeit ausgeschlossen, daß man Beziehungen im hier definierten Sinne etwa zu überirdischen Mächten, außerirdischen Lebewesen, toten Gegenständen oder dgl. haben kann. Denn auf solche "Partner" hat man weder Einfluß noch sind sie selbst in der Lage, durch konkrete Handlungen Einfluß auszuüben.

Zur Beziehung gehört aber weiter immer auch, und darauf rekurrieren (SB3) bis (SB5), neben der objektiv gegebenen Möglichkeit zu partnerorientierter Interaktion eine richtige Einschätzung seiner eigenen wie der Fähigkeiten des jeweiligen Beziehungspartners. Wenn man nicht davon überzeugt ist, daß man eine Beziehung aufbauen kann, nützt einem natürlich auch die objektiv gegebene Möglichkeit dazu nichts. So tritt sicher häufig der Fall auf, daß man jemanden nicht anspricht, weil man der Meinung ist, daß eine solche Kontaktaufnahme "doch keinen Zweck hat". Ein Großteil psychotherapeutischer Bemühungen gehen dann auch in die Richtung, kontaktarmen Klienten ein Selbstvertrauen und Zutrauen in ihre tatsächlich vorhandenen Beziehungsfähigkeiten zu geben (76). Ebenso muß man natürlich, bevor man eine Beziehung beginnt, davon überzeugt sein, daß der potentielle Beziehungspartner mit einem selbst kommunizieren und interagieren kann und daß dieser Partner ebenfalls seinerseits davon überzeugt ist, daß eine Kontaktaufnahme sinnvoll ist.

---

74 Um genau zu sein, müßte (SB5) lauten: A glaubt, daß B glaubt, daß, wenn er (B) partnerorientierte Handlungen vollziehen will, diese dann einen Einfluß auf A haben. Damit wird vermieden, daß der Eindruck entsteht, als vollzöge B nur partnerorientierte Handlungen, was natürlich nicht der Fall ist. Entsprechendes gilt auch für (SB3).

75 Cf. dazu Laing et al. 1966,37ff; Cicourel 1973,229; Habermas 1975,108f

76 Argyle 1969,378ff,383ff

Insgesamt zielen die allgemeinen Bedingungen des Beziehungssystems auf eine besondere Betonung der Zweiseitigkeit der Beziehung und auf die starke innere wie äußere Verzahnung der Beziehungspartner ab. Sind in diesem Sinne die Bedingungen alle erfüllt, kann man davon sprechen, daß das Handlungssystem, bestehend aus den Handlungen von A und B, ein Beziehungssystem zwischen A und B ist oder einfach die Beziehung von A und B darstellt.

6.2.4.2 Beziehungssystem - Gebrauchssystem

Wie bereits bei der Darstellung der allgemeinen Bedingungen des Beziehungssystems deutlich geworden sein dürfte, sind natürlich nicht alle Handlungen, die Menschen in gemeinsamer Interaktion und Kommunikation vollziehen, Elemente eines Beziehungssystems. Handlungen (auch verbale Handlungen) können von der unterschiedlichsten Art sein. Sie können auf die unterschiedlichsten Zwecke hin konzipiert und vollzogen werden. Sie können in den unterschiedlichsten größeren Handlungszusammenhängen stehen. Handlungen, die im Rahmen einer Gruppensituation vollzogen werden (also im Rahmen eines F-Systems), sind in diesem Sinne weder alle beziehungsorientiert noch alle nicht beziehungsorientiert. Genau diese Tatsache muß man aber berücksichtigen, will man zu einer realistischen Auffassung dessen kommen, was das Beziehungssystem zweier Partner ist und wie es sich in konkreten Kommunikations- und Interaktionssituationen in Gruppen realisiert.

Betrachtet man verschiedene Dialoge, so läßt sich feststellen, daß es prinzipiell zwei mögliche Kommunikationsformen gibt, die recht deutlich unterschieden werden können. Das kann an vier Ausschnitten aus real stattgefundenen Dialogen demonstriert werden (77).

Dialogausschnitt 1
(Eine studentische Arbeitsgruppe in einem Arbeitszimmer der Universität. Es geht um den Versuch, ein defektes Fenster zu öffnen. Aufnahme vom 5.11.1974)

1AA: du mußt das unten runterdrehen + da ++
2BB: dies hier ++
3AA: ja ++
4BB: rumdrehen + das geht nur nicht (...) + ja + das ist klar (...) + das wollen wir doch schräg stellen ++
5AA: nee + da muß das erst da unten gekippt werden + 6 sonst geht das so halbwegs 6 -
6BB: 5 ja + das geht doch nicht 5 + da war maln Hebel dran ++
7AA: doch + das geht doch ganz leicht + mach doch mal wieder zu +
...

77 Zu den Transkriptionskonventionen siehe Abschnitt 8.2.3.1.

<u>Dialogausschnitt 2</u>
(Gespräch eines Oberbürgermeisters und eines Sachbearbeiters für Personalfragen im Büro des Oberbürgermeisters im Rathaus. Aufnahme vom 26.11.1970 (78))

1AA: da würd ich allerdings gleich etliches berich tigen ++
2BB: ja ++
3AA: die Stadtverwaltung hat die Ansicht - nach dem was mir gesagt wurde + nie vertreten + auch in der Verwaltungsausschußsitzung wo ich selber nicht dabei war sei von der Verwaltung dafür plädiert worden das eben im Wege -
4BB: richtig +
5AA: des pflichtmäßigen Ermessens
6BB: aber er -
7AA: ihm die Zulage gegeben wird ++
8BB: richtig + Herr Oberbürgermeister ++
9AA: nur der Ausschuß hats dann eben fünf zu fünf abgelehnt ++
10BB: ja + er kann sich aber nur gegen die Stadtverwaltung zur Wehr <u>11 setzen 11</u> ++
11AA: ja + <u>10 ja 10</u> ++
...

<u>Dialogausschnitt 3</u>
(Telefonat. AA: weiblich, BB: männlich. Aufnahme vom 10.1.1972 (79))

1AA: ja + ich bin auch manchmal schüchtern ++
2BB: ja ++
3AA: den Eindruck mach ich auch nicht + ne + =LACHEN=
4BB: =LACHEN= ich schweige verblüfft ob der Geständ nisse + sie kommen mir ganz unerwartet + ne ++
5AA: <u>6 =LACHEN= 6</u>
6BB: <u>5 =LACHEN= 5</u> was möchtest du denn gerne wie ich dich finde ++
7AA: =OCH= das ist mir eigentlich egal ++
8BB: ja ++
9AA: so wie ich bin ++
10BB: =AH= ja gut + das das ist wieder mal ne salo monische Form ++
11AA: =LACHEN= nee + im allgemeinen bin ich nicht schüchtern + also brauchst nicht zu denken du hättest schlechte Menschenkenntnis + es kommt ganz selten mal durch ++
12BB: ja + na ja gut +
...

---

78 Dieser Ausschnitt stammt aus dem Text 447 (xeo) des Freiburger Korpus für gesprochene deutsche Standardsprache. Die Transkriptionsnotation wurde gegenüber der ursprünglichen Freiburger Notation geändort.

79 Ausschnitt aus dem Text 652 (xfr) des Freiburger Korpus.

Dialogausschnitt 4
(Fernsehdiskussion Löwenthal/Nannen. AA: Nannen, BB: Maier, CC: Löwenthal. Aufnahme vom 16.12.1970 (80))

1AA: ... das ist Ihre Form der Manipulation + Sie übersetzen -
2BB: Herr Nannen + darf ich Ihnen
3CC: einen Moment + Herr Nannen + Moment + Moment + Moment ++
4AA: Sie übersetzen einen - halten Sie den Mund jetzt ++
5CC: danke schön ++
6AA: ich bin noch nicht fertig + Sie übersetzen einen Zeugen nicht ordnungsgemäß vom Italieni schen ins Deutsche + und Sie schneiden einem anderen Zeugen das Wort ab + und einem dritten Zeugen zahlen Sie fünfzigtausend Lire ++
7BB: das sind weniger als einhunderttausend ++
8CC: Herr Nannen + Sie verlieren die Nerven + Herr Nannen + bleiben Sie ruhig ++
9AA: aber meine Nerven sind
10BB: ein Moment ++
11AA: ganz ausgezeichnet + Herr Löwenthal ++
12CC: ja + aber ich hatte nicht den Eindruck +
...

Diese Dialogausschnitte zeigen folgendes: In jedem der Dialogausschnitte (DA) werden andere Typen von Handlungszusammenhängen aktualisiert. In DA1 und DA2 liegen bestimmte Probleme vor, die diskutiert werden müssen und einer Lösung zugeführt werden sollen. Dabei geht es im DA1 um Probleme aus dem Bereich des unmittelbaren, aktuellen Aktionsraums der F-Gruppe. Im DA2 dagegen geht es mehr um abstrakte, juristische und verwaltungstechnische Probleme. In beiden Fällen wird jedoch eine Lösung dieser Probleme angestrebt, und es werden (wenn auch teilweise nur kurzfristig) bestimmte Handlungszusammenhänge konstituiert.

Von völlig anderer Art ist DA3. Hier geht es nicht um die Lösung bestimmter konkreter oder abstrakter Probleme, sondern um das Aushandeln einer Stellungnahme zueinander. Es geht nicht um Aspekte der mittelbaren oder unmittelbaren Umgebung (soziales Umfeld oder Aktionsraum), sondern um die jeweils einmaligen, individuellen Persönlichkeiten der beiden Sprecher. Es geht um die Sprecher selbst, um deren persönliche und individuelle Meinungen und Gefühle.

DA4 schließlich kann als eine interessante Mischform aufgefaßt werden. Einerseits liegt ein Kommunikationstyp

---

80 Ausschnitt aus dem Text 462 (yas) des Freiburger Korpus. In der Diskussion ging es um die Frage: Ist der Nannen-Mitarbeiter Weidemann ein Kriegsverbrecher? Der vollständige Text ist abgedruckt im Textbuch II des Freiburger Instituts. Cf. Os 1974.

wie in DA1 und DA2 vor. So geht es um bestimmte Probleme der Manipulation, des Stils von Recherchen etc. Zum anderen aber geht es auch ganz stark um die Sprecher selber; um deren Stellung zueinander, um deren Gefühle und Meinungen, um deren individuelle Persönlichkeiten (die hier zusätzlich noch Persönlichkeiten des öffentlichen Lebens darstellen, weswegen ihr Gespräch auch vor einem breiten Publikum stattfindet).

Die vier Dialogausschnitte repräsentieren also jeweils andere Handlungs- und Relevanzzusammenhänge. In ihnen werden unterschiedliche Ziele verfolgt und entsprechend unterschiedliche Kommunikationsformen verwendet. Eine genaue Beschreibung und Interpretation der Äußerungen in diesen vier Ausschnitten ist letztlich nur dadurch möglich, daß man den mehr oder weniger weiten Handlungs- und Relevanzzusammenhang heranzieht und die jeweiligen Dialogausschnitte darin einordnet.

Setzt man nun diese unterschiedlichen Typen verbaler Kommunikation mit den F-Gruppen, in denen sie entstanden sind, in Relation, so läßt sich feststellen, daß der Zweck des Bestehens der jeweiligen F-Gruppe in sehr engem Zusammenhang zur Funktion des jeweils aktualisierten Handlungszusammenhangs steht. So lassen sich die F-Gruppen von DA1 und DA2 generell als Arbeitsgruppen charakterisieren, die sich zusammengefunden haben, um bestimmte Probleme und Aufgaben zu lösen. Dabei ist es natürlich nicht so, daß die F-Gruppe von DA1 zusammengekommen ist, um ein Fenster zu öffnen. In dieser studentischen Arbeitsgruppe ging es vielmehr um die Lösung bestimmter im Seminar gestellter Probleme. Der Handlungszusammenhang des "Fenster-Öffnens" ereignete sich also innerhalb des großen Arbeitszusammenhangs der F-Gruppe. Er stellt somit in gewisser Weise einen eigenen, untergeordneten Arbeitszusammenhang dar, der letztlich dazu diente, bessere Arbeitsbedingungen (frische Luft) zu schaffen. Dieser untergeordnete Aufgabenlösungsprozeß wurde dann von einem Teil der F-Gruppe (der Subgruppe AA und BB) übernommen. Die F-Gruppe des DA4 dagegen ist speziell zu dem Zweck der Klärung bestimmter Probleme (Stellungnahme Nannens zu Vorwürfen Löwenthals in einem früheren ZDF-Magazin) zusammengekommen. Die besondere Form, in der das geschah (im Rahmen einer Fernsehdiskussion), deutet aber bereits darauf hin, daß es nicht nur um die sachliche Klärung ging, sondern auch um die für viele Zuschauer interessante Konfrontation der beiden bekannten Persönlichkeiten Nannen und Löwenthal.

Die F-Gruppe von DA3 schließlich war aus primär "persönlichen" Aspekten gebildet worden. Weder AA noch BB ging es um die Lösung bestimmter Aufgaben oder Probleme, sondern ausschließlich um das Bekunden der gegenseitigen Freundschaft und Sympathie füreinander.

Zur Charakterisierung solcher unterschiedlichen Typen von Kommunikation kann jetzt auf den im ersten Kapitel entwickelten funktionalen Katalog zurückgegriffen werden. Dort wurde ja in Übereinstimmung mit funktional theoretischen wie sozialwissenschaftlich empirischen Untersuchungen ein oberstes Gesellschafts-zentriertes Funktionsniveau postuliert. Auf diesem Niveau war es möglich, die Kommunikation in Gruppen nach ihrer Funktion im gesamtgesellschaftlichen Zusammenhang der Gruppeninteraktion zu klassifizieren. In diesem Sinne läßt sich die verbale Kommunikation in Gebrauchskommunikation und Beziehungskommunikation untergliedern. Dies entspricht den beiden obersten Sprachfunktionen, der Gebrauchs- und der Beziehungsfunktion.

Diese hier vertretene Unterscheidung von Gebrauchs- und Beziehungskommunikation weist zwei wichtige Differenzen zum Ansatz von Watzlawick et al. auf: Zum einen wird die hier vorgenommene Unterscheidung im Gegensatz zu Watzlawick et al. nicht einfach gesetzt, sondern ist durch ein eindeutiges und auch empirisch belegtes (81) Kriterium legitimiert - nämlich hinsichtlich der unterschiedlichen Ziel- und Orientationspunkte intentionaler Ausrichtung von Gruppenaktivitäten oder anders gesagt: hinsichtlich des unterschiedlichen funktionalen Status von Gruppen. Darüber hinaus geht es zum anderen hier nicht wie bei Watzlawick et al. um eine Auffächerung in (letztlich in dieser Form auch nicht für möglich erachtete) "Aspekte" e i n e r Sprechhandlung (oder "Mitteilung", wie Watzlawick et al. es nennen), sondern um die Gegenüberstellung von zwei grundsätzlich verschiedenen Kategorien von Sprechhandlungen selbst (82).

Sprachliches Handeln in Sozietäten (Gruppen) verläuft somit zweisträngig. Es ist zum einen sachorientiert, d.h. es dient Arbeitsprozessen, in denen es um die Lösung von Problemen und Aufgaben geht, unabhängig von den Individualitäten der beteiligten Interaktanten. Es ist zum anderen partner- oder beziehungsorientiert, d.h. es geht gerade um diese Individualitäten und jeweils einmaligen Persönlichkeiten der Interaktanten. Sachorientierte und partnerorientierte Kommunikation hängt also davon ab, welche Bedeutung die jeweilige Kommunikation für den Bestand und die Funktion der Gruppe als Ganzes hat und damit welche gesellschaftsrelevante Bedeutung der Gruppe zukommt. So muß grundsätzlich unterschieden werden, ob die Gruppe primär konstituiert worden ist, um Arbeit zu verrichten, oder ob sie hauptsächlich zu dem Zweck zusammengekommen ist, den Mitgliedern die Möglichkeit des persönlichen Kontakts zu anderen Personen zu geben.

Daß es dabei sicher in den seltensten Fällen zu den hier vorgeschlagenen "reinen" Formen der Kommunikation kommt, dürfte klar sein. Der weitaus größte Teil der Kommunikation wird gewiß komplizierte Mischformen dar-

81 Argyle 1969,214ff

82 Der spezifische Unterschied des hier vorgelegten Ansatzes zu Watzlawick et al. wird weiter unten, in Abschnitt 6.3.3, noch detaillierter diskutiert.

stellen. Um aber Mischformen überhaupt als solche erkennen zu können, ist es natürlich notwendig, die an der Mischform beteiligten Momente zumindest analytisch zu trennen. Diese analytisch "reinen" Formen sind die Gebrauchs- und die Beziehungskommunikation, die sich allerdings zuweilen auch in relativ "reiner" Form manifestieren, wie das DA1 bis DA3 illustrieren.

Der Handlungszusammenhang nun, den die sachorientierte Gebrauchskommunikation einerseits und die partnerorientierte Beziehungskommunikation andererseits bilden, kann als jeweils unterschiedliches Handlungssystem betrachtet werden. Sachorientierte Kommunikation kann in diesem Sinne als das Gebrauchssystem (der Sprache), partnerorientierte Kommunikation als das Beziehungssystem (der Sprache) bezeichnet werden (83).

Gebrauchs- wie Beziehungssystem lassen sich als Subsysteme des gesamten von einer F-Gruppe hervorgebrachten Handlungssystems (I-K-Muster) bestimmen. Eine nonverbale Handlung nun, die zum Gebrauchssystem gehört, soll als Gebrauchshandlung bezeichnet werden. Gehört die nonverbale Handlung dagegen zu einem Beziehungssystem, soll von Beziehungshandlung gesprochen werden.

Gebrauchshandlungen sind etwa alle gegenstandsbezogenen, instrumentellen Handlungen, die im weitesten Sinne dem Zweck, Arbeit zu leisten, dienen, also etwa handwerkliche, technische, allgemein: manuelle Handlungen wie "Maschinen bedienen", "Auto fahren", "Schreiben", "Sägen", "Hämmern", "Kochen", "einen Computer bedienen" etc. Beziehungshandlungen dagegen sind (nonverbale) Handlungen, die an den individuellen Personen und Persönlichkeiten der Interaktionspartner und auf sie hin orientiert sind, etwa "jemandem die Hand geben", "ihm auf die Schulter klopfen", "ihn umarmen", "jemanden unterhaken", oder Gesten wie "die Hand aufs Herz legen", "sich an den Kopf fassen", "jemandem einen Vogel zeigen" etc. Natürlich ist es auch möglich, ursprüngliche Gebrauchshandlungen in einem beziehungsorientierten Sinne zu verwenden, etwa in einem Fall wie "jemandem die Arbeit aus den Händen nehmen", um sie selber zu verrichten und damit dem anderen etwa seine eigene Unfähigkeit zu demonstrieren.

Die Unterscheidung von Gebrauchshandlung und Beziehungshandlung findet eine gewisse Parallele in der Ethologie. So unterscheidet Tembrock zwischen Gebrauchshandlungen und Signalhandlungen (84). Gebrauchshandlungen sind in diesem Sinne alle "zur Erhaltung des Organismus"

---

83 Wie Argyle berichtet (cf. Argyle 1969,216), hat Homans 1951 eine ähnliche Unterscheidung vorgeschlagen, für die er die Termini "Primärsystem" (für Aufgabenlösungsprozesse) und "Sekundärsystem" (für Interaktion zu sozialen, partnerorientierten Zwecken) vorgeschlagen hat.

84 Tembrock 1962,43; siehe auch oben Anmerkung 93, Seite 97

erforderlichen Verhaltensweisen, etwa "der Ernährung, des Schutzes, der Körperpflege oder Fortpflanzung" (85). Signalverhalten ist demgegenüber das Verhalten, das adressierter Informationsübertragung dient.

Eine ähnliche Unterscheidung (allerdings ausschließlich für den menschlichen Bereich) findet sich bei Habermas (86). Habermas unterscheidet zwischen instrumentalem und kommunikativem Handeln. Instrumentales Handeln meint dabei das Einwirken des Menschen auf die Natur in Form von Technik. Es ist Produktion und Nutzbarmachung und richtet sich nach "technischen Regeln" (87). In diesem Sinne entspricht es den Gebrauchshandlungen Tembrocks insofern, als dieses Handeln auch der Erhaltung der Art dient. Es ist aber sicher aufgrund der größeren Möglichkeiten der Einwirkung auf die Natur, die dem Menschen gegenüber den Tieren zur Verfügung stehen, weiter zu fassen als die Tembrockschen Gebrauchshandlungen.

Kommunikatives Handeln ist nach Habermas die "symbolisch vermittelte Interaktion (...) nach obligatorisch geltenden Normen" (88). Auch dies entspricht dem, was Tembrock Signalhandlung nennt, muß aber aufgrund der ebenfalls größeren Fähigkeiten des Menschen zur Kommunikation weiter gefaßt werden.

Die hier vorgelegte Unterscheidung von Gebrauchssystem und Beziehungssystem entspricht nun nur teilweise den von Tembrock und Habermas vorgeschlagenen Kategorien. Neben den nonverbalen Gebrauchs- und Beziehungshandlungen sollen hier weiter auch im verbalen Bereich Gebrauchs- und Beziehungshandlungen unterschieden werden. Ist eine verbale Handlung Teil eines Gebrauchssystems, soll von Sprechakt (89) gesprochen werden. Kann die verbale Handlung zu einem Beziehungssystem gerechnet werden, soll von Kontakt (90) gesprochen werden. Somit liegen die in Abbildung 6.12 zusammengestellten terminologischen Zusammenhänge vor.

---

85 Tembrock 1962,43

86 Habermas 1968

87 Habermas 1968,62

88 Habermas 1968,62; weiter unterscheidet Habermas dann noch zwischen kommunikativem Handeln allgemein (im Sinne der Verbindung von verbalem und nonverbalem Verhalten) und dem Discours (im Sinne rein verbalen Verhaltens). Cf. Habermas 1971.

89 "Sprechakt" wird hier im Sinne der Sprechakttheorie verstanden. Die im Rahmen der vorgelegten Untersuchungen als notwendig erachteten Modifikationen des Sprechaktkonzepts werden im Abschnitt 6.3.2.2 näher diskutiert.

90 Siehe unten Abschnitt 6.3.

Typ des Handlungssystems	Nonverbale Handlung	Verbale Handlung
Gebrauchssystem	Gebrauchshandlung	Sprechakt
Beziehungssystem	Beziehungshandlung	Kontakt

Abb. 6.12

Das Gebrauchssystem setzt sich somit aus (nonverbalen) Gebrauchshandlungen und (verbalen) Sprechakten zusammen, das Beziehungssystem dagegen aus (nonverbalen) Beziehungshandlungen und (verbalen) Kontakten. Damit umfaßt das Gebrauchssystem im hier vorgelegten Sinne sowohl die instrumentalen Handlungen von Habermas (und damit natürlich auch die Tembrockschen Gebrauchshandlungen) als aber auch die kommunikativen Handlungen Habermas bzw. die Signalhandlungen Tembrocks. Zum Gebrauchssystem gehören natürlich alle instrumentalen Handlungen, aber eben auch die verbalen kommunikativen Handlungen, die zu instrumentalen Zwecken verwendet werden. Das Beziehungssystem im hier betrachteten Sinne liegt dagegen ausschließlich im Bereich des Habermasschen kommunikativen Handelns bzw. damit in dem des Tembrockschen Signalverhaltens, da es ja im Beziehungssystem ausschließlich um die verbale oder nonverbale partnerorientierte Kommunikation geht.

Im vorliegenden Zusammenhang geht es nun, wie schon mehrfach betont, um den verbalen Teil des Gebrauchs- und Beziehungssystems. Es werden Sprechhandlungen betrachtet, die einmal, im Bereich des Gebrauchssystems, als sachorientiert bezeichnet werden können, zum anderen, im Bereich des Beziehungssystems, als partnerorientiert. Es wird also angenommen, daß in Gruppen einmal sachorientiert, zum andern partnerorientiert kommuniziert wird. Das bedeutet, daß zur Unterscheidung von Gebrauchs- und Beziehungssystem die Identifikation der Kommunikation als gebrauchsorientiert oder beziehungsorientiert möglich sein muß und notwendig ist.

Da im gesamten Abschnitt 6.3 eine explizite Spezifizierung der beziehungsorientierten Kommunikation erfolgen wird, sollen jetzt lediglich einige Charakteristika sachorientierter Kommunikation genannt werden. Damit kann diese Form der Kommunikation gegen die Beziehungskommunikation besser abgegrenzt werden.

Sachorientierte Kommunikation in diesem Sinne kann generell unterteilt werden in:

(1) aufgabenorientierte Kommunikation;
(2) problemorientierte Kommunikation.

Mit aufgabenorientierter Kommunikation sind jene verbalen Handlungen gemeint, die im engen Zusammenhang mit nonverbalen Handlungen stehen, die diese nonverbalen Handlungen initiieren, begleiten oder durch sie initiiert werden. Dabei dienen die verbalen Handlungen dem gleichen übergeordneten Zweck wie die nonverbalen Handlungen. Hierher gehören etwa Äußerungen wie "Gib mir mal die Zange" oder "Du mußt den Pfropfen so herausdrehen" etc. Solche aufgabenorientierten Handlungszusammenhänge sind etwa "Bauarbeiten", "Einrichten einer Wohnung", "Reparaturarbeiten", "Kochen", "eine Lokomotive fahren", "Schreibmaschine schreiben" etc.

Im Gegensatz dazu liegen bei der problemorientierten Kommunikation ausschließlich sprachliche Handlungen vor. Anders als bei den manuell physisch zu bewältigenden A u f g a b e n geht es hier um intellektuell interaktiv zu bewältigende P r o b l e m e , die nur im Rahmen verbaler Handlungen in der Gruppe gelöst werden können. Beispiele für solche problemorientierten Handlungszusammenhänge sind etwa "Diskussionen", "Unterricht (ohne Demonstrationen)", "Sprechstunden", "Beratungen", "Terminabsprachen" etc.

Die Aufgaben und Probleme der sachorientierten Kommunikation können den oben genannten (91) Relevanzbereichen zugeordnet werden. Dabei läßt sich allgemein folgendes feststellen: Bei der sachorientierten Kommunikation geht es darum, daß Aufgaben und/oder Probleme gelöst werden, und zwar:

(1) Aufgaben/Probleme, die aufgrund der Bedingungen des Aktionsraumes der F-Gruppe entstehen (92);
(2) Aufgaben/Probleme, die aus der jeweils speziellen gesellschaftlich bestimmten und normierten Position der Gruppe (etwa als Arbeitsgruppe mit bestimmter Aufgabe) oder einzelner Personen (etwa Lehrer in einer Klasse) entstehen und die unabhängig von der jeweils einmaligen Individualität dieser Individuen bestimmt sind;
(3) Aufgaben/Probleme, die der Organisation und Koordination der eigentlichen körperlichen und geistigen Arbeit dienen (etwa das Verteilen von Teilaufgaben oder das Vorbereiten eines Arbeitsvorgangs).

Entscheidend ist bei der sachorientierten Kommunikation, daß die Kommunikationspartner - abgesehen von ihren speziellen sachorientierten Fähigkeiten und Positionen - austauschbar sind, ohne daß sich hinsichtlich des sachorientierten Charakters der Kommunikation prinzipiell etwas ändern würde. Dabei muß man natürlich davon ausgehen, daß sich wohl in jedem Fall in konkreten Gruppensituationen die Interaktanten nie völlig mit ihrer Individualität aus der Interaktion und Kommunikation herausnehmen können. Das kann dann in Fällen starken emotionalen (oder wie in DA4 auch politischen)

---

91 Siehe oben Seite 151f
92 Ein solcher Fall liegt beispielsweise in DA1 Seite 190 vor.

Engagements zu einer Vermischung der unterschiedlichen Formen führen. Dabei ist es dann schwer, wenn überhaupt, möglich, bestimmte Äußerungen eindeutig als sach- oder beziehungsorientiert zu deuten.

Schematisch lassen sich die in F-Systemen möglichen Formen der Kommunikation wie in dem Graphen von Abbildung 6.13 zusammenfassen.

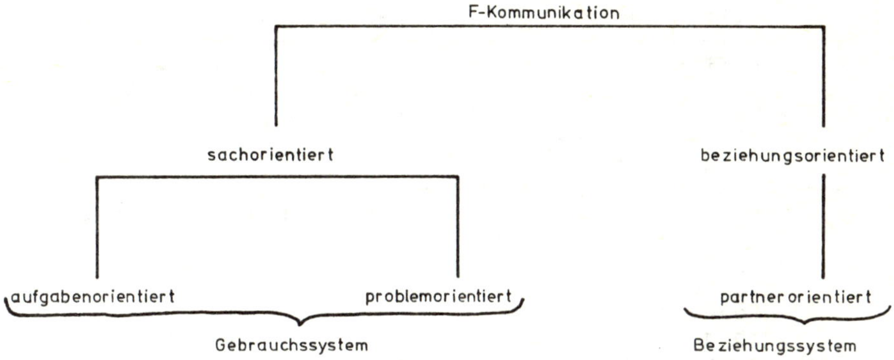

Abb. 6.13

Es gibt nun eine Reihe allgemeiner Merkmale, die Gebrauchssystem und Beziehungssystem voneinander unterscheiden. Sie sind in der Tabelle von Abbildung 6.14 zusammengestellt.

	Gebrauchssystem	Beziehungssystem
1	Die Mitglieder der F-Gruppe beteiligen sich an der Kommunikation, motiviert durch das Sachproblem	Die Mitglieder der F-Gruppe beteiligen sich an der Kommunikation, motiviert durch die Präsenz eines oder der anderen Teilnehmer.
2	Die Kommunikation kann unabhängig von Motivation und Intention der Mitglieder der F-Gruppe initiiert sein.	Die Kommunikation kann nicht unabhängig von Motivation und Intention der Mitglieder der F-Gruppe initiiert sein.
3	Die Mitglieder der F-Gruppe sind, abgesehen von ihrer sachlichen Kompetenz, austauschbar.	Die Mitglieder der F-Gruppe sind nicht austauschbar.
4	Ein Sachthema ist fixiert und wird über eine bestimmte Zeit (bis zur Lösung der Aufgabe/des Problems) beibehalten.	Es sind keine Sachthemen fixiert.
5	Der Kommunikationsverlauf ist rational und argumentativ.	Der Kommunikationsverlauf ist sowohl rational als auch emotional und assoziativ.
6	Die Kommunikation kann (oder könnte) sinnvoll vertagt werden.	Die Kommunikation kann nicht sinnvoll vertagt werden.
7	Notwendigkeit und Bedürfnis (Motivation) zur Kommunikation bestehen nicht mehr nach Lösung der Aufgabe/des Problems.	Notwendigkeit und Bedürfnis (Motivation) zur Kommunikation bestehen unabhängig von der Lösung von Aufgaben/Problemen.

Abb. 6.14

Eine Sonderstellung nimmt bei dieser Gegenüberstellung die explizite Kommunikation über Beziehungen ein. So kann etwa im Falle eines Konflikts (z.B. zwischen Ehepartnern) eine "Aussprache" stattfinden. Die Frage, die sich dabei stellt, ist, ob eine solche F-Kommunikation Teil eines Gebrauchs- oder eines Beziehungssystems darstellt. Für die These, es handle sich um ein Gebrauchssystem, spräche die Tatsache, daß auf eine solche Kommunikation einige Merkmale des Gebrauchssystems zuträfen. Für die These, es handle sich um ein Beziehungssystem, spräche die gerade für Beziehungssysteme konstitutive Tatsache, daß eine solche Kommunikation partnerorientiert ist.

Für eine solche Form der Kommunikation (in der ja dann sehr stark die im Abschnitt 6.2.2 diskutierten Beziehungsausdrücke benutzt würden), trifft eine andere Unterscheidung zu, nämlich die von objekt- und metasprachlicher Kommunikation. Eine "Aussprache" über eine Beziehung müßte sich einer Metasprache bedienen. Hier ging es nicht darum, Kontakte direkt zu vollziehen, sondern über Kontakte zu reden, etwa durch Äußerungen wie "was du damals gesagt hast, hat mich sehr gekränkt" oder dgl. Dabei stellt sich weiter die Frage, ob die hier vorgenommenen Unterscheidungen, die ja selbst als metasprachliche Unterscheidungen anzusehen sind, sowohl auf eine Objekt- wie auch auf eine Metaebene zutreffen. Berücksichtigt man die Funktion von Metasprachen, nämlich Aussagen über Aussagen zu machen, so liegt wohl eindeutig ein Sachproblem vor. Insofern kann man davon ausgehen, daß das Kommunizieren in einer Metasprache schon von vornherein eine Beziehungskommunikation ausschließt. Eine "Aussprache" kann im hier definierten Sinn also nicht als Beziehungskommunikation aufgefaßt werden, sondern ist problemorientierte Kommunikation in einer Metasprache und gehört damit in den Bereich des Gebrauchssystems.

Allerdings wird man davon ausgehen können, daß die Aussagen der Metasprache selbst wiederum benutzt werden, um damit direkte verbale Beziehungshandlungen, also Kontakte, zu vollziehen. Einerseits wird also die Sachkommunikation in der Metasprache durch objektsprachliche Kontakte durchsetzt sein. Andererseits werden, ähnlich wie in DA4, die eigentlichen Metaausdrücke zusätzlich objektsprachlich als Kontakte aufgefaßt werden, was teilweise zu Verwirrung und Mißverständnissen führt. Ein solcher Dialog könnte etwa folgendermaßen ablaufen:

1AA: du bist in letzter Zeit immer so gereizt ++
2BB: mußt du mir ständig Vorwürfe machen ++
3AA: das sollte doch kein Vorwurf sein + ich wollte das nur mal feststellen ++

In diesem (fiktiven) Dialogausschnitt ist 1AA als metasprachliche Äußerung von AA gemeint - also problemorientiert. BB identifiziert 1AA jedoch als objektsprachlichen Kontakt und reagiert mit 2BB ebenfalls mit einem Kontakt. Dieses Mißverständnis versucht AA durch 3AA zu korrigieren, indem er wieder eine metasprachliche Äußerung verwendet. Sehr häufig werden solche metasprachlichen Rekurse jedoch aufgrund des starken emotionalen Engagements nicht gemacht, wodurch die sachorientierte, metasprachliche Kommunikation zur beziehungsorientierten objektsprachlichen Kommunikation wird. Die "Aussprache" wird zum "Streit".

Beispiel für solch ein Hin- und Herspringen zwischen objekt- und metasprachlicher Kommunikation ist im DA5 zu beobachten:

Dialogausschnitt 5
(Ehepaar abends in seiner Wohnung. Es geht um Erziehungsprobleme. Aufnahme 1971 (93))
1AA: ja + was sollen wir jetzt machen in Zukunft ++
2BB: gar nichts anderes als das was wir jetzt heute abend wieder erzählt haben ++
3AA: also ihn nächstes Mal bollern lassen ++
4BB: ja + du weißt nicht ob es richtiger gewesen wäre + aber =ÄH= das is - hätte ich 5 vorher ... 5
5AA: 4 ja + also + nach deinem 4 Gesicht - wie du reinkamst zur Tür bin ich ja erschrocken - 6 als große Sünde und so furchtbar ... und dem Kind nachgeben ... 6
6BB: 5 na ja + eben + sis ja wieder =ÄH= sis wieder typisch + ne + sis ja eben natürlich wieder - das is wieder 5 natürlich typisch ++
7AA: ha ja + 8 du du du du machst ja auch so Gesichter 8 ++
8BB: 7 und des is - und da - weil das so is hat er sich - und weil 7 des so is =ÄH= is auch die - is -
9AA: ach ++
10BB: die die Situation so unsicher ++
11AA: ja ++
12BB: ja + liebe Zeit ++
...

6.2.4.3 Die Eigenschaften des Beziehungssystems

In dem Maße, in dem die Beziehung als bestimmtes Handlungs s y s t e m aufgefaßt werden kann, muß sie auch mit den Mitteln der allgemeinen Systemtheorie beschreibbar sein. Das ist auch der Fall. Wie sich zeigt, lassen sich eine Reihe allgemeiner Eigenschaften des Beziehungssystems feststellen, die im nächsten Abschnitt 6.3 benutzt werden können, um das Konzept des Kontakts zu entwickeln.

Im fünften Kapitel wurden einige grundlegende Begriffe der allgemeinen Systemtheorie vorgestellt. Auf das Handlungssystem der Beziehung können diese Überlegungen jetzt angewandt werden.

93 Ausschnitt aus dem Text 579 (xeg) des Freiburger Korpus.

6.2.4.3.1 Beziehung als offenes System

Zunächst kann man feststellen, daß Beziehungssysteme offene Systeme sind. D.h. sie stehen in Wechselwirkung mit ihrer Umgebung (94). Diese Tatsache entspricht auch dem alltagssprachlichen Beziehungsbegriff. Sie drückt sich in Wendungen aus wie "sich in Beziehungen einmischen" oder "Beziehungen lenken" oder dgl.

Die Offenheit eines Beziehungssystems ist prinzipiell von zweifacher Art. Um das einsehen zu können, muß man sich klarmachen, wie sich ein Beziehungssystem realisiert. Nach Definition 3 bzw. 4 ist die Beziehung ein übersituationell ausgedehntes Handlungssystem zweier Personen. Beziehungssysteme realisieren sich nun im Rahmen von F-Systemen. Das F-System aber ist situationell begrenzt. Dennoch kann das Beziehungssystem durch das F-System beschrieben werden, und zwar derart, daß man feststellt, daß das Beziehungssystem aus miteinander verketteten F-Systemen besteht.

Diese Feststellung muß modifiziert werden. Ein Beziehungssystem ist stets das Handlungssystem zweier Personen einer F-Gruppe. F-Systeme können nun durchaus dyadische Gruppen enthalten. Das ist jedoch nicht immer der Fall. Recht häufig bestehen die F-Gruppen der F-Systeme aus mehr als zwei Personen. Betrachtet man nun ein bestimmtes Beziehungssystem, so ist in solchen F-Gruppen immer nur ein Teil von Interesse.

Entsprechendes gilt für das I-K-Muster, das D-Muster und das Beziehungsprofil. Immer der Teil ist dann jeweils von Interesse, der sich auf zwei bestimmte Mitglieder der F-Gruppe bezieht. Bei dem I-K-Muster kommt hier eine zusätzliche Einschränkung hinzu. Es werden nicht alle Handlungen der beiden Personen betrachtet, sondern nur die, die partnerorientiert sind. Außerdem werden im vorliegenden Zusammenhang schließlich noch nur die verbalsprachlichen Handlungen, also die Kontakte, betrachtet.

Wird in diesem Sinne das zwar zeitlich vollständige F-System betrachtet (mit all seinen Subsystemen auf den verschiedenen Subsystemniveaus), gleichwohl aber nur die auf zwei Personen sich beziehenden Subsysteme dieser Subsysteme betrachtet, so soll von einem partiellen F-System (pF-System) gesprochen werden.

In diesem Sinne läßt sich jetzt die Beziehung genauer definieren als Handlungssystem, das sich in Form von miteinander verketteten pF-Systemen beschreiben läßt. Die unterschiedlichen pF-Systeme sind dadurch miteinander verkettet, daß immer genau die beiden Personen Mitglieder der jeweiligen F-Gruppen sind, deren gemeinsames Beziehungssystem gerade betrachtet wird. Diese Zusammenhänge sind in Abbildung 6.15 veranschaulicht.

---

94 Hall/Fagen 1956; von Bertalanffy 1956; Miller 1971

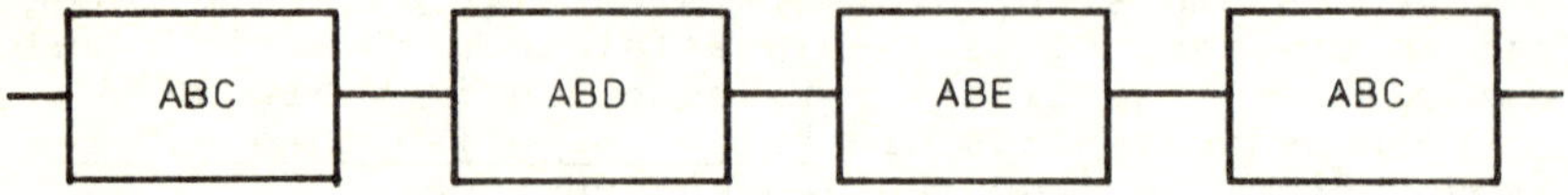

Abb. 6.15

Bei dieser Kette von F-Systemen (es sind nur die jeweiligen F-Gruppen genauer aufgeführt), die zeitlich aufeinander folgen, müßten dann jeweils die pF-Systeme betrachtet werden, deren F-Gruppen etwa aus den Personen A und B bestehen. Ein Teil des zeitlich sehr ausgedehnten Beziehungssystems der beiden Personen A und B ist dann durch die Kette von Abbildung 6.15 repräsentiert.

Das Beziehungssystem von A und B ist nun insofern ein offenes System, als es durch das soziale Umfeld der pF-Systeme beeinflußt wird, also entsprechend den sozialen Einflüssen, die auf jedes F-System wirken. Im einen Fall ist also das jeweilige soziale Umfeld der verschiedenen F-Systeme (bzw. pF-Systeme) die Umgebung des Beziehungssystems.

Der andere Fall ist dadurch gegeben, daß man als Umgebung eines Beziehungssystems nicht allgemein das soziale Umfeld der F-Systeme betrachtet, sondern andere Beziehungssysteme. Liegt etwa ein bestimmtes einmaliges F-System vor, dessen F-Gruppe aus drei Mitgliedern, A, B und C, besteht, so kann dieses F-System bzw. seine speziellen pF-Systeme jeweils Teil von drei unterschiedlichen Beziehungssystemen sein, nämlich den Beziehungssystemen von A und B, von A und C und schließlich von B und C. Diese drei Beziehungssysteme konvergieren dann sozusagen innerhalb eines F-Systems, wie das in Abbildung 6.16 veranschaulicht ist.

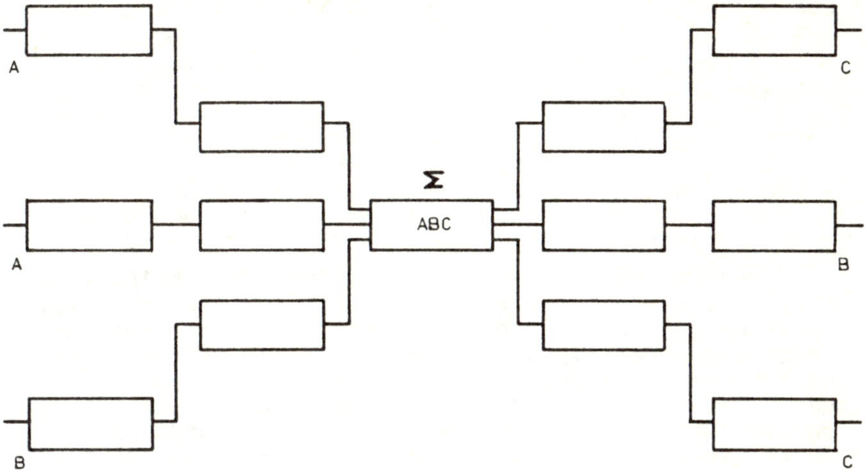

Abb. 6.16

Im F-System Σ mit der F-Gruppe A,B,C kann nun ein und dieselbe Handlung, etwa von A, gleichzeitig einen Kontakt, adressiert an B wie an C, darstellen. Ein und derselbe Kontakt könnte damit als Element zweier unterschiedlicher Beziehungssysteme aufgefaßt werden, nämlich der Systeme von A und B und von A und C. Ebenso können zwei verschiedene Handlungen von A jeweils als Kontakt der möglichen unterschiedlichen Beziehungssysteme aufgefaßt werden.

Aus dieser Möglichkeit unterschiedlicher Zugehörigkeit von einzelnen Handlungen resultieren recht häufig Verständnisschwierigkeiten und Mißverständnisse, die, wenn sie vom Handelnden unbemerkt bleiben, zu Konflikten führen können. Äußerungen, die zu einem Beziehungssystem gehören, etwa dem von A und B, können dann Relevanz bekommen für ein anderes System, etwa das von A und C (95). In diesem Sinne ließe sich folgende beobachtete spontane Äußerung deuten: "endlich sehe ich mal, wie es ist, wenn du dich wirklich um jemanden bemühst". Der Sprecher dieser Äußerung bringt zum Ausdruck, welche Bedeutung ein bestimmtes Verhalten des Adressaten für ihn, den Sprecher, hat und damit welche Relevanz dieses Verhalten für die gemeinsame Beziehung besitzt. Das freundliche Verhalten von A B gegenüber führt hier zu einem Konflikt im Beziehungssystem von A und C.

Häufig versuchen Interaktanten in solchen Situationen, Mißverständnissen dadurch vorzubeugen, daß sie

95 Siehe dazu auch unten Abschnitt 6.3.4

metasprachliche Bemerkungen in die objektsprachliche Kommunikation einflechten. So etwas ist sehr oft in der Kommunikation mit Kindern zu beobachten. Das mag ein fiktives Beispiel verdeutlichen:

1AA: wollen wir mal mit der Achterbahn fahren ++
2BB: ja + gern ++
3CC: aber du hast doch versprochen mit mir zu fahren ++
4AA: ja + mit dir fahr ich doch auch noch ++
5CC: aber du hast es mir zuerst versprochen ++
6AA: gut + dann fahr ich zuerst mit dir und dann mit BB ++

Die drei Beziehungssysteme von Abbildung 6.16, A B, A C, B C, die alle im F-System Σ mit der F-Gruppe A,B,C konvergieren, stellen nun insgesamt ein komplexes Handlungssystem dar, in das außer A,B,C noch weitere Personen einbezogen sind, die selbst wiederum in wieder anderen Beziehungssystemen stehen. Betrachtet man nun nur das in Abbildung 6.16 dargestellte System und greift dabei ein Beziehungssystem, etwa das von A und B heraus, so können die beiden anderen Systeme, das von A und C und das von B und C, als Umgebung des Systems von A und B angesehen werden. Diese Systeme stehen dann im oben diskutierten Sinne mit dem System von A und B in Wechselwirkung und bilden somit dessen Umgebung.

Generell läßt sich sagen, daß zur Umgebung eines Beziehungssystems sowohl Handlungen gehören können, die außerhalb jeglicher Beziehung stehen, wie auch solche, die zu verschiedenen anderen Beziehungssystemen gehören. Die Relation zu den verschiedenen anderen Beziehungssystemen kann auch von anderer Art sein. So können die Beziehungssysteme so beschaffen sein, daß sie sich gegenseitig nicht berühren, wie in Abbildung 6.17 dargestellt.

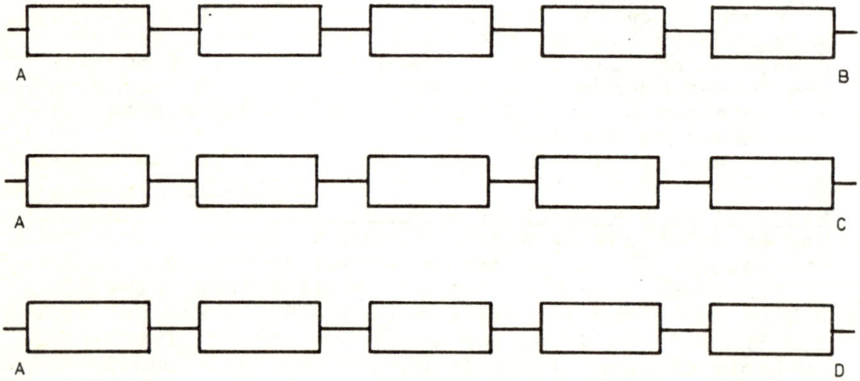

Abb. 6.17

In diesem Fall soll von einem Beziehungsparadigma gesprochen werden. A hat Beziehungen zu drei Personen, die untereinander nicht miteinander im Rahmen von F-Systemen in Verbindung stehen. Liegt dagegen eine Verflechtung unterschiedlicher Beziehungssysteme vor, wie sie in Abbildung 6.16 angedeutet wurde, soll von Beziehungsnetz gesprochen werden. Schließlich gibt es noch die Möglichkeit, daß die zeitlich aufeinander folgenden, jeweils abgeschlossenen Beziehungen einer Person betrachtet werden, wie es in Abbildung 6.18 dargestellt ist:

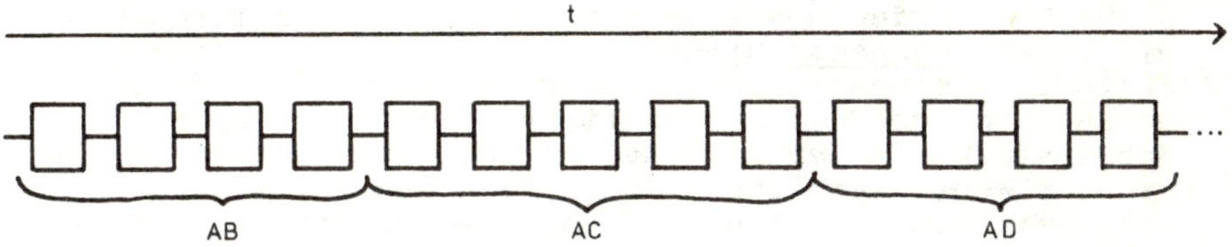

Abb. 6.18

In einem solchen Fall soll von Beziehungssequenz gesprochen werden.

In allen drei Fällen, also dem Beziehungsparadigma, dem Beziehungsnetz und der Beziehungssequenz, können die Erfahrungen, die eine Person in den unterschiedlichen Handlungssystemen (F-Systemen) macht, Einfluß auf ein gerade betrachtetes System haben. In allen drei Fällen bilden die jeweiligen Beziehungen die Umgebung einer speziellen Beziehung, stehen sie mit ihr in Wechselwirkung.

6.2.4.3.2 Subsysteme

Eine weitere, wichtige Eigenschaft von Beziehungssystemen ist die, daß sie in verschiedene Subsysteme aufteilbar sind. Mit "Subsystem" sind in diesem Fall nicht die verschiedenen Subsysteme des F-Systems oder eines pF-Systems zu verstehen. Vielmehr muß, wenn von Subsystemen des Beziehungssystems gesprochen wird, das gesamte Beziehungssystem (also die übersituationelle Gesamtheit der verketteten pF-Systeme) betrachtet werden. Die Subsysteme, von denen hier gesprochen wird, sind also Subsysteme des gesamten Beziehungsprozesses.

Nimmt man etwa den in der Alltagssprache gebräuchlichen Beziehungsausdruck "eine lebenslange Beziehung", so ist damit auf ein ungeheuer komplexes, kontinuierliches oder diskontinuierliches Handlungssystem verwiesen. Ein solches Beziehungssystem besteht gewiß nicht aufgrund nur eines einzigen Aspekts. So wird eine solche Beziehung eventuell überhaupt (über so lange Zeit) erst dadurch möglich, daß die beiden Beziehungspartner auf den unterschiedlichsten Ebenen miteinander agieren. Das bedeutet, daß die partnerorientierten Handlungen an den unterschiedlichsten Aspekten und Eigenschaften des Beziehungspartners orientiert sind.

Das Bedürfnis also, mit einer bestimmten Person ein Beziehungssystem zu konstituieren (also eine Beziehung mit ihr zu beginnen), hängt davon ab, was an diesem Partner "von Interesse" ist, d.h. welcher Bereich seiner individuellen Persönlichkeit ausschlaggebend für den eigenen Wunsch ist, mit ihm zu interagieren.

Diese "Beziehungsgestimmtheit" oder Disposition kann mit Lersch Bindemoment genannt werden (96). Beziehungssysteme entstehen also aufgrund unterschiedlicher Bindemomente in den Beziehungspartnern. Das Bindemoment hängt dabei stark von der allgemeinen Motivationsstruktur und den sie konstituierenden motivationalen Bereichen ab. Es ist somit ein Aspekt der Situationsdefinition bzw. des Meinungsbildes. Dabei sind die Beziehungspartner auf die unterschiedlichen Bereiche der individuellen Persönlichkeit des jeweils anderen orientiert. Diese Bereiche bilden gleichsam Orientationskerne, an denen das Denken, Fühlen und Handeln der Partner kristallisiert. Man kann prinzipiell vier solcher partnerzentrierten Orientationsbereiche unterscheiden:

(1) die Wahrnehmungen;
(2) das Denken;
(3) die Gefühle;
(4) die Handlungen.

Diese Orientationsbereiche können nun in Relation zu den unterschiedlichen Motivationsbereichen gesetzt werden. Das führt zu einer Spezifikation der Orientationsbereiche, etwa zu einem "kulturbedingten Denken" oder "sexuellen Gefühlen" etc. In diesem Sinne kann eine Beziehung, ein Beziehungssystem, sich aufgrund von Bindungen in den unterschiedlichsten Bereichen konstituieren (97).

Aufgrund solcher Bindemomente lassen sich Beziehungen nach den unterschiedlichsten Subsystemen aufgliedern, wie etwa "emotionale", "rationale", "ethische", "erotische", "geschäftliche", "politische", "berufliche" Subsysteme, je nachdem, an welchen Bereichen menschlicher Existenz sich die Beziehungspartner gegenseitig orientieren (98). In diesem Sinne sind dann auch Beziehungs-

---

96 Siehe oben Seite 55

97 Auf die Orientationsbereiche wird weiter unten noch detaillierter eingegangen. Siehe dazu Abschnitt 6.3.2.3.1.

98 Diesen Sachverhalt hat bereits Moreno im Zusammenhang mit seinem soziometrischen Verfahren erwähnt. Cf. Moreno 1954,119.

ausdrücke zu verstehen wie "freundschaftliche", "eheliche", "sexuelle", "religiöse", "familiäre Beziehungen".

Beziehungen können nun primär durch nur eine Art von Bindemoment charakterisiert sein, wie das etwa bei einer ausschließlich sexuell erotischen Beziehung der Fall ist. Andererseits können sie gleichwertig durch mehrere sehr unterschiedliche Bindemomente bestimmt werden, wie etwa in Freundschaften oder Ehebeziehungen. Die Vielfalt der Bindemomente und damit die Herausbildung unterschiedlicher Beziehungssubsysteme ist dabei sicher proportional zu der Dauer einer Beziehung. Je länger eine Beziehung anhält, um so wahrscheinlicher ist es, daß sie sich in unterschiedliche Subsysteme aufgliedert, je kürzer Beziehungen sind, desto eher sind sie von nur einem oder wenigen Bindemomenten bestimmt (99).

6.2.4.4 Das Schichtmodell der Beziehung

Neben der Untergliederung eines Beziehungssystems in unterschiedliche Subsysteme kann das Beziehungssystem selbst als Schichtmodell dargestellt werden. Dabei wird entweder das Beziehungssystem als Ganzes oder seine unterschiedlichen Subsysteme betrachtet. Das Beziehungssystem oder ein Subsystem lassen sich in diesem Sinne wie in Abbildung 6.19 als System konzentrischer Kreise darstellen. Das gesamte Kreissystem stellt die Menge der Beziehungshandlungen oder Kontakte dar.

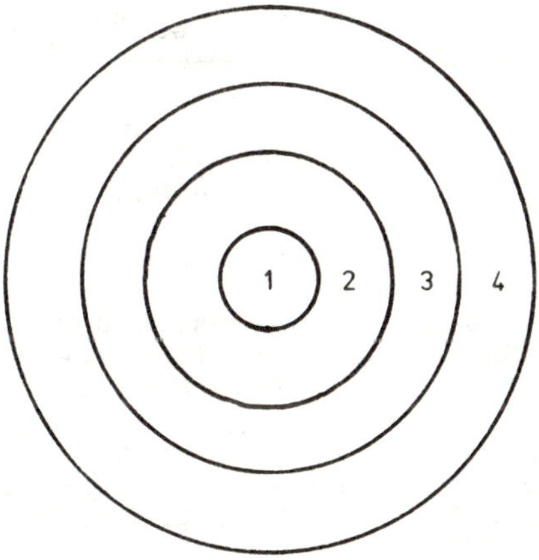

Abb. 6.19

Die verschiedenen Kreisringe repräsentieren dabei die "Enge" der Beziehung zwischen A und B. "Enge" ist

99 Cf. dazu auch Argyle 1969,205f,207f

dabei zunächst ein nicht näher spezifiziertes Prädikat.

Das Schichtmodell und die spezielle Vierteilung leiten sich aus einer Reihe empirischer Untersuchungen ab, die zum Distanzverhalten von Menschen gemacht wurden. Wie verschiedene Autoren (100) übereinstimmend festgestellt haben, lassen sich verschiedene Zonen räumlicher Nähe um die Person des Individuums bestimmen. Diese Distanzzonen, die die unmittelbare Umgebung um das Individuum strukturieren, lassen sich danach bestimmen, wem, wann, zu welchem Zweck und durch welche Handlungen erlaubt wird, sich bis auf die jeweilige Entfernung zu nähern. Dieses "Aushandeln" einer für die augenblicklichen Gegebenheiten gemäßen Entfernung zwischen zwei interagierenden Individuen (und entsprechender charakteristischer Handlungen) ist, wie festgestellt werden konnte, in seinen Ergebnissen sehr konsistent. So konstatiert Argyle etwa, daß

> die Effekte experimenteller Manipulation sich auf bescheidene 7 - 17 Zentimeter beschränken (101).

Diese im interaktiven Verhalten von Menschen relativ konstant gehaltenen räumlichen Distanzbereiche lassen sich nun mit Hall (102) im wesentlichen in vier Zonen einteilen. Die Distanzzonen wurden sowohl im Zusammenhang mit dem Territorialverhalten der Tiere (103) wie dem interkulturellen Vergleich (104) menschlichen Verhaltens entwickelt. Die vier Zonen, die Hall unterscheidet (105) und die er jeweils noch in "close" und "not close" einteilt, sind in der Tabelle von Abbildung 6.20 zusammengestellt (106):

Distanzzone	close	not close
Intimdistanz	0 - 15	15 - 45
Persönliche Distanz	45 - 80	80 - 130
Soziale Distanz	130 - 230	230 - 400
Öffentliche Distanz	400 - 800	ab 800

Abb. 6.20

Die unterschiedlichen Zonen sind dadurch charakterisiert, daß in ihnen unterschiedliche Wahrnehmungen und Handlungen auftreten. So ist in den beiden innersten

---

100 Cf. etwa Joos 1962; Argyle/Dean 1965; Hall 1966; Sommer 1967; zusammenfassende Darstellungen finden sich bei Argyle 1969,93ff; Graumann 1972,1220ff.
101 Argyle 1969,94
102 Hall 1966
103 Hall 1966,7ff; cf. dazu auch Tembrock 1971,19ff; Meyer 1976,199f; Argyle 1969,28f
104 Hall 1966,131ff,149ff
105 Hall 1966,113ff
106 Die Angaben sind in Zentimeter gemacht. Hall selbst macht Angaben in Inch und Fuß.

Zonen direkter körperlicher Kontakt möglich, und zwar im Sinne von Tast-, Geruchs- und Wärmeempfindungen (107).

Ebenso konnte festgestellt werden, daß relativ zu den vier Distanzzonen verschiedene verbale Verhaltensweisen auftreten, so etwa unterschiedliche Gesprächsthemen (108), unterschiedliche Lautstärke (109) und unterschiedliche Kodewahl (110). Ebenso lassen sich verschiedene sprachliche Stile unterscheiden.

Joos hat fünf Grade der Förmlichkeit in sprachlichem Verhalten unterschieden (111), die sich den vier Hallschen Distanzzonen ohne weiteres zuordnen lassen (112), wie das die Tabelle von Abbildung 6.21 zeigt.

Distanzzone	Stil
Intimdistanz	Intim
Persönliche Distanz	Zwanglos - persönlich
Soziale Distanz	Sozial - Konsultativ
Öffentliche Distanz	Formell bzw. Eisig

Abb. 6.21

Diese Zuordnung von Distanzzonen und Sprachverhalten entspricht auch der in vielen anderen Aspekten nachgewiesenen Kovarianz von situationellen Faktoren und sprachlichem Verhalten, wie sie etwa als Grundhypothese der Freiburger Forschungsstelle postuliert worden ist (113).

Die spezielle Vierteilung der Zonen legitimiert sich also zum einen aus den umfangreichen Untersuchungen Halls. Andererseits sind unabhängig von Hall die verschiedensten Autoren, die sich teilweise mit unterschiedlichen Problemen beschäftigt haben, immer wieder zu einer Vierteilung gelangt. So unterscheiden Lymann/Scott (114) vier Territorialtypen, die durch die systematischen Untersuchungen anderer Forscher ergänzt und bestätigt wurden (115). Wie Argyle berichtet, hat Tuckmann aufgrund der Durchsicht einer großen Zahl von Untersuchungen zur Kleingruppenforschung vier charakteristische Stufen der Entwicklung von Gruppenstruktur und Interaktionsverhalten der Gruppenmitglieder festgestellt (116). Argyle selbst unterscheidet fünf Stufen der Beziehungsentwicklung. Diese

107 Hall 1966,116ff,119f
108 Argyle 1969,95
109 Hall 1966,117,118,120,122f,123,125
110 Argyle 1969,116; cf. auch Berens et al. 1976,30f
111 Joos 1962; cf. auch Argyle 1969,117
112 Hall selbst hat auf die Sprachstile von Joos in Relation zu seinen Distanzzonen hingewiesen; cf. Hall 1966,123f,125.
113 Engel/Vogel 1975,24f; Berens et al. 1976,7
114 Lymann/Scott 1970 (zitiert nach Graumann 1972, 1222ff)
115 Graumann 1972,1223ff
116 Argyle 1969,214f

fünf Stufen reduzieren sich aber bei näherer Betrachtung auf vier. Der einzige Unterschied der Argyleschen Beschreibung zwischen Stufe vier und fünf ist nämlich der, daß Stufe vier von den Beziehungspartnern her beschrieben wird (das Verhalten der Partner, wie sie es selbst erfahren), Stufe fünf dagegen vom außenstehenden Beobachter (so wie dritte und vierte das Verhalten der Partner erleben; nämlich als eine Einheit) (117). Zu ähnlichen Ergebnissen ist aber bereits auch von Wiese gekommen, als er die Beziehung als Prozeß von Assoziation und Dissoziation beschrieb. Von Wiese unterschied dabei ebenfalls vier Stufen, die er als Hauptprozesse bezeichnete (118). Schließlich läßt sich das Verhalten, das im Rahmen eines speziellen Beziehungssystems zu beobachten ist, nämlich sexueller Beziehungen, in vier Phasen einteilen (119).

Eine Einteilung der Klasse der beziehungsrelevanten Handlungen des Beziehungssystems in gerade vier Teilklassen wird entsprechend dem Schichtmodell von Abbildung 6.19, also von diesen unterschiedlichen Ansätzen, die alle zu gleichen oder ähnlichen Ergebnissen gekommen sind, als legitimiert angesehen. Im verbalsprachlichen Bereich legen speziell die von Joos unterschiedenen Kommunikationsstile eine solche Klassifikation nahe.

Eine generelle Einteilung in Distanzzonen von Beziehungen scheint andererseits auch durchaus Teil des Alltagsbewußtseins zu sein (120). In diesem Sinne läßt sich nun das Kreissystem von Abbildung 6.19 auf unterschiedliche Art deuten, was dann auch zu einer Spezifizierung des oben genannten Prädikats "Enge" führt. Eine mögliche Deutung ist die soeben dargestellte in Distanzzonen, also eine konkret geometrische Deutung, wobei der Mittelpunkt des Kreissystems der jeweilige Interaktant ist.

Eine andere mögliche Deutung ist die ebenfalls bereits angedeutete, die einzelnen Kreisringe als Teilklassen, bestehend aus beziehungsrelevanten Handlungen, aufzufassen. Je nachdem, welche (verbalsprachliche) Handlung ausgeführt wird, liegt ein anderer Grad von Enge der Beziehung vor.

Entsprechend der allgemeinen Vierteilung des menschlichen interaktiven Verhaltens sollen nun speziell im Zusammenhang mit dem Beziehungssystem der partnerorientierten Handlungen die folgenden vier, in Abbildung 6.22 dargestellten Beziehungszonen unterschieden werden. Die Joosschen Kommunikationsstile sind, wie schon in Abbildung 6.21, entsprechend zugeordnet.

---

117 Argyle 1969,206

118 von Wiese 1933

119 Morris 1967,48ff

120 Aufgrund persönlicher Beobachtung konnten spontane Äußerungen festgestellt werden wie etwa <u>"x gehört zur Kategorie 1 von meinen Freunden"</u>.

Beziehungszone	Stil
Intimzone	Intim
Kozilianzzone	Zwanglos - persönlich
Ambivalenzzone	Sozial - konsultativ
Distanzzone	Formell bzw. eisig

Abb. 6.22

Die Distanzzone der Beziehung ist durch ein Verhalten gekennzeichnet, das jeweils mit Indifferenz oder Desinteresse bzw. Zurückhaltung beschrieben werden kann und auch so von den Beziehungspartnern erlebt wird. Es ist weitgehend ritualisiert, durch Höflichkeitsfloskeln und Redensarten geprägt. Der Kontakt kann jederzeit wieder abgebrochen werden.

Die Ambivalenzzone ist bereits durch stärkeres Interesse aneinander gekennzeichnet. Man hat erste "Anknüpfungspunkte" gefunden. Der Partner wird in seiner Individualität gesehen, akzeptiert und daraufhin angesprochen. Dennoch kann ohne große Sanktionen der Prozeß der Beziehungsbildung wieder abgebrochen werden, wenn das Interesse am Partner aufgrund der nun etwas genaueren Bekanntschaft wieder nachläßt.

Die Konzilianzzone dagegen ist geprägt durch die Tendenz, die Beziehung zu festigen und zu intensivieren. Das Interesse am Partner ist durch dessen besondere Persönlichkeit verstärkt.

Die Intimzone schließlich ist durch das Verhalten geprägt, durch das die Beziehung gerade als eben diese einmalige, spezielle Beziehung charakterisiert werden kann. Die Beziehung wird als "einzigartig" (121) erlebt und gestaltet. Die Gegenwart des Partners selbst hat Belohnungswert. Die gegenseitige Zurückhaltung ist auf ein Minimum reduziert. Das Verhalten der Partner ist dadurch geprägt, daß es über einen großen Teil nur untereinander und nicht in Gegenwart anderer gezeigt wird.

Diese Beschreibung der Beziehungszonen lehnt sich an Argyle an (122). Die Handlungen, die den jeweiligen Grad der "Enge" repräsentieren, können nun aus den unterschiedlichsten Orientationsbereichen der Beziehung stammen, wodurch die unterschiedlichen Subsysteme charakterisiert sind. Dabei ist es möglich, daß zu einem bestimmten Zeitpunkt die Beziehungspartner sich in ihren unterschiedlichen Subsystemen in unterschiedlichen Beziehungsbereichen befinden. Der Zustand des gesamten Beziehungssystems kann schließlich dadurch angegeben werden, daß man feststellt, welche Beziehungszonen die Partner in bezug auf die verschiedenen Beziehungssubsysteme gerade erreicht haben.

---

121 Cf. Argyle 1969,205
122 Cf. dazu Argyle 1969,204ff

6.2.4.4.1 Leithandlungen und Beziehungslimes

Betrachtet man das Schichtmodell der Beziehung, wie es im vorigen Abschnitt expliziert wurde, muß man feststellen, daß in allen Beziehungszonen die unterschiedlichsten Beziehungshandlungen bzw. Kontakte möglich sind und ausgeführt werden. Nun kann man aber annehmen, daß es in jeder Zone bestimmte Handlungen gibt, die charakteristisch für eben diese Zone sind und durch die die "Enge" und damit die Beziehungszone überhaupt bestimmbar werden. Solche charakteristischen Handlungen sind dann nur für die jeweilige Zone bzw. den jeweiligen Grad der "Enge" der Beziehung möglich. Welche Handlungen oder Kontakte für die jeweilige Zone charakteristisch sind, ist nicht so ohne weiteres allgemein bestimmbar, sondern hängt von Ort, Zeit, Personen und dem speziellen Beziehungssubsystem ab.

Besonders deutlich sind solche charakteristischen Handlungen und Kontakte bei erotisch sexuellen Beziehungen zu beobachten. Hier (wie aber auch in anderen Beziehungen) müssen die Partner ständig entscheiden, "wie weit sie jeweils gehen wollen". Der erste Blickkontakt, das erste Lächeln, das "Ansprechen", Verabredungen treffen, erste Berührungskontakte (sich bei der Hand halten), das erste "ich liebe dich" oder ähnliche Formulierungen, der erste Kuß etc., das alles sind Handlungen oder Kontakte, die für bestimmte der vier Beziehungszonen charakteristisch sind bzw. den Übergang von einer Zone in eine andere signalisieren. Neben solchen stark situationsgebundenen Beziehungshandlungen und Kontakten, die zwar konventionalisiert sind, dennoch aber in einem bestimmten Maße individuell variabel eingesetzt werden können, gibt es auch gesellschaftlich normierte und institutionalisierte Kontakte. So leiten z.B. Eidesformeln, Unterschriften oder etwa das "Ja" auf dem Standesamt auf gesellschaftlich allgemein normierte Weise von einer Beziehungszone in eine andere über (123). Solche für bestimmte Beziehungszonen charakteristischen Beziehungshandlungen sollen Leithandlungen oder Leitkontakte genannt werden.

Dabei gibt es in der Intimzone jeder Beziehung Leithandlungen oder Leitkontakte, die als Ausdruck der größten "Nähe" oder "Enge" der Beziehung angesehen werden können. Diese Kontakte (die Handlungen) sind dann jeweils das "Ziel", worauf die Beziehung hinsteuert. Diese Leitkontakte (oder Leithandlungen) sollen der Beziehungslimes oder einfach der Limes genannt werden.

---

123 Austin nannte solche Äußerungen "performative Äußerungen", cf. Austin 1962,27, und faßte sie als Sprechakte auf. Im Zusammenhang mit dem vorliegenden Ansatz müssen Äußerungen wie das "Ja" auf dem Standesamt jedoch nicht als Sprechakte, sondern als Kontakte aufgefaßt werden. Siehe unten Abschnitt 6.3.2.2.

Natürlich lassen sich auch für jede andere Zone Kontakte angeben, die die maximale "Enge" der jeweiligen Zone repräsentieren. Im Gegensatz zum Beziehungslimes soll dann von einem Zonenlimes gesprochen werden.

Ein Beziehungssystem oder ein entsprechendes Subsystem kann dadurch charakterisiert werden, daß ein Limes angegeben wird. Dabei ist der Limes entweder eine einmalige spezielle Handlung oder Handlungssequenz oder, wie wohl in den meisten Fällen, ein "Zustand", in dem bestimmte Handlungen oder Kontakte stets möglich sind und auch ausgeführt werden.

Im Zusammenhang mit dem Limes lassen sich eine Reihe von Aspekten nennen, die zur näheren Charakterisierung des Beziehungssystems herangezogen werden können:

(1) Der Limes ist eine genau definierte und normierte Handlung, oder aber es gibt beliebige Handlungen, die Limesfunktion haben können.
So kann etwa eine Prüfung als eine solche einmalige Limeshandlung einer Beziehung gelten. In einer Ehebeziehung kann entweder das Sexualverhalten selbst oder aber die daraus entstehenden Kinder und deren Erziehung als Limes aufgefaßt werden. Allgemeine Freundschaften (zwischen Gleichgeschlechtlichen) sind dagegen zumeist nicht durch so eindeutig bestimmbare Handlungen oder Kontakte bestimmt.

(2) Der Limes ist entweder allgemein gesellschaftlich definiert und normiert, oder er wird individuell von den Partnern ausgehandelt.
Je stärker die Limeshandlungen von den Beziehungspartnern ausgehandelt werden, wie es etwa in einer Freundschaft der Fall ist, um so mehr ist die Beziehung individuell und privat - und wird auch als solche erlebt. Im Gegensatz dazu sind Beziehungen zu sehen, die von allgemeinen moralischen oder institutionellen Normen geprägt sind, etwa die Beziehung eines Patenonkels zu seinem Patenkind, bei der bestimmte Handlungen von beiden Beziehungspartnern erwartet werden.

(3) Der Limes ist eine einmalige Handlung (oder Handlungssequenz), oder er stellt einen Zustand stets möglicher und ständig sich wiederholender Handlungen dar.
Wie oben bereits erwähnt, dürfte es wenige Beziehungen geben, die schon von vornherein so konzipiert sind, daß nur eine einmalige Handlung als Limes fungiert. Neben dem sexuellen Bereich, in dem so etwas möglich ist, gibt es etwa kurzfristige Beziehungen mit einmaligem Limes, in denen stark sachorientierte Aspekte eine Rolle spielen, etwa die Beziehung zwischen Bergführer und Touristen, zwischen Tramper und Autofahrer, zwischen Käufer und Verkäufer etc.

(4) Es gibt bestimmte Intervalle, in denen die Limeshandlungen ausgeführt werden müssen.
Sicher ist es nicht so, daß in Beziehungen ständig

Limeshandlungen ausgeführt werden. Aber die Beziehungspartner handeln sozusagen im Bewußtsein der ständigen Möglichkeit der Limeshandlungen. Das Beziehungssystem wird durch den Limes kalibriert (124). Wird aber die Möglichkeit zur Limeshandlung selten oder gar nicht ausgenutzt, kann das zu Konflikten oder sogar zur Auflösung des Beziehungssystems führen ("Man versteht sich nicht mehr", "Man hat sich nichts mehr zu sagen", "Er kommt seinen ehelichen Pflichten nicht mehr nach").

(5) Der Limes ist nur bedingt oder vorläufig.
Hierbei wird das Beziehungssystem grundsätzlich neu kalibriert. So kann eine einfache Freundschaft zur Liebesbeziehung werden oder ein Ausbildungsverhältnis zur Freundschaft. Dabei ist es nicht so, daß der ehemalige Limes jetzt lediglich als Zonenlimes aufzufassen ist. Es ist vielmehr so, daß ein bestimmtes anderes Subsystem mit einem neuen Limes größere Bedeutung gewinnt.

(6) Der Limes muß in einer bestimmten Zeit erreicht werden.
Geschieht das nicht, "schläft die Beziehung ein". Man bleibt nur in den äußeren Zonen einer Beziehung, was zum Abbruch oder aber zu einer Neukalibrierung führen kann. Die Erwartungen, die an die Beziehung gestellt wurden, werden sozusagen "zurückgeschraubt".

6.2.4.5 Der Beziehungsprozeß

Die Darstellung im Sinne des Schichtmodells war eine mehr statische Sichtweise. Die Beziehung muß aber prinzipiell als Prozeß betrachtet werden (125). Sie besitzt also in jedem Fall eine zeitliche Ausdehnung. D.h. es gibt neben der Periode der Beziehung selbst eine Zeit vor und nach der Beziehung, in der zwischen zwei Personen keine Beziehung besteht, wie in Abbildung 6.23 dargestellt ist.

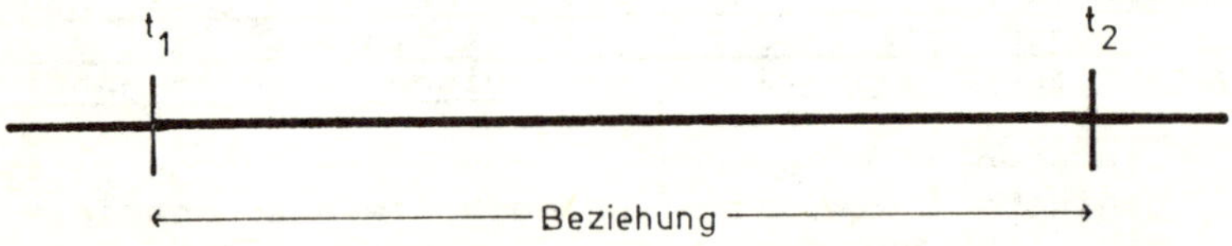

Abb. 6.23

---

124 Siehe oben Seite 123f

125 Dieser Aspekt wurde ja bereits durch von Wiese in aller Deutlichkeit herausgearbeitet (siehe Abschnitt 2.3.1). Aber auch neuere Autoren wie Argyle oder Israel haben die Prozeßhaftigkeit betont. Cf. Argyle 1969,204ff; Israel 1973,32ff.

Was im folgenden interessiert, ist zunächst die grobe Struktur des kommunikativen Kontinuums zwischen den beiden Zeitpunkten t_1 und t_2, und zwar der verbalsprachliche Teil des Beziehungssystems. Mit Hilfe der bis jetzt bereitgestellten Begriffe läßt sich das Beziehungssystem in seiner zeitlichen Dimension beschreiben.

Zunächst läßt sich feststellen, daß im Bereich des Zeitintervalls $[t_1 t_2]$ einer Beziehung natürlich nicht ununterbrochen eine Kommunikation zwischen den Beziehungspartnern stattfindet, sondern nur dann, wenn sie im Rahmen von F-Systemen miteinander Kontakt aufnehmen. Die Beziehungspartner begegnen sich dann innerhalb von sozial normierten Situationen, die mehr oder weniger zufällig entstehen oder inszeniert worden sind.

Solche Situationen können sich zu größeren Systemen zusammenschließen, die mit Goffman als soziale Veranstaltungen bezeichnet werden sollen (126). Soziale Veranstaltungen sind Zusammenkünfte zu bestimmten Zwecken, in denen bestimmte Normen, Verhaltensweisen und Sanktionen gelten. Soziale Veranstaltungen finden häufig an zum Teil eigens dafür vorgesehenen und präparierten Orten statt. Und es sind Zusammenkünfte von relativ zu den Zwecken kompetenten oder prädestinierten Personen. Schank nennt als Beispiel einer solchen sozialen Veranstaltung eine Tagung, die er dann näher als Abfolge von Face-to-Face-Interaktionen auffaßt (127).

Soziale Veranstaltungen setzen sich entsprechend Goffman und Schank aus mehreren F-Systemen zusammen, denen unterschiedliche Dialoge entsprechen. Bei einer Tagung sind es sowohl die weitgehend organisierten F-Systeme "Begrüßungsansprache", "Vorträge", "Diskussionen", "Arbeitsgruppen" etc. wie auch die spontanen F-Systeme "am Rande" wie "persönliche Gespräche", "gemeinsames Mittagessen" etc. Bei einer Party sind es die verschiedenen Gespräche, die man mit den verschiedenen einzelnen Gästen oder Gruppen führt.

Entsprechend der hier vorgenommenen Zweiteilung der Interaktion und Kommunikation in eine Gebrauchs- und Beziehungskommunikation, können die sozialen Veranstaltungen in Gebrauchsveranstaltungen und Beziehungsveranstaltungen unterteilt werden. Gebrauchsveranstaltungen sind die weitgehend inszenierten und organisierten Zusammenkünfte, die der Lösung von Aufgaben und Problemen dienen. Beispiele dafür sind Tagungen, Konferenzen, Arbeitsgruppen, Unterricht, die tägliche Arbeit am Arbeitsplatz etc. Beziehungsveranstaltungen sind dagegen mehr oder weniger inszenierte und organisierte Zusammenkünfte, die primär oder ausschließlich dem Bedürfnis nach interpersonalem Kontakt entsprechen, also etwa Parties, Kaffeeklatsch, Freundestreffen, Familienfeiern, Kino- und

126 Goffman 1971, zitiert nach Schank 1976,37
127 Berens et al. 1976,36f

Theaterbesuche, Tanzveranstaltungen etc.

Die einzelnen Dialoge, die im Rahmen solcher sozialen Veranstaltungen stattfinden, sollen entsprechend als Gebrauchsdialoge oder Beziehungsdialoge bezeichnet werden. Dabei ist es durchaus möglich, daß eine Gebrauchs- oder Beziehungsveranstaltung lediglich aus einem längeren Gebrauchs- oder Beziehungsdialog besteht. Soziale Veranstaltungen und die in ihnen stattfindenden Dialoge sind natürlich selten ausschließlich das eine oder das andere. Die Unterscheidung in Gebrauchsveranstaltung und Beziehungsveranstaltung oder Gebrauchsdialog und Beziehungsdialog ist somit hauptsächlich analytischer Natur. Wie das Beispiel einer Tagung zeigt, finden natürlich im Rahmen von Gebrauchsveranstaltungen auch Beziehungsdialoge statt. Umgekehrt werden im Rahmen von Beziehungsveranstaltungen natürlich auch Gebrauchsdialoge stattfinden. Häufig ist es sogar so, daß eine "offiziell" als Beziehungsveranstaltung deklarierte Zusammenkunft primär Gebrauchsfunktion hat, etwa ein gemeinsames Abendessen von Geschäftspartnern, bei dem Verträge besprochen oder abgeschlossen werden.

Ebenso findet im Rahmen von Gebrauchsdialogen durchaus auch Beziehungskommunikation statt wie umgekehrt. Dialoge können also prinzipiell durch zwei verschiedene Formen von Kommunikation konstituiert werden. Ist dies der Fall, soll entsprechend von einem Beziehungsereignis innerhalb eines Gebrauchsdialogs und von einem Gebrauchsereignis innerhalb eines Beziehungsdialogs gesprochen werden. Gebrauchsereignisse innerhalb von Beziehungsdialogen können dabei in Relation stehen zu der Gebrauchsveranstaltung, in deren Rahmen seinerseits der Beziehungsdialog stattfindet, so etwa die Diskussion eines bestimmten Problems beim Mittagessen von Bekannten, die sich auf einer wissenschaftlichen Tagung wiedergetroffen haben. Oder aber das Gebrauchsereignis ist unabhängig von diesem größeren Rahmen, etwa die sachorientierte Diskussion bei diesem Mittagessen darüber, mit welcher Buslinie man am günstigsten das Hotel erreichen kann. Andererseits gilt für Beziehungsereignisse innerhalb von Gebrauchsdialogen im Rahmen von Beziehungsveranstaltungen, daß sie stets abhängig sind. Das liegt daran, daß alle Beziehungsveranstaltungen und alle Beziehungsereignisse letztlich auf einen einzigen Zweck, nämlich den zwischenmenschlichen Kontakt (128), zurückzuführen sind, während die Zwecke von Gebrauchsveranstaltungen und Gebrauchsereignissen durchaus verschieden sein können.

Das kommunikative Kontinuum einer Gesellschaft strukturiert sich entsprechend diesen Unterscheidungen folgendermaßen:

---

128 "Kontakt" ist hier im alltagssprachlichen Sinne verwendet.

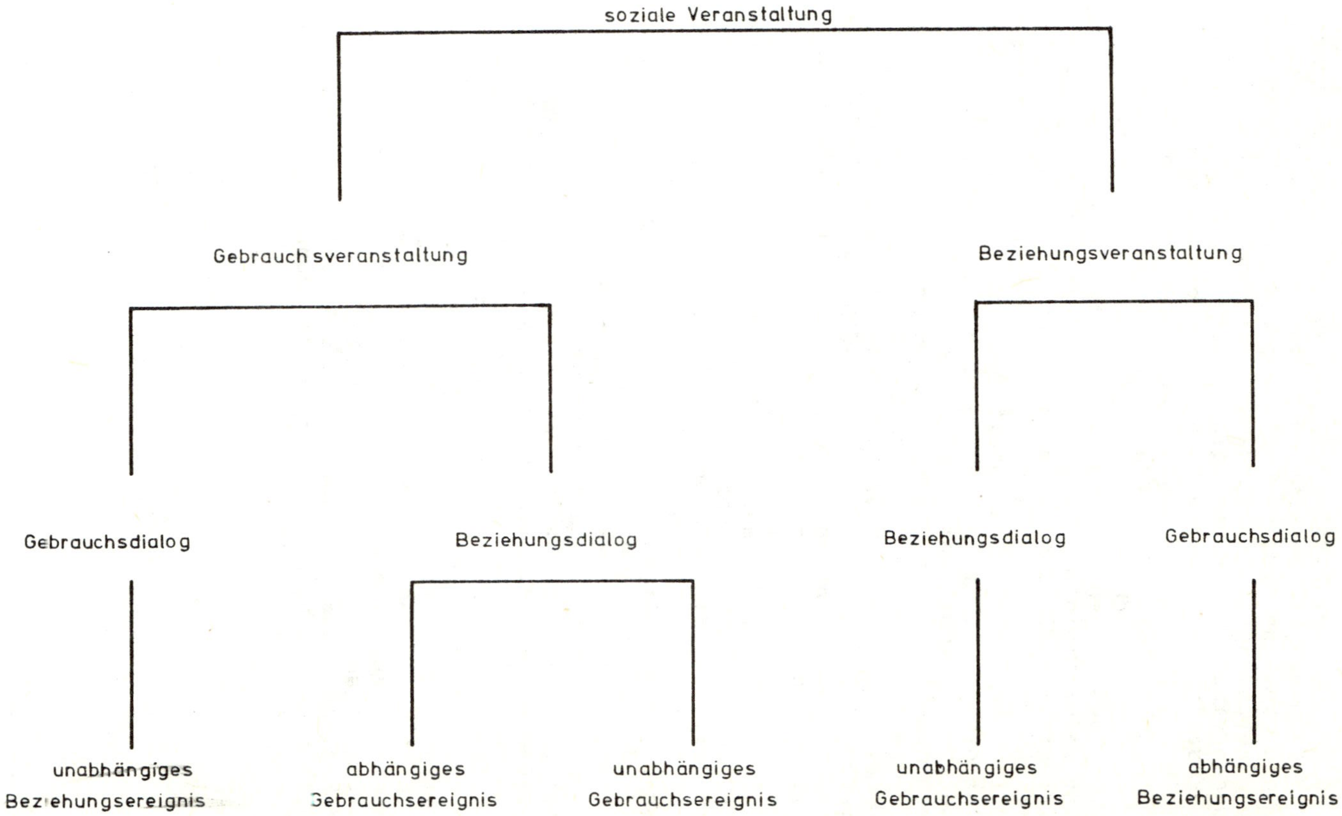
soziale Veranstaltung
Gebrauchsveranstaltung
Beziehungsveranstaltung
Gebrauchsdialog
Beziehungsdialog
Beziehungsdialog
Gebrauchsdialog
unabhängiges Beziehungsereignis
abhängiges Gebrauchsereignis
unabhängiges Gebrauchsereignis
unabhängiges Gebrauchsereignis
abhängiges Beziehungsereignis

Abb. 6.24

Gebrauchsereignisse innerhalb von Beziehungsdialogen im Rahmen von Gebrauchsveranstaltungen sind entweder abhängig oder unabhängig; Beziehungsereignisse innerhalb von Gebrauchsdialogen im Rahmen von Gebrauchsveranstaltungen sind immer unabhängig. Andererseits gilt: Beziehungsereignisse innerhalb von Gebrauchsdialogen im Rahmen von Beziehungsveranstaltungen sind stets abhängig; Gebrauchsereignisse innerhalb von Beziehungsdialogen im Rahmen von Beziehungsveranstaltungen sind unabhängig.

Dialoge lassen sich nun noch weiter segmentieren, und zwar in Dialogintervalle, Dialogbeiträge und Dialogzüge. Dialogintervalle sind zusammenhängende Dialogsegmente, die inhaltlich thematisch zusammengehören. Dialogintervalle sind aus den Dialogbeiträgen zusammengesetzt. Das sind die relativ zusammenhängenden dialogrelevanten Äußerungen jeweils eines Dialogpartners. Diese wiederum können aus mehreren Dialogzügen zusammengesetzt sein. Ein Dialogzug entspricht dabei weitgehend einem Satz, der einen bestimmten Sprechakt oder Kontakt repräsentiert (129). Damit ist eine Hierarchie von Segmenten des kommunikativen Kontinuums vorgegeben, die vom einzelnen Dialogzug bis zur sozialen Veranstaltung reicht.

Im Rahmen des Beziehungssystems sieht diese Hierarchie folgendermaßen aus: Ein Beziehungssystem setzt sich zusammen aus den verschiedenen Beziehungsveranstaltungen, den Beziehungsdialogen und den im Rahmen von Gebrauchskommunikation stattfindenden Beziehungsereignissen, an denen die jeweiligen Beziehungspartner partizipieren. Die Beziehungsereignisse entsprechen dabei Dialogintervallen, in denen beziehungsrelevante Kommunikation stattfindet, die sich aus entsprechend beziehungsrelevanten Dialogbeiträgen zusammensetzt. Das gleiche gilt für die Beziehungsdialoge. Die Dialogbeiträge wiederum setzen sich aus beziehungsrelevanten Dialogzügen, also Kontakten, zusammen. Damit ist das kommunikative Kontinuum im Bereich des Beziehungssystems bis hin zum einzelnen Kontakt strukturiert.

Betrachtet man das so strukturierte Beziehungssystem in seinem zeitlichen Verlauf, so lassen sich nun entsprechend dem Schichtmodell der Beziehung mehrere Phasen im Beziehungsprozeß unterscheiden. Anschaulich kann ein solcher Beziehungsprozeß wie in Abbildung 6.25 als treppenförmige Kennlinie dargestellt werden.

---

129 Näheres dazu siehe unten Abschnitt 6.3.2.1

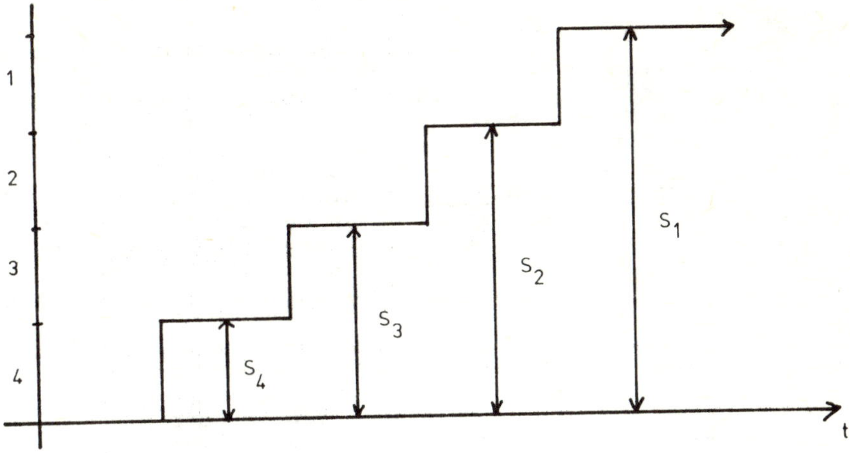

Abb. 6.25

Auf der Abszissenachse ist die Zeit abgetragen, auf der Ordinate die verschiedenen Beziehungszonen mit den Leithandlungen, aufsteigend von 4 = Distanzzone bis 1 = Intimzone. Verläuft das zeitliche Kontinuum von links nach rechts, hat der Beziehungsprozeß assoziative Tendenz, wird das Zeitkontinuum dagegen von rechts nach links verlaufend gedacht, hat der Beziehungsprozeß dissoziative Tendenz (130).

Das Maximum s_1 der Kennlinie stellt den Beziehungslimes dar. Die unteren Stufen s_2 - s_4 die jeweiligen Zonenlimes. Eine solche Kennlinie repräsentiert die Länge der einzelnen Phasen der Beziehung. Die jeweiligen Entfernungen s_1 - s_4 der Limes vom "Nullpunkt" sollen als die jeweilige Varianz oder der Spielraum bezeichnet werden. Die Varianz kann gedeutet werden als die Menge der in dieser Phase möglichen Beziehungshandlungen und Kontakte.

Wird der Spielraum oder die Varianz von einem Beziehungspartner überschritten, d.h. wird ein Kontakt vollzogen, der bereits zur Menge der Handlungen der nächsten Zone bzw. Phase gehört, so muß der andere Partner entscheiden, ob er dem damit implizierten Angebot auf Neukalibrierung des Beziehungssystems zustimmen will oder nicht. Eine Szene aus einem fiktiven Dialog (131)

---

130 Entsprechend den Beziehungsrichtungen bei von Wiese.

131 Der Dialogausschnitt ist dem Textbuch des gleichnamigen Film- und Fernsehspiels "Szenen einer Ehe" von Ingmar Bergman entnommen. Cf. Bergman 1975,18f.

mag verdeutlichen, wie der Versuch einer Neukalibrierung abgewehrt wird.

Dialogausschnitt 6
(Marianne wird von Frau Palm, der Redakteurin einer Frauenzeitschrift, die gleichzeitig eine alte Klassenkameradin ist, für einen Artikel interviewt. Mariannes Mann, Johan, hat gerade für einige Zeit den Raum verlassen.)

Frau Palm: Was hast du über Treue zu sagen?
Marianne: Aber ich bitte dich.
Frau Palm: Du mußt mir wirklich dabei helfen, ein bißchen Fleisch auf die Knochen zu bringen. Johan ist ein schrecklich netter Kerl, aber als er dabei war, wurde wenig gesagt.
Marianne: Treue?
Frau Palm: Ja, Treue, zwischen Mann und Frau. Natürlich.
Marianne: Treue. Ja, was soll man darüber sagen?
Frau Palm: Dir muß ja in deinem Beruf einiges begegnet ...
Marianne: Ich frage mich, ob Treue anders als selbstverständlich sein kann. Treue kann doch wohl nie ein Zwang oder ein Vorsatz sein. Man kann Treue nie versprechen. Entweder ist sie da oder sie ist nicht da. Ich bin Johan gern treu. Aber ich weiß natürlich nicht, wie es morgen oder nächste Woche sein wird.
Frau Palm: Bist du Johan immer treu gewesen?
Marianne (kalt): Ich finde, jetzt werden wir zu persönlich.
Frau Palm: Verzeih mir. Jetzt habe ich nur noch eine Frage, während Johan telefoniert, ...

In diesem fiktiven DA zeigt sich, wie einer Neukalibrierung entgegengewirkt wird. Marianne ist zwar noch bereit, allgemein über Treue, Ehe, Liebe und dgl. zu sprechen. Den Versuch aber von Frau Palm, das Gespräch noch persönlicher zu gestalten, weist sie zurück (132). Der Dialog dürfte sich etwa im Übergangsbereich von der Ambivalenzzone zur Konzilianzzone befinden. Frau Palm äußert einen Kontakt, der ein Leitkontakt der Konzilianzzone ist (nämlich eine Aufforderung zu persönlicherer, "intimerer" Kommunikation). Könnten solche Kontakte zwischen Marianne und Frau Palm vollzogen werden, wäre ihr Gespräch durch das Bewußtsein dieser Möglichkeit neu kalibriert. Dieser Möglichkeit tritt Marianne jedoch entschieden entgegen, was Frau Palm dann auch sofort akzeptiert.

Haben zwei Beziehungspartner unterschiedliche Vorstellungen über die Varianz des Beziehungssystems, kann

132 Cf. dazu Argyle 1969,205

das zu Verwirrung, Konflikten oder Abbruch der Beziehung führen (133).

Die Phasen, die ein Beziehungssystem durchläuft, korrespondieren, wie bereits erwähnt, mit den Beziehungszonen. Der Prozeßverlauf kann dabei zu zwei Richtungen tendieren: entweder strebt das Beziehungssystem den inneren Zonen zu oder den äußeren. Die verschiedenen Phasen haben damit jeweils unterschiedliche Bedeutung für die Partner bzw. eine unterschiedliche Funktion im gesamten Beziehungsprozeß. Relativ zu dieser Funktion sollen die Phasen unterschiedlich bezeichnet werden. Beziehungszonen und Beziehungsphasen sind in der Tabelle von Abbildung 6.26 zusammengestellt.

Zonen	Phasen	
	Assoziativ	Dissoziativ
Intim Z.	Konkordanz P.	
Konzilianz Z.	Assimilative P.	Dissimilative P.
Ambivalenz Z.	Konzessive P.	Dissonante P.
Distanz Z.	Approximative P.	Separative P.

Abb. 6.26

Es muß im Beziehungssystem also ständig entschieden werden, in welcher Phase man sich befindet und wann man zur nächsten Phase übergehen will oder kann, ob man dabei dem Beziehungslimes zustrebt oder der Trennung, die eine Auflösung der Beziehung und einen Abbruch jeglicher Kommunikation bedeutet.

Die Neukalibrierung des Beziehungssystems kann dabei generell als progressive oder regressive Neukalibrierung beschrieben werden. Progressive Neukalibrierung liegt vor, wenn ein höherer Zonenlimes oder der Beziehungslimes angestrebt wird, das System also jeweils von der approximativen in die konzessive, von der konzessiven in die assimilative, von der assimilativen in die konkordante Phase übergeht. Regression liegt vor, wenn ein niedrigerer Zonenlimes oder die Trennung angestrebt wird, also wenn das System von der konkordanten in die dissimilative, von der dissimilativen in die dissonante, von der dissonanten in die separative Phase übergeht.

Progressive wie regressive Neukalibrierung bezeichnen also nur den Übergang von einer Phase in eine andere. Sie sind damit Spezialfälle der assoziativen wie dissoziativen Tendenz, also Prozessen, die auch innerhalb einer Phase bzw. einer Zone sich bewegen können.

---

133 Ein recht interessantes Beispiel für eine solche unterschiedliche Einschätzung der Varianz des Beziehungssystems in den verschiedenen Phasen findet sich bei Watzlawick. Cf. Watzlawick et al. 1969,20.

6.2.5 Die Dimensionen des Beziehungssystems

Ausgehend von der bisherigen Darstellung lassen sich jetzt einige allgemeine Dimensionen zusammenstellen, die in ihrer Gesamtheit ein bestimmtes Beziehungssystem generell charakterisieren. In diesem Sinne lassen sich vier Dimensionen angeben, die die konstitutiven Aspekte des Beziehungssystems darstellen:

(1) Modus
Wie in 6.2.3.2 dargestellt, gliedern sich Beziehungssysteme zumeist in Subsysteme auf. Diese Subsysteme lassen sich nach der Art der in ihnen primär vorherrschenden Bindung unterscheiden. Jedes dieser Beziehungssubsysteme ist dadurch gekennzeichnet, daß bestimmte Leithandlungen vorliegen, die abhängen von dem generellen sozialen Umfeld und den Persönlichkeiten der Beziehungspartner.

(2) Tendenz
Beziehungssysteme sind Prozesse, die als einem bestimmten Limes zustrebend beschrieben werden können, wie in 6.2.4.5 dargestellt. Jeder neue geäußerte Kontakt ist entweder eine Bestätigung des augenblicklich als adäquat anerkannten Limes und der damit gegebenen Varianz des Beziehungssystems oder aber er strebt einem höheren oder niedrigeren Niveau zu. Man "entfernt sich voneinander" oder man "kommt sich einander näher". Diese Tendenz des Beziehungssystems ist entweder assoziativ oder dissoziativ.

(3) Distanz
Der dynamischen Betrachtung der Tendenz des Beziehungssystems korrespondiert die statische Betrachtung in Beziehungszonen, wie in 6.2.4.4 entwickelt. Die Menge spezifischer Kontakte und deren Funktion für die Beurteilung der "Enge" der Beziehung soll allgemein als die Distanz des Beziehungssystems bezeichnet werden.

(4) Differenz
Schließlich sei noch darauf verwiesen, daß ein weiterer Aspekt die Position der Partner darstellt. Dies wurde bereits in Abschnitt 6.1.1 diskutiert. Diese sozial normierten Positionen sind entweder durch das soziale Umfeld gegeben oder speziell situationsbedingt. Dabei kann unterschieden werden, ob ein Herrschafts- oder Autoritätsverhältnis vorliegt oder ein gleichberechtigtes, solidarisches Verhältnis. Das Beziehungssystem ist somit auch durch diese Differenz der Beziehungspartner charakterisiert.

6.3 Der Begriff des Kontakts

6.3.1 Die Dialektik von Beziehung und Kontakt

In dem gesamten Abschnitt 6.2 wurde die Beziehung (als Beziehungssystem) in ihrer Gesamtheit betrachtet. Daran soll sich nun im Abschnitt 6.3 die Betrachtung der einzelnen sprachlichen Handlungen, der Kontakte, anschließen. Dabei sollen die charakteristischen Aspekte des Kontaktbegriffs expliziert und aus den im Zusammenhang mit dem Beziehungssystem erarbeiteten Bestimmungen abgeleitet werden. Insofern wurde oben auch von einem holistischen Konzept gesprochen. Dies ist jedoch lediglich als modelltheoretisches methodologisch heuristisches Verfahren zu betrachten, das vom Modell des Gesamtzusammenhangs "Beziehung" aus das Modell des Einzelelements, der Sprechhandlung "Kontakt", zu entwickeln versucht.

Dies wird für eine Darstellung und Erklärung als adäquater betrachtet als ein atomistisches Verfahren, bei dem vom Modell des Einzelelements das Modell des Gesamtsystems entwickelt wird. Die Schwierigkeit eines solchen atomistischen Verfahrens besteht in der Notwendigkeit, bei der Definition und Explikation der Einzelelemente stets den gesamten Systemzusammenhang immer schon voraussetzen zu müssen und ihn bei der Darstellung entweder implizit zu postulieren oder aber, weil das zu Verständnisschwierigkeiten und Mißverständnissen führen kann, ständig unzusammenhängend in die Darstellung hereinzuholen. Damit aber müssen einzelne Aspekte unverständlich bleiben, da sie ja stets aus ihrem entsprechenden Kontext herausgerissen werden.

Zum hier vorgeschlagenen Verfahren des Holismus müssen nun allerdings einige Bemerkungen gemacht werden: Dem modelltheoretischen Verfahren des Holismus entspricht keine kausal deterministische Hypothese, etwa derart, daß das System als Ursache des Einzelelements aufzufassen wäre. Genausowenig ist das Einzelelement als Ursache des Systems zu betrachten. Also: Weder determiniert das Element das System noch das System das Element. Sowohl die allgemeine Darstellung des Systems (in Abschnitt 6.2) wie die nun folgende Darstellung (von Abschnitt 6.3) der dieses System konstituierenden einzelnen sprachlichen Handlungen, der Kontakte, kann als die jeweils unterschiedliche Betrachtung zweier unterschiedlicher Aspekte ein und desselben Phänomens betrachtet werden. Das, was jetzt über den einzelnen Kontakt ausgesagt wird, ist nichts prinzipiell anderes als das, was über das gesamte Beziehungssystem festgestellt werden konnte. Es wird jedesmal dasselbe Phänomen lediglich aus einer anderen Perspektive, von einem anderen modelltheoretischen Standpunkt aus betrachtet.

Mit anderen Worten: Wird eine Darstellungsperspektive gewählt, die das Gesamtsystem zu fassen gestattet (sozusagen in makroskopischer Sicht), wird das zu untersuchende

Phänomen als "Beziehung", spezieller als "Beziehungssystem", bezeichnet. Wählt man dagegen eine Darstellungsperspektive, die die Elemente des Gesamtsystems zu fassen gestattet (also eine mikroskopische Sicht), erscheint das zu untersuchende Phänomen als "partnerorientierter Kommunikationsakt", d.h. als "Kontakt". Die Konzepte "Beziehung" und "Kontakt" bezeichnen somit letztlich dasselbe soziale Phänomen. Und insofern, kann man sagen, wird im Abschnitt 6.3 dasselbe behandelt wie im Abschnitt 6.2. Die mikroskopische Sichtweise, die jetzt jedoch eingenommen wird, wird eine Reihe weiterer, neuer Momente dieses bisher als "Beziehung" bezeichneten sozialen Phänomens zu beschreiben gestatten.

Diese Charakterisierung des Zusammenhangs von Beziehung und Kontakt ist also als eine Beschreibung des unterschiedlichen Zugangs zu einem bestimmten sozialen Phänomen aufzufassen, das mal "Beziehung", mal "Kontakt" genannt werden kann. Zu einer genauen und systematisch vollständigen Erfassung dieses gesamten Phänomens ist die detaillierte und explizite Darstellung beider Momente notwendig. Betrachtet man den Kontakt, so kann man veranschaulichend sagen, daß das Beziehungssystem im Kontakt fokussiert ist. Alle relevanten Aspekte des Beziehungssystems sind letztlich auch die relevanten Aspekte des Kontakts, wie es Abbildung 6.27 andeutet.

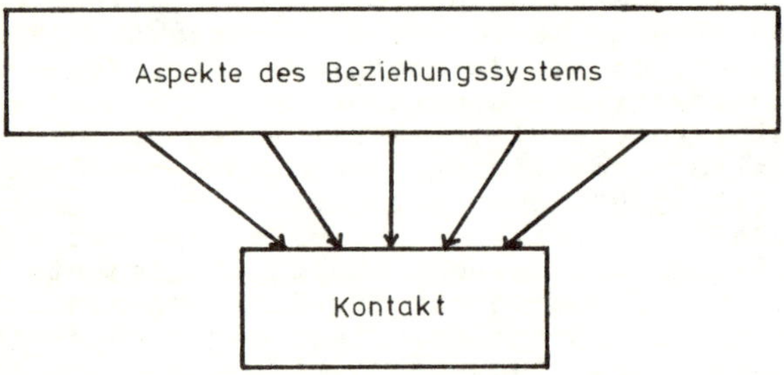

Abb. 6.27

Ontologisch gewendet, kann man diese modelltheoretischen, methodologischen Überlegungen als Analyse der Dialektik von Teil und Ganzem auffassen. Diese Dialektik von Teil und Ganzem stellt sich hier speziell als die Dialektik von Beziehung (Beziehungssystem) und Kontakt (Elementhandlung des Systems) dar. Unter dem Gesichtspunkt dieser Dialektik erscheinen Beziehung und Kontakt weder als gegensätzliche Phänomene noch als (zwar unterschiedliche aber) sich komplementär ergänzende Phänomene. "Beziehung" und "Kontakt" sind vielmehr die beiden dialektischen Momente eines einzigen sozialen Phänomens, zu dem man eben nur über die Untersuchung seiner Momente einen Zugang hat. So ist dann auch, anders gesehen, die "Beziehung" Moment des "Kontakts" und der "Kontakt" Moment der "Beziehung". Der Begriff der "Beziehung" ist nicht faßbar ohne den Begriff des "Kontakts" und der Begriff des "Kontakts" ist nicht faßbar ohne den Begriff der "Beziehung".

Zusammenfassend läßt sich folgendes sagen: Der ontologisch gewendeten Fragestellung nach der Dialektik von Beziehung und Kontakt entspricht der, hier vorgezogene, modelltheoretische, methodologische Ansatz von den unterschiedlichen Modellen eines Originals. Bei diesem modelltheoretischen Ansatz stellt sich die Analyse der Beziehung primär als Systemtheorie dar, die Analyse des Kontakts dagegen primär als Handlungstheorie. Wird nun von handlungstheoretischen Überlegungen zu systemtheoretischen Überlegungen (134) übergegangen, d.h. wird der Begriff der "Beziehung" aus dem Begriff des "Kontakts" entwickelt, kann von Atomismus gesprochen werden. Wird umgekehrt von systemtheoretischen Überlegungen zu handlungstheoretischen Überlegungen übergegangen, also der Begriff des "Kontakts" aus dem der "Beziehung" entwickelt, kann von Holismus gesprochen werden. Wie oben aber bereits erwähnt, sind dies keine Gegensätze. Dem dialektischen Charakter des Originals entspricht im modelltheoretischen Bereich die Synthese von Atomismus und Holismus zu einem allgemeinen Strukturalismus.

Die Tatsache, daß "Beziehung" und "Kontakt" lediglich den modelltheoretisch unterschiedlichen Zugang zum selben Phänomen (Original) repräsentieren, hat Konsequenzen für die folgende Darstellung. Aufgrund des dialektischen Zusammenhangs der beiden unterschiedlichen Modelle muß nun bei der Darstellung des Kontakts stets die Verbindung zu den entsprechenden, im Zusammenhang mit der Beziehung dargestellten Aspekten herausgestellt werden. Im folgenden soll also stets, so weit wie möglich, gezeigt werden, daß die für den Kontaktbegriff konstitutiven Aspekte lediglich die aus der "umgepolten" Sichtweise betrachteten unterschiedlichen Aspekte des Beziehungssystems darstellen.

6.3.2 Kontaktdefinition

6.3.2.1 "Kontakt" als verbalsprachliche Handlung

Dem Beziehungs s y s t e m entspricht bei der jetzt folgenden handlungstheoretischen Betrachtungsweise die einzelne das System konstituierende Elementhandlung. Es ist nun an verschiedenen Stellen in der Literatur behauptet worden, daß zur Konstituierung und Definition von Beziehungen vornehmlich nonverbale Mittel eingesetzt

---

134 Im Sinne der Analyse eines einzelnen, speziellen Systems.

würden (135). Die Verbalsprache dagegen diene primär einer rationalen Welterfassung. Eine solche monofunktionale Auffassung der beiden unterschiedlichen Codesysteme menschlicher Kommunikation dürfte jedoch eine zu crude funktionale Polarisierung bedeuten, die der Realität nicht gerecht wird. Selbst Scheflen, der stark die interpersonale (Beziehungs-)Funktion nonverbalen Verhaltens betont und differenziert herausgearbeitet hat, weist darauf hin, daß diese Funktion in Alltagsdialogen ebenfalls von der verbalsprachlichen Kommunikation übernommen wird (136).

Soll diese letztere Position allerdings differenziert vertreten werden, muß genau bestimmt werden, wie die interpersonelle (Beziehungs-)Funktion, die auch die Sprache haben kann, sich theoretisch adäquat erfassen läßt. Hier bietet sich nun das Konzept einer allgemeinen Sprechhandlungstheorie an, in die - wie im nächsten Abschnitt dann genauer gezeigt werden soll - die Sprechakttheorie (137) als spezielle Teildisziplin eingegliedert werden kann. Im Rahmen dieser allgemeinen Sprechhandlungstheorie soll dem Konzept des Sprechakts das eines speziellen, grundsätzlich anderen Sprechhandlungstyps, nämlich das des Kontakts, gegenübergestellt werden. In dem Maße, in dem generell von der Beziehung als einem Handlungssystem gesprochen wurde, muß nun der genaue theoretisch faßbare Charakter der dieses Handlungssystem konstituierenden Einzelhandlungen dargelegt werden.

In einer ersten Annäherung wurde im Abschnitt 6.2 zwischen verbalen und nonverbalen Handlungen im Beziehungssystem unterschieden. Die verbalsprachlichen Handlungen wurden in dem Zusammenhang dann als "Kontakte" bezeichnet. Kontakte wurden als partnerorientierte Äußerungen näher bestimmt. In diesem Sinne kann also festgehalten werden: Ein Kontakt ist ein verbalsprachliches Gebilde, d.h. eine konkrete lautsprachliche Äußerung. Unter lautsprachlicher Äußerung wird hier zunächst die von einem Sprecher (Individuum, Mitglied einer F-Gruppe) erzeugte Lautkonfiguration verstanden, die sich als Intonationsmuster bestimmter Frequenz und Amplitude manifestiert (138). Als solches kann sie auf Tonträgern fixiert werden. Sie ist damit Gegenstand artikulatorischer, akustischer wie auditiver Phonetik (139).

Bei derartigen Lautkonfigurationen soll weitergehend zwischen Äußerung und Expression unterschieden werden.

135 Cf. etwa Mehrabien/Ferris 1967; Mehrabien/Wiener 1967; (zitiert nach Argyle 1969,141); Argyle 1969, 113,119; Watzlawick et al. 1969,64; Graumann 1972, 1202

136 Scheflen 1972,23

137 Genauer: die Theorie der illokutiven Akte.

138 Näheres zu den physikalischen Parametern akustischer Signale cf. Tembrock 1971,158ff; cf. auch Agricola et al. 1970,776ff.

139 Welte 1974,433f

Äußerungen sind dabei im Gegensatz zu den Expressionen die Lautkonfigurationen, die im Einklang mit soziokulturell normierten, akustischen Symbolsystemen (also bestimmten natürlichen Sprachen wie Englisch, Chinesisch oder Deutsch) produziert werden. Expressionen sind alle anderen Lautprodukte, etwa Husten, Lachen, Grunzen, Quietschen, Brummen, Laute wie ÄH, AH, OH, IIH, MHM etc. Die Bestimmung einer Lautkonfiguration als Äußerung kann allerdings nur relativ zu einer bestimmten Sprache vorgenommen werden. So kann das, was relativ zu der einen Sprache Äußerung sein kann, relativ zu einer anderen Expression sein (140). Aber auch Expressionen in diesem Sinne können kommunikative Funktionen besitzen.

Die Äußerung steht damit in einer Reihe mit den relativ zum Effektorsystem eines Individuums möglichen produzierbaren Bewegungen und Leibexpressionen. Die Äußerung ist so gesehen das Produkt (Ergebnis) eines Äußerungsaktes. Die Expression ist das Produkt (Ergebnis) eines Expressionsaktes. Damit kann im Anschluß an Wunderlich strikt zwischen Äußerungsakten und Sprechhandlungen unterschieden werden (141). Sprechhandlungen können dann weiter entsprechend Wunderlich im Verhältnis zu Äußerungsakten generell als

> die Interpretation einer solchen Aktivität relativ zu einem bestimmten Handlungssystem und zur sozialen Situation, in die Äußerer und Wahrnehmer eingeschlossen sind (142),

definiert werden. Entsprechend der Wunderlichschen "Hauptaufgabe" linguistischer Analysen geht es dann darum, die Interpretation dieser Äußerungen zu explizieren und zu spezifizieren.

Diese Auffassung entspricht der hier vertretenen Bestimmung der Handlung als einer intentional und/oder funktional deutbaren Aktivität. Äußerungen werden in diesem Sinne zu Kontakten, wenn bzw. indem sie intentional/funktional deutbar werden. D.h. die Äußerung besitzt mindestens eine sowohl für Sprecher wie Hörer eindeutig bestimmbare kommunikative Funktion. Dabei ist natürlich nicht gesagt, daß die Interpretation für Sprecher und Hörer von vornherein identisch ist. Ebensowenig braucht die Interpretation der Kommunikationspartner mit der eines externen Beobachters identisch zu sein. Gleichwohl kann man davon ausgehen, daß generell die Interpretationen der Interaktionspartner einander angenähert sind, will man erklären,

---

140 So gibt es z.B. im KHAN, einer Sprache aus der Gruppe der Buschmann-Sprachen des südlichen Afrika, vier unterschiedliche Arten von Schnalzlauten (cf. Wendt 1961,34), die relativ zu dieser Sprache Äußerungen (oder Teil von Äußerungen) darstellen, relativ zum Deutschen dagegen Expressionen sind.

141 Wunderlich spricht von Äußerungsakten und Sprechakten. Cf. Wunderlich 1976,51.

142 Wunderlich 1976,51

warum die Kommunikation nicht zusammenbricht. Die heuristisch sinnvolle und letztlich notwendige Voraussetzung für einen Beobachter von Kommunikationsprozessen ist also anzunehmen, daß es die Möglichkeit zu weitgehend übereinstimmender Interpretation der Äußerungen gibt.

Um nun explizieren zu können, inwiefern Kontakte als verbalsprachliche Handlungen oder Sprechhandlungen aufgefaßt werden können, muß gezeigt werden, daß und wie Äußerungen in spezifischer Weise interpretiert oder gedeutet werden können. Entsprechend der im Kapitel 1 gegebenen Handlungsdefinition bedeutet das, daß mindestens gezeigt werden muß, daß die jeweils betrachtete Aktivität, hier also eine Äußerung, eine bestimmte kommunikative Funktion besitzt. Wie oben erwähnt, geht man dabei dann stets von der prinzipiellen, heuristischen Voraussetzung aus, daß die Aktivität intentional gemeint ist, also zielgerichtet von Individuen produziert worden ist. Und es wird weiter angenommen, daß intentionaler wie funktionaler Aspekt weitgehend identisch sind. Allerdings brauchen Intention und Funktion nicht in jedem Fall identisch zu sein.

Kommunikative Funktionen lassen sich nun in Relation zu einem übergeordneten Zusammenhang (System) bestimmen. Die Deutung von Äußerungen als Kontakte wird also in dem Maße möglich, in dem der Zusammenhang mit einem solchen übergeordneten System belegt werden kann.

Wie sich nun zeigen wird, gibt es prinzipiell unterschiedliche Möglichkeiten, ein bestimmtes Ereignis in Relation zu einem System zu bestimmen. Je nachdem welches System man der Betrachtung zugrunde legt, kann man eine Lautkonfiguration als jeweils funktional andere Einheit (Ereignis) bestimmen (143). So kann eine Äußerung wie "was sagst du" je nach übergeordnetem Zusammenhang als "Satz", "Frage", "Vorwurf", als "Linguistisches Beispiel", "Theatertext" oder als "Einmischung", "vorlaute Antwort" etc. bestimmt werden. Ein Lautereignis steht somit im Schnittpunkt unterschiedlicher funktionaler Zusammenhänge FZ_i, wie in Abbildung 6.28 veranschaulicht.

143 Das entspricht der von Helbig betonten Multifunktionalität einer bestimmten Form; siehe oben Seite 20

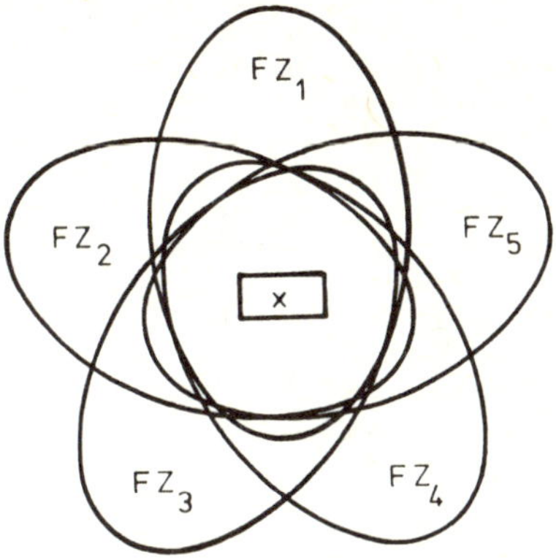

Abb. 6.28

Die Lautkonfiguration kann in diesem Sinne jeweils als eine andere "Entität", als anderes "Objekt" bezeichnet werden. Die unterschiedlichen Termini, die für ein und dasselbe Gebilde gefunden und benutzt werden, verweisen somit jeweils auf die unterschiedlichen Modellzusammenhänge (144), die vorweg postuliert werden. Je nachdem, welches Modell konstituiert wird, hat das einzelne Ereignis einen unterschiedlichen Stellenwert, stellt es modelltheoretisch etwas anderes dar.

Entsprechend den unterschiedlichen Funktionszusammenhängen und den jeweils entsprechenden Modellen werden jeweils unterschiedliche terminologische Systeme verwendet. Im Zusammenhang mit dem Phänomen akustischer Aktivitäten von Individuen kann in diesem Sinne dann von unterschiedlichen Deutungsniveaus gesprochen werden. Die terminologischen Systeme der einzelnen Niveaus stellen dann linguistische Metasprachen dar, die als Deutungssprachen dem jeweiligen Deutungsniveau zugeordnet sind.

Entsprechend diesen unterschiedlichen Beschreibungssprachen nimmt Wunderlich eine Zweiteilung in eine Beobachtungssprache und eine Theoriesprache vor (145). Dies entspricht einem als "Zweistufenkonzept der Wissenschaftssprache" bezeichneten Verfahren, das jedoch entsprechend den oben angestellten Überlegungen zur Interpretation theoretisch als äußerst problematisch angesehen werden muß. Dieses Zweistufenkonzept ist dann auch schon seit längerer Zeit Gegenstand der Kritik (146).

Aufgrund der generellen Bedenken bezüglich der Mög-

144 Siehe dazu auch die in Abschnitt 6.4 diskutierte Indikatorproblematik.
145 Wunderlich 1976,52
146 Stegmüller 1973,27ff

lichkeit von reinen Beobachtungssprachen soll im hier vorliegenden Zusammenhang stets von Deutungssprachen auf unterschiedlichen Niveaus gesprochen werden. Die Unterschiede der Sprachen sind dabei lediglich gradueller Art. Werden in diesem Sinne Termini verwendet, die ein Mindestmaß an interpretativer Leistung von seiten eines Beobachters voraussetzen, gehören sie zu einem Deutungsniveau niedriger Ordnung. Je mehr interpretative Leistung notwendig wird, um die durch bestimmte Termini bezeichneten und damit abgrenzbaren "Entitäten" zu identifizieren, um so höher ist das Deutungsniveau der Sprache, zu der diese Termini gehören.

Das kann nun hinsichtlich einer bestimmten Lautkonfiguration näher exemplifiziert werden: Wird ein Lautgebilde relativ zum Effektorsystem eines Individuums betrachtet, kann es als Äußerung bezeichnet werden. Die Äußerung ist Produkt einer Äußerungsaktivität eines Individuums. Die interpretative Leistung, die auf dieser Stufe notwendig ist, beschränkt sich auf Entscheidungen darüber, daß das Lautgebilde überhaupt von einem Menschen hervorgebracht worden ist (und nicht von einem Tier oder irgendwelchen Gegenständen, was durchaus nicht immer eindeutig zu sein braucht). Weiter muß entschieden werden, daß es sich um keine Expression handelt.

Die Entscheidung Äußerung - Expression kann durchaus unabhängig getroffen werden vom näheren Verstehen der jeweiligen Sprache. Durch diese Identifikationsleistungen können z.B. auch in für den jeweils Interpretierenden fremden Sprachen Expressionen wie Husten, Lachen, Keuchen und zum Teil auch Laute wie ÄH, AH, MHM etc. von Äußerungen unterschieden werden, und zwar nicht aufgrund der Kenntnis der Sprache, sondern aufgrund der Kenntnis der weitgehend unabhängig von den verschiedenen Sprachen gleichen nichtverbalen Laute, die Menschen produzieren. Wird ein Lautgebilde in diesem Sinne im Rahmen der Aktivitäten eines Individuums bestimmt und als Äußerung bezeichnet, soll vom <u>0. Deutungsniveau</u> gesprochen werden. Der Terminus "Äußerung" ist dann Element der <u>Deutungssprache 0. Ordnung</u>.

Auf dieser Ebene können weitgehend äußere Beschreibungen gegeben werden, etwa "Länge der Äußerung", "Lautstärke", "Schnelligkeit des Sprechens" etc. Wird nun die gesamte Lautproduktion eines Individuums betrachtet, die zwischen den Lautproduktionen eines oder zweier anderer Individuen liegt, soll von <u>Äußerungsbeitrag</u> gesprochen werden. Ein Äußerungsbeitrag ist die rein äußerlich bestimmbare Lautproduktion eines Individuums. Auch wenn man eine Sprache überhaupt nicht versteht, so kann man dennoch Äußerungsbeiträge identifizieren. Betrachtet man mehrere Äußerungsbeiträge von zwei oder mehr Sprechern, soll von Äußerungsintervall gesprochen werden. Darüber hinaus sei noch der Terminus Äußerungssequenz festgelegt. Mit Äußerungsintervall sei ein beliebig herausgegriffener Teil einer längeren Äußerungssequenz gemeint.

Der Ausdruck Äußerungsintervall ist mehr von technischem Nutzen. Die im hier vorliegenden Zusammenhang betrachteten einzelnen Tonbandaufnahmen können in der Deutungssprache 0. Ordnung als Äußerungssequenzen bezeichnet werden. Nun wird nicht immer die gesamte Äußerungssequenz betrachtet, sondern oft nur Teile aus ihr. Diese Teile stellen natürlich ebenfalls Äußerungssequenzen dar. Um die Teilsequenzen aber besser terminologisch von der gesamten betrachteten Sequenz abzuheben, seien diese Teilsequenzen als Äußerungsintervalle bezeichnet. Darüber hinaus entspricht eine solche Segmentierung des Äußerungskontinuums auch entsprechenden Segmentierungen in höheren Deutungssprachen.

Die Äußerungssequenz ist die größte sinnvoll zu unterscheidende Einheit auf dem 0. Deutungsniveau. Dieses Deutungsniveau wird, wie gesagt, in Relation zu dem Gesamtzusammenhang der durch das Effektorsystem eines Individuums produzierten Aktivitäten bestimmt. Wie in Abbildung 6.29 dargestellt, bestehen folgende terminologische Zusammenhänge auf diesem Niveau.

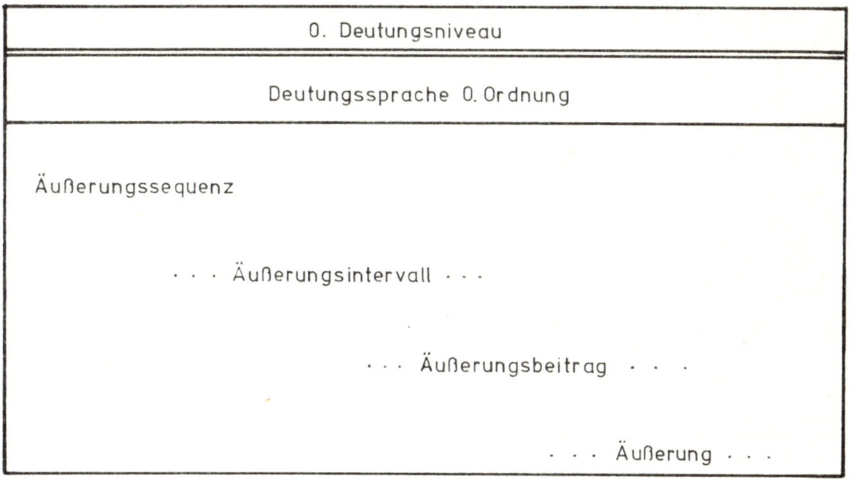

Abb. 6.29

Die Einheiten des Äußerungskontinuums, etwa die Äußerungsbeiträge, können dann, entsprechend der Wunderlichschen Bemerkung, mit "völlig arbiträr gewählten" Namen identifiziert werden.

Bei der Bestimmung dessen, was als einzelne Äußerung aufgefaßt werden soll, entstehen einige Schwierigkeiten, die eine gewisse Modifikation der soeben gemachten Überlegungen erfordern. Betrachtet man ein Äußerungsintervall, so ist es - wie oben festgestellt wurde - aus einzelnen Äußerungsbeiträgen zusammengesetzt. Was nun die Produktion dieser Äußerungsbeiträge betrifft, so wird der Idealfall so aussehen, daß die Mitglieder der F-Gruppe den verbalen K-Teil des I-K-Musters so strukturieren, daß ihre Äußerungsbeiträge streng nacheinander folgen. In tatsächlichen Äußerungsintervallen wird dieser Idealfall jedoch selten und nur für kürzere Zeit erreicht. Dafür treten hier Phänomene wie Pausen, Unterbrechungen und paralleles Sprechen auf. In Abbildung 6.30 ist zur Veranschaulichung ein Äußerungsintervall aus einer real stattgefundenen Äußerungssequenz dargestellt. Die waagerechten Striche symbolisieren die einzelnen Äußerungsbeiträge in ihrer relativ zueinander bestimmbaren Länge.

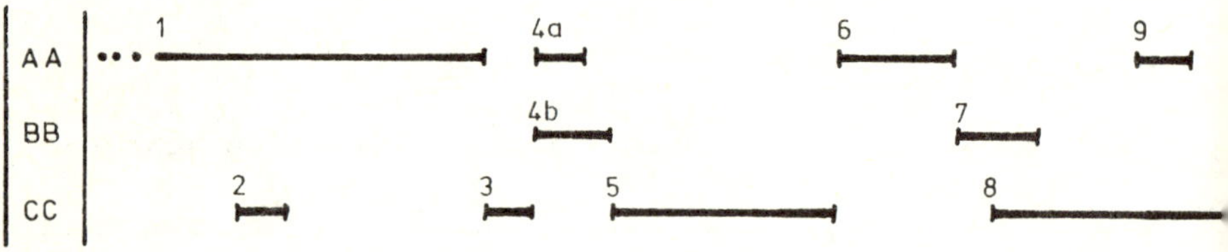

Abb. 6.30

Bis auf das Phänomen der Pausen sind hier alle Formen natürlichsprachlichen Äußerungsverhaltens zu finden, so etwa paralleles Sprechen (1)/(2), (8)/(9), gleichzeitiges Einsetzen (4a)/(4b), Überlappungen (7)/(8), Nacheinandersetzen (1)/(3), (4b)/(5), (5)/(6), (6)/(7). Unterbrechungen können allerdings auf dieser Ebene noch nicht identifiziert werden, da dazu schon inhaltliche Gesichtspunkte benötigt werden.

Die Reibungslosigkeit eines Gesprächs hängt nun weitgehend davon ab, wie weit die Teilnehmer sich dem oben erwähnten Idealfall annähern können. Wie Argyle berichtet, ist diese Fähigkeit zur zeitlichen Abstimmung des Sprechens "bis zu einem gewissen Grade Funktion der Persönlichkeit" (147). Andererseits variiert sie auch, wenn dieselbe Person mit verschiedenen Menschen interagiert. Sie wäre damit auch Funktion der Gesprächspartner.

Wie durch Abbildung 6.30 nun deutlich wird, sind die Äußerungsbeiträge von recht unterschiedlicher Länge. (1) und (8) z.B. sind sehr lange Beiträge, die in ihrer Gesamtheit gar nicht dargestellt werden konnten. So ist etwa (1) 5 1/2 mal so lang wie (5), und (8) ist fast 4mal so lang wie (5). Diese Äußerungsbeiträge besitzen eine detaillierte innere Struktur, d.h. das Äußerungs-

147 Argyle 1969,109

kontinuum kann in weitere Segmente unterteilt werden, die oben "Äußerungen" genannt wurden.

Um aber die innere Struktur eines Äußerungsbeitrags in Äußerungen zu analysieren, muß man angeben, welches Lautgebilde als einzelne Äußerung aufgefaßt werden soll. D.h. man muß die Frage beantworten, welches die kleinste (zu untersuchende) Lautfolge sein soll, die als Äußerung bezeichnet werden kann.

Um eine solche Entscheidung treffen zu können, muß man jedoch bestimmte Vorannahmen machen, die den generellen Zweck der Untersuchung von Äußerungsbeiträgen betreffen. So kann man Äußerungsbeiträge hinsichtlich phonetischer, phonologischer, morphologischer, syntaktischer etc. Fragestellungen untersuchen. In diesem Sinne können die Segmentierungskriterien phonetischer, phonologischer etc. Art sein. Die jeweils interessierenden Einheiten sind dann etwa die Laute, die Phoneme, Morpheme, Wörter etc.

All diese Einheiten, die letztlich erst auf höheren Deutungsebenen bestimmt werden können, können aber auf dem untersten Deutungsniveau als Äußerungen bezeichnet werden. Der theoretische Zusammenhang von Äußerung und jeweiligem Segmentierungsprinzip ist also der, daß aufgrund eines vorgegebenen theoretischen Konzepts (Phonem, Wort, Satz etc.) das Äußerungskontinuum in entsprechende Äußerungen unterteilt werden kann. Streng genommen lassen sich somit auf dem untersten Deutungsniveau einzelne Äußerungen gar nicht bestimmen. Bestimmbar sind lediglich das Äußerungsintervall und der Äußerungsbeitrag. Dennoch erscheint es sinnvoll, für bestimmte Elemente, die auf höheren Niveaus erst bestimmt und terminologisch gefaßt werden, entsprechende Termini auf dem untersten Niveau bereitzustellen. Denn das, was z.B. auf einem höheren Deutungsniveau als Wort bezeichnet werden kann, ist ja gegeben durch ein bestimmtes Lautgebilde, das Teil (Segment) eines Äußerungsbeitrags ist.

Um also relativ zum untersten Deutungsniveau über bestimmte, auf höheren Niveaus identifizierbare Segmente ebenfalls Aussagen machen zu können, wurde der Terminus "Äußerung" eingeführt. Ist also das generelle Ziel der Analyse etwa von phonologischer Art, so kann der Äußerungsbeitrag etwa in Phonemäußerungen segmentiert werden, geht es um lexikalische Untersuchungen, kann man von Wortäußerungen sprechen etc. Als Äußerung ist also immer das zu betrachten, dem auf den höheren Deutungsniveaus die kleinsten relevanten Einheiten entsprechen. So gesehen, könnte auch ein ganzer Äußerungsbeitrag als Äußerung aufgefaßt werden, obwohl er etwa vom lexikalischen oder syntaktischen Gesichtspunkt eine äußerst differenzierte Struktur aufweist.

Das wohl interessanteste, wichtigste und auch am meisten problematisierte (148) Äußerung/Segment-Paar ist das von Satzäußerung und Satz. Auch hier ist es natürlich

---

148 Brinker 1977,38ff

so, daß eine sinnvolle Unterteilung eines bestimmten Äußerungsbeitrages in einzelne (Satz-)Äußerungen nur dann möglich wird, wenn bereits ein theoretisch mehr oder weniger expliziertes Satzkonzept vorliegt (149). Das Paar Äußerung/Satz ist deshalb nun (auch im vorliegenden Zusammenhang) so wichtig, weil mit einem Satz eine sinnvolle kommunikative Einheit vorliegt. Der Satz kann in diesem Sinne als "kleinste potentiell selbständige" (150) Einheit aufgefaßt werden. Diese Einheit kann die Grundlage bilden für weitere sinnvolle linguistische Konzepte, etwa dem des Sprechaktes (151). "Satz" ist dabei weniger syntaktisch genau definiert als vielmehr kommunikativ funktional. Dabei muß allerdings einschränkend gesagt werden, daß "Satz" im hier aufgefaßten Sinne weitgehend mit einem syntaktisch abgeschlossenen Gebilde übereinstimmt, obwohl dabei auch kleinere Einheiten (etwa sogenannte "Ellipsen" "und das mir" oder "Syntagmen" "na ja"), nicht aber größere Einheiten, die selbst wieder mehrere syntaktisch abgeschlossene Einheiten enthalten, als Satz aufgefaßt werden, etwa "er muß mit Strafen arbeiten + er muß schimpfen + er muß zurechtweisen" (152).

Ein solches zunächst recht vages Satzkonzept kann auf den höheren Deutungsniveaus dann näher durch seine kommunikative Funktion präzisiert werden. Betrachtet man in diesem Sinne die Äußerungen eines Äußerungsbeitrags unter dem Gesichtspunkt der Sprechakttheorie, so kann man mit Wunderlich (153) zwischen Äußerungsakten und Sprechakten unterscheiden. Eine andere (hier besonders interessierende) Möglichkeit, die kommunikative Funktion von einzelnen Äußerungen zu bestimmen, ist die, sie als Kontakte zu identifizieren.

Man kann Äußerungsbeiträge bzw. die in ihnen enthaltenen Äußerungen also daraufhin untersuchen, welche Bedeutung sie für die Konstituierung des Beziehungssystems haben. Die Äußerung kann dadurch näher bestimmt werden, daß sie als bestimmter Kontakt interpretiert wird. Dies ist jedoch erst auf einem höheren Deutungsniveau möglich. Denn um solche Deutungen vornehmen zu können, sind noch einige Zwischenstufen notwendig, die jetzt zunächst erläutert werden müssen.

Betrachtet man den Satz als eine bereits inhaltlich, also semantisch, bestimmte Einheit, so ist damit ein anderer Systemzusammenhang zugrunde gelegt als das bei der Äußerung noch der Fall war. Ein bestimmtes Lautgebilde wird in diesem Sinne in Relation zu dem gesamten sinnhaft strukturierten Symbolsystem einer natürlichen Sprache gesehen und nicht zum Effektorsystem eines Individuums. Die Äußerung wird somit als Zeichen aufgefaßt,

---

149 Brinker 1977,39f
150 Heringer 1972,11
151 Austin 1962,23; Wunderlich 1976,120
152 Ausschnitt aus dem Text T249A
153 Wunderlich 1976,51

das eine bestimmte informationelle und textbildende Funktion hat. Das, was in der Deutungssprache 0. Ordnung als "Äußerung" bezeichnet werden kann, wird nun in der Deutungssprache 1. Ordnung als "Satz" bezeichnet. Der Satz als syntaktisch semantische Einheit wird also systemlinguistisch, satzgrammatisch abgegrenzt. Es ist das Lautgebilde, was etwa eine generative Grammatik zu erzeugen erlaubt.

Der Satz kann (im vorliegenden Zusammenhang) als kleinste Einheit auf dem 1. Deutungsniveau angesehen werden. Ein Satz oder mehrere Sätze können einen Redebeitrag konstituieren. Ein Redebeitrag kann als die inhaltlich zusammenhängende Satzkette eines Sprechers definiert werden, in der Sprecher einen oder mehrere Gedankengänge zu einem oder mehreren Themen darstellen. Die Aspekte dieser gedanklichen Zusammenhänge werden dann in Form der einzelnen Sätze geäußert. In diesem Sinne ist der Redebeitrag nicht unbedingt mit einem Äußerungsbeitrag identisch. Er kann zwar ebenso wie der Äußerungsbeitrag zwischen die Redebeiträge eines oder zweier anderer Sprecher fallen, in natürlichen Gesprächen jedoch erstrecken sich Redebeiträge häufig über mehrere Äußerungsbeiträge, wie etwa in dem folgenden Dialogausschnitt deutlich wird.

Dialogausschnitt 7
(Gespräch unter Studenten) (154)

1AA: ja + also =ÄH= erstmal kommt es darauf an daß =ÄH= daß =ÄH= =ÄH= daß es keine Generalperspektive gibt -
2BB: das ist es + ja ++
3AA: für die =ÄH= unter der man das ganze betrachten kann + ...

In diesem Fall werden die Äußerungsbeiträge 1AA und 3AA zu einem Redebeitrag zusammengefaßt, der durch den Redebeitrag 2BB lediglich kurz unterbrochen wird. Die Deutungsleistung, die auf diesem 1. Niveau notwendig wird, zielt auf die Fähigkeit ab, kohärente Texte als solche zu erkennen, also die auf Referenzidentität basierenden Verknüpfungen von Sätzen zu größeren, sinnvoll zusammenhängenden Einheiten wahrzunehmen (155). In DA7 liegt z.B. solche Referenzidentität vor in bezug auf das Substantiv "Generalperspektive" in 1AA und die beiden Relativpronomen "die" bzw. nach der Selbstkorrektur "der" in 3AA.

In diesem Sinne kann man nun weiter in Anlehnung an

---

154 DA7 ist ein Ausschnitt aus T249A.

155 Brinker 1972b,50f; die wissenschaftliche Disziplin der Textlinguistik versucht eine detaillierte Explizierung dieser Fähigkeit, Satzfolgen als kohärente Texte zu erfassen, vorzunehmen. Einen Überblick über die Textlinguistik geben Kallmeyer et al. 1974. Weitere kritische Darstellungen finden sich bei Brinker 1971 und Brinker 1973.

Schwitalla (156) von initiierenden und respondierenden Redebeiträgen sprechen. Initiierende Redebeiträge geben ein Thema vor, über das in den folgenden Redebeiträgen weitere Bemerkungen gemacht werden. Respondierende Redebeiträge greifen das angeschlagene Thema auf und führen es fort. Die texterkennenden Interpretationsleistungen schließen somit auch die Fähigkeit ein, einen aus mehreren Redebeiträgen sich zusammensetzenden Text als solchen zu erkennen.

Hinsichtlich der Verknüpfungsmöglichkeiten mehrerer Redebeiträge zu einem zusammenhängenden Text sollen genauer fünf Formen der Responsivität unterschieden werden (157).

(1) Totaler Respons
Der Partner geht voll inhaltlich thematisch auf den Redebeitrag ein.

(2) Partieller Respons
Der Partner geht auf einen oder wenige wesentliche Teile des Redebeitrags ein.

(3) Tangentialer Respons
Der Partner geht nur auf unwesentliche Teile des Redebeitrags ein.

(4) Topischer Respons
Der Partner geht nur scheinbar auf den Redebeitrag ein.

(5) Zero Respons
Der Partner geht überhaupt nicht inhaltlich thematisch auf den Redebeitrag ein.

Aufgrund dieser unterschiedlichen Formen der Responsivität von Redebeiträgen wird ein Redeintervall gebildet. Das Redeintervall faßt die Redebeiträge zusammen, die zu einem einheitlichen Subthema gehören (158). Mehrere Redeintervalle bilden dann den Redetext oder einfach die Rede. Die Rede ist die relativ zum Sprachsystem (langue) semantisch bestimmbare, zusammenhängende Lautfolge mehrerer Sprecher zu einem Text. Damit gelten auf dieser Ebene die in Abbildung 6.31 dargestellten terminologischen Zusammenhänge.

---

156 Schwitalla 1976,87ff

157 Zum Problem der Responsivität sind bereits eine Reihe von Analysen durchgeführt worden. Cf. Schwitalla 1976,87ff. Die hier vorgelegten fünf Formen der Responsivität können als terminologische Synthese aufgefaßt werden.

158 Cf. Schank 1976

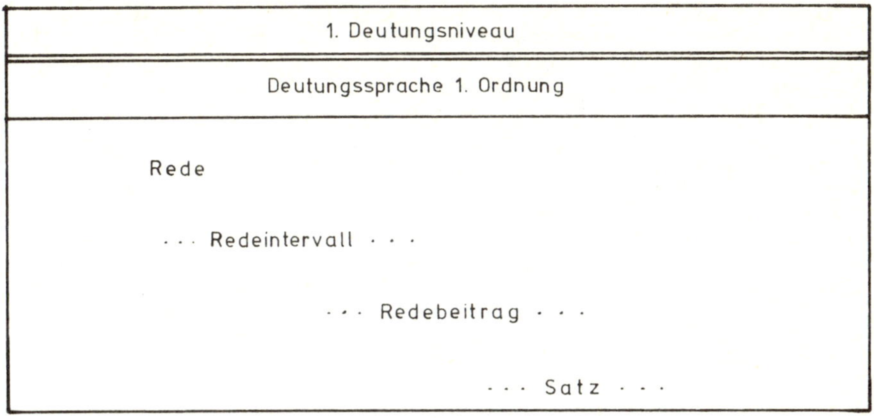

Abb. 6.31

Wird diese inhaltlich semantisch bestimmte Rede und ihre Subeinheiten in Relation zum F-System betrachtet - d.h. bezüglich ihrer situativen Gebundenheit -, werden den einzelnen Redeeinheiten zusätzlich situationsrelevante, kommunikative Funktionen zugeordnet. Damit liegt ein anderer Systemzusammenhang vor, in dem die Lautproduktion von Individuen betrachtet wird. War die Rede noch beschränkt ausschließlich auf die Bestimmung der Sinnhaftigkeit relativ zum situationsunabhängigen Sprachsystem (langue) einer natürlichen Einzelsprache, kommt jetzt ihre unmittelbar situationsbezogene Gebrauchsrelevanz für bestimmte Personen mit ins Spiel.

Wird dieser Zusammenhang berücksichtigt, soll vom 2. Deutungsniveau gesprochen werden. Diesem Niveau entspricht dann eine Deutungssprache 2. Ordnung. In dieser Deutungssprache soll der K-Teil des I-K-Musters betrachtet und als Diskurs bezeichnet werden. "Diskurs" ist in der Deutungssprache 2. Ordnung der entsprechende Terminus zu dem Terminus "Rede" in der Deutungssprache 1. Ordnung. Das zusammenhängende und in sich abgeschlossene Kommunikationsintervall also, das in der Deutungssprache 0. Ordnung "Äußerungssequenz", in der Deutungssprache 1. Ordnung "Rede" genannt wird, wird jetzt in der Deutungssprache 2. Ordnung "Diskurs" genannt.

Der Diskurs setzt sich in diesem Sinne aus Diskursintervallen zusammen, diese wiederum werden aus Diskursbeiträgen gebildet, die aus einem oder mehreren Diskurszügen bestehen. Der Diskurszug entspricht dabei weitgehend dem Satz, kann aber auch mehrere Sätze einschließen.

Mit Diskurs ist in diesem Sinne hier das kommunikativ spezifizierte Handlungssystem zu verstehen, das sich aus jenen kommunikativen Elementen (Diskurszügen) zusammensetzt, die dadurch identifizierbar werden, daß man relativ zum Funktionszusammenhang des F-Systems zusätzlich zu ihrer semantisch grammatischen Deutung als Satz auch noch ihre (allerdings noch stark im semantischen Regelsystem der Einzelsprachen verankerten) aber eben doch schon relativ zum situativen Kontext bestimmbaren aktional relevanten Funktionen mitberücksichtigt. Die starke Verbindung zum semantisch syntaktischen Sprachsystem wird dabei daraus ersichtlich, daß für einige der auf diesem 2. Niveau relevanten aktional spezifizierten Funktionen fest im Grammatiksystem verankerte sprachliche (syntaktisch/semantische) Indikatoren vorliegen: so z.B. die (um es in der Terminologie der Transformationsgrammatik auszudrücken) Permutationstransformation bei der "Frage". Die so funktional bestimmten Elemente können dann zwei- oder dreigliedrige Ketten unmittelbar aufeinander bezogener aktional bestimmter Segmente bilden, die in der bisherigen Forschungsliteratur als "Sprechaktsequenzen" bezeichnet wurden.

Der Diskurszug ist nun die aus einem oder mehreren Sätzen bestehende Sprecheraktivität, die hinsichtlich ihrer kommunikativen Funktion relativ zum Benutzer-zentrierten Funktionsniveau an ein bestimmtes Mitglied der gemeinsamen F-Gruppe gerichtet ist. Sind in einem Redebeitrag mehrere Diskurszüge an einen oder mehrere Partner enthalten, liegt ein Diskursbeitrag vor.

Hinsichtlich der Verknüpfung der Diskursbeiträge bzw. der Diskurszüge zu Diskursintervallen lassen sich nun auch unterschiedliche Formen der Responsivität feststellen. Dabei geht es um die unmittelbar aufeinander bezogene kommunikative Funktion, die die Diskurszüge bzw. die Diskursbeiträge haben. Hinsichtlich dieser Funktion gibt es folgende Verknüpfungen (159), die bestimmte Sprechaktsequenzen oder, wie entsprechend der hier vorgelegten Terminologie gesagt werden soll, Diskursintervalle konstituieren.

(1) Korrespondierender Respons
Der Partner konstatiert, akzeptiert und reagiert entsprechend auf die kommunikative Funktion, etwa Vorwurf - Entschuldigung.

(2) Retardierender Respons
Der Partner konstatiert, akzeptiert nur vorläufig die kommunikative Funktion und initiiert Diskursbeiträge mit anderer, problematisierender Funktion, etwa Vorwurf - Nachfrage.

(3) Retrovertierender Respons
Der Partner konstatiert, akzeptiert (bzw. akzeptiert nicht) die Funktion und reagiert mit gleichen Mitteln, etwa Vorwurf - Gegenvorwurf; Lob - Lob; Feststellung - Feststellung.

---

159 Zu den an den verschiedenen Stellen untersuchten Sprechaktsequenzierungen cf. etwa Wunderlich 1974, 346ff; Wunderlich 1976,77ff; Rehbein 1972; Rehbein 1977; Frankenberg 1975.

(4) Korrigierender Respons
Der Partner konstatiert, akzeptiert nicht und reagiert dementsprechend, etwa Vorwurf - Zurechtweisung.
(5) Ignorierender Respons
Der Partner akzeptiert nicht und reagiert nicht auf die kommunikative Funktion.

Aufgrund dieser Verknüpfungen bilden sich Diskursintervalle, die in ihrer Gesamtheit einen Diskurs darstellen, der zeitlich auf die Dauer des Bestehens eines F-Systems begrenzt ist. Diese terminologischen Zusammenhänge entsprechen Abbildung 6.32.

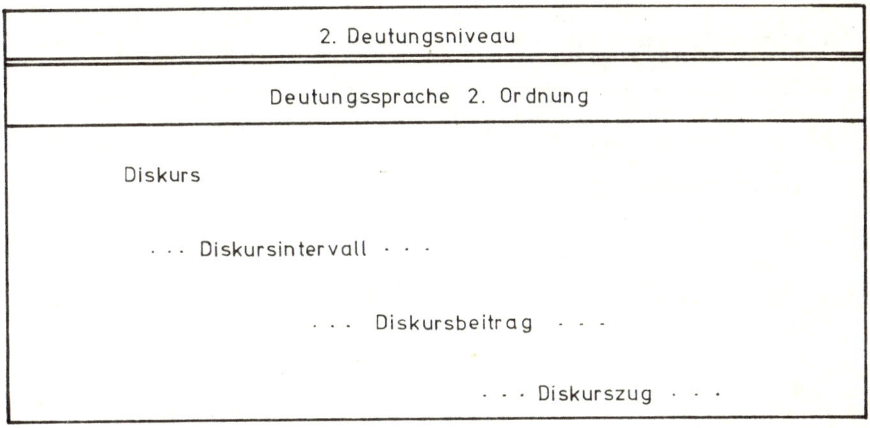

Abb. 6.32

Legt man nun das übersituationelle Handlungssystem einer Beziehung zugrunde und bestimmt die bisher auf den Deutungsniveaus 0 - 2 betrachteten Einheiten auf dem nun noch höheren 3. Deutungsniveau, so kann man bezüglich der Deutungssprache 3. Ordnung von Dialog, Dialogintervall, Dialogbeitrag und Dialogzug sprechen.
Dabei lassen sich bei detaillierterer Betrachtung (160) auf diesem Niveau zwei funktionale Momente unterscheiden, nämlich ein mehr auf das einzelne Individuum zielendes Moment und ein mehr auf den gesamten, beide Individuen einschließenden Prozeß zielendes Moment. Beide Momente sind jedoch erst von dem jeweils zugrunde gelegten übersituationellen Handlungssystem her bestimmbar. Sie korrespondieren dabei weitgehend mit dem Benutzer-zentrierten und dem Gesellschafts-zentrierten Funktionsniveau (161). Man kann in diesem Sinne, das bisherige zusammenfassend, folgendes feststellen: Eine

160 Genaueres dazu siehe unten in den Abschnitten 6.3.2.3.2 und 6.3.2.3.3
161 Siehe oben Abschnitt 1.2.3

Äußerung ist eine als (menschliches) Verhalten spezifizierte Lautkonfiguration. Ein *Satz* ist dann die semantisch spezifizierte Äußerung. Ein *Diskurszug* ist der sequenzfunktional spezifizierte Satz. Ein *Dialogzug* schließlich ist der handlungssystemfunktional spezifizierte Diskurszug.

In diesem Sinne kann relativ zu einem übersituationellen Handlungssystem ein Diskurszug als ein Dialogzug bezeichnet werden. D.h. der Diskurszug wird hinsichtlich seiner Funktion bezüglich des übersituationellen Handlungssystems betrachtet. Mehrere Dialogzüge bilden dann den Dialogbeitrag, der dem Diskursbeitrag entspricht.

Auf diesem 3. Deutungsniveau lassen sich ebenfalls spezielle Formen der Responsivität von Dialogzügen bzw. Dialogbeiträgen feststellen. Neben den gleichen Formen der Responsivität, wie sie auf dem 2. Deutungsniveau bestimmt werden konnten, gibt es jetzt auf dem 3. Niveau zusätzlich noch die beiden folgenden übergeordneten Formen der Responsivität:

(1) Intraaktionaler Respons
Der Partner antwortet mit einem Dialogzug oder Dialogbeitrag vom gleichen Sprechhandlungstyp, also Sprechakt - Sprechakt, Kontakt - Kontakt.

(2) Transaktionaler Respons
Der Partner antwortet mit einem Dialog oder Dialogbeitrag vom jeweils anderen Sprechhandlungstyp, also Sprechakt - Kontakt, Kontakt - Sprechakt.

Mehrere Dialogbeiträge bilden dann ein Dialogintervall, das mit anderen Intervallen den Dialog konstituiert, der wiederum Teil eines übersituationellen Handlungssystems ist. Diese terminologischen Zusammenhänge entsprechen Abbildung 6.33.

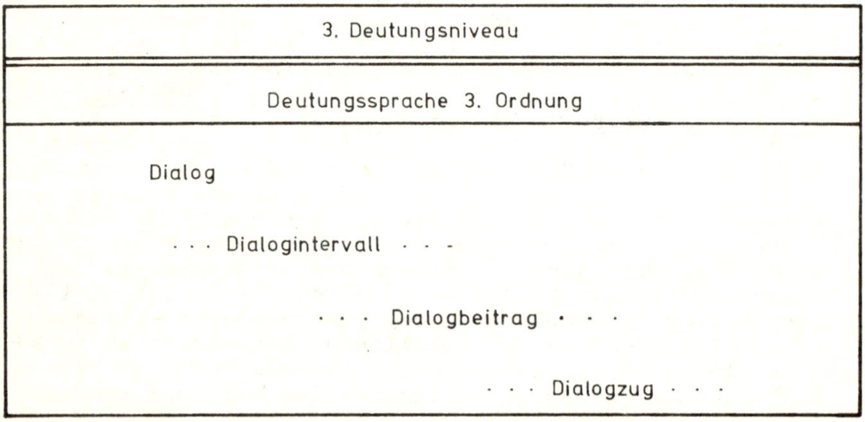

Abb. 6.33

Damit ist das für den vorliegenden Zusammenhang notwendige oberste Deutungsniveau erreicht. Auf diesem obersten Deutungsniveau können nun Lautgebilde als Kontakte oder Sprechakte bestimmt werden, indem sie auf a l l e n vorangehenden Niveaus entsprechend den dort geltenden und möglichen Interpretationsmustern gedeutet worden sind. Um also ein Lautgebilde als bestimmte Sprechhandlung festlegen zu können, muß es in Relation zu den bestimmten Systemzusammenhängen auf den jeweiligen Deutungsniveaus mit Hilfe der entsprechenden Deutungssprache beschreibbar sein. Dabei werden auf der obersten Stufe alle unteren Stufen als notwendige Voraussetzung miteinbezogen, wobei das Lautgebilde x jeweils relativ zu den unterschiedlichen Systemzusammenhängen als etwas anderes bestimmbar wird, bis es schließlich als Dialogzug und damit als Kontakt oder Sprechakt identifiziert wird. Diese Zusammenhänge sind in Abbildung 6.34 nochmals zusammengefaßt.

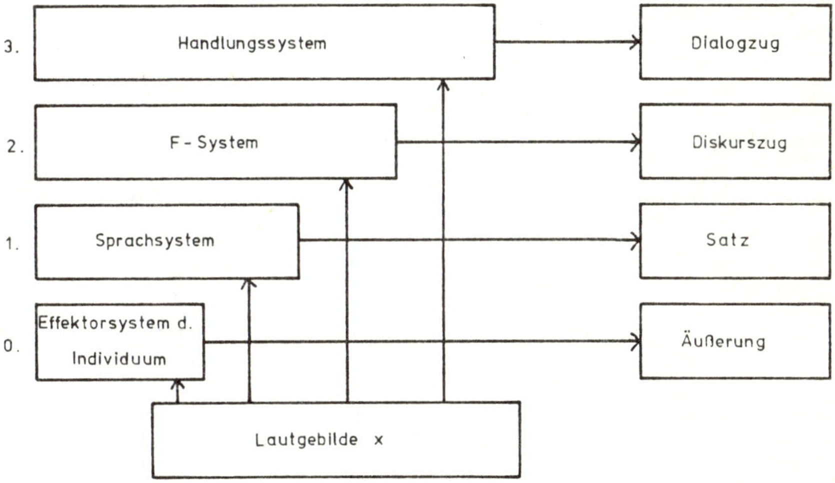

Abb. 6.34

Ein Kontakt ist somit nur unter Einbeziehung aller in Abbildung 6.34 dargestellten, hierarchisch angeordneten Systeme bestimmbar. Genau in diesem Sinne ist ein Kontakt als eine S p r e c h h a n d l u n g anzusehen.

6.3.2.2 Kontakt - Sprechakt

Die im letzten Abschnitt explizierte Bestimmung des Kontakts als Sprechhandlung korrespondiert mit der im Abschnitt 6.2 entwickelten Definition der Beziehung als einem Handlungssystem. Nun wurden im Abschnitt 6.2.4.2, ausgehend von den beiden grundsätzlichen Sprachfunktionen auf dem obersten Gesellschafts-zentrierten Funktionsniveau, zwei grundsätzlich verschiedene Handlungssysteme postuliert. Hinsichtlich der Interpretation eines Lautgebildes auf dem 3. Deutungsniveau bedeutet das, daß man dort entsprechend den beiden postulierten Handlungssystemen des Gebrauchssystems und des Beziehungssystems zwei grundsätzlich unterschiedliche Typen von Dialogzügen annehmen kann. Es sind dies die beiden Sprechhandlungstypen des Kontakts (Beziehungssystem) und des Sprechaktes (Gebrauchssystem). Bevor jetzt näher auf die theoretisch faßbare innere Struktur der Kontakte eingegangen werden soll, muß der Kontakt prinzipiell gegenüber dem Konzept des Sprechakts abgegrenzt werden.

Die Frage, die sich dabei zunächst stellt, ist die, inwieweit man davon sprechen kann, daß Sprechakte diejenigen Sprechhandlungen sind, die die Gebrauchssysteme konstituieren, und Kontakte diejenigen, die die konstituierenden Sprechhandlungen der Beziehungssysteme darstellen. Geht man von der Annahme aus, daß die beiden grundlegenden Handlungssysteme und die entsprechenden Kategorien von Sprechhandlungen tatsächlich bestehen, so kann die Sprechakttheorie nun so charakterisiert werden, daß sie letztlich mit dem Anspruch konzipiert wurde, beide Kategorien von Sprechhandlungen erfassen und beschreiben zu können. Das Postulat, mit dem sie aufgetreten ist, war also das der Allgemeingültigkeit für sämtliche möglichen Sprechhandlungstypen. In diesem Sinne ist etwa Searles Behauptung aufzufassen,

> daß eine Sprache zu sprechen bedeutet, Sprechakte in Übereinstimmung mit Systemen konstitutiver Regeln zu vollziehen (162).

In einer noch allgemeineren Formulierung stellt er an anderer Stelle fest,

> daß das Sprechen einer Sprache eine regelgeleitete Form des Verhaltens ist (163).

Damit postuliert Searle, daß, wann immer man verbalsprachlich miteinander kommuniziert, man dabei bestimmte Sprechakte vollzieht - und das gleichgültig wann, wo, mit wem und worüber man kommuniziert. Sprechakte zu vollziehen, ist in diesem Sinne geradezu konstitutiv - d.h. notwendige und hinreichende Bedingung (164) - für die

---

162 Searle 1969,61
163 Searle 1969,29
164 Searle 1969,84ff

Möglichkeit von Kommunikation überhaupt (165). Wenn man in diesem Sinne keinen Sprechakt vollzogen hat, kann man auch nicht davon sprechen, daß man überhaupt kommuniziert habe. Daher kann Searle dann auch behaupten:

> Die Grundeinheit der sprachlichen Kommunikation ist nicht, wie allgemein angenommen wurde, das Symbol, das Wort oder der Satz, oder auch das Symbol-, Wort- oder Satzzeichen, sondern die Produktion oder Hervorbringung des Symbols oder Wortes oder Satzes im Vollzug des Sprechakts (166).

Ebenso hatte schon Austin festgestellt, daß "etwas sagen etwas tun heißt" (167). Dabei ging es Austin ebenso wie Searle um die allgemeinen Bedingungen und Normen, die notwendig sind, um überhaupt den Handlungscharakter der Sprache zu begründen. Austin interessierten dabei vornehmlich die Gelingensbedingungen für performative Äußerungen (168). Unter der Voraussetzung bestimmter derartiger Bedingungen war es dann möglich, den grundlegenden Unterschied zweier Arten von "Akten" festzustellen: zum einen den Akt "daß man etwas sagt" im Gegensatz zu dem Akt, der vollzogen wird, "indem man etwas sagt" (169). Die erste Art von Akten nannte Austin "lokutive Akte", die zweite Art "illokutive Akte" (170).

In diesem Sinne ist "Sprechakt" die Bezeichnung für jene grundlegende Tatsache, daß Äußerungen bzw. Sätze stets eine kommunikative Funktion haben und daß sich diese Funktion nicht von der eigentlichen Äußerung trennen läßt - was in der Austinschen Wendung mit der instrumentalen Konjunktion "indem" verdeutlicht wird. Den Begründern der Sprechakttheorie ging es in erster Linie um die Betonung dieser Tatsache in ihrer allgemeinsten Form. Dabei war die Frage zunächst gleichgültig, was man im einzelnen tut, wenn man etwas sagt. Erst nachdem festgestellt wurde, daß man überhaupt mehr macht beim Äußern von Sätzen, als "nur Wörter von sich" (171) zu geben, konnte und mußte genauer untersucht werden, was man denn im einzelnen damit macht.

Zur Bezeichnung dieser prinzipiellen Tatsache, daß Sätze zu äußern, Handlungen zu vollziehen bedeutet, soll nun im vorliegenden Kontext nicht mehr der Terminus "Sprechakt" benutzt werden. Das, was die Sprechakttheorie bisher mit dem Terminus "Sprechakt" benannt hat, soll hier jetzt als "Sprechhandlung" bezeichnet werden. Das Äußern eines Satzes bedeutet somit immer auch den gleichzeitigen durch die Satzäußerung vermittelten Vollzug

165 Searle 1969,69,113
166 Searle 1969,30
167 Austin 1962,33
168 Austin 1962,44ff
169 Austin 1962,115
170 Austin 1962,114
171 Searle 1969,39

einer bestimmten Sprechhandlung. Eine Sprache sprechen bedeutet dann, ganz im Sinne Searles, Sprechhandlungen zu vollziehen.

In diesem Schritt darf nun allerdings keine Maßnahme terminologischer Willkür gesehen werden. Der Änderungsvorschlag, "Sprechhandlungen" statt "Sprechakte" zu sagen, beruht vielmehr auf der Erkenntnis, daß die Sprechakttheorie, trotz ihres ursprünglichen Allgemeingültigkeitsanspruchs, dennoch nur als eine Theorie betrachtet werden kann, die sich lediglich mit einer speziellen Kategorie kommunikativer Funktionen von Sprechhandlungen beschäftigt hat. Daß sie dabei den prinzipiellen Handlungscharakter der Sprache erstmals in der von ihr entwickelten Schärfe herausgearbeitet hat, bleibt nach wie vor ihr Verdienst. An der prinzipiellen Richtigkeit dieser allgemeinen Feststellung soll also nicht gezweifelt werden. In ihrem speziellen Bereich wird die Sprechakttheorie nach wie vor als adäquat angesehen. Hier wird lediglich behauptet, daß ihre Beschreibungsmittel nur einen bestimmten und begrenzten Bereich sprachlicher Handlungen abzudecken in der Lage sind. Sie ist somit Spezialfall einer allgemeinen als S p r e c h h a n d l u n g s t h e o r i e zu bezeichnenden Theorie, die erst in ihrer Gesamtheit das ganze Spektrum der unterschiedlichen Funktionen sprachlich kommunikativer Handlungen zu beschreiben gestattet. Der zweite, grundsätzlich andere Spezialbereich dieser allgemeinen Theorie ist die Kontakttheorie. Inwiefern es berechtigt ist, die Sprechakttheorie in dieser Weise als den einen Spezialfall einer allgemeinen Sprechhandlungstheorie zu betrachten, soll im folgenden gezeigt werden.

Nachdem innerhalb der Sprechakttheorie der erste Schritt getan und der Handlungscharakter der Sprache herausgearbeitet worden war, ging es darum, die Art der Handlungen näher zu untersuchen. Searle stellte in dem Zusammenhang fest:

> Es ist unwahrscheinlich, daß wir eine befriedigende theoretische Darstellung illokutionärer Handlungen und ihrer Beziehungen zu den semantischen Eigenschaften illokutionärer Verben erhalten werden, solange wir keine hinreichend motivierte Klassifikation für sie haben (172).

In diesem Sinne hatte bereits Austin versucht, die von ihm als äußerst umfangreich angesehene Menge illokutiver Verben (173) zu klassifizieren. Wie Searle jedoch zu Recht kritisiert, leidet Austins Klassifikation "unter ihrem Mangel an klaren Kriterien" (174). Searle hat dann versucht, eine Klassifikation zu entwickeln, die von

---

172 Searle 1973,116

173 Austin schätzt, daß die Zahl der illokutiven Verben "in der Größenordnung der dritten Potenz von 10 liegt". Cf. Austin 1962,165.

174 Searle 1973,116

einem einheitlichen Klassifikationskriterium ausgeht, nämlich dem "Begriff der illokutionären Absicht, des illokutionären Zwecks" (175). An dieser Klassifikation zeigt sich bereits die spezielle Ausrichtung der Sprechakttheorie auf das, was im vorliegenden Zusammenhang die Gebrauchsfunktion der Sprache genannt wird. Searle unterscheidet in diesem Sinne dann Repräsentative, Direktive, Kommissive, Expressive und Deklarative (176).

Um nun etwas als eine illokutionäre Handlung charakterisieren zu können, ist weniger die Tatsache entscheidend, daß der entsprechenden Äußerung mittels der Austinschen "indem"- bzw. "damit daß"-Probe (177) ein illokutionäres Verb zugeordnet werden kann. Entscheidend ist vielmehr, zu welcher illokutionären Klasse die Satzäußerung zu rechnen ist. Erst dadurch ist nämlich festgelegt, welcher Sprechakt vollzogen wurde.

Die Äußerung des Satzes

(S 6.1.) Du hast schon wieder die schlechteste Arbeit.

vom Lehrer x adressiert an den Schüler y kann in diesem Sinne sehr unterschiedlich hinsichtlich der kommunikativen Funktion, also der illokutionären A b s i c h t oder der illokutionären Rolle, aufgefaßt werden:

(1) Sie ist FESTSTELLUNG, BEHAUPTUNG, KLASSIFIKATION, BESCHREIBUNG etc., wenn mit ihr lediglich ein Sachverhalt dargestellt werden soll.
(2) Sie ist BITTE, BEFEHL, WEISUNG, RATSCHLAG etc., wenn versucht wird, y zu etwas zu bewegen (nämlich mehr zu arbeiten).
(3) Sie ist DROHUNG, ANKÜNDIGUNG, GARANTIE etc., wenn der Lehrer versucht, mit ihr sich auf den künftigen Lauf der "Dinge" zu verpflichten (etwa dem Schüler im Zeugnis eine 5 zu geben).
(4) Sie ist KLAGE, MITLEIDSBEZEUGUNG etc., wenn sie Ausdruck des Bedauerns des Lehrers zu dem bestimmten Sachverhalt ist.
(5) Sie ist schließlich ERKLÄRUNG, ERNENNUNG etc., wenn etwa der Lehrer den Schüler mit (S 6.1.) zum Klassenschlechtesten "erklärt".

In (1) wäre die Äußerung als Repräsentativ, in (2) als Direktiv, in (3) als Kommissiv, in (4) als Expressiv, in (5) als Deklarativ zu klassifizieren. Von primärer Bedeutung ist somit nicht, daß die Äußerung als eine WARNUNG, eine FESTSTELLUNG, ein BEFEHL, ein VERSPRECHEN etc. klassifiziert werden kann (das ist zwar auch möglich, damit ist jedoch für die Analyse noch nicht viel gewonnen). Entscheidend ist vielmehr, daß sie als ein Repräsentativ, ein Direktiv, ein Kommissiv etc. bestimmt wird, d.h. daß mit dieser Äußerung in einem bestimmten größeren Handlungszusammenhang ein bestimmter Zweck ver-

175 Searle 1973,116
176 Searle 1973,117
177 Austin 1962,140ff

folgt wird, etwa Information über Sachverhalte zu vermitteln, sich oder andere zu bestimmten Handlungen zu verpflichten etc. Diese Tatsache wird besonders auch deutlich bei der schon früh erkannten Erscheinung der sogenannten indirekten Sprechakte (178). In diesem Sinne ist es möglich, eine FESTSTELLUNG wie die von (S 6.1.) als BITTE, als DROHUNG, als KLAGE etc. zu interpretieren, d.h. man stellt fest, daß die FESTSTELLUNG von (S 6.1.) ein Direktiv, ein Kommissiv, ein Expressiv oder dgl. ist.

Das Darstellen von Sachverhalten (Repräsentative), das Übertragen oder Übernehmen von Handlungsverpflichtungen (Direktive bzw. Kommissive), die Darlegung von Einstellungen (Expressive) oder das Realisieren sozial institutioneller Bewertungen (Deklarative) sind nun weitgehend identisch mit dem, was oben mit dem sachorientierten Aspekt von Kommunikation bezeichnet wurde. Der Einsatz von Sprache in sachorientierten Arbeits- und Gebrauchszusammenhängen muß genau diesen in den illokutionären Klassen beschriebenen Aufgaben, Zwecken, kurz: Funktionen, entsprechen. In Arbeits- und Problemlösungszusammenhängen ist es notwendig, Sachverhalte darzustellen (Informationen über Sachverhalte zu geben), Handlungsverpflichtungen zu übertragen oder selbst zu übernehmen, Sachverhalte zu beurteilen oder etwa Positionen der am Arbeitsprozeß beteiligten Personen durch ERNENNUNGEN oder dgl. festzulegen. Und genau das wird in den illokutionären Klassen beschrieben. Sprechakte werden in diesem Sinne bestimmt durch die illokutionären Klassen, die die illokutionäre Absicht erfassen - nicht durch die Feststellung, daß eine WARNUNG, ein BEFEHL etc. vorliegt. Diese illokutionäre Absicht aber beschreibt das, was hier "Gebrauchsfunktion der Sprache" genannt wurde.

Die kommunikativen Funktionen von lokutiven Akten, die durch explizit performative Verben wie "warnen", "versprechen", "auffordern" etc. charakterisiert werden, stellen somit lediglich eine nur vorläufige Zwischenstufe in der Interpretation dar. Sie basieren zwar auf dem, was Searle den propositionalen Akt genannt hat (179), sind selbst jedoch wiederum die Grundlage, auf der dann die eigentliche illokutive Funktion festgestellt wird, die in der illokutionären Klassen wie Direktiv, Repräsentativ etc. erfaßt wird. In diesen illokutiven Klassen wird nämlich die Gemeinsamkeit jeweils einer ganzen Klasse verschiedener Funktionen zusammengefaßt, die in den explizit performativen Verben einen lexikalischen Ausdruck gefunden haben. So kann man z.B. Funktionen wie AUFFORDERN, BITTEN, BEFEHLEN etc. unter der Klassenbezeichnung "Direktiv" zusammenfassen. Diese Klasse wird dann legitimiert durch die Tatsache, daß alle in ihr

---

178 Wunderlich 1972,29ff; Ehrlich/Saile 1972; Maas/Wunderlich 1972,151ff

179 Searle 1969,40

zusammengefaßtenElemente eine bestimmte Funktion in einem größeren Handlungszusammenhang haben, nämlich die Funktion, Handlungsverpflichtungen zu delegieren. Und dies ist der eigentliche illokutive Akt des Sprechakts, denn erst durch ihn wird die "illokutive Absicht" erfaßt. Die Akte bzw. Funktionen, auf denen die illokutiven Akte aufbauen (BITTEN, WARNEN, VERSPRECHEN), sollen nun aufgrund ihrer Zwischenstellung zwischen dem propositionalen Akt und dem eigentlichen illokutiven Akt hier als <u>interlokutive Akte</u> bezeichnet werden. Dies ist eine wichtige terminologische Modifikation, die notwendig wird, um im Rahmen der allgemeinen Sprechhandlungstheorie später den Unterschied von Sprechakten und Kontakten zu verdeutlichen. Die Stufenfolge der analytischen Teilakte des speziellen Sprechhandlungstyps "Sprechakt" sieht dann folgendermaßen aus (180):

(1) lokutiver Akt (Äußerung);
(2) propositionaler Akt (Satz);
(3) interlokutiver Akt (Diskurszug);
(4) illokutiver Akt } (Dialogzug).
(5) perlokutiver Akt }

Erst die Stufen (4) und (5) charakterisieren die Sprechhandlung (oder den Dialogzug) als Sprechakt, d.h. sie legen die besondere Absicht oder Funktion der Sprechhandlung hinsichtlich des bestimmten relativ zu einem größeren Arbeits- oder Gebrauchszusammenhangs zu sehenden Zwecks fest.

Damit ist jedoch nur die eine der beiden grundsätzlich möglichen Funktionen von Sprechhandlungen erfaßt - eben ihre Funktion als sachorientierter Sprechakt. Daneben gibt es aber eine weitere Funktion, die die interlokutiven Akte als etwas völlig anderes erscheinen läßt. Das soll mit Hilfe des neueren, etwas detaillierteren Katalogs "illokutiver Typen" von Wunderlich (181) demonstriert werden.

Wunderlich unterscheidet acht illokutive Typen:

(1) Direktiv;
(2) Commissiv;

---

180 In diesem Sinne ist die Bestimmung eines interlokutiven Aktes weder hinreichend noch notwendig für die Bestimmung eines illokutiven Aktes. Genausowenig ist die Bestimmung eines illokutiven Aktes hinreichend oder notwendig für die Bestimmung eines interlokutiven Aktes. Mit anderen Worten: Man kann rein logisch weder vom interlokutiven Akt eindeutig auf einen illokutiven Akt noch von einem illokutiven Akt eindeutig auf einen interlokutiven Akt schließen. Darin drückt sich ebenfalls die nicht eindeutige Relation von Form und Funktion aus, auf die Holbig im Zusammenhang funktionaler Sprachbetrachtung hinweist. Siehe oben Seite 20

181 Cf. Wunderlich 1976,77ff

(3) Erotiv;
(4) Repräsentativ;
(5) Satisfaktiv;
(6) Retraktiv;
(7) Deklarativ;
(8) Vokativ.

Diese illokutiven Typen bezeichnen die acht möglichen Arten illokutiver Akte. Relativ zu diesen illokutiven Akten lassen sich nun eine Reihe interlokutiver Akte betrachten.

So kann z.B. der interlokutive Akt der AUFFORDERUNG, realisiert durch die Äußerung des Satzes

(S 6.2.) Komm, laß mich das mal machen.

hinsichtlich der Sprechhandlungskategorie "Sprechakt" durchaus etwa als Direktiv aufgefaßt werden. Damit ist der interlokutive Akt AUFFORDERUNG hinsichtlich der Funktion betrachtet, den Hörer auf bestimmte zukünftige Handlungen zu verpflichten (nämlich etwa das Werkzeug abzugeben, zurückzutreten, allgemein: den Sprecher "machen" zu lassen).

Nicht erfaßt mit einer solchen Bestimmung des interlokutiven Aktes der AUFFORDERUNG als einem Direktiv ist die andere Funktion, die die AUFFORDERUNG durchaus auch haben kann, nämlich den Hörer abzuwerten hinsichtlich seiner Fähigkeiten oder Eigenschaften. Nicht erfaßt ist die mögliche Funktion, durch eine AUFFORDERUNG sich selbst darzustellen (als besonders fähig, geschickt, wissend etc.). Nicht erfaßt ist die mögliche Funktion einer AUFFORDERUNG, durch sie seine Solidarität mit dem Hörer zu bekunden (in dem Sinne: was du nicht kannst, kann ich, und gemeinsam schaffen wir es schon). Nicht erfaßt werden also eine ganze Reihe möglicher Funktionen, die AUFFORDERUNGEN ebenso haben können, wie die, die in den illokutiven Typen erfaßt und beschrieben werden. Nicht erfaßt werden also die Möglichkeiten, Sprechhandlungen hinsichtlich ihrer unterschiedlichen partnerorientierten Funktion, also hinsichtlich ihres Status als Kontakt, zu erfassen und zu beschreiben.

Eine Reihe weiterer Beispiele mag das illustrieren: Der interlokutive Akt des VERSPRECHENS, realisiert durch

(S 6.3.) Wir gehen morgen zusammen ins Kino.

ist hinsichtlich der Kategorie "Sprechakt" etwa bestimmt als Commissiv (also als Übernahme von Handlungsverpflichtungen). Nicht erfaßt wird die damit ebenso mögliche Funktion, dem Hörer das "Gefühl" zu geben, ebenbürtig, gleichrangig zu sein, ihn als gleich zu bestimmen und zu bewerten. So etwas kommt bei Kindern etwa sehr stark zum Tragen. Sie werden dadurch, daß sie mit einem bestimmten Erwachsenen ins Kino gehen dürfen, durchaus bei ihren gleichaltrigen Freunden einen Prestigegewinn erringen können.

Die Interlokution FRAGE, realisiert durch

(S 6.4.) Hast du den Artikel x gelesen?

kann hinsichtlich ihrer Illokution als Erotiv bestimmt werden. Nicht erfaßt wird damit die Möglichkeit, sie etwa als Selbstdarstellung zu bestimmen, mit der der Sprecher seine Belesenheit demonstriert.

Das gleiche gilt für eine Interlokution BEHAUPTUNG wie

(S 6.5.) Das ist ja auch schon von Kant gesehen worden.

Mit der illokutiven Bestimmung kann etwa ihre Funktion als Repräsentativ erfaßt werden. Nicht erfaßt wird, wie schon bei (S 6.4.), ihre Funktion als Selbstdarstellung oder, gleichzeitig damit, ihre mögliche Funktion als Abqualifikation des Partners (182).

Die Interlokution BEGRÜNDUNG, realisiert durch

(S 6.6.) Ich kann das sagen, weil ich das Buch x sehr genau kenne.

kann hinsichtlich der Kategorie "Sprechakt" als Satisfaktiv bestimmt werden. Sie wird also hinsichtlich der Erfüllung bestimmter Interaktionsbedingungen, nämlich der, Vorschläge zu begründen, betrachtet (183). Nicht erfaßt wird wieder etwa die Möglichkeit einer Selbstdarstellung.

Eine KORREKTUR, repräsentiert durch

(S 6.7.) So kannst du das nicht machen.

kann zwar als Retraktiv oder auch als Direktiv erfaßt werden. Nicht berücksichtigt wird damit aber eine Funktion wie die der Partnerabwertung, der Selbstaufwertung, der Solidaritätsbekundung etc.

Ein ERNENNEN, repräsentiert durch

(S 6.8.) Hiermit sind Sie ordentliches Mitglied unseres Vereins.

kann als Deklarativ beschrieben werden. Nicht erfaßt wird seine beziehungsrelevante Funktion als Aufwertung, als Gleichstellung etc.

---

182 Auf diese Funktion weisen etwa auch Watzlawick et al. hin. Eine Feststellung wie: "Uran hat 92 Elektronen" von einem Physiker einem anderen gegenüber als Repräsentativ gemacht, kann eine solche abqualifizierende Funktion haben. Denn "Gerade ihrer Selbstverständlichkeit wegen wird der andere Physiker die Mitteilung übelnehmen, denn sie übermittelt ihm ja keine Information, sondern vielmehr die impertinente Unterstellung, daß sein Kollege ihm nicht einmal die grundlegendsten beruflichen Kenntnisse zutraut". Cf. Watzlawick et al. 1969,83.

183 Wunderlich 1976,84

Ebensowenig wird durch einen AUFRUF, repräsentiert durch

(S 6.9.) Herr x hat das Wort.

der als Vokativ bestimmt werden kann, erfaßt, daß mit diesem Aufruf das Selbstwertgefühl des Herrn x aufgewertet wird, indem gezeigt wird, daß man an seiner Meinung interessiert ist.

Mit dieser kurzen Darstellung der Unstimmigkeiten bei der Interpretation von interlokutiven Akten als bestimmte illokutive Akte sollte nicht bestritten werden, daß eine solche Interpretation als Repräsentativ, als Direktiv oder als Commissiv falsch oder unzureichend ist. Es wurde lediglich zu illustrieren versucht, daß bei dieser illokutiven Interpretation nur e i n e besondere (durchaus richtige und mögliche) Sichtweise eingenommen wird. Dies ist aber eben nur der eine Aspekt, unter dem man Äußerungen, spezieller: interlokutive Akte, betrachten kann, nämlich der hinsichtlich ihrer unterschiedlichen möglichen Gebrauchsfunktionen. Die andere mögliche Funktion hinsichtlich der Partnerorientiertheit wird dabei jedoch vernachlässigt. Anders gesagt könnte man auch so formulieren: Bestimmt man die interlokutiven Akte als bestimmte illokutive Akte, so beschreibt und erfaßt man sie hinsichtlich ihrer speziellen möglichen Gebrauchsfunktion. Der Sprechakt ist in dieser Hinsicht ein Spezialmodell sprachlicher Handlungen, das diese Handlungen hinsichtlich ihrer sachorientierten, aufgaben- oder problemlösenden Funktion zu beschreiben gestattet. Daneben aber können Sprechhandlungen bzw. interlokutive Akte noch grundsätzlich andere Funktionen übernehmen, die dann in dem speziellen Sprechhandlungsmodell des "Kontakts" beschrieben und erfaßt werden können.

Daß die Sprechakttheorie in diesem Sinne tatsächlich primär als Modell gesehen wird, das die Gebrauchsfunktionen von Sprechhandlungen zu beschreiben gestattet, wird deutlich, wenn man sich die theoretischen Legitimationen des Sprechaktkonzepts ansieht, die bei verschiedenen Sprechakttheoretikern zu finden sind (184). Das soll jetzt im folgenden dargestellt werden.

Nachdem der Handlungscharakter der Sprache in den prinzipiellen Arbeiten der Begründer der Sprechakttheorie, Austin und Searle, klar herausgearbeitet worden war, ging es im weiteren darum, die speziellen Leistungen der Sprache, die damit ins Blickfeld der Forschung gekommen waren, näher zu bestimmen. Neben der Ausarbeitung einer nach funktionalen Gesichtspunkten entwickelten Klassifikation illokutiver Typen bei Searle, war es vor allem Grice mit seinem Kooperationsprinzip, der den

---

184 Cf. etwa Ehlich 1972,124; Maas/Wunderlich 1972,77, 192ff; Buddemeier 1973,10; Schmidt 1974,107; Braunroth et al. 1975,83f,181; Wunderlich 1976,23,31,43, 79f; Rehbein 1977,24,103,110f,112

intentional/funktionalen Charakter der jetzt als Handlung erkannten sprachlichen Äußerung genauer theoretisch zu fassen und zu legitimieren versuchte (185). Das Gricesche Kooperationsprinzip wie auch die dieses Prinzip konstituierenden Maxime der Quantität, Qualität, Relation und Modalität (186) sind dabei jedoch als Prinzipien anzusehen, die aus einer Auffassung von Sprache hauptsächlich als zusätzliches Mittel zur optimalen Bewältigung von Arbeitsprozessen gesehen wird. Dabei ist es recht eindeutig, daß Grice, wie Braunroth et al. zu Recht feststellen,

> hierbei das zweckrationale, instrumentelle Handeln als Paradigma für das sprachliche Handeln nimmt (187).

Arbeitsteilung und Kooperation sind die grundlegenden Begriffe, die zur Legitimation des Handlungscharakters der Sprache bemüht werden (188). In diesem Sinne hat Grice dann auch recht eindeutig festgestellt:

> As one of my avowed aims is to see talking as a special case or variety of purposive, indeed rational, behavior, it may be worth noting that the specific expectations or presumptions connected with at least some of the foregoing maxims have their analogues in the sphere of transaction that are not talk exchanges (189).

Diese Auffassung von der Sprache als einem Mittel für und in Arbeitsprozessen, ja, als einem Ausdruck von Arbeit selbst, findet sich auch bei anderen Sprechakttheoretikern. So betrachtet etwa Maas die Sprache hinsichtlich ihres Handlungscharakters hauptsächlich als

> Leistung der gesellschaftlichen Arbeit, die sich in ihr, in den grammatischen Kategorien als geronnene Arbeit, ihre eigentlichen Bedingungen schafft (190).

Dieser hier noch recht vage Begriff der "Arbeit" wird später von anderen wieder aufgegriffen und detaillierter expliziert. So bestimmt etwa Kummer den Arbeitsbegriff in Anlehnung an die materialistische Psychologie Leontjews. Arbeit ist dabei anzusehen

> als eine Tätigkeitsform, in der die Einwirkung auf die Umwelt mit der Bedingtheit der Tätigkeit anderer Individuen eine untrennbare Einheit bildet (191).

Arbeit und Sprache stehen dabei in enger dialektischer Wechselwirkung, wobei Kummer zu zeigen versucht,

---

185 Grice 1967
186 Grice 1967,45f
187 Braunroth et al. 1975,181
188 Braunroth et al. 1975,181
189 Grice 1967,47
190 Maas/Wunderlich 1972,192
191 Kummer 1975,100

> daß in den dialektischen Beziehungen zwischen Sprache und Arbeit der Primat bei der Arbeit liegt (192).

Arbeit ist in diesem Sinne kooperative und kollektive Tätigkeit, die letztlich als "Prozeß der Einwirkung auf die Natur" (193) bestimmt wird. Hier taucht ebenfalls das auch schon von Grice hervorgehobene kooperative Prinzip wie auch die zweckrationale Einwirkung auf die Umwelt auf. Diese Einwirkung auf die Umwelt dient dabei letztlich der von Marx hervorgehobenen Notwendigkeit der Erhaltung des materiell physischen Lebens (194).

Genau das gleiche wurde bereits von Ehlich betont, für den die grundlegende Funktion der (auch sprachlichen) Tätigkeiten des Menschen zu sehen ist in der

> Auseinandersetzung mit der Natur zur individuellen und gattungsmäßigen Reproduktion ihrer selbst (195).

Dabei sind dann für Ehlich die

> grundlegenden Kategorien illokutiver Akte (...) in diesem Kontext festzumachen (196).

Zu nahezu der gleichen Auffassung kommen auch Braunroth et al., wenn sie feststellen:

> Die wesentliche Leistung des sprachlichen Handelns scheint also die Vermittlung von gesellschaftlicher Arbeit und gesellschaftlichem Bewußtsein zu sein, d.h. die wechselseitige Erzeugung von Handlungsplänen aus den Handlungen und von Handlungen aus den Handlungsplänen durch gesellschaftliche Kommunikation (197).

Die Sprache dient dabei der Vermittlung und Koordination. Ihr Zweck besteht, wie Wunderlich hervorhebt,

> in erster Linie in der Koordination anderer Handlungen (198).

Diese anderen Handlungen sind für Wunderlich "materielle Handlungen". Hinsichtlich der besonderen Funktionen von Sprechhandlungen im Zusammenhang mit solchen materiellen Handlungen nennt Wunderlich dann fünf Möglichkeiten. Sprechhandlungen können in diesem Sinne

(1) materielle Handlungen ersetzen;
(2) zukünftige materielle Handlungen vorbereiten;
(3) vergangene materielle Handlungen aufklären;
(4) zu materiellen Handlungen anleiten;
(5) soziale Fakten herstellen (199).

---

192 Kummer 1975,100
193 Kummer 1975,100
194 Marx/Engels 1962,28
195 Ehlich 1972,124
196 Ehlich 1972,124
197 Braunroth et al. 1975,83
198 Wunderlich 1976,31
199 Wunderlich 1976,23

Diese Integration und theoretische Legitimation von sprachlichen Handlungen durch Arbeitsprozesse, die der materiellen Verfügbarkeit der physikalisch physischen Umwelt zum Zwecke der Erhaltung und Reproduktion des Lebens dienen, wird dann häufig auch im Zusammenhang mit Handlungssystemen wie etwa der Jagd beschrieben (200). Solche als "ursprünglich" angesehenen Handlungszusammenhänge dienen dann als Modell einfacher, kooperativer Prozesse, die den Arbeitscharakter sprachlichen Handelns illustrieren sollen.

Hierbei kommt eine besondere Nuance der speziellen These von der Funktion von Sprache in Arbeitsprozessen zum Tragen. In ihr geht es nicht mehr nur darum, systematisch logisch die Sprachfunktionen zu legitimieren, sondern zusätzlich darum, sie durch Spekulationen über den phylogenetischen Entwicklungsprozeß historisch herzuleiten. Die Überlegungen, die in dem Zusammenhang etwa von Wunderlich (201) oder Rehbein (202) angestellt werden, berufen sich auf Ehlich (203), der, wie Rehbein hervorhebt, davon ausgeht, daß bestimmte "Basissprechhandlungen" bestimmte "primäre Funktionen" in den "einfachen Arbeitsprozessen früherer Gesellschaften" übernehmen (204). Wie Wunderlich im Anschluß an Ehlich annimmt (205), könnten als solche primären illokutiven Typen der Vokativ, der Direktiv und der Commissiv angesehen werden.

Aber wie auch immer, ob historisch oder systematisch, stets wird die Sprache bzw. die sprachliche Handlung im Zusammenhang mit Nützlichkeitserwägungen entsprechenden, kooperativ koordinativen Arbeitsprozessen gesehen. Dabei geht es im einzelnen um die kollektive Einwirkung auf eine naturhafte oder künstliche Umwelt zum Zwecke der Manipulation, der Produktion oder Konsumption, durch die die Gesellschaftsmitglieder die Basisbedürfnisse des Lebens befriedigen können.

Eine solche zweckhaft funktionale Bestimmung sprachlicher Kommunikation entspricht nun genau der oben gegebenen Definition der sachorientierten Gebrauchsfunktion. Mit anderen Worten: Die Legitimation der Sprechakttheorie erfolgt auf der Grundlage der Gebrauchsfunktion von Sprache unter weitgehender Ausklammerung der hier als Beziehungsfunktion bezeichneten kommunikativen Leistung.

Besonders deutlich wird diese Ausklammerung partnerorientierter Kommunikation an einer Stelle der Wunderlichschen Überlegungen zur Funktionalität der Spra-

---

200 Cf. etwa Kummer 1975,101; Rehbein 1977,104f; das Beispiel der Jagd geht bei beiden Autoren auf Leontjew zurück.
201 Wunderlich 1976,79
202 Rehbein 1977,110f
203 Ehlich 1972; Ehlich 1974
204 Rehbein 1977,110f
205 Wunderlich 1976,79

che (206). Wunderlich verweist dort auf den funktionalen Ansatz Malinowskis. Wie nun oben bereits näher ausgeführt wurde (207), war es gerade Malinowski, der unter dem Terminus "phatische Kommunikation" die beziehungsrelevante, partnerorientierte Funktion der Sprache, unabhängig von bestimmten Arbeits- oder Gebrauchszusammenhängen, betonte. Bezeichnenderweise wird von Wunderlich jedoch nur die andere, ebenfalls von Malinowski beschriebene Funktion erwähnt, bei der die Sprache hinsichtlich der Koordination von Arbeitsprozessen, wie etwa dem des Fischfangs, betrachtet wird.

Allerdings ist es nun nicht so, daß die Beziehungsfunktion prinzipiell ausgeschlossen oder nicht gesehen wird. Die meisten der hier zitierten Sprechakttheoretiker betonen, daß es noch weitere Sprachfunktionen gibt, die jedoch erst aus der grundlegenderen Gebrauchsfunktion ableitbar sind.

So stellt Wunderlich an der erwähnten Malinowski-Stelle fest:

> Allerdings sind in einer vollentwickelten Sprache wie der unseren nicht alle Zwecke auf praktische und technische Bedürfnisse ausgerichtet; aus dem sozialen Verkehr heraus haben sich eigene sekundäre (Hervorhebung v. Verf.) Bedürfnisse entwickelt (208).

Für Kummer, der ja, wie bereits oben erwähnt, von einer Dialektik von Sprache und Arbeit spricht, ist der

> Bezug auf die Objekte der Tätigkeit (...) vermittelt über den Bezug zu den anderen Subjekten, und der Bezug zu den anderen Subjekten ist vermittelt über den Bezug auf die Objekte der Tätigkeit (209).

Die Sprache als Mittel der Arbeit als einer "kollektiven Tätigkeit" dient in diesem Sinne auch der Konstituierung der Beziehungen zwischen den Mitgliedern einer Gesellschaft. Für Kummer sind

> die Beziehungen zur Umwelt von den Beziehungen zu den anderen Menschen nicht zu trennen (210).

Diese Beziehungen zu den anderen Menschen werden dabei allerdings ganz im Dienste des Arbeitsprozesses gesehen, der durch sie ja erst als kollektiv zu klassifizieren ist.

Besonders deutlich wird dieser Gedanke wieder bei Rehbein hervorgehoben. Rehbein diskutiert in dem Zusammenhang Arbeitsprozesse vom Typ "KISTENVERLADEN", bei dem sprachliche Muster

> wie etwa Zurufe, Warnungen, Kommandos, Nachrichten,

---

206 Wunderlich 1976,43
207 Siehe oben Seite 26f
208 Wunderlich 1976,43
209 Kummer 1975,100
210 Kummer 1975,100

> Zustimmungen usw. (211)

zur Anwendung kommen, also eindeutig sprachliche Handlungen mit Gebrauchsfunktion. Daneben kommen aber, wie Rehbein bemerkt, noch andere

> kommunikative Formen vor, etwa, wenn der eine den anderen ANPFLAUMT, über sein Aussehen WITZELT, NEBENBEI BEMERKUNGEN, KOMMENTARE zu Tagesereignissen, ERZÄHLUNGEN über Familienstreitereien usw. gemacht werden (212).

Damit wird auf Formen verwiesen, die recht eindeutig partnerorientiert sind und somit Beziehungsfunktion haben. Diese Kommunikationsformen werden aber nun ganz im Dienste der Gebrauchsfunktion der gesamten Gebrauchsinteraktion (der Gebrauchsveranstaltung) gesehen. Sie haben nach Rehbein Stabilisierungsfunktion für die Gebrauchsinteraktion, etwa in dem Sinne, die Arbeitsspannung erträglicher zu machen, Pausen zu füllen, das Aufmerksamkeitspotential, das durch die Arbeitshandlung nicht abgesättigt ist, aufzufüllen (213). Die durch solche partnerorientierten sprachlichen Handlungen entstandenen Beziehungsstrukturen (also das Beziehungsprofil des F-Systems) werden als "Kommandostrukturen" (214) aufgefaßt, also, wie auch bei Kummer, ganz im Dienste der primären Funktionen

> im gesellschaftlichen Prozeß der Produktion und Reproduktion des Lebens (215)

gesehen und beschrieben.

Die von der Sprechakttheorie untersuchten Funktionen von Sprechhandlungen sind also primär die der Gebrauchsfunktion. Die Beziehungsfunktion wird nur als sekundärer, als abgeleiteter, zweckdienlicher Zusatzeffekt aufgefaßt, der dem kollektiven Arbeitsprozeß dient, indem er ihn effektiver zu gestalten erlaubt.

Damit liegt im Rahmen der Sprechakttheorie eine Bewertung der Gebrauchsfunktion und der Beziehungsfunktion vor, wie sie in analoger Weise in der Soziologie von Homans entwickelt wurde: Wie Argyle berichtet, hat Homans unterschieden

> zwischen dem "Primärsystem" der Aufgabenaktivität und dem "Sekundärsystem" zusätzlicher sozialer Interaktion zu rein sozialen Zwecken (216).

Das Primärsystem Homans bezieht sich in diesem Sinne ganz auf die von den Sprechtakttheoretikern als primär

---

211 Rehbein 1977,115
212 Rehbein 1977,115
213 Rehbein 1977,116
214 Rehbein 1977,111
215 Rehbein 1977,111
216 Argyle 1969,216

herausgestellte Funktion der Sprache in Arbeitsprozessen, die im hier vorliegenden Zusammenhang die Gebrauchsfunktion genannt wird; das Sekundärsystem entspricht der hier als Beziehungsfunktion bezeichneten Leistung der Sprache.

Man kann also vorläufig feststellen: Der Handlungscharakter der Sprache wird bei den hier betrachteten Sprechakttheoretikern primär hinsichtlich der Gebrauchsfunktion der Sprache im Zusammenhang mit den Arbeitsprozessen zweckrationaler Weltbewältigung gesehen und von daher legitimiert. Die Sprechakttheorie erscheint dabei als Modell, das die Sprache im Rahmen von Prozessen zu beschreiben gestattet, die der Produktion und Reproduktion des Lebens dienen. Produktion und Reproduktion werden dabei im Sinne der marxistischen Philosophie als sowohl systematisch wie historisch primäre Prinzipien betrachtet, auf denen erst alle weiteren anthropologisch faßbaren Funktionen menschlichen Handelns aufbauen können.

Dieser anthropologisch primäre Status von Arbeitsprozessen und der in ihnen stattfindenden sprachlichen Kommunikation soll hier keineswegs bestritten werden. Bestritten werden soll jedoch in aller Deutlichkeit die Tatsache, daß die Beziehungsfunktion der sprachlichen Kommunikation lediglich jene sekundäre Bedeutung besitzt, die ihr von den oben zitierten Theoretikern zugeschrieben wird. Darin drückt sich nicht zuletzt jenes grundsätzliche Mißverständnis der generellen Funktionen von Sprache aus, das zu der einseitigen Entwicklung der Sprechakttheorie als einer Theorie der Gebrauchsfunktion der sprachlichen Handlungen geführt hat.

Diese einseitige Betonung der Gebrauchsfunktion und der aus ihr entstehenden Handlungszusammenhänge hat ihren Grund in jenen als primär betrachteten Grundbedürfnissen, die der physischen Erhaltung des Lebens dienen.

Diese Einschätzung entspringt einer sozialphilosophischen Haltung, die Marx deutlich formuliert hat:

> Die erste Voraussetzung aller Menschengeschichte ist die natürliche Existenz lebendiger menschlicher Individuen. Der erste zu konstatierende Tatbestand ist also die körperliche Organisation dieser Individuen und ihr dadurch gegebenes Verhältnis zur übrigen Natur. (...) Sie selbst fangen an, sich von den Tieren zu unterscheiden, sobald sie anfangen, ihre Lebensmittel zu produzieren, (...). Indem die Menschen ihre Lebensmittel produzieren, produzieren sie indirekt ihr materielles Leben selbst. (...) Was die Individuen also sind, das hängt ab von den materiellen Bedingungen ihrer Produktion (218).

Die einseitige Interpretation Marxscher Begriffe wie "körperliche Organisation", "materielles Leben" im Sinne

218 Marx/Engels 1962,21

rein physischer Bedürfnisbefriedigung sind, sicher durch die starke Betonung der Nahrungsmittelproduktion von Marx selbst, Grund für die als primär betrachtete Gebrauchsfunktion der Sprache. Nun läßt sich jedoch leicht zeigen, daß die psychischen Bedürfnisse des Menschen von ebensolcher grundsätzlichen und primären Bedeutung für die "körperliche Organisation", die "Reproduktion des materiellen Lebens" sind. Genauso wie die Nahrungsmittelbeschaffung ist die Möglichkeit zu sozialem Kontakt ein Grundbedürfnis, das als erste Bedingung der Reproduktion des menschlichen Lebens sowohl in individueller wie gemeinschaftlicher Hinsicht dient. Genauso wie der Nahrungsentzug hat auch der Entzug sozialer Kontakte schwere körperliche wie psychische Folgen.

So führen die Störungen zwischenmenschlicher Beziehungen ebenso zu Störungen des physischen Organismus wie rein körperliche Verletzungen und Erkrankungen. Dies ist eine Erkenntnis, die speziell in der Disziplin der psychosomatischen Medizin herausgearbeitet wurde, die Mitscherlich grob folgendermaßen charakterisiert, wenn er feststellt, die

> psychosomatische Medizin sehe die Entstehungsbedingungen vieler menschlicher Krankheiten im Konfliktfeld von Leben als biologischem und als geschichtlichem Ablauf. Die geschichtliche, d.h. die sozial beeinflußte Lebenslage gerät häufig genug mit ihren Forderungen in einen unlösbaren Konflikt mit der biologischen Leistungsbreite des Organismus und führt zur pathologischen Leistungsstörung (219).

Eine soziale Ursache psychosomatischer Erkrankungen sind Beziehungsverluste oder Beziehungsstörungen. Wie Mitscherlich z.B. an späterer Stelle berichtet, sind die Zuwendung und Fürsorge der Eltern für ein Kind ebenso lebensnotwendig wie die Nahrungsaufnahme, denn: Wenn dem Kind die

> Eltern entzogen werden, kann es im Extremfall sterben (und es tut es in der Hälfte der Fälle, wie uns die Untersuchungen von René Spitz im Waisenhaus gezeigt haben) (220).

Dies entspricht den an verschiedenen Stellen berichteten Ergebnissen von Isolationsexperimenten mit Kindern in der Antike und im Mittelalter (221). Daß Kontaktlosigkeit und Isolation schwere Störungen hervorrufen können, wurde ebenfalls in vielen Tierversuchen bestätigt. Deprivationsversuche führten zu Depressionen, gestörtem Spiel-, Sexual- und Kampfverhalten (222). Ploog berichtet von

---

219 Mitscherlich 1966,32
220 Mitscherlich 1966,108; cf. dazu auch Spitz 1965, 289ff
221 Cf. Marx 1967,550f; Watzlawick 1975,114f.
222 Tembrock 1962,157

Experimenten von Harlow, Manson, Hinde und anderen, die mit Affen durchgeführt wurden, bei denen soziale Deprivation zu pathologisch stereotypem Verhalten bei den so geschädigten Affen führte (223). Diese Ergebnisse entsprechen den Untersuchungen, die Spitz zum Hospitalismus gemacht hat (224).

Schließlich sei darauf hingewiesen, daß seit jeher ein Mittel wie Einzelhaft in Gefängnissen oder Kriegsgefangenenlagern immer als besonders harte und grausame Strafe eingesetzt wurde, um den Willen der Gefangenen zu brechen und deren Persönlichkeit zu zerstören.

All diese Tatsachen zeigen, daß das Bedürfnis des Menschen nach zwischenmenschlichen Beziehungen ebenso wichtige Grundbedingung der Lebenserhaltung ist wie seine rein physischen Bedürfnisse. Gerade in diesem zwischenmenschlichen Bereich aber spielt die Sprache eine besondere Rolle. Von daher ist es nur natürlich, die Beziehungsfunktion als eine der primären Leistungen der Sprache anzusehen. Diese besondere Leistung aber wird in der Sprechakttheorie kaum oder aber nur als sekundär betrachtet. Sprechhandlungen sind entsprechend dieser einseitigen Betonung primär nur als Mittel aufgefaßt worden, die bestimmte Leistungen hinsichtlich einer rationalen Weltbewältigung erfüllen. Genau in diesem Sinne sind sie in bestimmte illokutive Klassen eingeteilt worden, die die verschiedenen Aspekte einer solchen Weltbewältigung erfassen und beschreiben und die dann als Sprechakte bezeichnet werden.

Zusammenfassend läßt sich nochmals feststellen: Es konnte gezeigt werden, daß die Sprechakttheorie auch und gerade im Selbstverständnis ihrer Vertreter als ein Modell begriffen wird, das es erlaubt, Sprechhandlungen adäquat hinsichtlich ihrer Gebrauchsfunktion als Mittel sachorientierter, rationaler, koordinativer Weltbewältigung zu beschreiben. Es konnte weiter gezeigt werden, daß die Beziehungsfunktion der Sprache, also ihre Leistung hinsichtlich partnerorientierter, auf den zwischenmenschlichen Kontakt abzielender Kommunikation, zwar gesehen wird, der Gebrauchsfunktion aber der Primat gegenüber der Beziehungsfunktion zuerkannt wird. Es konnte dann gezeigt werden, daß damit eine bestimmte Bewertung sprachlicher Kommunikation und Interaktion vorliegt, wie sie auch in der Soziologie in analoger Weise zu finden ist, und daß diese Auffassung ihren Grund in einer als primär bewerteten physisch somatischen Bedürfnisbefriedigung hat. Und schließlich konnte gezeigt werden, daß der Beziehungsfunktion der Sprache, die im Zusammenhang mit der psychisch sozialen Bedürfnisbefriedigung zu sehen ist, eine ebensolche primäre Bedeutung zugesprochen werden muß.

In diesem Sinne kann nun die Sprechakttheorie als nur

---

223 Ploog 1972,126
224 Spitz 1965,293ff

eine von zwei grundlegenden Teiltheorien angesehen werden, die erst im Zusammenhang mit der zweiten Teiltheorie, der Kontakttheorie, eine beide Konzepte zusammenfassende Sprechhandlungstheorie zu konstituieren gestattet. Dabei unterscheiden sich die in beiden Teiltheorien notwendigen Interpretationen von Äußerungen auf ihren untersten Stufen nicht. Sprechakttheorie wie Kontakttheorie gleichen sich in ihrer Bestimmung von Lautgebilden als lokutiven Akten, propositionalen Akten und den hier als interlokutiven Akten beschriebenen Aspekten, die mit Begriffen wie WARNUNG, VERSPRECHEN etc. beschrieben werden können. Erst auf dem nächsthöheren Deutungsniveau muß ein Unterschied der kommunikativen Funktionen solcher interlokutiven Akte konstatiert werden, der sich theoretisch in den Modellen des "Sprechakts" und des "Kontakts" fassen und beschreiben läßt.

So wie in der Sprechakttheorie die unterschiedlichen analytisch trennbaren Teilakte der als Sprechakt zu bezeichnenden spezifischen Sprechhandlungen untersucht und beschrieben worden sind, sollen jetzt die entsprechenden analytisch unterscheidbaren Teilakte der Kontakte analysiert werden. Dabei kann das spezielle Sprechhandlungskonzept des "Kontakts", das in diesem Abschnitt allgemein gegen das Sprechaktkonzept abgehoben wurde, in detaillierterer Weise gegen den Sprechakt und seine theoretisch faßbare Struktur abgegrenzt werden.

6.3.2.3 Die Struktur von Kontakten

Indem ein Sprecher einen bestimmten Satz äußert, vollzieht er einen bestimmten Kontakt. Diese Formulierung entspricht durchaus der in der Sprechakttheorie verwendeten Formel (225), um das gegenüber dem reinen Satz-Äußern kategorial grundsätzlich andere Verhalten zu charakterisieren, das darin besteht, daß man handelt, wenn man spricht.

Nun kann dieses Handeln, wie oben begründet wurde, grundsätzlich von zweierlei Art sein: Es kann sachorientiert oder beziehungsorientiert sein. Es können Sprechakte oder Kontakte vollzogen werden. In jedem Fall aber werden Sprechhandlungen vollzogen. Sprechhandlungen zu vollziehen, ist konstitutiv für die menschliche Kommunikation, d.h. Sprechhandlungen zu vollziehen, ist hinreichende wie notwendige Bedingung für sprachliche Kommunikation überhaupt. Daraus folgt, daß das, was für die Sprechakte gilt, ebenso auch für die Kontakte gilt.

Gleichgültig, wann, wo, mit wem und worüber man kommuniziert, immer wird man in einem abstrakt theoretischen Sinne auch Kontakte vollziehen, d.h. man wird seine Beziehung zum Hörer in irgendeiner Weise konstituieren, spezifizieren oder modifizieren (226). Mit dem Vollzug

225 Austin 1962,115,135,137,140; Searle 1969,39,41,89
226 Auf diese Tatsache verweisen auch Watzlawick et

von interlokutiven Akten geht immer einher, daß sie hinsichtlich ihrer Sprechakt- oder Kontaktfunktion betrachtet und verstanden werden können bzw. auch so gemeint sind. Kontakte und Sprechakte befinden sich somit gegenüber den interlokutiven Akten auf dem gleichen theoretischen bzw. interpretativen Niveau. Mit jedem Sprechakt wird auch ein Kontakt vollzogen und mit jedem Kontakt wird auch ein Sprechakt vollzogen (227). In diesem Sinne ist die Tatsache, Kontakte zu vollziehen, ebenfalls konstitutiv für die sprachliche Kommunikation - also sowohl hinreichende wie notwendige Bedingung. Man kann nicht sagen, daß man kommuniziert hat, wenn man keine Kontakte vollzogen hat. Da nun dasselbe auch für die Sprechakte gilt, kann man feststellen, daß Sprechakte und Kontakte einander gegenseitig bedingen.

Außerdem gilt für beide, daß sie auf der Grundlage von Äußerungen und interlokutiven Akten wie VERSPRECHEN, ABLEHNEN, WARNEN etc. vollzogen werden. Kontakte wie Sprechakte sind nicht die Äußerungen oder die durch die Äußerungen realisierten Sätze oder die durch diese Sätze vollzogenen interlokutiven Akte, sondern sie sind Sprechhandlungen, die auf der Grundlage dieser Sätze und interlokutiven Akte vollzogen werden.

Hinsichtlich der Funktion dieser Sprechhandlungen jedoch unterscheiden sich Sprechakte und Kontakte grundlegend. Es geht bei den Sprechakten um Gebrauchszusammenhänge, bei den Kontakten dagegen um Beziehungszusammenhänge (Beziehungssystem). Das Kontaktkonzept zielt somit auf eine völlig andere kommunikative Funktion der interlokutiven Akte als das Sprechaktkonzept.

Die Frage, die sich nun an solche Überlegungen anschließt, ist die, was genau mit Kontakten gemacht wird, welche kommunikativen Leistungen durch Kontakte realisiert werden und wie diese kommunikativen Leistungen im einzelnen theoretisch erfaßt und expliziert werden können. Zu diesem Zweck muß das Kontaktkonzept weiter aufgefächert werden, d.h. die notwendigen Interpretationsleistungen, durch die Kontakte im einzelnen bestimmt werden können, müssen dargelegt und expliziert werden.

Diese Aufgabe wird angemessen (und vielleicht auch einsichtiger) dadurch gelöst werden, daß man parallel zur internen Struktur der Sprechakte die interne Struktur der Kontakte entfaltet. Entsprechend dem Searleschen Ausdrückbarkeitsprinzip (228) muß es nämlich möglich sein, das mit Kontakten (virtuell) kommunikativ Gemeinte auch sprachlich explizit zu fassen. In diesem Zusammenhang interessieren für die Explizierung des Kontaktkonzepts vornehmlich die drei folgenden Teilakte des Sprechakts:

---

al. Cf. Watzlawick et al. 1969,72ff; in diesem absoluten Sinne muß die Aussage allerdings modifiziert werden. Siehe dazu Abschnitt 6.3.3.

227 Näheres dazu siehe unten Abschnitt 6.3.3

228 Searle 1969,34ff

(1) der propositionale Akt;
(2) der illokutive Akt;
(3) der perlokutive Akt.

Zu jedem dieser Teilakte, die im Vollzug des Sprechakts gleichzeitig vollzogen werden, läßt sich im Rahmen des Kontaktkonzepts ein korrespondierender Teilakt bestimmen. Von diesen Teilakten kann ebenfalls festgestellt werden, daß sie alle im Vollzug des Kontakts g l e i c h - z e i t i g vollzogen werden. In diesem Sinne sind Kontakt wie Sprechakt parallel strukturiert. Im folgenden wird nun das jeweilige Verhältnis der unterschiedlichen Teilakte geklärt, durch die sich Kontakt und Sprechakt unterscheiden, nämlich das Verhältnis von

(1) Kontakt und Proposition;
(2) Kontakt und Illokution;
(3) Kontakt und Perlokution.

6.3.2.3.1 Kontakt und Proposition

Im vorigen Abschnitt 6.3.2.3 wurde auf eine Reihe von Gemeinsamkeiten zwischen Kontakten und Sprechakten hingewiesen. Es zeigt sich jedoch, daß es ebensoviele, wenn nicht noch mehr Unterschiede zwischen diesen beiden grundlegenden Sprechhandlungsmodellen gibt. Ein wesentlicher Unterschied zwischen Kontakten und Sprechakten besteht in ihrem jeweiligen Verhältnis zum propositionalen Gehalt der zugrunde liegenden Äußerung, also zum propositionalen Akt.

Der propositionale Akt ist entsprechend den im Abschnitt 6.3.2.1 angestellten Überlegungen auf dem 1. Deutungsniveau faßbar und wurde in der Deutungssprache 1. Ordnung als Satz bezeichnet. Dieser Begriff des "Satzes" kann jetzt näher durch den Begriff der Proposition bestimmt werden. Der Propositionsbegriff wird hier in weitgehender Übereinstimmung mit den Wunderlichschen Differenzierungen gefaßt (229).

Danach kann man grundsätzlich zwei Arten propositionaler Gehalte unterscheiden:

(1) Eigentliche Propositionen, z.B. in einfachen Aussagesätzen, und ihre modifizierten Formen wie "Er kommt vermutlich heute nachmittag".
(2) Offene Propositionen, z.B. in Aufforderungen, W-Fragen und Alternativ-Fragen, in denen Leerstellen vorkommen, die durch Individuen und Prädikate ausgefüllt werden müssen, z.B. " W e r kommt?" - " W i l l i kommt".

Weiter besitzen Propositionen folgende Eigenschaften (230):

(1) Sie sind mit Sachverhalten, wie sie sich unter

229 Wunderlich 1976,69ff
230 Näheres dazu cf. Wunderlich 1976,69ff

sprachlichen Aspekten darstellen, zu identifizieren.
(2) Sie sind stets wahr oder falsch.
(3) Sie werden durch Deklarativsätze realisiert.
(4) Sie bleiben bei Paraphrasierungen und Einbettungen in Matrixsätze unverändert.
(5) Sie bleiben bei Wechsel der interlokutiven Typen unverändert erhalten (231).
(6) Formal können sie identifiziert werden mit einer Funktion, die definiert ist von der Menge möglicher Welten auf die Menge der Wahrheitswerte {0,1} (232).

Diese Aspekte zusammenfassend, kann man sagen, daß Propositionen sich auf bestimmte (prinzipiell) nachprüfbare Sachverhalte beziehen. Der im illokutiven Akt erfaßte und beschriebene Aspekt von Sprechhandlungen, also ihr Status als Sprechakt, ist nun nicht völlig unabhängig vom propositionalen Gehalt der Äußerung (233).

Zunächst trifft diese Feststellung auf die interlokutiven Akte zu. Betrachtet man die Sprechakte im hier modifizierten Sinne, muß also zunächst das Verhältnis von Proposition und Interlokution geklärt werden. Man kann nun feststellen, daß zwischen Propositionen und Interlokutionen genau die von der Sprechakttheorie bereits deutlich herausgearbeitete enge Beziehung besteht. So kann der Interlokutive Akt der AUFFORDERUNG z.B. nicht vollzogen werden, wenn im propositionalen Akt nicht ausdrücklich darauf Bezug genommen wird, wozu aufgefordert wird. Ebenso muß bei einer DROHUNG angegeben werden, was angedroht wird, bei einer BEHAUPTUNG schließlich muß in der Proposition der Sachverhalt dargestellt werden, der behauptet werden soll etc.

Dieses Verhältnis von propositionalem Akt und interlokutivem Akt wird bei Searle recht genau in den Regeln der illokutionären Rollen beschrieben (234). Genaugenommen sind diese Regeln die Regeln für die vielen unterschiedlichen interlokutiven Akte. Sie unterscheiden sich jeweils nach dem besonderen speziellen interlokutiven Akt (235). So stellt Searle selbst fest, daß etwa die von ihm formulierten Regeln

> nur in bezug auf den Spezialfall des Versprechens formulierte besondere Erscheinungsformen allgemeiner grundlegender Regeln für illokutionäre Akte (236)

---

231 Wunderlich spricht von illokutiven Akten. In der hier modifizierten Form der Sprechakttheorie bedeutet das aber, daß Propositionen relativ zum interlokutiven Akt unverändert bleiben.
232 Wunderlich 1976,72
233 Wunderlich 1976,69,147
234 Searle 1969,97; Searle 1971,101
235 Searle 1969,100ff
236 Searle 1969,97

darstellen. In dieser jeweils spezifischen Form hängen die interlokutiven Akte eng mit den propositionalen Akten zusammen.

Searle fordert dann weiter:

> Es müßte uns möglich sein, sie (die Regeln; Anmerkung v. Verf.) schließlich so zu formulieren, daß sie nicht mehr nur als Regeln für die Verwendung der Indikatoren des Versprechens, sondern als allgemeine Regeln für die Verwendung der als Indikatoren der illokutionären Rolle dienenden Mittel gelten können (237).

An dieser Stelle zeigen sich bei Searle bereits erste Ansätze zu jener Differenzierung, die im hier vorliegenden Zusammenhang durch die Unterscheidung in interlokutive und illokutive Akte vorgenommen wird. Die Verallgemeinerung der Regeln interlokutiver Akte führt dann, wie oben bereits dargestellt, Searle und nach ihm Wunderlich schließlich zu den verschiedenen illokutiven Klassen bzw. illokutiven Typen. Dieser allerdings von beiden Autoren nicht explizit gemachten Trennung zwischen interlokutiven und illokutiven Akten entspricht dann ja auch das oben bereits erwähnte Phänomen der indirekten Sprechakte. So muß ein interlokutiver Akt wie die AUFFORDERUNG "Mach das Fenster zu" in dem Sinne nicht unbedingt als der illokutive Typ des Direktivs gelten. Genauso gut kann er als Retraktiv angesehen werden (im Sinne einer Erlaubniserteilung, jetzt das Fenster zu schließen). Eine DROHUNG kann als Direktiv oder Commissiv bestimmt werden, ebenso wie die BEHAUPTUNG "Hier zieht's" (nämlich im Sinne der Übertragung der Handlungsverpflichtungen, das Fenster zu schließen).

War der interlokutive Akt noch sehr eng mit dem propositionalen Akt verbunden, so zeigt sich jetzt beim illokutiven Akt bereits ein wesentlich lockereres Verhältnis. Diese Tatsache läßt sich folgendermaßen erklären: Der propositionale Akt bezieht sich auf bestimmte Sachverhalte in der Welt. Betrachtet man Sprechakte und damit bestimmte Gebrauchszusammenhänge, so lassen sich die Propositionen auffassen als die Darstellung von Sachverhalten, die auf bestimmte Aspekte in diesen Gebrauchszusammenhängen rekurrieren. Damit der Sprechakt nun in dem gegebenen Sachzusammenhang sinnvoll wirken kann, muß ein bestimmtes Maß an inhaltlicher Festlegung gewährleistet sein. Nur die Propositionen, die sich auf die gegebenen sachorientierten, problem- und aufgabenlösenden Handlungszusammenhänge (Handlungssysteme) und ihre unterschiedlichen Aspekte beziehen, garantieren den erfolgreichen Vollzug eines Sprechakts (238).

Bei Gebrauchszusammenhängen ist stets ein bestimmter Relevanzbereich oder Teilbereich vorgegeben, in dem sich

237 Searle 1969,97

238 Zum Begriff des "Erfolgreichseins von Sprechakten" cf. Wunderlich 1976,58

der aufgaben- und/oder problemlösende Handlungszusammenhang abspielt. Der propositionale Akt ist insofern hinsichtlich der Gebrauchsfunktion wichtig, da in ihm ja auf eben die Sachverhalte rekurriert wird, die in dem jeweiligen Sachzusammenhang eine Rolle spielen. Dies entspricht dann auch dem Griceschen Diktum des Relevanzprinzips. Zumindest die für den jeweils vorliegenden Gebrauchszusammenhang relevanten Sachverhalte müssen im propositionalen Zusammenhang angesprochen werden.

In dem Sinne läßt sich auch das Phänomen der indirekten Sprechakte erklären als ein bestimmter notwendiger Grad der Übereinstimmung von propositionalem, interlokutiven und illokutiven Akt. Die Äußerung "Es zieht" kann als interlokutiver Akt einer BEHAUPTUNG oder FESTSTELLUNG ganz im Sinne der Searleschen Regeln des propositionalen Gehalts, der Einleitungsregeln, der Regeln der Aufrichtigkeit und der wesentlichen Regel bestimmt werden (239). Innerhalb eines bestimmten auf Aufgabenlösung abzielenden Gebrauchszusammenhangs, in dem ein bestimmter Wirklichkeitszusammenhang (etwa offene Tür, offenes Fenster, stürmisches Wetter etc.) relevant wird, kann mit diesem interlokutiven Akt der BEHAUPTUNG dann etwa ein Direktiv vollzogen werden, also eine Delegation von Handlungsverpflichtungen vorgenommen werden, die sich auf den relevanten Wirklichkeitszusammenhang beziehen (eben Fenster oder Tür zu schließen). Der propositionale Akt muß dabei aber im Rahmen des aktuellen, für den gerade vorliegenden Gebrauchszusammenhang gültigen Relevanzbereichs bleiben. Eine BEHAUPTUNG wie "Die gegenwärtige Hauptstadt von Frankreich ist Paris" könnte nicht die Funktion von "Es zieht" haben, da die in ihr enthaltene Proposition sich auf einen grundsätzlich anderen Relevanzbereich bezieht.

Wie umfangreich der jeweils gegebene Relevanzbereich ist, innerhalb dessen die Proposition bleiben muß, und wie scharf seine Grenzen zu ziehen sind, hängt vom jeweils gegebenen Fall ab. Das ändert jedoch nichts an der grundlegenden Tatsache, daß der propositionale Akt sich mit seiner Verweisleistung innerhalb eines und nur eines für den Gebrauchszusammenhang wichtigen Relevanzbereiches bewegen darf.

Beim Sprechhandlungstyps des Kontakts ändert sich die Situation jedoch grundlegend, Kontakte wurden als partnerorientierte Sprechhandlungen bestimmt. Das bedeutet, daß der zugrunde liegende Relevanzbereich, auf den sich die Propositionen beziehen, die interagierenden und kommunizierenden Personen in ihrer jeweiligen Individualität sind. Es gibt nun eine ganze Reihe von Äußerungen, bei denen so etwas zutrifft. Es müßte nun zunächst geprüft werden, wie sich dieser Relevanzbereich "die jeweils gerade miteinander interagierenden und kommunizierenden Individuen" näher bestimmen läßt. Damit kann dann auch eine weitere Explizierung der Definition von Kontakt als partnerorientierter Sprechhandlung gegeben werden.

---

239 Searle 1969,100

Die jeweilige einmalige Individualität von Personen läßt sich nun relativ zu einer begrenzten Anzahl von Bereichen bestimmen, innerhalb derer das einzelne Individuum (für andere wie für sich selbst) erfahrbar wird. Diese Bereiche seien die Individualbereiche des einzelnen Individuums genannt. Die Individualbereiche sind dann Teile des Individualsystems (240). In diesem Sinne kann man feststellen, daß jedes Individuum sowohl für sich selbst in Form seines subjektiven Erlebens, als auch für andere in Form von über die Wahrnehmung vermittelter Erfahrung hinsichtlich vier grundsätzlicher Individualbereiche als eine einmalige, individuelle Person definiert (241) werden kann. Die vier grundsätzlichen Individualbereiche sind:

(1) der kognitive Individualbereich
die kognitiven Prozesse des Individuums betreffend; dazu gehören im einzelnen Wahrnehmungen, Gedanken (im Sinne von Einsichten), Gefühle, gespeichertes Wissen und bestimmte Einstellungen, Meinungen, Prinzipien, Überzeugungen und Vorurteile (Attitüden) (242);

(2) der aktionale Individualbereich
die Aktivitäten und Handlungen des Individuums betreffend;

(3) der somatische Individualbereich
die physische Körperlichkeit des Individuums betreffend;

(4) der positionale Individualbereich
die durch das soziale Umfeld dem Individuum zukommenden Positionen betreffend; dabei kann grundsätzlich noch unterschieden werden zwischen der situativ bedingten Position wie etwa "Vermittler", "Störenfried", "Koalitionspartner" und den relativ zur jeweiligen Gesellschaftsordnung bestimmbaren Positionen wie etwa "Lehrer", "Generaldirektor", "Medizinmann".

Diese vier Individualbereiche entsprechen weitgehend den von Habermas vorgeschlagenen vier "Regionen der Erfahrung", die er im Zusammenhang des von ihm entwickelten "System der Ich-Abgrenzungen" unterscheidet (243). Allerdings ist das von Habermas entwickelte Schema primär hinsichtlich der kategorialen Erfassung der jeweils subjektiv erlebten Individualität zu verstehen, während

---

240 Siehe oben Seite 18

241 Das Definieren einer Person entspricht dem Begriff der "Definition", wie er im Zusammenhang der Situation entwickelt wurde. Die Mitglieder der F-Gruppe definieren in diesem Sinne also nicht nur die Situation, sondern auch (als Teil der Situationsdefinition) die Personen hinsichtlich ihrer Individualbereiche.

242 Cf. Drever/Fröhlich 1972,88

243 Cf. dazu Habermas 1974,8a,13ff

die hier vorgenommene Unterscheidung der Individualbereiche sowohl für das subjektiv erlebbare EGO wie auch für das vermittelter Erfahrung zugängliche ALTER Anspruch auf Gültigkeit erhebt. In diesem Sinne entspricht in etwa der Habermasschen Region "äußere Natur" der somatische Individualbereich, der Region "Gesellschaft" der positionale Individualbereich, der Region "Sprache" der hier weiter gefaßte, also auch nonverbales Handeln einschließende aktionale Individualbereich und schließlich der Region "innere Natur" der kognitive Individualbereich.

Bezüglich der Erfahrbarkeit anderer Individuen muß allerdings noch einschränkend gesagt werden, daß unmittelbarer Erfahrung natürlich nur der aktionale wie somatische Individualbereich zugänglich sind. In diesem Sinne kann mit Laing et al. festgestellt werden, daß EGOs Erfahrung von ALTERs Erfahrung, also von ALTERs kognitivem Individualbereich, nur vermittels EGOs Erfahrung von ALTERs Verhalten möglich ist und vice versa (244). Ebenso ist für EGO ALTERs positionaler Individualbereich EGOs unmittelbarer Erfahrung nicht direkt zugänglich, sondern nur vermittels des sozialen Wissens, das EGO hat und des Verhaltens ALTERs sowie einer Reihe situativer Elemente des Aktionsraumes (etwa Büro, Klassenzimmer, Kirche etc.).

Unter Berücksichtigung dieser Modifikationen können jetzt folgende Individualbereiche unterschieden werden:

(1) Perzeptiver Individualbereich;
(2) Rationaler Individualbereich;
(3) Emotionaler Individualbereich;
(4) Epistemologischer Individualbereich;
(5) Attitüdischer Individualbereich;

(6) Verbal-Aktionaler Individualbereich;
(7) Nonverbal-Aktionaler Individualbereich;

(8) Situativ-Positionaler Individualbereich;
(9) Sozial-Positionaler Individualbereich;

(10) Somatischer Individualbereich.

Die einmalige, jeweils spezifische Individualität einer Person repräsentiert sich in jeweils spezifischen Sachverhalten relativ zu den oben genannten zehn Individualbereichen. Diese zehn Bereiche stellen die Orientationsbereiche einer partnerorientierten Kommunikation dar. In ihnen definieren sich die Interaktanten selbst wie ihre Partner. Der Kontakt als partnerorientierte Sprechhandlung bezieht sich somit auf diese die Persönlichkeit eines Individuums bestimmenden Individualbereiche, die jeweils vom anderen gesehen, die Orientationsbereiche darstellen, in denen sich für den anderen die Individualität des Individuums manifestiert. Der in der Proposition von Äußerungen ausgedrückte Sachverhalt interessiert in diesem Sinne hinsichtlich des Kontakts

---

244 Laing et al. 1966,25

als einer partnerorientierten Sprechhandlung nur im Hinblick auf diese Individualbereiche.

Nun gibt es grundsätzlich zwei Möglichkeiten des Zusammenhangs von propositionalem Akt und Kontakt. Die eine Möglichkeit ist relativ unproblematisch. So kann sich der propositionale Akt einer Sprechhandlung direkt und explizit auf einen oder mehrere der zehn Individualbereiche beziehen. In diesem Fall liegt mit größter Wahrscheinlichkeit eine auch intentional als Kontakt gemeinte Sprechhandlung vor. Beispiele solcher expliziter Kontakte sind etwa "Kannst du dir das nicht mal abgewöhnen" (Aktionaler Bereich), "Du hast aber auch von nichts ne Ahnung" (Epistemologischer Bereich), "Ich bin Arzt" (Sozial-Positionaler Bereich) etc.

Problematisch ist die andere Möglichkeit. Hier ist es so, daß der propositionale Akt sich auf einen anderen Relevanzbereich beliebiger Art bezieht. Dennoch können entsprechend den Überlegungen von Abschnitt 6.3.2.3 auch die mittels solcher Propositionen vollzogenen Sprechhandlungen als Kontakte identifiziert werden. Hier wird nun ein spezifisches Charakteristikum von Kontakten deutlich. Es zeigt sich nämlich, daß letztlich alle Propositionen auf die zehn Individualbereiche bezogen werden können. Das hängt damit zusammen, daß sämtliche Relevanzbereiche und die zu ihnen gehörenden Sachverhalte immer von den handelnden, interagierenden und kommunizierenden Individuen her bestimmt werden und auch nur prinzipiell von ihnen her bestimmbar sind. Je nach Interessenlage, Fähigkeiten, Motivationen, Positionen wird die Wirklichkeit bestimmt, erfaßt und verändert, werden Relevanzbereiche in die Kommunikation eingebracht. Damit steht jeder Sachverhalt in mehr oder weniger vermittelter Relation zu den Individuen, für die er gerade relevant ist.

Insofern kann natürlich auch jede Proposition, die irgendeinen beliebigen Sachverhalt zum Gegenstand hat, mit Propositionen in Zusammenhang gebracht werden, die sich auf Sachverhalte der Individualbereiche direkt beziehen. Und damit kann bestimmt werden, welche Konsequenz eine beliebige Proposition für bestimmte Sachverhalte innerhalb der Individualbereiche hat. Wird eine solche Verbindung hergestellt, wird die Sprechhandlung als Kontakt identifizierbar (245). Der so durch die Proposition ausgedrückte beliebige Sachverhalt wird dann weniger in seiner eigentlichen Problematik betrachtet, sondern vielmehr danach beurteilt, ob und welche Zusammenhänge zu den Individualbereichen bestehen. In der Alltagssprache wird dieses Phänomen mit Ausdrücken bezeichnet wie "etwas persönlich nehmen" oder "etwas auf sich beziehen".

Wie eine solche vordergründig als sachorientierte Sprechhandlung (also als Sprechakt) aufzufassende Äußerung auch von der Sprecherin selber sehr stark hinsicht-

245 Näheres dazu siehe Abschnitt 6.3.5.2

lich ihrer Partnerorientiertheit gemeint sein kann, zeigt der folgende Dialogausschnitt.

Dialogausschnitt 8
(Drei Frauen unterhalten sich beim Kaffeetrinken im Büro; es geht um Reisevorbereitungen; August 1967) (246)

1AA: tja tja + Mensch woran muß man denn noch alles denken ++
2CC: wollen Sien Zettel haben zum Aufschreiben ++
3AA: 4 =MHM= ... 4
4BB: 3 ach 3 + also ich bin auch Freitag und Sonn abend - nur mit Zetteln sah man mich durch die Gegend laufen + 5 ich wurde halb irre 5 ++
5CC: 4 ich mach alles 4 mit Zetteln + was mir ein fällt aufn Zettel ++
6BB: ja + =MHM=
7CC: des vergeß ich sonst ++
8BB: auch zuhaus ++
9CC: und ich weiß dann hinterher + zwei Teile woll ste besorgen + oder zwei 10 fallen eim noch ein 10 ++
10BB: 9 ja ja 9 + ja ja ++
11CC: nichtvergessen + son Dings in der 12 Küche hängen 12 ++
12AA: 11 =MHM= 11
13CC: das ist immer bei mir -
14BB: das ist natürlich gut ++
15CC: voll + fällt mir was ein + wups dran ++
...

An diesem Dialogausschnitt zeigt sich, was gemeint ist, wenn davon gesprochen wurde, daß letztlich alle in sachorientierten Sprechakten vorkommenden Propositionen mit den Individualbereichen in Verbindung gebracht werden können. Betrachtet man den Dialogbeitrag 2CC (hier weiterhin als DbI bezeichnet), so kann dieser Dialogbeitrag zunächst als offene Proposition des Inhalts "x will von y einen Notizzettel", markiert als FRAGE, bestimmt werden. Der interlokutive Akt der FRAGE kann nun hinsichtlich der Illokution als Direktiv (im Sinne von: "Machen Sie sich doch Notizen auf einen Zettel") bzw. als Commissiv (im Sinne von: "Ich kann Ihnen behilflich sein, indem ich Ihnen einen Zettel gebe") aufgefaßt werden. Direktiv bzw. Commissiv dienen in diesem Zusammenhang der Aufgabe der effektiveren Organisation von Reisevorbereitungen. Die Proposition bezieht sich dabei auf einen ganz bestimmten abgegrenzten Gebrauchszusammenhang. Gleichzeitig kann DbI aber auch - und das zeigen die folgenden Äußerungsbeiträge 5CC, 7CC, 9CC, 11CC, 13CC, 15CC, die zusammen einen Dialogbeitrag (DbII) bilden - auf einen der Individualbereiche der Sprecherin

246 DA8 stammt aus dem Text 35 des Freiburger Korpus. Cf. auch Fuchs/Schank 1975,58. Eigene Transkriptionsnotation.

bezogen werden. Betrachtet man in diesem Sinne DbI im Zusammenhang mit dem nachfolgenden DbII, so zeigt sich, daß DbI als Teil einer Selbstdarstellung von CC, die explizit in DbII entwickelt wird, aufgefaßt werden kann. DbI kann dann als Auftakt der in DbII erfolgten Selbstdarstellung von CC gedeutet werden. Die sachorientierte Proposition von DbI bekommt sozusagen im Kontext von DbII einen ganz anderen Sinn. Sie weist nämlich auf eine bestimmte individuelle Eigenschaft der Person CC hin. So gesehen besteht ein Zusammenhang zum Aktionalen bzw. Attitüdischen Individualbereich von CC. Das anfängliche - und sicher auch erst gemeinte - Hilfsangebot von CC mündet in eine kurze explizite Selbstdarstellung von CC, in der sie von AA und BB dann auch bestätigt wird, was den freundschaftlichen Kontakt und den Plauderdialog letztlich in Gang hält.

Daß ein solcher zusätzlicher Bezug zu bestimmten Individualbereichen tatsächlich in der Proposition von DbI enthalten ist, zeigen eine Reihe möglicher Antworten, die auf DbI erfolgen könnten, die dann allerdings dem Dialog eine andere Wendung gegeben hätten. Auf die Äußerung 2CC könnte AA etwa antworten:

(A1) Glauben Sie, ich kann das nicht auch so behalten.
(A2) Wollen Sie mich beleidigen.
(A3) Sie sind immer so nett zu mir.
(A4) Ich bin nun mal nicht so vergeßlich wie Sie.
(A5) Ich brauch so etwas nicht.
etc.

In all diesen möglichen Äußerungen hätte die Sprecherin AA die Äußerung 2CC direkt mit einem der eigenen Individualbereiche bzw. einem der Individualbereiche von CC in Zusammenhang gebracht. AA hätte die Bemerkung 2CC "persönlich" genommen und entsprechend reagiert. Der Dialog könnte dann weiter, jetzt direkt auf die Individualbereiche bezogen, fortgeführt werden. Das aber war vermutlich nicht im Interesse der Sprecherinnen. Denn ein solcher Wechsel zu einer direkten, partnerorientierten Kommunikation käme sicher einer Neukalibrierung des Beziehungssystems der Sprecherinnen gleich.

In DA8 zeigt sich nun ein typisches Charakteristikum von Beziehungsdialogen. Obwohl vordergründig eine Sachkommunikation stattfindet, bietet der Dialog immer wieder die Möglichkeit, auch explizit Kontakte zu vollziehen - hier in Form einer Selbstdarstellung von CC, die dann von den anderen Mitgliedern der F-Gruppe bestätigt wird. Der Dialog wird von allen Beteiligten als angenehm und befriedigend erlebt, wenn er allen Mitgliedern ausreichend Gelegenheit zu solchen Kontakten gibt. Wichtig ist dabei, daß die propositionalen Akte der sachorientierten Sprechakte immer wieder durch Schlußfolgerungen (247) auf die Individualbereiche zurückgeführt

247 Siehe Abschnitt 6.3.5.2

bzw. damit in Verbindung gebracht werden können. Ein Dialog, bei dem dieser Rückbezug der Proposition auf Sachverhalte der Individualbereiche immer mehr unterdrückt wird, wird zusehends zu einem reinen Gebrauchsdialog. Interessiert die Sprecher dagegen mehr die jeweilige Verbindung der sachorientierten Propositionen zu den Individualbereichen und wird schließlich in den Propositionen selbst direkt auf Sachverhalte aus den Individualbereichen Bezug genommen, wird der Dialog zum reinen Beziehungsdialog.

Damit zeigt sich ein charakteristisches Phänomen von Kontakten. Im Gegensatz zu den Sprechakten kann der propositionale Akt von Kontakten sich auf beliebige Sachverhalte beziehen, denn ein Zusammenhang zu den Individualbereichen ist zumindest prinzipiell jederzeit herstellbar. Die sachorientierten Gebrauchszusammenhänge wechseln von Situation zu Situation. Die Individualbereiche dagegen bleiben natürlich in jeder Situation dieselben, da sie sich ja auf die immer gerade kommunizierenden Individuen beziehen. Und für alle Individuen gelten dieselben Individualbereiche.

Diese Tatsache war es auch, die Theoretiker wie Watzlawick et al., Baacke, Habermas oder Graumann in allerdings nicht so expliziter Weise betont haben: Gleichgültig worüber man auch redet, immer redet man (oder kann es zumindest prinzipiell tun) in der oben explizierten Weise auch über seine Beziehung. Dabei muß jedoch ausdrücklich betont werden, daß diese Feststellung natürlich nur in dem hier detailliert explizierten und modifizierten Sinne richtig ist, daß nämlich der propositionale Akt, wenn er sich nicht direkt auf Sachverhalte innerhalb der Individualbereiche bezieht, mit diesen aber jederzeit in Verbindung gebracht werden kann. Dabei muß man natürlich, wie das im ersten Kapitel geschehen ist, zwischen intentionalem und funktionalem Aspekt unterscheiden, was bei den oben genannten Autoren allerdings nicht geschieht. Funktional betrachtet, ist natürlich jeder Sprechakt auch ein Kontakt. Intentional betrachtet, gilt dies jedoch nicht.

Zusammenfassend läßt sich feststellen: Das Verhältnis von propositionalem Akt zu interlokutivem Akt, Sprechakt oder Kontakt ist von unterschiedlicher Strenge. Mußte die Relation zum interlokutiven Akt noch sehr eng sein, um diesen überhaupt vollziehen zu können, war das Verhältnis zum illokutiven Akt schon wesentlich lockerer. Der propositionale Akt mußte allerdings auch hier innerhalb eines bestimmten Relevanzbereichs bleiben. Beim Kontakt dagegen war das Verhältnis völlig beliebig, weil die für die Kontakte relevanten Individualbereiche bzw. Orientationsbereiche jederzeit mit allen möglichen Sachverhalten aus anderen Relevanzbereichen in Verbindung gebracht werden können.

6.3.2.3.2 Kontakt und Illokution

Bei den beziehungsorientierten Sprechhandlungen wurde bisher noch recht unspezifisch nur von "Kontakt" gesprochen. Diese noch recht vage Terminologie soll nun präzisiert werden. Oben konnte festgestellt werden, daß Kontakte Sprechhandlungen sind, die eine den Sprechakten parallele Struktur aufweisen. Bei Sprechakten wird nun zwischen illokutiven und perlokutiven Akten unterschieden. Dieser wie der nächste Abschnitt sollen zeigen, daß bei Kontakten eine ähnliche Unterscheidung in entsprechende Teilakte vorgenommen werden kann. Die Frage ist nun, was die Sprecher mit propositionalen Akten und den damit vollzogenen interlokutiven Akten weiter t u n (um eine Formulierung Austins zu gebrauchen). Was macht also ein Sprecher genau, um mit einem propositionalen Akt und dem damit vollzogenen interlokutiven Akt einen Kontakt vollziehen zu können?

Nimmt man etwa folgenden Satz (248):

AA: ... + wenn du diese Meinung vertrittst so muß ich sagen daß du ausgesprochen fortschrittlich denkst ++

so kann man zunächst feststellen, daß die damit ausgedrückte Proposition sich auf einen Sachverhalt aus dem rationalen Individualbereich des Hörers bezieht. Die Sprecherin bestätigt dem Hörer in bestimmten Fragen (es geht um Probleme des Familienlebens) eine bestimmte Haltung, die sie allerdings, wie aus dem weiteren Kontext ersichtlich wird, aufgrund ihrer Erfahrungen nicht übernehmen kann, obwohl sie sie hoch bewertet und positiv einschätzt. Mit der Äußerung von AA wird somit eine Sprechhandlung vollzogen, deren partnerorientierte Funktion darin besteht, daß die Sprecherin AA sich hinsichtlich bestimmter Sachverhalte aus einem bestimmten Individualbereich in Relation zu dem Dialogpartner BB setzt. Ihre Sprechhandlung ist auf den Partner hin, speziell auf bestimmte Einstellungen des Partners hin orientiert. Und im weiteren Dialogverlauf orientiert sich AA in ihren Dialogbeiträgen an dieser Einstellung, d.h. sie orientiert sich am Partner. Betrachtet man ihre Dialogbeiträge unter diesem Gesichtspunkt, kann man diese Beiträge als Kontakte beschreiben. Dieses hinsichtlich der Individualbereiche "In-Relation-zueinander-Setzen" ist nun ein Teil der Leistung, die mit und durch die sprachlichen Handlungen der Kontakte möglich wird.

Dieser spezielle Aspekt sprachlicher Leistung wurde und wird in der linguistischen Forschungsliteratur unter anderem mit der Beziehung selbst identifiziert (249). Am

---

248 Der Satz ist Teil eines Redebeitrags aus dem Text 250 des Freiburger Korpus.

249 Etwa bei Watzlawick et al. 1969,83ff; Baacke 1973, 144ff; Buddemeier 1973,76ff; Holly 1976,175ff. Nach Fertigstellung des Manuskripts der vorliegenden

detailliertesten hinsichtlich sprachlicher Kommunikation sind dabei Watzlawick et al. und Holly auf dieses Phänomen eingegangen.

Im Zusammenhang mit dem Begriff der Ich-Du-Definition unterscheiden Watzlawick et al. drei mögliche Arten des "Sich-in-Relation-zueinander-Setzens", nämlich durch Bestätigung, Verwerfung oder Entwertung des Verhaltens der Partner. Eine ähnliche Unterscheidung macht auch Holly (250).

Holly unterscheidet dabei positive wie negative Einschätzungen von EGO wie von ALTER, wodurch er dann zu "Kontakthandlungen" kommt wie

Selbstbestätigungen	Partnerbestätigungen
Selbstkritiken	Partnerkritiken.

Generell kann man jedoch feststellen, daß die genannten Unterscheidungen sowohl bei Watzlawick et al. wie auch bei Holly noch recht unspezifisch sind. Watzlawick et al. führen nur drei Kategorien, Holly nur vier Kategorien ein, um die Formen unterschiedlichen "Sich-in-Relation-zueinander-Setzens" zu differenzieren. Während bei Holly zwar schon genauer von "Kontakthandlungen" im Sinne von Sprechhandlungen die Rede ist (251), bleiben Watzlawick et al. noch völlig unbestimmt hinsichtlich der genauen Verhaltenskategorie.

Aber auch bei der neueren Ausarbeitung seines Konzepts (252) bleibt Holly hinter dem hier vorgelegten Ansatz zurück. Wegen der sehr ähnlichen Problemstellung soll diese Arbeit hier etwas detaillierter diskutiert und gegen das eigene Konzept abgegrenzt werden. Auch in dieser neueren Arbeit hat Holly keinen expliziten, klaren Beziehungsbegriff vorgelegt, was entscheidende Konsequenzen für den weiteren Verlauf seiner Argumentation hat. "Beziehung" wird bei Holly teils mit der inneren Sprechereinstellung, teils mit einem Rollenverhältnis identifiziert oder aber ganz allgemein in einem unspezifizierten, alltagssprachlichen Sinne verwendet. Trotz des fehlenden, zumindest unklaren Beziehungsbegriffs

---

Arbeit ist Holly 1979 erschienen, worin Holly unabhängig von dem vorliegenden Konzept in einem Teilbereich zu ähnlichen Ergebnissen kommt. Allerdings wird auch in dieser neueren Arbeit Hollys der gleiche unklare Beziehungsbegriff zugrunde gelegt wie in dem oben erwähnten Aufsatz von Holly 1976 bzw. wie bei Watzlawick et al., siehe unten.

250 Holly 1976; cf. hierzu auch die neuere Arbeit, Holly 1979, in der Holly sich detaillierter mit Formen der "Imagebildung" beschäftigt. Der grundsätzliche Ansatz, speziell hinsichtlich des Beziehungsbegriffs, hat sich allerdings gegenüber Holly 1976 nicht geändert.

251 Holly 1976

252 Holly 1979

versucht Holly dann den Begriff des Beziehungsaspekts zu definieren.

Nun setzt aber die Klärung des "Beziehungsaspekts" zunächst die Klärung der "Beziehung" voraus. Andernfalls wäre es so, als wollte man über den "sozialen Charakter" der Sprache reden, ohne einen Begriff von Gesellschaft zu haben, oder als wollte man von "lehrerhaftem Verhalten" sprechen, ohne zunächst zu wissen, was denn ein Lehrer sei. Genauso wenig kann man von einem Beziehungsaspekt sprechen, ohne vorher genau den Begriff der Beziehung definiert zu haben.

Dieser fehlende bzw. unklare Beziehungsbegriff macht bei Holly vor allem eine klare analytische Trennung zwischen der Beziehung als dem Gesamtkomplex und der einzelnen, den Komplex konstituierenden Handlung (Kontakt) unmöglich. Daraus resultiert ein Konzept, bei dem der Beziehungsaspekt völlig mit der Illokution im Sinne der Sprechakttheorie identifiziert wird. Wenn Holly das Sprechaktkonzept in dieser Weise als für die Beziehungskommunikation adäquat akzeptiert, läßt er völlig unberücksichtigt, daß dieses Konzept, wie hier gezeigt werden konnte, letztlich in einem völlig anderen Sinne zu legitimieren ist, nämlich ganz von der sachorientierten auf zweckrationale Weltbewältigung abzielenden Funktion der Sprache. Ein weiteres Problem kommt hinzu. Beziehungen werden für Holly in oder durch die Illokutionen definiert. In diesem Sinne läßt sich eine Beziehung etwa durch eine VERSPRECHEN definieren. Allerdings bleibt bei einer solchen Auffassung unklar, wie sich etwa eine "VERSPRECHENS-Beziehung" von einer "Ehe-Beziehung" unterscheiden könnte. Bei einer solchen Gegenüberstellung zweier kategorial völlig verschiedener Phänomene, die aber nach Holly mit demselben Terminus belegt werden könnten, dürfte deutlich werden, daß die Ersetzung des Terminus " B e z i e h u n g s aspekt" für den Terminus "Illokution" eine äußerst fragwürdige terminilogische Verdoppelung darstellt. Die fehlende Unterscheidung von Beziehungssystem und Beziehungshandlung macht sich dadurch bemerkbar, daß bei dem Terminus "Beziehungsaspekt" Assoziationen provoziert werden, die der relativ schlichten Tatsache, daß Äußerungen eine bestimmte kommunikative Funktion besitzen, gar nicht zukommen.

So ist denn auch die weitere Ausarbeitung des Konzepts der Illokutionen in "elementare" und "spezielle Illokutionen", die in mehreren Sprechhandlungsschichten hierarchisch geordnet werden können, äußerst problematisch:

Holly geht davon aus, daß "elementare" Illokutionstypen wie DROHEN, BEHAUPTEN, AUFFORDERN etc. nur Mittel zum Vollzug weiterer, speziellerer Illokutionen werden. Diese spezielleren Illokutionen stehen in einer "indem-Relation" zu den elementaren. Holly analysiert in dem Zusammenhang eine Äußerung, die im Rahmen einer Talkshow von dem Talkmaster einem (weiblichen) Gast gegenüber geäußert wird. So kann die Äußerung

Sie waren, als Sie jung waren, charmant, Sie sind heute charmant, attraktiv.

folgendermaßen analysiert werden:

S erklärt, daß S H für (früher wie heute) charmant, attraktiv hält.

↑ 'indem'

S macht H das Kompliment, daß ...

Das bedeutet also, S macht H ein Kompliment, indem er H erklärt, daß ...

Die elementare Illokution ERKLÄREN ist in diesem Sinne mit der speziellen Illokution EIN KOMPLIMENT MACHEN durch die "indem-Relation" verbunden. Eine solche Schichtung des Beziehungsaspekts, in der die unterschiedliche Funktionalität einer Sprechhandlung erfaßt werden soll, kann jedoch von Holly aufgrund des fehlenden expliziten Beziehungsbegriffs nicht systematisch und präzise legitimiert werden. Sie bleibt letztlich (im Gegensatz zu der hier vorgelegten Unterscheidung in unterschiedliche Deutungsniveaus) weitgehend beliebig, da sie nicht eindeutig auf übergeordnete Funktionszusammenhänge (Systeme) zurückgeführt wird. Diese Beliebigkeit läßt sich sehr leicht dadurch zeigen, daß die Äußerung des Talkmasters genauso gut durch eine Reihe weiterer "spezieller Illokutionen" funktional spezifiziert werden könnte. All diese Funktionen bleiben jedoch in ihrem Status beliebig, solange sie nicht durch präzise Kriterien legitimiert werden können. Solche Funktionen sind:

S zeigt H, daß er der deutschen Sprache mächtig ist.
S zeigt H, daß er Fremdwörter (wie "charmant") richtig zu verwenden versteht.
S zeigt H, daß er gebildet ist.
S zeigt H, daß er auch H für gebildet hält.
S drückt sein Interesse für H aus.
S zeigt H, daß er ein charmanter Plauderer ist.
S will sich vor H interessant machen.
S zeigt H, daß er mit H flirten will.
S gibt H zu verstehen, daß er mit H ein Verhältnis beginnen möchte.
S will vor H seine Unsicherheit überspielen.
S will im Gespräch mit H sein gestörtes Verhältnis zu Frauen überwinden.
S will H die Angst vor der Kamera nehmen.
S demonstriert seine souverän dominante Männlichkeit.
S schlägt H ein neues Gesprächsthema vor.
S bekräftigt seine Rolle als Interviewer von H.
S versetzt H in Zugzwang.
S will H provozieren.
etc.

So gesehen gäbe es nicht, wie Holly postuliert, nur

drei relevante Schichten des Beziehungsaspekts, sondern beliebig viele, die allerdings nicht mehr eindeutig durch klare Kriterien getrennt sind. Die Menge der illokutionären Akte würde in inflationärer Weise wachsen. Denn all diese Funktionen können aufgrund der "indem-Relation" mit der Illokution ERKLÄREN und dadurch weiter mit dem propositionalen Akt verbunden bzw. in vielfältiger Weise untereinander verknüpft werden. Sie müßten damit alle als "spezielle" Illokutionen aufgefaßt werden. Die "indem-Relation" zeigt dann zwar, daß Funktionen hierarchisch gestuft sein können, welche genaue Hierarchie jedoch vorliegt, kann nicht genau ermittelt werden. Hollys Kriterien in dem Zusammenhang bleiben analytisch zu schwach, wodurch allzu sehr die Gefahr gegeben ist, daß spontane, nicht reflektierte Beurteilungskriterien unkontrolliert in die Deutung mit einfließen.

Das zeigt sich denn auch im weiteren Verlauf der Analysen, in dem Holly eine Reihe spezieller Illokutionstypen einführt, die gerade aufgrund der fehlenden präzisen Unterscheidungskriterien hinsichtlich ihrer Schichtzugehörigkeit noch sehr stark den Charakter willkürlicher, aus dem intuitiven ad hoc-Verständnis abgeleiteter Deutungen aufweisen. Holly gelingt es in diesem Sinne nicht, eine systematische und klare Trennung der unterschiedlichen kommunikativen Funktionen von Sprechhandlungen vorzunehmen.

Das wiederum hat zur Folge, daß Holly letztlich nicht in der Lage ist, das gesamte Spektrum der hier nun beschriebenen Funktionen beziehungsrelevanter Kommunikation zu erfassen. Er kann weder in einer (auch terminologisch) klaren Trennung jene Funktionen unterscheiden, die hier in den collokutiven Akten beschrieben werden, noch erfaßt er überhaupt den Bereich der hier als connexive Akte bezeichneten Funktionen.

Zusammenfassend läßt sich sagen: Holly diskutiert zwar einen Teil der beziehungsrelevanten Funktionen, nämlich vier von den dreißig hier belegten. Er ist jedoch nicht in der Lage, die übrigen Funktionen systematisch zu erfassen und aus einem klaren und expliziten Beziehungskonzept her zu legitimieren. Sein Modell der Sprechhandlungsschichten wird dabei nur ansatzweise begründet und nur äußerst vage durch die "indem-Relation" hinsichtlich einer genauen Struktur spezifiziert. Schließlich gelingt es Holly nicht, dieses spezielle Konzept hierarchisch geordneter Illokutionen in seinen empirischen Analysen in die Praxis zu übertragen. Diese Analysen sind intuitiv zwar einleuchtend, verbleiben jedoch weitgehend in einem Status theoretisch unsystematischer ad hoc-Beschreibungen, die noch sehr stark vom unmittelbaren Alltagsverständnis des Gesprächs hergeleitet werden können.

Generell muß also sowohl bei Watzlawick et al. wie auch bei Holly die hinter ihren jeweiligen Konzepten stehende Auffassung von "Beziehung" kritisiert werden. Diese Auffassung läuft in jedem Fall auf die Gleichsetzung von Beziehung und Stellungnahme hinaus. In diesem Sinne muß nochmals deutlich betont werden, daß jene Phänomene, die im folgenden detaillierter als bestimmte Teilakte von Kontakten analysiert werden sollen und die in Ansätzen auch bei Watzlawick et al. wie auch bei Holly behandelt werden, im Gegensatz zu den dort vertretenen Auffassungen nicht als die Beziehung selbst aufgefaßt werden dürfen. Die jetzt zu untersuchenden Teilakte sind lediglich die kommunikativ funktionalen Momente der Kontakte, durch die sich die Kontakte prinzipiell von den sachorientierten Sprechakten unterscheiden.

Bei dem Modell der Sprechakte wird deren spezifische, sachorientierte Funktion in bzw. mit den illokutiven Akten erfaßt, die entsprechend der hier modifizierten allgemeinen Sprechhandlungstheorie auf den interlokutiven Akten aufbauen. Der entsprechende Teilakt beim Sprechhandlungsmodell "Kontakt" soll hier als collokutiver Akt (253) bezeichnet werden. Die Betrachtung von Kontakten gliedert sich in diesem Sinne zunächst in vier Stufen:

(1) lokutiver Akt;
(2) propositionaler Akt;
(3) interlokutiver Akt;
(4) collokutiver Akt.

Wie bei den Sprechakten die spezifische sachorientierte Funktion hinsichtlich bestimmter Gebrauchszusammenhänge im illokutiven Akt theoretisch erfaßt und beschrieben wird, wird im collokutiven Akt die für Kontakte spezifische partnerorientierte Funktion hinsichtlich von Beziehungszusammenhängen erfaßt und beschrieben. Dabei stellt sich jetzt die Frage, welche spezifischen Sprachfunktionen in den collokutiven Akten beschrieben werden.

Welche Arten collokutiver Akte lassen sich nun unterscheiden? Zunächst kann man feststellen, daß es prinzipiell drei Arten der Orientation aneinander gibt. Diese drei Arten der Orientation sind gegeben durch darstellende Akte, wertende Akte, vergleichende Akte. Damit sind drei grundlegende Klassen collokutiver Akte gegeben, die im folgenden als:

(1) Präsentive (darstellende Akte);
(2) Valuative (wertende Akte);
(3) Relative (vergleichende Akte)

bezeichnet werden sollen.

Mit den Präsentiven wird es den Individuen möglich,

---

253 Der "collokutive Akt" in diesem Sinne hat nichts mit dem Konzept des "kollokutionären Akts", das Keller vorgeschlagen hat, zu tun. Cf. Keller 1977.

das Bild, das sie von sich selbst oder von ihrem Partner haben, sprachlich zu artikulieren, also sich selbst oder den Partner mit sprachlichen Mitteln zu präsentieren (254). In diesem Sinne kann die Kommunikation zwischen zwei Individuen (EGO und ALTER) unter dem Gesichtspunkt der wechselseitigen Partnerdefinition betrachtet werden. Die Sprechhandlungen (Kontakte), die EGO vollzieht, können zum einen Definitionsangebote darstellen. Der intentionale bzw. funktionale Gehalt eines entsprechenden propositionalen Aktes kann in diesen Fällen generell paraphrasiert werden als:

(P 6.1.) So bin ich.
(P 6.2.) Das bin ich.
(P 6.3.) So sehe ich mich.
(P 6.4.) Dies ist das Bild, das ich von mir habe.

oder dgl.

Diese Formen der Selbstdarstellung beruhen auf dem Ich-Bild, das EGO von sich selbst hat und das er ALTER mittels sprachlicher Kontakte vermitteln möchte. Eine Selbstdarstellung wäre etwa durch einen Satz gegeben wie

(S 6.10.) Diese ewigen Diskussionen hängen mir jetzt langsam zum Hals heraus.

Der Sprecher stellt sich mit (S 6.10.) als jemanden dar, der etwas ungeduldig ist und endlich praktisch handeln möchte. Gleichzeitig bietet er mit (S 6.10.) dem Hörer die Möglichkeit, sich an diesem Selbstbild zu orientieren und sein Handeln entsprechend auszurichten.

Dies ist natürlich nicht die einzig mögliche Deutung von (S 6.10.). Ebenso ließe sich (S 6.10.) auch lediglich hinsichtlich der Interlokution betrachten. Man könnte dann feststellen, daß mit (S 6.10.) eine FESTSTELLUNG getroffen wurde. Man könnte (S 6.10.) aber auch weitergehend hinsichtlich des Aspekts betrachten, daß der Sprecher damit bestimmte Handlungsverpflichtungen delegieren oder übernehmen will, die im Zusammenhang mit einem bestimmten Sachproblem zu sehen sind. Damit würde (S 6.10.) dann als Sprechakt eines bestimmten illokutiven Typs, nämlich als Direktiv oder als Commissiv, zu beschreiben sein. Läßt man diese ganzen Aspekte jedoch außer acht und berücksichtigt nur die mit (S 6.10.) ebenfalls mögliche Selbstdarstellung des Sprechers, so betrachtet man jene Funktion der Äußerung von (S 6.10.), die mit dem speziellen collokutiven Typ des Offerentativs, der Selbstdarstellung, erfaßt wird. Offerentative sind also jene darstellenden Akte, die sich auf die Person des Sprechers selbst und dessen Individualbereiche beziehen (255).

---

254 Cf. dazu Argyle 1969, Kapitel 9, 347ff

255 Streng genommen ist natürlich jede Selbstdarstellung immer auch eine Selbstdarstellung in Relation zur Gegenwart des Partners. Cf. dazu Watzlawick et al. 1969,84, Anmerk. 7; Holly 1979,12.

Aber genauso wie der Sprecher sich selbst darstellen kann, kann er auch sein Bild vom jeweiligen Partner ausdrücken und damit den Partner in seiner Person darstellen, kann er dessen Person (Persönlichkeit) für sich und den Partner definieren. In diesem Fall ist die entsprechende Äußerung als Definitionsversuch aufzufassen. Die intentionalen bzw. funktionalen Gehalte der entsprechenden propositionalen Akte können dann generell paraphrasiert werden durch:

(P 6.5.) So bist du.
(P 6.6.) Das bist du.
(P 6.7.) So sehe ich dich.
(P 6.8.) Dies ist das Bild, das ich von dir habe.

oder dgl.

Solche Definitionsversuche geben das Meinungsbild wieder, das EGO bezüglich ALTER bzw. dessen Individualbereiche hat. Der entsprechende collokutive Typ soll hier als Definitativ bezeichnet werden. Ein Definitativ liegt etwa in folgendem Dialogbeitrag (256) vor:

(S 6.11.) ja + aber das is es eben =ÄH= da is eben die ständige ge - Diskrepanz daß du dann =ÄH= daß dieses Wissen - daß das ein rein theoretisches is + und des nicht in die - ins - in dein Verhalten übergeht ++

Der Sprecher unternimmt mit (S 6.11.) einen Definitionsversuch in bezug auf die Person seines augenblicklichen Kommunikationspartners, auf den dieser dann im folgenden eingehen muß.

Die Selbst- wie die Partnerdarstellung, also die collokutiven Typen des Offerentativs wie des Definitativs, können sich auf die unterschiedlichsten Sachverhalte beziehen. Hier spielen nun die zehn unterschiedlichen Orientationsbereiche (Individualbereiche) eine Rolle. Selbst- wie Partnerdarstellung kann in diesen zehn Bereichen erfolgen. Entscheidend ist, daß der Sachverhalt zunächst rein wertneutral dargestellt wird. Daß er in den seltensten Fällen vom Sprecher wertneutral gemeint ist bzw. vom Hörer als wertneutral aufgefaßt wird, ist dabei vorerst unerheblich. Unter rein funktionalem Gesichtspunkt ist eine reine Darstellung sprachlich durchaus möglich. Das zeigt sich schon daran, daß bezüglich der Wertung Sprecher und Hörer oft nicht übereinstimmen, obwohl sie sich durchaus bezüglich des dargestellten Sachverhalts einig sind. Es gibt also etwas, was sich, zumindest analytisch, von der eigentlichen Wertung trennen läßt, eben das, was gewertet wird.

Diesen Sachverhalt kann man sich an dem Satz (S 6.12.)

---

256 Der Dialogbeitrag stammt aus dem Text 579 des Freiburger Korpus; cf. auch Fuchs/Schank 1975,36; eigene Transkriptionsnotation.

verdeutlichen:

(S 6.12.) Morgen fangen die Vorlesungen wieder an.

Mit diesem Satz liegt zunächst ein Offerentativ bezüglich des Sozial-Positionalen Individualbereichs des Sprechers vor. Der Sprecher stellt sich mit (S 6.12.) als ein Student dar. Über diesen Sachverhalt werden Sprecher wie Hörer sich einig sein (vorausgesetzt natürlich, der Hörer ist in der Lage, den Schluß zu ziehen, daß jemand, der Vorlesungen besucht, ein Student ist). Mit (S 6.12.) ist jedoch noch nicht festgelegt, welche Wertungen Sprecher wie Hörer mit dem Sachverhalt "x ist ein Student" verbinden. So kann der Hörer etwa der Meinung sein, daß alle Studenten faul, Parasiten der Gesellschaft oder Terroristen seien, oder aber er ist, ganz im Gegenteil, davon überzeugt, sie seien intelligente, aufgeschlossene, fleißige, sympathische junge Leute und die Elite der Gesellschaft. Je nach Standpunkt wird der Hörer den Offerentativ anders werten und entsprechend auch anders reagieren, etwa durch Sätze wie

(S 6.13.) Ach, Sie sind auch einer von diesen Nichtsnutzen.
(S 6.14.) Ach, Sie sind Student, dann werden wir uns sicher gut verstehen.

oder dgl.

Ebenso kann für den Sprecher die Tatsache, daß er Student ist, eine positive wie negative Bedeutung haben. Er kann in diesem Sinne seinen Offerentativ durch weitere Äußerungen explizieren und damit werten, etwa

(S 6.15.) Ich bin froh, wenn ich mein Examen endlich habe.

oder

(S 6.16.) Das kommende Semester wird wieder recht interessant.

oder dgl.

Das gleiche gilt für alle zehn Orientationsbereiche.

In dem Zusammenhang kann auch darauf hingewiesen werden, daß bestimmte Höflichkeits- und Begrüßungsformeln, etwa

(S 6.17.) Na, wie gehts?

ihrer ursprünglichen Intention nach nichts anderes sind als die Aufforderung des Sprechers zu einer Selbstdarstellung des Hörers. Eine Äußerung wie (S 6.17.) soll dem Hörer die Möglichkeit bieten, Offerentative zu vollziehen. Dabei ist es prinzipiell dem Hörer überlassen, aus welchem der Orientationsbereiche er Sachverhalte darstellt. Wie sehr allerdings eine Äußerung wie (S 6.17.) sich von dieser ursprünglichen Intention oder Funktion losgelöst hat und zur weitgehend inhaltslosen Begrüßungsformel geworden ist, zeigt ein Versuch, von dem Garfinkel berichtet: Es wird versucht, einer Versuchsperson (VP) gegenüber die ursprüngliche offerentative Funktion einer solchen Begrüßung weiter zu thematisieren.

(VP): Wie stehts?
(E): Wie steht es mit was? Meiner Gesundheit, meinen Geldangelegenheiten, meinen Aufgaben für die Hochschule, meinem Seelenfrieden, meinem ...
(VP): (Rot im Gesicht und plötzlich außer Kontrolle) Hör zu. Ich unternahm gerade den Versuch, höflich zu sein. Offen gesprochen kümmert es mich einen Dreck, wie es mit dir steht (257).

Der Experimentator (E) versucht in diesem Beispiel, die verschiedenen Orientationsbereiche zu thematisieren, in denen prinzipiell eine Selbstdarstellung erfolgen kann, und zwar den Somatischen Bereich (meine Gesundheit), den Aktionalen Bereich (meine Geldangelegenheiten), den Sozial-Positionellen Bereich (meine Hochschulaufgaben) und den Emotionalen Bereich (meinen Seelenfrieden). Wäre das "Wie stehts?" tatsächlich im ursprünglichen Sinne als Aufforderung zur Selbstdarstellung gemeint, hätte (VP) sich einen ihn besonders interessierenden Bereich ausgesucht. Daß es ihm jedoch nicht im entferntesten um derartige Dinge ging, zeigt seine irritiert aggressive Reaktion.

Die zweite grundsätzliche collokutive Klasse ist die der Valuative, also der wertenden Akte. Ebenso wie bei der Klasse der Präsentive läßt sich die collokutive Klasse der Valuative hinsichtlich unterschiedlicher collokutiver Typen differenzieren. Zunächst kann man generell feststellen, daß Sprecher nicht nur Sachverhalte bezüglich der verschiedenen Orientationsbereiche einfach darstellen, sondern sie auch werten. Wird bei Sprechhandlungen im propositionalen Akt direkt eine solche Wertung ausgedrückt oder kann über den propositionalen Akt indirekt auf eine solche Wertung geschlossen werden, so handelt es sich um einen Valuativ. Bei Valuativen kann man nun zunächst zwei Formen unterscheiden. Um das zu veranschaulichen, kann der erweiterte Kontext des oben als (S 6.11.) bereits zitierten Dialogbeitrags betrachtet werden.

Dialogausschnitt 9
(Es geht um Erziehungsprobleme; AA und BB sind miteinander verheiratet) (258)
1AA: ja + aber das is es eben =ÄH= da is eben die ständige ge - Diskrepanz daß du dann =ÄH= daß dieses Wissen - daß das ein rein theoretisches is + und des nicht in die - ins - in dein Verhalten übergeht ++
2BB: ...
3AA: na ja + is doch so ++
4BB: na ja + sei doch menschlich + net so lehrhaft

257 Garfinkel 1961,207
258 Fuchs/Schank 1975,36

furchbar lehrhaft ++

...

Hier zeigt sich nun, daß die Ehefrau BB auf den Definitativ ihres Mannes in 1AA (abgesehen von dem nicht mehr rekonstruierbaren Dialogbeitrag 2BB) dieses sein verbales Verhalten in 4BB bewertet. Der propositionale Gehalt von 4BB bezieht sich dabei speziell im Kontext des hier vorliegenden Dialogintervalls auf den Verbal-Aktionalen Individualbereich von AA. Die Wertungskriterien, die BB verwendet, "menschlich" versus "lehrhaft" sind dabei nicht auf den inhaltlichen Sachverhalt des Dialogbeitrags 1AA bezogen. Den erkennt BB letztlich an, was sie in 4BB durch ein "na ja" signalisiert und im weiteren Dialog dadurch deutlich macht, daß sie ihr Verhalten zu rechtfertigen versucht (259). In diesem Sinne ist der Dialogbeitrag 4BB nicht sachorientiert, sondern partnerorientiert, und damit als Kontakt aufzufassen. Und indem BB nicht zum propositionalen Gehalt des in 1AA gesagten Stellung bezieht, sondern zum verbalen Verhalten selbst, vollzieht sie einen partnerorientierten, wertenden Akt, der in diesem speziellen Fall das Verhalten von AA negativ bewertet.

Man muß diese Form der Bewertung genau unterscheiden von den Formen der Stellungnahme, die Wunderlich unter dem Begriff der "Position" faßt (260) bzw. die im Funktionskatalog von Ogden/Richards als "Einstellung zum Referenten" charakterisiert wurde (261). Mit dieser Einstellung zum propositionalen Gehalt ist eine Einstellung zu Sachverhalten aus den unterschiedlichen Relevanzbereichen gemeint. Die Bewertung im hier diskutierten Sinne bezieht sich jedoch ausschließlich auf Sachverhalte aus den jeweiligen Individualbereichen der Interaktanten. Damit sind die hier diskutierten Formen der Bewertung natürlich Spezialfälle der Wunderlichschen Positionstypen. Aufgrund ihrer besonderen Funktion im Rahmen von beziehungsorientierter Kommunikation sind sie jedoch grundsätzlich zu trennen von den Formen der Bewertung beliebiger Sachverhalte.

Andere Formen einer solchen individuellen Bewertung der Person (in ihren Individualbereichen) liegen in den drei folgenden fiktivon Dialogausschnitten (262) vor:

---

259 Und RECHTFERTIGUNGEN implizieren stets, daß der Defendent das, was er rechtfertigt, zunächst auch akzeptiert. Cf. dazu Rehbein 1972,310.

260 Wunderlich 1976,73ff; cf. dazu auch Keller 1977

261 Siehe oben Seite 25

262 Alle drei Ausschnitte, DA10, DA11, DA12, stammen aus einem Tonbandmitschnitt eines Fernsehfilms (aus der Kriminalserie "Direktion City") "Auf Freiersfüßen", NDR, 3. Programm, vom 5.12.1977,20.15. Der Film handelt von einem Heiratsschwindler.

Dialogausschnitt 10
(Johannes (Heiratsschwindler) hat Irene (einem seiner Opfer) einen Blumenstrauß geschenkt)
1 Irene: Oh, sind die so schön.
2 Johannes: Für dich ist mir nichts zu teuer.

Dialogausschnitt 11
(Johannes hat Irene von seinen "Geldschwierigkeiten" berichtet; Irene gibt Johannes das Geld, das er benötigt, um seine Schulden zu begleichen.)
1 Irene: Aber laß es dir quittieren. Solche Frauen sind ...
2 Johannes: Ich äh ich soll das wirklich annehmen?
3 Irene: Wenn es die ganze Wahrheit ...
4 Johannes: Du, ich kann gar nicht glauben, daß jemand so äh so gut zu mir ... Ich ich weiß nicht, wie ich dir danken soll, Irene?

Dialogausschnitt 12
(Johannes ist bei einem anderen Opfer, Frau Felbach. Er hat sich als Kriminalkommissar ausgegeben, um Kontakt zu Frau Felbach zu bekommen. Johannes und Frau Felbach trinken Kaffee in Frau Felbachs Wohnung.)
1 Frau Felbach: Mein Gott!
2 Johannes: Frau Felbach, was ist denn? Irgendwas bedrückt Sie doch?
3 Frau Felbach: Ach wo. Ich ich bin nur sehr äh so nervös. Es gibt Tage, wissen Sie, da ...
4 Johannes: Ja, und? Nun mal raus damit. Vielleicht könnten wir Ihnen helfen.
5 Frau Felbach: Sie Sie haben so liebe Augen. Ich ...
6 Johannes: Sie müssen Vertrauen zu mir haben.
...

In allen drei Dialogausschnitten kommen Formen der Bewertung vor, und zwar in DA10, 2, in DA11, 4, in DA12, 5. In allen drei Fällen liegt dabei eine positive Bewertung vor. Läßt man einmal die Tatsache unberücksichtigt, daß die Dialogbeiträge 2 und 4 in DA10 und DA11 von Johannes, der ja Heiratsschwindler ist, nicht ernst gemeint sind, so kann man feststellen, daß 2 in DA10 sämtliche Individualbereiche umfaßt. Irene wird als gesamte Person aufgewertet. Bei 4 in DA11 dagegen wird speziell Irenes Handeln als besonders positiv dargestellt und bewertet, d.h. Johannes bewertet den Nonverbal-Aktionalen Individualbereich von Irene. Mit 5 in DA12 schließlich wird zunächst eine Aufwertung im Somatischen Individualbereich (liebe Augen) vollzogen. Die Sprecherin will damit aber wohl mehr auf innere Qualitäten verweisen, etwa Hilfsbereitschaft, Güte oder dgl. Über eine Aufwertung des Somatischen Bereichs erfolgt also gleichzeitig bzw. eigentlich eine Aufwertung des Rationalen, Emotionalen, Attitüdischen Bereichs.

All diese Beispiele illustrieren, wie Sprecher die Individualbereiche ihrer Partner bewerten können. Dabei erfolgt grundsätzlich eine positive oder negative Bewertung. Damit diese jedoch gelingt, müssen bestimmte Bewertungsnormen bei Sprecher und Hörer übereinstimmen. Wenn etwa in DA9 BB das Verhalten von AA als "furchbar lehrhaft" bezeichnet, muß beiden zumindest klar sein, daß "lehrhaft" eine negative Bewertung für Verhalten darstellt. Um diesen negativen Charakter deutlich herauszustreichen, benutzt BB einmal das Adjektiv "furchtbar", zum anderen setzt sie lehrhaft in Opposition zu dem Adjektiv "menschlich", von dem sie annehmen kann, daß es als positive Bewertung gelten kann und auch von AA so eingeschätzt wird. In den anderen Beispielfällen erfolgt die Bewertung wesentlich offensichtlicher.

Mit all diesen Formen der Bewertung wird versucht, die Person des Partners als Ganzes bzw. in einzelnen Aspekten seiner unterschiedlichen Individualbereiche auf- oder abzuwerten. Dies entspricht auch den Überlegungen, wie sie von Watzlawick et al. und speziell von Holly angestellt worden sind. Neben solchen Formen der Partnerbewertung gibt es auch Kontakte, die eine Selbstbewertung darstellen. So stellt etwa eine Äußerung wie die von (S 6.18.) (263) eine negative Selbstbewertung dar.

(S 6.18.) ja + nun is es eben so voll Schwierigkeiten von vornherein was es da gibt + weil ich doch kein gutes Erbe auf dem Gebiet mitgebracht hab ++

Die Sprecherin wertet sich selbst und ihr Handeln mit dem Hinweis ab, erblich negativ belastet zu sein. Damit liegt eine Abwertung im Aktionalen wie Somatischen Bereich (Erbanlagen) vor. Im Gegensatz dazu findet sich bei dem Sprecher des folgenden Dialogausschnitts eine recht eindeutige Selbstaufwertung.

Dialogausschnitt 13
(Ein Gespräch mit einem Verkäufer an einem Messestand für Kochgeschirr. AA hat gerade von unlauteren Methoden der Konkurrenz erzählt) (264)

1AA: (f+ ne +f ?) . ich bin jetzt siebzig Jahre alt . hab ich es noch nötig? i+ den f+ Leut +f etwas zu erzählen +i ,+ was nich stimmt +,
2BB: (nein)
3AA: (nein) (nich ?) . / so so ne große Lebenserfahrung (nich ?) und geschäftliche Erfahrung und so weiter (nich ?) ... da sollen f+ se +f machen ,+ was sie wollen +, ... mein Umsatz zufrieden dieses Jahr (nich ?)

In 1AA vollzieht AA zunächst einen Offerentativ. Er stellt sich als Mann von siebzig Jahren dar. Im Zusammen-

263 (S 6.18.) stammt aus dem Freiburger Text 579. Cf. Fuchs/Schank 1975,36.
264 Cf. Fuchs/Schank 1975,83f

hang mit den folgenden Bemerkungen (es nicht nötig haben) bekommt dieser Sachverhalt jedoch eine Bewertung, die AA in seiner Person aufwertet. AA rekurriert in 1AA mit dem Hinweis auf sein relativ hohes Alter auf eine Tatsache, die in vielen Gesellschaften die betreffende Person aufwertet (265). Diese Selbstaufwertung wird in 3AA dann wieder aufgenommen und weiter differenziert (große Lebenserfahrung und Geschäftserfahrung). Im Zusammenhang damit erfährt dann auch sein Handeln, speziell sein verbalsprachliches Handeln eine Aufwertung. Insgesamt stellt AA sich als ehrlichen, fairen, lebenserfahrenen und damit reellen Geschäftsmann dar, der damit letztlich auch Erfolg hat (guter Umsatz). Die damit verbundene Aufwertung seiner Person beruht dann auf der Annahme von AA, daß die von ihm dargestellten Sachverhalte bezüglich seiner Individualbereiche auch für seinen Gesprächspartner BB positive Werte darstellen. Dies ist eine wichtige Voraussetzung für den Erfolg von Selbstaufwertungen. Stimmen die als gültig akzeptierten Wertsysteme von Sprecher und Hörer nicht überein, wird jeder Versuch einer Selbstaufwertung zumindest auf Schwierigkeiten stoßen, wenn nicht gar gänzlich mißlingen. So wären etwa in einer Gesellschaft, in der Lebenserfahrung einen negativen Wert darstellte, die Dialogbeiträge von AA aus DA13 nicht als Selbstaufwertung aufzufassen. Zumindest wären sie widersprüchlich.

Je nach Richtung und Wert der Bewertung - also auf sich selbst gerichtet oder auf den Partner gerichtet bzw. positiv oder negativ - lassen sich jetzt für die collokutive Klasse der Valuative vier collokutive Typen unterscheiden:

(1) Direktionaler Protektativ (Partneraufwertung);
(2) Reflexiver Protektativ (Selbstaufwertung);
(3) Direktionaler Degradativ (Partnerabwertung);
(4) Reflexiver Degradativ (Selbstabwertung).

Protektative wie Degradative stehen dabei im Zusammenhang allgemeiner soziokultureller bzw. gruppenspezifischer Wertsysteme. Protektative wie Degradative beziehen sich sowohl in ihrer direktionalen als auch reflexiven Ausprägung auf Sachverhalte der zehn unterschiedlichen Individualbereiche. Ihrer Intention bzw. Funktion nach zielen Protektative wie Degradative auf die Auf- wie Abwertung dieser Sachverhalte - sei es nun direkt und explizit oder indirekt und vermittelt über Schlußprozesse. Prinzipiell entspricht das den Paraphrasen

(P 6.9.) So bewerte ich mich.

---

265 Cf. dazu Ervin-Tripp 1971,23; Llobera/Lévi-Strauss 1973,49ff

(P 6.10.) So bewerte ich dich.

Im einzelnen können (P 6.9.) und (P 6.10.) relativ zu den unterschiedlichen Orientationsbereichen differenziert und hinsichtlich positiver wie negativer Bewertung spezifiziert werden. Direktionale Protektative ließen sich dann etwa folgendermaßen paraphrasieren:

Ich bewundere ...; finde es großartig, schön, anerkennenswert, phantastisch, interessant, aufregend, nachahmenswert, beispielhaft etc.

(P 6.11.) ... was du (alles) bemerkst.
(Perzeptiver Individualbereich)
(P 6.12.) ... was du (alles) verstehst; worüber du (alles) nachdenkst; womit du dich (geistig rational) beschäftigst.
(Rationaler Individualbereich)
(P 6.13.) ... was du empfindest, fühlst.
(Emotionaler Individualbereich)
(P 6.14.) ... was du (alles) weißt, wovon du (alles eine) Ahnung hast; worin du (alles) bewandert bist.
(Epistemologischer Individualbereich)
(P 6.15.) ... was du dazu meinst; wie du das beurteilst, einschätzt; wie du dazu stehst.
(Attitüdischer Individualbereich)
(P 6.16.) ... was du sagst.
(Verbal-Aktionaler Individualbereich)
(P 6.17.) ... was du tust.
(Nonverbal-Aktionaler Individualbereich)
(P 6.18.) ... was du bist.
(Situativ- bzw. Sozial-Positionaler Individualbereich)
(P 6.19.) ... wie du aussiehst.
(Somatischer Individualbereich)

oder dgl.

Bei einer möglichen Paraphrasierung Direktionaler Degradative müßte man die Paraphrasen (P 6.11.) bis (P 6.19.) lediglich in Sätze einbetten wie "Ich verachte ...; halte es für schlimm, unwichtig, inakzeptabel, unmöglich, uninteressant, belanglos, nicht nachahmenswert, verfehlt, miserabel etc. ..." Bei den Reflexiven Protektativen und Degradativen gelten die Paraphrasen (P 6.11.) bis (P 6.19.) entsprechend, nur daß anstatt des Personalpronomens "du" jeweils "ich" eingesetzt werden müßte.

Die Formen der Auf- und Abwertung in den verschiedenen Orientationsbereichen sollen entsprechend dem Bereich jeweils als Perzeptive, Rationale, Emotionale etc. Affirmation bzw. Diskrimination bezeichnet werden, wenn die Auf- oder Abwertung explizit im propositionalen Akt ausgesprochen wird. Liegen also explizit in den propositionalen Gehalten ausgedrückte Formen der Auf- oder Abwertung vor, so kann von Affirmation oder Diskrimination gesprochen werden. Bezüglich der damit vollzogenen collokutiven Typen soll dann von Protektativen oder Degradativen gesprochen werden. Eine Äußerung wie

(S 6.19.) Du bist doch ein einmaliger Idiot.

könnte z.B., je nachdem worauf sie sich bezieht, etwa als Rationale oder auch Aktionale Diskrimination bestimmt werden (denn es liegt eine explizit im propositionalen Gehalt ausgedrückte Abwertung des Partners vor), in jedem Fall aber wäre damit ein Direktionaler Degradativ vollzogen. Protektativ und Degradativ sind also gegenüber Affirmation und Diskrimination die allgemeineren Begriffe.

Die Tatsache nun, daß ein Sprecher einen Sachverhalt bewertet, hängt damit zusammen, wie seine Haltung zu dem betreffenden Sachverhalt ist, wie er diesem Sachverhalt gegenüber eingestellt ist. Nach der Art, seine Einstellung gegenüber einem Sachverhalt, d.h. seine Bewertung dieses Sachverhalts, sprachlich zu artikulieren, kann man prinzipiell vier Positionstypen unterscheiden. Dieser Begriff der Position entspricht dem von Wunderlich vorgeschlagenen Begriff (266). Wichtig zu bemerken ist dabei nun, daß hier lediglich untersucht wird, was Individuen sprachlich ausdrücken k ö n n e n . Die hier gemachten Unterscheidungen beziehen sich weniger auf die tatsächlichen, inneren psychischen Zustände als vielmehr auf die prinzipiellen Möglichkeiten sprachlicher Repräsentation solcher Zustände. Es ist also nicht notwendigerweise impliziert, daß der Sprecher, der einen Valuativ vollzieht, auch immer den in der Proposition dargestellten bzw. über die Proposition erschließbaren Sachverhalt aus den Individualbereichen tatsächlich so bewertet, wie es in dem jeweiligen Kontakt zum Ausdruck kommt. Dies wird ja besonders deutlich bei DA10 und DA11, in denen die jeweiligen Valuative von einem Heiratsschwindler vollzogen werden und nicht ernsthaft gemeint sind. Was hier untersucht wird, ist also lediglich, welche Bewertungen sprachlich überhaupt ausgedrückt werden können bzw. wie bestimmte Äußerungen prinzipiell von einem Beobachter gedeutet werden können. Nicht untersucht werden soll und kann auch nicht, wie der genaue jeweilige Zusammenhang einer singulären Äußerung mit einem bestimmten jeweiligen psychischen Zustand ist.

Die vier prinzipiell ausdrückbaren Haltungen einem Sachverhalt gegenüber sind:

(1) Identifikation;
(2) Ambivalenz;
(3) Neutralität;
(4) Rejektion.

---

266 Wunderlich 1976,73f

Bei der Identifikation (267), bei der eine hohe, d.h. positive Bewertung vorliegt, wird völlige Zustimmung einem Sachverhalt gegenüber ausgedrückt. Der Sprecher findet den Sachverhalt, so wie er ist, gut. Eine mögliche Paraphrasierung der identifikativen Haltung einem Sachverhalt gegenüber wäre etwa

(P 6.20.) So bin ich (bist du) nun mal (bzw. so ist das nun mal) und ich will auch nicht, daß sich daran etwas ändert.

oder

(P 6.21.) Weil ich das, so wie es ist, gut finde, will ich mich mehr damit beschäftigen.

Bei der Neutralität, bei der keine eigentliche Bewertung vorliegt, sondern lediglich der Sachverhalt als solcher konstatiert wird, wird jedoch zumindest Gleichgültigkeit dem Sachverhalt gegenüber ausgedrückt. Der Sprecher findet den Sachverhalt weder gut noch schlecht, weder interessant noch uninteressant. Er bemerkt ihn lediglich, ohne sich weiter mit ihm zu beschäftigen. Typische Floskeln in dem Zusammenhang sind etwa "na und", "na ja", "schön für dich" oder dgl. Mögliche Paraphrasierungen einer solchen Haltung wären etwa

(P 6.22.) Daß das so ist, ist mir egal.
(P 6.23.) Es ist zwar so, aber das geht mich nichts an (interessiert mich nicht).

Bei der Rejektion, die gleichbedeutend mit völliger Ablehnung und negativer Bewertung ist, strebt der Sprecher Veränderungen des Sachverhalts an. Er kann und will den Sachverhalt, so wie er ist, nicht akzeptieren. Mögliche Paraphrasierungen wären

(P 6.24.) Ich will nicht so sein (will nicht, daß du so bist bzw. daß das so ist), und ich tue alles, damit sich das ändert.

oder

(P 6.25.) Ich will nichts damit zu tun haben.

Die Haltung der Ambivalenz schließlich läßt sich je nach stärkerer Betonung von identifikativen oder rejektiven Aspekten noch unterscheiden. So liegt etwa bei einer ambivalenten Identifikation eine Haltung prinzipieller Zustimmung gegenüber dem Sachverhalt vor. Dennoch werden bestimmte Aspekte abgelehnt, d.h. der Sprecher tendiert eher dazu, sich mit dem Sachverhalt mehr und genauer zu beschäftigen. Eine solche Haltung kann paraphrasiert werden durch

(P 6.26.) So bin ich (so bist du bzw. so ist das), und ich finde das auch prinzipiell gut, aber ...

---

267 Der Begriff der "Identifikation", wie er hier verwendet wird, hat nichts mit dem von Baacke verwendeten Begriff zu tun. Siehe oben Seite 44

Im Gegensatz dazu dominiert bei einer ambivalenten Rejektion die prinzipielle Ablehnung, auch wenn bestimmte positive Aspekte anerkannt werden. Der Sprecher tendiert eher dazu, sich nicht weiter mit dem Sachverhalt auseinanderzusetzen. Eine solche Haltung kann paraphrasiert werden durch

(P 6.27.) So bin ich (so bist du bzw. so ist das), und ich finde das auch prinzipiell schlecht, obwohl ich zugeben muß, daß ...

Diese prinzipiell möglichen Stellungnahmen zu einem Sachverhalt sind damit durch folgende Positionstypen erfaßt:

(1) Identifikation;
(2) Ambivalente Identifikation;
(3) Neutralität;
(4) Ambivalente Rejektion;
(5) Rejektion.

Die Position, die man einem Sachverhalt gegenüber einnehmen und dann natürlich auch verbal artikulieren kann, ist in einer Situation individuell unterschiedlich. Sie kann bei zwei Individuen völlig übereinstimmen oder grundsätzlich verschieden sein. Die dadurch gegebenen unterschiedlichen Möglichkeiten haben eine entscheidende Bedeutung für die Möglichkeit, erfolgreich Affirmationen oder Diskriminationen bzw. Protektative oder Degradative zu vollziehen. Für den Sprecher selbst impliziert eine identifikative Haltung einem Sachverhalt gegenüber stets eine erhöhte Disposition (Motivation) zum Ausdruck einer Affirmation und damit zu Reflexiven Protektativen. So kommt etwa bei einer Äußerung wie

(S 6.20.) Ich bin gestern nacht extra aufgestanden, um den Boxkampf mit Cassius Clay im Fernsehen zu sehen.

eine identifikative Haltung Boxkämpfen, zumindest speziell diesem Kampf gegenüber zum Ausdruck. Denn wer wegen einer Fernsehübertragung sogar nachts extra wieder aufsteht, muß besonderes Interesse an dem dort gezeigten haben. Wird (S 6.20.) nun einem Partner gegenüber geäußert, der eine gleiche Haltung Boxkämpfen (bzw. diesem Kampf) gegenüber hat, so besitzt (S 6.20.) für b e i d e Partner die Funktion einer aktionalen Affirmation und damit die eines Reflexiven Protektativs. Lehnt jedoch der Hörer von (S 6.20.) Boxkämpfe prinzipiell ab, so wird sich der Sprecher mit der in (S 6.20.) zum Ausdruck kommenden identifikativen Haltung diesem Hörer gegenüber disqualifizieren. Für diesen Hörer wird also (S 6.20.) die Funktion einer aktionalen Diskrimination und damit die eines Reflexiven Degradativs haben.

Welche Deutung unter funktionalen Gesichtspunkten bezüglich (S 6.20.) die tatsächlich richtige wäre, ließe sich von der Beobachtung her dann etwa durch die Reaktion des Hörers auf (S 6.20.) entscheiden. Mögliche Hörer-

Reaktionen wären etwa

(S 6.21.) Das finde ich toll. Ich wollte mir den Kampf auch ansehen, bin dann aber doch nicht aus dem Bett gekommen.

oder aber

(S 6.22.) Du hast ja nen Knall. Für so etwas extra seine Nachtruhe dranzugeben.

Relativ zu (S 6.21.) wäre (S 6.20.) vom Hörer als Reflexiver Protektativ gedeutet und kommentiert worden, relativ zu (S 6.22.) dagegen als Reflexiver Degradativ.

In bezug auf die Positionstypen zeigt sich nun, daß Wertungen auch durch reine Darstellung, also durch Präsentive, möglich werden. Je nachdem, welche Haltung Sprecher und Hörer den propositionalen Akten bzw. den in ihnen ausgedrückten Sachverhalten gegenüber einnehmen, kann eine reine Darstellung in eine Wertung umschlagen. Dabei ist es notwendig, damit Valuative auch im Sinne des Sprechers gelingen, daß zwischen Sprecher und Hörer bestimmte minimale positionale Übereinstimmungen vorliegen.

In dem Zusammenhang zeigt sich ein interessantes Phänomen: Zunächst läßt sich feststellen, wie oben gezeigt, daß mittels einer betont expliziten Darstellung bestimmter Sachverhalte hinsichtlich bestimmter Individualbereiche die eigene identifikative Haltung diesen Sachverhalten gegenüber ausgedrückt werden kann, etwa durch folgende Äußerung

(S 6.23.) Ich bin jemand, der Morgen für Morgen eine Stunde Waldlauf macht.

Solche Äußerungen dienen zumeist dazu, den oder die Hörer zu positiven Stellungnahmen aufzufordern und damit den als Reflexiven Protektativ gemeinten Kontakt auch durch einen Direktionalen Protektativ ratifizieren zu lassen. Solche Bestätigungen vollziehen in DA8 etwa die Sprecherinnen AA und BB durch die Äußerungsbeiträge 6BB, 8BB, 10BB, 12AA und besonders durch 14BB. Die Sprecherinnen AA und BB drücken damit eine schwach identifikative Haltung (Interesse) aus.

Eine andere Situation dagegen liegt dann vor, wenn es bezüglich bestimmter Sachverhalte aus bestimmten Individualbereichen in einer Gesellschaft Tabus gibt, d.h. Bereiche, "über die man nicht spricht", die abgelehnt werden. Wird in einer solchen Gesellschaft mittels einer Selbstdarstellung selbstbewußt eine identifikative Haltung tabuisierten Sachverhalten gegenüber ausgedrückt, wirkt das dann peinlich, anstößig oder zumindest als schlechtes Benehmen. In einer Gesellschaft etwa, in der es nicht üblich ist, nach dem Essen zu rülpsen, würde die Selbstdarstellung eines Gastes durch eine Äußerung wie

(S 6.24.) Nach einem guten Essen muß ich immer kräftig rülpsen.

bzw. einfach nur das entsprechende nonverbale Verhalten vermutlich eine Haltung empörten Unverständnisses auslösen. Dies ist nun die Grundlage für die Möglichkeit einer emanzipatorischen verbalen Strategie. So besteht die Möglichkeit, durch wiederholte explizite Selbstdarstellung in einem solchen Tabubereich bzw. bezüglich solcher Sachverhalte, die allgemein abgelehnt werden, eine Affirmation zu erreichen. D.h. die selbstbewußte Darstellung der identifikativen Haltung bestimmter tabuisierter und diskriminierter Sachverhalte aus bestimmten Individualbereichen wird benutzt, um damit letztlich Reflexive Protektative zu vollziehen und damit dann schließlich die betreffenden allgemein vorherrschenden gesellschaftlichen Bewertungen zu verändern. Beispiele hierfür sind die verbalen Strategien, die etwa von den farbigen Amerikanern angewandt wurden in Slogans wie

(S 6.25.) Black is beautiful!

Im Prinzip wurde diese Strategie von verschiedenen anderen diskriminierten Gruppen übernommen, etwa von den Homosexuellen mit Äußerungen wie

(S 6.26.) Schwulsein ist schön.

oder

(S 6.27.) Ich bin schwul.

Ein anderes Beispiel ist der Satz

(S 6.28.) Ich habe abgetrieben.

der im Zusammenhang mit der Auseinandersetzung um das Problem der Abtreibung propagiert wurde.

In all diesen Sätzen wird auf Sachverhalte bestimmter Individualbereiche rekurriert, denen gegenüber im Rahmen unserer Gesellschaft die Mehrheit der Mitglieder eine rejektive, zumindest eine ambivalent rejektive Haltung einnimmt oder eingenommen hat. Die Selbstdarstellung einer Person im Sinne von (S 6.25.) bis (S 6.28.) ist unter dieser Voraussetzung mit einer Diskrimination verbunden. Indem nun das Tabu der Selbstdarstellung bezüglich des jeweiligen Sachverhalts bewußt und selbstbewußt mittels des sprachlichen Verhaltens durchbrochen wird, wird versucht, die ursprünglich mit (S 6.25.) bis (S 6.28.) vollzogenen Degradative in Protektative umzuwandeln. Beziehungsorientierte Kommunikation erhält in all diesen Fällen eine gesellschaftspolitische Relevanz, die zeigt, daß Beziehungskommunikation durchaus nicht nur ein "privates" Phänomen ist bzw. es nicht unbedingt nur zu sein braucht.

Mit den collokutiven Klassen der Präsentive und Valuative sind die Phänomene erfaßt, die zum Teil bereits von Watzlawick et al. und Holly beschrieben wurden. Man muß nun jedoch noch eine dritte prinzipielle Klasse von Kontakten unterscheiden, nämlich die vergleichenden Akte, die Relative. Die Relative lassen sich in zwei größere Gruppen untergliedern. Zum einen können Sprecher sich hinsichtlich der darstellenden Akte vergleichen. So ist etwa eine Äußerung wie

(S 6.29.) Ich bin auch Arzt.

ein Vergleich hinsichtlich der Präsentive, die zwei Personen vollziehen können. Der Sprecher stellt in (S 6.29.) nicht nur sich selbst dar, vollzieht also nicht nur einen Offerentativ in bezug auf den eigenen Sozial-Positionalen Individualbereich, sondern stellt gleichzeitig auch den Hörer oder eine weitere Person hinsichtlich dieses Sozial-Positionalen Individualbereichs dar, vollzieht damit also auch einen Definitativ. Das wird in (S 6.29.) durch die Partikel "auch" signalisiert.

Vergleichende Akte, die als Kombination von Präsentiven aufgefaßt werden können, sollen Korrelative genannt werden. Der intentionale bzw. funktionale kommunikative Zweck solcher Korrelative kann paraphrasiert werden durch

(P 6.28.) So sehe ich mich im Verhältnis zu dir.
(P 6.29.) So (das) bin ich im Verhältnis zu dir.

bzw.

(P 6.30.) So sehe ich dich im Verhältnis zu mir.
(P 6.31.) So (das) bist du im Verhältnis zu mir.

Dabei kann der Vergleich in einem oder mehreren Individualbereichen erfolgen.

Bei den Korrelativen gibt es nun zwei grundsätzliche Möglichkeiten. Einmal kann hinsichtlich der präsentiven Akte Übereinstimmung festgestellt werden, wie es auch in (S 6.29.) geschehen ist. Der Kontakt hat prinzipiell den Zweck, Gleichartigkeit zu konstatieren, was paraphrasiert werden kann durch

(P 6.32.) Wir gleichen uns hinsichtlich x.

Solche Korrelative seien Konsentische Korrelative genannt. Beispiele dafür sind etwa:

(S 6.30.) Das hab ich auch nicht verstanden.
(S 6.31.) Wir sind doch alle nur Menschen.
(S 6.32.) Wir sitzen alle in einem Boot.
(S 6.33.) Mal ganz unter uns Männern gesagt.
(S 6.34.) Du liebst mich doch auch.
(S 6.35.) Wir Hamburger sind da aber ganz anders.

Zum anderen kann hinsichtlich der Präsentive Ungleichheit festgestellt werden im Sinne von

(P 6.33.) Wir sind hinsichtlich x verschieden.

In dem Fall liegen Dissentische Korrelative vor. Beispiele dafür sind etwa:

(S 6.36.) Das stimmt doch gar nicht.

(S 6.37.) Da bin ich ganz anders.
(S 6.38.) Ich dagegen bin Lehrer.
(S 6.39.) Auf die Idee käme ich nie.
(S 6.40.) Mußt du immer alles anders machen.
(S 6.41.) Nicht mit mir.

Daß mit Dissentischen Korrelativen nicht unbedingt unversöhnliche Gegensätze konstatiert werden müssen, zeigt der folgende Dialogausschnitt:

Dialogausschnitt 14
(Unterhaltung im Familienkreis. AA und BB sind verheiratet. CC ist die Schwester von BB. BB ist der Sohn von DD, AA entsprechend die Schwiegertochter. AA hat von einem Kleiderkauf erzählt, worüber sich BB lustig gemacht hat.) (268)
1AA: ich kauf das immer von meinem Taschengeld ++
2BB: ja ja ++
3AA: von meinem 4 Kleidergeld 4 ++
4CC (an BB): 3 na ja + hör mal 3 + die verdient ja ++
5BB: ich kauf mir dafür n Tonbandgerät
6AA: der kauft sich nie was zum anziehen + ich geb eben mein Taschengeld für Kleider aus ++
7DD: du hast recht Elisabeth (269) ++
8AA: nicht wahr ++
9CC (an BB): hast schon bös erwischt mit deiner Frau + du Armer + gel + du Armer ++
10BB: aber man gewöhnt sich dran + weißt du ++
11CC: ja + das ischs einzig Gute bei der Gschicht ++
...

Den Offerentativ von AA aufgreifend, vollzieht BB mit 5BB einen Dissentischen Korrelativ, und zwar hinsichtlich des Aktionalen Individualbereichs. Dabei liegt besondere Betonung auf "ich" und "dafür". Der Ausdruck "dafür" in 5BB ist unter diesem Gesichtspunkt ambig. Zum einen kann es als Proform für "mein Taschengeld" angesehen werden. In dem Fall müßte 5BB paraphrasiert werden als

(P 6.34.) Ich kauf mir für mein Taschengeld ein Tonbandgerät.

Zum anderen - und diese Lesart scheint im vorliegenden Kontext die adäquatere zu sein, da sie der Intention von BB wesentlich stärker entgegenkommt - streicht "dafür" den Unterschied der beiden Verhaltensweisen heraus, also im Sinne von

268 Text 281 des Freiburger Korpus; eigene Transkription.
269 Aus rechtlichen Gründen mußte in diesem Ausschnitt wie in allen übrigen hier aufgeführten Dialogausschnitten der jeweilige wirkliche Name geändert werden. Die prinzipielle Form wurde jedoch beibehalten, d.h. hier DD hat AA mit ihrem Vornamen angesprochen.

(P 6.35.) Ich kauf mir im Gegensatz dazu ein Tonbandgerät.

Der Dissentische Korrelativ von 5BB wird dann von AA in 6AA aufgenommen und bestätigt. AA und BB stimmen damit in der Einschätzung ihrer Verschiedenheit hinsichtlich des Aktionalen bzw. Attitüdischen Individualbereichs überein. Der Dissentische Korrelativ des Nonverbal-Aktionalen Individualbereichs ist damit gleichzeitig ein Konsentischer Korrelativ hinsichtlich des Kognitiven Individualbereichs der rationalen Einschätzung ihres Verhältnisses. Der Dissentische Korrelativ wird jedoch nicht als Konfliktpunkt bewertet, wie dies das kurze nachfolgende Dialogintervall von CC und BB zeigt. Im weiteren Dialogverlauf wird dieser kurze Austausch nicht sehr gravierender Dissentischer Korrelative zwischen AA und BB von CC benutzt, um das Gespräch auf mögliche ernsthafte Schwierigkeiten des erst kurz verheirateten Paares (AA und BB) zu bringen, wobei das Paar dann allerdings prinzipielle Übereinstimmung demonstrieren kann.

Die zweite große Gruppe der Relative wird durch die vergleichenden Akte gebildet, die die Wertungen miteinander vergleichen, also die Valuative in Relation zueinander setzen. Im Gegensatz zu den Korrelativen soll dieser collokutive Typ Komparativ genannt werden. Bei den Komparativen werden die unterschiedlichen Möglichkeiten der Kombination Reflexiver wie Direktionaler Valuative realisiert. Da es zwei unterschiedliche Arten valuativer Akte, nämlich Protektative und Degradative, gibt, die dann jeweils noch zweifach als positiv und negativ spezifiziert werden können, bestehen vier grundsätzliche Typen von Komparativen, wie in Abbildung 6.35 dargestellt ist (270).

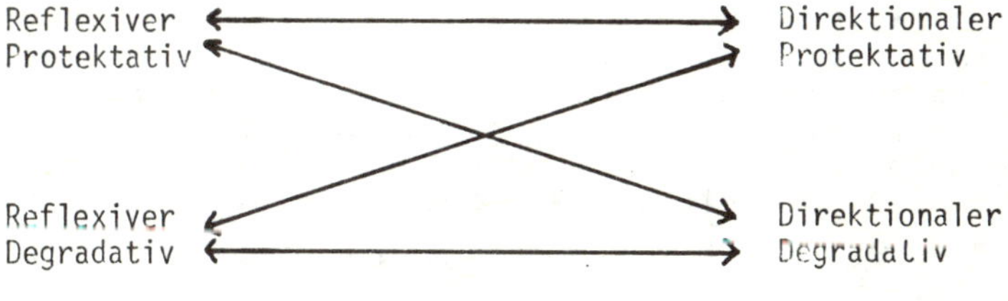

Abb. 6.35

270 Diese Unterscheidungen stimmen weitgehend mit den von Holly genannten Unterscheidungen Bernes überein (ohne allerdings dessen theoretischem Konzept zu entsprechen), cf. Holly 1979,76. Die vorliegenden Unterscheidungen sind auch unabhängig von Berne und dessen spezifisch therapeutischem Konzept entwickelt worden.

So kann ein Sprecher sich selbst wie seinen Partner aufwerten. Ein solcher Komparativ ließe sich paraphrasieren durch

(P 6.36.) Ich bin großartig, du bist großartig.

Dabei kann sich "großartig" auf die unterschiedlichsten Sachverhalte aus den verschiedenen Individualbereichen beziehen. Beispiele sind etwa:

(S 6.42.) Uns ist keiner gewachsen.
(S 6.43.) Du wärst doch auch nicht so blöd, darauf reinzufallen?
(S 6.44.) Du würdest mir im umgekehrten Fall doch genauso helfen.

Ein solcher Komparativ, bei dem sowohl ein Reflexiver wie Direktionaler Protektativ impliziert ist, soll <u>Euphorischer Komparativ</u> genannt werden. Das genaue Gegenteil eines solchen Euphorischen Komparativs wäre ein Relativ, bei dem sowohl ein Reflexiver wie Direktionaler Degradativ impliziert ist. Ein solcher collokutiver Typ soll als <u>Destruktiver Komparativ</u> bezeichnet werden. Destruktive Komparative können ihrem intentionalen bzw. funktionalen Zweck entsprechend etwa paraphrasiert werden durch

(P 6.37.) Ich bin miserabel, du bist miserabel.

Beispiele für Destruktive Komparative wären etwa

(S 6.45.) Das schaffen wir nie.
(S 6.46.) Dich würden sie da auch nicht reinlassen.
(S 6.47.) Du bist genauso stur.

Neben diesen beiden "symmetrischen" Formen gibt es noch zwei "komplementäre" Formen, bei denen jeweils ein Protektativ mit einem Degradativ kombiniert wird, wobei einmal der Protektativ reflexiv, zum anderen direktional ist. Wird ein Kontakt vollzogen, der einen Reflexiven Protektativ und einen Direktionalen Degradativ impliziert, soll von einem <u>Superioren Komparativ</u> gesprochen werden. Der intentionale bzw. funktionale Zweck eines solchen Kontakts kann paraphrasiert werden durch

(P 6.38.) Ich bin großartig, und du bist miserabel.

Beispiele für solche Superioren Komparative wären etwa:

(S 6.48.) Ohne mich bist du doch nur ein Nichts.
(S 6.49.) Dann muß <u>ich</u> das wohl wieder machen.
(S 6.50.) Wie kannst du es wagen, mir ein solches Angebot zu machen.

Die entsprechend inverse Form des Superioren Komparativs ist der <u>Inferiore Komparativ</u>. Dieser Kontakt impliziert einen Reflexiven Degradativ und einen Direktionalen Protektativ. Ein solcher Kontakt kann hinsichtlich seines intentionalen bzw. funktionalen Zwecks paraphrasiert werden als

(P 6.39.) Ich bin miserabel, und du bist großartig.

Beispiele sind etwa:

(S 6.51.) Du kannst das doch besser als ich.
(S 6.52.) Ich weiß nicht, ob ich so unverschämt sein darf, dir so etwas überhaupt anzubieten.

Inferiore Komparative werden häufig in "höflicher Kommunikation" benutzt, was sich etwa in Wendungen ausdrückt wie "darf ich mir erlauben", "verfügen Sie über mich" oder dgl. In dieser Hinsicht haben sich eine Reihe von Floskeln herausgebildet, vor allem bezüglich der Anredeformen, in denen die eigene Person der des Partners untergeordnet wird, etwa "gnädige Frau", "werter Herr" etc. Das gilt besonders für schriftliche Anredeformen und Schlußformeln in Briefen wie "sehr geehrte Herren" bzw. "Hochachtungsvoll" oder dgl. In dieser Hinsicht finden sich in anderen Sprachen und Kulturen, etwa dem Chinesischen (271) oder dem Japanischen (272) wesentlich ausgeprägtere Formen der höflichen Unterwürfigkeit (273) als im Deutschen.

Mit den bis jetzt dargestellten Collokutionen sind die zwölf grundsätzlichen collokutiven Typen der drei collokutiven Klassen dargestellt. Diese zwölf Typen sind in der Tabelle von Abbildung 6.36 nochmals zusammengestellt. In der letzten Spalte der Tabelle sind der Anschaulichkeit halber zusätzlich noch mögliche Paraphrasierungen der intentionalen bzw. funktionalen Zwecke des jeweiligen collokutiven Typs aufgeführt.

Collokutive Klassen	Collokutive Typen	Paraphrase
Präsentive	Offerentativ	So bin ich
	Definitativ	So bist du
Valuative	Direktionaler Protektativ	Du bist großartig
	Reflexiver Protektativ	Ich bin großartig
	Direktionaler Degradativ	Du bist miserabel
	Reflexiver Degradativ	Ich bin miserabel
Relative	Konsentischer Korrelativ	Wir sind uns gleich
	Dissentischer Korrelativ	Wir sind verschieden
	Euphorischer Komparativ	Wir sind beide großartig
	Destruktiver Komparativ	Wir sind beide miserabel
	Superiorer Komparativ	Ich bin großartig, du miserabel
	Inferiorer Komparativ	Ich bin miserabel, du großartig

Abb. 6.36

271 Kalgren 1923,96f
272 Wunderlich 1971,159f
273 Cf. Kalgren 1923,97

Diese collokutiven Typen sind jedoch nur die prinzipiellen, einfachen Typen. Die Menge der möglichen collokutiven Typen vergrößert sich erheblich, wenn man sich klarmacht, daß der jeweilige collokutive Typ letztlich auf sämtliche Individualbereiche hin orientiert werden kann. So sind etwa Offerentative nicht nur möglich durch die Selbstdarstellung eines bestimmten Sachverhalts aus nur einem bestimmten Individualbereich, sondern können sich durchaus gleichzeitig auf mehrere Sachverhalte aus mehreren Individualbereichen beziehen. Dadurch lassen sich die in der Tabelle von Abbildung 6.36 dargestellten collokutiven Typen noch weiter differenzieren.

Bezieht sich die collokutive Funktion, also die Funktion der Darstellung, der Wertung oder des Vergleichens, nur auf einen Sachverhalt aus einem Individualbereich, so soll von einem singulären collokutiven Typ gesprochen werden. Ein singulärer Offerentativ wäre etwa gegeben durch

(S 6.53.) Ich war letztes Jahr in Spanien.

ein singulärer Inferiorer Komparativ durch

(S 6.54.) Ich kann nun mal nicht so gut zeichnen wie du.

Wird dagegen auf mehrere Sachverhalte rekurriert, so kann von einem multiplen collokutiven Typ gesprochen werden. Dabei muß dann grundsätzlich unterschieden werden, ob auf mehrere Sachverhalte aus nur einem Individualbereich, auf mehrere Sachverhalte aus mehreren Individualbereichen oder sogar auf mehrere Sachverhalte sowohl aus einem wie mehreren Individualbereichen rekurriert wird. Im ersten Fall soll von einem intramultiplen, im zweiten Fall von einem transmultiplen und im dritten Fall schließlich von einem komplexmultiplen collokutiven Typ gesprochen werden.

Mit einer Äußerung wie

(S 6.55.) Weil ich als Arzt meinen Instrumentenkoffer immer dabei habe, konnte ich letztes Jahr, während meines Spanienurlaubs, eine Touristin davor bewahren, in ein spanisches Krankenhaus zu müssen.

kann sich der Sprecher gleichzeitig in verschiedenen Individualbereichen darstellen, und zwar hinsichtlich seines Positionalen, Aktionalen und Attitüdischen Individualbereichs. Da er sich mit (S 6.55.) sogar hinsichtlich mehrerer unterschiedlicher Handlungen darstellt, kann (S 6.55.) als komplexmultipler Offerentativ beschrieben werden.

Hinsichtlich der multiplen collokutiven Typen kann man schließlich noch zwei Spezialfälle unterscheiden. Diese Spezialfälle betreffen einmal multiple Korrelative, zum anderen multiple Komparative. Hinsichtlich der multiplen Korrelative gibt es den Spezialfall, daß in einem Korrelativ sowohl konsentische wie dissentische Aspekte enthalten sind. Ein Beispiel hierfür ist etwa

(S 6.56.) Ich bin zwar auch Deutscher, aber deswegen muß ich doch noch lange nicht auch Sauerkraut mögen.

Ist (S 6.56.) an jemanden gerichtet, der auch Deutscher ist, so impliziert dieser Kontakt einerseits einen Konsentischen Korrelativ bezüglich des Positionalen Individualbereichs von Sprecher und Hörer (ich bin Deutscher, du bist Deutscher). Gleichzeitig aber wird ein Dissentischer Korrelativ bezüglich des Attitüdischen Individualbereichs vollzogen (ich mag kein Sauerkraut, du magst Sauerkraut).

Ähnliches gilt für multiple Komparative, bei denen protektative wie degradative Aspekte kombiniert sein können. Etwa

(S 6.57.) Du kannst zwar besser Spaghetti kochen, dafür backe ich aber besser Kuchen.

In (S 6.57.) wird hinsichtlich der Aktionalen Individualbereiche von Sprecher und Hörer sowohl ein Inferiorer Komparativ (ich bin schlechter im Spaghetti-Kochen als du) wie ein Superiorer Komparativ (ich bin besser im Kuchen-Backen als du) vollzogen.

Hinsichtlich der multiplen collokutiven Akte wird schließlich ein weiterer Aspekt von Kontakten deutlich. Kontakte müssen nicht stets und unbedingt nur auf jeweils einen Satz beschränkt sein, sondern können durchaus auch auf größere Texteinheiten bezogen werden. In der gesprochenen Sprache werden multiple Kontakte letztlich durch ganze, teilweise recht lange Dialogbeiträge realisiert, in denen der Sprecher die Möglichkeit hat, seine Haltung gegenüber dem Hörer in recht differenzierter Weise sprachlich zu artikulieren. Im folgenden Dialogbeitrag (274) folgt auf einen Reflexiven Degradativ hinsichtlich des Aktionalen Individualbereichs ein längerer multipler Offerentativ, mit dem sich der Sprecher hinsichtlich seiner Beurteilung eines Erlebnisses darstellt.

(S 6.58.) k+ ich mein s+ ich war da auch n bißchen unhöflich +s +k . ich hab nich auf Wiedersehn gesagt . / aber ich find s+ das is n bißchen beleidigend auch von ihr nicht beleidigend aber zumutend +p+ von ihr: +s . sie kennt mich nicht kennt überhaupt nich meine Einstellung oder meine Haltung +p+ . / s s lohnt sich nich i+ darüber zu protzen +i . aber +g+ dann i+ so dumme Sprüche anzugeben +i (du) und i+ in das eigene Leben einzugreifen +i . + ich mein + . s+ da hat doch eigentlich niemand zu Recht +s . +g+ es war überhaupt der dickste

274 Der Dialogbeitrag stammt aus dem Text 235 des Freiburger Korpus. Cf. auch Steger et al. 1971,81.

Hund , + den ich hier im z+ Nansen-Haus +z erlebt habe + , , + obwohl s ja konfessionsfrei k+ is angeblich +k+, .

Mit einem solchen komplexen Offerentativ macht der Sprecher ein Definitionsangebot, das der oder die Hörer aufgreifen können, indem sie nun sich selbst ebenfalls darstellen, indem sie den Sprecher bewerten oder sich mit ihm vergleichen. In diesem Sinne können auch Briefe als multiple collokutive Akte aufgefaßt werden, die lediglich schriftlich realisiert werden, in denen die Schreiber aber auch darstellende, wertende und vergleichende Akte der eigenen wie auch der Individualbereiche des Adressaten vollziehen.

Mit dieser Darstellung des speziellen Teilakts der Collokution konnte die Sprechhandlung des Kontakts gegenüber der des Sprechakts in einem ihrer wesentlichen Aspekte abgegrenzt werden. Damit ist die kommunikative Funktion des Kontakts, der ja erst auf dem Gesellschafts-zentrierten Funktionsniveau g a n z erfaßt ist, aber noch nicht vollständig beschrieben worden. Das ist erst dann der Fall, wenn auch der letzte Teilakt, der dem perlokutiven Akt des (hier modifizierten) Sprechaktkonzepts entspricht, genauer analysiert worden ist.

6.3.2.3.3 Kontakt und Perlokution

Kontakte sind Sprechhandlungen. Für Kontakte gelten somit ebenfalls alle die Aspekte, die auch allgemein für Handlungen bedeutsam sind (275). Wie von verschiedenen Autoren betont wird, kann bei Handlungen zwischen Handlungs e r g e b n i s (Handlungs r e s u l t a t) und Handlungs w i r k u n g (Handlungs k o n s e q u e n z) unterschieden werden (276). Auf Sprechhandlungen angewandt, bedeutet das, daß das Resultat eines Äußerungsaktes unter anderem darin besteht, daß ein bestimmter Kontakt oder Sprechakt vollzogen wurde. Welcher Kontakt oder Sprechakt das ist, wird dann jeweils zum Teil in der Collokution bzw. der Illokution erfaßt und beschrieben. Das Sprechhandlungsresultat als collokutiver bzw. illokutiver Akt ist dabei bestimmbar relativ zum 3. Deutungsniveau bzw. zum Sprachfunktionsniveau B der Benutzer-zentrierten Betrachtung.

Die so zunächst durch die Collokution bzw. die Illokution partiell auf dem 3. Deutungsniveau spezifizierten Kontakte und Sprechakte können darüber hinaus aber stets noch hinsichtlich bestimmter Wirkungen oder Konsequenzen für größere übersituationell ausgedehnte Handlungszusammenhänge bestimmt werden. Dann erst kann auf dem Funktionsniveau A der Gesellschafts-zentrierten Betrachtung von einer vollständig spezifizierten Sprechhandlung ge-

---

275 Wunderlich 1976,23ff
276 von Wright 1971,86ff; Kummer 1975,43; Braunroth et al. 1975,74,77f; Rehbein 1977,82,97,181

sprochen werden. Detaillierter betrachtet, entspricht diesem A-Niveau der Sprachfunktionen ein weiterer letzter Teilakt des Kontakts. Dieser Teilakt kann parallel zum Sprechaktkonzept expliziert werden. Die Sprechakttheorie, wie sie von Austin und Searle entwickelt worden war, hatte sich hauptsächlich mit den illokutiven, d.h. konventionell bestimmbaren Teilaspekten von Sprechakten beschäftigt. Wie Austin betont, sind

> Perlokutionäre Akte (...) dagegen (...) nicht konventional (277).

Die Untersuchung der perlokutionären Akte innerhalb der Sprechakttheorie wurde speziell von Searle deshalb auch vernachlässigt, weil er der Überzeugung war, daß Sprechhandlungsanalysen nicht möglich wären, die

> illokutionäre Akte unter dem Gesichtspunkt perlokutionärer Effekte (278)

betrachten würden. Er hält

> eine solche Reduktion des Illokutionären auf das Perlokutionäre und die daraus folgende Eliminierung des Begriffs der Regel für undurchführbar (279).

Eine solche Reduzierung der Sprechakttheorie auf die illokutiven Akte ist bei Searle primär dadurch motiviert, daß er sich nahezu ausschließlich mit den Intentionen von Sprecher und Hörer beschäftigt. Das wird deutlich an den von Searle aufgestellten Sprechaktregeln (280). Hier zeigt sich das im Prinzip atomistische Vorgehen Searles, bei dem vom einzelnen, isoliert betrachteten Sprechakt und seiner einmaligen Produktion durch einen bestimmten Sprecher ausgegangen wird. Diese Position wird dann auch von Wunderlich ganz zu Recht kritisiert.

Wunderlich weist darauf hin, daß bereits für die Illokution deren Zusammenhang mit einem größeren, objektiv gegebenen Handlungssystem berücksichtigt werden muß. Insofern haben Sprechakte nach Wunderlich

> erwartbare Konsequenzen für die weitere Entwicklung der gemeinsamen Situation der beteiligten Personen (281)

Denn, so Wunderlichs Begründung dieser Kritik, für

> eine große Zahl von Sprechakten, besonders solche von institutionalisierter Art (wie jemanden taufen, verurteilen, jemandem das Wort geben) ist es gänzlich irrelevant, welche Intentionen bestehen (282).

---

277 Austin 1962,134
278 Searle 1969,113
279 Searle 1969,113
280 Searle 1969,97
281 Wunderlich 1976,57
282 Wunderlich 1976,60

Der von Wunderlich in dem Zusammenhang verwendete Begriff des "Handlungssystems" ist allerdings nicht mit dem hier verwendeten, im Sinne eines übersituationellen Zusammenhangs verstandenen Begriff identisch. Das, was Wunderlich mit "Handlungssystem" meint, ist lediglich der jeweils situationell begrenzte Handlungszusammenhang (283), der hier durch den Begriff des "I-K-Musters" eines F-Systems abgedeckt wird. An anderer Stelle spricht Wunderlich auch von Handlungssequenz bzw. Interaktionssequenz (284). Abgesehen von dieser Einschränkung kann die Wunderlichsche Position im vorliegenden Zusammenhang akzeptiert werden.

Dieser Rekurs auf einen größeren Handlungszusammenhang gilt nun in noch viel stärkerem Maße für die jetzt zu betrachtenden Teilakte von Sprechhandlungen. Dabei zeigt sich, daß es, entgegen den Searleschen Überlegungen, durchaus möglich ist, perlokutive Akte sinnvoll systematisch zu analysieren. Allerdings darf man auch für die perlokutiven Akte, wie Austin das noch getan hat, nicht primär deren Intentionalität bzw. deren

> Wirkungen auf die Gefühle, Gedanken oder Handlungen des oder der Hörer, des Sprechers oder anderer Personen (285)

betrachten. Auch in diesem Zusammenhang muß der atomistische, nur die momentanen Zustände der beteiligten Personen berücksichtigende Ansatz aufgegeben werden. Legt man, wie das hier gemacht wird, ein holistisches Konzept zugrunde und betrachtet die einzelnen Sprechhandlungen relativ zum obersten Gesellschafts-zentrierten Funktionsniveau hinsichtlich ihrer Funktionalität in einem größeren übersituationell ausgedehnten Handlungssystem, so ließen sich ohne Schwierigkeiten auch die spezifischen kommunikativen Funktionen untersuchen, die illokutive Akte haben, worauf hier aber nicht weiter eingegangen werden soll. In diesem Sinne sollen mit perlokutiven Akten die Funktionen illokutiver Akte bezeichnet werden, die diese für übersituationell ausgedehnte Gebrauchssysteme haben (286).

Hier geht es jedoch nicht um die perlokutiven Akte

---

283 Wunderlich 1976,58

284 Wunderlich 1976,60; dies entspricht dem von Rehbein vorgeschlagenen Begriff der "Kooperationsreihe". Cf. Rehbein 1977,113f.

285 Austin 1962,116

286 Dies darf hier lediglich als ein Hinweis auf eine mögliche noch auszuarbeitende systematische Theorie perlokutiver Akte verstanden werden. Perlokutive Akte müßten in dieser Theorie, ähnlich wie die im folgenden zu diskutierenden connexiven Akte, von den verschiedenen (noch genau zu bestimmenden) möglichen allgemeinen Dimensionen von Gebrauchssystemen her zu bestimmen sein.

von Sprechakten, sondern um die entsprechenden Teilakte auf der Seite des Sprechhandlungstyps "Kontakt". Die Bemerkungen über die perlokutiven Akte sollten nur dazu dienen, die Parallelität von Sprechakt und Kontakt auch auf dieser Ebene zu demonstrieren. Die collokutiven Akte wurden auf dem 3. Deutungsniveau hinsichtlich des übergeordneten Handlungssystems jedoch mehr unter dem auf das einzelne Individuum zielenden Moment betrachtet. Bei einem Dialog bzw. einem Dialogintervall kann man in diesem Sinne die unterschiedlichen Formen darstellender, wertender und vergleichender Akte feststellen. Gleichwohl aber wird dabei stets der Zusammenhang mit dem Beziehungssystem berücksichtigt. Dieses wurde nun als situationsübergreifender Prozeß bestimmt. Entsprechend einer solchen Sichtweise kommt jedem der collokutiven Akte auch im größeren nun explizit den Prozeß zugrunde legenden Zusammenhang eine Bedeutung zu. Diese Bedeutung wird durch einen weiteren Teilakt auf dem 3. Deutungsniveau erfaßt. Dieser Teilakt entspricht dem mehr auf den Beziehungsprozeß als ganzem zielenden Moment des Kontakts. Dabei geht es z.B. um Phänomene, wie etwa daß eine Partneraufwertung, also ein Direktionaler Protektativ, eine bestimmte Bedeutung für die Stabilisierung des gesamten Beziehungssystems zweier Personen haben kann. Die kommunikativen Momente von Äußerungen, die auf derartige Funktionen abzielen, können in einem weiteren Teilakt des Kontakts erfaßt und beschrieben werden. Dieser Teilakt soll als connexiver Akt bezeichnet werden.

Betrachtet man den Sprechhandlungstyp "Kontakt" jetzt insgesamt mit allen seinen konstitutiven Teilakten in Relation zu den Funktionsniveaus der Sprache, wie sie im ersten Kapitel dargestellt wurden, und den Deutungsniveaus, die in diesem Kapitel expliziert wurden, so lassen sich die in Abbildung 6.37 (Seite 304) dargestellten Zusammenhänge feststellen.

Im Abschnitt 6.2.5 wurden die unterschiedlichen Dimensionen des Beziehungssystems betrachtet. Diesen Dimensionen im Rahmen der systemtheoretischen Erörterungen korrespondieren jetzt bei einer handlungstheoretischen Analyse die connexiven (Teil-)Akte der Kontakte. Analog den vier Dimensionen des Beziehungssystems können jetzt vier connexive Klassen unterschieden werden, nämlich:

(1) Modus-Connex;
(2) Tendenz-Connex;
(3) Distanz-Connex;
(4) Differenz-Connex.

Im Abschnitt 6.2.5 wurde die Dimension des Modus im Zusammenhang mit der Möglichkeit unterschiedlicher Beziehungssysteme bestimmt. Diese wiederum konnten aufgrund des Lerschschen Begriffs des Bindemoments expliziert werden. Hinsichtlich der einzelnen Sprechhandlung bedeutet das nun folgendes: Die collokutiven Akte der Präsentive, Valuative und Relative, die jeweils hinsichtlich der zehn

Funktionsniveau	Deutungsniveau	Deutungssprache	Sprechhandlungstyp „Kontakt"
A - Niveau	3. Niveau	Dialogzug	Connexiver Akt
B - Niveau			Collokutiver Akt
C - Niveau	2. Niveau	Diskurszug	Interlokutiver Akt
	1. Niveau	Satz	Propositionaler Akt
	0. Niveau	Äußerung	Lokutiver Akt

Abb. 6.37

Orientationsbereiche spezifiziert sind, können nun daraufhin betrachtet werden, welche Art innerer Disposition der Beziehungsparner sie jeweils auszudrücken gestatten. Mit anderen Worten: Die collokutiven Akte werden auf der Basis der unterschiedlichen Bindemomente vollzogen. In Erweiterung der von Lersch vorgenommenen Unterscheidung der Bindemomente (287) soll jetzt grundsätzlich differenziert werden zwischen

(1) emotional-affektiver Bindung;
(2) ethisch-moralischer Bindung;
(3) rational-reflexiver Bindung.

Mittels der collokutiven Akte kann eine dieser drei grundsätzlichen Formen der Bindung primär ausgedrückt werden. So kann etwa eine Wertung, also ein Valuativ, z.B. vor dem Hintergrund eines Wertsystems erfolgen, das auf emotionale, ethische oder rationale Kriterien rekurriert. Eine Äußerung wie

(S 6.59.) Das hättest du nicht sagen sollen.

kann zunächst hinsichtlich des partnerorientierten Moments auf dem 3. Deutungsniveau als collokutiver Typ des Direktionalen Degradativs bezüglich des Verbal-Aktionalen Individualbereichs bestimmt werden. Je nachdem aber, ob die Bewertung vor dem Hintergrund der Kriterien

(1) sympathisch - unsympathisch;
(2) moralisch - unmoralisch;
(3) richtig - falsch

erfolgt, wird ein jeweils anderer Bereich der Bindung (entsprechend den drei Bindemomenten) ausgedrückt.

Die drei Bindemomente liegen nun jeweils in spezifischer Ausprägung vor, und zwar relativ zu den nach Lersch unterschiedenen fünf Gruppentypen der biologischen Gruppe, der Sympathiegruppe, der Interessengruppe, der Sinngruppe und der nomologischen Gruppe (288). Wenn zwei Interaktanten über einen bestimmten Zeitraum hin eine Beziehung zwischen sich konstituieren, so kann sie jeweils überwiegend dem einen oder anderen der fünf Gruppentypen zuzurechnen sein. Das wiederum bedeutet, daß die Kontakte hinsichtlich der connexiven Akte überwiegend einem der drei Bindemomente entsprechen. Hinsichtlich dieses Aspekts soll von der connexiven Klasse des Modus oder vom <u>Modus-Connex</u> gesprochen werden. Der Modus-Connex legt also fest, welche Art von Beziehung (aufgrund des Bindemoments) sich im Kontakt ausdrückt. Entsprechend den drei prinzipiellen Arten der Bindemomente soll die Klasse des Modus-Connex aufgegliedert werden in die drei connexiven Typen der

(1) Emotionalen Connexion;
(2) Ethischen Connexion;
(3) Rationalen Connexion.

---

287 Siehe oben Seite 55
288 Siehe oben Seite 55f

Meint in diesem Sinne etwa der Sprecher (S 6.59.) als Ausdruck einer emotionalen Wertung, also im Sinne von sympathisch - unsympathisch, so wird mit dem Direktionalen Degradativ (S 6.59.) eine Emotionale Connexion vollzogen. Welcher Modus-Connex genau mit einem Kontakt vollzogen wird, ist nicht immer eindeutig. Insofern könnte ein Hörer in bezug auf (S 6.59.) nachfragen "Wie meinst du das". Der Sprecher könnte (S 6.59.) dann weiter explizieren durch Sätze wie

(S 6.60.) Das hättest du nicht sagen sollen, weil ich, jedesmal, wenn du so etwas sagst, unheimlich wütend auf dich werde.
(S 6.61.) Das hättest du nicht sagen sollen, weil das ungehörig ist.
(S 6.62.) Das hättest du nicht sagen sollen, weil das nicht stimmt.

Mit (S 6.60.) würde der Sprecher (S 6.59.) als Emotionale Connexion, mit (S 6.61.) als Ethische Connexion, mit (S 6.62.) als Rationale Connexion explizieren.

Ähnlich wie die verschiedenen collokutiven Typen lassen sich auch die connexiven Typen ihrem intentionalen bzw. funktionalen Zweck entsprechend paraphrasieren. Die Emotionale Connexion ließe sich etwa paraphrasieren durch

(P 6.40.) Ich will hiermit mit dir auf der Basis unserer Gefühle kommunizieren.

Die Ethische Connexion läßt sich paraphrasieren durch

(P 6.41.) Ich will hiermit mit dir auf der Basis unserer moralischen Wertvorstellungen kommunizieren.

Die Rationale Connexion schließlich kann paraphrasiert werden durch

(P 6.42.) Ich will hiermit mit dir auf der Basis unserer verstandesmäßigen Einsichten kommunizieren.

Das "hiermit" in den Paraphrasen (P 6.40.) bis (P 6.42.) bezieht sich dann auf die jeweils vollzogene Collokution.

In jedem Beziehungstyp wird man letztlich alle Typen des Modus-Connex finden. Dennoch kann der eine oder andere Typ vorherrschen. Von daher wird man dann auch von "eher gefühlsmäßigen" oder etwa "eher verstandesmäßigen" Beziehungen sprechen können. Grundlage für eine solche Beurteilung der Beziehung sind letztlich die vollständigen Deutungen auf dem 3. Deutungsniveau, also die Deutungen bezüglich collokutiver u n d connexiver Akte, hier speziell der unterschiedlichen Typen des Modus-Connex.

Entsprechend diesen Typen des Modus-Connex kann man jetzt, im Anschluß an Lersch und seine verschiedenen Gruppentypen, vier prinzipielle Arten von Beziehungen (Beziehungssystemen) unterscheiden:

(1) Sympathie-Beziehung
Sie entsteht auf der Basis primär emotional-affektiven Interesses am Partner.

(2) Sinn-Beziehung
Sie entsteht aufgrund des Wissens bzw. der Annahme, daß Übereinstimmung mit dem Partner besteht, und zwar hinsichtlich bestimmter hochbewerteter ethisch-moralischer Ideale religiöser, politischer, allgemein: weltanschaulicher Art. Aufgrund dieser gleichen Ideale besteht dann meist wohl auch ein starkes emotionales Interesse aneinander.

(3) Interessen-Beziehung
Sie entsteht aufgrund gleicher Interessen allgemeiner Art, die die Partner haben. Die Partner sind emotional nicht so stark gebunden, dafür mehr von rationalen Gesichtspunkten beeinflußt.

(4) Positions-Beziehung
Hierunter werden Beziehungen aufgrund biologischer und nomologischer Verbindung gefaßt, also Beziehungen, die von gesellschaftlich eindeutigen Positionen (einschließlich verwandtschaftlicher Positionen) und der daran gebundenen Normen und Konventionen bestimmt werden. Die Partner lassen sich dabei stark von rationalen Erwägungen leiten. Allerdings können im Rahmen von Positions-Beziehungen (speziell bei Verwandtschaftsbeziehungen) auch emotionale Momente eine Rolle spielen.

Diese vier Beziehungstypen sind natürlich nur Idealtypen, die in reiner Form wohl niemals auftreten. Sie sind in diesem Sinne auch eher als analytische Orientierungsbegriffe gedacht, wenn es darum geht, eine bestimmte Beziehung in ihren unterschiedlichen Aspekten zu erfassen bzw. die in ihr grundsätzlich möglichen Arten des Modus-Connex in eine erste Systematik einzuordnen.

Die zweite connexive Klasse ist die der Tendenz oder der Tendenz-Connex. Wie oben dargestellt (289), ist die Tendenz einer der ersten Aspekte gewesen, der bei Beziehungen untersucht worden ist. Grundsätzlich kann man nun feststellen, daß die in den collokutiven Akten ausgedrückten kommunikativen Absichten eine bestimmte Wirkung auf das gesamte Beziehungssystem haben können. Wie bereits im Zusammenhang mit dem Beziehungsprozeß betont wurde, kann ein Beziehungssystem durch einen Kontakt neu kalibriert werden. Alltagssprachlich wird das dadurch ausgedrückt, daß man sagt, "man kommt sich näher", "man geht auf Distanz" etc. So kann z.B. eine Äußerung wie

(S 6.63.) Du, ich finde dich sehr nett.

mit der ein Direktionaler Protektativ vollzogen wird,

289 Siehe oben Seite 50ff

die Wirkung haben, daß das Beziehungssystem in eine neue Phase eintritt. Es kann damit jedoch auch genau das Gegenteil erreicht werden. Je nachdem wie der Hörer (S 6.63.) auffaßt, könnte er mit (S 6.64.) oder (S 6.65.) antworten:

(S 6.64.) Ich finde dich auch sehr nett.
(S 6.65.) Was erlaubst du dir eigentlich.

(S 6.63.) erhält im Kontext von (S 6.64.) die Funktion einer assoziativen Tendenz, im Kontext von (S 6.65.) dagegen die einer dissoziativen Tendenz. Im ersten Fall läge eine progressive Neukalibrierung vor, im zweiten Fall wird eine solche progressive Neukalibrierung zurückgewiesen. Die beiden grundlegenden Typen des Tendenz-Connex sind also die Assoziative Connexion und die Dissoziative Connexion. Sie können definiert werden als Disposition (oder Motivation) zu progressiver oder regressiver Neukalibrierung des Systems.

Aufgrund von Assoziativer Connexion besteht die Tendenz zu vermehrter Interaktion der beiden Beziehungspartner, bei Dissoziativer Connexion liegt eine Tendenz zur Verminderung der Interaktionshäufigkeit vor. Hier spielen die Valuative eine große Rolle. Es ist nun allerdings nicht ausschließlich so, daß Protektative vornehmlich die Konsequenz Assoziativer Connexion, Degradative die Konsequenz Dissoziativer Connexion hätten. Auch durch Degradative kann eine Assoziative Connexion ausgedrückt werden. Das zeigt sich etwa in dem Fall, in dem man jemandem seine Freundschaft gerade dadurch zeigen kann, daß man ihn kritisiert. Wann Assoziative oder Dissoziative Tendenz vorliegt, hängt stark vom konkreten Einzelfall ab. Mögliche Paraphrasen der Assoziativen Connexion wären etwa

(P 6.43.) Ich möchte dich näher kennenlernen.
(P 6.44.) Ich will mehr von dir.
(P 6.45.) Du interessierst mich.

Mögliche Paraphrasen Dissoziativer Connexion sind etwa

(P 6.46.) Ich will mit dir nichts zu tun haben.
(P 6.47.) Du interessierst mich nicht.

Neben diesen beiden Grundtypen des Tendenz-Connex lassen sich noch zwei weitere Typen unterscheiden. So kann etwa eine Assoziative Connexion abgewehrt werden, wie es etwa in Äußerung (S 6.65.) als Antwort auf (S 6.63.) zum Ausdruck kommt. Der intentionale bzw. funktionale Sinn einer solchen Äußerung ließe sich etwa paraphrasieren als

(P 6.48.) Du bist mir zu aufdringlich.
(P 6.49.) Ich möchte dich (noch) nicht näher kennenlernen.

Ein solcher Typ soll als Defensive Connexion bezeichnet werden. Ein Beispiel für eine Defensive Connexion gibt Argyle etwa mit dem Satz

(S 6.66.) Laß uns bitte einfach gute Freunde bleiben (290).

als Antwort eines Mädchens auf die ihr zu aufdringlich erscheinenden Anträge eines jungen Mannes. Hinsichtlich des collokutiven Aktes kann eine solche Äußerung zunächst als Konsentischer Korrelativ bestimmt werden. Das Mädchen definiert dem zudringlichen jungen Mann gegenüber zunächst einmal die gemeinsame Position im Sinne von

(P 6.50.) Wir sind gute Freunde.

Durch das Verb "bleiben" und das modale Adverb "einfach" wird jedoch bezüglich des positionalen Sachverhalts der Wunsch zur Unveränderlichkeit ausgedrückt. Damit wird dann auf verbale bzw. nonverbale Handlungen reagiert, die gerade auf die Veränderung des in (P 6.50.) ausgedrückten Sachverhalts in Richtung einer progressiven Neukalibrierung der Beziehung abzielten.

Schließlich gibt es noch eine entsprechend inverse Form, bei der eine Dissoziative Connexion bzw. eine regressive Neukalibrierung "gebremst" wird (in Richtung auf eine assoziative Tendenz). Der intentionale bzw. funktionale Sinn ließe sich etwa paraphrasieren als

(P 6.51.) Ich will nicht, daß du dich von mir löst.
(P 6.52.) Ich will nicht, daß du nichts mit mir zu tun haben willst.

Ein solcher Tendenz-Connex soll als Reversive Connexion bezeichnet werden. Beispiel einer solchen Reversiven Connexion könnte etwa folgender Satz sein

(S 6.67.) Überleg dir gut, ob du das wirklich machen willst.

womit eine dissoziative Handlung (etwa aus einer gemeinsamen Wohnung auszuziehen) verhindert oder in ihrer Wirkung abgeschwächt bzw. neutralisiert werden soll.

Der Verhaltensspielraum, der zu einem bestimmten Zeitpunkt für ein Beziehungssystem gültig ist, wurde im Modell der Distanzzonen zu fassen versucht (291). Der einzelne Kontakt kann in diesem Sinne nun als Ausdruck einer dieser vier Distanzzonen aufgefaßt werden. Hinsichtlich dieses Aspekts soll von der connexiven Klasse des Distanz-Connex gesprochen werden. Entsprechend den vier Distanzzonen kann man dann als connexive Typen unterscheiden die

(1) Distanzierte Connexion;
(2) Ambivalente Connexion;
(3) Konziliante Connexion;
(4) Intime Connexion.

Bei der Distanzierten Connexion drückt der Sprecher aus, daß er dem Hörer gegenüber sehr fremd ist bzw. sich mit ihm nur, soweit es der Situation angemessen ist, zu

---

290 Argyle 1969,119
291 Siehe oben Seite 213

beschäftigen wünscht. Den intentionalen bzw. funktionalen Sinn des connexiven Aktes der Distanzierten Connexion kann man etwa paraphrasieren durch

(P 6.53.) Ich will nur den allernötigsten Kontakt (292) mit dir, ansonsten will ich von dir in Ruhe gelassen werden.

Daß ein bestimmter Kontakt als Distanzierte Connexion aufzufassen ist, hängt sehr stark von der Situation und den jeweils gültigen Normen des sozialen Umfeldes wie auch von den Kommunikationspartnern ab. Hier spielen z.B. Höflichkeitsnormen eine große Rolle. Solche Normen (Etikette) dienen wohl hauptsächlich dazu, das Verhalten in der Distanzzone zu regeln, das ja zunächst überhaupt noch nicht oder nur in einem sehr geringen Maße von einer gemeinsamen Interaktions- und Kommunikationserfahrung geprägt ist, an die man sich halten könnte. Von daher dürften wohl alle ritualisierten Höflichkeitsfloskeln als Akte Distanzierter Connexion aufgefaßt werden, also etwa Äußerungen, wie man sie in Dialogen von Partnern findet, die sich soeben erst kennengelernt haben und die nur darum bemüht sind, das Gespräch solange in Gang zu halten, bis sich eine passende Gelegenheit zum Abbruch bietet. Typische Äußerungen dieser Art sind etwa

(S 6.68.) Wie geht es Ihnen?
(S 6.69.) Angenehm.
(S 6.70.) Ach, das ist ja sehr interessant.
(S 6.71.) Das freut mich für Sie.

oder dgl.

Entsprechend der Ambivalenzzone zeigen die Sprecher mit Akten Ambivalenter Connexion ihre prinzipielle Bereitschaft zum Gespräch bzw. ihr prinzipielles Interesse an der Person des Partners. Der intentionale bzw. funktionale Sinn ließe sich ganz allgemein paraphrasieren durch

(P 6.54.) Ich bin prinzipiell bereit, mich mit dir näher einzulassen.

In diesem Sinne ließen sich natürlich die Äußerungen von (S 6.68.) bis (S 6.71.) durchaus auch als Akte Ambivalenter Connexion deuten. Mit dieser Möglichkeit wird deutlich, daß die Akte des Distanz-Connex' sehr stark von individuellen wie soziokulturellen Normen und der Situation abhängig sind. Von daher ist es äußerst schwierig, angemessene Beispiele vorzulegen, da letztlich jedes Beispiel relativ zu einer anderen Situation völlig anders interpretiert werden kann.

Das gleiche gilt natürlich auch für die Akte Konzi-

---

292 "Kontakt" ist in diesem Fall lediglich im alltagssprachlichen Sinne gemeint, also nicht im hier theoretisch explizierten Sinne eines bestimmten Sprechhandlungstyps.

lianter Connexion, deren prinzipieller intentionaler bzw. funktionaler Sinn paraphrasiert werden könnte durch

(P 6.55.) Wir verstehen uns ganz gut.

Mit den Akten Konzilianter Connexion drücken die Sprecher ihre relative Nähe und Vertrautheit zum jeweiligen Partner aus. Mit Akten Konzilianter Connexion werden sicher recht häufig collokutive Akte vollzogen wie etwa Konsentische Korrelative oder Euphorische Komparative. Denn in diesen collokutiven Akten wird ja gerade die Gleichheit hinsichtlich unterschiedlicher Sachverhalte ausgedrückt, wodurch besonders gut gegenseitiges Verstehen dokumentiert werden kann.

In den Akten Intimer Connexion schließlich drücken die Sprecher die ihnen dem jeweiligen Partner gegenüber größtmögliche Verbundenheit aus. Intime Connexionen könnten ihrem Sinn nach paraphrasiert werden als

(P 6.56.) Wir sind uns sehr verbunden.
(P 6.57.) Wir sind sehr eng miteinander befreundet.

etc.
Akte Intimer Connexion sind im sprachlichen Bereich letztlich die Sprechhandlungen, die den für die jeweilige Beziehung charakteristischen Beziehungslimes repräsentieren. Welche Sprechhandlungen also als Akte Intimer Connexion aufgefaßt werden können, hängt somit auch hier sehr stark von den jeweiligen Beziehungspartnern und ihrem jeweiligen spezifisch ausgeprägten individuellen Beziehungssystem ab. Intime Connexionen können etwa durch spezielle Spitz- oder Kosenamen ausgedrückt werden bzw. im weitesten Sinne durch Definitative vom Typ

(S 6.72.) Du bist ein -

Für das "-" kann dann ein Kosename oder eine spezifische individuelle Kennzeichnung des Partners eingesetzt werden.

Die letzte Klasse connexiver Typen betrifft schließlich die Klasse der Differenzzonen oder den Differenz-Connex. In diesem Bereich lassen sich prinzipiell drei Typen unterscheiden. Zunächst gibt es die Dominante Connexion. Durch sie kann der Sprecher seine positionale Überlegenheit gegenüber dem Hörer dokumentieren. Die Dominante Connexion läßt sich entsprechend paraphrasieren als

(P 6.58.) Ich bin dir überlegen.

Dominanz bezieht sich dabei auf die sozial bzw. situativ definierte Position der Partner, also deren Rang (293). Entsprechend der Rollentheorie werden die mit dieser Position (dem Rang) verbundenen Erwartungen als

---

293 Cf. dazu auch die Definition von "power" bei Brown/Gilman 1960,306

die Rolle bezeichnet. Je nachdem, wie die Position definiert ist, kann nun zwischen Sozialrolle oder Situationsrolle unterschieden werden. Beide Rollenarten werden sich allerdings wohl in den meisten Fällen gegenseitig bedingen. Die in Akten Dominanter Connexion sich ausdrückende Überlegenheit bezieht sich nun auf die aus der jeweiligen Rolle ableitbaren prinzipiellen Handlungsmöglichkeiten des Sprechers. Die Dominanz leitet sich dabei prinzipiell ab aus der Demonstration der Überlegenheit in den unterschiedlichen Orientationsbereichen. Die Dominanz bezieht sich dabei auf

(1) die Möglichkeit freier Verfügung und Entscheidbarkeit von eigenen wie fremden Handlungsalternativen;
(2) die prinzipielle Möglichkeit der Festlegung von Normen (Interaktionsbedingungen);
(3) die prinzipielle Möglichkeit einer jederzeit freien Wahl der Sprecherrolle.

Der entsprechend komplementäre Typ der Dominanten Connexion ist die Submissive Connexion, die paraphrasiert werden kann durch

(P 6.59.) Ich bin dir unterlegen.

Auch die Akte Submissiver Connexion beziehen sich auf den Rang der Person des Sprechers, also seine Sozial- und Situationsrolle. Argyle bringt zwei recht anschauliche Beispiele für (allerdings bereits sehr komplexe) Akte von Dominanter bzw. Submissiver Connexion. Die beiden folgenden Texte stammen aus einem Experiment, bei dem die Versuchspersonen auf unterschiedliche Art angesprochen wurden:

1. Es ist für Sie wahrscheinlich ganz gut, daß Sie gekommen sind, um uns bei diesem Experiment zu helfen, weil Sie auf diese Weise einen kleinen Eindruck davon bekommen, womit sich die psychologische Forschung beschäftigt. Der ganze Prozeß ist in Wirklichkeit zu komplex, als daß Sie ihn ohne längere Beschäftigung mit Forschungsmethoden, Paralinguistik, Bewegungsanalyse usw. verstehen könnten.

2. Diese Experimente müssen Ihnen ziemlich dumm vorkommen, und es tut mir leid, daß Sie sich nicht mit etwas wirklich Interessantem und Wichtigem beschäftigen. Wir wären froh, wenn Sie nach dem Experiment ein paar Augenblicke übrig hätten, um uns zu sagen, wie wir das Experiment verbessern könnten. Wir wissen, daß wir es nicht gut machen, und es tut uns leid, die Zeit vielbeschäftigter Leute, wie Sie es sind, zu verschwenden (294).

Wie diese Beispiele deutlich machen, sind die mit Dominanter bzw. mit Submissiver Connexion eng verbundenen

294 Argyle 1969,140

collokutiven Akte die des Inferioren bzw. Superioren Komparativs.

Der dritte prinzipielle Typ der Klasse des Differenz-Connex ist der der Solidarischen Connexion. Bei der Solidarischen Connexion wird bezüglich des Rangs Gleichheit ausgedrückt (295). Das bedeutet die Möglichkeit einer freien Entscheidbarkeit von Handlungsalternativen und der Setzung von Interaktionsbedingungen. Solidarische Connexionen lassen sich paraphrasieren durch

(P 6.60.) Ich stehe mit dir auf einer Stufe.

Auch hier sind die collokutiven Akte des Konsentischen Korrelativs oder des Euphorischen Komparativs besonders geeignet, Akte Solidarischer Connexion zu vollziehen. Typische Beispiele für solche Akte Solidarischer Connexion sind also etwa die Sätze (S 6.30.) bis (S 6.35.), (S 6.42.) bis (S 6.44.) und (S 6.45.) bis (S 6.47.). Aber auch andere collokutive Akte können Akte Solidarischer Connexion darstellen. Das trifft besonders bei Direktionalen Protektativen zu, die aufgrund besonderer Anredeformen realisiert werden, etwa "Kollege", "Genosse", "Bruder", "mein Freund" oder dgl. So wird z.B. in einem Satz wie

(S 6.73.) Sag mal, Genosse, warst du gestern auch auf der Versammlung?

zunächst einmal der Hörer in einer bestimmten Weise definiert, die dann allerdings Rückschlüsse auf die Position des Sprechers zuläßt.

Daß mit solchen Anredeformen nun nicht unbedingt stets eine mit dem Adressaten übereinstimmende Haltung ausgedrückt wird, zeigen Fälle, in denen Anredeformen wie etwa "Genosse" dazu benutzt werden, den Hörer, zumeist abwertend, als Vertreter einer bestimmten Weltanschauung, die man selbst nicht akzeptiert, hinzustellen, etwa in einem Satz wie

(S 6.74.) Du bist doch auch son Genosse.

im Sinne von

(P 6.61.) Du bist doch auch son Kommunist.

Neben diesen drei Grundtypen der Klasse des Differenz-Connex gibt es allerdings noch zwei weitere Formen connexiver Akte. So können bestimmte collokutive Akte, vornehmlich wohl solche der Klasse der Valuative, dazu benutzt werden, einen Dominanzanspruch eines Sprechers abzuweisen. So kann ein Satz wie

(S 6.75.) Du spinnst wohl.

der als Direktionaler Degradativ bestimmt werden kann, ein dominantes Verhalten des Angesprochenen bestreiten, etwa als Antwort auf einen Satz wie

295 Cf. Brown/Gilman 1960,308ff

(S 6.76.) Du machst heute das Protokoll, du nächstes Mal und ich in drei Wochen.

Dieser Satz könnte ja paraphrasiert werden als

(P 6.62.) Ich bestimme, was gemacht wird.

Der Sprecher von (S 6.75.) würde dann genau diesen kommunikativen Sinn bestreiten, obwohl er vielleicht gegen die sachorientierte Bemerkung hinsichtlich der Arbeitsorganisation nichts einzuwenden hätte. D.h. mit (S 6.75. wird zunächst im collokutiven Akt das verbal aktionale Verhalten des Sprechers von (S 6.76.) kritisiert und im connexiven Akt dann der im Sinne von (P 6.62.) dokumentierte Dominanzanspruch abgewehrt. Derartige connexive Akte sollen als Rejektive Connexion bezeichnet werden. Der intentionale bzw. funktionale Sinn solcher Rejektiven Connexion ließe sich paraphrasieren als

(P 6.63.) Es besteht überhaupt gar keine Veranlassung für dich, dich mir gegenüber überlegen zu fühlen.

Der zur Rejektiven Connexion komplementäre connexive Akt ist der der Deszendenten Connexion. Eine Deszendente Connexion liegt dann vor, wenn eine von ALTER akzeptierte Dominanzposition bezüglich EGOs Position von EGO selbst ALTER gegenüber aufgegeben wird. So wäre auf einen Satz ALTERs wie

(S 6.77.) Ach, Herr Doktor x, ich habe da noch eine Frage.

eine mögliche Reaktion EGOs etwa folgende

(S 6.78.) Das "Doktor" können Sie ruhig weglassen.

Der Definitativ von (S 6.77.) könnte gleichzeitig eine Submissive Connexion darstellen, wenn der Sprecher mit (S 6.77.) auch auf den höheren Rang hinweist. Der Offerentativ von (S 6.78.) wäre dann gleichzeitig eine Deszendente Connexion, indem der Sprecher mit (S 6.78.) seinen aufgrund des Doktortitels allgemein anerkannten Anspruch auf einen sozial höheren Rang aufgibt. Daß der Sprecher von (S 6.78.) dennoch in einer ranghöheren Position, etwa aufgrund seines Wissens, seiner Erfahrung oder seiner Stellung in einer bestimmten Institution, bleibt, ist unabhängig davon zu sehen. Hier wird lediglich festgestellt, daß verbal die ranghöhere Position, die sich sprachlich in der speziellen Anrede dokumentiert, aufgegeben wird. In den folgenden Dialogauszügen kann der Sprecher dann aber trotz alledem seine Dominanz verbal demonstrieren. Sätze wie (S 6.78.) können dann auch dazu benutzt werden, Formen von Dominanz und Autorität zu verschleiern, und somit Teil einer Strategie sein, durch die trotz aller verbal demonstrierten Solidarität der Partner in eine submissive Position gedrängt wird, um dann um so besser manipuliert zu werden.

Hier zeigt sich ein ähnliches Problem, wie es bereits im Zusammenhang mit der Echtheit valuativer Akte angedeutet wurde. Dort wurde ja ebenfalls darauf hingewiesen, daß Direktionale Protektative (etwa von einem Heiratsschwindler geäußert) durchaus nicht echt zu sein brauchen. An diesem Punkt zeigt sich auch die prinzipielle Schwierigkeit rein intentionaler Sprachanalysen, die niemals in der Lage sein werden, stets die tatsächliche Echtheit von Sprechhandlungen zu beweisen. Der Vorteil funktionaler Analysen ist in diesem Zusammenhang dagegen, daß die funktionale Bedeutung von Äußerungen auch unabhängig von den jeweils gerade vorliegenden tatsächlichen Intentionen bestimmbar ist und so lange eine weitgehende Identität zwischen intentionalem wie funktionalem Sinn angenommen werden kann, bis dieser Identität widersprechende Sprechhandlungen vorliegen. So gesehen, kann der intentionale bzw. funktionale Sinn Deszendenter Connexion etwa paraphrasiert werden durch

(P 6.64.) Es ist nicht nötig, daß du dich mir gegenüber unterlegen fühlst.

Damit sind nun sämtliche möglichen connexiven Typen dargestellt. Ebenso wie für die collokutiven Akte läßt sich jetzt auch für die connexiven Akte eine Tabelle erstellen, in der die generell möglichen connexiven Typen ihrer jeweiligen connexiven Klasse zugeordnet werden können. In der Tabelle von Abbildung 6.38 (S. 316) sind dann ebenfalls, wie bei der Tabelle der collokutiven Akte, in der letzten Spalte mögliche Paraphrasierungen der jeweiligen connexiven Typen angegeben.

Bei den connexiven Akten bestehen nun, ähnlich wie bei den collokutiven Akten, Möglichkeiten zum Vollzug von komplexen Akten. So kann etwa eine Äußerung durchaus hinsichtlich mehrerer connexiver Typen gedeutet werden. Ein Satz wie

(S 6.79.) Das kannst du nicht machen, Kollege.

kann zunächst einmal auf der Ebene der collokutiven Akte als transmultiple Collokution bestimmt werden, die sich einerseits aus einem Definitativ (bzw. Konsentischen Korrelativ) im Positionalen Individualbereich (Kollege), andererseits als Direktionaler Degradativ im Aktionalen Individualbereich zusammensetzt. Auf der Ebene der connexiven Akte ließe sich diese transmultiple Collokution einmal als Ethische Connexion bestimmen, wenn sich der Sprecher mit (S 6.79.) auf bestimmte moralisch-ethische Normensysteme beruft. Außerdem ist mit dem Satz aber auch eine Solidarische Connexion vollzogen. Gleichzeitig aber könnte (S 6.79.) auch Ausdruck einer Konzilianten sowie Assoziativen Connexion sein. Als was der Hörer (S 6.79.) tatsächlich auffaßt, ob hinsichtlich eines jeden der hier angedeuteten Aspekte oder nur eines einzigen oder nur weniger dieser Aspekte, ließe sich eventuell aus den möglichen Reaktionen auf (S 6.79.) entscheiden.

Relativ zu der unterschiedlichen connexiven Deutung von (S 6.79.) wären etwa folgende Reaktionen möglich:

Connexive Klassen	Connexive Typen	Paraphrasen
Modus-Connex	Emotionale Connexion	Ich kommuniziere mit dir auf der Basis unserer Gefühle.
	Ethische Connexion	Ich kommuniziere mit dir auf der Basis unserer moralischen Wertvorstellungen.
	Rationale Connexion	Ich kommuniziere mit dir auf der Basis unserer rationalen Einsichten.
Tendenz-Connex	Assoziative Connexion	Ich möchte mehr von dir.
	Dissoziative Connexion	Ich will mit dir nichts zu tun haben.
	Defensive Connexion	Du bist mir zu aufdringlich.
	Reversive Connexion	Ich will nicht, daß du dich von mir löst.
Distanz-Connex	Distanzierte Connexion	Komm mir nicht zu nahe.
	Ambivalente Connexion	Ich bin bereit, mich näher mit dir einzulassen.
	Konziliante Connexion	Wir verstehen uns ganz gut.
	Intime Connexion	Wir sind sehr vertraut miteinander.
Differenz-	Dominante Connexion	Ich stehe über dir.
	Solidarische Connexion	Wir stehen auf einer Stufe.
	Submissive Connexion	Ich stehe unter dir.
	Rejektive Connexion	Du stehst nicht über mir.
	Deszendente Connexion	Ich stehe nicht über dir.

Abb. 6.38

(S 6.80.) Das ist aber mein gutes Recht.

Hier würde der Sprecher den Aspekt Ethischer Connexion thematisieren.

(S 6.81.) Laß mich bloß in Ruhe.

Damit könnte er auf die Funktion Assoziativer Connexion reagieren.

(S 6.82.) Was erlaubst du dir eigentlich.

Hier würde der Sprecher die mit (S 6.79.) vollzogene Konziliante Connexion bestreiten. Und mit

(S 6.83.) Aber wir sitzen doch alle in einem Boot.

könnte der Sprecher auf den mit (S 6.79.) vollzogenen Akt Solidarischer Connexion reagieren.

Wird in diesem Sinne ein connexiver Akt nur unter einem Aspekt betrachtet, soll von eindimensionaler Connexion gesprochen werden. Wird der connexive Akt hinsichtlich mehrerer oder aller möglichen Deutungen gesehen, soll von mehrdimensionaler Connexion gesprochen werden. Auf der Ebene der Collokutionen können also singuläre wie multiple collokutive Akte, auf der Ebene der Connexion können eindimensionale und mehrdimensionale connexive Akte unterschieden werden.

Damit ist die Struktur des Sprechhandlungstyps "Kontakt" genauer auf den unterschiedlichen Deutungsniveaus bestimmt.

6.3.3 Zur Signifikanz von Sprechhandlungen

Ausgehend von den beiden Sprachfunktionen auf dem A-Niveau, wurde zunächst die Unterscheidung der zwei in Gruppen grundsätzlich möglichen Handlungszusammenhänge, des Gebrauchssystems und des Beziehungssystems, eingeführt, mit der dann schließlich die Unterscheidung der beiden grundlegenden Sprechhandlungskategorien, des Sprechakts und des Kontakts, korrespondiert. Diesem Konzept entsprechend, ist es also möglich, daß in Kommunikationssituationen zwei grundsätzlich verschiedene Sprechhandlungstypen vollzogen werden können. Aus dieser prinzipiellen Dichotomie ergibt sich eine Reihe von Problemen hinsichtlich der Deutung kommunikativ relevanter Äußerungen, die jetzt im folgenden dargestellt werden soll. Zunächst ist es notwendig, drei grundlegende Begriffe einzuführen und deren genaue, theoretisch faßbare Relation zueinander darzustellen. Geht man davon aus, daß Sprechhandlungen prinzipiell als Kontakte oder als Sprechakte bestimmt werden können, so kann man feststellen, daß von Äußerung zu Äußerung von den beteiligten Kommunikationspartnern entschieden werden muß, was mit der jeweils aktuellen Äußerung nun gerade vorliegt. Denn ein und dieselbe Äußerung kann ja sowohl als Kontakt wie auch als Sprechakt bestimmt werden. So kann z.B. der interlokutive Akt einer FRAGE sowohl als Direktiv wie auch als Direktionaler Degradativ und damit als Dissoziative Connexion bestimmt werden. Es ist also nicht so, daß eine bestimmte Äußerung notwendigerweise dieser oder jener bestimmte Kontakt oder dieser oder jener bestimmte Sprechakt sein muß. Man kann in diesem Sinne feststellen, daß Kontakte und Sprechakte keine konkurrierende, sondern korrespondierende oder komplementäre Sprechhandlungskonzepte darstellen. Sie schließen sich nicht gegenseitig aus, sondern ergänzen sich hinsichtlich einer vollständigen Bestimmung der kommunikativen Funktion von Äußerungen. Dennoch kann mal die eine, mal die andere Deutung überwiegen.

Entsprechend solchen Überlegungen kann man sagen, daß jeder kommunikativ relevante Satz oder Redebeitrag, also jeder Dialogzug bzw. Dialogbeitrag, grundsätzlich zwei Momente aufweist: Ein Beziehungsmoment und ein Gebrauchsmoment. Das heißt also, jede sprachliche Äußerung kann darauf hin betrachtet und analysiert werden, welche Funktion sie hinsichtlich der partnerorientierten Beziehungskommunikation oder hinsichtlich der sachorientierten Gebrauchsfunktion hat. Das Gebrauchsmoment einer Sprechhandlung wird in der Illokution und der Perlokution erfaßt und beschrieben, das Beziehungsmoment dagegen in der Collokution und der Connexion. Das Gebrauchsmoment einer Sprechhandlung ist somit ihre Deutung als Sprechakt. Das Beziehungsmoment einer Sprechhandlung ist ihre Deutung als Kontakt. Auch wenn eine Äußerung als Kontakt bestimmt wird, ist sie dennoch Sprechakt. Ebenso umgekehrt: Auch wenn man sie als Sprechakt auffaßt, ist sie immer auch gleichzeitig ein Kontakt. Wird eine Äußerung in diesem Sinne als Kontakt aufgefaßt, wird lediglich ihr Gebrauchsmoment abgeblendet, wird von diesem Gebrauchsmoment abstrahiert. Wird dagegen eine Äußerung als Sprechakt aufgefaßt, wird lediglich von ihrem Beziehungsmoment abstrahiert. Eine solche Charakterisierung ist allerdings nur von einem abstrakt theoretischen (sprachphilosophischen) Standpunkt möglich.

Im vorliegenden Zusammenhang wird nun bewußt von Beziehungs*moment* und Gebrauchs*moment* gesprochen und nicht von Beziehungs*aspekt* oder Gebrauchs*aspekt*. Damit liegt keine zufällige terminologische Festlegung vor. Vielmehr ist durch diese Terminologie auch eine bewußte Abgrenzung gegen die von Watzlawick et al. vorgeschlagenen Begriffe des Inhalts- und Beziehungsaspekts impliziert. Mit anderen Worten, das was hier Gebrauchs- und Beziehungsmoment genannt wird, stimmt keineswegs mit der Unterscheidung von Inhalts- und Beziehungsaspekt überein. Worin die genauen Unterschiede bestehen, soll jedoch erst weiter unten (296) genauer dargestellt werden. Mit dem Gebrauchsmoment einer Sprechhandlung ist hier somit ihre Identifikation als Sprechakt,

---

296 Siehe unten Seite 326ff

mit dem Beziehungsmoment dagegen ihre Identifikation als Kontakt gemeint. In diesem Sinne kann man feststellen, daß eine Äußerung niemals ihrem "Wesen" nach stets nur Kontakt oder Sprechakt ist, sondern stets beides zugleich. Als was sie jeweils angesehen wird, hängt stets von dem M o d e l l ab, das der Betrachtung zugrunde gelegt wird.

Die prinzipielle Gleichrangigkeit der beiden jederzeit möglichen Deutungsalternativen sprachlicher Äußerungen muß allerdings, betrachtet man reale Dialoge, modifiziert werden. Denn Sprechhandlungen werden ja von bestimmten Mitgliedern einer F-Gruppe eingesetzt, um bestimmte Zwecke zu verfolgen. Das heißt: Eine bestimmte Sprechhandlung wird von einem bestimmten Sprecher, an einen bestimmten Hörer, zu einem bestimmten Zweck, in einer bestimmten Situation, im Rahmen eines bestimmten F-Systems (speziell des I-K-Musters) produziert. Diese vielfältige Bedingtheit der Sprechhandlung hat dann natürlich einen Einfluß auf die Bedeutung, die das Beziehungs- oder das Gebrauchsmoment in der jeweils aktuellen Situation hat.

In diesem Sinne kann man davon sprechen, daß eine bestimmte Äußerung für einen Hörer oder einen Sprecher eine bestimmte Beziehungsrelevanz oder Gebrauchsrelevanz besitzt. Das heißt, der Sprecher oder Hörer orientiert sich bezüglich der kommunikativen Funktion (auf dem A-Niveau) einer Äußerung verstärkt an dem Beziehungs- oder Gebrauchsmoment der Äußerung. Eine Äußerung hat, so gesehen, für einen Sprecher oder Hörer eine hohe oder niedrige Beziehungsrelevanz oder Gebrauchsrelevanz. Hat etwa für den Hörer einer Äußerung diese Äußerung eine hohe Beziehungsrelevanz, so bedeutet das, daß der Hörer diese Äußerung primär hinsichtlich ihres Beziehungsmomentes betrachtet und beurteilt. Besitzt umgekehrt eine Äußerung für einen Hörer eine hohe Gebrauchsrelevanz, so betrachtet der Hörer diese Äußerung hauptsächlich hinsichtlich ihres Gebrauchsmoments.

Eine Äußerung, die etwa hohe Beziehungsrelevanz für einen Hörer besitzt, besitzt für diesen Hörer entsprechend niedrige Gebrauchsrelevanz. Man kann in dem Fall dann sagen, daß bei dieser Äußerung für diesen Hörer das Beziehungsmoment das Gebrauchsmoment dominiert bzw. daß die Beziehungsrelevanz die Gebrauchsrelevanz dominiert. Entsprechend gilt umgekehrt, daß bei hoher Gebrauchsrelevanz für einen Hörer das Gebrauchsmoment der Äußerung das Beziehungsmoment dominiert. Von d e m Sprechhandlungsmoment nun, das für einen Sprecher oder Hörer bei der je aktuellen Äußerung dominiert, soll gesagt werden, es sei signifikant hinsichtlich der betrachteten Äußerung. Dominiert also bei einer bestimmten Äußerung (für einen Sprecher und/oder einen Hörer) das Beziehungsmoment über dem Gebrauchsmoment, liegt also hohe Beziehungsrelevanz für den Sprecher und/oder Hörer vor, so ist hinsichtlich dieser Äußerung für den

Sprecher und/oder den Hörer das Beziehungsmoment signifikant. Eine Äußerung hat also m.a.W. für einen Sprecher und/oder einen Hörer Beziehungsrelevanz, wenn sie hinsichtlich des Beziehungsmoments für den Sprecher und/oder Hörer signifikant ist. Ist eine Äußerung in diesem Sinne etwa für einen Hörer hinsichtlich des Beziehungsmoments signifikant, soll auch gesagt werden, daß die Äußerung für den Hörer als Kontakt signifikant ist oder daß sie für den Hörer Kontaktsignifikanz besitzt. In dem Fall soll man dann auch sagen können, daß bei dieser Äußerung für den Hörer die Kontaktsignifikanz die Sprechaktsignifikanz dominiert. Entsprechend gilt, daß, wenn hinsichtlich einer Äußerung für den Hörer das Gebrauchsmoment signifikant ist, diese Äußerung für den Hörer Sprechaktsignifikanz besitzt, daß also die Sprechaktsignifikanz die Kontaktsignifikanz dominiert.

Generell läßt sich somit sagen: Der Begriff der Sprechhandlungsmomente bezieht sich auf die p r i n z i p i e l l jederzeit möglichen Deutungen von Sprechhandlungen. Der Begriff der Sprechhandlungsrelevanz dagegen bezieht sich auf die jeweils a k t u e l l vorgenommene, tatsächliche Bestimmung der kommunikativen Funktion der bestimmten jeweiligen Äußerung durch einen Sprecher und/oder Hörer. Hinsichtlich dieser Sprechhandlungsrelevanz kann dann gesagt werden, daß die Äußerung hinsichtlich eines der beiden prinzipiell möglichen Sprechhandlungsmomente eine entsprechende Sprechhandlungssignifikanz besitzt.

Hinsichtlich dieser Sprechhandlungssignifikanz gibt es nun grundsätzlich drei Möglichkeiten. Eine Äußerung besitzt für einen Sprecher und/oder Hörer in diesem Sinne entweder:

(1) Kontaktsignifikanz;
(2) Sprechaktsignifikanz;
(3) Kontaktsignifikanz und Sprechaktsignifikanz.

Um diese drei Möglichkeiten und die damit zusammenhängenden Probleme genauer darstellen zu können, müssen allerdings vorher noch eine Reihe weiterer Unterscheidungen getroffen werden. Der Kommunikationsakt, in dem die hier betrachteten Phänomene auftreten, besitzt drei konstitutive Merkmale:

(1) den Sprecher;
(2) die Sprechhandlung;
(3) den Hörer.

In diesem Sinne verbindet die Sprechhandlung Sprecher und Hörer. Will man nun die Sprechhandlung genauer untersuchen, so kann man sie entweder vom Sprecher her oder aber vom Hörer her betrachten. Im ersten Fall würde man untersuchen, was ein Sprecher mit einer Sprechhandlung machen kann, d.h. was er meint, wenn er eine bestimmte Äußerung produziert. Im zweiten Fall würde man untersuchen, welchen Einfluß eine Sprechhandlung auf den Hörer hat, d.h. wie der Hörer eine bestimmte Äußerung, die er wahrnimmt, versteht. Eine Sprechhandlung kann also mehr unter dem Aspekt ihres intentionalen Vollzugs durch einen Sprecher oder mehr unter dem Aspekt ihrer interpretativen Deutung durch einen Hörer analysiert werden.

Hinsichtlich dieser Unterscheidungen kann man, was die Produktion bestimmter Sprechhandlungen betrifft, nun zwei (allerdings nur analytisch trennbare) Schritte sowohl auf der Sprecher- wie auf der Hörerseite unterscheiden. Betrachtet man eine Sprechhandlung unter dem Aspekt ihres Vollzugs durch einen Sprecher, so kann man zunächst feststellen, daß der Sprecher seine Äußerung als Kontakt oder Sprechakt aufgefaßt haben möchte. Denn das, was er mit der Äußerung meint, besitzt für ihn entweder hohe Beziehungs- oder hohe Gebrauchsrelevanz. In den meisten Sprechhandlungen, die ein Sprecher vollzieht, wird für ihn also entweder das Beziehungs- oder das Gebrauchsmoment dominieren. Er will, daß die von ihm vollzogene Sprechhandlung für einen Hörer Beziehungs- oder Gebrauchssignifikanz besitzt. Hinsichtlich dieser auf den Sprechhandlungstyp bezogenen grundsätzlichen kommunikativen Intention soll gesagt werden, der Sprecher konstituiert eine Sprechhandlung als Kontakt oder Sprechakt. Eine Sprechhandlung grundsätzlich als diesen oder jenen Typ zu konstituieren, heißt, der Sprecher meint die Sprechhandlung (will sie so verstanden haben) als Kontakt oder Sprechakt.

Der zweite analytisch unterscheidbare Schritt ist dann, daß der Sprecher den Kontakt bzw. den Sprechakt als diesen oder jenen Kontakt oder Sprechakt genauer spezifiziert. Meint also der Sprecher eine Äußerung grundsätzlich als Kontakt, dominiert also für ihn die Kontaktsignifikanz, so kann er weitergehend diesen Kontakt als Offerentativ, als Komparativ oder dgl. spezifizieren. Im realen Vollzug fallen diese beiden Schritte der Konstituierung und Spezifikation natürlich zusammen. Ihre Trennung ist somit lediglich eine analytische, modelltheoretische Trennung. Sie gehört somit zur Abundanzklasse der Modellprädikate (297).

Ebenso zur Abundanzklasse zusätzlicher Modellprädikate gehört auch die entsprechende Zweiteilung einer hörerbezogenen Analyse von Sprechhandlungen. So wie der Sprecher grundsätzlich seine Sprechhandlung als Kontakt oder Sprechakt konstituiert (sie so meint), versteht sie der Hörer zunächst grundsätzlich als Kontakt oder Sprechakt. Die grundsätzliche Deutungsleistung des Hörers, die der grundsätzlichen Vollzugsleistung des Sprechers entspricht, soll hier als Identifikation der Sprechhandlung bezeichnet werden. Ein

297 Siehe oben Seite 127

Hörer identifiziert also zunächst eine Sprechhandlung grundsätzlich als Kontakt oder Sprechakt. In einem zweiten Schritt deutet er sie dann als diesen oder jenen speziellen Kontakt oder Sprechakt, was hier als die Interpretation bezeichnet werden soll. Natürlich fallen auch im realen Deutungsprozeß des Hörers die beiden Schritte der Identifikation und Interpretation von Sprechhandlungen zusammen.

Während also die Begriffe der Konstituierung (auf seiten des Sprechers) bzw. der Identifikation (auf seiten des Hörers) zunächst die grundsätzliche, "grobe" Entscheidung hinsichtlich der jeweiligen Signifikanz einer Sprechhandlung betreffen, beziehen sich die beiden Begriffe der Spezifikation bzw. der Interpretation auf die weitere, "feinere" Entscheidung hinsichtlich der Signifikanz des genauen Kontakt- oder Sprechakttyps. Die Festlegung der vollständigen Sprechhandlungssignifikanz ist also sowohl von der Sprecherseite her als Sprechersignifikanz wie von der Hörerseite her als Hörersignifikanz zu analysieren.

Darüber hinaus gibt es letztlich dann noch eine dritte Form von Sprechhandlungssignifikanz, nämlich eine Beobachtersignifikanz. In diesem Sinne kann man sagen: Eine Sprechhandlung ist von einem Sprecher so oder so g e m e i n t . Sie wird von einem Hörer so oder so v e r s t a n d e n . Und sie wird schließlich von einem außenstehenden Beobachter (Analysator) so oder so g e d e u t e t . Die Analyse von Dialogen im Rahmen einer linguistischen Untersuchung ist natürlich immer (und kann es auch immer nur sein) eine Darlegung der Beobachtersignifikanz einer Sprechhandlung. Dabei kann man eine Analyse grundsätzlich mehr von der Sprecherseite oder mehr von der Hörerseite her entwickeln. Man kann also mit der Beobachtersignifikanz versuchen, eher die Sprechersignifikanz oder eher die Hörersignifikanz zu rekonstruieren; oder man versucht letztlich beide zu rekonstruieren. Beschränkt man sich bei der Analyse ausschließlich auf eine Rekonstruktion der jeweiligen Sprecher- oder Hörersignifikanz, so liegt eine intentionale Analyse vor. Denn man versucht ja dann die jeweiligen Intentionen, die Sprecher wie Hörer haben, zu ermitteln. Ist die Beobachtersignifikanz jedoch die kombinierte Rekonstruktion von Sprecher- und Hörersignifikanz unter Berücksichtigung des übergeordneten Handlungssystems, liegt eine funktionale Analyse vor.

Gleichgültig jedoch, ob nun eine Rekonstruktion einer Sprecher- oder Hörersignifikanz von Sprechhandlungen erfolgt oder aber eine Rekonstruktion der kombinierten Sprecher- und Hörersignifikanz, in jedem Fall liegt lediglich eine Bestimmung der Beobachtersignifikanz vor. Dies ist die für diesen Bereich spezielle Formulierung der im Kapitel fünf postulierten grundsätzlichen modell-

theoretischen Erkenntnishypothese (298). In diesem Sinne kann man feststellen, daß die beiden speziellen Sprechhandlungstheorien, die Kontakttheorie und die Sprechakttheorie, lediglich zwei verschiedene Modelle ein und desselben Originals (nämlich sprachlicher Äußerungen) darstellen. Der Unterschied dieser beiden Modelle besteht lediglich darin, daß sie unterschiedliche Aspekte modellieren. Betrachtet man sprachliche Äußerungen in diesem Sinne im Rahmen eines Kontaktmodells, kann man die in den Illokutionen und Perlokutionen faßbaren und beschreibbaren sachorientierten kommunikativen Funktionen zur Präteritionsklasse zählen. Betrachtet man dagegen sprachliche Äußerungen im Rahmen eines Sprechaktmodells, gehören die in den Collokutiven und Connexionen beschriebenen kommunikativen Funktionen zur Präteritionsklasse. Das heißt also, je nach Modell wird vom je anderen Sprechhandlungsmoment abstrahiert. Betrachtet man also sprachliche Äußerungen als Kontakte, wird jeweils ihr sachorientiertes Gebrauchsmoment ausgeblendet, betrachtet man sie als Sprechakte, wird jeweils ihr partnerorientiertes Beziehungsmoment ausgeblendet. In diesem Sinne kann man sämtliche Sprechhandlungen eines Dialogs als Kontakte oder Sprechakte betrachten, je nachdem welche Betrachtungsperspektive gewählt wird.
In diesem Sinne ist es also zunächst eine Sache des theoretischen Standpunkts, als was eine Äußerung aufgefaßt wird. Dies entspricht dem dritten von Stachowiak genannten Grundmerkmal von Modellen, nämlich dem pragmatischen Merkmal. Die Wahl des jeweiligen Sprechhandlungsmodells, also der Betrachtung von Äußerungen ausschließlich hinsichtlich ihrer Kontakt- oder Sprechaktsignifikanz, entspricht dem zweiten Merkmal, nämlich dem Verkürzungsmerkmal. Und daß mit Kontakttheorie und Sprechakttheorie überhaupt reale Wirklichkeitsphänomene (natürlichsprachliche Dialoge) erfaßt werden, entspricht dem ersten Grundmerkmal, nämlich dem Abbildungsmerkmal. Dies ist die modelltheoretische Explizierung der oben postulierten Tatsache, daß Kontakte und Sprechakte keine konkurrierenden, sondern komplementäre Konzepte einer Wirklichkeit darstellen. Kontakt- wie Sprechaktmodell sind dann schließlich als Modelle anzusehen, die erst auf einem bestimmten Deutungsniveau, nämlich dem dritten, möglich werden.

Hinsichtlich der Bestimmung der Sprechhandlungssignifikanz besteht nun eine gewisse Ähnlichkeit zwischen dem Hörer (Adressaten) einer Sprechhandlung und dem außenstehenden Beobachter dieser Sprechhandlung. Beide müssen die Sprechhandlung deuten, d.h. sie als Kontakt oder Sprechakt identifizieren und sie hinsichtlich des genauen Kontakt- oder Sprechakttyps interpretieren. In diesem Sinne gleichen sich die Deutungsoperationen von

---

298 Siehe oben Seite 118

Hörer und Beobachter (299).

So gesehen, bildet der Hörer von Dialogbeitrag zu Dialogbeitrag jeweils neue momentane Modelle, innerhalb derer er die an ihn gerichteten Äußerungen deutet (300). Der einzige, allerdings entscheidende Unterschied zwischen Hörer und Beobachter ist in diesem Zusammenhang, daß der Hörer in die jeweilige Situation involviert ist und daher engagierter Teilnehmer der Interaktion ist, der Beobachter dies nicht ist. Daher wird der Hörer ganz andere Intentionen bezüglich seines Deutungsprozesses entwickeln als der in völlig anderen Handlungszusammenhängen stehende Beobachter.

Prinzipiell aber besteht Gleichheit zwischen Hörer und Beobachter. So hat der Hörer ebenfalls prinzipiell die Möglichkeit, Sprechhandlungen ausschließlich als Sprechakte oder Kontakte oder als Kontakt und Sprechakt aufzufassen. Der Hörer muß für jede Äußerung entscheiden, ob sie für ihn Kontakt- oder Sprechaktsignifikanz besitzt und welcher spezielle Kontakt- oder Sprechakt jeweils vorliegt. Dieses Verständnis hinsichtlich der Sprechhandlungssignifikanz ist Teil des Meinungsbildes, das sich nach jeder Äußerung neu bildet.

Die Sprechhandlungsidentifikation des Hörers kann in diesem Sinne als Deutungsvarianz dargestellt werden. Die Deutungsvarianz kann als der Grad der Sprechhandlungsrelevanz beschrieben werden, die eine jeweils gegebene Sprechhandlung hinsichtlich der beiden grundsätzlichen Momente aufweist. Die Deutungsvarianz kann wie in Abbildung 6.39 dargestellt, als Strecke veranschaulicht werden, die in zwei Intervalle aufgeteilt werden kann, welche jeweils den Grad der Kontakt- und Sprechaktrelevanz symbolisieren.

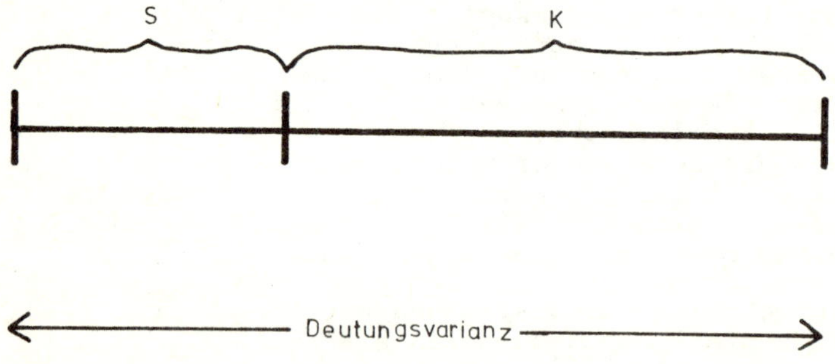

Abb. 6.39

299 Auf diese Tatsache hat besonders deutlich der Ethnomethodologe Cicourel hingewiesen. Cf. Cicourel 1964, 77ff. Siehe auch oben Anmerkung 10, Seite 12

300 Siehe hierzu die Darstellung der Situationsdefinition in Abschnitt 6.1.2

Die Deutungsvarianz gibt also die gesamte Deutungsmöglichkeit an, die ein Hörer einer Sprechhandlung hat. Im Falle von Abbildung 6.39 hätte die gegebene Sprechhandlung für den Hörer eine große Kontaktsignifikanz und nur eine geringe Sprechaktsignifikanz. Die Sprechhandlung würde somit vom Hörer hauptsächlich unter dem Gesichtspunkt ihres Beziehungsmoments verstanden. Wie das genaue Verhältnis von Kontakt- und Sprechaktsignifikanz im Rahmen der gesamten Deutungsvarianz ist, hängt letztlich von der Situationsdefinition des Hörers ab. Entsprechend der Deutungsvarianz auf seiten des Hörers kann mann dann von Vollzugsvarianz auf seiten des Sprechers reden. Die Kommunikation von Sprecher und Hörer wird nun relativ reibungslos ablaufen, wenn die Vollzugsvarianz und die Deutungsvarianz annähernd einander entsprechen, wenn also im Falle von Abbildung 6.39 auch die Vollzugsvarianz sich in eine größere Kontaktsignifikanz und eine geringere Sprechaktsignifikanz aufteilen läßt. Widersprechen sich Vollzugsvarianz und Deutungsvarianz, wird es zu Störungen im I-K-Muster kommen (301).

Besteht in einem Dialogintervall Übereinstimmung von Vollzugsvarianz und Deutungsvarianz, so liegt der auf dem dritten Deutungsniveau faßbare intraaktionale Respons vor. Besteht dagegen keine Übereinstimmung zwischen Vollzugsvarianz und Deutungsvarianz, liegt ein transaktionaler Respons vor (302).

Die Fähigkeit eines Hörers, die vom Sprecher jeweils gemeinte Sprechhandlungssignifikanz auch richtig zu verstehen, dürfte als einer der wichtigsten Aspekte sozialer Kompetenz des Hörers aufgefaßt werden. Es ist ja durchaus möglich, daß ein und dieselbe Äußerung eines Sprechers von zwei Hörern hinsichtlich ihrer Sprechhandlungssignifikanz völlig unterschiedlich beurteilt wird. Sicher kann man auch sagen, daß die Fähigkeit, Sprechhandlungen hinsichtlich ihres Beziehungsmoments zu verstehen, bei Menschen unterschiedlich ausgeprägt ist. Das, was häufig als "Feinfühligkeit" oder "Sensibilität" in Gesprächen bezeichnet wird, dürfte in vielen Fällen eben jene Fähigkeit betreffen, Sprechhandlungen als Kontakte zu verstehen. Die "Kontaktschwierigkeiten" (303), die viele Menschen haben, werden ebenfalls mit der mangelnden Fähigkeit zu tun haben, Kontakte als solche zu erkennen bzw. selber Kontakte für den anderen signifikant zu vollziehen. Menschen, die als "spröde", "unnahbar", "langweilig" oder dgl. bezeichnet werden, werden diese Fähigkeit, Äußerungen hinsichtlich ihres Beziehungsmoments zu betrachten, nicht oder nur in geringem Maße haben oder nicht haben wollen. Im Gegensatz dazu werden solche Men-

---

301 Ein Beispiel solcher gestörten Kommunikation wird unten in Kapitel 8. ausführlich analysiert.

302 Siehe oben Seite 242

303 "Kontakt" wird hier im alltagssprachlichen Sinne verstanden.

schen, die gerade diese Fähigkeit haben und sich entsprechend verhalten, häufig dann als "freundlich", "verbindlich", "angenehm", "kontaktfreudig" oder dgl. bezeichnet werden. Das von Argyle diskutierte "Training sozialer Kompetenz" (304) müßte in diesem Sinne wohl auch verstärkt hinsichtlich eines Trainings der Fähigkeit betrieben werden, Kontakte signifikant zu vollziehen bzw. Sprechhandlungen als kontaktsignifikant zu deuten.

In dem Zusammenhang kann man dann auch jene von Watzlawick et al. in ihrem zweiten "Axiom" beschriebene Unterscheidung zwischen Inhaltsaspekt und Beziehungsaspekt wesentlich angemessener erfassen. In diesem Sinne kann man feststellen, daß die von Watzlawick et al. gemachte Unterscheidung gar kein Gegensatzpaar darstellt, das man sinnvoll postulieren könnte.

Zunächst muß nochmals betont werden, daß letztlich die gesamte über eine Äußerung transportierte Information, also einschließlich der Signifikanz hinsichtlich des Beziehungsmoments, den "Inhalt" dieser Äußerung darstellt. "Inhalt" (im Sinne von "Information", wie er von Watzlawick et al. definiert wird) ist also von daher kein Gegensatz zum "Beziehungsaspekt". Auch der "Beziehungsaspekt" im Sinne Watzlawicks et al. ist "Inhaltsaspekt" einer Äußerung - d.h. ist eine dem Hörer der Mitteilung zu übermittelnde Information. Wäre das nicht so, besäße der Beziehungsaspekt keinerlei kommunikative Funktion. Denn nur die Aspekte einer Äußerung sind kommunikativ relevant, die teilhaben am informationellen Übertragungsprozeß, also Teil des Inhaltsaspekts sind. Auf die hier vorgeschlagene Unterscheidung angewandt, bedeutet das, daß in der Beziehungskommunikation wie auch in der Gebrauchskommunikation "Inhalte" vermittelt werden. Nur sind dies dann "Inhalte" jeweils unterschiedlicher Art.

Vergleicht man die Watzlawicksche Dichotomie von Inhalts- und Beziehungsaspekt mit dem im ersten Kapitel entwickelten Sprachfunktionenkatalog (305), so zeigt sich, daß diese beiden Aspekte zu völlig unterschiedlichen theoretischen Ebenen zu rechnen sind. Das, was Watzlawick et al. mit "Inhaltsaspekt" meinen, bezieht sich hauptsächlich auf das, was auf dem B-Niveau die Referentielle Sprachfunktion bzw. auf dem C-Niveau die Denotative und die Prädikative Funktion genannt wurden. Referentielle bzw. Denotative und Prädikative Funktion meint die Tatsache, daß ein Sprecher sich mit einer Äußerung bzw. daß Sprache sich prinzipiell auf bestimmte Sachverhalte in der Wirklichkeit bezieht, auf sie referiert bzw. sie bezeichnet und daß Aussagen über diese Sachverhalte möglich sind. Das, was Watzlawick et al. mit "Beziehungsaspekt" meinen, wird hier auf dem

304 Argyle 1969,383ff
305 Siehe oben Seite 32

A-Niveau "Beziehungsfunktion" genannt, womit die Tatsache gemeint ist, daß eine sprachliche Äußerung im größeren gesellschaftlich relevanten Handlungszusammenhang Teil jenes Handlungssystems ist, innerhalb dessen die Individuen die interpersonellen Verbindungen zwischen sich aufrechterhalten und regeln. Der Watzlawicksche "Inhaltsaspekt" befindet sich somit auf dem B- bzw. C-Niveau, der "Beziehungsaspekt" aber auf dem A-Niveau. Die theoretischen wie praktischen Konsequenzen, die das impliziert, sind die, daß die verschiedenen Funktionen des B- bzw. C-Niveaus im Sinne der Funktionen des A-Niveaus eingesetzt werden können. Das heißt z.B., daß die Referentielle Funktion sowohl hinsichtlich der Beziehungs- wie der Gebrauchsfunktion eingesetzt werden kann. Ein Sprecher kann also durch einen referentiellen Akt, mit dem er sich auf bestimmte Sachverhalte in der Welt bezieht, indem er sich der denotativen und prädikativen Möglichkeiten der Sprache bedient, sowohl einen Beitrag im Rahmen einer sachorientierten Beziehungskommunikation leisten. Genau das zeigt sich auch dann, wenn man sich auf die Watzlawicksche Terminologie einläßt. Denn der "Inhaltsaspekt" kann, allein gesehen, auch als Objektinformation bezeichnet werden, die hinsichtlich des Beziehungsaspekts eingesetzt werden kann, wie es das Türwärterbeispiel zeigt (306).

Inhalts- und Beziehungsaspekt einer Äußerung stehen also nicht auf der gleichen theoretischen Ebene einander gegenüber, sondern müssen als in einer hierarchischen Position zueinander stehende Funktionen betrachtet werden. Dabei steht jene Funktion, die als "Beziehungsaspekt" bezeichnet wird, höher in der Hierarchie als jene, die "Inhaltsaspekt" genannt wird. Der Inhaltsaspekt (also die Referentielle bzw. die Denotative und Prädikative Funktion) einer Äußerung steht nicht dem Beziehungsaspekt (der Beziehungsfunktion) gegenüber, sondern den Funktionen, die sich mit ihr auf der gleichen theoretischen Ebene befinden, also auf dem B-Niveau etwa der Expressiven oder Epistemologischen Funktion bzw. auf dem C-Niveau der Poetischen oder Metasprachlichen Funktion. Und diese Funktionen können dann auf dem nächsthöheren bzw. dem obersten Funktionsniveau insgesamt beziehungs- oder gebrauchsorientiert eingesetzt werden.

Daß es nicht um die Alternative Inhaltsaspekt - Beziehungsaspekt bei den von Watzlawick et al. beschriebenen Störungen auf der Inhalts- und Beziehungsebene gehen kann, zeigt die Analyse eines von Watzlawick et al. gegebenen Beispiels. Der zu analysierende Vorfall wird von den Autoren folgendermaßen beschrieben: Ein Mann erhielt

> den Anruf eines guten Freundes, der ihm mitteilte, daß er (der Freund) demnächst geschäftlich in jener Gegend zu tun habe. Der Ehemann bot ihm sofort das Gästezimmer in seinem Haus an, wie er und seine Frau es schon früher bei ähnlichen Gelegenheiten getan hatten. Als

306 Watzlawick et al. 1969,54

> seine Frau jedoch bei Rückkehr von dieser Einladung erfuhr, kam es zu einem heftigen Ehestreit (307).

Die Watzlawicksche Analyse dieses Ehestreits kann in folgendem Satz zusammengefaßt werden:

> Während ihre Unstimmigkeit auf der Ebene des Beziehungsaspekts liegt, versuchen sie, die Lösung auf der Inhaltsebene zu erreichen (308).

Wenn man sich nun zu vergegenwärtigen versucht, wie dieser Ehestreit begonnen haben könnte, so wäre etwa folgender (fiktiver) Dialogausschnitt denkbar:

Dialogausschnitt 15
1 Ehemann: X hat vorhin angerufen. Er hat hier in der Gegend zu tun. Ich habe ihn natürlich eingeladen, bei uns zu schlafen.
2 Ehefrau: Sag mal, spinnst du. Das kannst du doch nicht so einfach machen!

Mit 2 hätte die Ehefrau den Streit eröffnet, in dem dann im weiteren Vorhaltungen, Beschimpfungen etc. erfolgen. Betrachtet man nun den Dialogbeitrag 2, so gibt es zwei Möglichkeiten, ihn zu deuten. Er kann einmal als sachorientierter Kommentar zu der Einladung selbst gemeint sein, etwa im Sinne von "Du hättest X nicht einladen sollen" oder "Ich will nicht, daß X hier übernachtet". Dieser Kommentar könnte dann im Sinne von "Lad ihn sofort wieder aus" weiter gemeint sein. In dem Fall ginge es um bestimmte gebrauchsorientierte Fragen der Organisation des Haushalts (wer wird wann eingeladen, wer nicht oder dgl.). Es läge mit 2 ein Repräsentativ oder Direktiv vor. Genausogut (und das dürfte hier wahrscheinlicher sein) kann 2 als Direktionaler Degradativ bezüglich des Aktionalen Individualbereichs aufgefaßt werden (etwa im Sinne von "Es ist unmöglich von dir, solche Einladungen auszusprechen, ohne mich vorher zu fragen"). Damit wäre dann gleichzeitig eine Dissoziative, eine Dominante und wohl auch eine Emotionale Connexion vollzogen. Der Streit dürfte nun vermutlich dadurch entstanden sein, daß der Ehemann die aktionale Diskrimination von seiten seiner Frau zwar empfunden hat, sich dieser Tatsache aber nicht bewußt geworden ist. Er hat dann die Kontaktsignifikanz von 2 nicht als solche erkannt, sondern 2 hinsichtlich seines Gebrauchsmoments verstanden und in dem Zusammenhang dann weiter argumentiert. Darauf ist dann seine Frau ebenfalls eingegangen. Der Streit dürfte beiden dann völlig unverständlich sein, da sie sich hinsichtlich des Sachproblems "X kann eingeladen werden" eigentlich einig sind, nicht jedoch hinsichtlich des partnerorientierten Problems "wer darf was ohne jeweilige Zustimmung des andern machen".

---

307 Watzlawick et al. 1969,79
308 Watzlawick et al. 1969,80

Insofern ist die Watzlawicksche Analyse auch in gewissen Aspekten zutreffend. Falsch ist jedoch die Feststellung, hier läge kein Konflikt auf der Inhaltsebene vor. Die Partner sind sich in jedem Fall auf der Inhaltsebene uneins; problematisch ist nur, um welche Inhalte es geht, ob um sachorientierte oder partnerorientierte Inhalte. Außerdem liegt hinsichtlich des Beziehungsmoments eine Unstimmigkeit vor, über die man entgegen der Watzlawickschen Behauptung sehr wohl "digital" kommunizieren kann (309). Die Verschiebung der Auseinandersetzung müßte in diesem Sinne also nicht, wie Watzlawick et al. behaupten, von der Inhaltsebene auf die Beziehungsebene erfolgen, sondern von den Inhalten hinsichtlich des Gebrauchsmoments zu den Inhalten hinsichtlich des Beziehungsmoments. Watzlawick et al. haben zwar recht, wenn sie feststellen, daß hier in gewisser Hinsicht ein Pseudokonflikt vorliegt. Dieser Konflikt ist aber weder "unlösbar" (310) oder digital nicht kommunizierbar, noch ist es ein Konflikt, der im Rahmen einer Unterscheidung von Inhalts- und Beziehungsaspekt beschreibbar wäre.

Daß mit der Gegenüberstellung von Inhalt und Beziehung, wie sie bei Watzlawick et al. zu finden ist, ein theoretisch wie praktisch äußerst fragwürdiges Gegensatzpaar postuliert wird, zeigt sich auch dann, wenn man damit die oben vorgelegten Dialogausschnitte 2 und 3 analysieren wollte (311). Es wäre unsinnig zu sagen, nur in DA2 ginge es um Inhalte, in DA3 dagegen ginge es nicht um Inhalte, sondern um die Beziehung. In beiden Dialogausschnitten geht es um recht konkrete, faßbare Inhalte. Der Unterschied besteht dagegen vielmehr darin, daß in DA2 Teil der Inhalte der einzelnen Dialogbeiträge deren Sprechaktsignifikanz ist, in DA3 dagegen Teil der Inhalte der Dialogbeiträge deren Kontaktsignifikanz.

Der Gegensatz bei Äußerungen besteht also nicht zwischen einem Inhalt und einer Beziehung. Das wäre eine völlig unsinnige Gegenüberstellung. Vielmehr kann man feststellen, daß man propositionale Akte von Äußerungen hinsichtlich eines Gebrauchs- oder Beziehungsmoments betrachten kann. Und diese Bestimmung, d.h. die Konstituierung bzw. die Identifikation als Kontakt oder Sprechakt und die Spezifikation und Interpretation hinsichtlich der genauen collokutiven und connexiven bzw. der illokutiven und perlokutiven Akte, gehört genauso zum Inhalt, also zur durch Mitteilungen übermittelten Information wie die Information des propositionalen Akts. Das Beziehungsmoment einer Äußerung steht also nicht im Gegensatz zu seinem Inhalt, wie es Watzlawick et al. behaupten, sondern ist Teil desselben und steht im Gegensatz zum Gebrauchsmoment, einem anderen Teil des Inhalts der Äußerung.

---

309 Watzlawick et al. 1969,79
310 Watzlawick et al. 1969,80
311 Siehe oben Seite 191

Das Problem, das ein Hörer einer Äußerung hat, ist also nicht, wie es Watzlawick et al. behaupten würden, zu entscheiden, ob er auf den Inhalts- oder Beziehungsaspekt eingehen soll, sondern er steht vor der Aufgabe, die vorliegende Äußerung hinsichtlich ihrer spezifischen Sprechhandlungssignifikanz zu beurteilen, d.h. er muß entscheiden, ob der mit der Äußerung vollzogene propositionale und/oder interlokutive Akt Gebrauchs- oder Beziehungsrelevanz besitzt, ob also die Äußerung als Sprechakt oder Kontakt zu identifizieren ist.

6.3.4 Polarität von Kontakten

Im Zusammenhang mit der Signifikanz von Sprechhandlungen wurde darauf hingewiesen, daß der Kommunikationsakt, in dem Sprechhandlungen vollzogen werden, als konstitutive Bestandteile den Sprecher, die Sprechhandlung und den Hörer aufweist (312). Bei der Analyse von Kontakten muß dementsprechend stets berücksichtigt werden, wer den jeweiligen Kontakt vollzieht und an wen er gerichtet ist. Ein Kontakt ist also immer eine gerichtete Äußerung und weist in diesem Sinne eine polare Struktur auf, wie sie in Abbildung 6.40 dargestellt ist.

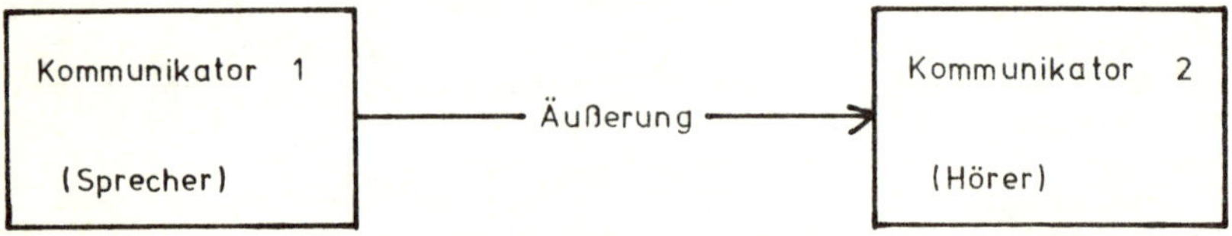

Abb. 6.40

Aufgrund dieser polaren Struktur lassen sich die Kontakte, unabhängig von ihrer inneren Struktur, nach einer Reihe weiterer Kriterien unterscheiden. Dabei muß man sich klarmachen, daß die F-Gruppen in F-Systemen nicht nur Dyaden darstellen, sondern ebenso häufig Triaden oder noch größere Einheiten. Bereits in Triaden gibt es hinsichtlich der polaren Struktur von Kontakten recht unterschiedliche Möglichkeiten. Wird die F-Gruppe noch größer, hat sie also vier, fünf oder mehr Mitglieder, zeigen sich weitere Möglichkeiten. Prinzipiell lassen sich nun genau sechs unterschiedliche Kontaktarten bestimmen, je nachdem, welche Polarität vorliegt.

Um diese unterschiedlichen Möglichkeiten der Kontakt-

---

312 Siehe oben Seite 320

polarität zu veranschaulichen, sei eine F-Gruppe, bestehend aus fünf Mitgliedern, betrachtet. In einer solchen F-Gruppe lassen sich sämtliche möglichen Kontaktarten beobachten. Der Kontakt eines Mitglieds einer solchen F-Gruppe kann nun gerichtet sein entweder:

(1) an alle, einschließlich sich selbst:
"Wollen wir damit nicht endlich aufhören"
(2) an alle, ausschließlich sich selbst:
"Ihr geht mir mit eurem Gerede entsetzlich auf die Nerven"
(3) an einige einschließlich sich selbst:
"Ich finde, wir sollten die beiden jetzt in Ruhe lassen"
(4) an einige, ausschließlich sich selbst:
"Ihr beiden müßt auch mitmachen"
(5) an einen allein:
"Ich verstehe nicht, was du daran schön findest"

Die Polarität von Kontakten weist, wie man sehen kann, zwei Dimensionen auf: Kontakte sind

(1) an einen oder mehrere Adressaten gerichtet;
(2) einschließlich oder ausschließlich des Sprechers gemeint.

In bezug auf die erste Dimension sind Kontakte unilateral oder multilateral, in bezug auf die zweite Dimension sind Kontakte inklusiv oder exklusiv.

Betrachtet man die oben erwähnten fünf Möglichkeiten, zeigt sich allerdings, daß die vier Begriffe der zwei Dimensionen nicht ausreichen, um Kontakte eindeutig hinsichtlich ihrer Polarität zu bestimmen. Denn in (1) und (3) liegen ja beidesmal multilaterale, inklusive Kontakte vor. Es seien daher für die oben genannten fünf Möglichkeiten folgende Termini vorgeschlagen: (1) sei ein genereller Kontakt, (2) ein omnipolarer Kontakt, (3) ein partieller Kontakt, (4) ein bipolarer, tripolarer bzw. multipolarer Kontakt und (5) ein unipolarer Kontakt genannt.

Die Polarität der Kontakte bzw. generell von Sprechhandlungen (313) entspricht der oben diskutierten prinzipiellen Offenheit von Beziehungssystemen. Die Tatsache, die in Abbildung 6.16 dargestellt wurde, daß das I-K-Muster eines F-Systems gleichzeitig Teil verschiedener Beziehungssysteme sein kann, wird nun von der Seite der einzelnen Handlung her hinsichtlich deren verschiedener möglicher Polarität betrachtet und durch den Begriff der "Multilateralität" von Kontakten beschreibbar. D.h. ein und dieselbe Äußerung kann gleichzeitig für verschiedene Personen Kontaktsignifikanz besitzen. Die unterschiedlichen Kontakte können in diesem Sinne dann, wie in Abbildung 6.41 dargestellt, in einer Tabelle zusammengefaßt werden.

313 Diese Begriffe gelten entsprechend für Sprechakte.

	Inklusive Kontakte	Exklusive Kontakte
Multilaterale Kontakte	Genereller Kontakt	Omnipolarer Kontakt
	Partieller Kontakt	Multipolarer Kontakt
Unilaterale Kontakte	Monologischer Kontakt	Unipolarer Kontakt

Abb. 6.41

Der monologische Kontakt, also Formen des Selbstgesprächs, tritt natürlich nur auf, wenn der Sprecher allein ist. Hier wurde er lediglich der systematischen Vollständigkeit halber mit aufgenommen, ohne wirklich Relevanz für den vorliegenden Zusammenhang zu besitzen.

Hinsichtlich der anderen fünf Kontaktarten gibt es einige spezifische Phänomene, die in Dialogen auftreten. So besitzt z.B. eine Äußerung wie

(S 6.84.) Schau dir die beiden an!

einen ambivalenten Status. (S 6.84.) sei in einem Kontext und mit einer Betonung gesprochen, wodurch folgende Paraphrasierung möglich werde:

(P 6.65.) Ich halte es für unmöglich, wie die beiden sich benehmen!

Einerseits kann (S 6.84.) als unipolarer Kontakt, also als an eine bestimmte Person gerichteter Kontakt bestimmt werden. In diesem Sinne ließe sich (S 6.84.) als Offerentativ hinsichtlich des Rationalen Individualbereichs bestimmen, d.h. der Sprecher demonstriert mit (S 6.84.) eine Einstellung (Bewertung) eines bestimmten Verhaltens und fordert im weiteren den Hörer zur Bestätigung dieses Offerentativs auf. Darüber hinaus vollzieht der Sprecher von (S 6.84.) einen Akt Ethischer Connexion. Eine vollständige Paraphrasierung des unipolaren Kontakts wäre dann

(P 6.66.) Schau dir die beiden an - ich halte es für unmöglich, wie die sich benehmen - und ich glaube mich mit dir in Übereinstimmung hinsichtlich dieser Beurteilung ihres Benehmens.

Deutet der Hörer (S 6.84.) in diesem Sinne, könnte und würde er vermutlich darauf mit (S 6.85.) oder etwas Ähnlichem antworten.

(S 6.85.) Ja, wirklich völlig verrückt.

Stimmt er dagegen nicht mit dem Sprecher überein, könnte er mit einem Satz wie (S 6.86.) oder etwas Ähnlichem antworten.

(S 6.86.) Wieso, laß sie doch.

Gleichzeitig wäre nun mit (S 6.84.) auch ein multipolarer Kontakt möglich. In diesem Falle wäre (S 6.84.) eigentlich gar nicht an den direkten Adressaten gerichtet, sondern in Wirklichkeit an die beiden Personen, über die in (S 6.84.) gesprochen wird. In diesem Sinne wäre (S 6.84.) dann als Direktionaler Degradativ hinsichtlich des Aktionalen Individualbereichs zu deuten, verbunden etwa mit einer Ethischen und einer Dissoziativen Connexion, was sich paraphrasieren ließe als

(P 6.67.) Ich halte euer Verhalten für völlig unmöglich.

Wie dieses Beispiel zeigt, können Sprecher mittels der Polarität von Kontakten ihre Kommunikation äußerst zweideutig halten. Eine solche "indirekte Polarität" erlaubt es dann auch, sich eventuellen Angriffen zu entziehen. Einem Angriff von seiten der im obigen Beispiel diskriminierten Personen könnte sich der Sprecher von (S 6.84.) dadurch entziehen, daß er etwa sagt

(S 6.87.) Was wollt ihr, ich unterhalte mich doch bloß mit x.

Eine solche indirekte Polarität von Kontakten kann man häufig dann beobachten, wenn Erwachsene sich über die ebenfalls anwesenden Kinder unterhalten. Ein anderer Fall, in dem dieses Phänomen auftritt, ist dann gegeben, wenn man mit jemandem Kontakt (hier im alltagssprachlichen Sinn gemeint) aufnehmen will, sich jedoch nicht traut, den Betreffenden direkt anzusprechen. Man redet dann beispielsweise mit einem anderen, ebenfalls Anwesenden über die betreffende Person mehr oder weniger direkt und hofft, daß der so indirekt Angesprochene darauf nun seinerseits reagiert und von sich aus ein Gespräch beginnt.

Eine weitere Form indirekter Polarität liegt dann vor, wenn ein signifikant omnipolarer Kontakt vollzogen wird, obwohl nur eine spezielle Person direkt angesprochen werden soll. Auch hier erhält der Kontakt durch die Omnipolarität eine gewisse Immunität gegenüber möglichen Angriffen. Noch stärkere Immunität erhalten Kontakte, wenn sie signifikant generelle Kontakte darstellen, obwohl sie nur unipolar gemeint sind. Ein in dem Zusammenhang häufig benutztes sprachliches Mittel ist die "man"-Form in Äußerungen wie

(S 6.88.) <u>Man</u> sollte nicht soviel essen.

oder

(S 6.89.) <u>Man</u> kann sich ja nicht um alles kümmern.

Solche Äußerungen ließen sich paraphrasieren als

(P. 6.68.) <u>Du</u> sollst nicht soviel essen.
(P. 6.69.) <u>Ich</u> war einfach nicht in der Lage, das zu machen.

6.3.5 Kontaktklassen

Während die bisher diskutierten Aspekte sich auf die theoretisch faßbare Struktur der Kontakte bezogen, also auf die Teilakte und die Polarität, sollen im folgenden die Kontakte als Ganzes weiter klassifiziert werden. In diesem Sinne können Kontakte entsprechend drei Kriterien klassifiziert werden, nämlich hinsichtlich ihrer

(1) Direktheit;
(2) Explizitheit;
(3) Validität.

In bezug auf das erste Kriterium soll unterschieden werden zwischen direkten und indirekten Kontakten, in bezug auf das zweite Kriterium zwischen expliziten und impliziten Kontakten und in bezug auf das dritte Kriterium zwischen validen, partiell-validen und nonvaliden Kontakten.

6.3.5.1 Direkte/Indirekte Kontakte

Hartmann (314) hat Untersuchungen darüber angestellt, welche pronominalen und nominalen Anredeformen benutzt werden, wenn Sprecher in einem Dialog über dritte, nicht anwesende Personen sprechen. Wie Hartmann zeigen konnte, liegen bei der Benutzung derartiger "indirekter Anredeformen" ebenso wie bei den direkten Anredeformen strenge Regelmäßigkeiten vor. In diesem Sinne scheint es legitim zu sein, generell von indirekten Kontakten zu sprechen. Im Abschnitt über die Polarität von Kontakten wurde bereits auf gewisse Formen der Indirektheit hingewiesen. Die dort diskutierte Indirektheit ist hier jedoch nicht gemeint. Bei der Polarität von Kontakten wurden Fälle diskutiert, bei denen die jeweiligen Adressaten stets anwesend waren. Die Indirektheit dort bestand darin, daß der oder die eigentlichen Adressaten nicht direkt angesprochen wurden, sondern die Kontakte an andere oder einen anderen Adressaten gerichtet wurden. Gleichwohl aber konnten die eigentlich gemeinten Adressaten den Kontakt direkt wahrnehmen und darauf reagieren. Denn sie gehörten zur selben F-Gruppe desselben F-Systems, zu der auch der Sprecher und der direkte Adressat des jeweiligen Kontakts gehörte. In diesem Sinne ließen sich Kontakte in <u>direkt gerichtete</u> und <u>indirekt gerichtete Kontakte</u> klassifizieren, je nachdem ob der Kontakt auch tatsächlich auf den direkt Angesprochenen hin oder ob er auf andere Mitglieder der gemeinsamen F-Gruppe hin orientiert ist. Dennoch gehören die direkt gerichteten wie die indirekt gerichteten Kontakte zu den direkten Kontakten im Sinne dieses Abschnitts.

Indirekte Kontakte im hier gemeinten Sinne sind dagegen solche partnerorientierten Sprechhandlungen, in deren propositionalen Akten sich der Sprecher auf die

---

314 Hartmann 1972,285ff

Individualbereiche einer Person bezieht, die er w e - d e r gerade anspricht n o c h die zur Zeit der Äußerung der Sprechhandlung anwesend ist. Ein Sprecher kann also mit einer Äußerung auch seine Beziehung zu einer dritten, gerade nicht anwesenden Person spezifizieren. Er vollzieht dann für den direkten Adressaten signifikant einen Kontakt hinsichtlich dieser nicht anwesenden Person. Eine Äußerung wie

(S 6.90.) Dieser Typ geht mir entsetzlich auf die Nerven.

wäre ein solcher Kontakt, der hier als <u>indirekter Kontakt</u> bezeichnet werden soll. Eine wichtige Eigenschaft solcher indirekten Kontakte ist, daß sie durch dritte dem eigentlichen Adressaten überbracht werden können. Der indirekte Kontakt wird dann in einem solchen Fall in einen Matrixsatz eingebettet wie etwa in

(S 6.91.) Er hat gesagt: "Dieser Typ geht mir entsetzlich auf die Nerven."

(S 6.92.) Er hat gesagt, du gingst ihm entsetzlich auf die Nerven.

Es gibt nun die Möglichkeit für einen Sprecher, indirekte Kontakte gerade unter dem Aspekt zu vollziehen, daß sie dem eigentlichen Adressaten hinterbracht werden. Entweder weiß der Sprecher, daß die Beziehung zwischen seinem augenblicklichen Adressaten A und dem indirekten Adressaten B so ist, daß A von sich aus schon alle möglicherweise als indirekte Kontakte signifikanten Äußerungen an B weiterträgt. Oder aber, wenn das nicht der Fall ist, kann der Sprecher A auch explizit zur Weiterleitung der indirekten Kontakte an B auffordern. Für manche Situationen gibt es in bestimmten Gesellschaften speziell eingerichtete soziale Instanzen für derartige indirekte Beziehungskommunikation. So werden z.B. bei dem gesellschaftlich institutionell normierten Prozeß einer Ehescheidung indirekte Kontakte durch eigens zu diesem Zweck berufene Personen weitergeleitet, nämlich durch die Rechtsanwälte der beiden Parteien. In manchen Gesellschaften gab oder gibt es die sozial normierte Instanz des Heiratsbittstellers oder Brautwerbers, der den Antrag des Bräutigams der Braut bzw. deren Eltern offiziell zu überbringen hatte. In früheren Zeiten benutzten Kaiser und Könige Gesandte, die sie an fremde Höfe schickten, um den dortigen Herrschern indirekte Kontakte zu übermitteln, eine Aufgabe, die heute in einem etwas abstrakteren Sinne von Politikern und Diplomaten übernommen wird.

Aber auch im normalen Alltag gibt es indirekte Kontakte. So ist etwa der Brauch des "Grüßebestellens" eine solche stark konventionalisierte Form der Übermittlung indirekter Kontakte. Ebenso gebräuchlich ist es, jemandem etwas durch einen dritten "ausrichten" zu lassen. Vor allem dann, wenn die direkten Kontakte für einen selbst unangenehm sind. Personen in bestimmten Positionen haben dazu Referenten oder Sekretärinnen, andere müssen gemeinsame Freunde damit beauftragen.

Durch beide Arten von Kontakten, also durch direkte wie indirekte Kontakte, spezifizieren Sprecher ihre Beziehungen zu anderen Personen. Die indirekten Kontakte können dabei genau wie die direkten Kontakte hinsichtlich ihrer collokutiven wie connexiven Akte gedeutet und klassifiziert werden. Der einzige Unterschied besteht darin, daß die indirekten Kontakte eben nicht im Vollzugsakt an den eigentlichen Adressaten gerichtet sind bzw. dieser sie nicht direkt wahrnehmen kann. Dabei können durchaus auch längere Dialogintervalle oder gar ganze Dialoge ausschließlich aus indirekten Kontakten bestehen. Beispiel für ein solches indirektes Beziehungsereignis ist der folgende Dialogausschnitt.

Dialogausschnitt 16
(Hilfskräfte unterhalten sich im Geschäftszimmer des Deutschen Seminars in Freiburg über die Bücherbenutzung der Studenten.) (315)

1AA: k+ die benimmt +k sich un:möglich.
2BB: (ja) die einzige Möglichkeit ist +k
3AA: k+ (das denken sie doch auch) +k
4BB: is is tatsächlich +g+ i+ die nun warten zu lassen +i . / jedesmal, + wenn sie n wegstellt oder +g+ k+ weggräumt oder so +g+ + , +k
5AA: k+ (f+ nee+f) aber das is natürlich +k auch ne dumme Sache. / wir schleifen die ganze Zeit wir schleifen die ganzen Bücher dauernd hierher. und den anderen sind sie ja f+ eh +f dann dadurch verloren, der Sinn der Sache ist, + daß die anderen sie haben sollen +, ...
6CC: (f+ nee +f) k+ ich mein +k.
7BB: / k+ (nein) aber +k ich mein s+,+ wenn wir sie jetzt runter stellen (ja?) +,
8AA: +g+
9BB: dann sucht die sie sich wieder zusammen (ja?)
10AA: (ja) ist klar k+ ... +k
11BB: k+ und und stellt sie wieder irgendwo hin +k+ s
12AA: (ja) is klar
13BB: , + wenn sie die jedesmal, + wenn sie sie irgendwohin gesteckt hat +, einen Tag suchen muß und sie ... überhaupt nicht findet und also den Tag nicht arbeiten kann +, gewöhnt sie sichs vielleicht ab +g+
14AA: (na)
15DD: darf ich das k+ abholen +k ?
16AA: k+ also ich würde +k der mal n Verweis eintragen. also ich kann mir nicht helfen. k+ ich kann die Frau nicht ausstehen (ehrlich) +k
17CC: / k+ (ja?) +p+ auf +k die Seminarkarte k+ oder wo ? +g+ +k
18AA: k+ (ja) ist das richtig? +k + was die hier

315 Freiburger Text 178; cf. Steger et al. 1971,245ff

schon aufgeführt k+ hat +k,.
19BB: k+ die hat +k n f+ Hau +f. / das muß man sich ... k+ ... +k
20AA: k+ (ja) sicher hat f+ se +f einen +k. / aber darum +p+ ich weiß nich (316).

Hier liegt eine Situation vor, die häufig zu indirekten Kontakten führt. Die Sprecher in DA16 haben sich über eine bestimmte Person und deren Verhalten geärgert. In Form indirekter Kontakte lassen sie ihrem Ärger freien Lauf ("ich kann die Frau nicht ausstehen", "die hat n Hau"). Häufig bleibt es in solchen Fällen bei indirekten Kontakten. Wenn irgendwann der eigentliche Adressat anwesend ist, traut man sich nicht, direkte Kontakte von der gleichen Art zu äußern, zumal wenn es sich, wie in DA16, um eindeutig Direktionale Degradative handelt. Gerade diese collokutiven Typen sind schwer an einen Partner direkt zu richten. Man muß ebenfalls mit Aggressionen, also mit Direktionalen Degradativen im weitesten Sinne rechnen. Das gilt besonders in solchen Fällen, in denen man sich in einem submissiven Rang befindet. In dem Zusammenhang sind Gespräche über den Chef oder andere ranghöhere Personen zu sehen. Allgemein werden solche Gespräche mit Ausdrücken bezeichnet wie "über jemanden herziehen" oder "klatschen". Solche indirekten Kontaktdialoge dürften oft die Funktion haben, sich gegenseitiger Solidarität zu versichern. In der Meinung über eine dritte Person ist man sich einig, was letztlich die beiden "direkten" Partner näher aneinander bindet.

In diesem Sinne sind indirekte Kontakte natürlich immer auch gleichzeitig direkte Kontakte. So versichern sich die Sprecher in DA16 gegenseitig der Tatsache, daß sie das Verhalten der bestimmten Person, über die sie sprechen, übereinstimmend beurteilen. Hinsichtlich ihres Status als indirekte Kontakte werden mit den Äußerungen in DA16 weitgehend Direktionale Degradative vollzogen. Hinsichtlich ihres Status als direkte Kontakte werden mit den Äußerungen dagegen überwiegend Konsentische Korrelative und damit verbunden Assoziative Connexionen vollzogen.

Indirekte Kontakte stellen somit äußerst komplizierte kommunikative Phänomene dar, die vielfältige Wirkungen haben, zumal da sich die Partner stets auch darüber klarwerden müssen, ob die von ihnen vollzogenen indirekten Kontakte weiterübermittelt werden oder nicht und ob das in ihrem Sinne ist oder nicht. Das, was mit dem Terminus "Intrige" bezeichnet wird, ist ein interaktives Phänomen, in dem häufig derartige indirekte Kontakte bewußt zu dem Zweck eingesetzt werden, damit sie übermittelt werden können. Damit wird dann der eigentliche Adressat getäuscht, verwirrt oder zu bestimmten Hand-

316 Zur Transkriptionsnotation cf. Steger et al. 1971, 33ff.

lungen veranlaßt, die er aufgrund direkter Kontakte oder Sprechakte nicht ausgeführt hätte.

6.3.5.2 Explizite/Implizite Kontakte

Neben der Direktheit gibt es ein weiteres Kriterium, nach dem sich Kontakte allgemein klassifizieren lassen, nämlich ihre Explizitheit. Die Explizitheit bzw. Implizitheit von Kontakten ist ein Phänomen, was immer wieder im Zusammenhang mit beziehungsorientierter Kommunikation hervorgehoben wurde (317). Es geht dabei um die Feststellung, die sich auch in der Watzlawickschen Unterscheidung von Inhalts- und Beziehungsaspekt ausdrückt, daß man nämlich über beliebige Sachverhalte reden kann und gleichzeitig beziehungsrelevante Kommunikation betreibt. Diese an sich richtige Beobachtung, die sich bei Watzlawick et al. in der theoretisch wie empirisch äußerst fragwürdigen Dichotomie von Inhalts- und Beziehungsaspekt manifestiert, kann im vorliegenden Zusammenhang, jetzt allerdings in theoretisch adäquaterer Form, durch die Unterscheidung von expliziten und impliziten Kontakten beschrieben werden.

Explizitheit wie Implizitheit von Kontakten stellt sich dabei als eine Relation dar zwischen dem collokutiven und connexiven Akt einerseits und dem propositionalen Akt andererseits. So wurde bereits im Zusammenhang mit der Problematik der Relation von propositionalem Akt und Sprechakt bzw. Kontakt darauf hingewiesen, daß die Relation von propositionalem Akt und collokutivem Akt wesentlich freier ist als die zwischen propositionalem Akt und illokutivem Akt (318). Eine wichtige Rolle spielt in dem Zusammenhang, wie explizit sich ein Sprecher im propositionalen Akt einer unter dem Beziehungsmoment als kontaktsignifikant betrachteten Sprechhandlung auf einen oder mehrere der Individualbereiche bezieht. Wird nun explizit im propositionalen Akt ein Sachverhalt aus den Individualbereichen dargestellt, bewertet oder mit anderen Sachverhalten verglichen, liegt ein expliziter Kontakt vor. Solche expliziten Kontakte wurden weitgehend bei der Diskussion der verschiedenen Teilakte von Kontakten als Beispiele verwendet. Explizite Kontakte sind etwa

(S 6.93.) Ich liebe dich.
(S 6.94.) Du bist ein saublöder Kerl.
(S 6.95.) Wir haben beide Fehler gemacht.
(S 6.96.) Ich weiß, daß ich mich unmöglich benommen habe.
(S 6.97.) Du bist vielleicht schüchtern.

---

317 Cf. Watzlawick 1969,53ff; Watzlawick 1975,113; Baacke 1973,145f; Buddemeier 1973,76; Graumann 1972,1202

318 Siehe oben Seite 272

An solchen expliziten Kontakten zeigt sich auch die Problematik der Watzlawickschen Dichotomie. Denn im Fall expliziter Kontakte wird der Watzlawicksche Inhaltsaspekt zum Beziehungsaspekt.

Implizit ist nun ein Kontakt, wenn der propositionale Akt sich auf einen Sachverhalt aus einem beliebigen Relevanzbereich bezieht, der nicht zu einem der zehn Individualbereiche gehört. Bei einer solchen Sprechhandlung kann aber dennoch Kontaktsignifikanz für den Hörer vorliegen. Dann nämlich, wenn der Hörer aufgrund konventionell bedingter oder individueller Schlußfolgerungsprozesse den in der Proposition ausgedrückten Inhalt mit den eigenen Individualbereichen bzw. den des Sprechers in Verbindung bringt. Solche Schlußfolgerungsprozesse sollen kontaktive Implikatur genannt werden.

Eine stets mögliche kontaktive Implikatur ist die von einem beliebigen Sachverhalt auf den Aktionalen Individualbereich des Sprechers. Denn jede g e ä u ß e r t e Proposition gehört ja zum Handeln des jeweiligen Sprechers. Eine solche auf den Aktionalen Individualbereich schließende Implikatur ist die folgende kontaktive Implikatur:
Indem S die Proposition p äußert, zeigt S, daß er p auch äußern kann (prinzipiell in der Lage ist, p sinnvoll zu äußern) (319), und daß S in der Lage ist, p sinnvoll zu äußern, zeigt weiterhin, daß S generell bestimmte Fähigkeiten besitzt bzw. in bestimmten Handlungszusammenhängen steht oder gestanden hat.

In einem Satz wie

(S 6.98.) In seinem Vortrag gestern hat x zwar seine Ansichten über die Struktur der Golgi-Apparate, wie er sie in seinem letzten Aufsatz vertreten hat, etwas revidiert, aber ich kann ihm trotzdem noch nicht zustimmen.

zeigt der Sprecher, daß er in der Lage ist, über bestimmte biologische Sachverhalte (hier bestimmte Zellorganellen) sinnvoll zu diskutieren. Einen Satz wie (S 6.98.) kann nur der sinnvoll äußern, der genau weiß, was Golgi-Apparate sind, und der in der Lage ist, fachwissenschaftliche Literatur über diese Probleme zu lesen und fachwissenschaftliche Vorträge zu verstehen und zu beurteilen. Indem der Sprecher also (S 6.98.) äußert, zeigt er gleichzeitig, daß er in der Lage ist, (S 6.98.) oder ähnliche Sätze sinnvoll zu äußern, sie also auch so zu meinen, wie er sie sagt. Damit zeigt er aber auch etwas über seine Fähigkeiten und über Handlungszusammenhänge, in denen er generell steht (also etwa sein Beruf als Biologe)

---

319 "sinnvoll" bedeutet im vorliegenden Zusammenhang soviel wie "das, was der Sprecher äußert, meint er auch so, wie er es sagt". Im anderen Fall versucht der Sprecher nur, mit Fähigkeiten zu prahlen, die er in Wirklichkeit gar nicht besitzt.

oder in denen er speziell gestanden hat (als Zuhörer eines bestimmten biologischen Vortrags).

Generell läßt sich also sagen, daß Hörer aus Äußerungen ihre Schlüsse in der einen oder anderen Weise ziehen können. Ziehen sie diese Schlüsse in Richtung auf die Individualbereiche, soll von kontaktiver Implikatur (oder kontaktiven Implikaturen) gesprochen werden. A u f g r u n d s o l c h e r kontaktiver Implikaturen bekommen Äußerungen für Hörer eine Kontaktrelevanz, werden sie für Hörer kontaktsignifikant. Die kontaktive Implikatur kann nun allgemein formuliert werden. Dabei muß prinzipiell zwischen einer sprecherseitigen kontaktiven Implikatur (skI) und einer hörerseitigen kontaktiven Implikatur (hkI) unterschieden werden. Dies entspricht der Tatsache, daß man auch bei der Sprechhandlungsvarianz von Vollzugsvarianz auf seiten des Sprechers und Deutungsvarianz auf seiten des Hörers sprechen kann.

Man kann skI und hkI nun folgendermaßen formulieren:

(1) sprecherseitige kontaktive Implikatur (skI)
Wenn ich, S, die Proposition p_D, die ich dem Relevanzbereich D_i zuordne, äußere, will ich, daß H von p_D auch auf die Proposition p_O, die ich dem Orientationsbereich O_i zuordne, schließt.

(2) hörerseitige kontaktive Implikatur (hkI)
Wenn S die Proposition p_D, die ich, H, dem Relevanzbereich D_i zuordne, äußert, so ziehe ich daraus den Schluß, daß auch die Proposition p_O, die ich dem Individualbereich O_i zuordne, gilt.

Diese beiden kontaktiven Implikaturen sind jedoch nur die Grundlage der gesamten kommunikativen Intention. Wie in Abbildung 6.7 (320) dargestellt wurde, ist ein wichtiger Faktor der Situationsdefinition von Individuen, zu der die kontaktive Implikatur gehört, das Partizipations-Antizipations-Modell. Individuen müssen in diesem Sinne, um effektiv kommunizieren zu können, bestimmte Annahmen über ihre jeweiligen Partner und deren Situationsdefinitionen bzw. deren Meinungsbilder machen (321), eine Tatsache, die sich auch im reziproken Aufbau der allgemeinen Bedingungen von Beziehungssystemen manifestiert (322).

In diesem Sinne gehören zur vollständigen Sprechhandlungssignifikanz, die ausgeht von der kontaktiven Implikatur, noch zwei weitere Annahmen, die der Sprecher bzw. der Hörer bezüglich der jeweiligen Implikatur macht. Diese Annahmen sind Teil des P-A-Modells (323) der Individuen und spezifizieren genauer die

---

320 Siehe oben Seite 155
321 Siehe oben Seite 156
322 Siehe oben Seite 188f
323 Siehe oben Seite 153f

die allgemeine Bedingung (SB3) (324). Hinsichtlich der skI gelten noch die Annahmen:

(A1) Ich, S, glaube, daß H erkennt, daß skI.

und

(A2) Ich, S, glaube, daß H weiß, daß (A1).

Hinsichtlich der hkI gelten die Annahmen:

(A3) Ich, H, glaube, daß S erkennt, daß hkI.

und

(A4) Ich, H, glaube, daß S weiß, daß (A3).

Die Signifikanz von Kontakten hängt also letztlich ab von der jeweils vollzogenen kontaktiven Implikatur bzw. den Annahmen über ihren bewußten Vollzug bei Sprecher und Hörer. Explizite Kontakte stellen sich in diesem Sinne als besonders eindeutige und hinsichtlich kontaktiver Implikaturen offensichtliche Fälle dar. In expliziten Kontakten kann man, was die kontaktive Implikatur angeht, eine Äquivalenz von p_D und p_D annehmen. Der in p_D ausgedrückte Sachverhalt ist also immer auch ein Sachverhalt in bezug auf einen bestimmten Individualbereich.

6.3.5.3 Valide/Partiell-Valide/Nonvalide Kontakte

Das dritte Klassifikationskriterium für Kontakte ist schließlich das der Validität von Kontakten. Berücksichtigt man die Tatsache, daß Kontakte einmal auf der Ebene der collokutiven Akte als multiple, zum anderen auf der Ebene der connexiven Akte als mehrdimensionale Akte bestimmt werden können, so bedeutet das, daß ein einziger Kontakt durchaus eine Vielfalt kommunikativer Funktionen implizieren kann.

Diese unterschiedlichen, möglichen Kontaktmomente können nun in einem Dialog einzeln weiter thematisiert werden. Das heißt, jedes der möglichen Kontaktmomente kann im Prinzip eingeklagt und sanktioniert werden. So kann z.B. auf eine Äußerung wie

(S 6.99.) Nun mal los hier, zack, zack, zack!

der Hörer mit

(S 6.100.) Sag mal, du spinnst wohl. Ich bin doch nicht dein Sklave.

antworten. Darauf könnte der Sprecher seinerseits nun mit

(S 6.101.) Schon gut, du weißt doch, daß ich das nicht so meine.

reagieren. In diesem Fall hätte der eine Partner den

324 Siehe oben Seite 188f

mit (S 6.99.) vollzogenen Offerentativ bzw. die Dominante Connexion durch (S 6.100.) eingeklagt, worauf der Sprecher nun seinerseits mit (S 6.101.) den Protest anerkennt und die Validität des entsprechenden connexiven Aktes, also eines bestimmten Kontaktsmomentes, widerruft. Der eine Partner bestätigt also dem anderen, aufgrund dessen Intervention, die Nonvalidität seines Kontakts hinsichtlich eines bestimmten Moments.

Eine andere Form, die Validität eines Kontakts zu widerrufen, ist die durch den Sprecher selbst ohne vorherigen Protest durch den Partner. Dabei werden dann unmittelbar vor oder nach kritischen Äußerungen Formeln benutzt wie "So war das natürlich nicht ganz ernst gemeint", "Aber so ernst darfst du das natürlich nicht nehmen", "Das klingt jetzt schlimmer, als es gemeint ist" oder dgl. Unabhängig von solchen expliziten Wendungen können die Partner die Validität von Sprechhandlungen auch durch Lachen widerrufen. Lachen signalisiert in Dialogen häufig eine Atmosphäre von Nichternsthaftigkeit, innerhalb derer dann nonvalide Kontakte auch als solche erkannt werden können, wie es der folgende Dialogausschnitt deutlich macht:

Dialogausschnitt 17
(Familiäre Unterhaltung; es geht um Weihnachtsgeschenke) (325)

1CC: die freut sich ja über ne Kuchengabel + oder was + net + aber ihr habt ja alles ++
2BB: ne Kuchengabel ham wer ++
3DD: ja was fehlt euch so ++
4CC: was fehlt denn euch ++
5AA: viel Liebe ++
6CC: viel Liebe ++
7AA: =LACHEN=
8CC: die hast du doch von deinem Mann ++
9AA: ja + elterliche Liebe ++
10CC: schwiegerelterliche Liebe ++
11DD: schwiegerelterliche Liebe ++
12AA/BB/CC/DD: =ALLGEMEINES LACHEN=

Die explizite Selbstdarstellung von AA in 5AA wird in fünf Schritten widerrufen. Der erste Schritt ist das Lachen in 7AA, der zweite Schritt das "ja" in 9AA, der dritte Schritt ist die Modifikation "elterliche Liebe" in 9AA. Diesen drei Formen der Selbstrevidierung folgt dann noch der vierte Schritt durch die Umformulierung der durchaus noch möglicherweise ernsthaft gemeinten bzw. ernsthaft klingenden Formulierung "mir fehlt Liebe" bzw. "mir fehlt elterliche Liebe" durch die originelle und unübliche und deshalb wahrscheinlich nicht mehr ernsthaft zu verstehende Formulierung "schwiegerelter-

---

325 Der Ausschnitt stammt (wie DA14) aus dem Freiburger Text 281. Die Sprechersiglen entsprechen denen von DA14. DA17 liegt zeitlich hinter DA14.

liche Liebe". Der fünfte und letzte Schritt, mit dem dann auch dieses spezielle thematisch bestimmte Dialogintervall abgeschlossen und die Validitätskorrektur ratifiziert wird, ist das zweite allgemeine Lachen in 12AA/BB/CC/DD. Mit diesem Lachen wird die Gemeinsamkeit in der Beurteilung von 5AA hinsichtlich seiner Nonvalidität einander bestätigt. Dieses sich Übereinstimmung versichernde Lachen ist von großer Bedeutung, wenn man sich klarmacht, welche äußerst zerstörerische Wirkung für das familiäre Gleichgewicht ein Kontakt wie 5AA hätte (auch in seinen beiden modifizierten Formen), wäre er valide gemeint. Es ist also von größter Wichtigkeit in einer Beziehung zu wissen, welche Kontakte als valide gelten können und sollen und welche nicht. Valide Kontakte können hinsichtlich der in ihnen ausgedrückten signifikanten Beziehungsmomente eingeklagt und sanktioniert werden. Die Sanktionen können dabei bis zur Auflösung des Beziehungssystems gehen. Wäre 5AA in DA17 valide, könnte das letztlich die Auflösung des Beziehungssystems von AA und BB, die verheiratet sind, bedeuten, also letztlich zu einer Ehescheidung führen.

In manchen Dialogen spielen solche nonvaliden Kontakte in bezug auf ein anderes Phänomen eine große Rolle. Solche Dialogformen, in denen diese Phänomene auftreten, werden alltagssprachlich als "Frozzelei", "Flirt" oder dgl. bezeichnet. Eine spezielle Funktion derartiger Dialoge ist nun häufig, in der gemeinsamen Kommunikation herauszufinden, wie weit man gehen darf, also welches Kalibrierungsniveau für ein bestimmtes Beziehungssystem gültig ist. Man bedient sich dabei einer bestimmten Strategie: Es werden signifikant nonvalide Kontakte vollzogen, mit denen man prüft, wie der Partner reagiert. Aus diesen Reaktionen wird dann häufig deutlich, ob bestimmte Kontakte, wären sie valide gemeint, auf Ablehnung stoßen würden oder nicht. Dabei kann dann deutlich werden, daß bestimmte Kontaktmomente valide gemeint sind, andere dagegen nonvalide. Ein solcher teils valider, teils nonvalider Kontakt soll partiell-valider Kontakt genannt werden. Dabei dürfte klar sein, daß nur solche Kontakte partiell-valide sein können, die multiple Collokutionen und/oder mehrdimensionale Connexionen implizieren. Beispiele solcher partiell-validen Kontakte finden sich im folgenden Dialogausschnitt.

Dialogausschnitt 18

(In einem Studentenheim unterhalten sich Studenten (Small Talk). Einer der Studenten raucht eine Zigarre, was allgemein als Anlaß genommen wird, darüber Witze zu reißen. AA ist eine Studentin. BB ist Student.) (326)

1AA: ich habe schon Zigarren geraucht + 2 sogar 2

---

326 Freiburger Text 254

auf der Bühne ++
2BB: 1 ja 1 ++
3BB: aber von mir hast du noch keine bekommen ++
4AA: nee + das würd ich mir auch gar nicht gefallen lassen ++
5BB: ... =OH= ach + das kannst du noch gar nicht so beurteilen ++
6NN: 7 ... 7
7AA: 6 =OH= 6 würdest du dich mal näher explizieren +
8BB: =LACHEN= das können wir in deinem neuen Zimmer mal machen ++
9AA: also - also Franz (327) das fällt mir langsam auf 10 =LACHEN= 10
10BB: 9 =LACHEN= 9 im nächsten Semester wird mit ... geschossen 11 =LACHEN= 11
11AA: 10 =LACHEN= 10

==

Nach einer Weile geht es dann folgendermaßen weiter:

==

12AA: ja + also wirklich + wenn de was mitbringst darfst du immer zu mir kommen ++
13BB: ja ++
14AA: 15 =MHM= 15
15BB: 14 ja 14 + was hast du denn gerne ++
16AA: Bier ++
17BB: =AHA= allein genüg ich dir noch nicht + sozusagen ++
18AA: nein ++

Auf den noch zunächst neutralen Beitrag 1AA vollzieht der Sprecher BB mit 3BB einen Kontakt, der als Offerentativ bestimmt werden kann und mit dem sowohl eine Dominante Connexion wie eine Connexion einer engen Distanzzone (Konziliante bzw. Intime Connexion) vollzogen wird. Diese Connexion wird noch durch die Beiträge 5BB und 8BB unterstützt. Mit 5BB und noch deutlicher mit 8BB werden dann signifikant Assoziative Connexionen vollzogen, und zwar im Sinne von "Du sollst dich ruhig mal mit mir näher einlassen". Mit 5BB und 8BB wird das negative Moment von 3BB positiv gewendet. In dieser ganzen Passage stell sich BB als souveräner Draufgänger und Charmeur dar, was besonders in 8BB deutlich wird. Außerdem wertet er seine Person und sein Handeln (speziell in 5BB) auf. Die mit dem Offerentativ von 8BB vollzogene Assoziative Connexio trägt dabei deutlich erotisch sexuellen Charakter, ist in diesem Sinne also auch als spezifische Emotionale Connexion signifikant. Dieses "eindeutige Angebot" in 8BB wird nun sowohl von BB selbst wie auch von AA hinsichtlich des erotischen Moments entschärft und abgewehrt: Zunächst wird 8BB von BB mit Lachen eingeleitet, was schon einmal Nonvalidität signalisieren kann. Diese Nonvalidität bestätigend, reagiert AA mit 9AA auf das in

327 Der Vorname wurde geändert.

8BB gemachte Angebot. Sie demonstriert ihre Ablehnung einmal durch besondere Betonung des ersten "also" in 9AA, zum anderen dann durch ein weiteres "vorwurfsvoll empörtes" "also Franz". Mit dem gemeinsamen abschließenden Lachen in 9AA und 10BB bzw. 10BB und 11AA wird dann schließlich gegenseitig die Nonvalidität des gesamten Dialogintervalls 1AA - 11AA ratifiziert. Hatte BB selber durch 5BB und speziell 8BB bis zu einem gewissen Grad die Dominante Connexion von 3BB widerrufen, so wird nun im weiteren Verlauf - nach einem kurzen Zwischenspiel, das hier ausgelassen wurde - der spezifisch erotische Charakter der Emotionalen Connexion von 8BB relativiert, also die von BB vorgeschlagene Enge der Beziehung hinsichtlich des erotischen Subsystems, deutbar hier als Intime Connexion, zurückgenommen. Die Assoziative Connexion wird dann weiter zwar in 12AA von AA ratifiziert ("du darfst mich besuchen"), durch 17BB und 18AA dann aber modifiziert. Der erotisch assoziative Charakter von 8BB wird in einen allgemein freundschaftlichen assoziativen Charakter umgewandelt. Während also bestimmte connexive Momente von 8BB zurückgewiesen bzw. selbst zurückgenommen werden, werden andere connexive Momente bestätigt. Anders ausgedrückt: Während der Versuch einer Neukalibrierung im erotisch sexuellen Subsystem abgewehrt wurde, wurde die prinzipielle Bereitschaft zu einer Neukalibrierung im allgemein freundschaftlich kameradschaftlichen Subsystem explizit bekundet. In diesem Sinne kann der in 8BB vollzogene Kontakt als partiell-valide beschrieben werden - allerdings erst im gesamten Zusammenhang des DA18. Die Validität einzelner Kontakte muß häufig erst im Verlauf des Dialogs gemeinsam ausgehandelt werden.

Durch das einleitende Lachen in 8BB signalisiert BB zunächst prinzipielle Nonvalidität dieses mehrdimensionalen Kontakts. Er überläßt es damit AA, bestimmte Kontaktmomente zurückzuweisen, andere zu akzeptieren. In 12AA bis 18AA wird dann die genaue Deutung von 8BB gemeinsam ausgehandelt. Hätte AA im folgenden Dialogverlauf anders auf 8BB reagiert, hätte aus dem Flirt "Ernst" werden können. Der Versuch BBs, das Beziehungssystem AA - BB in einem bestimmten Subsystem neu zu kalibrieren, wurde von AA erfolgreich abgewehrt. Die durch häufiges Lachen signalisierte nonvalide Atmosphäre und die gemeinsam ausgehandelte Deutung von 8BB als partiell-valide garantieren dabei, daß eine solche Zurückweisung sich nicht zu einem ernsthaften Konflikt zwischen AA und BB entwickeln kann.

Das Wissen um die Validität bestimmter Kontakte ist also äußerst wichtig für die Dialogpartner, und stets wird ein Teil der in Dialogen vollzogenen Sprechhandlungen die Aufgabe haben, diese Validität genau zu klären. Die von Watzlawick et al. erwähnten "kranken" (328), also konfliktreichen Beziehungssysteme dürften

328 Watzlawick et al. 1969,55

zum Teil sicherlich auch hinsichtlich dieses gemeinsamen Aushandelns der Validität der in ihnen vorkommenden Kontakte charakterisiert sein. Wie die Beispiele DA17 und DA18 zeigen, können Kontakte, die hinsichtlich ihrer Validität falsch eingeschätzt werden, recht schnell zu Konflikten führen, die die Partner später dann nur noch schwer in ihrem genauen Verlauf zu rekonstruieren vermögen.

6.3.6 Abschließende Bemerkungen zur Dialektik von Beziehung und Kontakt

In Abschnitt 6.3.1 wurde darauf hingewiesen, daß zwischen einer Betrachtung der Beziehung als Ganzem im Sinne eines übersituationellen Handlungssystems und dem Kontakt als der spezifischen, das Beziehungssystem konstituierenden Handlung kein prinzipieller Unterschied besteht. "Beziehung" oder "Kontakt" sind lediglich Begriffe, die aus einer je unterschiedlichen Betrachtungsweise kommunikativen Geschehens abgeleitet werden. Während "Beziehung" den zentralenBegriff einer mehr systemtheoretischen Betrachtung darstellt, ist "Kontakt" der zentrale Begriff einer mehr handlungstheoretischen Betrachtung.

Im folgenden sollen nun der Übersichtlichkeit halber die unter diesen beiden verschiedenen Betrachtungsweisen einander korrespondierenden Momente von Beziehung und Kontakt nochmals gemeinsam zusammengefaßt werden. In diesem Sinne korrespondiert mit dem Begriff der "Beziehung" als Handlungssystem der Begriff des speziellen Sprechhandlungstyps "Kontakt" als dem dieses System konstituierenden Einzelelement. Aus dem grundlegenden Postulat des Handlungssystems resultiert dann auf seiten der handlungstheoretischen Betrachtung die Unterscheidung der verschiedenen Deutungsniveaus. Mit der allgemeinen Unterscheidung in ein Beziehungssystem und ein Gebrauchssystem korrespondiert unter handlungstheoretischem Gesichtspunkt die Unterscheidung der beiden grundlegenden Sprechhandlungstypen "Kontakt" und "Sprechakt". Der prinzipiellen Feststellung, daß das Beziehungssystem aus partnerorientierten Handlungen besteht, korrespondiert auf seiten des Kontakts der spezifische Teilakt des collokutiven Aktes. Der speziellen Feststellung, daß ein Beziehungssystem mehrere Dimensionen aufweist, korrespondiert der spezifische Teilakt des connexiven Aktes. In den Collokutionen spiegelt sich also die generelle Partnerorientiertheit des Beziehungssystems wider, in den Connexionen dessen spezifische Dimensionalität. Beziehungen wurden dann weiter als offene Systeme beschrieben. Das dazu korrespondierende Moment bei einer handlungstheoretischen Betrachtung ist die Tatsache der Polarität der Kontakte sowie die Tatsache, daß Kontakte multiple bzw. mehrdimensionale Kontakte darstellen können. Ebenso korrespondiert der Offenheit des Beziehungssystems die Direktheit bzw. die Indirektheit der Kontakte. Der Tatsache, daß Beziehungssysteme in Subsysteme untergliedert werden können, korrespondiert bei den Kontakten einerseits die Tatsache der Unterscheidung der verschiedenen Orientationsbereiche, andererseits die spezielle connexive Klasse des Modus-Connex. Das Schichtmodell der Beziehung korrespondiert weitgehend mit dem Distanz-Connex, die Beziehungsphasen mit dem Tendenz-Connex.

Damit dürfte deutlich geworden sein, daß mit der im Abschnitt 6.2 dargestellten systemtheoretischen Betrachtung der Beziehung und der in 6.3 dargestellten handlungstheoretischen Betrachtung des Kontakts jedesmal dasselbe soziale Phänomen beziehungsorientierter Kommunikation betrachtet worden ist, nur jeweils im Rahmen eines anderen Modells. Dieselben sozialen Phänomene erschienen dabei jeweils als unterschiedliche Momente betonende Modellprädikate. Abschließend seien diese modellspezifischen, die jeweils verschiedenen Momente betonenden Prädikate des systemtheoretischen wie handlungstheoretischen Modells nochmals in der Tabelle 6.42 zusammengefaßt.

Systemtheoretisches Modell	Handlungstheoretisches Modell
Beziehung als übersituationelles Handlungssystem	Kontakt als die das System konstituierende Elementhandlung
funktionaler Zusammenhang	Deutungsniveaus
Unterscheidung: Beziehungssystem - Gebrauchssystem	Unterscheidung: Kontakt - Sprechakt
Beziehung als partnerorientiertes Handlungssystem	collokutive Akte
Dimensionen des Beziehungssystems	connexive Akte
Beziehung als offenes System	Polarität der Kontakte; multiple bzw. mehrdimensionale Kontakte; Direktheit der Kontakte
Beziehungssubsysteme	Orientationsbereiche; Modus-Connex
Schichtmodell der Beziehung	Distanz-Connex
Beziehungsphasen	Tendenz-Connex

Abb. 6.42

6.4 Der Begriff des Indikators

6.4.1 Die Problemstellung

Zum Schluß dieses Kapitels, in dem die Theorie des Zusammenhangs von zwischenmenschlicher Beziehung und sprachlicher Kommunikation entwickelt wurde, sollen jetzt noch einige Überlegungen darüber angestellt werden, wie die Verbindung zwischen konkreten sprachlichen Phänomenen mit den in Abschnitt 6.2 und 6.3 entwickelten Konzepten theoretisch herzustellen ist und beschreibbar wird. Damit wird dann der dritte Schritt theoretischer Reflexion vorgenommen, der das hier vorgeschlagene holistische Konzept charakterisiert.

Ausgehend von dem ersten Schritt, der Entwicklung des Beziehungsbegriffs als übersituationell ausgedehntem Handlungssystem, konnte dann in einem zweiten Schritt der Begriff des "Kontakts" als der dieses System konstituierenden einzelnen Sprechhandlung entwikkelt werden. Diese beiden Schritte theoretischer Reflexion zeigen eine Tendenz vom Abstrakten zum Konkreten. Während das Beziehungssystem noch als relativ abstrakte, nicht direkter Beobachtung zugängliche Entität aufgefaßt werden muß, bezieht sich das Konzept des Sprechhandlungstyps "Kontakt" bereits auf ein reales, singuläres sprachliches Ereignis. Dabei wird dieses Ereignis zunächst jedoch noch mehr unter dem abstrakten Aspekt seiner kommunikativen Funktionalität betrachtet. Nun ist kommunikative Funktionalität aber noch nicht das reale, vorfindliche, sprachliche, auf eine spezifische Weise strukturierte Phänomen.

Um diese konkreten einzelsprachlichen Realisierungen von Kontakten aber soll es nun im folgenden dritten Schritt der Entwicklung des holistischen Konzepts gehen - bzw. genauer: um die theoretisch faßbare R e l a t i o n der direkt beobachtbaren lautlich verbal strukturierten Äußerungen zur damit jeweils ausgedrückten kommunikativen Funktion. Dabei liegt ein weiterer Schritt zu konkret faßbaren Phänomenen vor. Das nur abstrakt theoretisch faßbare Phänomen "zwischenmenschliche Beziehung" wird damit über das noch relativ abstrakte, aber schon direkt und unmittelbar in einer realen Kommunikationssituation bestimmbare Modellkonstrukt "Kontakt" jetzt mit direkt beobachtbaren, konkreten einzelsprachlichen Äußerungen in Zusammenhang gebracht. Die damit vorliegende Problematik ist die der Indikatoren.

Dazu kann prinzipiell folgendes festgestellt werden: Die spezielle Art und Weise, wie Kontakte sprachlich realisiert werden, kann auch als die Art und Weise betrachtet werden, wie sich die Beziehung sprachlich realisiert. Denn die Beziehung konstituiert sich ja nur über die Kontakte, und die Kontakte sind nur als solche bestimmbar in Relation zum postulierten Beziehungssystem. Die sprachliche Form von Kontakten ist also prinzipiell auch die sprachliche Form der Beziehung. Allerdings - und dies ist ein entscheidender Unterschied zwischen Beziehung und Kontakt - wenn man bestimmt hat, welcher konkrete Kontakt im einzelnen Fall vorliegt, hat man damit noch nicht die Beziehung in ihrer Gesamtheit charakterisiert. Man hat lediglich eines ihrer Elemente eindeutig bestimmt. Das bedeutet für die vorliegende Indikatorenproblematik: Die Frage nach sprachlichen Indikatoren für beziehungsrelevante Kommunikation hat jeweils einen völlig anderen theoretischen Stellenwert, ob sie nun im Zusammenhang mit dem gesamten Handlungssystem der Beziehung oder lediglich mit der einzelnen, das System konstituierenden sprachlichen Handlung des Kontakts gestellt wird.

In diesem Sinne soll hier eine klare Abgrenzung gegen eine bestimmte in der bisherigen Forschungsliteratur vertretene Auffassung erfolgen, die sich auf eben dieses Problem der sprachlichen Realisierung von zwischenmenschlichen Beziehungen bezieht. Diese Auffassung soll hier als die "Auffassung der Möglichkeit vom Bestehen sprachlicher Indikatoren für zwischenmenschliche Beziehungen" oder kurz als "Auffassung von Beziehungsindikatoren" bezeichnet werden. Was ist nun mit dieser Auffassung im einzelnen gemeint und inwiefern muß sie im Rahmen des hier vorgelegten Konzepts als inadäquat abgelehnt werden? Diese Fragen sollen zunächst in den beiden folgenden Abschnitten beantwortet werden. In dem darauffolgenden Abschnitt wird schließlich der eigene Standpunkt dargestellt, womit dann die Darstellung auf dem theoretischen Reflexionsniveau abgeschlossen ist.

6.4.2 Indikatordefinition

Um das Konzept der Beziehungsindikatoren, wie es bisher vertreten wurde, explizieren zu können, ist es zunächst notwendig, genau zu untersuchen, was mit dem Begriff "Indikator" gemeint ist. Als erstes kann man feststellen, daß Indikatoren Phänomene sind, die in Zeichenprozessen auftreten. Indikatoren sind somit als semiotische Objekte zu betrachten, also als Zeichen. Damit stellt sich die Frage, welche Art von Zeichen mit Indikatoren gegeben sind und was das Besondere an diesem Zeichentyp ist.

Zunächst läßt sich allgemein feststellen, daß neben dem Terminus "Indikator" (329) eine Reihe weiterer Termini verwendet werden: etwa "Anzeichen" (330), "Symp-

329 Cf. etwa Scheuch/Zehnpfennig 1967,165ff; Hörmann 1970,137; Opp 1970,130ff; Friedrichs 1973,77ff; Atteslander 1974,227; Besozzi/Zehnpfennig 1976, 9ff; Pelc 1978

330 Meyer-Epple 1969,307; Stachowiak 1973,231f;

tom" (331), "natürliches Zeichen" (332), "Kennzeichen" (333) oder "Index" (334). Darüber hinaus wird auch von "Indiz" (335) bzw. "indicium" (336) oder, wie Morris es getan hat, von "Hinweis" bzw. "diagnostischem Zeichen" (337) gesprochen. All diese Termini beziehen sich jedoch letztlich auf dieselbe semiotische Problematik. Im vorliegenden Zusammenhang soll der Terminus "Indikator" verwendet werden.

Was ist nun genau unter dem Begriff "Indikator" zu verstehen? "Indikator" leitet sich aus dem lateinischen "indicare" = anzeigen, angeben, melden, sagen, verraten oder preisgeben ab, woraus die lateinischen Nomina "index" = Angeber, Anzeiger, Spion, Verräter bzw. Kennzeichen, Inhalt oder Aufschrift und "indicium" = Anzeige, Angabe, Aussage, Kennzeichen oder Merkmal abgeleitet sind. Entsprechend dieser Bedeutung wird der Begriff "Indikator" weitgehend im Rahmen wissenschaftlicher Analysen verwendet. Ein Indikator ist dabei ein wahrnehmbares (oder meßbares) Objekt oder Ereignis, das sozusagen etwas aufdeckt, auf etwas, das, zumindest zum Zeitpunkt der Untersuchung, nicht wahrnehmbar oder zugänglich ist, hinweist, das aber gleichwohl - und das ist ein wichtiger Zusatz - unabhängig vom Indikator besteht und bestehen kann. Dieser letzte Zusatz ist deshalb wichtig, weil die Relation "Entität - Indikator" nicht umkehrbar ist. Das soll folgendes heißen: Das Feuer kann unabhängig vom Rauch bestehen, der Rauch aber nicht unabhängig vom Feuer; das Tier besteht unabhängig von seinem Fußabdruck im Sand, aber nicht umgekehrt; der Regen besteht unabhängig von der Nässe der Straße, die Nässe der Straße aber (jedenfalls als Indikator für Regen) nicht unabhängig von eben diesem Regen.

Indikatoren werden in den verschiedensten wissenschaftlichen Disziplinen im Sinne dieser ursprünglichen Bedeutung in Analysen benutzt. So ist z.B. die rote oder blaue Färbung von Lackmuspapier ein Indikator für das Vorliegen einer Säure bzw. einer Lauge. Die scheinbare Helligkeit eines Sterns ist (unter anderem) ein Indikator für seine reale Größe. Skorbut ist Indikator für Vitamin-C-Mangel. Fischkadaver können ein Indikator für verseuchtes, sauerstoffarmes Gewässer sein. Abgenagte Baumstämme sind ein Indikator für Nagetiervorkommen. In all diesen Fällen gibt es bestimmte direkt oder

---

Tugendhat 1976,233,365; Bentele/Bystrina 1978,107ff; Ziegler 1978,82

331 Bühler 1933,83; Hörmann 1970,21f,24f,54,230

332 Schaff 1960,166; Ziegler 1978,82

333 Schaff 1960,133

334 Walter 1974,62; Bentele/Bystrina 1978,127

335 Ammon 1972,82

336 Prieto 1966

337 Morris 1938,64

vermittelt wahrnehmbare Objekte, Ereignisse oder Sachverhalte, die auf andere Objekte, Ereignisse oder Sachverhalte hinweisen, welche entweder generell oder nur zum jeweiligen Untersuchungszeitpunkt nicht wahrnehmbar oder nicht zugänglich sind.

Daß nun bestimmte Entitäten eine solche hinweisende Funktion haben können, liegt daran, daß bestimmt geartete Zusammenhänge zwischen den als Indikatoren bestimmten und den durch die Indikatoren angezeigten Entitäten bestehen. Aufgrund solcher generativen oder kausalen Zusammenhänge, in die Indikator-Entität und indizierte Entität eingebunden sind, wurde auch von "natürlichen Zeichen" gesprochen. Indikatoren entstehen also nur in einem naturhaften oder regelhaften Wirkungszusammenhang, der unabhängig von irgendwelchen intendierten Zeichen- oder Informationsprozessen besteht und ablaufen kann. Dabei besteht die eben erwähnte einseitige Abhängigkeit der Indikatoren von den durch sie indizierten Entitäten. So bestehen also Säure oder Lauge unabhängig von der jeweiligen Färbung des Lackmuspapiers, die Größe des Sterns unabhängig von seiner auf der Erde beobachteten scheinbaren Helligkeit etc. Das liegt letztlich daran, daß Säure oder Lauge, die Größe eines Sterns etc. die jeweiligen Indikatoren bewirken - und die Ursache stets unabhängig von ihrer Wirkung ist.

Indikatoren treten also nur in spezifisch gearteten Wirkungszusammenhängen auf. Bentele/Bystrina führen in dem Zusammenhang die drei grundsätzlich möglichen Formen solcher Produktionsprozesse von Indikatoren auf:

> 1. der Produktionsprozeß ist ein kausaler Zusammenhang in der unbelebten Natur (z.B. Rauch als Anzeichen für Feuer, Abendrot als Anzeichen für gutes Wetter, Blitz als Anzeichen für Donner);
> 2. der Produktionsprozeß ist ein biologischer Prozeß innerhalb von Organismen (Krankheitssymptome, Rotwerden als Anzeichen für Scham, Zittern als Anzeichen für Unsicherheit);
> 3. der Produktionsprozeß ist ein von Organismen veränderter Naturzusammenhang (Spuren im Sand, Knochenüberreste als Anzeichen für die Existenz von Lebewesen, Reifenspur auf der Fahrbahn als Anzeichen für einen Unfall) (338).

Daneben können Anzeichen jedoch auch noch im Zusammenhang mit intentional eingesetzten Zeichen auftreten: etwa eine spezifisch falsche Antwort auf eine Frage als Anzeichen dafür, daß die Frage nicht verstanden wurde (339), oder eine bestimmte sprachliche Formulierung als Anzeichen für eine bestimmte regionale oder soziale Zugehörigkeit, einen bestimmten Sprachcode (etwa den elaborierten oder restringierten Code).

338 Bentele/Bystrina 1978,109
339 Bentele/Bystrina 1978,109

In diesem Sinne sind Indikatoren stets an einen Interpreten gebunden, der prinzipiell in der Lage sein muß, bestimmte Entitäten überhaupt als Indikatoren für andere Entitäten zu deuten. Diese Fähigkeit des Interpreten aber impliziert, daß der Interpret den Wirkungszusammenhang kennt, in dem die von ihm als Indikator gedeutete Entität steht. Erst nachdem bestimmte körperliche Erscheinungen, die in ihrer Gesamtheit als "Skorbut" bezeichnet werden, auf Vitamin-C-Mangel zurückgeführt werden konnten, konnten sie überhaupt als Indikator für diesen Mangel genommen werden, woraufhin dann auch erst die entsprechenden Gegenmaßnahmen getroffen werden konnten. Indikator zu sein, ist daher nicht eine Eigenschaft von Objekten an sich, sondern ist eine "funktionale Eigenschaft" (340), die Entitäten nur von bestimmten Interpreten zugeschrieben werden kann, und zwar im Rahmen eines diesem Interpreten bekannten Konzepts von Wirkungszusammenhängen.

Dem Wirkungszusammenhang auf seiten der Realität, der den Indikator hervorbringt, entspricht der relativ zu einem bestimmten Konzept (Modell) dieses Wirkungszusammenhangs vollzogene Rückschluß eines Interpreten vom Indikator auf die indizierte Entität. Die für den Indikatorbegriff konstitutiven Bedingungen sind damit folgende:

(1) Es muß ein System bestehen, in dem bestimmte Wirkungszusammenhänge ablaufen.
(2) Es muß mindestens eine der unmittelbaren Wahrnehmung zugängliche Entität geben, die an den Wirkungszusammenhängen beteiligt ist.
(3) Es muß einen bestimmten Interpreten geben.
(4) Es muß ein Konzept des Interpreten geben, das ein Modell der in (1) genannten Wirkungszusammenhänge darstellt und aufgrund dessen der Interpret von den in (2) genannten, von ihm wahrgenommenen (oder gemessenen) Entitäten auf die ihm entweder nur zum Zeitpunkt der Wahrnehmung (oder Messung) oder aber generell nicht wahrnehmbaren oder zugänglichen Entitäten rückschließt.

Für sich allein genommen, ist jede der vier Bedingungen zwar notwendig, nicht aber hinreichend. Zusammen sind sie jedoch sowohl hinreichend wie notwendig für das Vorliegen von Indikatoren. Die Bedingungen (1) bis (3) seien die einleitenden Bedingungen, (4) die eigentliche Bedingung genannt. Damit soll auf die besondere Bedeutung der Bedingung (4) hingewiesen werden. Gerade in den Sozialwissenschaften und manchen Bereichen der Naturwissenschaften gibt es Zusammenhänge, bei denen das theoretische Konzept des Indikatorinterpreten eine besondere Rolle spielt. Daraus ergeben sich einige entscheidende Modifikationen des Indikatorkonzepts.

---

340 Bentele/Bystrina 1978,108

Zunächst kann man prinzipiell feststellen, daß Indikatoren in gewissem Grade vage sind (341). So kann die rote Färbung des Lackmuspapiers einerseits eine Säure indizieren, andererseits aber auch das Nichtvorhandensein einer Lauge. Das heißt, ein Indikator kann nicht nur eine Klasse bestimmter Entitäten indizieren, sondern je nach der Differenziertheit des zugrunde liegenden Konzepts (speziell bestimmter Randbedingungen) auch deren Komplementärklasse (342). Keine Reaktion des Lackmuspapiers kann so gesehen Indikator sein für:

(1) keine Säure;
(2) keine Lauge;
(3) weder Säure noch Lauge;
(4) schlechte Qualität des Papiers;
(5) zu geringe Konzentration von Säure oder Lauge oder dgl.

Eine bestimmte Entität kann Indikator für die eigentliche Ursache oder das Bestehen eines Systems insgesamt sein, in dem Wirkung und Ursache zusammengefaßt sind. So kann das Aussterben einer bestimmten Vogelart nicht nur Indikator sein für die aufgrund von Schädlingsbekämpfung erfolgte erfolgreiche Vernichtung einer diesen Vögeln als Nahrung dienenden Insektenart, sondern genausogut ein Indikator für das generelle Bestehen derartiger komplizierter ökologischer Systeme überhaupt, die der Mensch sehr leicht zerstören kann. Im Falle der Vögel und Insekten waren Ursache und Wirkung noch beide unabhängig voneinander beobachtbar, und der indizierte Sachverhalt (Vernichtung der Insektenart) kann auch unabhängig vom Indikator (Aussterben der Vögel) bestehen. Nun gibt es jedoch speziell in den Sozialwissenschaften den Fall, daß eine bestimmte Entität ausschließlich dadurch "besteht", daß verschiedene Indikatoren angegeben werden. Das, was diese Indikatoren indizieren, ist dann das Konzept selber. Richtiger müßte man sagen, daß in diesem Fall die

> Indikatoren als beobachtbare Erscheinungen eines Konzepts zu betrachten (343)

sind. So ist etwa "Intelligenz" ausschließlich durch eine Reihe von möglichen Verhaltensweisen definiert. "Intelligenz" an sich ist nicht beobachtbar. "Intelligenz" ist letztlich nichts anderes als eben diese Art, sich zu verhalten. Das heißt, die Entität "Intelligenz" besteht nicht unabhängig von den sie indizierenden Verhaltensweisen, sondern erst mit ihnen bzw. durch sie. Solche

---

341 Cf. dazu etwa auch die Bemerkungen bei Prieto. Prieto 1966,23ff
342 Prieto 1966,27
343 Besozzi/Zehnpfennig 1976,18ff

"Dispositionen" (344) sind also eigentlich keine real und unabhängig von ihren Indikatoren existierenden Entitäten, sondern theoretische Konzepte von Indikatorzusammenhängen, die letztlich von diesen Indikatoren abhängig sind.

Solche Indikatoren nun, die konkrete, unabhängig von ihnen existierende Entitäten indizieren, seien Objekt-Indikatoren genannt (etwa die Fußspur, die das unabhängig von ihr bestehende Lebewesen indiziert). Solche Indikatoren aber, die als beobachtbare Erscheinungen von Konzepten (Systemen) festgelegt werden, seien Konzept-Indikatoren genannt (etwa die Schnelligkeit, bestimmte Aufgaben lösen zu können, als Indikator für das Konzept "Intelligenz"). Der Unterschied zwischen Objekt- und Konzept-Indikatoren ist allerdings nicht durch eine scharfe Grenze bestimmt, sondern muß als kontinuierlicher Übergang verstanden werden, der mit der detaillierten Kenntnis der Systemhaftigkeit der Objekte zunimmt. Je differenzierter ein Konzept (Modell) von einem Wirklichkeitsbereich wird, um so mehr werden Objekt-Indikatoren zu Konzept-Indikatoren (345). Betrachtet man das mehrfach erwähnte Beispiel des Lackmuspapiers auf einer atomphysikalischen Ebene, so ist die Verfärbung als Indikator komplizierter atomarer Wechselwirkungen zwischen den Atomen der Flüssigkeit und denen des Papiers anzusehen, die selbst nur noch über indirekt beobachtbare Ereignisse als solche bestimmbar sind. Die Entität "Säure" wird so gesehen dann ein ausschließlich über Indikatorereignisse faßbares Konzept eines Systems bestimmter chemisch physikalischer Wechselwirkungen. Sie ist dann keine unabhängig von diesen Indikatorereignissen (etwa bestimmten Zeigerausschlägen von Meßinstrumenten) bestehende Entität mehr. Objekt-Indikatoren werden durch zunehmende Differenzierung des Konzepts zu Konzept-Indikatoren.

Objekt-Indikatoren sind sinnvoll im Rahmen eines bestimmten, den normalen Alltagserfahrungen entsprechenden Reflexionsniveaus zu verwenden. Bei zunehmender theoretischer Reflexion gehen sie immer mehr in Konzept-Indikatoren über. Diese Zusammenhänge sind wichtig, um den in der Linguistik anzutreffenden Ansatz von Beziehungsindikatoren angemessen beurteilen und kritisieren zu können.

6.4.3 Das Konzept der Beziehungsindikatoren in der Linguistik

Betrachtet man nun die linguistischen Theorien, die sich mit dem Zusammenhang von Sprache und Beziehung beschäftigt haben, so kann man feststellen, daß in diesen Theorien weitgehend ein Konzept enthalten ist, bei dem sprachliches Verhalten im Sinne von Objekt-Indika-

---

344 Besozzi/Zehnpfennig 1976,18ff

345 Siehe dazu auch oben Seite 121

toren mit der Beziehung in Relation gesetzt wird. Dieses spezielle Konzept der Möglichkeit von sprachlichen Objekt-Indikatoren für zwischenmenschliche Beziehungen wurde oben als die "Auffassung von Beziehungsindikatoren" apostrophiert. Mit dieser Auffassung von Beziehungsindikatoren ist nun im einzelnen gemeint, daß es möglich ist, von einzelnen sprachlichen Elementen wie etwa bestimmten Wörtern oder Syntagmen auf die gesamte Beziehung zu schließen, die zwischen dem Sprecher und Hörer der betreffenden untersuchten Äußerung besteht. Die sprachlichen Elemente sind dann Indikatoren für die (reifizierte) Beziehung. Sprache wird dabei als Reflex einer bestimmten Entität, "Beziehung" genannt, gesehen.

Diese Auffassung liegt beispielsweise der Watzlawickschen Dichotomie von Inhalts- und Beziehungsaspekt zugrunde. Wie oben festgestellt wurde, haben Indikatoren nichts mit intendierten Zeichen- oder Informationsprozessen zu tun, sondern entstehen in naturhaft kausalen oder regelhaft sozialen Wechselwirkungsprozessen (346). Genau das entspricht der Watzlawickschen Vorstellung vom Beziehungsaspekt. Während der Inhaltsaspekt sich nämlich auf die bewußt intendierte Informationsübermittlung (Inhalt ist nach Watzlawick et al. vor allem Information) bezieht, ist der Beziehungsaspekt sozusagen eine unabhängig von dem Intendierten stets auftretende Begleiterscheinung, die an Mitteilungen zu beobachten ist, die aber weitgehend dem Willen und Bewußtsein der Sprecher entzogen ist. Ohne das Zutun der Kommunikatoren ist in ihren Mitteilungen ein Beziehungsaspekt enthalten, der die Beziehung anzeigt. Daß es sich um Anzeichen, also Indikatoren, handelt, wird deutlich, wenn man sich klarmacht, daß nicht über Beziehungen direkt geredet wird (das gehört dann in den Bereich des Inhaltsaspekts), also nicht Zeichen *für* die Beziehung oder bestimmte ihrer Aspekte verwendet werden. Es wird nicht zeichenhaft auf die Beziehung referiert. Der Beziehungsaspekt ist "seinem Wesen" nach keine denotative Aussage (347). Es wird sich im Sinne Watzlawicks et al. vielmehr "beziehungshaft" verhalten und damit die Beziehung lediglich indiziert, angezeigt, aufgedeckt, verraten, preisgegeben - ganz im Sinne des lateinischen "indicare". Beziehung ist in diesem Konzept etwas, was nicht direkt Gegenstand der Kommunikation ist, sondern etwas, was sich in der Kommunikation *zusätzlich* kundtut. Die spezifische Beziehungsform leitet sich ab aus der direkten Objektinformation (348).

Genau das gleiche Konzept liegt etwa auch bei Holly vor, wenn er betont, es gehe ihm nicht darum, wie Kommunikatoren direkt über ihre Beziehung sprechen, sondern darum, wie sie mittels eines Redens über beliebige andere

346 Siehe oben Seite 350f
347 Watzlawick et al. 1969,97
348 Watzlawick et al. 1969,54

Sachverhalte a u c h gleichzeitig Mitteilungen über ihre Beziehungen machen (349). Die gleiche Auffassung findet sich bei Baacke (350) oder Buddemeier (351) bzw. generell bei solchen Autoren, die sich implizit oder explizit auf das Watzlawicksche dichotomische Konzept beziehen.

Bei Watzlawick et al. werden nun die sprachlichen Mitteilungen weitgehend, entsprechend den im psychologischen Bereich üblichen Methoden, als Konzept-Indikatoren aufgefaßt. Das heißt, das konkrete sprachliche Verhalten wird als Menge beobachtbarer Erscheinungen eines - dann allerdings recht vagen und unklaren - Konzepts von "Beziehung" aufgefaßt, was sich ausschließlich aufgrund dieses Verhaltens fassen läßt (352). Im Gegensatz dazu wird im Bereich der Linguistik mit der Auffassung von Beziehungsindikatoren zumeist die Vorstellung von Objekt-Indikatoren verbunden. Das heißt, die linguistischen Autoren fallen bei ihren Überlegungen wieder hinter den Watzlawickschen Standpunkt zurück, der sich ja auch als durchaus berechtigte Polemik gegen reifizierende Haltungen hinsichtlich theoretischer Konzepte versteht. Die Beziehung wird bei den linguistischen Ansätzen als objektive, unabhängig von Sprache und Handeln mögliche, real existierende Entität aufgefaßt (353). Die Beziehung wirkt auf die Sprache ein, was zur Ausbildung spezifischer Indikatoren in den Äußerungen führt. Diese Indikatoren bezeichnen dann nicht die oder eine Beziehung, sondern lassen Rückschlüsse auf die oder eine Beziehung zu, welche jedoch auch dann bestünde, wenn es die Indikatoren nicht gäbe. Die sprachliche Äußerung ist also - ganz im Sinne des Watzlawickschen Ansatzes - einmal Zeichen f ü r etwas, nämlich den Sachverhalt, auf den sie referiert, zum anderen ist sie aber gleichzeitig auch Zeichen (Anzeichen, Indikator) v o n etwas, nämlich von der Beziehung zwischen Sprecher und Hörer.

Diese in der Linguistik anzutreffende Auffassung der Relation von Beziehung und Sprache über sprachliche Beziehungsindikatoren kann in etwa durch das in Abbildung 6.43 dargestellte Schema veranschaulicht werden.

---

349 Holly 1969,175ff; etwas modifiziert wird dieser Ansatz auch noch bei Holly 1979 vertreten.
350 Baacke 1973,146ff
351 Buddemeier 1973,76ff
352 Cf. Watzlawick et al. 1969,21ff
353 Siehe unten

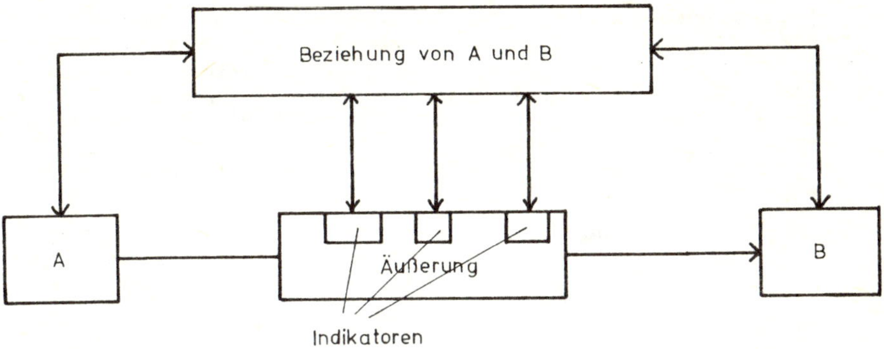

Abb. 6.43

Aufgrund der in der Äußerung von A an B enthaltenen Indikatoren lassen sich von einem Beobachter bzw. von B selbst Rückschlüsse auf die zwischen A und B bestehende Beziehung ziehen. Derartige Auffassungen treten speziell in solchen Ansätzen auf, bei denen die Beziehung als innerer Zustand oder als Rollenbeziehung aufgefaßt wird. Innerer Zustand wie Rollenbeziehung werden dann als unabhängig von der Sprache bestehende Entitäten aufgefaßt. Beziehung und Sprache werden als grundsätzlich verschiedene Phänomene betrachtet.

Besonders deutlich wird dies bei der großen Zahl von Untersuchungen zum Phänomen der in den verschiedenen Sprachen vorkommenden unterschiedlichen Anredepronomen, entsprechend den deutschen Pronomen "Du" und "Sie" (354). Beispielhaft seien hier kurz die beiden Arbeiten von Brown/Gilman (355) und Ammon (356) erwähnt, an denen das Konzept der Beziehungsindikatoren illustriert werden kann. Generell werden die Anredepronomen in Relation gesetzt zu der allgemeinen Sozialstruktur. Die beiden fundamentalen Dimensionen dieser Sozialstruktur sind für Brown/Gilman Macht und Solidarität:

> The interesting thing about such pronouns is their close association with two dimensions fundamental to the analysis of all social life - the dimensions of power and solidarity (357).

---

354 Gedike 1794; Grimm 1866; Ehrismann 1901,1902,1903, 1904; Chapman 1936; Silverberg 1940; Svenning 1958; Brown/Gilman 1960; Brown/Ford 1961; Slobin 1963; Slobin et al. 1968; Ervin-Tripp 1971; Ammon 1972; Hartmann 1972 und die weitere dort angegebene Literatur.

355 Brown/Gilman 1960

356 Ammon 1972

357 Brown/Gilman 1960,303

Für Ammon stellen die Anredepronomen in diesem Sinne einen Kommunikationsrahmen her, der das soziale Feld darstellt, in dem Sprecher und Hörer sich als Inhaber "sozialer Positionen" begegnen und die dann letztlich der "sozialen Orientierung" dienen (358). Der indikative Charakter, den Ammon den Anredepronomen in dem Zusammenhang zuspricht, wird besonders deutlich, wenn er feststellt:

> Die Bedeutungen von Anredeformen, auch der Anredepronomen, verweisen so gut wie ausschließlich auf Sprecher und Hörer und die Beziehung zwischen beiden (359).

Dabei werden, sowohl bei Ammon wie auch bei Brown/Gilman, die Beziehungen hauptsächlich als Verhältnis von Positionsinhabern betrachtet, zwischen denen dann eben Macht- und Solidaritätsverhältnisse entstehen oder bestehen. Das Verhältnis von Beziehung und Sprache wird dabei allerdings nicht als einseitige Determination betrachtet. Denn:

> Die Pronominalformen sind sowohl ein Mittel zur Herstellung als auch der Ausdruck ganz bestimmter, als soziale Felder deutbarer Gesprächsrahmen (360).

Ebenso stellen auch Brown/Gilman fest, daß die Anredepronomen nicht nur Ausdruck der Sozialstruktur (361) bzw. der sie formenden Beziehungen sind, sondern daß der von ihnen festgestellte "semantic shift" (362) auch zu einer Veränderung der Sozialstruktur beiträgt (363).

Im wesentlichen werden dann von Ammon wie Brown/Gilman die verschiedenen Formen reziproker und nichtreziproker Verwendung der "Du"-"Sie"-Formen untersucht, wobei dann etwa die nichtreziproke Verwendung von "Du" und "Sie" eine ungleiche "Beziehung" indiziert (364), eine reziproke Verwendung von "Du" und "Sie" Solidarität bzw. Nichtsolidarität (365) oder aber, wie Ammon betont, "Solidarität" (366) bzw. "Distanz bürgerlicher Sozialbeziehungen" (367). Alle diese verschiedenen auf Gleichheit und Solidarität oder Ungleichheit und Unter- oder Überlegenheit basierenden sozialen Beziehungen aber werden letztlich als vom sprachlichen Verhalten weitgehend unabhängige, reale, objektiv existierende Phänomene begriffen. So betonen etwa Brown/Gilman gleich zu Beginn ihrer Arbeit die

---

358 Ammon 1972,74
359 Ammon 1972,74
360 Ammon 1972,75
361 Brown/Gilman 1960,306ff,308ff
362 Brown/Gilman 1960,314
363 Brown/Gilman 1960,330ff
364 Ammon 1972,75; Brown/Gilman 1960,306
365 Brown/Gilman 1960,310
366 Ammon 1972,87
367 Ammon 1972,88

> covariation between the pronoun used and the <u>objective relationship</u> (Hervorhebung v. Verf.) existing between speaker and addressee (368).

Noch deutlicher aber streicht Ammon den sprachunabhängigen Charakter von Beziehungen heraus, wenn er feststellt: Es wird

> deutlich, daß die drei Ebenen: Wirklichkeit (hier: die <u>objektive soziale Beziehung</u> (Hervorhebung v. Verf.)), Bewußtsein von der Wirklichkeit (hier: die Vorstellung von der sozialen Beziehung), sprachlicher Ausdruck (hier: die Anrede mit <u>Sie</u> oder <u>Du</u>), auseinander gehalten werden müssen. Gleichwohl hängen diese drei Ebenen zusammen und lassen sich folglich aufeinander beziehen (369).

Damit wird genau das in Abbildung 6.43 veranschaulichte Konzept vertreten: Es gibt eine Beziehung, die auf irgendeine Weise in der Wirklichkeit besteht. Von dieser objektiv bestehenden Beziehung haben die Sozialpartner ein Bewußtsein. Gleichzeitig drückt sich diese Beziehung in den Äußerungen durch bestimmte Indikatoren (etwa die Anredeformen) aus. Termini wie "Indiz" (370), "indizieren" (371), "Ausdruck von" (372), "widerspiegeln" (373), "offenbaren" (374) weisen bei Ammon darauf hin, daß nicht ein Bezeichnen von Beziehungen durch sprachliche Ausdrücke gemeint ist, sondern der indikative Reflex von Beziehungen in der Sprache. Formen wie "Du" und "Sie" werden damit von Ammon eindeutig als Objekt-Indikatoren für die objektiv bestehende Entität "Beziehung" aufgefaßt. Dies entspricht zum Teil dem Watzlawickschen Konzept, und zwar insofern, als die Anredeformen "Du" und "Sie" nicht Zeichen f ü r die Beziehung sind, sondern eben Zeichen (Anzeichen, Indikator) v o n der Beziehung. Denn gleichgültig worüber geredet wird, die Anredeformen "Du" oder "Sie" indizieren gleichzeitig die Beziehung zwischen den Kommunikatoren. In der entsprechenden Anredeform würde sich somit der Beziehungsaspekt manifestieren.

6.4.4 Indikator, Kontakt und Beziehungssystem

Gegen eine solche Auffassung lassen sich jedoch eine Reihe von Einwänden geltend machen. Ein Konzept von sprachlichen Beziehungsindikatoren im oben explizierten Sinne ist in zweifacher Hinsicht problematisch:

(1) hinsichtlich des Status der Indikatoren als

---

368 Brown/Gilman 1960,303
369 Ammon 1972,80
370 Ammon 1972,82
371 Ammon 1972,75
372 Ammon 1972,75,87
373 Ammon 1972,77,88
374 Ammon 1972,82

Objekt-Indikatoren;

(2) hinsichtlich der Tatsache, daß die Indikatoren als Indikatoren direkt für die Beziehung angesehen werden.

Dies soll im folgenden erläutert werden. Wird, wie es in der linguistischen Literatur weitgehend geschieht, eine Auffassung von Beziehung zugrunde gelegt, bei der die Beziehung als eine unabhängig von der Sprache, in der sozialen Wirklichkeit real existierende, objektive Entität gesehen wird, so ist damit die Auffassung von Objekt-Indikatoren verbunden. Ein solcher Ansatz ist jedoch insofern äußerst problematisch, als er eine reifizierende Auffasung von der Beziehung impliziert - so als sei die Beziehung ein Objekt, das irgendwo in der sozialen Realität anzutreffen sei, u n a b h ä n g i g vom Handeln der Menschen. Eine solche Reifikation läßt es dann auch sinnvoll erscheinen, Beziehung etwa mit einem Rollenverhältnis oder einer inneren Haltung zu identifizieren, was jedoch letztlich als problematische Reduktion bewertet werden muß (375).

Mit einer solchen Auffassung von Beziehung, als einem unabhängig vom Verhalten existierenden "Objekt", tritt eine weitere Schwierigkeit auf. Wäre die Beziehung tatsächlich unabhängig von den sie indizierenden Verhaltens-Indikatoren, müßte sie auch unabhängig von ihnen etwa durch andere Indikatoren feststellbar bzw. eventuell auch direkt beobachtbar sein. Andernfalls käme man in den Zirkel, daß zwar eine Entität, die Beziehung, als Erklärungsmöglichkeit bestimmter Erscheinungen, nämlich dem Verhalten, das dann als Indikator für sie, die Beziehung, aufgefaßt wird, gesetzt wird, daß andererseits aber diese Entität gar nicht anders als durch eben diese Erscheinungen faßbar wäre (376).

Schließlich impliziert die Auffassung der Möglichkeit von Objekt-Indikatoren, daß die unabhängig bestehenden, jeweils indizierten Objekte bestimmte Wirkungen zumeist kausal deterministischer Art auszuüben vermögen. Das heißt, Objekt-Indikatoren können lediglich in den oben genannten (377) vier Arten von wirkungsmäßigen Produktionsprozessen auftreten.

Wird nun der hier vorgeschlagene und als adäquat betrachtete Beziehungsbegriff zugrunde gelegt, so muß man feststellen, daß damit ein Konzept vorliegt, das eine Auffassung von Objekt-Indikatoren ausschließt. Die in der Linguistik vertretenen Auffassungen des Zusammenhangs von Beziehung und Sprache aufgrund derartiger Objekt-Indikatoren werden daher auch als inadäquat betrachtet. Denn sie reifizieren den Beziehungsbegriff, geraten in einen Zirkelschluß bei der Bestimmung von Indikatoren und implizieren inadäquate, kausal deter-

---

375 Siehe oben Abschnitt 2.2.4

376 Siehe oben Abschnitt 2.2.4

377 Siehe oben Seite 351

ministische Wechselwirkungen zwischen Beziehung und Sprache. In diesem Sinne wäre die ursprüngliche, bei Watzlawick et al. implizierte Auffassung des Zusammenhangs von Beziehung und Sprache vorzuziehen. Denn dort ging es um Konzept-Indikatoren. Wie im Kapitel drei dargestellt wurde, ist das von Watzlawick et al. entwickelte Beziehungskonzept jedoch derart vage, unklar und unspezifiziert, so daß es für eine differenzierte empirische Analyse ebenfalls unbrauchbar ist.

Neben dieser Ablehnung des Status als Objekt-Indikatoren muß weiterhin prinzipiell bezweifelt werden, daß es sinnvoll ist, überhaupt anzunehmen, daß sprachliche Äußerungen direkt (auch im Sinne von Konzept-Indikatoren) Beziehungen zu indizieren vermögen. Wenn man sich vergegenwärtigt, daß Beziehungen äußerst komplexe, übersituationell ausgedehnte Handlungssysteme darstellen, so dürfte klar werden, daß eine bestimmte Beziehung in diesem Sinne gar nicht durch eine einzelne Äußerung auch nur annähernd charakterisiert werden kann. Nimmt man z.B. die Anredepronomen "Du" und "Sie", so ist damit in keiner Weise die Möglichkeit gegeben, Beziehungen zu indizieren, die in der bisherigen Literatur etwa als "symmetrische", "asymmetrische", "solidarische", "autoritäre Beziehungen" oder dgl. bezeichnet wurden. Eine Beziehung, in der etwa "Du"-Formen benutzt werden, kann dennoch gleichzeitig als weitgehend "autoritär", "unsolidarisch", "asymmetrisch" etc. charakterisiert werden (etwa wenn es sich um eine konfliktreiche Ehe handelt). Andererseits kann eine Beziehung, in der "Sie"-Formen auftreten, trotzdem insgesamt als "solidarisch" oder "symmetrisch" bezeichnet werden. Die jeweils benutzte Anredeform läßt also in keiner Weise Rückschlüsse auf das Beziehungssystem insgesamt zu. Solche Rückschlüsse sind nur möglich, wenn ein reduziertes und vereinfachendes und damit inadäquates Beziehungskonzept zugrunde gelegt wird. Ein solches Konzept aber widerspricht dann der Tatsache, daß Beziehungen, wie in der hier vorgelegten Analyse gezeigt werden konnte, äußerst komplizierte und komplexe soziale Gebilde darstellen, die nur mit einem nicht unerheblichen theoretischen Aufwand überhaupt adäquat faßbar werden.

Darüber hinaus wird bei der Annahme der Möglichkeit von Beziehungsindikatoren eine, wie hier gezeigt wurde, theoretisch wichtige Stufe des Beziehungskonzepts, nämlich die der Sprechhandlungen, einfach übersprungen. Eine solche Reduzierung impliziert jedoch problematische Konsequenzen und kann von daher nicht akzeptiert werden.

Wenn man also im Zusammenhang mit Beziehungen von sprachlichen Indikatoren spricht, so bedeutet das, daß solche Indikatoren

(1) keine Objekt-Indikatoren sind;
(2) keine Indikatoren direkt für die Beziehungen sind.

Legt man in diesem Sinne das hier entwickelte und als adäquat betrachtete Beziehungskonzept zugrunde, ist es jedoch sinnvoll, sprachliche Indikatoren für die die Beziehungen konstituierenden spezifischen Sprechhandlungen, die Kontakte, zu suchen. Sprachliche Indikatoren sind also keine Beziehungsindikatoren, sondern stets Kontaktindikatoren, oder genauer: Indikatoren für collokutive bzw. connexive Akte. Kontaktindikatoren sind in jedem Falle aber Konzept-Indikatoren, also die beobachtbaren Komponenten eines abstrakten, theoretischen Konzepts, also einer prinzipiell nicht direkt beobachtbaren Entität. Dieses Konzept, die spezielle Sprechhandlung "Kontakt", ist letztlich nur durch die sie bestimmenden sprachlichen Indikatoren faßbar. Das Konzept besteht also nicht unabhängig von diesen Indikatoren, sondern erst durch sie. Es ist das bestimmte sprachliche Erscheinungen zusammenfassende Konzept mit dem Etikett "Kontakt", das weiterhin in einem theoretisch legitimierten Zusammenhang mit einem anderen Konzept, nämlich dem der "Beziehung", steht. Von seiten sprachlich empirischer Analysen ist die Beziehung also nur über das Konzept des Kontakts faßbar. Bevor in diesem Sinne differenzierte Aussagen über die Beziehung gemacht werden können, müssen zunächst die sie konstituierenden Kontaktmengen bestimmt werden. Das impliziert die Frage der konkreten sprachlichen Realisierung solcher Sprechhandlungen und damit die Frage nach den sprachlichen Indikatoren für Kontakte.

6.5 Abschließende Bemerkung

Mit der Diskussion der Indikatorenproblematik ist die eigentliche theoretische Reflexion abgeschlossen. In ihr wurden entsprechend dem holistischen Ansatz die Überlegungen von dem allgemeinen, abstrakten Begriff der "Beziehung" über den schon konkreteren Begriff des "Kontakts" zu dem konkreten Problem der Möglichkeit sprachlicher Realisierung von Beziehungen geführt, also zu dem Problem der Relation zwischen dem theoretischen Konzept und den konkreten sprachlichen Formen. Im nächsten, dem folgenden Teil III der Arbeit, soll nun demonstriert werden, wie die im jetzt abgeschlossenen Teil II entwickelte Theorie hinsichtlich der Analyse konkreten sprachlichen Datenmaterials verwertet werden kann.

7. ZUSAMMENFASSUNG TEIL II

Zunächst wurde im Kapitel fünf die Überlegung entwickelt, daß eine wissenschaftliche Analyse sich auf vier Reflexionsebenen zu legitimieren habe, nämlich der metatheoretischen, der theoretischen, der empirischen und der praktischen Ebene. Ausgehend von diesem Postulat, wurde in den beiden Kapiteln fünf und sechs des Teils II dann die eigentliche Theorie auf der metatheoretischen wie theoretischen Ebene expliziert.

Auf der metatheoretischen Ebene ging es dabei zunächst um die Begründung des eigentlichen Objektbereichs der Theorie. Es wurde festgestellt, daß kleine F-Gruppen und die in ihnen ablaufende F-Kommunikation als adäquater Gegenstandsbereich der Untersuchung anzusehen sind. Im Anschluß daran wurden die theoretischen Voraussetzungen und Grundlagen expliziert. Dabei ging es im einzelnen um die Explizierung des modelltheoretischen Erkenntniskonzepts, wonach alle nur mögliche Erkenntnis eine Erkenntnis in und durch Modelle ist. Die Modelle beziehen sich dabei, wie im einzelnen gezeigt wurde, auf bestimmte Modelloriginale, welche als attributive Systeme anzusehen sind, die auf der Modellseite durch prädikative Systeme abgebildet werden. Mit der Modellhypothese der Erkenntnis ist, wie dann gezeigt wurde, eine weitere Annahme verbunden, nämlich die von der Systemhaftigkeit letztlich aller Wirklichkeitsbereiche. Nach dieser Hypothese stellt sich die Wirklichkeit je nach Betrachterstandpunkt als mehr oder weniger komplexes System dar, dessen untere Grenze die nicht weiter differenzierten Elemente, deren obere Grenze die ebenfalls nicht weiter differenzierte Umwelt darstellen. In diesem Sinne wurde als eigentliches Modelloriginal des in Kapitel sechs zu entwickelnden Modells das F-System postuliert. Das F-System wurde zunächst ganz grob als das System der aus der F-Gruppe sich entwikkelnden Prozesse der F-Kommunikation charakterisiert. Abschließend wurde dann, ausgehend von der Darstellung des system- und modelltheoretischen Standpunktes, der hier verwendete Erklärungsbegriff expliziert. Danach gilt, kurz gesagt, das singuläre sprachliche Ereignis (etwa eine Sprechhandlung) als erklärt, wenn es hinsichtlich seiner Funktion im Rahmen eines bestimmten zugrunde gelegten Systems, das sich modelltheoretisch gesehen als prädikatives System explizieren läßt, bestimmt werden kann. Dieser erkenntnistheoretische Standpunkt wurde dann als holistisches Konzept charakterisiert.

Nach der Darstellung dieser metatheoretischen Vorüberlegungen wurde dann im Kapitel sechs die eigentliche Theorie dargestellt. Dabei ging es zunächst um die weitere Explizierung des in Kapitel fünf postulierten Begriffs des F-Systems. In dem Zusammenhang wurde das grundlegende Kommunikationsmodell entwickelt. In den dort beschriebenen Prozessen realisiert sich die eigentliche, im folgenden dann detaillierter beschriebene beziehungsrelevante Kommunikation. Die Explizierung des Beziehungsmodells bzw. des Kontaktsmodells setzen in diesem Sinne die Explizierung des Modells des F-Systems voraus. Das F-System wird darüber hinaus auch als Grundlage der im folgenden Kapitel acht entwickelten Dialoganalyse betrachtet. Es ist letztlich die Explizierung des alltagssprachlichen Begriffs "Dialog".

Im folgenden wurde dann das als "Holismus" bezeichnete Konzept des Zusammenhangs von Beziehung und Sprache entwickelt. Dabei erfolgte die Darstellung dieses Konzepts in drei Schritten theoretischer Reflexion, die vom allgemeinen situationsübergreifenden System zum speziellen singulären sprachlichen Ereignis und von dort zu deren theoretisch faßbarer Relation, dargestellt anhand der Indikatorenproblematik, führte. In diesem Sinne wurde zunächst der Begriff der "Beziehung" expliziert. Dabei wurden einerseits die Ergebnisse aus einer Analyse des alltagssprachlichen Beziehungsbegriffs, andererseits die aus der in Kapitel zwei dargestellten Kritik an den bisherigen Beziehungskonzepten abgeleiteten Forderungen verwertet. Danach konnte ein Beziehungsbegriff entwikkelt werden, der als sowohl theoretisch legitimiert wie auch alltagssprachlich sinnvoll angesehen werden kann. Danach ist die Beziehung ein übersituationell ausgedehntes und zeitlich terminiertes Handlungssystem, das sich aus den als "Kontakt" bezeichneten, spezifisch partnerorientierten Sprechhandlungen zweier Interaktanten zusammensetzt.

Nach einer detaillierten Darstellung der spezifischen Bedingungen, Aspekte und Eigenschaften dieses Beziehungssystems wurde dann in einem zweiten Schritt die dieses Handlungssystem konstituierende Sprechhandlung, der Kontakt, expliziert. Dabei wurde zunächst festgestellt, daß das Kontaktkonzept letztlich die Darstellung derselben Sachverhalte betrifft, die bereits im Rahmen der Darstellung des Beziehungskonzepts behandelt worden sind. Der Unterschied besteht lediglich darin, daß diese Sachverhalte im Gegensatz zu der systemtheoretischen Betrachtung im Rahmen des Beziehungssystems, jetzt unter einer handlungstheoretischen Betrachtung im Rahmen einer allgemeinen Sprechhandlungstheorie betrachtet werden. Nach der genauen Explizierung des Kontakts als Sprechhandlung auf den vier Deutungsniveaus 0 bis 3 wurde dann das genaue Konzept des "Kontakts" in Auseinandersetzung und Abgrenzung gegen das Konzept des "Sprechakts" entwikkelt. Dabei zeigte sich im einzelnen, daß es möglich ist,

Kontakte ähnlich wie Sprechakte in mehrere unterschiedliche Teilakte zu untergliedern. Entscheidend für die Kontakte waren dabei die dann detailliert diskutierten Teilakte des collokutiven wie connexiven Akts.

Im dritten Schritt des holistischen Konzepts schließlich wurde untersucht, wie die beziehungsrelevante sprachliche Kommunikation relativ zu den beiden vorher entwickelten Konzepten von "Beziehung" und "Kontakt" theoretisch adäquat beschreibbar ist. Es wurde festgestellt, daß die sprachlichen Äußerungen im Rahmen eines Indikatorenkonzepts mit den theoretisch legitimierten Konzepten in Zusammenhang gebracht werden können. Dabei zeigte die genaue Analyse, daß es sich einmal nur um Konzept-Indikatoren handeln kann, also um die beobachtbaren Komponenten von abstrakten Konzepten, und nicht um mit real existierenden Entitäten in Wechselwirkung stehende Ereignisse. Zum anderen wurde festgestellt, daß die sprachlichen Ereignisse nicht Indikatoren für die Beziehung, sondern für die Kontakte, speziell die collokutiven oder connexiven Akte, darstellen. Mit diesem dritten Schritt des holistischen Konzepts ist nun die im folgenden Kapitel acht des Teils III darzustellende Analyse konkreten sprachlichen Datenmaterials auf der theoretischen Reflexionsebene vorbereitet.

8. EMPIRISCHE ANALYSEN

Im Teil I der Arbeit ging es darum, die im Teil II explizierte Theorie vorzubereiten. Im nun folgenden Teil III wird es darum gehen, diese Theorie auf empirisches Datenmaterial anzuwenden. Das bedeutet im einzelnen: Es muß geprüft werden, ob mit der im Kapitel sechs entwikkelten allgemeinen Sprechhandlungstheorie der Kontakte und Sprechakte das vorgelegte sprachliche Material adäquat erfaßt, also beschrieben und erklärt werden kann. Damit wären dann die Reflexionen auf der metatheoretischen, der theoretischen und der empirischen Ebene abgeschlossen.

8.1 Die Beobachtbarkeit von Beziehungen

Entsprechend der hier entwickelten Definition muß eine zwischenmenschliche Beziehung als ein übersituationell ausgedehntes, aus Kontakten bestehendes Handlungssystem zweier Interaktanten aufgefaßt werden (1). Weiter wurde diese Prozeßhaftigkeit der Beziehung im einzelnen skizziert (2). Schließlich konnte darauf hingewiesen werden (3), daß sich Beziehungen in diesem Sinne als miteinander verknüpfte pF-Systeme auffassen lassen, die Ketten von großer zeitlicher Ausdehnung bilden. Mit anderen Worten: Die zwischenmenschliche Beziehung besteht aus einer Reihe von Dialogen, an denen die Beziehungspartner beteiligt sind und die sich über einen weiten Zeitraum erstrecken können und in der Regel auch tatsächlich erstrecken. Beziehungen haben in diesem Sinne zumeist eine Ausdehnung von vielen Wochen, Monaten oder Jahren. Aus dieser Tatsache dürfte deutlich werden, daß Beziehungen, wenn überhaupt, nur sehr schwer vollständig direkter Beobachtung zugänglich sind. Wollte man eine Beziehung in diesem Sinne vollständig beobachten oder dokumentieren, müßte man im gesamten Zeitraum, in dem die Beziehung besteht, s ä m t l i c h e Dialoge beobachten oder dokumentieren, an denen die jeweiligen Beziehungspartner gemeinsam beteiligt sind. Dies ist jedoch praktisch wie auch theoretisch völlig unmöglich.

Die praktische Unmöglichkeit eines solchen Unternehmens hängt mit zwei Aspekten zusammen. Der eine Aspekt betrifft die soeben dargestellte, große zeitliche Aus-

---

1 Siehe oben Seite 186
2 Siehe oben Seite 216ff
3 Siehe oben Seite 203ff und 207ff

dehnung einer Beziehung von in der Regel mehreren Jahren, zumindest Monaten. Wollte man sämtliche Dialoge in diesem Zeitraum beobachten oder dokumentieren, müßte dafür ein technischer wie personeller Aufwand getrieben werden, der nicht im geringsten mit den möglichen Ergebnissen einer solchen Untersuchung in einem sinnvollen Verhältnis stünde. Ebenso wäre die Fülle des Datenmaterials derart gewaltig, daß es gänzlich unmöglich wäre, sie auch nur annähernd bearbeiten zu können.

Der zweite Aspekt der praktischen Unmöglichkeit einer vollständigen Analyse zwischenmenschlicher Beziehungen hängt genuin mit dem Phänomen "Beziehung" zusammen. Wie im Kapitel sechs entwickelt wurde, bestehen die Beziehungssysteme aus Kontakten. Kontakte, speziell die sie konstituierenden collokutiven Akte, beziehen sich nun, wie detailliert dargestellt wurde, auf die verschiedenen Individualbereiche. In Beziehungen sind Menschen in ihrer jeweils individuellen, einmaligen Persönlichkeit betroffen. Es geht um diese individuelle Persönlichkeit, die eigene wie die des Partners. Dabei werden explizit oder implizit die individuellen Eigenschaften und Eigenarten, die Fähigkeiten, Schwächen und Probleme thematisiert und gewertet. Beziehungskommunikation ist in diesem Sinne sehr stark dadurch charakterisiert, daß die Beziehungspartner durch sie subjektiv besonders betroffen sind und sich auch betroffen fühlen. Daher ist es verständlich, daß Beziehungen, wie im Rekurs auf Argyle festgestellt werden konnte (4), für den Menschen von fundamentaler Bedeutung sind. Aus diesen Gründen sind Menschen im Bereich der Beziehungskommunikation besonders engagiert, aber auch besonders empfindlich und verletzbar. Beziehungen werden als individueller Tabubereich, als persönliche "Privatsphäre" verstanden. Daher sind sie nur schwer wissenschaftlichen Beobachtungsverfahren zugänglich. Auch wenn Beziehungspartner in einzelnen Fällen einer Beobachtung in bestimmten Situationen zustimmen, so werden sie jedoch nie eine prinzipielle Beobachtung aller zwischen ihnen stattfindenden Beziehungsdialoge zulassen. Eine vollständige Beobachtung von Beziehungen ist aus diesem Grunde unmöglich.

Mit diesem Beobachtungsproblem von Beziehungen hängt eine weitere, t h e o r e t i s c h bedingte Schwierigkeit zusammen. Diese Schwierigkeit betrifft das letztlich in allen Bereichen empirischer Sozialwissenschaften auftretende Beobachtungsparadox. Das Beobachtungsparadox betrifft die Tatsache, daß, je genauer und vollständiger soziale Interaktions-Phänomene einer Beobachtung und Dokumentation zugänglich gemacht werden, sich diese Phänomene aufgrund eben dieser Beobachtung und Dokumentation verändern. Mit anderen Worten: Je besser ein sozialer Prozeß beobachtet werden kann, desto weniger ist er noch

4 Siehe oben Seite 162

der ursprüngliche Prozeß. Das hängt damit zusammen, daß die Beobachtung sozialer Prozesse selbst ein sozialer Prozeß ist, d.h. daß das "Analyseinstrument" von gleicher struktureller und materieller Beschaffenheit ist wie das "Analyseobjekt". Damit bestehen dieselben Wechselwirkungen zwischen "Analyseinstrument" und "Analyseobjekt" wie die, die innerhalb des "Analyseobjekts" beobachtet werden sollen (5).

Im Bereich der Beziehungen hängt dieses Beobachtungsparadox mit der Offenheit des Beziehungssystems zusammen. Wie dargestellt wurde, bestehen grundsätzlich zwischen allen Mitgliedern einer jeweils aktuellen F-Gruppe Beziehungen, die einen Einfluß auf die Beziehungen der jeweils anderen Mitglieder derselben F-Gruppe haben. Ein ständiger Beobachter einer Beziehung wäre in diesem Sinne ebenfalls Mitglied der verschiedenen F-Gruppen der von ihm beobachteten Personen. Aufgrund der generellen Offenheit von Beziehungssystemen würden diese Beziehungen, die der Beobachter zu beiden Partnern hat, einen Einfluß auf deren Beziehung haben. Die beobachteten Beziehungspartner und der Beobachter stünden damit in einem Beziehungsnetz (6), in dem die so zusammengeschlossenen Beziehungen miteinander in Wechselwirkung stünden. Die beobachtete Beziehung wäre somit durch die Beobachtung verändert worden. Das durch einen Beobachter C erhobene Material wäre nicht, wie beabsichtigt, das der Beziehung zwischen den Beziehungspartnern A und B, sondern das der in einem Beziehungsnetz zusammengeschlossenen Beziehungssysteme von A und B, von A und C, von B und C. Eine vollständige Beobachtung einer Beziehung ist somit auch theoretisch unmöglich.

Die Frage, die sich an diese Überlegungen notwendigerweise anknüpft, ist die, wie denn Beziehungen überhaupt empirisch faßbar werden. Das heißt im einzelnen: Was ist überhaupt von Beziehungen beobachtbar? Welche Art von Datenmaterial ist möglich? Wie ist dieses Datenmaterial einzuschätzen? Und: Was kann günstigenfalls dieses Datenmaterial an Ergebnissen liefern? Mit anderen Worten: Wie ist der empirische Zugang zu dem Modelloriginal des in Kapitel sechs entwickelten Beziehungsmodells? Bevor man in diesem Sinne Ergebnisse empirischer Analysen darstellt, muß der prinzipielle modelltheoretische Status dieser Ergebnisse geklärt werden. Denn: Von diesem modelltheoretischen Status hängt die "Nähe" des Modells zu seinem ursprünglichen Original ab und davon wiederum die durch den

5 Damit liegt in den Sozialwissenschaften eine Situation vor, die vergleichbar ist mit der Situation der Physik im atomaren Bereich. Die dort vorliegenden Beobachtungsschwierigkeiten werden durch das von Heisenberg entdeckte "Unschärfeprinzip" bedingt. Cf. dazu von Weizsäcker/Juilfs 1952,84.

6 Siehe oben Seite 207

Modellbildungsprozeß notwendigerweise bedingten Vergrößerungen der jeweiligen Präteritions- und Abundanzklassen, also der durch den Modellbildungsprozeß möglichen Verfälschungen und Artefakte des Originals (7). Die Klärung dieser Fragen hat im vorliegenden Problemzusammenhang deshalb eine so große Bedeutung, weil, wie soeben festgestellt wurde, die Beziehung niemals vollständig empirisch erfaßt werden kann. Es ist deshalb von großer Bedeutung, genau anzugeben, was überhaupt an Datenmaterial erhoben werden und wie dieses Material unter modelltheoretischen Gesichtspunkten charakterisiert werden kann. Die besondere, oben geschilderte schwierige Situation bezüglich der Datenerhebung erfordert es, sämtlich mögliche Datenquellen auszuschöpfen, die überhaupt zugänglich sind bzw. die als solche akzeptiert werden können.

Es ist nun prinzipiell ein dreifacher Zugang zu beziehungsrelevantem Sprachmaterial möglich. Aufgrund der besonderen Eigenschaft des hier vorliegenden Modelloriginals (des Beziehungssystems) dürfte sowohl praktisch wie theoretisch gesehen keine andere Möglichkeit der Datenerhebung gegeben sein. Alle drei Formen sprachlichen Materials wurden in diesem Sinne auch für die vorliegende Arbeit verwertet. Neben dem konkreten, überprüfbaren Datenmaterial wurde allerdings für die Modellbildung noch auf zwei weitere Bereiche zurückgegriffen. Damit sind insgesamt fünf Bezugsbereiche gegeben, die beim Modellbildungsprozeß eine Rolle gespielt haben. In diesem Sinne legitimiert sich das im sechsten Kapitel explizierte Beziehungsmodell durch die Auseinandersetzung mit:

(1) der Analyse der eigenen Alltagserfahrung von Beziehungen;
(2) der Analyse bereits vorgelegter wissenschaftlicher Beziehungsmodelle;
(3) der Analyse fiktiver Kommunikationsprozesse (in Form von Theaterstücken, Hörspielen, Filmen etc.);
(4) der Analyse der in der Alltagssprache vorkommenden, die gesamtgesellschaftliche Erfahrung von Beziehungen dokumentierenden Beziehungsausdrücke (8);
(5) der Analyse von Tonbandmitschnitten natürlichsprachlicher Dialogintervalle.

Die unter (3) bis (5) aufgeführten Bereiche stellen das eigentliche, überprüfbare sprachliche Datenmaterial dar; (2) repräsentiert die ebenfalls überprüfbaren, an anderen Stellen explizierten Beziehungsmodelle; (1) dagegen ist nur soweit überprüfbar, wie es gelingt, die eigene Erfahrung (speziell die des Verständnisses der Bedeutung bestimmter sprachlicher Wendungen) intersub-

---

7 Siehe oben Seite 127
8 Siehe oben Seite 164ff

jektiv plausibel und akzeptabel darzustellen. Alle fünf Bereiche haben modelltheoretisch gesehen einen bestimmten Status. Sie alle sind Modelle bzw. Teilmodelle der in der sozialen Realität existierenden (hypothetisch postulierten) Beziehungssysteme. Wenn nun expliziert werden kann, wie das hier (in Kapitel sechs) vorgelegte Beziehungsmodell, vermittelt über die oben skizzierten fünf unterschiedlichen Modelltypen, mit dieser sozialen Realität der Beziehungen verbunden sind, kann der erkenntnistheoretische Status dieses Modells genau angegeben und der Stellenwert des speziellen Datenmaterials entsprechend eingeschätzt werden.

Der in der wissenschaftlichen Analyse durchlaufene und hier explizierte Modellbildungsprozeß kann nun im Anschluß an die allgemeine Modelltheorie Stachowiaks, speziell dessen "Stufensystem semantischer Modelle" (9), als Transformationsprozeß eines kognitiven Modells in ein anderes kognitives Modell beschrieben werden. Das kann folgendermaßen expliziert werden: Mit dem Metamodell semantischer Stufen geht Stachowiak von einer "Dreischichtung der kommunikativen Welt" (10) aus. Die erste Schicht ist dabei die der Zeichenträger oder die materielle Information (Signale) (11). Mit der zweiten Schicht verweist Stachowiak auf die "bedeutungserzeugenden psychischen Funktionen" (12), die Bewußtseinsfunktionen in einem Individuum. Die dritte Schicht schließlich bezieht sich auf die eigentliche "semantische Information" von bedeutungstragenden Zeichen. "Sie konstituiert sich in der eigentlichen Kommunikation" (13).

Die erste Schicht der materiellen Information (β-Information) fällt nach Stachowiak mit der <u>0. semantischen Stufe</u> zusammen. Sie ist die Stufe der Trägerinformation, in der sich die informationsrelevanten Zustände der Signalparameter manifestieren. Diese "Ausdrucksatome" nennt Stachowiak generell Taxeme (14).

Die 0. semantische Stufe bildet das Modelloriginal für Modelle der <u>1. semantischen Stufe</u>. Dies sind interne Modelle für die materiellen Signalgebilde (M) der 0. Stufe. Stachowiak bezeichnet sie auch als Zeichen 0. Stufe (Z_0) bzw. als Modelle 1. Grades bezüglich M. Weiter spricht er auf dieser Stufe auch von Kommunikationssystemen 0. Stufe (K_0). Die Modelle auf dieser Stufe werden unterteilt in

---

9 Stachowiak 1973,196ff
10 Stachowiak 1973,199
11 Das entspricht der Trägerinformation. Siehe dazu auch die Ausführungen oben Seite 14
12 Stachowiak 1973,199
13 Stachowiak 1973,199
14 In dem Zusammenhang entwickelt Stachowiak erste Grundzüge einer "verallgemeinerten Linguistik". Deren Haupteinheiten sind: Taxem, Morphem, Lexem, Syntaxem, Semem, Semantem, cf. Stachowiak 1973,203.

Perzeptionsmodelle oder interne Partialmodelle der Außenwelt und kogitative Modelle (15).

Mit der <u>2. semantischen Stufe</u> wird dann erst

> der Eintritt in den explizit-semantischen und damit eigentlich kommunikativen Raum vollzogen (16).

Modelle dieser 2. semantischen Stufe haben die Modelle der 1. semantischen Stufe als Originale. Sie stellen Modelle 2. Grades bezüglich M und Modelle 1. Grades bezüglich Z_0 dar. Diese Modelle bestehen aus Zeichen der 1. Stufe (Z_1), die das Kommunikationssystem 1. Ordnung (K_1) bilden bzw. das Metakommunikationssystem 1. Ordnung bezüglich K_0. In diesem Sinne sind Modelle der 2. semantischen Stufe

> explizite Zeichen für Gebilde der ersten semantischen Stufe, also Zeichen für interne Modelle (...) Zeichen für Wahrnehmungs- und Vorstellungsgebilde, für Begriffe und allgemein für Denkgebilde überhaupt (17).

Die Modelle der nächsten, der 3. semantischen Stufe sind dann Modelle der Modelle der 2. semantischen Stufe. Sie sind externe Zeichen Z_2 für die Zeichen Z_1. Sie sind Modelle 3. Grades bezüglich Z_0 und Modelle 1. Grades bezüglich Z_1. Die Zeichen Z_2 bilden das Kommunikationssystem 2. Ordnung K_2, das Metakommunikationssystem 2. Ordnung bezüglich K_0 und das Metakommunikationssystem 1. Ordnung bezüglich K_1. Als Beispiel solcher Modelle der 2. Stufe nennt Stachowiak etwa die Schriftsysteme, die Modelle der Sprachen darstellen. Zusammenfassend kann man sagen: Auf der Grundlage der in der Realität wahrnehmbaren Signale werden innere Außenweltmodelle (Modelle 1. Grades) gebildet, die dann in gesprochener Sprache (Modelle 2. Grades) oder geschriebener Sprache (Modelle 3. Grades) codiert werden.

Das in Kapitel sechs natürlichsprachlich explizierte Beziehungsmodell ist nun im Sinne Stachowiaks ein externes Modell in Form eines Modells dritten Grades bezüglich M. Die materiale Information M ist im hier vorliegenden Fall die Menge der als Beziehungskommunikation bestimmbaren Dialogereignisse. Diese materiale Information ist aber nicht das direkte Modelloriginal. Das Modelloriginal des oben in Kapitel sechs explizierten Modells ist die Menge aller zu einem Handlungssystem, dem Beziehungssystem, zusammengeschlossenen sprachlichen Handlungen. Die Explizierung dieses Modells, eben des Beziehungssystems, geschieht nun in Form eines kommunikativen Ereignisses, nämlich der Abfassung der hier vorliegenden Arbeit. Dieses kommunikative Ereignis ist im Sinne von Stachowiaks semantischem Stufensystem als Modell 3. Grades aufzufas-

---

15 Siehe dazu das Modell der Situationsdefinition in Abschnitt 6.1.2; cf. auch Stachowiak 1973,207ff
16 Stachowiak 1973,214
17 Stachowiak 1973,214

sen. Insofern wird hier das Beziehungsmodell in F o r m eines Modells 3. Grades expliziert.

Dieses externe, in Kapitel sechs natürlichsprachlich explizierte "wissenschaftliche" Beziehungsmodell hat entsprechend dem Stachowiakschen semantischen Stufensystem als Original das eigene interne "wissenschaftliche" Beziehungsmodell. Dieses Modell kann als internes kognitives Modell, genauer: als internes Derivationsmodell bestimmt werden. Derivationsmodelle sind nach Stachowiak solche kognitiven Modelle, die aus den internen Partialmodellen der Wahrnehmung

> durch analysierende und/oder abstrahierende sowie reduktiv oder deduktiv schließende Denkoperationen (18)

abgeleitet werden. Das Derivationsmodell ist also das innere Modell der Beziehung, das aufgrund rationaler Denkprozesse entstanden ist.

Das interne "wissenschaftliche" Beziehungsmodell ist hervorgegangen aus einem ebenfalls internen Beziehungsmodell. Allerdings war dies ein Modell der Alltagserfahrung von Beziehungen. Dieses Alltagsmodell ist entstanden aufgrund der eigenen im Sozialisationsprozeß sich entwickelnden sozialen Erfahrung von Beziehungen. Insofern ist das Beziehungsmodell der Alltagserfahrung ebenfalls ein Derivationsmodell. Zu Beginn des hier explizierten Modellbildungsprozesses bestand also eine Alltagserfahrung, d.h. eine Vorstellung von dem, was Beziehungen sind. Dieser Beziehungsbegriff der Alltagserfahrung wurde in einem "wissenschaftlichen" Modellbildungsprozeß dann in einen "wissenschaftlichen" Beziehungsbegriff überführt.

Das interne Beziehungsmodell der Alltagserfahrung ist als Derivationsmodell aus der Menge der internen Partialmodelle der Wahrnehmung entstanden. Interne Partialmodelle bilden nach Stachowiak

> das erlernte und sich in ständigen Lernprozessen wandelnde Repertoire der gespeicherten Perzeptionsformen, mittels deren der Kontakt zwischen dem operativen Zentrum des Menschen, Gegenwärtigungssystem nebst Informationsspeicher, einerseits und der je speziellen, mit diesem Zentrum in Rückkopplung stehenden Außenwelt andererseits hergestellt wird (19).

Das Partialmodell betrifft im hier vorliegenden Fall also die im Sozialisationsprozeß erworbene Erfahrung von beziehungsrelevanter Kommunikation. Die Menge der Modelloriginale ist für dieses kognitive Modell die Menge der in der sozialen Realität existierenden Beziehungssysteme.

Das interne "wissenschaftliche" Beziehungsmodell hat somit die soziale Realität nicht unmittelbar als Modell-

18 Stachowiak 1973,213
19 Stachowiak 1973,208

original, sondern ist aufgrund der Transformation des internen Beziehungsmodells der Alltagserfahrung entstanden. Das "wissenschaftliche" Modell ist als Modell aus Abstraktionsprozessen der Alltagserfahrung entstanden. Es kann damit als Kontraktionsmodell betrachtet werden, das die Menge kommunikativer Erfahrung zusammenfaßt.

Ebenso wie das interne Modell der Alltagserfahrung auf einem internen Partialmodell (der sozialen Erfahrung) aufbaut, baut auch das interne "wissenschaftliche" Beziehungsmodell auf einem Partialmodell auf. Dieses Partialmodell betrifft die wissenschaftlich normierte und legitimierte "Wahrnehmung", d.h. die Analyse der zur Verfügung stehenden Daten. Im Gegensatz dazu beeinflußt die Bearbeitung der bereits bestehenden wissenschaftlichen Beziehungsmodelle unmittelbar (also nicht über direktes Datenmaterial) das Derivationsmodell des eigenen wissenschaftlichen Beziehungsmodells.

Der bis jetzt explizierte Modellbildungsprozeß der Transformation des internen Beziehungsmodells der Alltagserfahrung in das interne "wissenschaftliche" Beziehungsmodell kann durch den Graphen in Abbildung 8.1 dargestellt werden.

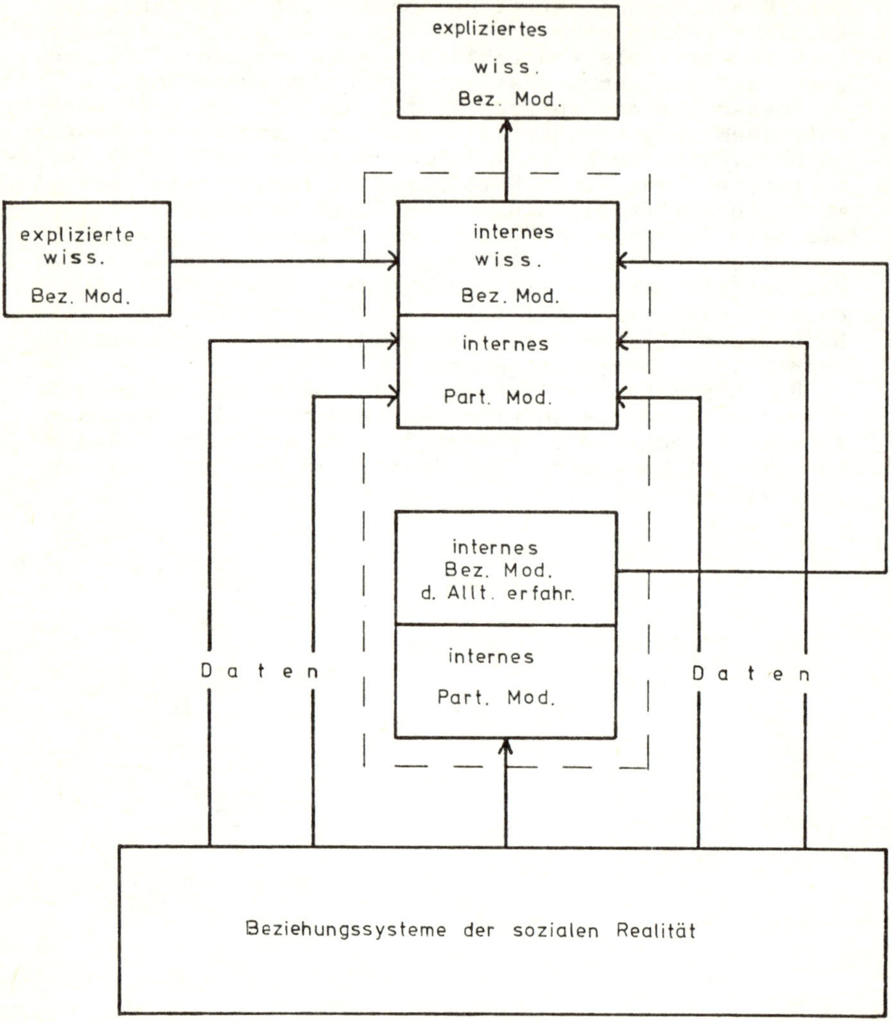

Abb. 8.1

Der gestrichelt eingerahmte Teil des Graphen stellt den Transformationsprozeß der wissenschaftlichen Modellbildung dar. Die an diesem Prozeß beteiligten Daten wirken jedoch keineswegs so unmittelbar auf das wissenschaftliche Beziehungsmodell ein, wie es in Abbildung 8.1 dargestellt ist.

Betrachtet man die oben (Seite 369) genannten drei Arten sprachlichen Datenmaterials, so muß man feststellen, daß dieses Material selbst bereits über mehrere Modellbildungsprozesse gelaufen ist, bevor es als Input in das wissenschaftliche Partialmodell eingegangen ist. Das soll jetzt im einzelnen erläutert werden:

In Kapitel sechs wurden verschiedene fiktive Dialogintervalle (20) zur Demonstration von bestimmten Thesen und Postulaten herangezogen. Solche Texte können als fiktive Ausschnitte aus fiktiven Beziehungen aufgefaßt werden. Dies kann an dem Filmtext von Bergmans "Szenen einer Ehe", aus dem das Dialogintervall 6 entnommen wurde, verdeutlicht werden.

Der fiktive Text Bergmans greift verschiedene Dialoge (Szenen) aus einem sich über mehrere Jahre (nach dem Klappentext sind es zehn Jahre) erstreckenden Beziehungsprozeß heraus. Es wäre völlig unmöglich, eine solche Beziehung vollständig als Film reproduzieren (bzw. konstruieren) zu wollen. Aus diesem Grund wird der dargestellte Beziehungsprozeß verkürzt. Die Dialoge bzw. Dialogausschnitte aus dem jahrelangen Kommunikationskontinuum zweier Personen sind in diesem Sinne so gewählt, daß sie möglichst typische Beziehungsereignisse oder Beziehungsdialoge darstellen. Der Leser bzw. Hörer und Zuschauer dieses fiktiven Texts (Films) soll so in möglichst kurzer Zeit die wichtigsten Phasen des Beziehungssystems erleben und dadurch in die Lage versetzt werden, das gesamte Handlungssystem der Beziehung in seinen wichtigsten Zügen zu rekonstruieren. Um diese Rekonstruktion möglich zu machen, muß der Autor die einzelnen Dialogbeiträge so gestalten, daß deren spezifische Beziehungsrelevanz deutlich wird. Er muß also signifikante Kontakte konstruieren.

Indem er nun seinen konstruierten Ausschnitt des Beziehungssystems aus denselben Elementen aufbaut, aus denen auch reale Beziehungssysteme bestehen, nämlich von realen Personen geäußerte Sprechhandlungen, liegt in derartigen fiktiven Beziehungsausschnitten ein hoher Grad von Isohylie, also materialer Angleichung, vor. Die Isohylie ist jedoch nicht vollständig, da die entsprechenden Meinungsbilder der Sprechhandlungen natürlich nicht denen der originalen Realität entsprechen (21). In

---

20 Und zwar die Dialogausschnitte 6, 10, 11, 12

21 Die Schauspieler, die solche fiktiven Beziehungsmodelle realisieren, definieren natürlich die Situation, in der sie agieren, nicht so, wie es aufgrund der von ihnen produzierten Sprechhandlungen den Anschein hat. Der Schauspieler, der auf der Bühne oder im Film etwa einen Direktionalen Degradativ oder einen Konsentischen Korrelativ produziert, will seinen Partner im Normalfall natürlich nicht abwerten oder nimmt nicht eine entsprechende Übereinstimmung

bezug auf die Isomorphie liegt allerdings ein wesentlich geringerer Grad der Angleichung vor. Denn die Struktur des Beziehungssystems wird ja stark reduziert, also auf wenige Dialoge (F-Systeme) beschränkt. In diesem Sinne liegt ein zeitliches Kontraktionsmodell vor.

Man kann somit feststellen, daß derartige konstruierte Dialogtexte zumindest zwei der drei Hauptmerkmale von Modellen aufweisen. Sie verkürzen das Original

(1) auf die rein äußerlichen Teile von Kontakten;
(2) auf nur wenige Dialoge bzw. Dialogausschnitte aus dem gesamten, oft über Jahre sich erstreckenden Handlungssystem der Beziehung.

Zudem sind diese fiktiven Modelle zu bestimmten pragmatischen Zwecken konstruiert: Sie sollen die Rezipienten (zumeist unter dem Aspekt der Unterhaltung) in die Lage versetzen, einen komplizierten Beziehungsprozeß zu rekonstruieren. Dabei ist es allerdings nicht stets so wie in dem Bergmantext, bei dem Dialoge dargestellt werden, die sich in mehr oder weniger langen Zeitabständen über einen sehr großen Zeitraum (zehn Jahre) erstrecken. Wie das von Watzlawick et al. analysierte Theaterstück "Wer hat Angst vor Virginia Woolf" (22) zeigt, kann sich das vollständig dargestellte Beziehungsintervall auch nur über wenige zusammenhängende Stunden erstrecken. Der Vergleich der Ausschnitte aus den jeweiligen fiktiven Beziehungsprozessen des Bergmantextes und des Abeetexts ist durch die Abbildung 8.2 veranschaulicht.

---

zwischen sich und seinem Partner an. Und sein Partner weiß auch genau, daß dies der Fall ist.

22 Cf. Watzlawick et al. 1969,137ff

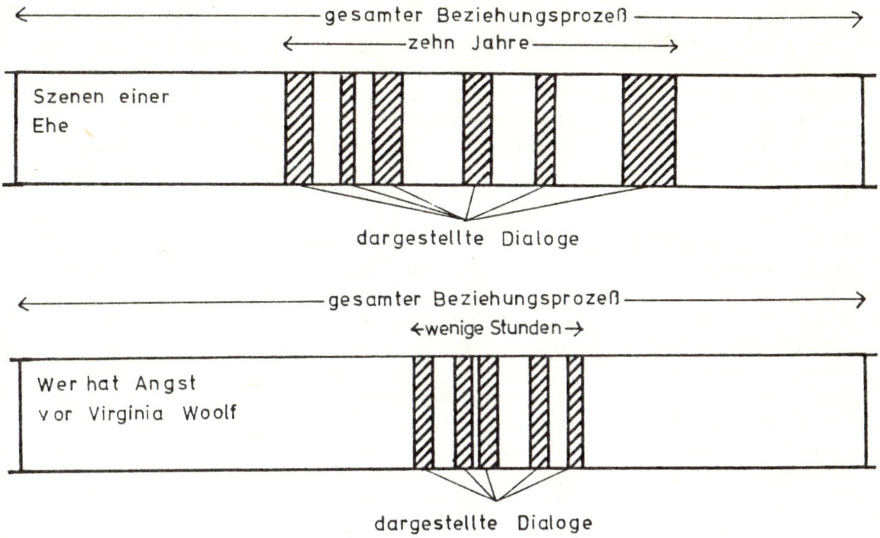

Abb. 8.2

Die hier erwähnten Texte stellen die beiden extremen Möglichkeiten der Wahl des zu thematisierenden Beziehungsausschnitts dar. Dazwischen gibt es viele Variationsmöglichkeiten. Damit derartige Dialogtexte aber im Sinne der allgemeinen Modelltheorie auch als Teilmodelle des Beziehungssystems bestimmt werden können, müssen sie neben den oben erwähnten zwei Hauptmerkmalen von Modellen auch das dritte, das Abbildungsmerkmal, aufweisen. Sie müssen also Modelle von etwas sein. Bei den beiden genannten fiktiven Texten gibt es nun keine spezielle, historisch einmalige Beziehung, auf die sie sich beziehen. Der jeweils dargestellte Ausschnitt des Beziehungssystems hat in diesem Sinne kein direktes Original. Beide Texte sind eben fiktiv.

In beiden Texten wird jedoch die soziale Erfahrung des jeweiligen Autors modelliert, also dessen jeweiliges internes Beziehungsmodell der Alltagserfahrung. Deutlich wird dies von Bergman in seiner Einleitung formuliert.

> Ich habe drei Monate gebraucht, um dieses Buch zu schreiben, aber es hat mich lange Zeit meines Lebens gekostet, es zu erfahren (23).

Das Fiktive des Textes bezieht sich somit lediglich auf die spezielle Einmaligkeit und Besonderheit der darge-

23 Bergman 1975,8

stellten Dialoge und Personen, nicht jedoch auf die prinzipiellen Aspekte der Beziehungsdialoge. Bergman faßt somit seine gesamten, in realen Beziehungen gemachten Erfahrungen zusammen. Der von ihm konstruierte Text ist die Abstraktion aller von ihm erlebten Beziehungen zu einem bestimmten typisierten Beziehungsmodell. Dabei wird von den jeweiligen spezifischen Besonderheiten aller möglichen Beziehungen abgesehen und nur eine prinzipielle Beziehungsstruktur dargestellt.

Ein fiktives Beziehungsmodell, wie es etwa der Bergmantext darstellt, ist so gesehen das externe Modell eines internen Beziehungsmodells der Alltagserfahrung eines bestimmten Autors, das dessen Alltagserfahrungen mit Beziehungen abstrahierend zusammenfaßt. Solche fiktiven Beziehungsmodelle dienen hier einmal dazu, die eigene Alltagserfahrung von Beziehungen zu überprüfen und durch die Darstellung anderer Erfahrungen (nämlich denen des Autors) zu erweitern. Zum anderen besitzen fiktive Beziehungsmodelle den Vorteil, daß in ihnen solche Dialoge dargestellt werden, die aufgrund des Tabucharakters von Beziehungen nur schwer zugänglich sind. Dialoge aus fiktiven Beziehungsmodellen sind allerdings nicht Modelle von realen Originalen (Dialogen), sondern lediglich Modelle von virtuellen bis zu einem gewissen Grade typisierten und schematisierten, vom Autor erlebten Dialogen. Soweit die fiktiven Beziehungsmodelle als realistische Darstellung von Beziehungsausschnitten akzeptiert werden, können sie - unter Berücksichtigung ihres spezifisch virtuellen Charakters - durchaus zur Verdeutlichung bestimmter Thesen herangezogen werden (24).

Der zweite große Bereich sprachlichen Datenmaterials ist die Menge der in der Alltagssprache vorliegenden Beziehungsausdrücke (25). Diese Ausdrücke repräsentieren die Aspekte jenes Beziehungsmodells, das aus den Erfahrungen der kompetenten Sprecher der jeweiligen Sprache zusammengesetzt ist. Im Laufe der Entwicklung einer Einzelsprache haben die verschiedenen Gesellschaftsmitglieder Ausdrücke geprägt, die sich auf bestimmte Aspekte ihrer jeweiligen internen Beziehungsmodelle beziehen. Die Gesamtheit dieser Ausdrücke kann somit als das alltagssprachlich repräsentierte Beziehungsmodell gesamtgesellschaftlicher Erfahrung betrachtet werden. Durch sie ist auch das eigene interne Beziehungsmodell der Alltagserfahrung beeinflußt - ebenso wie die jeweiligen internen Modelle der Autoren von fiktiven Beziehungsmodellen.

Der dritte Bereich sprachlichen Datenmaterials ist schließlich der, bei dem, ähnlich wie bei den fiktiven

---

24 Zur Legitimation der Verwendung fiktiver Texte für eine Analyse von Beziehungen cf. auch Watzlawick et al. 1969,137ff; von Wiese 1926

25 Siehe oben Abschnitt 6.2.2

Beziehungsmodellen, Dialoge bzw. Dialogintervalle aus Beziehungssystemen analysiert werden. Im Gegensatz zu den fiktiven Beziehungsdialogen stammen diese Dialoge jedoch aus realen Beziehungssystemen. Die Dialoge stellen also tatsächlich stattgefundene Kommunikationsereignisse dar, die Ausschnitte aus dem kommunikativen Kontinuum wirklicher Beziehungen sind.

Allerdings ist das endgültige Datenmaterial bereits selbst ein Modell. Denn es werden ja nicht die realen Dialoge analysiert, sondern Tonbandmitschnitte von diesen Dialogen. Die Tonbandaufnahmen stellen technische Modelle, genauer: "dynamisch-mechanische Modelle" (26) dar. Eine Tonbandaufnahme eines Dialogs ist letztlich eine akustische Kopie. Sie ist in diesem Sinne in bezug auf die akustische Kommunikation eine "sowohl isomorphe als auch isohyle Original-Modell-Abbildung" (27). Isomorphie wie Isohylie sind jedoch nicht vollständig, da durch die Aufnahmetechnik das Modell eine Reihe von abundanten Attributen erhält (Rauschen), die eine vollständige Rekonstruktion nicht zulassen. So sind manche Dialogbeiträge aufgrund dieses Rauschens nicht verständlich. Das akustische Modell berücksichtigt ebenfalls nicht alle visuell situativen Faktoren des Dialogs, die somit zur Präteritionsklasse zu zählen sind. Dieses dynamisch-mechanische Modell wird nun weiter in ein Transkriptionsmodell überführt. Dadurch vergrößert sich die Präteritionsklasse. Die gesamten paraverbalen Eigenschaften werden ausgeklammert. Da jedoch die Aufnahmen gleichzeitig zur Verfügung stehen, können diese paraverbalen Originalattribute jederzeit für die Analyse mit herangezogen werden.

Dieser dritte Bereich sprachlichen Datenmaterials wird als der wichtigste angesehen, weil er aus realen, tatsächlich existierenden Beziehungen entstammt. Da es aber in der vorliegenden Arbeit zunächst nicht um die einzelne, jeweils einmalige Beziehung geht, sondern um den prinzipiellen Zusammenhang von Sprache und Beziehung und die Möglichkeiten und Bedingungen einer Analyse von beziehungsrelevanter Kommunikation, kann hier bei der Dialoganalyse von einer Reihe von Aspekten (etwa den genauen Sozialdaten der Sprecher) abstrahiert werden.

Das interne Partialmodell der Wahrnehmung des wissenschaftlichen Beziehungsmodells hat also als Input Datenmengen, die selbst Modelle bestimmten Typs darstellen. Die eigentlichen Modelloriginale, die realen Beziehungssysteme, sind nur, wie in dem Graphen von Abbildung 8.3 veranschaulicht wird, über eine Reihe von Modellbildungsschritten indirekt zugänglich. Die direkten Originale des internen wissenschaftlichen Beziehungsmodells sind somit selbst Modelle. Jede Analyse von Beziehungskommunikation kann nur auf diese Datenmodelle zurückgreifen.

---

26 Stachowiak 1973,181ff
27 Stachowiak 1973,153

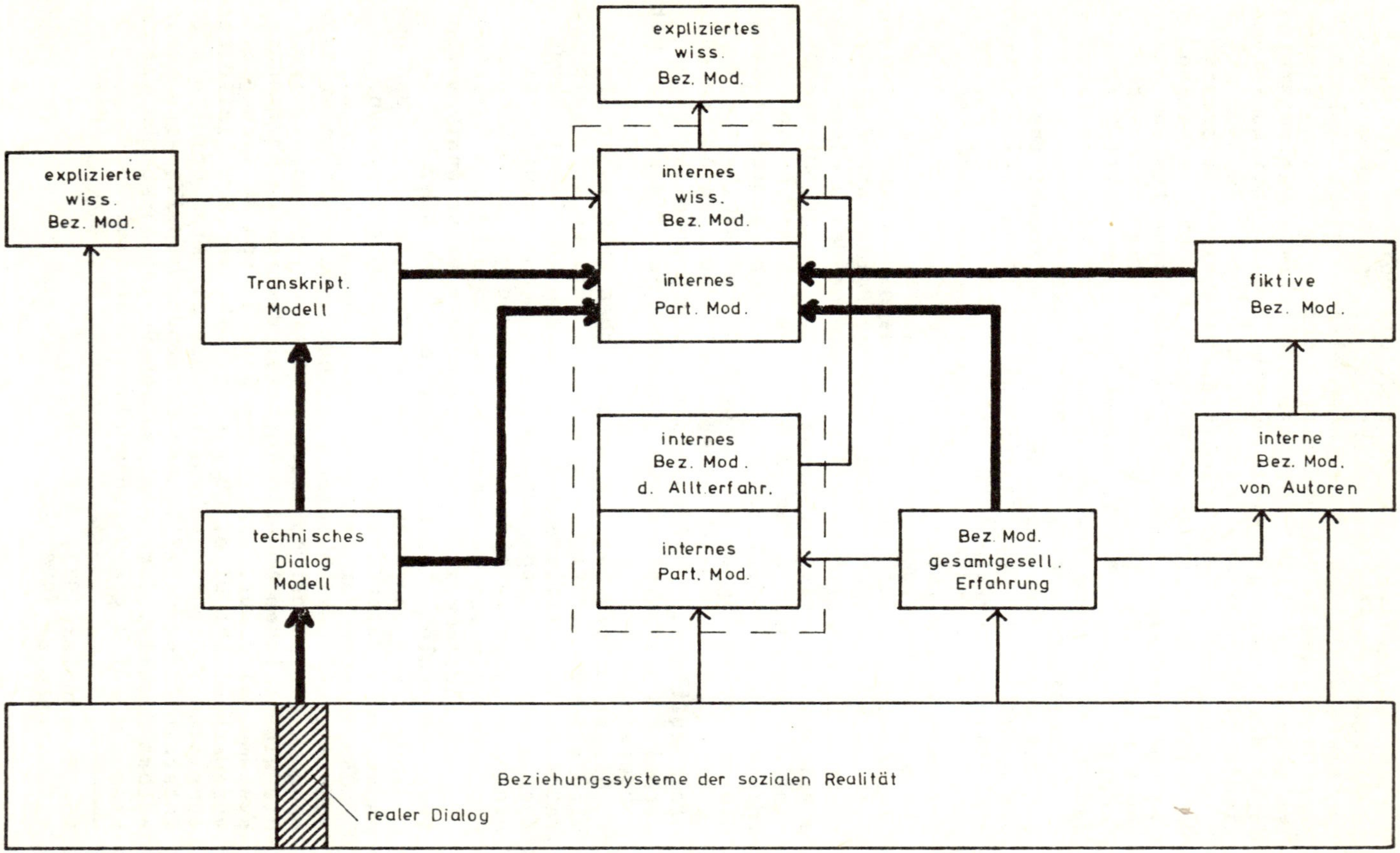
explizierte wiss. Bez. Mod.
Transkript. Modell
technisches Dialog Modell
explizierte wiss. Bez. Mod.
internes wiss. Bez. Mod.
internes Part. Mod.
internes Bez. Mod. d. Allt.erfahr.
internes Part. Mod.
Bez. Mod. gesamtgesell. Erfahrung
fiktive Bez. Mod.
interne Bez. Mod. von Autoren
Beziehungssysteme der sozialen Realität
realer Dialog

Abb. 8.3

Der Transformationsprozeß des internen Beziehungsmodells (Derivationsmodell) der Alltagserfahrung in ein wissenschaftliches Beziehungsmodell (Derivationsmodell) wird somit beeinflußt durch die oben beschriebenen Datenmengen, die jeweils Modelle eines bestimmten Typs darstellen. Diese Datenmengen wirken als Input auf das interne Partialmodell, das dann im Zusammenhang mit dem eigenen Beziehungsmodell der Alltagserfahrung und den Konzepten anderer wissenschaftlicher Beziehungsmodelle aufgrund rationaler (in der hier vorliegenden Arbeit explizierter) Denkoperation in das interne wissenschaftliche Derivationsmodell der Beziehung transformiert wird. Dieses Modell ist Original des in Kapitel sechs dargestellten externen wissenschaftlichen Beziehungsmodells.

8.2 Datenanalyse

Im folgenden soll es nun um nur einen bestimmten der oben genannten Datentypen gehen, nämlich um real stattgefundene Dialoge bzw. Teile aus solchen Dialogen. Diese Art von Daten wird letztlich als die wichtigste Art angesehen. Das Ziel der nun folgenden Datenanalyse ist in diesem Sinne die Untersuchung der sprachlichen Teile von Beziehungen, die der direkten Beobachtung und Dokumentation zugänglich sind. Datenanalyse versteht sich so gesehen als Dialoganalyse, also als die Analyse von komplexen kommunikativen Ereignissen mit Beziehungsrelevanz.

Eine derartige Dialoganalyse entspricht dabei dem im Abschnitt 6.1 vorgegebenen Rahmen des F-Systems. Sie zielt auf eine Rekonstruktion der für die F-Systeme bedeutenden Subsysteme des D-Musters und des I-K-Musters ab. Aufgrund der Rekonstruktion solcher komplexen Muster kann es überhaupt erst möglich sein, Phänomene wie Gebrauchs- oder Beziehungskommunikation zu bestimmen. Die folgende Dialoganalyse hat denn auch im vorliegenden Zusammenhang die Funktion, diese speziellen komplexen kommunikativen Phänomene nachzuweisen, die für Beziehungskommunikation charakteristisch sind. In den folgenden Analysen soll der Versuch gemacht werden, die im Kapitel sechs dargestellte Theorie in ihren wesentlichen Prämissen zu bestätigen. Die Dialoganalyse ist allerdings nicht so zu verstehen, als würde in ihr die eigenständige Analyse spezieller einmaliger individueller Beziehungen vorgenommen. Es geht nicht um die mehr oder weniger kontingenten Eigenschaften und Strukturen einer besonderen Beziehung zwischen zwei bestimmten, realen, einmaligen Individuen, sondern um die für alle Beziehungen gültigen dialogischen Phänomene. Die untersuchten Dialoge stammen entsprechend auch aus unterschiedlichen Bereichen bzw. sind Dialoge zwischen jeweils anderen Personen, in verschiedenen Situationen (Aktionsräumen). Dennoch kann angenommen werden, daß die dargestellten kommunikativen Phänomene allgemeingültig sind. Sie treten in dieser oder ähnlicher Form in vielen Dialogen auf, ja sie sind z.T. geradezu konstitutive Merkmale von funktionierenden Dialogen.

Bevor nun die zu prüfenden Thesen und die daran anschließenden einzelnen Dialoganalysen dargestellt werden können, ist es notwendig, zusätzlich zu dem spezifischen im Kapitel sechs dargestellten Analyseinstrumentarium einige zusätzliche Mittel bereitzustellen.

8.2.1 Das Analyseinstrumentarium

Der komplexe Charakter von Dialogen macht es zunächst notwendig, die Dialoge in ihre einzelnen Bestandteile zu zergliedern. Dialoge können prinzipiell als eindimensionale, sich in einer Zeitrichtung ausdehnende Ketten bestimmter aneinander gereihter Elemente, nämlich als Ketten aus Dialogzügen, beschrieben werden. Die kleineren Elemente oder Segmente von Dialogen sind mehr oder weniger lange Ketten von Dialogzügen. Das kleinste Dialogsegment ist in dieser Hinsicht der einzelne Dialogzug, das größte Segment wäre identisch mit dem gesamten Dialog. Dazwischen gibt es eine Reihe weiterer sinnvoll zu bestimmender Elemente. Welches sind nun diese Dialogsegmente und wie lassen sie sich bestimmen? Wie Berens et al. feststellen, müssen Dialoge als sinnhaft strukturierte Phänomene betrachtet werden (28). Sie lassen sich dementsprechend auch nur von daher strukturell bestimmen. Soll also der Prozeßcharakter von Dialogen analysiert werden, können die einzelnen Etappen dieser Prozesse bzw. der Wechsel von einer Phase zur nächsten nur über ein rekonstruierend deutendes Verfahren ermittelt werden. Das entspricht dem im Abschnitt 6.3.2.1 entwickelten System des Deutungsniveaus. Auf der Grundlage dieser methodologischen Prämissen lassen sich eine Reihe wichtiger Dialogsegmente bestimmen, die für die folgenden wie generell alle Dialoganalysen von Bedeutung sind.

Nach Berens et al. lassen sich Dialoge zunächst grob in drei Phasen einteilen (29):

(1) die Konstituierungsphase;
(2) der Mittelteil;
(3) die Beendigungsphase.

Charakteristisch für die Konstituierungsphase ist das Aushandeln (30) eines Konsenses hinsichtlich des jeweils für alle Mitglieder der F-Gruppe gültigen Situations-

---

28 Berens et al. 1976,10,36
29 Berens et al. 1976
30 Mit "Aushandeln" ist hier nicht der rationale, verbal argumentative Prozeß zur Erreichung eines Konsenses gemeint, sondern das koordinativ kooperative Zusammenspiel gemeinsamen Handelns, durch das sich ein Konsens in Form funktionierender, nicht problematisierender Interaktion manifestiert.

modells (31). Dazu gehören im wesentlichen ein Konsens hinsichtlich des jeweils als allgemeingültig akzeptierten Beziehungsprofils sowie der allgemeinen oder besonderen Funktion des gesamten Dialogs. Im Mittelteil wird dann entsprechend dieser allgemeinen Funktion und den besonderen Zielen und Zwecken des Dialogs kommuniziert und interagiert (32). Die Beendigungsphase schließlich ist dadurch gekennzeichnet, daß ein Konsens hinsichtlich des Einverständnisses aller Mitglieder der F-Gruppe zur Auflösung des F-Systems (bzw. der F-Gruppe) erreicht werden muß. Wie Jäger feststellt, wird dieser Konsens und die damit verbundene Beendigung des Dialogs oft erst nach mehrmaligen Anläufen erreicht (33). Im Normalfall werden die Konstituierungsphase und die Beendigungsphase relativ kurz sein. Der Mittelteil wird dann meist den Hauptanteil des Dialogs ausmachen.

Dieser Mittelteil läßt sich nun weiter untergliedern. Nach Schank (34) lassen sich die "Binnensegmente" des Mittelteils in Relation zu den Aspekten der Situationsdefinition bestimmen. Werden die Situationen umdefiniert, ändern sich die Merkmale der Situationsdefinition. Für die Binnensegmentierung von Dialogen spielen nach Schank nicht alle Merkmale der Situationsdefinition eine Rolle. Entscheidend sind lediglich ein Wechsel des Themas, des sprachlichen Codes und der situativen Rolle, wobei Themenwechsel das wichtigste Kriterium darstellt. Der Übergang von einem Dialog-Segment zum nächsten wird Definitionsswitch genannt. Die Definitions-Switch-Stellen in Dialogen lassen sich aufgrund bestimmter verbaler wie paraverbaler Indikatoren bestimmen. Diese Indikatoren werden Switch-Signale genannt. Switch-Signale sind etwa:

(1) - stille Pausen (deutlich merkliches längeres Schweigen)
(2) - Flauten (kürzere Dialogbeiträge und mehr stille Pausen)
(3) - Palaver (paralleles Sprechen mehrerer Sprecher)
(4) - Gelächter mit Tendenz zum Auslachen
(5) - Beendigungssignale (also, gut, ja dann etc.)
(6) - Anreden
(7) - Résumés des bisherigen Dialogs bzw. bestimmter Teile
(8) - Präsuppositionsaufdeckung (ach so, ich dachte, du meinst, also etc.)

Die Switch-Signale treten zumeist nicht einzeln auf, sondern in Clustern. Solche Cluster markieren dann insgesamt die Switch-Stelle. Die Switch-Signale vom Typ (1) bis (4) sind auf dem 0. Deutungsniveau bestimmbar, die von Typ

31 Berens et al. 1976,15ff
32 Berens et al. 1976,35ff
33 Berens et al. 1976,123f
34 Berens et al. 1976,35ff

(5) bis (8) auf dem 1. und 2. Niveau.

Darüber hinaus unterscheidet Schank dann noch zwischen "Switch" und "Non-Switch". Unter dem Begriff "Non-Switch" werden zwei Sachverhalte gefaßt:

<u>-Non-Switch I</u>
ein von einem Mitglied der F-Gruppe unterstellter Switch wird zurückgewiesen.
<u>-Non-Switch II</u>
ein von einem Mitglied der F-Gruppe vorgeschlagener Switch wird zurückgewiesen.

Die durch solche Switch-Stellen getrennten Dialogsegmente setzen sich nun wiederum aus mehreren, aufgrund der Responsivität aufeinander bezogenen Redebeiträgen zusammen. Das gesamte Redeintervall wird durch ein einheitliches Thema bestimmt. Jedes Mitglied der F-Gruppe kann prinzipiell ein derartiges Redeintervall initiieren. Dem Redeintervall entspricht auf dem 3. Deutungsniveau das Dialogintervall. Damit sind die wichtigsten Segmente des Dialogs genannt. Im folgenden Abschnitt sollen nun zunächst einige Thesen formuliert werden, die dann anschließend im Rahmen von zwei Dialoganalysen detaillierter diskutiert werden sollen.

8.2.2 Die Thesen

Wie sich im Laufe der bisherigen Darstellung gezeigt hat, gibt es eine ungeheuer große Zahl von Aspekten, die im Rahmen von Dialoganalysen geprüft und bestätigt werden müßten. Dies ist jedoch im Rahmen der vorliegenden Arbeit, in der es primär um die Explizierung der in Kapitel sechs dargestellten Theorie ging, nicht möglich. Andererseits gibt es eine grundsätzliche These, die von fundamentaler Bedeutung für die Theorie ist: Es ist dies die Behauptung, daß menschliche Kommunikation prinzipiell in zwei unterschiedliche Kategorien unterteilt werden kann - in Beziehungskommunikation und Gebrauchskommunikation. Es ist daher von Bedeutung, diese fundamentale These in ihren unterschiedlichen Aspekten im Rahmen einer Analyse natürlicher, real stattgefundener Dialoge zu prüfen. Das kann dadurch geschehen, daß untersucht wird, ob und in welcher Form sich eine solche Dichotomie von Beziehungs- und Gebrauchskommunikation in konkreten Dialogen manifestiert. Wenn die Dichotomiethese richtig ist, müßten sich in Dialogen entsprechende kommunikative Phänomene nachweisen lassen, d.h. es müßten Phänomene vorliegen, die sinnvoll mit dieser These erklärt werden könnten.

Diese Grundthese von der Dichotomie von Beziehungs- und Gebrauchskommunikation kann nun in eine Reihe spezifizierter Thesen aufgefächert werden: Das primäre Interesse der vorliegenden Arbeit liegt auf der Beziehungskommunikation, also auf einer der beiden grundlegenden Formen menschlicher Kommunikation. Nach den hier angestellten Überlegungen müßte es Dialoge geben, die primär als Beziehungsdialoge charakterisiert werden könnten. Die Dichotomiethese ließe sich also in einem ersten Schritt belegen, wenn es möglich wäre, Dialoge nachzuweisen, die primär als Beziehungsdialoge bestimmt werden könnten. Die erste der folgenden Dialoganalysen soll diesen Nachweis liefern.

In Beziehungsdialogen können Gebrauchsereignisse und in Gebrauchsdialogen Beziehungsereignisse stattfinden. Aufgrund der Dichotomiethese müßten sich daher kommunikative Ereignisse feststellen lassen, die sich als ein Umschlagen der Kommunikation von Beziehungs- in Gebrauchskommunikation oder von Gebrauchs- in Beziehungskommunikation deuten lassen müßten. Kann in der Dialoganalyse nachgewiesen werden, daß es derartige Phänomene gibt, so kann dies als weiterer Beleg für die Richtigkeit der Dichotomiethese angesehen werden. Die zweite Dialoganalyse soll dem Nachweis derartiger "Umschlagsereignisse" dienen.

Bei der zweiten Analyse wird eine Ergänzung der These vom Dialogswitch möglich. Es soll in dem Zusammenhang gezeigt werden, daß in Dialogen nicht nur Switch-Ereignisse stattfinden, also Formen eines relativ plötzlichen Übergangs von einem Dialogsegment in ein anderes. Es soll vielmehr gezeigt werden, daß das Umschlagen von einer Kommunikationsart in eine andere, was durchaus auch als Übergang von einem Dialogsegment in ein anderes aufgefaßt werden kann, auch in Form eines allmählichen Übergangs stattfindet. In diesem Sinne soll dann anstatt von Switch von einer kommunikativen "Drift" gesprochen werden. Dabei wird sich zeigen, daß Switch- und Drift-Phänomene in Dialogen auf unterschiedlichen Deutungsniveaus bestimmt werden können. Während ein kommunikativer Switch bereits auf dem 1. Deutungsniveau festgestellt werden kann, läßt sich ein kommunikativer Drift nur auf dem 3. Deutungsniveau nachweisen.

Die beiden folgenden Dialoganalysen haben in diesem Sinne zwei Funktionen: Zum einen sollen sie zeigen, wie im Zusammenhang mit der hier vorgelegten Theorie prinzipiell Dialoge analysiert werden können. Zum anderen sollen sie die These belegen, daß es zwei grundsätzlich verschiedene Arten von Kommunikation gibt: Beziehungs- und Gebrauchskommunikation.

8.2.3 Zwei Analysen

8.2.3.1 Der Aufbau der Analysen

Entsprechend dem Modellkonzept der Erkenntnis muß die gesamte Dialoganalyse generell als ein Modellbildungsvorgang betrachtet werden. Im einzelnen geht es dabei um den Versuch einer Rekonstruktion bestimmter sozial relevanter, kommunikativer Wechselwirkungen. Die Grundlage, d.h. also das Modelloriginal dieses Versuchs ist jeweils ein akustisches Ereignis (35). Das Modell der in diesem akustischen Ereignis nachweisbaren kommunikativen Wechselwirkungen stellt sich als ein bestimmtes System dar (I-K-Muster), das mit dem Terminus "Dialog" belegt werden kann. "Dialog" ist in diesem Sinne in einem wissenschaftlichen Kontext ein methodologischer Begriff, der das Resultat eines theoretisch legitimierten, als Modellbildungsprozeß zu betrachtenden Rekonstruktionsversuchs möglicher kommunikativer Wechselwirkungen bezeichnet. Er ist nicht als ontologische Kategorie eines bestimmten Realitätsbereichs aufzufassen, deren einzelne "Objekte" unmittelbarer Erfahrung direkt zugänglich sind. Die Bestimmung: "Dies ist ein Dialog" ist also nicht der Analyse vorgegeben, sondern ist Ziel der Analyse, das Ergebnis eines Modellbildungsprozesses.

Die als "Dialog" bezeichnete Rekonstruktion der oben genannten kommunikativen Wechselwirkungen erfolgt nun in drei Phasen. Dialoge sind konstitutiver Bestandteil von F-Systemen. Die erste Phase der Dialoganalyse besteht in diesem Sinne zunächst aus der Rekonstruktion des sozialsituativen Rahmens, in dem das Ereignis "Dialog" stattfindet. In der ersten Phase werden also die notwendigen kommunikativen Voraussetzungen geklärt, wie sie sich im Rahmen des im Abschnitt 6.1 explizierten F-Systems beschreiben lassen.

In diesem Sinne werden zunächst Aussagen über die verschiedenen Faktorenbereiche des F-Systems gemacht, nämlich über:

(1) die F-Gruppe;
(2) das Beziehungsprofil;
(3) den Aktionsraum.

Darüber hinaus werden erste Informationen bereitgestellt über:

(4) die Art der sozialen Veranstaltung;
(5) den Zweck des Dialogs.

Diese gesamten Informationen sind letztlich auch Teile der Situationsdefinitionen der Mitglieder der F-Gruppe, die sie notwendigerweise zu Beginn eines jeden Dialogs benötigen, um im weiteren Verlauf des Geschehens adäquat handeln zu können. Sie sind die kommunikativen Voraussetzungen des Dialogs oder, wie es Berens bezeichnet, die für die "Dialogkonstituierung" "wesentlichen Bedingungen". Die "schon vor Eintritt in eine kommunikative Interaktion den Beteiligten (...) bekannt" sind (36).

35 Eigentlich ist es ein akustisches wie habituell motorisches Ereignis. Da jedoch hier von dem speziellen nonverbalen Bereich menschlicher Kommunikation und Interaktion abstrahiert wird, kann stets unter Berücksichtigung der damit vorgenommenen modelltheoretischen Reduktion von einem "akustischen Ereignis" gesprochen werden.

36 Berens et al. 1976,15

Die zweite Phase der Dialoganalyse ist die Rekonstruktion des D-Musters und des I-K-Musters. Der Modellbildungsprozeß in dieser Phase wird auf der Grundlage der vier Deutungsniveaus 0 bis 3 durchgeführt. Zu diesem Zweck wurde für jede der beiden folgenden Analysen je ein Analyseprotokoll erstellt. In diesen Protokollen ist eine schrittweise Analyse vorgenommen. Jeder Redebeitrag ist einzeln auf seine kommunikativ interaktive Funktion hin untersucht und entsprechend den 4 Deutungsniveaus in vier Spalten beschrieben. Diese schrittweisen Analysen waren dann Grundlage der vergleichenden Analyse, wie sie im Abschnitt 8.2.4 dargestellt wird. Die Analyseprotokolle konnten hier bei der Darstellung aus Raumgründen nicht vollständig aufgeführt werden. Zur Illustration wird jedoch ein Ausschnitt aus den Protokollen am Ende dieses Abschnitts aufgeführt. Die Protokolle sind im einzelnen nun folgendermaßen aufgebaut. Entsprechend den theoretischen Unterscheidungen der Deutungsniveaus erfolgt die folgende Rekonstruktion des auf dem Tonband fixierten Datenmaterials in vier Spalten: Die Spalten 1 und 2 entsprechen dabei weitgehend den Deutungsniveaus 0 und 1. Allerdings ist die Trennung nicht ganz streng, da in die Transkription des Textes in Spalte 1 natürlich die semantischen Deutungsleistungen des 1. Deutungsniveaus eingehen. Gleichzeitig werden aber in Spalte 1 natürlich auch die relevanten Aspekte des 0. Deutungsniveaus bestimmt. Das Transkriptionsmodell der 1. Spalte enthält in diesem Sinne Information über:

(1) die Segmentierung in Äußerungsbeiträge;
(2) die Länge der Äußerungsbeiträge;
(3) die Zuordnung der Äußerungsbeiträge zu den Sprechern, verbunden mit einer Durchnumerierung der einzelnen Äußerungsbeiträge entsprechend ihrer zeitlichen Aufeinanderfolge. Dabei wird folgende Konvention befolgt: Längere Äußerungsbeiträge werden zusammenhängend dargestellt und mit einer laufenden Nummer versehen. Die mit diesem Beitrag parallel gesprochenen Beiträge anderer Personen werden, entsprechend ihrer zeitlichen Abfolge, hintereinander im Anschluß an den längeren Beitrag aufgeführt. Parallel gesprochene Passagen werden unterstrichen und eingerahmt durch die laufende Nummer des Beitrags, mit dem sie parallel geäußert werden. Erst nach der Aufführung des längeren Beitrags und aller der mit ihm parallel gesprochenen Beiträge wird der Äußerungsbeitrag aufgeführt, der unmittelbar auf den längeren Beitrag folgt. Die Durchnumerierung dieses folgenden Beitrags schließt dabei an die laufende Nummer des letzten, mit dem vorhergehenden längeren Beitrag parallel gesprochenen, Beitrags an, also entsprechend dem in Abbildung 8.4 aufgeführten Schema.

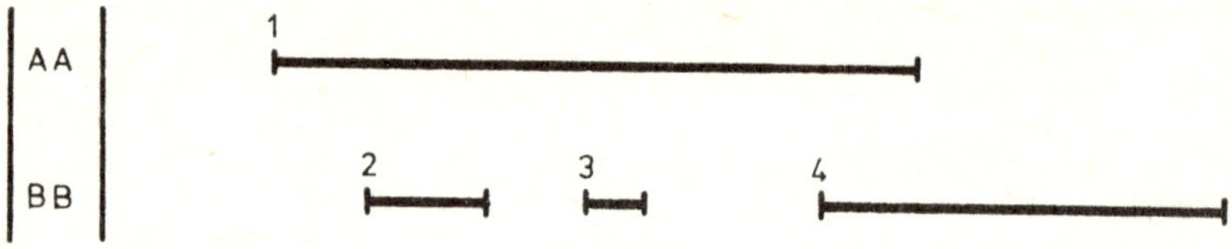

1AA: XXXXX2 XX 2 XXXX 3 XXXXX3 X
XXXX 4 X 4
2BB: 1XX 1
3BB: 1 XXXXX 1
4BB: 1 x 1 XXXXX XXXXX
5AA: XXX

Abb. 8.4

(4) die Trennung in verbale Äußerungen und Expressionen. Expressionen werden in Großbuchstaben geschrieben und durch Gleichheitszeichen eingerahmt. Expressionen sind etwa =ÄH=, =MHM=, =OH=, =EHE=, =LACHEN= etc.

(5) die Segmentierung in (Satz-)Äußerungen durch ein + oder ein ++. Das + steht zwischen Äußerungen innerhalb eines Äußerungsbeitrags, das ++ steht nach der letzten abgeschlossenen Äußerung des Äußerungsbeitrags. Als (Satz-)Äußerung wird der Teil eines Äußerungsbeitrags aufgefaßt, der vom kompetenten Sprecher als geschlossene Einheit aufgefaßt werden kann, in der insgesamt eine neue vollständige Information dem Partner übermittelt wird und noch einen Sinn ergeben würde. Dabei wird auf das eigene Sprachverständnis rekurriert. (Satz-)Äußerungen können in diesem Sinne sowohl einzelne Wörter wie komplizierte Satzgefüge (entsprechend der normativen Grammatik) sein. Äußerungen in diesem Sinne müssen sich in jedem Fall zu vollständigen Sätzen im Sinne der normativen Grammatik ergänzen lassen. Abgebrochene Sätze oder Wörter werden durch - gekennzeichnet. Dabei wird der - bei abgebrochenen Wörtern direkt an die Buchstabenkombination angehängt, bei abgebrochenen Sätzen durch einen Zwischenraum vom letzten Wort getrennt. Ist das letzte Wort abgebrochen, wird nur ein - an die

letzte Buchstabenkombination unmittelbar angehängt. Expressionen werden innerhalb von Äußerungen nicht durch ein + getrennt. Steht eine Expression am Schluß eines Äußerungsbeitrags, wird sie, wenn der Satz vorher abgeschlossen ist, durch ein + von diesem Satz getrennt. Das Ende des Äußerungsbeitrags wird dann aber nicht durch ++ angezeigt. Besteht der gesamte Äußerungsbeitrag nur aus einer Expression, steht weder ein + noch ein ++ am Ende. Nicht rekonstruierbare Teile von Äußerungsbeiträgen werden durch ... angezeigt. Die Notation entspricht ansonsten der üblichen Orthographie. Es gibt allerdings keine spezielle Großschreibung zu Beginn eines Äußerungsbeitrags. Phonetische Abweichungen werden notiert, etwa "we machen" statt "wir machen" oder "jehen" statt "gehen". Wenn in der Transkription am Ende der Zeile getrennt werden muß, stehen keine besonderen Trennungsstriche noch entspricht die Trennung der Silbentrennung. Das Wort wird einfach getrennt bei dem Buchstaben, der noch auf die Zeile geht, also etwa

Entw
icklung

Aufgrund der für die Transkription notwendigen Deutungsleistung entspricht Spalte 1 also nicht ausschließlich dem 0. Deutungsniveau.

Spalte 2 entspricht dann allerdings vollständig dem 1. Deutungsniveau. Spalte 2 ist die Rekonstruktion des Modells der semantischen Wechselwirkungen. Spalte 2 enthält in diesem Sinne Informationen über:

(1) die Zusammenfassung der einzelnen Äußerungsbeiträge eines Sprechers zu semantisch inhaltlich zusammenhängenden Redebeiträgen. Die Redebeiträge sind zusätzlich durch Gleichheitszeichen (über alle vier Spalten) gekennzeichnet und fortlaufend durchnumeriert. Grundlage für die Zusammenfassung sind die Deutungsleistungen, die auf der sprachsemantischen Kompetenz basieren;
(2) die Anzahl der Sätze in den einzelnen zu einem Redebeitrag zusammengefaßten Sätzen;
(3) die Art der semantischen Responsivität auf den propositionalen Gehalt des vorhergehenden Redebeitrags;
(4) bestimmte weitere semantisch bestimmbare Aspekte, wie etwa die Bestimmung als Switch-Signal, also Charakterisierung bestimmter Passagen als Résumé, Strukturierung oder dgl.

Die 3. Spalte entspricht dem 2. Deutungsniveau. Sie stellt das Modell der unmittelbaren interaktionellen, kommunikativen Wechselwirkungen dar. Dabei geht es darum, die in den interlokutiven Akten erfaßten kommunikativen

Funktionen in ihrer unmittelbaren Aufeinanderfolge und Bezogenheit zu bestimmen. Als Analyseeinheit wird dabei das Diskursintervall genommen, das dem auf dem 1. Deutungsniveau (2. Spalte) bestimmten Redebeitrag entspricht. Die Zuordnung der interlokutiven Akte zu den Sätzen des Redebeitrags entspricht dabei nicht einem 1:1-Verhältnis. Es wird also die kommunikative Funktion der gesamten Diskursbeiträge bzw. großer Passagen daraus angegeben. Spalte 3 enthält im einzelnen Informationen über:

(1) den kommunikativen Status als initiierender oder reaktiver Beitrag. Es wird dabei festgestellt, ob der Sprecher des Beitrages hinsichtlich der kommunikativen, interaktionellen Funktion auf den vorangegangenen Beitrag nur reagiert (antwortet) oder ob er eine neue interaktionelle Sequenz beginnt, auf die nun der oder die anderen Partner reagieren müssen;

(2) den kommunikativen Status als thematisch orientierter oder lediglich interaktionssteuernder Beitrag; im Gegensatz zu thematischen Beiträgen, die einen substantiellen Impuls (sowohl inhaltlich semantisch wie interaktionell) zum gerade akzeptierten Thema der Kommunikation darstellen, regeln interaktionssteuernde Beiträge generell den Redefluß. Sie haben im einzelnen folgende Funktionen:
   - sie bestätigen bzw. stabilisieren die Sprecherrolle der gerade redenden Person;
   - sie bezweifeln bzw. dementieren die Sprecherrolle der gerade redenden Person,

   im einzelnen sind sie
   - Bestätigungen der positiven/negativen Tendenz des Beitrags (etwa "ach wie interessant" oder "nein, sowas unmögliches"), auf die nicht weiter eingegangen wird;
   - Hilfestellungen bei Schwierigkeiten (Wortfindungsschwierigkeiten, thematischen Problemen etc.)
   - Redeabbrüche, um dem anderen die Sprecherrolle zu überlassen;
   - erzwungene Redeabbrüche, um selbst die Sprecherrolle zu übernehmen;
   - apodiktische Ablehnungen oder Zustimmungen, die den Sprecher entmutigen oder ermuntern weiterzusprechen;
   - Signale, die die Aufmerksamkeit als Hörer signalisieren (37)

(3) die Art des interlokutiven Aktes; die kommunikative Funktion wird dabei bestimmt hinsichtlich der Bedeutung, die der Redebeitrag im Rahmen

---

37 Genaueres zu interaktionssteuernden Signalen, cf. Berens et al. 1976,73ff.

seiner unmittelbar angrenzenden, vorausgehenden oder nachfolgenden Redebeiträge hat, also hinsichtlich zweiphasiger (teilweise auch dreiphasiger) Handlungssequenzen (etwa Frage - Antwort etc.)

(4) die sequenzielle Responsivität der interlokutiven Akte.

In der 4. und wichtigsten Spalte schließlich, die dem 3. Deutungsniveau entspricht, wird das Modell der situationsübergreifenden sprechhandlungsrelevanten Wechselwirkungen bezüglich der Unterscheidung von Beziehungskommunikation und Gebrauchskommunikation dargestellt. Spalte 4 enthält also Information (ist ein Modell) über:

(1) die Art der collokutiven und connexiven Akte bzw. der illokutiven Akte, die mit dem Dialogbeitrag vollzogen werden;

(2) und über die Art der Sprechhandlungs-Responsivität.

Zur Veranschaulichung folgt nun ein kurzer Ausschnitt aus dem Analyseprotokoll zum Text T 661.

==29==			
114AA: 113 =ÄH= 113 ja + grüßen Sie ihn doch 115 recht schön + und 115 ich hab in diesen Tagen sowieso an Sie gedacht + und 116 wissen Sie 116 weswegen ++ 115BB: 114 danke sehr + ja 114 ++ 116BB: 114 ja 114 ++ 117BB: nein ++ 118AA: der Niebuhr der war in der Zeitung abjebildet + der wi rd jetzt Rektor ++	(1) 114AA&118AA = RB; (2) 3/2; (3) Partieller Respons; (4) 114AA2,3 sind eine thematische Strukturierung, Switch-Signal. Die auch durch das Résumé in 113BB angezeigte Switch-Stelle ist eine innerhalb eines Themas "gemeinsame Bekannte". Es handelt sich hier also um einen Subthemenwechsel.	(1) reaktiver/initiierender Beitrag; (2) thematisch; 115BB/116BB/117BB sind interaktionssteuernd; (3) Aufforderung/Behauptung/Frage/Feststellung; (4) Korrespondierender Respons/Ignorierender Respons	Mit 114AA1 bestätigt AA ihr Sympathieinteresse an dem gemeinsamen Bekannten, Offerentativ. Mit dem Rest des Dialogbeitrags dokumentiert AA ihre Einschätzung hinsichtlich BBs Interesse an einem weiteren Bekannten, Definitativ. Durch die rhetorische Frage erzeugt AA eine emotionale Stimmung von Aufmerksamkeit und Spannung, die sich durch BBs entsprechende Reaktion in den folgenden Dialogbeiträgen entlädt, Emotionale Connexion, Assoziative Connexion.
==30==			
119BB: das Kläuschen wird Rektor ++	(1) ÄB = RB; (2) 1; (3) Totaler Respons; (4) Mit 119BB wird freudige Verwunderung ausgedrückt, was zum einen durch die Kose-	(1) reaktiver Beitrag; (2) thematisch; (3) Frage; (4) Korrespondierender Respons	BB drückt seine Verwunderung und Freude aus, Offerentativ. Gleichzeitig wird durch den Tonfall und den Diminutiv

	form, den Diminutiv des Vornamens und zum anderen durch paraverbale Signale deutlich wird.		emotionale Stimmung erzeugt, Emotionale Connexion.

==============================31==============================

120AA: ja ++	(1) ÄB = RB; (2) 1; (3) Totaler Respons; (3) Das "ja" wird in einem Tonfall gesprochen (sehr stark betont, laut ausrufend und mit langgezogenem "a"), der eine Paraphrasierung nahelegt wie "Sie werden es nicht für möglich halten, aber es ist tatsächlich wahr, und ich finde das großartig".	(1) reaktiver Beitrag; (2) thematisch; (3) Antwort; (4) Korrespondierender Respons	AA scheint wie BB eine recht enge Verbindung zu der Person, von der hier gesprochen wird, zu haben, Offerentativ. Durch ihren freudigen Ausruf dokumentiert sie, daß sie mit BB in der positiven Beurteilung des von ihr in 118AA berichteten Sachverhalts übereinstimmt, Konsentischer Korrelativ. Außerdem entspricht sie der auch durch BB in 119BB ausgedrückten freudigen Stimmung, Emotionale Connexion, Assoziative Connexion.

=====32=====			
121BB: mein Gott + 122 die 122 Karriere ist ja steil ++ 122AA: 121 ich - 121	(1) ÄB = RB; (2) 1; (3) Totaler Respons	(1) reaktiver Beitrag; (2) thematisch; 122AA ist interaktionssteuernd; AA versucht wieder die Sprecherrolle zu übernehmen, was ihr aber hier noch mißlingt; (3) Feststellung; (4) Korrespondierender Respons	BB drückt seine freudige Verwunderung weiter aus, worin er sich mit AA einig fühlt, Offerentativ, Konsentischer Korrelativ; Emotionale Connexion, Assoziative Connexion.
=====33=====			
123AA: ich hab auch jesacht /// Menschenskinners noch mal + die haben gar keine Robe für den /// ++	(1) ÄB = RB; (2) 3; (3) Totaler Respons	(1) reaktiver Beitrag; (2) thematisch; (3) Behauptung; (4) Ignorierender Respons	Entsprechend dem Dialogbeitrag 121BB Ausdruck der Freude, Offerentativ, Konsentischer Korrelativ, Emotionale Connexion, Assoziative Connexion. Indikator ist hier neben dem Tonfall das expressive "Menschenskinners".
=====34=====			
124BB: =LACHEN=	(1) Expression; (3) Totaler Respons	(1) reaktiver Beitrag; (2) thematisch	Die Expression Lachen muß an dieser Stelle entsprechend den vorangegangenen

			Dialogbeiträgen als Offerentativ, Konsentischer Korrelativ, Emotionale Connexion, Assoziative Connexion gedeutet werden.

=====================================35=====================================

125AA: den - w - =ÄH= w- wie wird das bloß + und dann hat er - =ÄH= als Gegenkandi daten hatte er Pro fessor Vollmann ++ 126BB: aha ++ 127AA: und das ist so das Gegenstück von ihm + ein hübscher großer Mensch + 128 stattlich 128 und so + un- der hatte bloß hundertneunund dreißig Stimmen und er hatte zweihundert und wieviel je 129 kriegt 129 ++ 128BB: 127 ja 127 ++	(1) 125AA&127AA = RB; (2) 3/5; (3) Zero Respons	(1) initiierender Beitrag; (2) thematisch; 126BB/128BB sind interaktionssteuernd; (3) Feststellung; (4) Ignorierender Respons	Entsprechend 123AA Ausdruck der Freude (paraverbale Signale), Offerentativ, Konsentischer Korrelativ, Emotionale Connexion, Assoziative Connexion.

=====================================36=====================================

129BB: 127 ja 127 + =MHM= also + =ÄH= das muß man allerdings sagen + der Klaus Niebuhr	(1) 129BB&131BB&133BB = RB; (2) 2/2/5; (3) Totaler Respons	(1) reaktiver Beitrag; (2) thematisch; 130AA/132AA sind interaktions-	BB wechselt in diesem Dialogbeitrag von der emotional geprägten Kommuni-

is =ÄH= =ÄH= immer
=ÄH= ziemlich belie
bt + nicht ++
130AA: =MHM=
131BB: =ÄH= das =ÄH= das
war immer so + das
is mir verständlich
daß er da durchko
mmt + ne ++
132AA: na ja + das ist
ja schön ++
133BB: wahrscheinlich
wird - sage - wer
den sich seine Stim
men auch teilweise
=ÄH= von von der
Studentenseite und
von der Mittelbau
seite =ÄH= ergeben
haben + vielleicht
sind nicht nicht
alle Ordinarien da
nn für ihn gewesen
+ na + na + ich
weiß es nicht + ich
stelle mir das nur
so vor + ich kann
seinen jetzigen Sta
nd nicht einschätzen
134 ne 134 ++

steuernd; (3) Feststellung; (4) Retrovertierender Respons

kation zu rational geprägter Kommunikation. Er stellt sich hier als der überlegene, abwägende Analysator der Situation dar, Offerentativ. Indikator dafür sind etwa Formulierungen wie "das muß man allerdings sagen" (129BB), "das ist mir verständlich" (131BB) oder die Verwendung des vollen Namens (im Gegensatz zum Kosenamen von 119BB) der Person, über die gesprochen wird. Außerdem wechselt BB in einen "kühlen", "ernsten" Tonfall über (im Gegensatz zu der "freudig klingenden" Stimme der vorherigen Dialogbeiträge). BB vollzieht damit eine Rationale Connexion. Die leicht "desinteressiert distanzierte" Bemerkung von AA in 132AA zeigt, daß AA an einer solchen

			Analyse kein großes Interesse hat, wodurch BBs Beitrag das Moment eines <u>Dissentischen Korrelativs</u> enthält. Weiter enthält BBs Beitrag in diesem Sinne auch das Moment einer <u>Dissoziativen Connexion</u>.

====================37====================

134AA: 133 na 133 + der - je- jedenfalls spricht der Erfolg für ihn ++ 135BB: ja + ja + das wü rd ich auch sagen ++	(1) AB = RB; (3) Totaler Respons; (4) 134AA kann als Résumé gedeutet werden, Switch-Signal.	(1) reaktiver Beitrag; (2) thematisch/interaktionssteuernd; 135BB ist interaktionssteuernd; (3) Feststellung; (4) Retrovertierender Respons	Daß AA gar nicht an einer detaillierten Analyse, wie sie BB vorlegt, interessiert ist, zeigt dieser Dialogbeitrag, Offerentativ. Als Indikator kann das "jedenfalls" aufgefaßt werden. AA dokumentiert also, daß es ihr um etwas anderes nämlich die empfundene Freude und deren Ausdruck geht und nicht um eine rationale Analyse. 134AA kann in diesem Sinne als Dissentischer Korrelativ gedeutet werden. Damit wird ebenfalls das

Moment einer Dissoziativen Connexion signifikant.

==============================38==============================

136AA: weil - aber das interessiert Sie doch sicher 137 auch 137 ++ 137BB: 136 ja 136 + ja + da muß 138 ich ihn - 138 138AA: 137 und 137 als ich jetzt das Bild in der Zeitung sah - 139BB: ja ++ 140AA: =ÄH= da hab ich so an Sie gedacht ++	(1) 136AA&138AA&140AA = RB; (2) 1/1/1; 138AA wird abgebrochen und dann ohne neu anzusetzen in 140AA weitergeführt; (3) Zero Respons; (4) Résumé, Switch-Signal	(1) initiierender Beitrag; (2) thematisch; 139BB ist interaktionssteuernd; 137BB ist ein mißglückter Versuch, die Sprecherrolle zu übernehmen; (3) Frage/Behauptung; (4) Ignorierender Respons	In diesem Dialogbeitrag wird deutlich, daß AA mit BB auf einer ganz anderen Ebene als der rational analytischen kommunizieren wollte. Der erste Teil des Beitrags, in Form einer Versicherung durch AA, kann als Definitativ gedeutet werden, in dem AA ihr Bild von BBs innerer Haltung expliziert. Als Indikator dafür kann das "doch" angesehen werden. Damit ist dann gleichzeitig wieder ein Konsentischer Korrelativ vollzogen, denn AA hat ja die gleiche innere Einstellung wie BB (was BB in 137BB andeutet). Die Assozialtive Connexion, die dadurch

			signifikant wird, wird im zweiten Teil des Dialogbeitrags, in 138AA/140AA, durch einen Direktionalen Protektativ unterstützt. AA dokumentiert ihr Interesse an der Person BBs dadurch, daß sie zeigt, daß sie an BB denkt, sich mit BBs Person, seinen Interessen etc. beschäftigt, generell sich in BB hineinzuversetzen versucht.

==================================39==================================

141BB: ja + ja + da muß ich bei Gelegenheit =ÄH= ihm mal gratu lieren + ne ++ 142AA: =LACHEN= 143 ja 143 ++	(1) ÄB = RB: (2) 1; (3) Partieller Respons; (4) Résumé, Switch-Signal. Das Lachen von 142AA ist ebenfalls als Switch-Signal aufzufassen.	(1) reaktiver Beitrag; (2) thematisch/interaktionssteuernd; 142AA ist interaktionssteuernd; (3) Feststellung; (4) Korrespondierender Respons	BB bestätigt den Definitativ von AA und vollzieht damit sowohl einen Offerentativ wie einen Konsentischen Korrelativ, was besonders durch das folgende gemeinsame Lachen indiziert ist. Damit liegt eine Assoziative Connexion vor.

In der dritten Phase der Dialoganalyse schließlich, die im Abschnitt 8.2.4 dargestellt ist, soll eine zusammenfassende und vergleichende Darstellung der komplexen kommunikativen Phänomene erfolgen, die in den Dialogen aufgetreten sind. Gegenstand dieser 3. Phase sind speziell die Redebeitrag-übergreifenden Phänomene, die aufgrund der in der 2. Phase durchgeführten, die Redebeiträge einzeln rekonstruierenden Analysen erkennbar werden. Zum einen geht es dabei um das Herausarbeiten einiger für reine Beziehungsdialoge als typisch erachteter kommunikativer Verhaltensweisen. Zum anderen soll das spezielle Phänomen des kommunikativen Drifts, das auf der Basis der Unterscheidung von Gebrauchs- und Beziehungskommunikation möglich wird, in seinen einzelnen strukturellen Aspekten beschrieben werden.

8.2.3.2 Der erste Dialog = T 661

1AA: Großmann ++
2BB: hier ist Mertens ++
3AA: wer ist da ++
4BB: Mertens + 5 wu- 5 wundern Sie sich nicht +6 =ÄH= 6
5AA: 4 ja 4 ++
6AA: 4 wo 4 sind Sie denn Herr Doktor Mertens
7BB: in in Tingen in bei bei Freiburg ++
8AA: na 9 und 9 ++
9BB: 8 ich hole 8 gerade meine Weihnachts und und Neu jahrsgrüße =LACHEN= und sowas nach ++
10AA: ja ++
11BB: =ÄH= das ist bei mir nämlich alles flach gefallen einfach + ne ++
12AA: ja ++
13BB: =OH= =ÄH= es kam soviel Arbeit auf mich zu + ne + und dann wollt ich mal wieder so melden + es is -
14AA: ja + das ist aber doch nett + 15 =ÄH= 15 wir haben Sie ja im Sommer hier so vermißt ++
15BB: 14 =ÄH= 14
16BB: =ÄH= ja + ich wollte ja auf der Rück 17 fahrt 17 von Finnland vorbei 18 kommen 18 + aber =ÄH= nach diesen vier Wochen warns glaub ich war ich so ge schafft =ÄH= =LACHEN= 19 als ich da wieder - 19
17AA: 16 ja 16 ++
18AA: 16 ja 16 ++
19AA: 16 das hab ich mir ja 16 gedacht + 20 man 20 un terschätzt das ja die Fahrt durch -
20BB: 19 ja 19 ++
21BB: ja + ja ++
22AA: =ÄH=
23AA: =ÄH= durch Skandinavien + 24 nicht 24 ++
24BB: 23 ja 23 + wir waren ja bis nach Lappland oben ++
25AA: ja + ja ++
26BB: und als ich dann mit der Fähre nach Puttgarden kam 27 und 27 merkte daß ich dann noch sechs Stun den hatte bin ich schnellstens zu Muttern gefah ren ++

27AA: 26 ja 26 ++
28AA: ja + das 29 kann ich mir echt - 29 ich habs ge
dacht ++
29BB: 28 das is - 28
30BB: ja ++
31AA: ich war denn inzwischen noch n paar Tage verreist
+ ich hatte Schlüssel 32 alles 32 hier gelassen +
Bett bezogen + und so weiter+ daß wenn er noch
kommt - damit es bloß hier alles in Ordnung ist +
und =ÄH= nachher waren alle =ÄH= =ÄH= =ÄH= ganz
enttäuscht + Herr Doktor Mertens ist nicht dage
wesen + 33 ich 33 sag///nee nee + der hat sich
sicher verrechnet///++
32BB: 31 =MHM= 31
33BB: 31 ja 31 ++
34BB: ja + ja + =LACHEN= also + man kann sagen so ziem
lich völlig + sowohl =ÄH= was was die Überladung
mit Eindrücken 35 =ÄH= betraf und 35 was was na
türlich auch der physische Einsatz ist + nicht +
weil ich ja der einzige Fahrer war ++
35AA: 34 ja + ja + ja 34 ++
36AA: ich 37 bin ja 37 schon zweimal da oben rauf 38 ge
wesen 38 + 39 bloß n 39 Postdampfer + nicht ++
37BB: 36 nicht wahr 36 ++
38BB: 36 ja + ja 36 ++
39BB: 36 =ÄH= 36
40BB: ja ++
41AA: 42 in Kirkeness 42
42BB: 41 ja + =ÄH= 41
43BB: ja ++
44AA: 45 das fand - 45
45BB: 44 =ÄH= damals - 44 das war ja damals als wir
noch da waren ++
46AA: aber ich bin nachdem nochmal 47 dagewesen 47 + mit
meiner Tochter zusammen ++
47BB: 46 nochmal 46 ++
48BB: =ÄH= ja + prima + also + die die Norwegenroute
habe ich auch noch mal vor ++
49AA: =MHM=
50BB: mal sehn daß ich da - daß ich das noch mal hin
kriege + ja + aber dieses Jahr versuch ich sicher
lich da herauf =ÄH= zu kommen + 51 das müssen wir
- 51
51AA: 50 na + dann werden wir 50 Sie ja vielleicht 52
sehn 52 ++
52BB: 51 ja 51 ich hab mir nämlich in Finnland auch n
neuen Sport zugelegt +
53AA: 52 ja 52 ++
54AA: nein ++
55BB: ich hab mir da ne =LACHEN= Angel gekauft + ja +
und während unserer Ferien auf dem Bauernhof -
das waren also zwei Phasen ++
56AA: ja ++
57BB: eine ruhige Phase + sozusagen Ferien auf dem Bau
ernhof + und dann eine Phase Autofahrt nach Lapp

land ++
58AA: ja ++
59BB: und da vom - beim Bauernhof war ein See + und da
hab ich dann meine Angel eingesetzt + 60 ne 60 +
nur sehr kleine Fische gefangen + 61 nicht 61 +
der Bauer mit den Reusen der fing wesentlich
=LACHEN= größere + Hechte und 62 so 62 ++
60AA: 59 ja 59
61AA: 59 =MHM= 59
62AA: 59 ja 59 + =ÄH= man muß das können
63BB: ja + ja + naja + ich bin am Üben + ne+ und 64
vielleicht 64 kann ich mal den Lanker See auspro
bieren
65AA: ja + das tun Sie 66 man 66 + 67 =ÄH= 67 =ÄH= der
Herr Hansen der hier unten bei mir im Haus sein
68 Büro 68 hat der ist auch Sportangler ++
66BB: 65 ja 65 ++
67BB: 65 man muß - 65
68BB: 65 ja 65 ++
69BB: =ÄH= von dem kann ich vielleicht 70 =ÄHM= dann
das abkucken 70 + ich 71 hab 71 nämlich noch nie
ne Beratung gehabt ++
70AA: 69 ja + bestimmt 69 ++
71AA: 69 =ÄH= 69
72AA: das müssen Sie mit ansehen ++
73BB: ja + ja + ja + 74 das - 74
74AA: 73 ich kann 73 Ihnen hier die besten - ach + und
und dann haben wir hier n neuen Mieter =MHM= =ÄH=
zwei Mieter + das sind Hochseeangler ++
75BB: =OH= wei + also + da gibt es Anregungen genug +
also + =LACHEN= 76 wird wird - 76
76AA: 75 ja + ja + und dann haben 75 wir =ÄH= auch Re
genwürmer im Garten ++
77BB: ja + 78 =ÄH= 78
78AA: 77 die suchen 77 alle Regenwürmer
79BB: gut 80 =LACHEN= 80
80BB: 79 =LACHEN= 79
81BB: ja + irgendwie - =ÄH= werd werd ich das schon
schon schaffen da raufzukommen + also + so lang
sam geht das so richtig drängend + nicht + 82 man
merkt - 82
82AA: 81 ja 81 ++
83AA: ja ++
84BB: =ÄH= wie dicht man dann daran daran denkt daß
man kommen müßte + aber jetzt dürfte es natürlich
etwas naßkalt sein + nicht + =ÄH=
85AA: =ÄH= ja + wir 86 haben ganz kalte 86 windige
Tage 87 gehabt 87 ++
86BB: 85 und es ist Semester 85 ++
87BB: 85 bitte 85
88BB: ja + ja + das 89 kann ich mir denken 89 ++
89AA: 88 =ÄH= wir waren bis 88 fünfzehn Grad runter ++
90BB: =MHM=
91AA: es war nicht schön ++
92BB: ja + Sie haben mir ja erzählt daß daß Sie jetzt

so ne ganze Menge mehr Mieter haben dadurch daß die Fabrik da heraus ist + die Kleider 93 fabrik + ja 93 ++
93AA: 92 ja + ja 92 + ja ++
94BB: und so + ne ++
95AA: ja + das ist ganz anders jetzt + 96 das 96 Haus
96BB: 95 =MHM= 95
97BB: ja + na + ich werd es mir ansehen + 98 nicht + =ÄH= 98
98AA: 97 ja + und 97 wie gehts Herrn Doktor Kluge ++
99BB: =ÄH= wir ham ja so getrennte Arbeitsbereiche + und ich hab ihn jetzt in- Ende letzter Woche einmal noch mit einem Kollegen im Gasthaus sitzen sehn + bin weil ich mit einem Schwarm Menschen herein kam 100 nur 100 schnell zu ihm hinge- =ÄH= gangen + und ihm die Hand geschüttelt + und hab gesagt /// wann sehen wir uns wieder /// und da sagte er /// nicht vor Semesterende + ich bin geschafft + und hab die Hucke voll /// ++
100AA: 99 ja 99 ++
101AA: ja ++
102BB: =ÄH= und und =ÄH= so so richtig lange Plauder abende ham wir schon schon lange nicht mehr gehabt + 103 aber 103 das das hängt =ÄH= mit mit den etwas getrennteren Arbeitsbereichen zusammen + wir wir sind also nicht mehr im gleichen Haus ++
103AA: 102 ach + ja 102 ++
104AA: ja ++
105BB: und wohnen auch nicht mehr zusammen + 106 nicht + da 106 da wohnen wir sogar etliche Kilometer weg ++
106AA: 105 =MHM= =MHM= 105
107AA: ach ++
108BB: aber =ÄH= ich ich weiß daß er ganz in in seiner beruflichen Tätigkeit aufgeht + und =ÄH= mit Begei sterung dabei ist + und da wahrscheinlich =ÄH= mehr macht als man von ihm verlangt + aber auch mehr Er folg hat + also + das pendelt sich so langsam hoch + seine Studentenzahlen sind 109 groß + und so 109 + ne + während =ÄH= ich ja immer noch in dem Insti tut bin und zur Lehre gar nicht so nen Kontakt habe + 110 ne 110 + ich muß da still vor mich hin for schen in dem Team in dem 111 wir da sitzen 111 + ne ++
109AA: 108 na + wie schön 108 ++
110AA: 108 =MHM= 108
111AA: 108 ja + ja 108 ++
112AA: ja + ja + sind zwei getrennte 113 Arbeitsgebiete + sicher 113 ++
113BB: 112 ja + ja + =ÄH= 112 aber wenn jetzt das Seme sterende kommt dann wird sicher =ÄH= wieder n Tref fen mit Herrn Kluge stattfinden + und dann werd ich ihn animieren auch mal zu telephonieren 114 ne 114 ++
114AA: 113 =ÄH= 113 ja + grüßen Sie ihn doch 115 recht

schön + und 115 ich hab in diesen Tagen sowieso an Sie gedacht + und 116 wissen Sie 116 weswegen ++
115BB: 114 danke sehr + ja 114 ++
116BB: 114 ja 114 ++
117BB: nein +
118BB: der Niebuhr der war in der Zeitung abjebildet + der wird jetzt Rektor ++
119BB: das Kläuschen wird Rektor ++
120AA: ja ++
121BB: mein Gott + 122 die 122 Karriere ist ja steil ++
122AA: 121 ich - 121
123AA: ich hab auch jesacht /// Menschenskinners noch mal + die haben gar keine Robe für den /// ++
124BB: =LACHEN=
125AA: den - w - =ÄH= w- wie wird das bloß + und dann hat er - =ÄH= als Gegenkanditaten hatte er Profes sor Vollmann ++
126BB: aha ++
127AA: und das ist so das Gegenstück von ihm + ein hüb scher großer Mensch + 128 stattlich 128 und so + un- der hatte bloß hundertneununddreißig Stimmen und er hatte zweihundert und wieviel je 129 kriegt 129 ++
128BB: 127 ja 127 ++
129BB: 127 ja 127 + =MHM= also + =ÄH= das muß man aller dings sagen + der Klaus Niebuhr is =ÄH= =ÄH= immer =ÄH= ziemlich beliebt + nicht ++
130AA: =MHM=
131BB: =ÄH= das =ÄH= das war immer so + das is mir ver ständlich daß er da durchkommt + ne ++
132AA: na ja + das ist ja schön ++
133BB: wahrscheinlich wird - sage - werden sich seine Stimmen auch teilweise =ÄH= von von der Studenten seite und von der Mittelbauseite =ÄH= ergeben ha ben + vielleicht sind nicht nicht alle Ordinarien dann für ihn gewesen + na + na + ich weiß es nicht + ich stelle mir das nur so vor + ich kann seinen jetzigen Stand nicht einschätzen 134 ne 134 ++
134AA: 133 na 133 + der - je- jedenfalls spricht der Erfolg für ihn ++
135BB: ja + ja + das würd ich auch sagen ++
136AA: weil - aber das interessiert Sie doch sicher 137 auch 137 ++
137BB: 136 ja 136 + ja + da muß 138 ich ihn - 138
138AA: 137 und 137 als ich jetzt das Bild in der Zei tung sah -
139BB: ja ++
140AA: =ÄH= da hab ich so an Sie gedacht ++
141BB: ja + ja + da muß ich bei Gelegenheit =ÄH= ihm mal gratulieren + ne ++
142AA: =LACHEN= 143 ja 143 ++
143BB: 142 allerdings 142 =LACHEN= hat er 144 da hat er da 144 Arbeit noch und noch 145 ne 145 + ja + ne + ich hab es übrigens schwer gehabt Sie zu entdecken

+ nicht + erst war war =ÄH= mußt ich - ja + hab
ich erst mal vergeblich angerufen + 146 und 146
Ihr - ei- Ihre alte Nummer war nicht mehr da + und
147 dann 147 hab ich 148 über 148 Auskunft - hab
ich =ÄH= die Sache erfragt ++
144AA: 143 =LACHEN= 143
145AA: 143 =LACHEN= 143
146AA: 143 ja 143 ++
147AA: 143 =MHM= 143
148AA: 143 =MHM= 143
149AA: ja + wissen Sie warum + 150 =ÄH= 150 war ham
hier n neues Fernsprechnetz 151 nicht n 151 neues
Haus bekommen + und 152 Umschaltstelle 152 und so
+ und alle Nummern die mit Null vorne hatten und
drei Null die ham neue 153 bekommen 153 ++
150BB: 149 ja 149 ++
151BB: 149 aha 149 ++
152BB: 149 =MHM= 149
153BB: 149 ach so 149 + ja + ja + =ÄH= na ja + jetzt
154 hab ich s ja entdeckt 154 ++
154AA: 153 ich hab ja jetzt ne 153 komische Nummer +
nicht + jede zweite Nummer ist ne drei ++
155BB: ja + aber das ist sehr leicht zu merken + 156 ne
156 ++
156AA: 155 ja 155 + =LACHEN=
157BB: das das ist sehr günstig
158AA: ja ++
159BB: ja + und dann =ÄH= hatt ich wiederum keinen Er
folg + nachdem ich also diese Nummer drei vier
drei fünf hatte ++
160AA: ja ++
161BB: und dann =ÄH= schaltete sich das Telephon immer
ab + und dann hab ich wieder die Auskunft angeru
fen + also + das sind jetzt sind 162 jetzt 162
zwei + ja + Tage dazwischen vergangen ++
162AA: 161 ja 161 ++
163AA: ja ++
164BB: =ÄH= und da stellt sich heraus daß ich auch ne
falsche Vorwahlnummer hatte ++
165AA: aha ++
166BB: hatte sich auch noch die Vorwahlnummer geändert
++
167AA: nein ++
168BB: nee ++
169AA: nein ++
170BB: komisch + also + was ich da beim - ich tra-
trage da jedes Jahr über + was ich da beim Über
tragen verwechselt 171 haben muß 171 172 muß ich
sehr müde gewesen sein 172 ++
171AA: 170 ja 170 ++
172AA: 170 =ÄH= der der Mensch kann sich irren 170 +
nicht ++
173BB: ja + ja + =ÄH=
174AA: gut + =LACHEN=

175BB: ja + Frau Großmann + und dann - =ÄH=
176AA: das ist nett daß Sie anjerufen haben + Herr Dok tor + und in diesem Jahr müssen wir uns denn be stimmt sehen ++
177BB: ja + ja + ich werde also alles versuchen + und die Sache is =ÄH= ganz ganz wahrscheinlich + 178 ja 178 ++
178AA: 177 ja 177 ++
179BB: ja -
180AA: das wird dann 181 aber 181 wieder erst im Sommer + nicht ++
181BB: 180 ja 180 ++
182BB: ja + ja + das das denke ich ++
183AA: 184 denn jetzt werden Si - 184 =ÄH= während die ser Semesterferien was haben Sie denn da vor ++
184BB: 183 ja + jaja 183 ++
185BB: =ÄH= das ist - das is so - =ÄH= jetzt geht das =ÄH= Semester am fünfzehnten los + und dann =ÄH= =ÄH= muß ich ja immer mit meinem Urlaub rechten + ne + 186 am 186 Institut hab ich ja nur meine ge zählten Tage Urlaub + 187 und die spar 187 ich dann natürlich bis 188 zum 188 Sommer auf + nicht + darum arbeite ich weiter + und ich kriege da zwischendurch nur ne Rundfahrt =ÄH= heraus + über Wien nach Prag + das wird so -
186AA: 185 ja 185 ++
187AA: 185 aha + ja 185 ++
188AA: 185 aha 185 ++
189AA: aha ++
190BB: acht neun Tage 191 dauern 191 ++
191AA: 190 ja 190 ++
192AA: ja ++
193BB: =ÄH= weil wir uns zur Gewohnheit gemacht haben da unsere Kollegen in Prag =ÄH= pro Jahr einmal kurz zu 194 besuchen 194 + die waren damals wäh rend der Liberalisierung =ÄH= hier + oft auch längere Zeit + und es brechen sonst die Fäden ab + 195 nicht 195 + und nur wir können können hin + und können den Kontakt persönlich halten ++
194AA: 193 ja 193 ++
195AA: 193 =MHM= 193
196AA: das ist gut + 197 ja 197 ++
197BB: 196 und 196 darum ist im 198 Frühjahr dann im mer - 198 ja + 199 darum is im 199 Frühjahr im mer wie gesagt die Fahrt nach Prag + 200 ne 200 ++
198AA: 197 das soll man auch tun 197 ++
199AA: 197 ... 197
200AA: 197 und 197 wissen Sie wer bei mir jetzt hier wohnt + 201 ein 201 Assistent
201BB: 200 nein 200 ++
202BB: ja ++
203AA: von einem - ja + irre ich mich jetzt + oder heißt das phonetisches Institut ++

204BB: ach + Kranz + de- is er ganz neu ++
205AA: ja ++
206BB: ja + der Herr Kranz is ein ein persönlicher Be kannter von mir + ich ich schreibe mich mit ihm + bestellen Sie doch mal über den Assistent von mir =ÄH= einen Gruß 207 an 207 Herrn Kranz + nicht ++
207AA: 206 je 206 ++
208AA: ja ++
209BB: da hätt sich ein ein =ÄH= neue Verbindung erge ben + ne ++
210AA: ach ja ++
211BB: ja + ja + also + das wird sofort zünden + ne + =LACHEN=
212AA: =LACHEN=
213AA: 214 ... 214
214BB: 213 ja + =ÄH= bin ich - 213 den Herrn Kranz hab ich in diesem Jahr kennengelernt + und dann zu verschiedenen Anlässen -
215AA: ja ++
216BB: der kommt also aus Bonn + ne + 217 =ÄH= 217 dann dann wiedergesehen + und wir verstehen uns sehr gut ++
217AA: 216 aha 216 ++
218AA: na + =ÄH= und dann noch eins Herr Doktor Mertens + 219 wissen Sie 219 was aus meinem Sohn jeworden ist ++
219BB: 218 ja 218 ++
220BB: =ÄH= 221 Augenblickchen 221 + =ÄH= vor kurzem hab ich was ganz dolles gesehen + beim Stern war er nicht mehr + irgendwo anders tauchte er auf ++
221AA: 220 haben Sie das mitjekricht 220 ++
222AA: =ÄH= ja + beim Korrespondent - der 223 is da so ungefähr 223 der Leiter von der sozialdemokrati schen Parteipresse ++
223BB: 222 sch- stimmt 222 ++
224BB: ja + das ist doch ne Karriere + 225 aber - 225
225AA: 224 na + und 224 ob ++
226BB: aber Sie =ÄH= ham wohl was gegen die politische Richtung + oder wie + =LACHEN=
227AA: ach Gott + wissen Sie + =MHM= =ÄH= =ÄH= ... =ÄH= wir wissen das ja aus =ÄH= =ÄH= aus unseren Unter haltungen daß 228 ich 228 ne andere Richtung habe ++
228BB: 227 ja 227 ++
229BB: ja + ja ++
230AA: aber + ich meine deswegen laß ich ja =ÄH= =ÄH= Ihre Meinung auch gelten + nicht ++
231BB: ja + ja ++
232AA: so ist 233 das ja nicht 233 ++
233BB: 232 ja + ja + =ÄH= 232 ja + ich 234 ticke ja et was in - 234
234AA: 233 =ÄH= es ist ja gleich 233 auf welchem Gebiet der Mensch was leistet + 235 nicht 235 ++
235BB: 234 ja + ja 234 + und ich wollte sagen + ich ticke ja in diese =LACHEN= in diese Richtung + und

ich finde das ne dolle Karriere + 236 ne 236 ++
236AA: 235 ja + ja 235 + aber =ÄH= es war eben so + er
mußte dann ja da noch seinen Lebenslauf schildern
vorm Parteigremium ++
237BB: ja ++
238AA: und da sagten meine Herrn hier unten die auch
teils teils sind + ja + wir 239 hatten 239 hier
auch immer so Diskussionen ++
239BB: 238 ja 238 ++
240BB: ja ++
241AA: =ÄH= da haben die gesagt /// =ÄH= wenn der -
die ihn da noch jefragt hätten nach der politi
schen Einstellung seiner Mutter denn hätt er den
Posten nicht bekommen /// ++
242BB: =LACHEN=
243AA: =LACHEN=
244BB: na ja + ach Gott + =ÄH= solange man nicht nicht
völlig dogmatisch ist läßt sich das doch - dann
dann sind unterschiedliche Meinungen reizvoll +
nicht + ich meine sonst 245 wird das ganze lang
weilig 245 ++
245AA: 244 ich - =ÄH= =ÄH= Herr - =ÄH= 244 =ÄH= das
das ist das nämlich + Herr Doktor 246 Mertens 246
+ es kommt nämlich immer darauf an was man errei
chen will + 247 ja + nicht + wie die 247 Einstel
lung ist + ob man mehr über den Dingen steht +
und =ÄH= und =ÄH= das Gute auf dem Wege oder auf
dem 248 erreichen 248 will ++
246BB: 245 ja 245 ++
247BB: 245 ja + ja + ja + ja + =MHM= 245
248BB: 245 ja 245 ++
249BB: =MHM=
250AA: das ist es nämlich eben + 251 nicht + man 251
soll =ÄH= sich nicht davon unterkriegen 252 las
sen + und nicht 252 gehässig werden ++
251BB: 250 =MHM= 250
252BB: 250 ja + ja 250 ++
253BB: ja + ja + =ÄH=
254AA: nicht + die - =ÄH= wenn man den anderen gelten
läßt geht das immer ++
255BB: ja + =EHE=
256AA: 257 und das 257 machen wir hier auch + und die
se beiden - meine beiden Architekten hier unten
die haben sich angewöhnt bei mir jeden Nachmittag
Kaffee zu 258 trinken + und das ist vielleicht
258 ne lustige Sache 259 kann ich ihnen sagen 259
++
257BB: 256 na ja 256 ++
258BB: 256 ja + =EHE= 256
259BB: 256 das das find 256 ich das find ich doch gut
+ das bringt Leben ins Haus + 260 ne 260 ++
260AA: 259 na + das - na 259 aber - 261 bestimmt 261
tut es das ++
261BB: 260 ja 260 ++
262BB: =ÄH= prima + ja + ich hoffe daß ich dann auch

mal da reinschnuppern 263 kann wenn ich wenn ich komme 263 ++

263AA: 262 ja + das tun Sie man + Sie haben denn 262 hier noch grad gefehlt ++

264BB: ja ja + doch ++

265AA: 266 =LACHEN= 266

266BB: 265 =LACHEN= 265

267BB: vielleicht sollte man den Kluge animieren daß wir da in Schwärmen einfallen 268 sozusagen + ne 268 + ja + ja + Frau Großmann + dann will ich Ih nen nochmal n schönen Abend wünschen + 269 nicht + und n 269 schönen Frühling vor allen 270 Dingen 270 ++

268AA: 267 ja + tun Sie man 267 ++

269AA: 267 =MHM= ja + und - 267

270AA: 267 ja 267 + =ÄH= ich wünsch 271 Ihnen 271 wei ter guten Erfolg + 272 =OCH= ich 272 bin ja inzwi schen schlecht dran jewesen + ich bin ja letztes Jahr am Knie operiert 273 worden + nicht 273 ++

271BB: 270 ja 270 ++

272BB: 270 und - 270

273BB: 270 ja + das 270 hatten Sie mir 274 ja nun schon geschrieben + ne ja + ja + geht das wieder 274 ++

274AA: 273 =ÄH= und da da war ich so schlecht mit dem Gehen dran + aber jetzt gehts 273 gehts wieder besser ++

275BB: ja + 276 Gott sei Dank 276 ++

276AA: 275 ich kann schon jeden 275 Tag in die Stadt gehen + einkaufen 277 und 277 und und so + nicht ++

277BB: 276 ja 276 ++

278BB: und Sie sind wieder fit für n Garten ++

279AA: ja + ja ++

280BB: im nächsten 281 Jahr + ne 281 ++

281AA: 280 =ÄH= nich 280 mehr so fit + ich schaff nicht mehr so viel Stunden + aber aber es geht ++

282BB: ja + ja + 283 na + das is ja - 283 ja ja + das is ja prima ++

283AA: 282 man muß zufrieden sein + nicht 282 ++

284AA: ja ++

285BB: und noch en schönen Gruß an Ihre Tochter + 286 nicht 286 ++

286BB: 285 danke 285 schön + die wohnt jetzt bei mir ++

287BB: ja ++

288AA: 289 ja 289 ++

289BB: 288 is ja - 288 is doch alles 290 bestens 290 ++

290AA: 289 =ÄH= 289 =ÄH= 291 w- 291 wissen Sie wo die jetzt arbeitet + in der orthopädischen Klinik =ÄH= auf der Kinderstation

291BB: 290 ja 290 ++

292BB: ah so 293 =EHE= 293

293AA: 292 =ÄH= bei den 292 Krüppelkindern ++

294BB: das ist doch - das is ne günstige Lösung ++

295AA: na + und 296 ob + nich 296 ++

296BB: 295 ja + doch 295 ++
297AA: das =ÄH= d- das is ja viel leichter für sie als ob =ÄH= als da in Bramstedt wo 298 sie 298 war + nicht ++
298BB: 297 ja 297 ++
299BB: es gibt ja fast nur glückliche Entwicklungen bei Ihnen 300 ... =EHE= 300
300AA: 299 ja + und die 299 die wollten =ÄH= die woll ten sie gerne haben + die haben sie 301 abjeworben 301 ++
301BB: 300 =MHM= 300 ja + =EHE= 302 prima + =EHE= 302
302AA: 301 und und 301 nun wohnt sie bei mir + ich bin nachts hier nicht mehr allein immer + nicht ++
303BB: ja + ja + =EHE=
304AA: und und für sie is auch 305 schön 305 ++
305BB: 304 ja 304 + und Raum genug war auch ++
306AA: ja ++
307BB: oder ist auch 308 ne 308 + ja + ja ++
308AA: 307 natürlich 307 ++
309AA: alles bestens + nicht ++
310BB: ja + gut + prima + =LACHEN=
311AA: ja + =LACHEN=

F-Gruppe

Die F-Gruppe besteht hier aus zwei Personen; AA, BB. Der Charakter dieser F-Gruppe ist allerdings durch die speziellen Eigenschaften des Aktionsraumes geprägt. D.h. die normalerweise bei F-Gruppen vorliegende prinzipielle Offenheit aller Wahrnehmungskanäle ist nicht gegeben. Da es sich bei T 661 um ein Telephongespräch handelt, ist nur der akustisch-auditive Kanal offen. In diesem Sinne muß man die vorliegende F-Gruppe als modifizierte oder reduzierte F-Gruppe bezeichnen. Es liegt eine Modifikation (Reduktion) der Kommunikationsbedingung (K2) bzw. der Interaktionsbedingung (I2) vor (38). Im Bereich dieser Reduktion auf ausschließlich verbale und paraverbale Kommunikation weist die F-Gruppe dann allerdings die für F-Gruppen charakteristischen Merkmale auf: Die Mitglieder der F-Gruppe können sich direkt wahrnehmen und unmittelbar wechselseitig auf ihr Verhalten reagieren. Die Bildung der F-Gruppe ist im vorliegenden Fall hauptsächlich beeinflußt durch die teilweise gemeinsame Interaktions- und Kommunikationsgeschichte der beiden Gruppenmitglieder. Sie entspricht darüber hinaus der sozialen Norm unserer Gesellschaft, daß Personen, die sich gut kennen und sich einander sympathisch sind, auch nach einer prinzipiellen Trennung weiter mehr oder weniger losen Kontakt zueinander pflegen. So gesehen ist die Bildung der F-Gruppe nicht völlig zufällig, zumal da nach der grundsätzlichen Trennung (aufgrund eines Ortswechsels von BB) bereits mehrfach Kontakte aufgenommen wurden.

---

38 Siehe oben Seite 13 bzw. 16

Beziehungsprofil

AA ist weiblich; Alter unbekannt;
BB ist männlich; Alter unbekannt;
BB ist jedoch jünger als AA (vermutlich ist AA über 50 und BB unter 40). AA ist die ehemalige Vermieterin von BB. BB ist promoviert und wissenschaftlicher Angestellter. Aus den Äußerungen von T 661 läßt sich schließen, daß BB, als er noch bei AA gewohnt hat, häufig Kontakt mit AA in Form zwangloser Plaudergespräche oder Diskussionen gehabt hat, d.h. der Bekanntschaftsgrad ist relativ hoch. AA und BB haben eine Reihe Personen, die ihnen gemeinsam bekannt sind. AA und BB stehen auch brieflich in Kontakt miteinander. BB weiß relativ gut über Familienprobleme von AA Bescheid (speziell über den Sohn und die Tochter von AA). AA kennt eine Reihe Berufskollegen von BB. Aufgrund des vorliegenden relativ hohen Bekanntschaftsgrads liegt eine definierte Zusammenkunft vor. Die Mitglieder der F-Gruppe kennen genau ihre sozial relevanten Positionen (Zimmervermieterin - wissenschaftlicher Angestellter). Hinsichtlich dieser sozialen Positionen liegt jedoch eine freie Zusammenkunft vor. Die Mitglieder der F-Gruppe fallen beide zur Zeit des Gesprächs T 661 nicht in den Kompetenzbereich der sozialen Position des jeweils anderen Dialogpartners. D.h. die sozialen Positionen spielen hinsichtlich der Verbindlichkeit der damit verknüpften Machtmöglichkeiten keine Rolle. Verbindlich jedoch ist die Zusammenkunft in bezug auf das mit BBs Position verbundene soziale Prestige (promoviert) sowie der Position von einander gut bekannten Personen. In dieser Hinsicht liegt also ein definiertes, einerseits verbindliches, andererseits freies Beziehungsprofil vor.

Aktionsraum

Wie bereits im Zusammenhang mit der F-Gruppe festgestellt wurde, ist T 661 ein Telephongespräch. Das Gespräch fand am 20.1.1972 am Spätnachmittag bzw. Abend statt. Die Tatsache, daß es sich um ein Telephongespräch handelt, bestimmt auch den spezifischen Charakter des Aktionsraums. Aufgrund der besonderen Einschränkung der Interaktionsbedingung (I2) ist die gemeinsame zeitlich-räumliche Umgebung praktisch nur auf eine zeitliche Überschneidung reduziert. Die jeweils individuellen Zentren der Aktionsräume der beiden Gruppenmitglieder sind räumlich sehr weit voneinander getrennt (AA lebt in Preetz, BB in Freiburg). Aufgrund der besonderen technischen Apparatur des Telephons schneiden sich ihre Wahrnehmungsräume jedoch teilweise miteinander. Die Restriktionen der Handlungsmöglichkeiten der beiden Gruppenmitglieder sind durch den besonderen Charakter ihres Aktionsraums erheblich. Es liegen im wesentlichen physikalisch technische Restriktionen vor.

Art der sozialen Veranstaltung

Der von BB intendierten und von AA akzeptierten Funktion entsprechend, liegt mit dem Telephongespräch von T 661 eine Beziehungsveranstaltung vor. In diesem Falle ist es so, daß die Gesamtdauer der Beziehungsveranstaltung mit der Dauer des in ihrem Rahmen ablaufenden Beziehungsdialogs übereinstimmt. BB ist dabei der Initiator der Beziehungsveranstaltung, die aufgrund der speziellen technischen Bedingungen kurzfristig konstituiert wurde.

Zweck des Dialogs

Aufgrund der bei T 661 vorliegenden Identität von Beziehungsveranstaltung und in ihr stattfindendem Beziehungsdialog hängt der Zweck des Dialogs eng mit der Art der sozialen Veranstaltung zusammen. Im vorliegenden Fall ist es so, daß die beiden Gruppenmitglieder in der Konstituierungsphase sich sowohl über die Art der sozialen Veranstaltung wie auch speziell über den Zweck des Dialogs einigen. Entsprechend BB's Intentionen soll der Dialog lediglich dazu dienen, die Verbindung zu AA aufrechtzuerhalten. Das gesamte Gespräch ist also von BB zu dem Zweck inszeniert worden, das soziale Bedürfnis der Kontaktaufnahme und -pflege zu anderen Personen zu befriedigen. Im weiteren Verlauf des Dialogs wird dann weder von AA noch von BB diesem anfänglich definierten Bedürfnis widersprochen noch wird ein bestimmtes zu lösendes Sachproblem vorgegeben. AA akzeptiert den so definierten Zweck des Dialogs aufgrund des gemeinsamen Bekanntschaftsgrads und der gemeinsamen Kommunikations- und Interaktionsgeschichte sofort. AA und BB stimmen also zunächst in der ersten Dialogphase ihre Situationsdefinitionen bzw. Meinungsbilder aufeinander ab. Daß sowohl Zweck des Dialogs wie auch die Art der sozialen Veranstaltung im Dialog selbst abgehandelt werden muß, liegt am spezifischen Charakter des Aktionsraumes (Telephongespräch). Normalerweise wird die Art der Veranstaltung durch andere soziale Interaktions- und Kommunikationsprozesse vorbereitet (aufgrund von Einladungen, Ankündigungen oder dgl.), so daß sie vor dem ersten Dialog schon klar ist.

8.2.3.3 Der zweite Dialog = T 249

1AA: ich würde sagen + für all die Fächer die =ÄHM= Beziehungswissen 2 schaften 2 betreiben - darunter versteh ich =ÄHM= Wissenschaften - danke schön + Wissenschaften die =ÄHM=
2BB: 1 ... 1
3BB: =LACHEN= Entziehungswissenschaften ++
4AA:BB:CC: =LACHEN=
5AA: also + darunter versteh ich Wissenschaften die sich nicht mit ganz konkreten Fakten und nur mit diesen

Fakten beschäftigen + also beispielsweise der Che miker der einen bestimmten Stoff untersucht + 6 oder 6 der Physiker der einen - der eine bestimmte =MHM= ein bestimmtes - eine eine eine eine eine kausale Abfolge =ÄHM= =ÄHM= zu analysieren versu cht + sondern die Wissenschaften die Elemente -

6BB: 5 =MHM= 5

7CC: der Erfah 8 rungswelt 8 ++

8AA: 7 die verschie 7 densten Bereichen angehören in ih rer Beziehung sehen + also + =ÄH= verschie 9 dene 9 Bereiche mein ich also zum Beispiel die Institutio nen das lebendige Menschenwesen -

9BB: 8 =ÄH= 8

10BB: =MHM=

11AA: und =ÄHM= =MÄH= =ÄHM=

12CC: ja + aber das das Schwere an der ganzen Sache ist daß daß sie nämlich durch die wissenschaftliche Be schäftigung damit erst faßbar werden + 13 daß daß sie erst 13 mit der mit der Beschäftigung oder mit der Beschreibung erst mal Gestalt gewinnen ++

13BB: 12 =ÄHM= das ist - 12

14AA: ja + zunächst 15 wohl 15

15CC: 14 irgendwie 14 so so einfach 16 im 16 System drin liegen + aber man sie erst herausholen 17 muß ... 17

16AA: 15 ja 15 ++

17AA: 15 zunächst muß 15 man natürlich auch diese ein zelnen Momente Momente =ÄHM= =ÄHM= versch- =ÄH= =ÄH= =ÄHM= beschrieben werden + das ist klar + aber das entscheidende liegt dann in der Beziehungshaf tigkeit + das heißt in in in den dialektischen ... 18 bestehen 18 -

18BB: 17 ... das 17 ist doch meist sonne Art geistigen Überbau dann

19AA: denn 20 =ÄH= denn 20 =ÄH= ich denke zum Beispiel an an =ÄH= =ÄH= Geographie + der Geograph - =ÄHM= =ÄH= =ÄH= die Aufgabe des Geographen beschränkt sich nicht nur darauf =ÄH= eine Landschaft zu be schreiben + sondern er muß gleichzeitig mitberück sichtigen eine bestimmte Rasse die da wohnt ein - eine bestimmte Bevölkerungsdichte 21 eine 21 In dustrie =ÄHM= =ÄH= politische Verhältnisse die eine große Rolle spielen und die dann - und die ses dieses alles - dies n alles verschiedene Be reiche + nicht wahr + Geographie - =ÄHM= das stoff liche Fundament gewisser 22 maßen 22 die Wirtsch aft das Politische Rassen und so weiter und Bevöl kerungsdichte das sind also verschiedenste Elemen te die die die kategorial immer ganz anders erfaßt werden müssen an und 23 für sich selbst 23 ++

20CC: 19 ja 19 ++

21BB: 19 =MHM= 19

22BB: 19 =MHM= 19

23CC: 19 ja + aber auch von jedem 19 anders erfaßt wer

den in ihrem Zusam 24 menspiel 24 ++
24AA: 23 das stimmt auch 23 ++
25CC: daß das Zusammenspiel nämlich nicht einmal fest
liegt sondern erst =ÄH= zu jedem Zeitpunkt und zu
jeder - praktisch zu jeder Aufnahme die 26 man da
26 macht anders aussieht ++
26AA: 25 =MHM= 25
27AA: ja ++
28CC: ... sehn kann oder =ÄH= =ÄH= auch aussieht ++
29AA: ja + also + =ÄH= erst mal kommt es darauf an daß
=ÄH= =ÄH= daß es keine Generalperspektive gibt -
30CC: das ist es + ja ++
31AA: für die =ÄH= unter der man das ganze betrachten
kann + es müssen immer verschiedene Aspekte zusam
mengeführt werden + schließlich =ÄH= das Ergebnis
einer solchen =ÄH= dialektischen Analyse =ÄHM=
ist auch nicht für alle Zeiten verbindlich + weil
sich ja die Wirtschaftsstrukturen ja verändern +
=ÄH= =ÄH= eventuell wird - werden Ölquellen ent
deckt + und sofort sieht das ganze Gebiet das gan
ze Landschaftsbild völl- völlig anders aus + und
eine andere Wissenschaft die =ÄH= sehr - so -
=ÄHM= die die also =ÄHM= vor ähnlichen Problemen
steht ist auch die Pädagogik + nicht ++
32CC: =MHM=
33AA: da hat man den Lehrer + da hat man den Schüler +
da hat man den Unterrichtsgegenstand + da gibt es
Ziele + Nahziele + Fernziele + es gibt =ÄH= =ÄHM=
Normen + Verhaltensnormen + und und =ÄHM= und
=ÄHM= =ÄHM= Haltungsnormen + und all d- über all
diese einzelnen Momente =ÄH= =ÄH= kann man versch
iedenster Auffassung sein + nun mal de- desch
desch der der Schüler betrachtet + der Schüler
=ÄHM= =ÄHM= wird als als Heranwachsender verstan
den + und und seine =ÄHM= seine Psychologie wird
vor allem mit der Entwicklungspsychologie erfaßt
++
34CC: wären wir 35 bei 35 der Psychologie ++
35AA: 34 aber 34 - bitte ++
36CC: sind wir wieder bei der Psycho 37 logie 37 ++
37AA: 36 nun 36 ja + 38 aber die 38 -
38CC: 37 da sind 37 wir bei den Psychologen ++
39AA: aber die de- die =ÄH= es es gibt über 40 haupt
40 keine eindeutige Entwicklungspsychologie +
wenn man Entwicklungspsycholi Ps- Psychologen
mal daraufhin untersucht inwieweit sie sich ent
sprechen in ihrer =ÄH= Festlegung von Phasen von
Entwicklungsphasen und Entwicklungsschüben so
liegen diese diese diese Phasen immer anders +
es gibt die verschiedensten Systeme + die einen
meinen bei fünf bis sechs Jahren tritt ein Ent
wicklungsschub ein + die anderen legen das zwei
Monate früher + die anderen wiederum später +
und =ÄH= manche teilen die gesamte Entwicklung

bis zum zwanzigsten Lebensjahr in acht Stufen ein + andere in drei + andere in vier + und so änd- so so ist - ändert das ständig + manche meinen für =ÄH= für - im im =ÄH= achten Lebensjahr sei man für für reale Dinge besonders aufgeschlossen + da gegen im sechsten Lebensjahr vor allen Dingen auch schon ansatzweise für moralische Probleme + =ÄHM= das schliefe dann wieder ein + und käme erst mit der Pubertät wieder =ÄHM= zum Vorschein + manche meinen man könne erst - ma- is - es wäre völlig witzlos vor dem sechsten Lebensjahr mit dem =ÄH= Erlernen des Lesens anzufangen + manche =ÄH= =ÄH= jetzt neuerdings wird eine - ein Versuch diskutie rt den da ein Münchner Psychologe durchgeführt hat + der hat =ÄH= Schüler mit zwei - =ÄH= Kindern mit zweieinhalb Jahren Lesen beigebracht + und er hat unwahrscheinliche Erfolge damit gehabt.

40CC: 39 eben 39 ++

41CC: =MHM=

42AA: nicht wahr + da werden - damit werden ganze Theo rien über den Haufen geworfen + es gibt die Auf fassung daß =ÄHM= die Kinder im sechsten Schuljahr vor allen Dingen anschaulich lernen + und dann hat man eine Ansch- eine eine Ansch- ein anschauliches Rechnenlernen entwickelt + eine eine Methode die vor allen Dingen von der Anschauung ausgeht + den =ÄH= den Gegenbeweis also daß es auch anders geht liefen liefern augenblicklich die Russen + die mit Mathematik im ersten Schuljahr anfangen + 43 die 43 nicht mit Zahlen rechnen im ersten Schuljahr sondern mit Buchstaben ++

43CC: 42 =MHM= 42

44CC: das ist klar ++

45AA: 46 zwar schon 46 -

46BB: 45 gerade nur 45 ...

47CC: das ist aber nicht nur bei den Russen sondern auch bei den Franzosen + da gibt ja sonne Gesellschaft ++

48AA: das weiß ich nicht ob die das auch haben ++

49BB: 50 ... immerhin ... 50

50CC: 49 ... 49 wurde em- empfohlen von einer - von der OECD + 51 die 51 haben ein - sonne =ÄH= Kommission aufgestellt + gerade für das Mathematikstudium + und die wollen da das ganze Mathematikstudium - ni cht nur n Studium sondern überhaupt in der Schule wollen 52 sie 52 umkrempeln + und von vornherein ganz abstrakt aufbauen + das heißt den Leuten erst mal das abstrakte Denken beibringen ++

51AA: 50 =MHM= 50

52AA: 50 =MHM= 50

53AA: ja ++

54CC: damit sie nämlich dann mit vierzehn oder fünfzehn wirklich diese abstrakten Modelle -

55AA: =MHM=
56CC: in der Physik =ÄH= begreifen können + weil weil
das - jedes jedes anschauliche Modell dann dann
Quatsch ist ++
57AA: ja + aber 58 nun 58 -
58CC: 57 weil man 57 gar nicht anschaulich erfassen
kann ++
59AA: ein Beispiel für die dialektische - für das dia
lektische Verhältnis innerhalb der Pädagogik ist
beispielsweise folgendes + =ÄHM= ein Lehrer hat -
bekennt sich zu den =ÄH= Ideen der Reformpädagogik
und 60 möchte 60 vor allen Dingen seine Kinder ak
tivieren um mit dem Fernziel sie zu selbständig
denkenden =ÄHM= sich selbst entscheidenden verant-
wortlichen Menschen zu erziehen + =ÄH= er hat sa
gen wir zwanzig Kinder + und da klappt das auch +
das ist eine begrenzte Zahl + da hat diese Kl-
diese Klasse kann er überblicken + =ÄH= in dieser
Klasse läßt sich so etwas machen + jetzt kommt
durch ein - irgendeinen Zufall - beispielsweise
daß daß daß =ÄH= =ÄHM= irgendwo eine - einer - ein
Lehrer =ÄHM= erkrankt ist + so daß er =ÄHM= 61 K-
Kieler Schüler 61 übernehmen müssen + kommen jetzt
meinethalben acht Schüler dazu + sofort taucht ein
ganz entscheidendes Problem auf + indem er nämlich
die Klasse nicht mehr ganz überblicken kann sickt
sackt sofort die Disziplin herab + jetzt muß er -
60NN: 59 =MHM= 59
61CC: 59 einundzwanzig Schüler hat 59 ++
62CC: na ja + aber -
63AA: für Ordnung sorgen + er muß =ÄHM= eventuell mit
Strafen ar- =ÄH= =ÄH= =ÄHM= arbeiten + er muß sch
impfen + er muß zurechtweisen + und kommt so ganz
automatisch - ohne daß er s will + ganz einfach
aus der Situation heraus - =ÄHM=
64CC: =ÄH=
65AA: in eine in eine Haltung des - na + sagen wir
mal + a- autokratischen Führers der- einer Klas
se -
66CC: =MHM=
67AA: der einfach bestimmen und kommandieren muß ++
68CC: und 69 die Refo 69 rmpädagogik ist beim Teufel
++
69BB: 68 =MHM= 68
70AA: eben ++
71CC: =LACHEN=
72DD: =HUSTEN= sind ... genauso ... Parasiten ++
73AA: 74 =LACHEN= 74
74CC: 73 =LACHEN= 73
75CC: aber die Psychologen das sind die Parasiten +
das sind Scharlatane und 76 Übeltäter 76 ++
76AA: 75 ja + aber 75 aber das - =ÄH= 77 =ÄH= ... 77
genau deswegen hat ich ja hat ich ja gesagt - al
so + =ÄHM= ich meine + es ha- ich halte es für

unerläßlich wenn alle diese Berufe =ÄH= diese diese diese =ÄHM= =ÄH= Fächer =ÄH= die sich mit mit mit der Dialektik von Momenten beschäftigen - dazu ge hören auch die - sämt- sämtliche Geisteswissensch aftler + daß sie ein ein Grundstudium betreiben 78 sollten 78 ++
77CC: 76 ... 76
78CC: Mathematik ++
79AA: nicht Mathematik + 80 Anthropologie 80 ++
80CC: 79 sondern 79 ++
81CC: ach + das ist doch Quatsch + wieso denn + was ist überhaupt - wie willst du überhaupt Anthropologie studieren + sag mir das mal ++
82AA: die philosophische Anthropologie -
83CC: ja + das 84 ist Philoso 84 phie dann hinterher + das das -
84AA: 83 leistet 83 -
85AA: natürlich ++
86CC: das Mäntelchen heißt Anthropologie + und dahinter steckt Philosophie + und was ist es dann + systema tisches Wissen + mehr nicht ++
87AA: das ist =ÄH= das ist =ÄH= =ÄH= falsch + es is - =ÄH= =ÄH= du kannst nicht ohne weiteres Philosoph ie und Anthropologie gleichsetzen ++
88CC: ja + aber 89 heute hat 89 -
89AA: 88 warum 88 heißt sie anthropologische Philosoph ie ++
90CC: =MHM= =MHM=
91AA: aber - es ist das eine Wissenschaft die die zum =ÄH= =ÄH= in der zum ersten Mal Philosophie anse tzt an ganz realen Fakten + und von daher denkt + es ist nämlich d- endlich der Gesichtspunkt durch gedrungen - der zum ersten Mal von Feuerbach for mulier- =ÄH= formuliert 92 worden ist 92 + sondern - nämlich daß die Philosophie nicht bei der Philo sophie zu beginnen hätte -
92CC: 91 =EHE= 91
93CC: sondern beim Men 94 schen 94 ++
94AA: 93 so 93 wie Ha- =ÄH= so wie Hegel das noch gema cht hätte + der alles Reale irgendwie nur in Fuß noten erwähnt hätte + sondern es käme darauf an diese Fußnoten diese Un- diese Anmerkungen unter den Strich in den Kontext mit aufzunehmen + und von ihm zu beginnen + die Ph- die Philosophie be ginnt bei der Nichtphilosophie + wird Philosophie + endet wiederum bei der Nichtphilosophie ++
95CC: aha + also sind die Anthropologen sind die Rett er der Menschheit ++
96AA: nein ++
97CC: doch + 98 natürlich 98 ++
98AA: 97 nein + nein 97 + es ist - =ÄH= du darfst ni cht vergessen daß -
99CC: Wahre ++
100AA: daß es einen Philosophen gegeben hat der immer

hin schon ein =ÄH= ein eine 101 fundamentale 101 Änderung bewirkt hat + ein 102 Philosoph 102 der zum ersten Mal eine ziemlich umfassende Anthropo logie =ÄH= formuliert hat + und das ist Marx
101CC: 100 ... 100
102CC: 100 Marx 100 ++
103CC: ja + jetzt sind wer bei Marx + gut ++
104AA: ja + ja + nun + und - =ÄH= 105 =ÄH= 105
105CC: 104 ja 104 + das ist der Heilige Nummer eins + 106 da hättst 106 in Rußland sein müssen ++
106AA: 105 ... 105
107AA: nicht + nee + nee ++
108CC: doch + doch ++
109AA: weißt du =ÄH= =ÄH= das 110 =ÄH= das 110 - du kannst das nicht so ohne weiteres verdammen + ich meine + das 111 hört man dann immer 111 -
110CC: 109 ...109
111CC: 109 das ist der Heilige 109 Nummer zwei + chro nologisch gesehen +
112/113 =LACHEN= 112/113
112BB: 111 =LACHEN= 111 chronologisch ++
113AA: 111 =LACHEN= 111
114CC: an Wichtigkeit ist Lenin 115 Nummer eins 115 ++
115AA: 114 man darf nicht ge 114 gen Ha- =ÄH= ge- gegen Marx nich nicht =ÄHM= =ÄH= polemisieren in dem man =ÄHM= Erscheinungen des Kommunismus ins Feld führt die man die man heute in in speziell in Rußland vorfindet ++
116CC: ja + 117 wirklich 117 ++
117AA: 116 da- ist 116 ja kein Marxismus + das ist - ich würde sagen + das ist Engeli- Engel lismus - + 118 nicht 118 ++
118CC: 117 Engel 117 ismus ++
119AA: 120 =ÄHM= 120 das ist das ist eine =ÄH= eine eine Entwicklung die von dem =ÄH= furchbarsten Verballhorner des Marxismus ausgegangen ist + nämlich Engels ++
120CC: 119 aber 119 -
121CC: Verballhorner ++
122AA: nich + denn =ÄH= denn ma- heute weiß jeder je der =ÄH= Sextaner der n bißchen denken kann daß der dialektische Materialismus - 123 =ÄH= 123
123CC: 122 die 122 Krönung der Philosophie und zum Wohle der Menschheit ist ++
124AA: na + wie du - wie man das nimmt + nicht wahr + es ist jedenfalls der d- das das 125 die Phi losophie 125 -
125BB: 124 ... 124 sagen Anführungsstrichelchen oben + =LACHEN=
126AA: =ÄHM= es ist ein ein - an sich ist es eine Phi losophie - ich nenn das gerne weil diese Philoso phie in unserem schönen =ÄH= Grundlagen des Mar xismus Buch =ÄH= =ÄH= sch- so so wunderbar primi tiv dargestellt worden ist + eine - die Arbeiter

und Bauern Philosophie + =ÄHM= das ist das ist die
die Auffassung mit der man - mit Hilfe der man et
was ganz großartiges erreichen kann + mit der man
gewissermaßen sämtliche Probleme erstens beantwor
ten und zweitens unter den Tisch =ÄH= Tisch fallen
lassen kann ++
127BB: das is 128 das is 128 ne 129 reine 129 Sache des
theoretischen Aufbaus + =ÄHM= es kommt nur darauf
an wie man die einzelnen Begriffsinhalte definiert
+ und wenn das eben nicht paßt dann geht das nicht
in diesen Begriff rein + und dann fällt das eben
weg + das ist genauso wie die Idee von der klassen
losen Gesellschaft + das hat also gar nichts mit
irgendwelchen wirtschaftlichen Dingen oder oder Gl
eichberechtigung oder sowas zu tun + man sagt ein
fach Klassengesellschaft ist nur dann wenn diese
beiden bekannten Klassen existieren + wenn wer al
les =ÄH= wenn wer alles in Gemeineigentum überge
führt haben existieren nach unserer 130 Klassen
130 definition diese beiden Klassen nicht mehr +
und wir haben ne klassenlose Gesellschaft ++
128AA: 127 ne 127 ++
129AA: 127 es ist eine 127 -
130AA: 127 =MHM= 127
131AA: nun + ich meine + d- diese diese das is j- das
diese dieses dieser Mechanismus zwischen den Klas
sen das ist ja noch Marxischer =ÄH= dialektische
=ÄH= =ÄHM= diese diese =ÄHM= dialektische Historis
mus - heißt er doch + nicht ++
132BB: historischer Materi 133 alismus 133 ++
133AA: 132 historischer 132 Materialismus + so wars ++
134CC: das =ÄH= das war Wortsch- schöpf 135 ung 135 ++
135AA: 134 =LACHEN= 134 nein + es ist folgendes ++
136CC: dialektischer Historismus ++
137AA: es ist folgendes + man - so - man muß es so ver
stehen + =ÄHM= Engels sagt + die - de- de- das was
wir außer uns sehen -
138CC: ist wahr ++
139AA: ist wahr + das ist Materie + und =ÄHM= wir sehen
die Materie so wie sie wirklich ist ++
140BB: =MHM-
141AA: und außerdem - das ist zunächst einmal schon
eine Sein - Seinsaussage ++
142BB: ist aber eigentlich 143 nur ne 143 Reflexion vom
marxistischen Materie 144 begriff 144 ++
143AA: 142 nicht + ein ein 142 -
144AA: 142 nein 142 + nein + nein + nein + ganz und gar
nicht =ÄH= man kann - man man muß sowieso vorsich
tig sein indem man Marx einfach so als Materiali
sten versteht + Marx hat nämlich folgendes gesagt
/// alles was wir außerhalb von uns sehen ist sch
on gesellschaftliches Produkt /// ++
145CC: das ist deine Lieblings 146 these 146 ++
146AA: 145 nein 145 + nein + nein + nein + warte mal +

das ist =ÄHM= =ÄHM= =ÄHM= so gemeint + so wie wir die Natur sehen so ist sie von der Gesellschaft ge formt + und die heutige Anthropologie bis her Ar nold Gehlen kommt genau zu diesem Ergebnis + und wenn man ein klein bißchen Kant studiert hat der =ÄH= sagt /// so wie wir die Welt sehen so ist es vorbestimmt durch unsere - durch unser Erkenntnis vermögen /// nicht wahr + so so so =ÄH= =ÄH= begr eift man eben diesen Relativismus der durch eben - in diesem Wort die Natur ist gesellschaftliches Produkt zum Ausdruck kommt + wenn man a- wenn aber jetzt Engels sagt /// die Natur ist nicht gesell schaftliches Produkt /// oder - jedenfalls so ex pliziert sagt ers nicht + er sagt aber /// so ist sie wirklich /// so ist das ein mißverstandener Marx + und wenn man dann außerdem noch einen dia lekt- einen einen dialektischen Mat- Me- =ÄH= =ÄH= chanismus in der Na- in die Natur hineininterpre tiert und glaubt daß daß =ÄH= und und auf diese Weise zu einer Seinsaussage über die Materie kommt - nicht wahr + so wird das - so wird dieser =ÄHM= dieser Materialismus total falsch + man kann näm lich mit einem solchen Begriff die gesamte Dialek tik vom Tisch fegen + die Dialektik nämlich die sich zwischen Menschen beziehungsweise zwischen Menschengruppen und und und =ÄH= Gesellschafts =ÄHM= =ÄHM= ballungen vollzieht ++

147CC: du hättest also ausgezeichnet nach Rußland ge paßt + du hättest dich mit Pawel rumschlagen kön nen + das wäre eine wahre Wonne gewesen ++

148BB: aber sicherlich genau so 149 unproduktiv =LACHEN= 149

149CC: 148 =LACHEN= 148 ja + ja + du eignest 150 dich 150 hervorragend zum Dozenten der Philosophie und bla bla + 151 =LACHEN= 151

150AA: 149 wieso 149 ++

151BB: 149 =LACHEN= 149 das war aber nicht sehr 152 an genehm für Rainer + mein Lieber 152 ++

152CC: 151 =LACHEN= 151 nein ++

153AA: das haben die Mathematiker so an sich ++

154BB: ja + ja ++

155AA: können wir mal unterbrechen ++

==

Unterbrechung der Aufnahme

==

156AA: ja + hast du das Ding wieder angeschaltet ++

157CC: jetzt kannst du 158 wieder 158 ++

158DD: 157 ja 157 ++

159AA: dann gehts also jetzt weiter + also -

160CC: ja + =ÄH= =ÄH=

161AA: wovor -

162CC: wie gehts weiter + darum =LACHEN= 163 wie gehts weiter 163 ++

163DD: 162 ... 162 von deiner Nietzschelektüre was er

zählen ++
164AA: ich wollte nur folgendes sagen + je mehr ich in
meinem Nietzsche lese um so =ÄHM= mehr entdecke
ich daß dieser Mann der mit einer unwahrscheinli
chen Intuition und einem außerordentlichen Scharf
blick für die Probleme des Menschen begabt ist -
165CC: 166 war 166 ++
166AA: 165 diese 165 - war + nun ja + gut 167 war +
diese 167 diese Erkenntnis der modernen Anthropo
logie schon im wesentlichen vorweggenommen hat ++
167CC: 166 =LACHEN= 166
168CC: na ja + da haben wir alles vo- in der Tasche +
schön + wir habens in d-
169AA: man muß natürlich vorsichtig sein wenn man
glaubt man könne bei =ÄH= früheren Leuten =ÄHM=
schon =ÄH= =ÄHM= wesentliche Aussagen =ÄHM= fin
den die die für heute für heute =ÄH= für uns heu
te relevant sind + =ÄHM= es =ÄH= ich ich =ÄHM=
bezweifle sehr ob man beispielsweise moderne =ÄH=
Erkenntnisse der Anthropologie begründen sollte
mit Aussagen von Griechen + dabei - =ÄH=
170CC: die Griechen lassen wir schlafen ++
171AA: ja + nun + =ÄHM= manche meinen =ÄH= das sei mög
lich + indem sie von vornherein meinen =ÄH= daß
die - daß das Menschenbild - oder sagen wir mal +
die die die menschliche Struktur gese- =ÄH= psy
chische Struktur dieser Menschen der unseren ent
spräche ++
172CC: das ist doch alles -
173AA: du hast meinen Gedanken noch nicht verstanden ++
174CC: nein + ich ich ich habs auch zur Zeit nicht
drauf den zu verstehen + =LACHEN= das ist es ++
175AA: =ÄHM= beispielsweise =ÄH= eine - ein Begriff
des - der der - des Ich so wie wir ihn heute ha
ben den kannten die Griechen nicht ++
176CC: ja + ja ++
177AA: für für sie war das =ÄH= we- de- w- war das =ÄH=
d- das das - die Vorstellung vom Individuum eine
völlig andere als die die wir heute davon haben ++
178CC: tja ++
179AA: der Mensch damal erkannte sich als eingeordnet
in die Polis + und =ÄHM= es war ihm -
180CC: Wurst ++
181AA: es war ihm völlig =ÄH= =ÄHM= =ÄHM= au- es war
völlig ausgeschlossen daß er =ÄHM= =ÄHM= eine Auf
fassung entwickeln konnte die aus diesem Rahmen
herausfiel ++
182CC: aber 183 das ... das paßt das 183 paßt uns heute
nicht mehr + das das läßt sich halt heute nicht
mehr 184 ... auf unsere 184 Verhältnisse nicht an
wenden ++
183AA: 182 ... einfach dazwischen 182 -
184AA: 182 ja + ich wollte ja 182 -
185AA: nee + ich meine + 186 ich wollte nur sagen 186 +

das das das das das is eben etwa ein ein ein ein ein vollständig isolierter Bereich + auch das =ÄH= das ge- gilt genauso für den Menschen der Römer zeit oder f- für den Menschen des Mittelalters ++
186CC: 185 ... 185
187CC: aber ich muß dir ganz ehrlich gestehen + heute - ich habs ich habs 188 ich habs 188 heute nicht drauf + du ++
188AA: 187 allerdings 187 -
189AA: etwas Hochinteressantes ++
190CC: ja + was ist das ++
191AA: =ÄHM= der - ein zentraler Begriff der modernen Anthropologie ist die Weltoffenheit ++
192CC: wieviel mal willst du uns das jetzt eigentlich noch erzählen + sag mal ++
193AA: und dieser Begriff taucht schon =ÄH= in etwa -
194CC: bei Methusalem auf ++
195AA: bei Thomas auf ++
196CC: =MHM= Thomas + =AH=
197AA: und das ist interessant + nicht + würd ich sa gen ++
198CC: ja + ja + du hast recht ++
199AA: 200 nicht zuletzt sollte man 200 sollte man den den =ÄH= =ÄHM= den Herder erwähnen + und auch =ÄH= =ÄH= =ÄHM= Kant + die die =ÄHM= der - letz- d- der - vor allen Dingen letzterer nämlich in seinem =ÄHM= in seinem - =ÄH= =ÄH= wie heißt es doch noch + in staatsbürgerlicher Absicht - wie heißt es doch noch dies Buch ++
200NN: 199 ... 199
201CC: die Metaphysik der Sitten ++
202AA: nein + nein ++
203CC: ist es das nicht ++
204AA: 205 da - er hat jedenfalls - 205 da hat er je denfalls auch eine 206 eine 206 Anthropologie - 207 =ÄHM= =ÄH= =ÄH= 207
205CC: 204 ...204
206CC: 204 was was 204 -
207CC: 204 was ficht dich 204 das an ++
208AA: eine Anthropol- nö + das ist =ÄH= das halt ich für 209 sehr interessant 209 ++
209DD: 208 ... 208
210CC: ja + 211 natürlich 211 ++
211DD: 210 ... 210 Herder ++
212CC: 213 nee + nee 213 ++
213AA: 212 nee 212 + Kant ++
214CC: der Kant ++
215AA: =ÄHM= in staatsbürgerlicher Absicht + so heißt das ++
216CC: ich weiß nicht + das muß aber 217 ne kleinere Schrift - oder 217 irgendsowas - nein - zum ewi gen Frieden heißt das wahrschein 218 lich was du meinst 218 + nicht ++

217AA: 216 ... 216
218AA: 216 nein + nein + nein + nein + nein 216 ++
219AA: na + jedenfalls =ÄHM= =ÄHM= d- die die haben die haben alle schon =ÄH= diesen Gedanken gekannt + nur war er einfach noch nicht spruchreif + nicht wahr + er tritt -
220CC: und erst der Marx hat ihn ausgesprochen + da war er spruchreif ++
221AA: Marx und Nietzsche haben bestimmt jetzt - die haben ihren Anteil daran ++
222CC: aber weißt du was mir scheint + daß du ein ganz elender Dogmatiker 223 geworden bist 223 ++
223AA: 222 sogar durch 222 aus nicht ++
224CC: doch doch ++
225AA: es gehört -
226CC: alles was alles was gegen Marx und Nietzsche ist das ist =ÄH= das ist - die die Leute die werden - oder besser gesagt + die Leute die dagegen sind die werden irgendwie für dumm erklärt + und -
227AA: nenn mir einen Philosophen -
228CC: jetzt kommst du mit der These von von Sartre + sei ruhig + das das hat überhaupt nichts zu sagen + die - der Marxismus sei die einzige einzige adäquate - oder der heutigen Zeit adäquate Philosophie oder Ideologie + und das ist schon halbwegs der erste Schritt zum zum Dogmatismus ++
229AA: =ÄHM= =ÄH=
230CC: wenn man nämlich sagt /// bitte + so ist es dann - das ist die Philosophie die heute dazu gehört die heute - die die Philosophie ist für unsere Zeit + und alles andere ist dummes Zeug /// ++
231AA: nun ja + 232 du mußt 232 du mußt -
232CC: 231 das ist 231 -
233CC: das ist verdammt gefährlich
234AA: du mußt nicht Inhalt und Form verwechseln ++
235CC: ach + was heißt Inhalt und 236 Form 236 ++
236AA: 235 es gibt 235 - =ÄH= =ÄH= wenn man sagt die Philosophie Marx sei die für uns heute adäquate - was natürlich =ÄH= w- was ich natürlich sehr in Frage stelle + jedenfalls Marx nicht allein ++
237CC: für dich ist die Nietzsches ++
238AA: nein + auch nicht ++
239CC: sondern ++
240AA: sondern =ÄH= =ÄHM= eher sagen wir eine Synthese der beiden + =ÄH= nicht zu vergessen den den Freud + es gibt - es geht um etwas ganz anderes + wenn man sagt - wenn man diese diese =ÄHM= =ÄH= =ÄHM= =ÄH= Philosophien insgesamt für heute unüberholt hält dann trifft das nicht auf das Inhaltliche das - also was in dieser Philosophie =ÄH= =ÄH= ausgesagt wird -
241CC: sondern ja 242 auf die Methode 242 ++
242AA: 241 sondern auf die Methode 241 + genau ++

243CC: ja + aber das ist ja schon bald Gemeinplatz ++
244AA: das -
245CC: heute beschäftigt sich jeder mit Marx + und das
ist schon fast wieder Mode ++
246AA: du du sagst es sei ein Gemeinplatz + und damit
g- g- gibst =ÄHM= =ÄHM=
247CC: ja + mit Ausnahme von irgendwelchen komischen
komischen 248 Reaktionären 248 ++
248AA: 247 damit hast du ja denn 247 - da hast du ja
nicht nicht nicht =ÄHM=
249CC: 248 nicht nicht 248 unrecht ++
250AA: nicht nicht rechtzeitig gesehen daß du damit mir
im Grunde genommen recht gibst ++
251CC: ja + ich versteh nicht viel von Logik + das ist
es ++
252AA: das wollt ich nicht sagen behaupten + nicht +
aber - =ÄHM=
253DD: für einen Mathematiker ++
254CC: =LACHEN= ein Armutszeugnis 255 =LACHEN= 255
255DD: 254 ... 254
256CC: Selbstguillotinierung ++
257AA: sag mal - hattest du dein Glas eigentlich schon
ausgetrunken ++
258CC: ja + an und für sich schon + ja ++
259AA: ich dachte gerade ich trink 260 trink schon 260
deins =LACHEN= mit ++
260CC: 259 =LACHEN= 259
261CC: =OH= das wäre vorteilhaft gewesen ++
262BB: ...
263DD: ... was machst du + also + du bist an irgend
einer Schule tätig + 264 nicht 264 ++
264AA: 263 nein 263 ++
265CC: schon vorbei ++
266DD: nicht mehr ++
267AA: ich hab j- ein Jahr unterrichtet + und =ÄH= =ÄHM=
das wurde mir zu anstrengend + obwohl es nur vier
zehn Stunden waren =ÄHM= darf man nicht vergessen
daß das sehr nervenaufreibend ist + zumal ich viel
Fachunterricht hatte + also in verschiedenen Klas
sen eingesetzt war + in dem ersten halben Jahr da
gings + da hatte ich ein erstes Schuljahr + aber
dann =ÄH= ging mir das einfach über die Kräfte +
und dieser ... Fachunterricht mußte viel intensi
ver vorbereitet werden + =ÄHM= vier Stunden waren
davon =ÄH= Physikunterricht + und - =ÄHM=
268CC: Rainer gibt Physik + =OH= das ist schön ++
269AA: warum soll ich kein Physikunterricht geben ++
270CC: ja + recht + das mein ich auch ++
271AA: und dieser - =ÄHM= da müssen Geräte bereitge
stellt werden + und auf diese Weise =ÄH= =ÄHM= kam
ich denn so ungefähr auf eine Gesamtzahl von fünf
undzwanzig Stunden in dieser Schule ++
272CC: und dann noch studieren dazu ++

273AA: ja + eben + nicht + und das das ist dann - und dann vor allen Dingen =ÄH= =ÄH= waren die - war die Schule außerordentlich schlecht geleitet + oder sagen wir mal der Leiter der tauchte nichts + der machte den Kollegen =ÄHM= dermaßen Schwie rigkeiten daß es wirklich nicht schön war + es herrschte es herrschte herrschte eine unwahrsch einliche beklemmende und und und =ÄH= erdrückende Atmosphäre 274 an der Schule 274 ++
274CC: 273 und jetzt biste 273 froh daß du von dort bist ++
275AA: und =ÄH= jetzt bin ich froh daß ich daß ich das los bin ++
276CC: ja + ja +
277AA: und 278 ich hab 278 -
278DD: 277 kriegst 277 du ein Stipendium ++
279AA: ich hab etwas sehr Günstiges wieder gefunden + nämlich einen Hilfsassistentenposten =ÄH= stelle an der =ÄH= Pädagogischen Seminar hier ++
280DD: =MHM= =MHM=
281CC: das ist praktisch ++
282AA: ich bekomm dreihundertachtzig Mark + davon läßt sich leben ++
283DD: ja ++
284AA: und + ein Vorteil + ich bin ständig mit den As sistenten in Kontakt + und kann mit ihnen - es gibt sich lau- es ergeben sich laufend Gelegenheiten mit ihnen fachliche Fragen zu diskutieren ++

F-Gruppe

Die F-Gruppe besteht aus vier Personen: AA, BB, CC, DD. Im Gegensatz zu T 661 liegt hier der Normalfall einer F-Gruppe vor. Die Mitglieder können sich auf allen Kanälen prinzipiell wahrnehmen und aufeinander reagieren. Die Möglichkeiten ihrer Kommunikation umfassen das gesamte Spektrum der nonverbalen, paraverbalen sowie verbalen Kommunikation. Hinsichtlich der Zufälligkeit des Zustandekommens der F-Gruppe sind nur Vermutungen möglich. Zwei der vier Gruppenmitglieder (AA und CC) haben einen relativ hohen Bekanntschaftsgrad. Bei den anderen Gruppenmitgliedern BB und DD ist das nicht mehr vollständig rekonstruierbar. Vermutlich ist die Bekanntschaft von BB zu AA und CC größer als die von DD zu AA, BB, CC. AA, BB und CC und vermutlich auch DD haben eine gemeinsame Interaktions- und Kommunikationsgeschichte. Das Zusammentreffen genau dieser vier Mitglieder der F-Gruppe besitzt daher eine gewisse Wahrscheinlichkeit.

Beziehungsprofil

AA, BB, CC und DD sind männlich, AA, BB und CC sind in etwa gleich alt (vermutlich zwischen 20 und 30), DD ist älter (vermutlich zwischen 30 und 40). AA ist (oder war) Student (Philosophie, Pädagogik, Psychologie?) und arbeitet zur Zeit als studentische Hilfskraft. BB und CC sind Studenten. CC studiert Mathematik. BBs Studienfach ist nicht mehr rekonstruierbar. DD ist Philologe. AA, BB und CC sind Deutsche, DD ist Tscheche. Aufgrund der vorliegenden Informationen läßt sich folgendes feststellen: DD hat - jeweils mit unterschiedlicher personeller Zusammensetzung - Gespräche mit kleinen Gruppen von Studenten initiiert, in denen über die unterschiedlichsten Themen zwanglos gesprochen wurde (Diskussionen über philosophische, ethisch-moralische, politische oder auch persönliche mit dem Studium oder dgl. zusammenhängende Probleme, Reiseberichte, Plaudereien, Klatschgeschichten etc.). Diese Gespräche wurden von DD auf Band aufgenommen. Zumeist war es so, und das zeigt sich auch im hier vorliegenden T 249, daß DD sich fast vollständig aus den von ihm initiierten Gesprächen herausgehalten hat. Die Gespräche wurden in zwangloser Form gestaltet (privater Charakter). Diese besondere Gestaltung führt hinsichtlich des Beziehungsprofils zu einer komplizierten, ambivalenten Situation: Aufgrund des Bekanntschaftsgrades liegt eine definierte Zusammenkunft vor. Die Dialogpartner sind sich der verschiedenen Aspekte ihrer sozialen wie individuellen Positionen (etwa: männlich, älter bzw. jünger, Deutscher, Ausländer, Student etc.) bewußt. Hinsichtlich der Verbindlichkeit speziell der sozial definierten Position (und der entsprechenden Rolle) als Student weist die Situation jedoch einen teils verbindlichen, teils freien Charakter auf. Einerseits ist durch DD eine Situation vorgegeben und akzeptiert worden, die den Situationen gleicht, die für Studenten typisch sind, nämlich Seminardiskussionen. Andererseits hat die vorliegende Situation nicht die Verbindlichkeit einer üblichen Seminardiskussion. Das spielt speziell hinsichtlich AAs situativer Position eine Rolle. AA ist von DD aufgefordert worden, etwas über die Probleme zu berichten, mit denen er sich in seinem Studium beschäftigt hat. Dadurch erhält AA eine gewisse Vorrangstellung vor den anderen. Allerdings ist diese situative Position nicht so abgesichert, daß sie nicht angegriffen werden könnte - wie es etwa in einer universitären Seminarsituation der Fall wäre. Aus dieser zwiespältig ambivalenten Situation lassen sich dann auch bestimmte in T 249 auftretende Phänomene erklären. Die positionale Kompetenz schwankt zwischen der Studenten-Rolle und einer allgemeinen Bekannten- (oder Freundes-)Rolle.

Aktionsraum

Es liegt ein für F-Systeme in dieser Gesellschaft typischer Aktionsraum vor. Ein Zimmer in einem Studentenheim in Göttingen, im Sommer 1966 (in den Unterlagen ist kein genaues Datum angegeben, vermutlich am Spätnachmittag oder am Abend). Die genaue Tageszeit ist nicht mehr rekonstruierbar. Es stehen Flaschen und Gläser auf dem Tisch. Die Kommunikationsteilnehmer trinken während des Dialogs etwas. Diese speziellen Gegenstände des Aktionsraumes werden deshalb erwähnt, weil auf sie im Dialog Bezug genommen wird.

Art der sozialen Veranstaltung

Zunächst muß festgestellt werden, daß T 249 nur einen Ausschnitt aus einem längeren Dialog darstellt. T 249 stellt also im eigentlichen Sinne gar keinen Dialog dar, sondern lediglich ein Dialogsegment. Insgesamt könnte man den gesamten Dialog dieses speziellen F-Systems als soziale Veranstaltung betrachten. Diese von DD inszenierten und wohl schon in diesem Studentenheim zur Institution gewordenen Gespräche weisen eine Reihe von für Beziehungsveranstaltungen typischen Merkmalen auf. Sie finden in einem privaten Rahmen in recht "lockerer" Form statt. Die Mitglieder der F-Gruppe haben sich freiwillig, nicht aufgrund einer vorgegebenen Notwendigkeit, bestimmte Probleme oder Aufgaben im Rahmen des F-Systems zu lösen, zusammengefunden. Ort, Uhrzeit und äußere Umstände (Getränke) verweisen auf eine zwanglose, den zwischenmenschlichen Kontakt selbst betonende Atmosphäre.

Zweck des Dialogs

Innerhalb dieser Beziehungsveranstaltung finden dann, zumeist durch DD vorgegeben, aber auch aus dem Gespräch selbst sich entwickelnde, bestimmte sachorientierte Problemlösungsdialoge statt. Mit T 249 ist ein solcher Dialog gegeben. Hier ist es AA, der eine bestimmte Problematik vorgibt, die dann mehr oder weniger akzeptiert wird. Es entsteht also ein Gebrauchsdialog. Die Notwendigkeit der problemorientierten Diskussion ist allerdings nicht so groß, als daß die Kommunikation nicht prinzipiell wieder entsprechend dem Rahmen der Beziehungsveranstaltung zu einem Beziehungsereignis oder einem Beziehungsdialog umschlagen kann. Der Gebrauchszweck von T 249 muß prinzipiell also nur als vorläufig betrachtet werden. Wie die weitere Analyse gezeigt hat, besteht dann auch bei den Kommunikationspartnern durchaus keine Übereinstimmung hinsichtlich der Einschätzung der Art des Dialogs als Gebrauchs- oder Beziehungsdialog.

8.2.4 Zusammenfassung und Vergleich der beiden Analysen

Aufgrund der detaillierten (hier nicht vollständig dargestellten) Analyse im Rahmen der Analyseprotokolle läßt sich zusammenfassend folgendes feststellen:

Mit T 661 und T 249 liegen zwei Dialoge von sehr unterschiedlichem Charakter vor. T 661 kann als reiner Beziehungsdialog bestimmt werden, während T 249 eine für die vorgelegte Theorie interessante und wichtige Mischform zwischen einem Beziehungs- und Gebrauchsdialog darstellt. Dieser unterschiedliche Charakter der beiden

Dialog zeigt sich bereits an Strukturen, die auf dem 0. und 1. Deutungsniveau festgestellt werden können. Die auf diesen beiden Niveaus auftretenden Strukturen lassen sich darauf zurückführen, daß die Beziehungskommunikation und die Gebrauchskommunikation in T 661 und T 249 unterschiedlich stark ausgeprägt ist. Während in T 661 die Beziehungskommunikation ausschließlich dominiert, dominiert in T 249 in bestimmten Passagen bzw. bei bestimmten Personen die Gebrauchskommunikation. Es soll daher zunächst eine erste, natürlich noch nicht vollständige Charakterisierung der beiden Dialoge durch die auf dem 0. sowie 1. Deutungsniveau nachweisbaren Strukturen vorgenommen werden. Im Anschluß daran sollen dann beide Dialoge auf dem 2., vor allem aber dem 3. Deutungsniveau betrachtet werden.

Im Gegensatz zu dem Dialogsegment T 249 liegt mit T 661 ein vollständiger Dialog vor (39). An T 661 läßt sich daher auch die für Dialoge allgemein typische Dreiteilung aufzeigen. Die Konstituierungsphase umfaßt die Äußerungsbeiträge 1AA bis 15BB. Der Mittelteil reicht von 16AA bis 174AA. Und die Beendigungsphase umfaßt die Beiträge 175BB bis 311AA. Das zeitliche Verhältnis der drei Dialogteile ist in Abbildung 8.5 dargestellt, wobei die drei Strecken den jeweiligen prozentualen Anteil der Teile im Verhältnis zur Gesamtdauer wiedergeben.

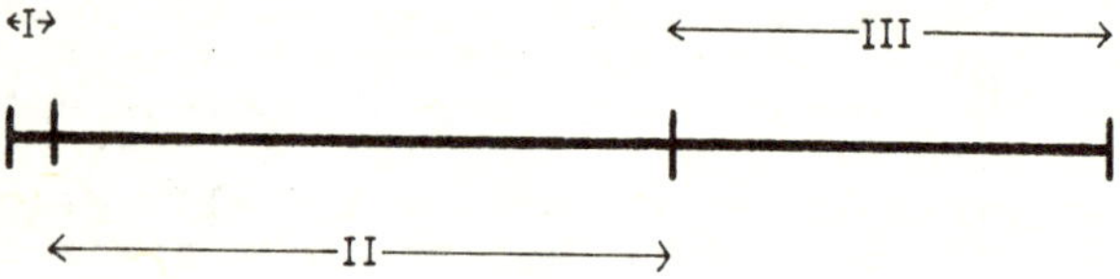

I	= Konstituierungsphase	29 sek = 0:29	3,74 %
II	= Mittelteil	431 sek = 7:11	55,54 %
III	= Beendigungsphase	316 sek = 5:16	40,72 %

Abb. 8.5

Charakteristisch für T 661 ist die im Verhältnis zum Mittelteil ausgesprochen lange Beendigungsphase von 5 min 16 sek bzw. 40,72 % der Gesamtlänge. Die lange Beendigungsphase entsteht dadurch, daß die Beendigung des Dialogs erst nach dreimaligem Abbruchversuch gelingt. Die

39 Wenn man einmal die Tatsache unberücksichtigt läßt, daß aus technischen Gründen die Aufnahme schon vor den eigentlichen Terminalsignalen abbricht.

ersten beiden Abbruchversuche von seiten BBs durch 175BB und 267BB werden (speziell nach 175BB) durch die Initiierung neuer Themen von seiten AAs zurückgewiesen. Auf die erste Abbruchszurückweisung geht BB auch noch sehr bereitwillig ein, woraus (eventuell) geschlossen werden darf, daß sein Abbruchversuch nicht sehr ernst gemeint war. Vermutlich hatte er gerade keine Themen parat, die er anbieten konnte, und delegierte daher die Weiterstrukturierung des Dialogs an AA, die generell hinsichtlich der thematischen Strukturierung in der Beendigungsphase eine dominante, bestimmende Rolle einnimmt, da sie es ist, die immer neue Themen vorschlägt (cf. 176AA; 200AA; 213AA; 270AA; 286AA). Der zweite Abbruchversuch BBs dürfte dann schon ernster gemeint sein. BB reagiert im folgenden Dialogintervall ausschließlich interaktionssteuernd, ohne selbst thematisch initiative Beiträge zu leisten. Dasselbe geschieht bei seinem dritten Abbruchversuch. Dies Verhalten von BB ließe sich als Verebbungsstrategie bezeichnen. BB läßt den Dialog langsam "auslaufen" oder "verebben", indem er dem Kommunikationsfluß keine neuen weitertreibenden thematischen Impulse mehr gibt. Diese Verebbungsstrategie ist allerdings nach dem ersten Abbruchversuch ab 175BB noch nicht festzustellen. In diesem Dialogintervall ist es sogar so, daß BB mit 226BB selbst einen thematischen Impuls gibt. Insofern ließe sich dieses Intervall (175BB - 266BB) unter Umständen noch zum eigentlichen Mittelteil hinzurechnen, so daß sich das prozentuale Verhältnis der Dialogteile zueinander entsprechend Abbildung 8.6 modifizieren würde.

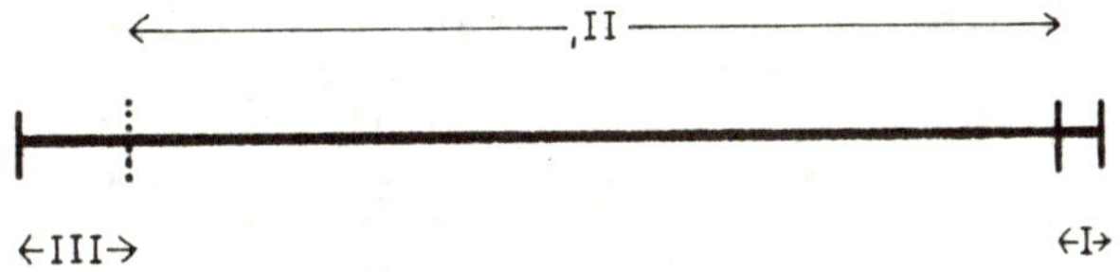

I = Konstituierungsphase	29 sek =	0:2	3,74 %
II = Mittelteil	671 sek =	11:11	86,47 %
III = Beendigungsphase	76 sek =	1:16	9,79 %

Abb. 8.6

Aber auch wenn diese Modifikation unberücksichtigt bliebe, wäre eine ausgesprochen lange Beendigungsphase für einen Beziehungsdialog durchaus erklärlich: In Beziehungsdialogen geht es ja nicht um thematisch eindeutig zum Abschluß zu bringende problem- oder aufgabenlösende Kommunikationsprozesse, bei denen nach der Problem- oder Aufgabenlösung kein Bedürfnis mehr zum Dialog besteht, sondern um den mit der und durch die Kommunikation entstehenden zwischenmenschlichen Kontakt selbst, also um die Möglichkeit, das eigene wie auch das dem Partner unterstellte Beziehungsbedürfnis zu befriedigen - das Bedürfnis also nach zwischenmenschlicher Verbindung, nach sozialer, interpersoneller Erfahrung, nach dem Erleben der eigenen Individualität, des eigenen Verhaltens, im Verhältnis zum Partner bzw. des Erlebens der anderen Individualität, des anderen Verhaltens, im Verhältnis zu sich selbst. Nicht das im Dialog gelöste und damit zum Abschluß gekommene Sachproblem steht im Mittelpunkt des Interesses, sondern der Dialog selbst. Dieses Beziehungsbedürfnis nach Kommunikation, nach dem Dialog mit einem ganz bestimmten Partner aber ist im jeweils aktuellen Dialog stets ungleich bei den beiden Dialogpartnern ausgeprägt. Von daher dient im Dialog ein erheblicher Teil des Verhaltens dazu, dieses Bedürfnis interaktiv kommunikativ zu ermitteln und einen den Bedürfnissen beider Partner entsprechenden Kompromiß hinsichtlich der Dauer des Bestehens einer dialogisch kommunikativen Verbindung auszuhandeln. D.h. es wird über eine lange Strecke im Dialog (Beendigungsphase) geprüft, ob beim jeweils aktuellen Beziehungspartner noch weiter das Interesse an der Aufrechterhaltung der aktuellen kommunikativen Verbindung bzw. ob noch ein Beziehungsbedürfnis besteht. Man darf von daher annehmen, daß in reinen Beziehungsdialogen die Länge der Beendigungsphase in Relation zur Länge des Mittelteils häufig sehr groß sein wird, was sich ja auch in T 661 zeigt.

Im Gegensatz zur relativ langen Beendigungsphase weist T 661 eine sehr kurze Konstituierungsphase auf (ca. 1/2 Minute). Das bedeutet, daß die Dialogpartner sehr schnell über den Zweck des Dialogs - als Beziehungsdialog - einen Konsens erzielt haben. Grund dafür mag in dem Beziehungsbedürfnis beider Partner bestanden haben. BB entspricht in diesem Sinne mit seiner in 13BB formulierten Absicht den prinzipiellen Bedürfnissen AAs, die mit 14AA sofort auf BBs Situationsdefinition eingeht und diese ratifiziert. AA und BB sind sich also einig hinsichtlich der prinzipiellen Absicht, einen Beziehungsdialog miteinander zu führen. Wie lang dieser Dialog, in dem sie dann dem Bedürfnis nach interpersonellem Kontakt entsprechen, dauern soll, ist jedoch unklar, so daß eine für beide letztlich befriedigende Dauer der Beziehungskommunikation während des Dialogs selbst ausgehandelt werden muß.

Über diese grobe Dreiphasenstruktur des Dialogs ist eine weitere, ebenfalls auf dem 1. Deutungsniveau zu ermittelnde Feinstruktur gelagert. Sie betrifft die Dialogsegmentierung in thematisch bestimmte Phasen, die hier als (thematische) Dialogepisoden bezeichnet werden sollen. Der Übergang von einer Episode zur nächsten soll in Anlehnung an Schank mit Dialogswitch bezeichnet werden. T 661 besteht nun aus 11 Dialogepisoden. Dabei ist der Übergang von der Konstituierungsphase zum Mittelteil identisch mit dem Switch von der ersten zur zweiten Dialogepisode, der Übergang vom Mitteilteil zur Beendigungsphase (entsprechend Abbildung 8.5) identisch mit dem Switch von der sechsten zur siebenten Episode bzw. (entsprechend Abbildung 8.6) identisch mit dem Switch von der neunten zur zehnten Episode. Die Konstituierungsphase besteht also aus einer Dialog-Episode, der Mittelteil besteht aus fünf (bzw. acht) Episoden (II - VI bzw. II - IX), und die Beendigungsphase schließlich besteht ebenfalls aus fünf (bzw. zwei) Episoden (VII - XI bzw. X und XI).

Ebenso sind auch in T 249 verschiedene Episoden zu unterscheiden. Hinsichtlich der auf dem 1. Deutungsniveau bestimmbaren Struktur dieser Episoden-Segmentierung zeigen sich nun einige charakteristische Unterschiede zwischen T 661 und T 249. Diese Unterschiede können zurückgeführt werden auf die in beiden Dialogen unterschiedlich dominante kommunikative Funktion in bezug auf die Sprechhandlungskategorie. In diesem Sinne zeigen sich in Beziehungs- und Gebrauchsdialogen bereits auf den beiden untersten Deutungsniveaus charakteristische Unterschiede. Die Episoden-Struktur der beiden Dialoge T 661 und T 249 sieht nun folgendermaßen aus: Die elf thematischen Episoden von T 661 verteilen sich über die 311 Äußerungsbeiträge bzw. die 79 Dialogbeiträge entsprechend der Tabelle von Abbildung 8.7. In der letzten Spalte der Tabelle sind die Episoden stichwortartig thematisch allgemein charakterisiert.

Gliederung von T 661 in Dialogepisoden

Nr.	Äußerungsbeiträge	Dialogbeiträge	Thema
I	1 - 15	1 - 7	Konstituierungsphase
II	16 - 51	8 - 15	Der nicht gemachte Besuch
III	52 - 80	16 - 24	Angeln
IV	81 - 97	25 - 26	Besuch/Wetter/neue Mieter
V	98 - 142	27 - 39	Gemeinsame Bekannte
VI	143 - 174	40 - 44	Telephonnummer
VII	175 - 199	45 - 50	Erster Abbruchversuch - Reise nach Prag
VIII	200 - 217	51 - 52	Bekannter von BB
IX	218 - 266	53 - 66	Sohn von AA/Politik
X	267 - 284	67 - 71	Zweiter Abbruchversuch - Gesundheit von AA
XI	285 - 311	72 - 79	Dritter Abbruchversuch - Tochter von AA

Abb. 8.7

Der Dialog T 249 (genauer das Dialogsegment) kann in weitere vier Dialogepisoden untergliedert werden. Die genaue Struktur von T 249 ist in der Tabelle von Abbildung 8.8 dargestellt.

Gliederung von T 249 in Dialogepisoden

Nr.	Äußerungsbeiträge	Dialogbeiträge	Thema
I	1 - 75	1 - 15	Der Begriff "Beziehungswissenschaft"
II	76 - 155	16 - 40	philosophische Anthropologie
III	156 - 266	41 - 62	Marxismus
IV	267 - 284	63 - 66	Schulerfahrungen von AA

Abb. 8.8

Entsprechend den beiden Tabellen 8.7 und 8.8 ist die Episodenstruktur von T 661 und T 249 in ihren jeweiligen zeitlichen Proportionen in den Abbildungen 8.9 und 8.10 dargestellt.

T 661

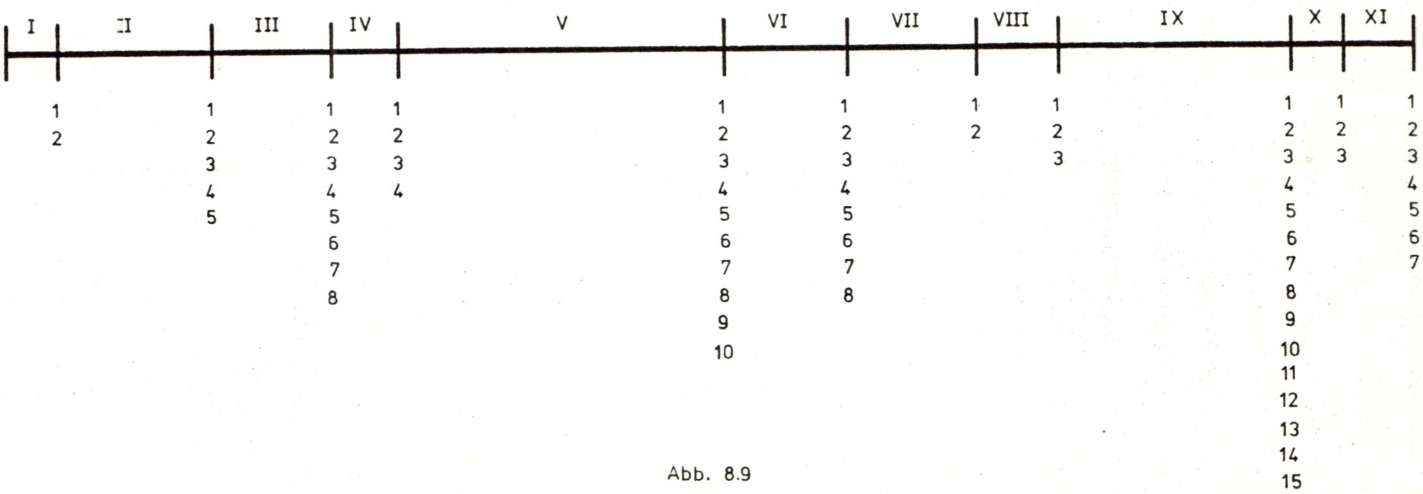

Abb. 8.9

T 249

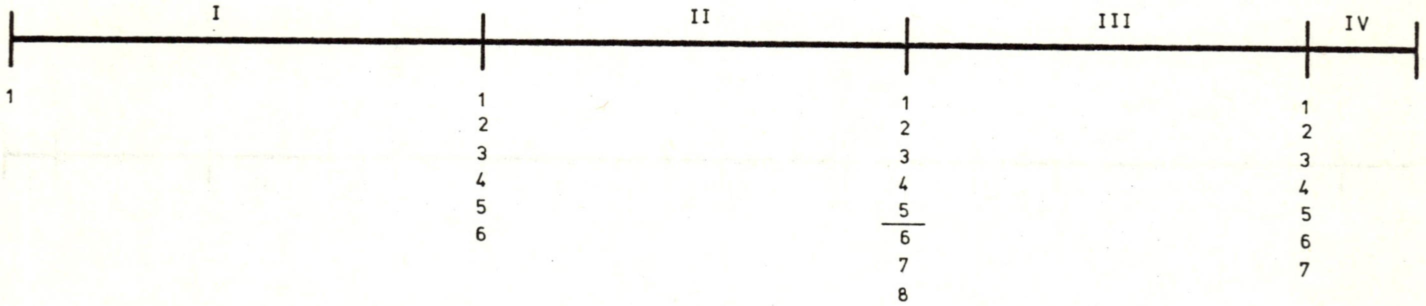

Abb. 8.10

Die Zahlenkolonnen unter den jeweiligen Switch-Stellen verweisen auf die entsprechenden in den beiden folgenden Tabellen 8.11 und 8.12 zusammengestellten Switchsignal-Cluster, die in der unmittelbaren Umgebung der Switch-Stellen auftreten.

Switch-Stelle		Signalcluster T 6 6 1
I → II	(1)	13BB: Strukturierung
	(2)	14AA: Résumé
II → III	(1)	50BB: Résumé
	(2)	50BB: "ja" Beendigungssignal
	(3)	51AA: Résumé
	(4)	52BB: Strukturierungssignal "nämlich"
	(5)	52BB: Strukturierung
III → IV	(1)	75BB: Résumé
	(2)	75BB: Beendigungssignal "also"
	(3)	78AA: Résumé
	(4)	79BB: Beendigungssignal "gut"
	(5)	79BB: Lachen
	(6)	80AA: Lachen
	(7)	81BB: Strukturierungssignal "also"
	(8)	81BB: Strukturierung
IV → V	(1)	97BB: Beendigungssignal "na"
	(2)	97BB: Résumé
	(3)	98AA: Strukturierung
	(4)	113BB: Résumé
V → VI	(1)	134AA: Résumé
	(2)	134AA: Beendigungssignal "na"
	(3)	136AA: Résumé
	(4)	141BB: Résumé
	(5)	142AA: Lachen
	(6)	143BB: Résumé
	(7)	143BB: Lachen
	(8)	143BB: Strukturierungspartikel "ja + ne"
	(9)	143BB: Strukturierung
	(10)	143BB: Strukturierungspartikel "übrigens"
VI → VII	(1)	172AA: Résumé
	(2)	173BB: Beendigungssignale "ja + ja"
	(3)	174AA: Beendigungssignal "gut"
	(4)	174AA: Lachen
	(5)	175AA: Beendigungssignal "ja"
	(6)	175AA: Beendigungssignal "Anrede" (erster Abbruchversuch durch Schlußeinleitungssignale)
	(7)	176BB: Résumé (Schlußzustimmungssignal)
	(8)	183AA: Strukturierung
VII → VIII	(1)	200AA: Strukturierung
VIII → IX	(1)	216BB: Résumé
	(2)	218AA: Beendigungssignal "na"
	(3)	218AA: Strukturierung

IX → X	(1)	244BB: Résumé
	(2)	256BB: Résumé
	(3)	259BB: Résumé
	(4)	262BB: Beendigungssignal "prima"
	(5)	263AA: Résumé
	(6)	264BB: Beendigungssignale "ja ja + doch"
	(7)	265AA: Lachen
	(8)	266AA: Lachen
	(9)	267BB: Résumé
	(10)	267BB: Beendigungssignal "ja ja"
	(11)	267BB: Beendigungssignal "Anrede"
	(12)	267BB: Beendigungssignal "Wunsch" (zweiter Abbruchversuch, Schlußeinleitungssignale)
	(13)	270AA: Beendigungssignal "Wunsch" (Schlußzustimmungssignal)
	(14)	270AA: Strukturierungssignal "inzwischen"
	(15)	270AA: Strukturierung
X → XI	(1)	282BB: Résumé
	(2)	283AA: Résumé
	(3)	285BB: Beendigungssignal "Gruß"
XI → Beendigung	(1)	299BB: Résumé
	(2)	308BB: Schlußeinleitungssignal "natürlich"
	(3)	309AA: Schlußeinleitung Résumé
	(4)	309AA: Schlußeinleitungssignal "nicht"
	(5)	310BB: Schlußzustimmungssignal "ja + gut, prima"
	(6)	310BB: Lachen
	(7)	311BB: Lachen

Tabelle 8.11

Switch-Stelle		Signalcluster T 2 4 9
0 → I	(1)	1AA: Strukturierung
I → II	(1)	68CC: Résumé
	(2)	71CC: Lachen
	(3)	73CC: Lachen
	(4)	74CC: Lachen
	(5)	75CC: Résumé
	(6)	76AA: Strukturierung
II → III	(1)	147CC: Résumé
	(2)	148BB: Lachen
	(3)	149CC: Lachen
	(4)	149CC: Résumé
Abbruch	(5)	155AA: (Aufforderung zum Abbruch)
	(6)	159 : Strukturierungssignal "also"
	(7)	163DD: Strukturierung
	(8)	164AA: Strukturierung
III → IV	(1)	Flaute
	(2)	251CC: Résumé
	(3)	254CC: Lachen

(4) 256CC: Résumé
(5) 257AA: Strukturierung
(6) 261CC/262BB: Pause
(7) 263DD: Strukturierung

Tabelle 8.12

Aus der absoluten Länge der Dialogepisoden (in Sekunden) und der absoluten Anzahl der jeweiligen Äußerungsbeiträge läßt sich nun die durchschnittliche Länge der Äußerungsbeiträge pro Episode sowie die durchschnittliche Länge der Äußerungsbeiträge bezogen auf den gesamten Dialog ermitteln. Zur besseren Übersicht sind diese Daten in den beiden Abbildungen 8.13 und 8.14 jeweils im Vergleich zueinander dargestellt.

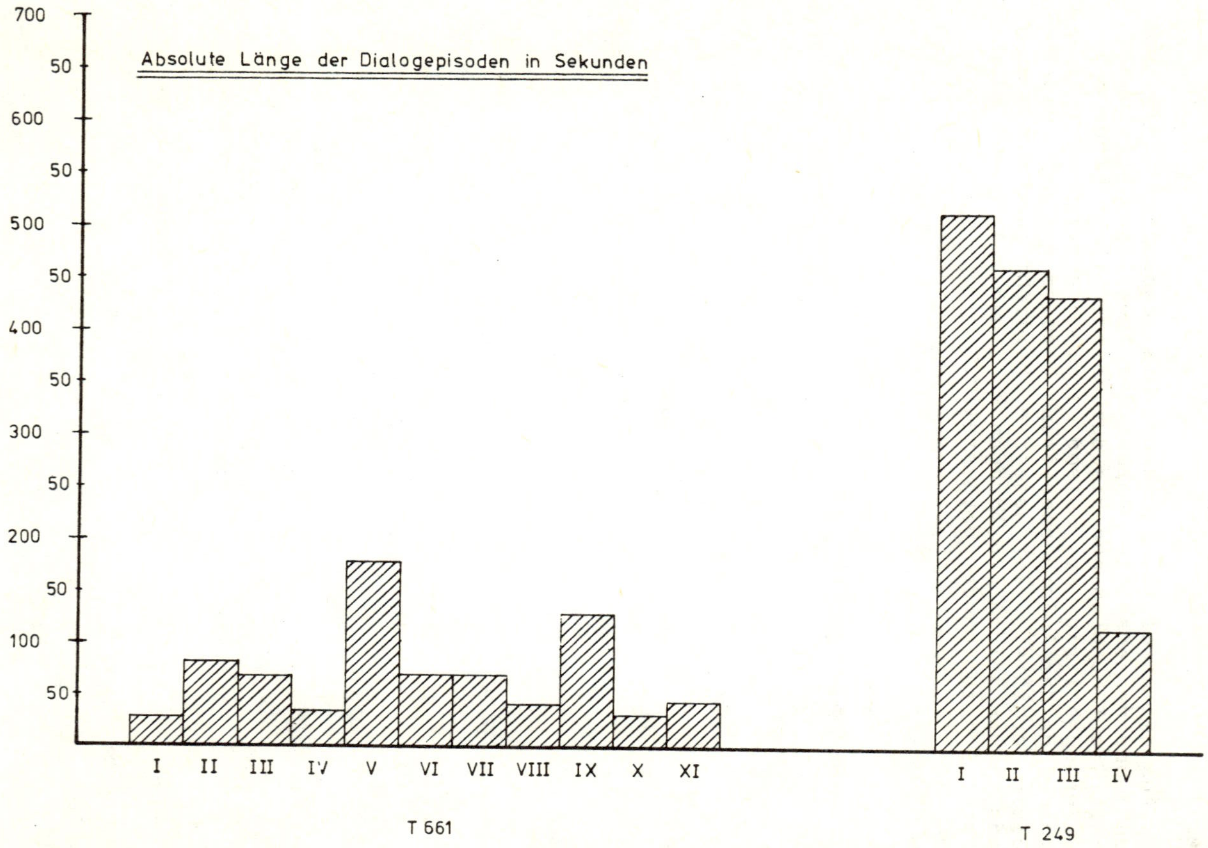
Absolute Länge der Dialogepisoden in Sekunden
700
50
600
50
500
50
400
50
300
50
200
50
100
50
I
II
III
IV
V
VI
VII
VIII
IX
X
XI
T 661
I
II
III
IV
T 249

Abb. 8.13

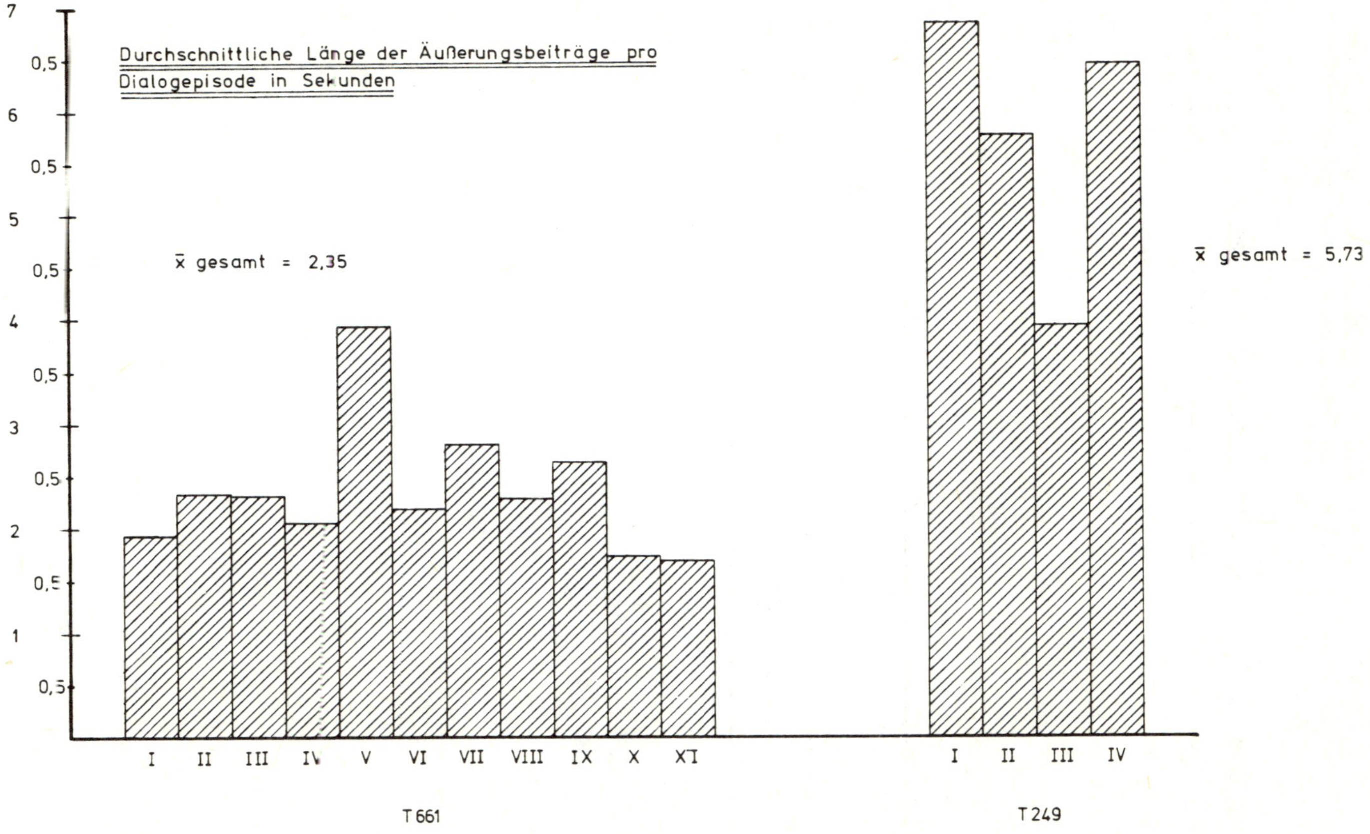

7
0,5
6
0,5
5
0,5
4
0,5
3
0,5
2
0,5
1
0,5
Durchschnittliche Länge der Äußerungsbeiträge pro Dialogepisode in Sekunden
x̄ gesamt = 2,35
x̄ gesamt = 5,73
I
II
III
IV
V
VI
VII
VIII
IX
X
XI
I
II
III
IV
T 661
T 249

Abb. 8.14

Der Abbildung 8.13 entsprechen dabei die genauen Angaben der Tabelle 8.15. Der Abbildung 8.14 entsprechen die Angaben von Tabelle 8.16.

Episode	absolute Länge der Dialogepisoden in Sekunden	
	T 661	T 249
I	29	512
II	82	460
III	67	434
IV	35	116
V	177	
VI	70	
VII	70	
VIII	41	
IX	129	
X	31	
XI	45	

Abb. 8.15

Episode	$\overline{X}$ = Durchschnittliche Länge der Äußerungsbeiträge pro Episode in Sekunden	
	T 661	T 249
I	1,93	6,83
II	2,34	5,75
III	2,31	3,91
IV	2,06	6,44
V	3,93	
VI	2,19	
VII	2,80	
VIII	2,28	
IX	2,63	
X	1,72	
XI	1,67	

Abb. 8.16

In der folgenden Tabelle 8.17 schließlich sind einige weitere Maßzahlen aus den bisher ermittelten Daten von T 661 und T 249 zusammengestellt.

Art der Maßzahl	T 661	T 249
(1) absolute Länge des Dialogs in sek (min)	776 (12:56)	1522 (25:22)
(2) Zahl der Episoden	11	4
(3) Zahl der Äußerungsbeiträge	311	284
(4) Zahl der Redebeiträge	79	66
(5) durchschnittliche Länge der Episoden in sek	70,55	380,5
(6) durchschnittliche Länge der Äußerungsbeiträge in sek	2,35	5,73
(7) durchschnittliche Häufigkeit der Äußerungsbeiträge pro Redebeitrag	3,94	4,30
(8) durchschnittliche Länge der Redebeiträge in sek	9,26	19,74
(9) Verteilung der absoluten Häufigkeit der Redebeiträge pro Sprecher	AA = 38 BB = 39 + 2	AA = 35 BB = 4 CC = 26 DD = 0 + 1
(10) prozentualer Anteil der Redebeiträge pro Sprecher	AA = 48,10 BB = 49,37 + 2,53	AA = 53,03 BB = 6,06 CC = 39,39 DD = 0,00 + 1,52

Abb. 8.17

Aufgrund dieser ganzen Daten zeigt sich ein als charakteristisch zu betrachtender Unterschied zwischen beiden Dialogen: T 661 weist viele kürzere Dialogepisoden auf, während T 249 sich in nur wenige, dafür aber um so längere Episoden aufgliedert. Obwohl T 661 nur etwa halb so lange dauert wie T 249, gibt es in T 661 mehr Redebeiträge. T 249 weist nur ca. 91 % so viele Äußerungsbeiträge auf wie T 661. Entsprechend ist die durchschnittliche Länge der Äußerungsbeiträge bzw. der Redebeiträge in T 249 etwa doppelt so groß wie die entsprechende Länge in T 661. Während die prozentuale Beteiligung der Sprecher in T 661 nahezu gleich ist (es besteht nur ein leichtes Übergewicht auf seiten BBs), ist die Beteiligung der Sprecher in T 249 sehr ungleich verteilt. Während AA zu über 50 % aktiv am Dialog beteiligt ist, verteilen sich die restlichen Prozente auf die drei anderen Sprecher, wobei CC noch mit nahezu 40 % die beiden anderen überragt.

All diese unterschiedlichen Merkmale der beiden Dialoge lassen sich jedoch sehr plausibel mit der Tatsache erklären, daß mit T 661 und T 249 zwei von ihrer kommunikativen Funktion her unterschiedliche Dialoge vorliegen. Um diese Tatsache adäquat explizieren zu können, muß man zunächst einmal berücksichtigen, daß T 249 sehr stark von AAs aktiver Beteiligung (53,03 %) geprägt und bestimmt wird. AA ist, so konnte aufgrund des Analyseprotokolls ermittelt werden, an sachorientierter Gebrauchskommunikation interessiert und kommuniziert entsprechend auch, wobei die anderen Dialogpartner (jedenfalls zum Teil) darauf eingehen. Gebrauchskommunikation spielt also eine große Rolle in T 249. Wie man aus der Tabelle von Abbildung 8.18 ersehen kann, sind immerhin über die Hälfte der Redebeiträge als Gebrauchskommunikation zu deuten. Daß sowohl die absolute Verteilung der Dialogbeiträge hinsichtlich der Gebrauchs- und Beziehungskommunikation bzw. die prozentuale Umrechnung mehr als 66 Redebeiträge bzw. über 100 % ergeben, liegt daran, daß eine Reihe von Dialogbeiträgen sowohl als Gebrauchs- wie auch als Beziehungskommunikation zu deuten sind und daher doppelt gezählt werden.

	absolute Verteilung	%
Gebrauchskommunikation	39	59,10
Beziehungskommunikation	31	46,97

Abb. 8.18

Im Gegensatz zu T 661, der ausschließlich als Beziehungsdialog zu deuten ist, ist also T 249 zumindest zu 50 % auch Gebrauchsdialog. Zur Erklärung dieser Unterschiede kann die These aufgestellt werden, daß sie sich auf die Unterscheidung von Beziehungs- und Gebrauchsdialog zurückführen lassen. Das heißt, man darf vermutlich davon ausgehen, daß in Beziehungsdialogen mehr und kürzere Dialogepisoden auftreten und daß die durchschnittliche Länge der Äußerungsbeiträge bzw. entsprechend der Dialogbeiträge in Beziehungsdialogen kürzer ist als in Gebrauchsdialogen. Dies ist eine Hypothese, die sich am vorliegenden Material (auch den hier nicht dargestellten Dialogen) als zutreffend erwiesen hat, die aber gleichwohl noch an umfangreicherem Material verfestigt werden müßte, was an dieser Stelle jedoch nicht geleistet werden konnte.

Vergegenwärtigt man sich die verschiedenen Funktionen, die Gebrauchs- und Beziehungsdialogen zukommen, müssen die hier festgestellten strukturellen Aspekte durchaus auch als plausibel erscheinen. So dient ja etwa der Gebrauchsdialog der Lösung bestimmter Probleme bzw. bestimmter Aufgaben, während es in Beziehungsdialogen um die Möglichkeit oder das Bedürfnis zum kommunikativen, zwischenmenschlichen Kontakt selbst geht. Zur Lösung von sachlichen Problemen und Aufgaben ist es nun allerdings wichtig und notwendig, daß sich die Dialogpartner ausführlich und in differenzierter Weise auf bestimmte Sachverhalte beziehen, die mit dem Problem-(Aufgaben-)Lösungsprozeß zusammenhängen bzw. diesen überhaupt erst festlegen und definieren. Dazu ist es natürlich notwendig, durchschnittlich längere Dialogbeiträge zu vollziehen, in denen dann auf all die verschiedenen und differenzierten Aspekte adäquat und ausführlich eingegangen werden kann.

Bei der Beziehungskommunikation dagegen sind solche differenzierten Ausführungen in der Regel gar nicht notwendig. Hier geht es primär um die für alle Partner gleichermaßen gegebene Möglichkeit zur kommunikativen Verbindung selbst, in der dann die Partner sich in Relation zueinander setzen können. Dabei wird eine Dominanz eines Partners wohl stets als unbefriedigend und störend empfunden, da derjenige das jede Beziehung charakterisierende Prinzip der Polarität zum Nachteil der anderen Sprecher verschieben würde. Eine Beziehung aber ist ja gerade dadurch charakterisiert, daß mindestens zwei Partner sie bestimmen, was sich natürlich auch in den direkten, unmittelbaren Mikroprozessen innerhalb eines Dialogs in Form einer annähernd gleichen Beteiligung aller Dialogpartner ausdrückt. Da es darüber hinaus weniger um bestimmte sachlich bedingte Probleme oder Aufgaben geht, sondern um die Personen selbst, d.h. darum, daß der Partner erkennt, daß mit den Äußerungen (Dialogbeiträgen) Kontakte vollzogen werden, kann man sich auf kürzere Beiträge beschränken, in denen man lediglich das Beziehungsmoment erkennen lassen muß.

Ähnlich steht es mit der Häufigkeit der Episoden in einem Beziehungs- oder Gebrauchsdialog. Im Gebrauchsdialog werden sich die Dialogpartner jeweils länger mit dem entsprechenden, vorgegebenen Sachproblem beschäftigen, da es ihnen ja um eine Lösung geht, die aber interaktiv meistens nicht sehr schnell erreicht wird. Im Gegensatz dazu sind die Themen in Beziehungsdialogen relativ beliebig und mehr Mittel zum Zweck, so daß sie häufig gewechselt werden und man sich nicht länger bei dem jeweils gegebenen Thema aufhält. Denn das Beziehungsmoment ist ja letztlich im Rahmen jedes möglichen Themas realisierbar. Hinzu kommt, daß die mit den Themen natürlich immer gegebenen Sachaspekte und Probleme weniger von Interesse sind. Je länger man sich aber nun an einem Thema aufhält, um so größer ist auch die Gefahr, daß die mit diesem Thema implizierten Sachprobleme in der Kommunikation das Übergewicht bekommen und die Kommunikation von einer das Beziehungsbedürfnis befriedigenden partnerorientierten Kommunikation zu einer ausschließlich sachorientierten Kommunikation umschlägt, in der dann die Individualität der Partner keine Rolle mehr spielt. In einer Beziehungskommunikation ist es insofern letztlich gar nicht notwendig und vermutlich auch gar nicht erwünscht, ein Thema erschöpfend zu behandeln. Man kann schnell und ohne große Sanktionen befürchten zu müssen, das Thema wechseln. Zudem wird es wohl meistens in der Beziehungskommunikation so sein, daß jeder der Partner eine Reihe von Themen hat, innerhalb derer er glaubt, sich besonders gut darstellen und bewerten zu können, was ja ein wichtiges Kriterium der Beziehungskommunikation ist. Insofern wird jeder der Partner versuchen, zumal wenn der Dialog, wie in T 661, zeitlich knapp bemessen ist, möglichst viele dieser Themen in den Dialog einzubringen.

Dies dürfte auch ein Charakteristikum von Beziehungsdialogen sein, das im engen Zusammenhang mit dem für Beziehungsdialoge wohl charakteristischen, oben bereits herausgearbeiteten Merkmal der relativ langen Beendigungsphase steht. Wird in diesem Sinne von einem Partner ein Schlußeinleitungssignal ausgesandt und besteht bei dem anderen Partner im Gegensatz dazu noch das Bedürfnis, einige weitere der Selbstdarstellung dienende Themen zu initiieren, so wird das dazu führen, daß das Aushandeln des Dialogschlusses sich sehr lang hinziehen kann. Der eine Partner wird immer neue Themen initiieren, während der andere ständig bemüht sein wird, den Dialog zu beenden. Das wird dann zur Folge haben, daß gerade die Beendigungsphase von einer Vielfalt von unterschiedlichsten Dialogepisoden geprägt ist. Genau das zeigt sich ja auch in T 661. AA ist vom ersten Abbruchversuch BBs mit 175BB ständig bemüht, neue Themen in den Dialog einzubringen, mit denen sie sich selbst darstellen und aufwerten kann (cf. 200AA; 218AA; 270AA; 286AA).

Wie man sieht, macht sich der Status von Dialogen als Beziehungsdialog oder als Gebrauchsdialog bereits auf den beiden untersten Deutungsniveaus bemerkbar. Die eigentlich charakteristischen Phänomene, speziell hinsichtlich des hier besonders interessierenden Beziehungsmoments, werden jedoch erst auf dem obersten, dem dritten Deutungsniveau sichtbar. Deshalb sollen jetzt zum Schluß die dort auftretenden Phänomene der Dialoge T 661 und T 249 zusammenfassend und im Vergleich zueinander behandelt werden. T 661 war als reiner Beziehungsdialog bestimmt worden. Für diese Tatsache konnten dann auf dem 0. und 1. Deutungsniveau charakteristische Merkmale herausgearbeitet werden. Entscheidende Merkmale von Beziehungskommunikation werden jedoch erst auf dem dritten Deutungsniveau deutlich.

So kann etwa überhaupt nur auf dem obersten Niveau entschieden werden, daß mit T 661 ein reiner Beziehungsdialog vorliegt. In dem Zusammenhang spielt der Dialogzug 13BB die entscheidende Rolle. Die Selbstdarstellung, die BB mit diesem Zug gibt, charakterisiert, nachdem sie durch AA ratifiziert wurde, den Status des gesamten Dialogs. BB thematisiert mit 13BB sein Verhalten selbst. Er bezieht sich also auf einen bestimmten Sachverhalt seines aktionalen Individualbereichs und vollzieht damit einen Kontakt mit eindeutig Assoziativer Connexion. AA ratifiziert den Dialogstatus durch den Dialogbeitrag 14AA. D.h. sie bestätigt, daß die Kontaktaufnahme durch BB von ihr positiv bewertet wird, indem sie ihre innere Haltung während der Zeit des fehlenden Kontakts darstellt. BB bekundet also sein Bedürfnis nach einer Verbindung mit AA, und AA bestätigt, daß eine solche Verbindungsaufnahme ebenfalls in ihrem Interesse ist. Damit liegt ein interaktiv kommunikatives Phänomen vor, das Goffman als "Zugänglichkeitsritual" bezeichnet (40). Zugänglichkeitsrituale markieren nach Goffman Perioden erhöhter oder verminderter Zugänglichkeit. Sie sind außerdem zur übergeordneten Kategorie der Riten des bestätigenden Austauschs zu rechnen. Mit derartigen Riten sind nach Goffman Verhaltensweisen gemeint, die letztlich

> "der Bestätigung und Bekräftigung der zwischen dem Ausführenden und dem Empfänger bestehenden sozialen Beziehung" (41)

dienen.

Das entspricht der hier vorgenommenen Klassifizierung als Kontakt, bei dem als collokutives Moment das des Direktionalen Protektativs und das einer Assoziativen Connexion signifikant werden. Das Interesse an einer kommunikativen Verbindung mit dem anderen wertet diesen in seiner Person auf. Daß dieses positive, bestätigende Ritual zu Beginn des Dialogs, in der Konstituierungsphase, vollzogen wird, hat dann letztlich einen Einfluß auf den gesamten übrigen Dialogverlauf. Der ganze Dialog besitzt eine das Beziehungssystem von AA und BB stabilisierende Funktion. Er dürfte in diesem Sinne dann auch in der Erinnerung der beiden Dialogpartner abgespeichert werden und wird später stattfindende Dialoge beeinflussen. Das Bewußtsein der gemeinsamen Beziehung (also des übersituationell ausgedehnten Handlungssystems), das AA und BB haben, ist also durch solche Dialoge und die zusammenfassende, in der Erinnerung abgespeicherte Einschätzung davon geprägt.

Der Beziehungsdialog T 661 beginnt zunächst mit einer wechselseitigen Selbstdarstellung. Diese impliziert gleichzeitig eine auf den jeweils anderen gerichtete Partneraufwertung und damit verbunden eine assoziative, affiliative, das Beziehungssystem stabilisierende Funktion. Da AA und BB weder miteinander verwandt sind noch durch irgendwelche anderen Normen oder sozial bedingte

---

40 Goffman 1971
41 Goffman 1971,35

Verpflichtungen gezwungen sind, miteinander in Verbindung zu treten, kann man davon ausgehen, daß ihre gemeinsame Interaktion und Kommunikation aufgrund der füreinander empfundenen Sympathie entsteht. Das bedeutet für die spezielle Analyse von T 661, daß in allen in diesem Dialog vollzogenen Kontakten auch das Moment einer Emotionalen Connexion signifikant ist. T 661 ist also konstituierender Bestandteil eines Beziehungstyps, der weitgehend als Sympathie-Beziehung zu klassifizieren wäre (42). Allerdings dürfte das gesamte Beziehungssystem vor allem am Anfang sehr stark den Charakter einer Positions-Beziehung bzw. einer Interessen-Beziehung besessen haben. Denn BB war ja zunächst Mieter im Haus von AA. Erst ausgehend von einer solchen sozialen Relation, ist dann auch nach Auflösung der positionalen Relation als Mieter - Vermieterin die Beziehung hauptsächlich zu einer Sympathie-Beziehung geworden.

Betrachtet man nun den Dialog T 661 genauer unter dem oben herausgestellten Aspekt der Sympathie-Beziehung, lassen sich einige charakteristische Phänomene erklären. Insgesamt zeigt sich in T 661 ein als "harmonisch" zu charakterisierendes Interaktionsmuster. So werden die Dialogswitch-Stellen weitgehend von beiden Partnern akzeptiert. D.h. die Partner bestätigen sich gegenseitig in ihren Selbstdarstellungen. Charakteristisch ist dabei, wie BB fast über den gesamten Dialog hin bemüht ist, den Eindruck, den AA von seinem Verhalten im Sommer haben könnte, zu korrigieren. BB unterstellt, daß AA das nicht eingelöste Versprechen eines Besuches negativ hinsichtlich der Beziehung deuten könnte. BB versucht dementsprechend, sein unverändert gebliebenes Interesse an einer Verbindung mit AA zu dokumentieren (cf. 13BB; 16BB; 26BB; 50BB; 81BB; 84BB; 97BB; 177BB; 262BB; 267BB). AA ihrerseits ist sehr bemüht, diesen Eindruck, den BB ihr mit seinem Verhalten unterstellt, zu korrigieren (cf. 14AA; 19AA; 28AA; 51AA; 65AA; 72AA; 140AA; 176AA; 263AA; 268AA).

All die oben genannten, sich über den ganzen Dialog hinziehenden Kontakte BBs ließen sich paraphrasieren als

(P 8.15.) Mein Verhalten im Sommer ist nicht so zu verstehen, als wäre ich nicht mehr an einem Weiterbestehen unserer Beziehung interessiert.

AAs komplementäre Kontakte könnten entsprechend paraphrasiert werden als

(P 8.16.) Ich habe dein Verhalten gar nicht in dieser Weise aufgefaßt und bin ebenfalls noch am Weiterbestehen unserer Beziehung interessiert.

AAs und BBs wechselweise einander bestätigende Selbstdarstellungen ließen sich zusammengenommen paraphrasieren als

---

42 Siehe oben Seite 306

(P 8.17.) Es ist hinsichtlich unserer Beziehung alles noch - wie vorher - in bester Ordnung.

In diesem Sinne ließe T 661 sich in etwa als das charakterisieren, was Goffman ein "Ratifizierungsritual" nennt, das ebenfalls unter die Kategorie des bestätigenden Austauschs fällt (43). AA und BB bestätigen sich gegenseitig ihre noch füreinander bestehende Sympathie und den damit zusammenhängenden Wunsch, die Beziehung fortzusetzen.

Dem Charakter des Ratifizierungsrituals entspricht aber noch ein weiteres überindividuelles, kommunikativ interaktionelles Phänomen, das in T 661 häufiger auftritt. Es handelt sich dabei um das Bemühen beider Dialogpartner, jede nur mögliche Unstimmigkeit im Dialog sofort wieder zu beseitigen und zu neutralisieren. Diese Konfliktneutralisierung läßt sich in T 661 deutlich an drei Stellen nachweisen:

(1) in der Episode III (Angeln)
(2) in der Episode V (Gemeinsame Bekannte)
(3) in der Episode IX (Politik)

Im ersten Fall geht es darum, daß BB sich mit 59BB hinsichtlich einer bestimmten Fähigkeit, nämlich des Angelns, explizit als nicht geschickt, unfähig, ungeübt etc. darstellt. BB vollzieht damit einen Reflexiven Degradativ im Aktionalen Individualbereich. Das Eingeständnis der eigenen Unfähigkeit in einem bestimmten Bereich - und sei es auch eine noch so geringfügige Sache - widerspricht aber der Grundtendenz des Menschen, sich normalerweise selbst positiv zu bewerten (44). Eine Selbstabwertung erzeugt nun in einer Kommunikation insofern ein Problem, als es die Gefahr eines Konflikts heraufbeschwört. Denn, um es auf die vorliegende Situation anzuwenden, BB weiß natürlich, daß er sich selbst abgewertet (zumindest in ein schlechtes Licht gerückt) hat; und BB weiß auch, daß AA das bemerkt haben muß. Und BB weiß, daß AA weiß, daß BB weiß, daß sie, AA, das weiß. AA ihrerseits weiß ebenfalls, daß BB sich selbst abgewertet hat, und sie weiß, daß BB weiß, daß sie das weiß. Würde AA nun BBs Selbstabwertung einfach übergehen, würde sie diese ratifizieren, was lotztlich einer Partnerabwertung von ihrer Seite gleichkäme. Aufgrund der beiderseitigen P-A-Modelle entstünde dann aber die Situation, daß BB annehmen müßte, daß AA ihn, BB, a u c h abwerten wollte, da sie ja weiß, daß BB sich selbst abgewertet hat, und auch weiß, daß BB weiß, daß sie es weiß. Und BB würde davon ausgehen, daß AA sich entsprechend ihrem Wissen, also ihrem Meinungsbild verhält. Eine solche indirekte Abwertung BBs durch AA aber wäre ein Verhalten, das absolut nicht in den Kontext eines assoziativ, affi-

43 Cf. Goffman 1971,39ff
44 Cf. Argyle 1969,362f

liativen Beziehungsdialogs passen würde. Auf einen solchen aber haben sich AA und BB in der Konstituierungsphase geeinigt.

BB beschwört also mit seinem Dialogbeitrag 59BB einen Konflikt herauf. Er versetzt AA in Zugzwang. AA ist sich dieser Situation durchaus bewußt. Das folgende Dialogintervall, das bis zum Ende der ganzen Dialogepisode reicht, also bis 80AA, dient nun dazu, die durch BB provozierte mögliche Unstimmigkeit wieder zu neutralisieren. AA geht dabei so vor, daß sie auf den Anfängerstatus von BB rekurriert, aufgrund dessen es gar nicht verwunderlich ist, daß BB noch keine großen Fähigkeiten im Angeln besitzen kann. Damit hebt sie dann auch die negative Bewertung wieder auf (cf. 62AA). Diese Einschätzung wird nun von BB seinerseits bestätigt, womit er auch AAs Neutralisierungsversuch bestätigt und anerkennt (cf. 63BB). BBs Anfängerstatus ist damit interaktiv ratifiziert. Der Rest des Intervalls bis 80AA ist nun weiter durch das Bemühen gekennzeichnet, den für einen Anfänger charakteristischen und seinerseits nun wieder positiv zu bewertenden Wunsch, sich zu verbessern, BB zuzusprechen. BB wird also von AA wie von sich selbst hinsichtlich dieser besonderen Einstellung (sich zu bemühen, sich zu verbessern) dargestellt. Damit ist dann BB in seiner Person als würdiger Beziehungspartner rehabilitiert, was durch das abschließende Lachen gegenseitig bestätigt wird. Der durch die Selbstabwertung heraufbeschworene Konflikt, bei dem ja die Gefahr bestanden hatte, daß BB durch AA gekränkt worden wäre, ist wieder neutralisiert. BB schließt die Thematik dann dadurch ab, daß er seinerseits AA nun wieder aufwertet (81BB). Der Zustand gegenseitiger Sympathiebekundung ist wiederhergestellt.

Im zweiten Konfliktfall geht es um etwas ganz anderes. War im ersten Fall die mögliche unterschiedliche Bewertung von BB die Ursache für einen potentiellen Dissens zwischen AA und BB, ist es jetzt die unterschiedliche Form des Verhaltens, auf ein bestimmtes freudiges Ereignis zu reagieren. Mit 114AA leitet AA ein Dialogintervall ein, das stark durch expressiv emotionales Verhalten geprägt ist. Gegenstand der von beiden Dialogpartnern bekundeten Freude ist der berufliche Erfolg eines gemeinsamen Bekannten (118AA/119BB). Bis 128BB sind die Dialogbeiträge beider Partner sehr emotional gefärbt. Mit 129BB wechselt dann allerdings BB sein Verhalten plötzlich, indem er nicht mehr nur seiner Freude Ausdruck verleiht. BB beginnt jetzt, die Situation rational analytisch zu reflektieren. Damit handelt er jedoch, wie es scheint, AAs Interessen zuwider, die keine Analyse des Erfolgs will, sondern sich einfach mit BB gemeinsam über diesen Erfolg freuen möchte. Das wird in 132AA, einer leicht resignativ, desinteressierten Reaktion auf BBs Analyse deutlich.

Diesen Interessenkonflikt (sich einfach nur freuen - die Situation analysieren) versucht AA wieder dadurch aufzulösen, daß sie sich in 136AA BBs Haltung zu vergewissern versucht. Dabei dürfte das von ihr überprüfte Interesse von BB im Kontext der Beiträge 114AA - 128BB durchaus als eine emotional affektive Einstellung gemeint sein. BB bestätigt dann auch AAs Einschätzung von sich selbst. Damit dokumentiert BB letztlich seine Bereitschaft, genauso wie AA auch an einer emotional geprägten Kommunikation mit AA interessiert zu sein. Auch er will sich genauso wie AA in bezug auf seine Gefühle darstellen. Genau das aber ist wichtig für einen affiliativ assoziativen Beziehungsdialog, daß die Partner bereit sind, sich auch gegenseitig ihre Gefühle zu zeigen.

In der dritten Konfliktsituation schließlich geht es wieder um ein anderes Problem. Im Gegensatz zu den beiden vorhergehenden Fällen ist der Konflikt hier recht offensichtlich und auch bewußt von BB provoziert. Gemeint ist das Intervall 226BB - 266BB. BB provoziert hier einen Konflikt, indem er auf eine divergierende politische Einstellung zwischen sich und AA hinweist, also einen Dissentischen Korrelativ hinsichtlich der kognitiven Individualbereiche vollzieht. Der Hinweis auf solche Divergenzen im ethisch politischen Bereich impliziert immer auch sehr stark Wertungen, vor allem die Abwertung des Andersdenkenden. Entsprechend wird auch von beiden Partnern eine Neutralisierungsstrategie betrieben, die darauf hinausläuft, den Verdacht auf mögliche Partnerabwertungen zu entkräften. AA versucht darüber hinaus durch eine Anekdote (236AA - 241AA) zu dokumentieren, daß sie mit ihrer politischen Meinung nicht auf Konfrontation aus ist. Das einander bestätigende Lachen im Anschluß an diese Anekdote (242BB/243AA) wie auch im Anschluß an die gesamte Neutralisierungsepisode (265AA/266BB) besiegelt wieder das beiderseitige positive Einverständnis und signalisiert damit die erfolgreiche Konfliktneutralisierung.

In allen drei Fällen zeigt sich, daß die Dialogpartner entsprechend wohl der von ihnen eingeschätzten Schwere des Konflikts einen erheblichen interaktiv kommunikativen Aufwand treiben, um jeglichen nur möglichen Konfliktgegenstand wieder zu neutralisieren. Besonders deutlich wird das im dritten Fall, bei dem auch die Gefahr ernster Differenzen am größten ist. Die gesamte Dialogphase umfaßt in diesem dritten Fall 41 Äußerungsbeiträge, das sind über 10 % (genau 13,18 %) der Gesamtmenge der Äußerungsbeiträge. Im ersten Fall sind es auch immerhin noch 21 Äußerungsbeiträge. Der zweite Fall wird mit nur 14 Äußerungsbeiträgen am schnellsten abgehandelt.

Dennoch kann man feststellen, daß relativ geringfügige Differenzen in T 661 mit einem nicht unbeträchtlichen Aufwand wieder neutralisiert werden. Die wohl weitgehend unbewußten Konventionen für einen bestätigenden Beziehungsdialog, wie T 661 ihn darstellt, nach denen die Dialogpartner hier gehandelt haben, ließen sich etwa folgendermaßen paraphrasieren:

(P 8.18.) Man darf nicht zulassen, daß sich der Partner selber schlecht macht (abwertet).

(P 8.19.) Man muß bereit sein, auch seinen Gefühlen Ausdruck zu geben (seine Gefühle zu zeigen).

(P 8.20.) Man soll die Gemeinsamkeiten mit dem Partner hervorheben.

In allen drei Fällen sind mehr oder weniger bewußt Situationen entstanden, in denen den oben paraphrasierten Konventionen zuwidergehandelt wurde. Und jedesmal waren beide Partner sehr darum bemüht, diese Konfliktsituationen wieder zu neutralisieren. Die Frage, die sich daran anschließt, ist die, welche Schlüsse man aus diesem Dialogverhalten für die gesamte Beziehung von AA und BB ableiten kann. Hier stellt sich vor allem die Frage, ob aus solchem Verhalten auf eine bestimmte Distanzzone bzw. Beziehungsphase Rückschlüsse gezogen werden können.

Aussagen über die Distanzzonen von Beziehungen sind im augenblicklichen Zeitpunkt relativ schwierig. Denn dazu wären umfangreiche Langzeituntersuchungen über das Sprachverhalten in einzelnen individuellen Beziehungen notwendig, die jedoch zum gegenwärtigen Zeitpunkt natürlich noch nicht vorliegen können. Aufgrund des beobachtbaren Konfliktneutralisierungsverhaltens aber sind Ansatzpunkte für erste vorläufige und zunächst noch hypothetische Feststellungen gegeben. Im Zusammenhang mit den oben (45) gegebenen Definitionen der Distanzzonen dürften folgende Vermutungen als legitim betrachtet werden. AA und BB sind sehr darum bemüht, jede nur denkbare Differenz zwischen sich zu vermeiden; auch dann, wenn es sich um individuelle, für die Person typische Eigenschaften (wie eine bestimmte politische Einstellung) handelt. Das läßt darauf schließen, daß die Dialogpartner entweder an solchen deutlich werdenden Differenzen (und damit an den spezifischen typischen Eigenschaften der Partner) nicht interessiert sind oder daß sie befürchten, daß (zumindest zum augenblicklichen Zeitpunkt) solche Differenzen die weitere Entwicklung der Beziehung stören oder gar gefährden würden. Gleichwohl aber sind die Partner - das dokumentiert letztlich der gesamte Dialog T 661 - aneinander und an einer Weiterführung ihrer Beziehung interessiert.

Dieses Akzeptieren der gegenseitigen Standpunkte bei gleichzeitigem Vermeiden der Betonung und Bewertung der Differenzen wie auch das gegenseitig bekundete Interesse aneinander sind nun Eigenschaften, die oben hinsichtlich einer Charakterisierung der Ambivalenzzone genannt wurden. In diesem Sinne kann man annehmen, daß sich das Beziehungssystem von AA und BB in der Ambivalenzzone bzw. (da assoziative Tendenz vorliegt) in der Konzessiven Phase befindet. Entsprechend lassen

45 Siehe oben Seite 213

sich die Dialogbeiträge von T 661 auch als Ambivalente Connexionen bestimmen. Eine solche Deutung des Konfliktneutralisierungsverhaltens ist durchaus plausibel. Der augenblickliche, unsichere, vage, eben ambivalente Status der Beziehung (des Beziehungssystems) läßt es beiden Partnern als geraten erscheinen, mögliche Konflikte und die gerade in dieser Distanzzone damit letztlich verbundene Gefahr eines Beziehungsabbruchs zu vermeiden. Es besteht zwar Interesse aneinander, aber dennoch dürfte eine für intime Beziehungen charakteristische und sicher notwendige, ausführliche Auseinandersetzung nicht angestrebt werden. D.h. die Partner werden letztlich nur zu Auseinandersetzungen bis zu einem ganz bestimmten Grad bereit sein, was sie aber, zumal da es sich bei T 661 um ein Telephongespräch handelt, im Augenblick nicht aushandeln wollen.

Am Dialog T 661 wird deutlich, worauf Goffman in etwas anderem Zusammenhang hinweist, nämlich daß gleiches Dialogverhalten relativ zur "Enge" der Beziehung sehr unterschiedliche Funktionen haben kann (46). So deutet hier bestätigendes, assoziatives Sprechhandlungsverhalten nicht unbedingt auf eine enge, intime Beziehungszone hin, sondern ist Ausdruck eines zwar recht herzlichen und freundlichen, aber doch relativ distanzierten, oberflächlichen Verhältnisses, bei dem eine wirkliche Auseinandersetzung und die damit verbundenen als unangenehm empfundenen und erlebten Angriffe auf das eigene Selbstbild und das eigene Selbstwertgefühl möglichst vermieden werden. Eine solche Beziehung darf man wohl zwischen den Dialogpartnern AA und BB von T 661 annehmen.

Im Gegensatz zu T 661 liegen bei dem Dialog T 249 grundsätzlich andere Verhältnisse vor. T 249 wurde in diesem Abschnitt primär hinsichtlich seines relativ hohen Anteils an Gebrauchskommunikation (59,10 %) dem Dialog T 661 gegenübergestellt. Jetzt muß allerdings modifizierend festgestellt werden, daß die in T 249 auftretenden kommunikativen Phänomene wesentlich komplizierter sind, als daß man sie einfach als Beispiel einer Gebrauchskommunikation ansehen könnte. T 249 ist in diesem Sinne im Gegensatz zu T 661, der als typischer Beziehungsdialog bestimmt werden konnte, kein t y p i s c h e r Gebrauchsdialog. Das wird deutlich, wenn man sich das Verhältnis von Gebrauchs- und Beziehungskommunikation in T 249 detaillierter ansieht. Konnte in T 661 generell die gesamte Menge der Dialogbeiträge hinsichtlich des in ihnen enthaltenen Beziehungsmomentes bestimmt werden, müssen in T 249 sowohl die Gesamtmenge aller Dialogbeiträge wie auch die Teilmenge der Redebeiträge der einzelnen Dialogpartner sowohl nach dem Gebrauchsmoment wie dem Beziehungsmoment aufgeschlüsselt werden.

Wie bereits in Tabelle 0.18 dargestellt, dominiert in

---

46 Goffman 1971,53f

den 66 unterscheidbaren Dialogbeiträgen in 39 (bzw. 59,10 %) Beiträgen das Gebrauchsmoment, in 31 (bzw. 46,97 %) Beiträgen das Beziehungsmoment. Die genaue Verteilung von Gebrauchs- und Beziehungskommunikation entsprechend der im Analyseprotokoll vorgenommenen detaillierten Analyse von T 249 ist in der Tabelle von Abbildung 8.19 genau angegeben (47).

Dialog-partner	Anzahl der Dialogbeiträge	GK	BK	Verhältnis
A	35	29	8	82,86 % : 22,86 %
B	4	3	1	75 % : 25 %
C	26	6	22	23,08 % : 84,62 %
D	0	0	0	./.
	65	38	31	58,46 % : 47,69 %

Abb. 8.19

Wie aus Tabelle 8.19 zu ersehen ist, ist das Verhältnis von Gebrauchs- zu Beziehungskommunikation auf den gesamten Dialog T 249 bezogen, grob gesprochen, in etwa gleich (ca. 58 % zu ca. 49 %). In bezug auf jeden einzelnen Dialogpartner jedoch ist das Verhältnis sehr ungleich. Bei AA und BB tritt Gebrauchs- und Beziehungskommunikation - grob gesehen - in einem Verhältnis von 4 : 1 auf. Bei CC besteht genau das umgekehrte Verhältnis von 1 : 4 (Genau besteht ein Verhältnis von 3,624 : 1 bei AA und von 1 : 3,666 bei CC). Mit anderen Worten: AA und BB konstituieren viermal soviel Beziehungskommunikation wie Gebrauchskommunikation.

Mit T 249 liegt demnach ein Dialog vor, in dem die einzelnen Dialogpartner die beiden unterschiedlichen Kommunikationsformen mit einer umgekehrt proportionalen Häufigkeit verwenden. T 249 ist bezüglich seines Status als Gebrauchs- oder Beziehungsdialog eine Mischform. Wie weiter unten detaillierter expliziert werden soll, ist die unterschiedliche Verteilung von Gebrauchs- und Beziehungskommunikation jedoch nicht völlig unregelmäßig über den Dialog verteilt, sondern

47 Die leichten Unstimmigkeiten der verschiedenen Summen resultieren aus der doppelten Zählung mancher Beiträge als Gebrauchs- und Beziehungskommunikation. Die Unstimmigkeit der Summe aller Dialogbeiträge von 65 zur tatsächlichen Summe von 66 (siehe Tabelle 8.17, Reihe 4) bzw. der Summen aller Beiträge der Gebrauchs- und Beziehungskommunikation von 38 und 31 zur in Tabelle 8.18 angegebenen Summe von 39 und 32 rührt daher, daß ein "Dialogbeitrag" Nr. (53) keinem Dialogpartner einzeln zugeordnet werden konnte, sondern als Intervall insgesamt analysiert wurde. Bei der Zählung für Tabelle 8.19 wurde dieser "Dialogbeitrag" dann nicht berücksichtigt.

konstituiert mit ihrem ständigen Wechsel eine eindeutig identifizierbare Struktur.

Dieser in bezug auf die beiden Kommunikationsarten ambivalente Status von T 249 resultiert zunächst aus einigen spezifischen Eigenschaften des F-Systems, innerhalb dessen T 249 sich konstituiert. Wie oben bereits festgestellt wurde, liegt, was das Beziehungsprofil betrifft, zwar eine definierte, hinsichtlich der Verbindlichkeit jedoch recht ambivalente Zusammenkunft vor. Das hat dann natürlich einen Einfluß auf die Situationsdefinitionen der Dialogpartner. In diesem Sinne dürften speziell das Situations- und das Interaktionsmodell problematisch sein. Einerseits hat die Situation einen eindeutig privaten Charakter, andererseits aber ist durch DD ein Dialog initiiert, der AA, BB und CC eine Situation vorgibt, die einer für sie typischen offiziellen Situation gleicht. AA, BB und CC sind Studenten, und die von DD initiierte Situation gleicht einer typischen Seminarsituation, bei der einer (der Studenten) aufgrund einer Referatvorbereitung oder ähnlich intensiver Beschäftigung mit einem Problembereich zu längeren Ausführungen legitimiert ist. Eine solche Monolog-Berechtigung ist in dem Maße in privaten, inoffiziellen Gesprächssituationen jedoch nicht gegeben. Hinsichtlich der Bewertungen, die in das Situations- bzw. Interaktionsmodell (Abbildung 6.7) eingehen, kommt es nun zu einem Konflikt, der letztlich dann die eigene Art zu handeln betrifft. Soll man sich wie in einer "zwanglosen", privaten Situation oder wie in einer kodifizierten, offiziellen Situation verhalten. Einerseits hat man sich auf eine einer Seminarsituation mit ihren verschiedenen Normen analoge Kommunikation (Problemdiskussion) eingelassen, andererseits aber gelten die für eine solche Seminarsituation gültigen möglichen Sanktionen nicht in dem strengen Maße. Es entsteht sozusagen eine "Pseudoseminarsituation".

Diese Situationsdefinition hat zumindest für CC im weiteren Verlauf die Konsequenz, sich nicht mehr an die für solche offiziellen Gebrauchsveranstaltungen geforderte Norm zur ausschließlichen Konstituierung von Gebrauchskommunikation zu halten. Er konstituiert dann sogar im überwiegenden Maße Beziehungskommunikation. Daß die Situation tatsächlich nicht im strengen Sinn als Gebrauchsveranstaltung auch in den Situationsdefinitionen (speziell den Situations- und Interaktionsmodellen) der anderen Teilnehmer bewertet ist, zeigt sich daran, daß sie CCs Verhalten nicht in bestimmter Weise sanktionieren. So wäre in der offiziellen Gebrauchsveranstaltung einer Seminardiskussion CCs Verhalten nicht einfach hingenommen worden. Man hätte CC nach einigen Aufforderungen, seine "Störungen" zu unterlassen, vor die Alternative gestellt, entweder ruhig zu sein oder den Seminarraum zu verlassen. Die Situationsdefinition von CC wird in diesem Sinne (durch das Fehlen solchen Sanktionsverhaltens) indirekt bestätigt. Diese "Erkenntnis" vom Verhalten der anderen dürfte nach den ersten "Störversuchen" CCs spätestens nach der technischen Unterbrechung der Bandaufnahme schließlich in dessen P-A-Modell eingegangen sein. Entsprechend diesem Modell von den Situationsdefinitionen der anderen führt CC sein Verhalten dann weiter. Die anderen Dialogpartner wissen im Rahmen ihrer P-A-Modelle nun ihrerseits, daß CC ihr Verhalten in dem oben beschriebenen Sinne in seinem P-A-Modell deutet. Und daß sie nichts gegen eine solche Deutung unternehmen, bestätigt letztlich, daß sie mit CCs Situationsdefinition bzw. mit seinem Situations- und Interaktionsmodell übereinstimmen.

Aufgrund dieser unklaren oder besser ambivalenten Situationsdefinitionen letztlich aller Dialogpartner wird es dann möglich, daß in T 249 eine spezifische Vermischung von Gebrauchs- und Beziehungskommunikation entsteht. Diese Vermischung wurde oben noch recht ungenau als eine unterschiedliche Verteilung auf die Dialogbeiträge der einzelnen Kommunikationsteilnehmer beschrieben. Betrachtet man jedoch die Verteilung von Gebrauchs- und Beziehungskommunikation im Verlauf des Dialogs, so läßt sich eine besondere Dialogstruktur feststellen, die hier als Transaktionale Kommunikation bezeichnet werden soll. Diese Transaktionale Kommunikation läßt sich allerdings nur zwischen AA und CC, die auch den Hauptanteil an der aktiven Gestaltung des Dialogs haben, feststellen. Zwischen AA und BB dagegen findet hauptsächlich das statt, was hier Intraaktionale Kommunikation genannt werden soll. Prinzipiell kann man folgendes feststellen: BB und CC kommunizieren mit AA jeweils im Rahmen unterschiedlicher Handlungssysteme: Während AA und BB ausschließlich im gleichen Handlungssystem, nämlich hauptsächlich im Gebrauchssystem miteinander kommunizieren, also stets wechselweise Sprechakte vollziehen, läuft die Kommunikation zwischen AA und CC in unterschiedlichen Handlungssystemen ab. Dabei konstituiert AA primär Gebrauchskommunikation, vollzieht also Sprechakte, CC dagegen konstituiert Beziehungskommunikation, vollzieht also Kontakte. Mit anderen Worten: BB identifiziert die Dialogbeiträge AAs hinsichtlich ihrer Sprechaktsignifikanz, CC dagegen identifiziert AAs Beiträge hinsichtlich der Kontaktsignifikanz. Beide, BB wie CC, verhalten sich dann entsprechend diesen ihren Deutungen.

Im folgenden soll nun primär die Transaktionale Kommunikation zwischen AA und CC analysiert werden, da sie letztlich zu jenem Dialogphänomen führt, das hier als kommunikativer Drift bezeichnet werden soll. Dabei geschieht folgendes: CC geht zumeist auf die von AA initiierte Gebrauchskommunikation nicht ein. Allerdings zeigt CC dieses Verhalten erst nach einiger Zeit, dann allerdings durchgehend bis zum Schluß von T 249. CCs prinzipielle Strategie ist dabei, über das jeweilige von AA angeschlagene sachorientierte Thema die Person AAs direkt anzugreifen.

Nach einer anfänglichen Phase zu Beginn des Dialogsegments 1AA - 33AA, in der CC auf die Problemdiskussion voll eingeht, erfolgt der erste Beziehungsangriff auf AA mit 34CC. Es folgt dann nochmals eine Phase, in der CC sich problemorientiert an der Diskussion beteiligt, 39AA - 67AA, in der nur ein kurzer partnerorientierter Kontakt (61CC) eingeschoben ist. Ab 68CC beginnt CC dann immer deutlicher, mit einem ersten Höhepunkt mit 149CC, AA im Rahmen des Beziehungssystems zu attackieren. Damit erreicht CC eine Unterbrechung der Kommunikation, die sogar zum Abschalten des Bandgerätes führt. Die letzte Phase nach dem Wieder-Einschalten des Gerätes (156AA - 256CC) ist durch weitere Beziehungsangriffe von seiten CCs geprägt. Bis schließlich AA dem ständigen von CC ausgeübten Druck zur Beziehungskommunikation nachgibt und nach einer kurzen Zwischenphase (257AA - 266DD) endgültig auch zu einer Beziehungskommunikation überwechselt. Vorher hatte AA trotz der ständigen gegen ihn gerichteten Beziehungskommunikation von CC problemorientierte Gebrauchskommunikation konstituiert. Diese Gebrauchskommunikation wurde nur durch einzelne Dialogbeiträge (etwa 153AA oder 208AA) unterbrochen.

Generell kann man nun feststellen, daß CCs nahezu gesamtes kommunikatives Verhalten darauf abzielt, AA sowohl hinsichtlich seiner Überlegungen und Überzeugungen wie auch seines direkten Kommunikationsverhaltens zu diskriminieren. CC greift also die Person AAs in seinem Rationalen, Epistemologischen, Attitüdischen wie Verbal Aktionalen Individualbereich an. Es geht CC nicht um die von AA initiierte philosophische, problemorientierte Diskussion der verschiedenen Themen, sondern direkt um die Person, die Persönlichkeit seines Partners. Das drückt CC in verschiedenen expliziten Kontakten dann auch aus: 145CC, 149CC, 174CC, 187CC, 192CC, 222CC, 268CC.

Der Grund dafür, daß CC nach seiner anfänglichen Beteiligung an der von AA initiierten Gebrauchskommunikation zu der oben beschriebenen AA angreifenden Beziehungskommunikation überwechselt, mag unter anderem auch an CCs Beurteilung des direkt wahrnehmbaren Kommunikationsverhaltens von AA liegen. In dem Zusammenhang kann man nämlich feststellen, daß AA durch seine Dialogbeiträge nicht nur Sachinformationen gibt. In der Art, wie er diese Dialogbeiträge im einzelnen sprachlich gestaltet, liegt ein starkes Moment der Selbstdarstellung. Die über Gebühr langen Beiträge (etwa 39AA, 146AA), die unnötig detailliert dargestellten Beispiele (etwa 19AA, 59AA) teilen letztlich etwas über die thematische Information hinausgehendes, die Person AAs selbst betreffendes mit.

Mit dieser Selbstdarstellung definiert AA sich den anderen Dialogpartnern gegenüber

- als Philosoph/Pädagoge
- als sehr belesen in der diesen beiden Fachrichtungen entsprechenden Literatur

- als jemand, der aufgrund dieser Tatsache etwas Wichtiges anderen zu sagen hat
- als Marxist
- als Verfechter der Theorien von Nietzsche und Freud
- als jemand, der viele Probleme gründlich durchdacht hat.

Diese Selbstdarstellung AAs erfolgt nun dadurch, daß AA in der Kommunikation von sich das Bild eines ständig während des Redens reflektierenden, die vorgetragenen Probleme durchschauenden Intellektuellen mitteilt. Im einzelnen geschieht das

- durch häufige Wiederholung einzelner Wörter (etwa "eine" in 5AA; "Momente" in 17AA; "diese" in 76AA; "so" in 146AA)
- durch viele Expressionen =ÄH= =ÄHM= =MHM= (etwa 19AA; 29AA; 33AA; 87AA; 131AA; 196AA; 181AA; 199AA etc.)
- häufige Satz- und Wortabbrüche mit anschließender Neuformulierung (etwa 5AA; 19AA; 33AA; 39AA; 76AA; 137AA; 171AA etc.)
- langsame, bestimmte Wörter betonende, "dozierende" Intonation (etwa "ganz" in 5AA; "nur" in 5AA; "Landschaft" in 19AA; "Haltungsnormen" in 33AA; "anschaulich" in 42AA; "Kinder" in 59AA; "das eine Wissenschaft" in 91AA etc.)
- durch längere (Denk)Pausen innerhalb von Sätzen (etwa in 39AA zwischen "... Phasen immer anders" und "es gibt die verschiedensten Systeme ..."; in 59AA zwischen "... acht Schüler dazu" und "sofort taucht ein ganz entscheidendes Problem ..."; in 146AA zwischen "... mißverstandener Marx" und "und wenn man dann ..."; in 175AA zwischen "... ihn heute haben" und "den kannten die Griechen ..."; in 179AA zwischen "... in die Polis" und "und =ÄHM= es war ...")

Gegen diese Selbstdarstellung AAs richten sich nun CCs Angriffe, wobei ihn zwei spezielle Beiträge AAs unterstützen, in denen AA sein von ihm dargestelltes Selbstbild selber relativiert (131AA und 199AA).

BB dagegen geht auf die thematischen Aspekte, also das in AAs Beiträgen enthaltene Gebrauchsmoment ein: 18BB; 125BB; 127BB; 132BB; 142BB. In dem Zusammenhang sind auch BBs interaktionssteuernde, AA bestätigende Beiträge zu sehen, etwa 6BB; 21BB; 22BB. Entsprechend geht auch AA auf diese Beiträge BBs mit Gebrauchskommunikation ein, 131AA; 144AA. Ebenso reagiert AA auf CCs Gebrauchskommunikation seinerseits mit Gebrauchskommunikation.

Im Gegensatz zu dieser von AA initiierten und vermutlich auch intendierten Gebrauchskommunikation beginnt CC mit 34CC seine Beziehungsangriffe gegen AA. CC will AA dazu bringen, die problemorientierte Gebrauchskommunikation abzubrechen, was CC schließlich auch gelingt. Im Laufe von T 249 setzt CC folgende spezielle kommunikative Mittel ein:

(1) Bekunden von Desinteresse und Ablehnung der von AA angeschlagenen Thematik
34CC; 36CC; 38CC; 68CC; 75CC; 81CC; 83CC; 86CC; 103CC; 105CC; 172CC; 174CC; 187CC; 192CC; 243CC.
(2) Generelles Infragestellen des von AA Gesagten durch ironische Wendungen
61CC; 105CC; 111CC; 157CC; 170CC; 268CC.
(3) Abwerten durch ironische Überzeichnung
93CC; 95CC; 123CC; 180CC; 194CC; 207CC; 220CC; 240CC.
(4) Imitation der AA unterstellten negativen Verhaltensweisen
99CC; 138CC.
(5) Aufgreifen offensichtlich unwesentlicher Aspekte des Gesagten
165CC
(6) Explizite valide Abwertung der Person AAs
145CC; 147CC; 149CC; 222CC; 226CC.
(7) Explizite, nonvalide Selbstabwertung
251CC; 254CC.
(8) Explizite, valide Selbstdarstellung
78CC
(9) Dominanzverhalten
228CC

AA kann oder will nicht auf diese Angriffe CCs eingehen. Im Gegensatz zu den Reaktionen auf die Gebrauchskommunikation von BB und CC zeigt AA mehrere unterschiedliche Formen der Reaktion auf die Beziehungskommunikation von CC. Im einzelnen lassen sich folgende Reaktionsarten von AA unterscheiden:

(1) AA reagiert gar nicht; er übergeht den Kontakt CCs, redet einfach weiter:
38AA; 63AA; 91AA; 139AA; 178AA; 181AA; 188AA; 193AA; 195AA.
(2) AA reagiert mit der Gleichgültigkeit CCs Kontakt gegenüber ausdrückenden Floskel "nun ja" oder "ja nun" und redet dann weiter:
37AA; 104AA; 166AA; 171AA; 231AA.
(3) AA reagiert zwar direkt auf die Kontakte CCs, tut aber so, als seien sie Sprechakte:
70AA; 79AA; 96AA; 98AA; 109AA; 146AA; 173AA; 221AA; 227AA.
(4) AA antwortet mit Kontakten (da das aber wohl nicht seinen Interessen entspricht, fällt es ihm schwer, was ihn zu sehr ambivalenten Reaktionen veranlaßt, etwa 124AA):
107AA; 115AA; 153AA; 208AA; 223AA; 252AA; 269AA; 273AA; 275AA; 282AA.

Zusammenfassend läßt sich also sagen: CC faßt AAs Beiträge weitgehend unter dem Aspekt ihrer Selbstdarstellung auf. Diese Selbstdarstellung von AA greift CC an. Zunächst reagiert AA nicht darauf. CC zwingt ihn jedoch mit immer deutlicheren Angriffen (149CC) dazu. Im weiteren Verlauf von T 249 fällt es AA immer schwerer, den massiven Angriffen auf seine Selbstdarstellung auszuweichen. Dieses Rückzugsverhalten zeigt sich in den oben genannten Formen der Reaktion AAs auf CCs Kontakt, die eine kontinuierliche Tendenz von völligem Ignorieren bis zu völligem Eingehen auf die Beziehungskommunikation aufweisen. Der Dialog verändert sich aufgrund der Transaktionalen Kommunikation zwischen AA und CC immer mehr von einem reinen Gebrauchsdialog zu einem reinen Beziehungsdialog.

Da dies sehr langsam vor sich geht, kann von einem Drift von Gebrauchs- zu Beziehungskommunikation gesprochen werden. Dieser Dialogdrift weist nun eine ganz charakteristische Struktur auf, die auch bei anderen als dem hier analysierten Dialog T 249 beobachtet werden konnte. Die Drift-Struktur soll nun abschließend noch detailliert dargestellt werden. Ein Driftereignis läßt sich in drei deutlich voneinander unterscheidbare Phasen gliedern. Eine dieser drei Phasen ist im wesentlichen durch die oben beschriebene Transaktionale Kommunikation geprägt. In den beiden anderen Phasen findet das statt, was man im Gegensatz dazu als Intraaktionale Kommunikation bezeichnen kann. Intra- wie Transaktionale Kommunikation sind auf dem obersten, dem dritten Deutungsniveau in Relation zu den beiden dort auftretenden Formen der Sprechhandlungs-Responsivität identifizierbar. Wie nun die drei Phasen von Intra- und Transaktionaler Kommunikation in einem Dialogdrift chronologisch auftreten, kann am Beispiel von T 249 sehr gut dargestellt werden.

Die beiden das Driftereignis konstituierenden Dialogpartner sind AA und CC. Betrachtet man die chronologische Abfolge der Redebeiträge in T 249, so ergibt sich hinsichtlich der Verteilung des jeweils dominierenden Sprechhandlungsmoments auf die einzelnen Sprecher sowie der daraus ableitbaren Art der Sprechhandlungsresponsivität die in Abbildung 8.20 dargestellte Struktur.

Laufende Nr. des Dialogbeitrags	Sprecher	Sprechhandlungs-Moment	Sprechhandlungs-Responsivität
1	AA	-G-	-
2	CC	-G-	IA
3	AA	-G-	IA
4	BB	-G-	IA
5	AA	-G-	IA
6	CC	-G-	IA
7	AA	-G-	IA

Laufende Nr. des Dialog-beitrags	Sprecher	Sprechhand-lungs-Moment	Sprechhand-lungs-Responsivität
8	CC	-B-	TA
9	AA	-G-	TA
10	CC	-G-	IA
11	AA	-G-	IA
12	CC	-G-	IA
13	AA	-G-	IA
14	CC	-B-	TA
15	CC	-B-	(IA)
16	AA	-G/B-	TA/IA
17	CC	-B-	TA/IA
18	AA	-G-	TA
19	CC	-G/B-	IA/TA
20	AA	-G-	IA/TA
21	CC	-B-	TA
22	AA	-G/B-	TA/IA
23	CC	-B-	TA/IA
24	AA	-G-	TA
25	CC	-B-	TA
26	AA	-G-	TA
27	CC	-B-	TA
28	AA	-G-	TA
29	BB	-G-	IA
30	AA	-G-	IA
31	CC	-B-	TA
32	AA	-G/B-	TA/IA
33	BB	-G-	IA/TA
34	AA	-G-	IA
35	CC	-B-	TA
36	AA	-G-	TA
37	CC	-B-	TA
38	BB	-B-	IA
39	AA	-B-	IA
40	AA	-G-	-
41	AA	-	-
42	AA	-G-	-
43	CC	-B-	TA
44	AA	-G-	TA
45	CC	-B-	TA
46	AA	-G-	TA
47	CC	-B-	TA
48	AA	-G-	TA
49	CC	-B-	TA
50	AA	-G-	TA
51	CC	-B-	TA
52	AA	-G-	TA
53	-	-G-	-
54	AA	-G-	-
55	CC	-B/G-	TA/IA
56	AA	-B/G-	IA/TA
57	CC	-B-	IA/TA
58	AA	-G-	TA

Laufende Nr. des Dialogbeitrags	Sprecher	Sprechhandlungs-Moment	Sprechhandlungs-Responsivität
59	CC	-B-	TA
60	AA	-G-	TA
61	CC	-B-	TA
62	AA	-	-
63	AA	-B-	-
64	CC	-B-	IA
65	AA	-B-	IA
66	AA	-B-	IA

Abb. 8.20

Auffällig ist zunächst der erste Teil des Dialogs mit den Dialogbeiträgen 1 - 13. Außer im Beitrag 8 dominiert in allen übrigen Beiträgen die Gebrauchskommunikation. Daher besteht diese erste Phase, abgesehen von der einen Ausnahme, ausschließlich aus Intraaktionaler Kommunikation. Es folgt dann eine sehr lange Phase - von Dialogbeitrag 14 - 60 -, in der sich Gebrauchs- und Beziehungskommunikation relativ regelmäßig abwechseln, wodurch diese Phase fast vollständig von einer Transaktionalen Kommunikation geprägt wird. Schließlich folgt auf diese lange Phase wieder eine Phase Intraaktionaler Kommunikation, Dialogbeitrag 61 - 66, in der ausschließlich das Beziehungsmoment dominiert.

Diese besondere Struktur der Aufeinanderfolge von Intra- und Transaktionaler Kommunikation soll nun mit dem oben bereits erwähnten Terminus "Kommunikations-" oder "Dialog-Drift" bezeichnet werden. Wie wohl für die meisten Fälle eines solchen Drifts angenommen werden kann, tritt auch in T 249 der Kommunikationsdrift nicht in "reiner" Form auf. Dennoch läßt sich jedoch aus T 249 eine solche reine Form ableiten. Diese reine Form läßt sich ganz allgemein folgendermaßen beschreiben: Ausgegangen wird vom einfachsten Fall - der Kommunikation zwischen zwei Dialogpartnern. Ein Drift-Ereignis konstituiert sich dann in drei Phasen. In der ersten Phase liegt ausschließlich eine Intraaktionale Kommunikation vor. Dabei ist es gleichgültig, ob es sich um reine Gebrauchs- oder reine Beziehungskommunikation handelt. In der zweiten Phase findet ausschließlich Transaktionale Kommunikation statt. Der eine der beiden Dialogpartner benutzt also Gebrauchskommunikation, der andere Beziehungskommunikation. In der dritten Phase schließlich konstituieren beide Partner wieder Intraaktionale Kommunikation, also wieder entweder nur Gebrauchs- oder Beziehungskommunikation. Dabei betrifft die Art der Intraaktionalen Kommunikation in der dritten Phase stets den zur ersten Phase entgegengesetzten Kommunikationstyp. Lag also in der ersten Phase Gebrauchskommunikation vor, liegt in der dritten Phase Beziehungskommunikation vor und umgekehrt. Die zweite Phase kann daher jetzt genauer so charakterisiert werden, daß bei der dort auftretenden Transaktionalen Kommunikation der eine Partner die gleiche Kommunikationsart konstituiert, wie sie in der ersten Phase ausschließlich vorliegt, der andere Partner dagegen konstituiert die Kommunikationsart, die in der dritten Phase ausschließlich vorliegt. Die drei Phasen eines Drift-Ereignisses lassen sich in etwa durch eine Struktur veranschaulichen, wie sie in Abbildung 8.21 dargestellt ist.

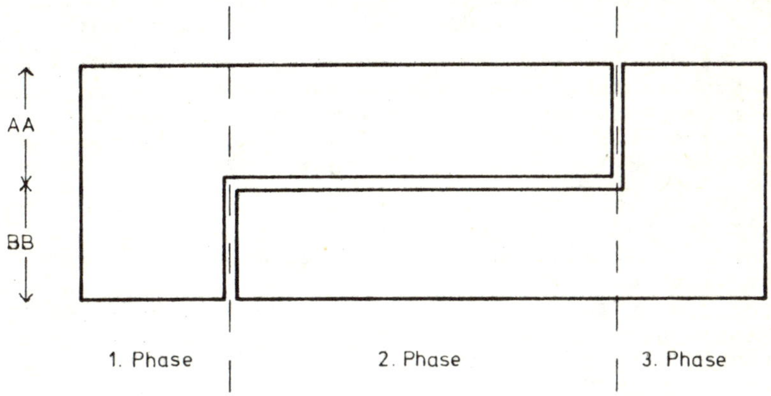

Abb. 8.21

Die zweite Phase kann dabei mehr oder weniger ausgedehnt sein.

In T 249 liegt ein Drift von Gebrauchs- zur Beziehungskommunikation vor. Entsprechend kann die erste Phase als Gebrauchsdialog, die dritte Phase als Beziehungsdialog bezeichnet werden. Die erste und dritte Phase von Drift-Ereignissen lassen sich nun als unterschiedliche Dialogsegmente bestimmen, nur daß Dialogsegmente dieser Art erst auf einem höheren Deutungsniveau als die im Rahmen des Dialog-Switches bestimmbaren Segmente des 1. Deutungsniveaus identifizierbar sind. Ein längerer Dialog könnte in diesem Sinne dann aus mehreren Gebrauchs- oder Beziehungsereignissen zusammengesetzt sein. Diese wiederum könnten jeweils wieder durch mehrere thematische Segmente unterteilt werden. Die thematischen Segmente lassen sich auf dem 1. Deutungsniveau bestimmen, die Gebrauchs- oder Beziehungssegmente auf dem 3. Deutungsniveau. Geht dieser Wechsel von einem Segment zum anderen nicht plötzlich vonstatten wie bei den thematischen Segmenten, sondern erst allmählich über die hier beschriebenen 3 Phasen, soll im Gegensatz zum Dialog-Switch von einem Dialog-Drift gesprochen werden.

Solche Drift-Ereignisse dürften, auch wenn sie sich über große Dialogintervalle erstrecken, den Dialogpartnern zumindest vage bewußt sein als ein "Vom-Thema-Abkommen" oder als ein allgemeines "Das-Gespräch-ist-irgendwie-anders-gelaufen-als-geplant" oder dgl. Einen Hinweis auf ein solches partielles Bewußtsein bei den Dialogpartnern selbst findet sich im Beitrag einer Dialogteilnehmerin in einem anderen Dialog. Nachdem auch dort ein Dialog-Drift von einer Gebrauchs- zu einer Beziehungskommunikation stattgefunden hat, was aber wohl eigentlich nicht beabsichtigt war, formuliert die betreffende Gesprächsteilnehmerin ihren augenblicklichen Eindruck vom Verlauf des Dialogs folgendermaßen:

> und das is also ich glaube s+ wir sind so an einem Punkt angelangt +s, + wo unsere Meinungen so stark auseinandergehen+, .aber ich weiß nich./s+ wir haben. + glaub ich glaub ich +. auch n bißchen den Faden verloren +s. wie ist das? (47).

Der Dialog-Drift kann also durchaus von den Dialog-Partnern bemerkt werden, ohne jedoch genau beschrieben oder exakt rekonstruiert werden zu können. Das kann letztlich auch als Hinweis darauf angesehen werden, daß auch den Teilnehmern an Dialogen und Interaktionen Beurteilungskriterien zur Verfügung stehen, die es ihnen ermöglichen, die Kommunikation hinsichtlich der in ihr realisierten Gebrauchs- und Beziehungskommunikation zu unterscheiden. Andernfalls wären sie nicht in der Lage, Phänomene wie das des Dialog-Drifts (wenn auch nur vage und ungenau) in ihrer eigenen Kommunikation wahrzunehmen. Die exakte Analyse des Dialog-Drifts, wie sie hier vorgenommen wurde, kann insofern als Beleg für die in der vorliegenden Arbeit aufgestellte Dichotomiethese gelten. Denn die in T 249 herausanalysierten kommunikativ-interaktiven Strukturen des Dialog-Drifts sind sinnvoll nur vor dem Hintergrund jener beiden Grundformen zu erklären, auf die letztlich all die vielfältigen Formen alltäglicher Kommunikation sich zurückführen lassen: die Gebrauchskommunikation und die Beziehungskommunikation.

---

47 Die Stelle stammt aus dem Dialog T 252 der Freiburger Forschungsstelle. Die hier zitierte Stelle findet sich in Steger et al. 1971,242.

9. ZUSAMMENFASSUNG UND AUSBLICK

Die Arbeit hat folgendes gezeigt: Eine linguistische Pragmatik ist sinnvoll und systematisch als funktionale Sprachbetrachtung zu entwickeln. Pragmatik kann in dem Zusammenhang als integrativer Teil einer allgemeinen Verhaltenswissenschaft bestimmt werden. Sprache ist aus dieser Sicht primär Verhalten, das theoretisch dadurch faßbar wird, daß es hinsichtlich seiner gruppen- und gesellschaftskonstituierenden und gestaltenden Funktionen bestimmt wird. Einer derartigen funktionalen Sprachbetrachtung stellen sich zwei Probleme: Zum einen muß prinzipiell der Begriff der Funktion geklärt werden. Zum anderen besteht die Notwendigkeit einer systematischen Erfassung möglichst aller relevanten, grundlegenden Sprachfunktionen, auf die all die vielen verschiedenen Funktionen zurückgeführt werden können, die ad hoc in den unendlich mannigfaltigen Situationen bestimmbar werden.

Ein adäquater Funktionsbegriff läßt sich nun im Zusammenhang einer allgemeinen Modell- und Systemtheorie entwickeln. Funktionen stellen so gesehen die grundlegenden Leistungen des Sprachverhaltens dar, welche in Relation zu situationsübergreifenden Wirkungszusammenhängen (Systemen) zu bestimmen sind. Diese Systeme sind in ihrer Gesamtheit jeweils als Modell faßbar. Funktionen sind dann als spezielle Modellprädikate zu verstehen, die es erlauben, die Wirkungszusammenhänge jener komplexen kommunikativen Handlungssysteme zu rekonstruieren.

Relativ zu einem solchen Funktionsbegriff lassen sich nun unterschiedliche Funktionszusammenhänge postulieren. Sie stellen in ihrer Gesamtheit den Rahmen für einen vollständigen und systematischen Katalog von Sprachfunktionen dar. Die Funktionen dieses grundsätzlichen Katalogs sind bestimmbar einmal relativ zu den grundsätzlichen Möglichkeiten, die durch ein Zeichensystem gegeben sind (Medium-zentriertes Funktionsniveau); zum anderen relativ zu jenen Möglichkeiten, die die Sprachbenutzer haben, die Mittel dieses Zeichensystems entsprechend ihren unterschiedlichen Motivationen und Intentionen einzusetzen (Benutzer-zentriertes Funktionsniveau); und schließlich relativ zur überindividuellen Bedeutung, die dieses Sprachbenutzerverhalten für die unterschiedlichen Formen gemeinschaftskonstituierender und gestaltender Gruppenprozesse hat (Gesellschafts-zentriertes Funktionsniveau). Hinsichtlich dieses letzten obersten Funktionsniveaus lassen sich zwei generelle Sprachfunktionen feststellen, die letztlich die Grundlage für jede sozialrelevante Kommunikation bilden: die Gebrauchs- und die Beziehungsfunktion der Sprache. Von der Unterscheidung dieser beiden Funktionen her läßt sich eine adäquate und systematische Pragmatik menschlichen Sprachverhaltens entwickeln.

Wie sich gezeigt hat, ist der eine der beiden grundlegenden Bereiche menschlichen Sprachverhaltens, nämlich der der Gebrauchskommunikation, bereits hinlänglich durch eine spezielle Theorie, die Sprechakttheorie, erfaßt und beschrieben worden. Für die Beziehungskommunikation dagegen gab es bisher keine entsprechend ausgearbeitete Teiltheorie einer zu postulierenden allgemeinen Sprechhandlungstheorie. Dementsprechend wurde auch der Beziehungsbegriff relativ unreflektiert und unkritisch im Rahmen linguistisch pragmatischer Untersuchungen verwendet. Hinzu kam, daß die Linguistik seit nun nahezu zehn Jahren durch das äußerst vage und letztlich unhaltbare Watzlawicksche Konzept, wonach an Äußerungen ein Inhalts- und ein Beziehungsaspekt zu unterscheiden sei, beeinflußt und von einer kritischen Auseinandersetzung mit dem für das Sprachverhalten so fundamental wichtigen Begriff der Beziehung abgehalten wurde.

Eine die Beziehungskommunikation betreffende Teiltheorie menschlichen Sprachverhaltens nun, die eine der Sprachakttheorie analoge Erklärungskraft besitzen soll, muß in diesem Sinne, im Gegensatz zu den bisherigen linguistisch pragmatischen Ansätzen, den Beziehungsbegriff einer detaillierten und kritischen Analyse unterziehen. Denn um die beziehungsrelevanten Funktionen für Sprechhandlungen bestimmen und beschreiben zu können, muß zunächst genau geklärt werden, was denn überhaupt eine Beziehung sei. Um dabei aber der Gefahr einer Reifikation des Beziehungsbegriffs zu entgehen - und damit die Fehler der bisher vorgeschlagenen linguistischen Ansätze zur Analyse von Beziehungskommunikation zu vermeiden -, muß zunächst der prinzipielle, modelltheoretische Status des Begriffs eindeutig festgestellt werden. In diesem Sinne ist die Beziehung als das theoretisch postulierte Konzept (Modell) übersituationell ausgedehnter Handlungszusammenhänge zu bestimmen, in denen zwei Individuen zusammengeschlossen sind - und nicht als eine irgendwie geartete, kombinierte Eigenschaft an oder zwischen den Individuen.

Der Vorteil eines solchen Konzepts besteht darin, daß dadurch eine der Sprechakttheorie analoge Sprechhandlungstheorie für beziehungsrelevante Kommunikation entwickelt werden kann, in der es möglich wird, die unterschiedlichen Funktionen systematisch in Relation zu übergeordneten Funktionszusammenhängen, "Beziehung" genannt, zu bestimmen und zu beschreiben. Das wird dadurch möglich, daß ein spezifischer und explizit in seinen konstituierenden Teilakten beschreibbarer Sprechhandlungstyp, der Kontakt, postuliert und dem ebenfalls hinsichtlich seiner konstituierenden Teilakte explizit beschreibbaren Sprechhandlungstyp des Sprechakts gegenübergestellt werden kann. Damit wird das unklare und hinsichtlich der genauen Explikation jeweils spezifischer Beziehungsfunktionen unbestimmte Konzept von Inhalts- und Beziehungsaspekt überflüssig. Man braucht in diesem Sinne nicht mehr in nur sehr vager, ungenauer und letztlich in dieser Unbestimmtheit auch gar nicht zutreffender Weise davon zu sprechen, daß jede Mitteilung einen Inhalts- und Beziehungsaspekt besitze - wobei bisher auch völlig unklar geblieben war, welche spezifischen Sprachfunktionen denn im einzelnen den Beziehungsaspekt einer Mitteilung ausmachen sollten. Man kann die ungenaue und allgemeine Redeweise von der angeblich auf alle Mitteilungen zutreffenden Unterscheidung in Inhalts- und Beziehungsaspekt jetzt genauer hinsichtlich des jeweils unterschiedlichen Sprechhandlungstyps spezifizieren. Damit wird es zum einen möglich, die zweifelsohne in der sozialen Realität vorkommenden Formen n i c h t beziehungsrelevanter Kommunikation auszugrenzen, was aufgrund des Watzlawickschen Konzepts nicht möglich war. Zum anderen kann die dann wirklich beziehungsrelevante Kommunikation jetzt nicht wie bisher nur allgemein und völlig unbestimmt mit dem Hinweis auf einen irgendwie nicht näher spezifizierten Beziehungsaspekt charakterisiert werden, sondern es wird möglich, sie genau hinsichtlich der unterschiedlichen, partnerorientierten und die Dimensionen der übersituationell ausgedehnten Beziehungssysteme betreffenden Funktionen faßbar und beschreibbar zu machen. Schließlich zeigt sich, daß dies alles zum Inhalt von Äußerungen zu rechnen ist und nicht, wie es im Watzlawickschen Konzept postuliert wird, als weiterer, dem Inhalt gegenüberstehender Aspekt aufgefaßt werden darf.

Mit der Postulierung und detaillierten Explikation des speziellen Sprechhandlungskonzepts des Kontakts wird es im Gegensatz zu allen lediglich auf das Watzlawicksche Konzept sich berufenden linguistischen Ansätzen möglich, erstmals eine umfassende und systematische Bestimmung aller beziehungsrelevanten Sprachfunktionen vorzulegen. Darüber hinaus kann jetzt aufgrund des Kontaktkonzepts die spezielle Relation von konkreten sprachlichen Phänomenen und der Beziehung insgesamt präziser bestimmt werden. Sprachliche Phänomene sind in diesem Sinne nicht, wie bisher angenommen wurde, als Indikatoren direkt für Beziehungen zu betrachten. Eine solche Auffassung setzt einen inadäquaten, weil reifizierten Beziehungsbegriff voraus und führt letztlich zu Widersprüchen oder einer bloß metaphorischen Redeweise über Beziehungen und deren Verhältnis zu konkretem Sprachverhalten. Aufgrund des Kontaktkonzepts kann jetzt das Verhältnis von Beziehung und Sprache wesentlich genauer und auch für empirische Analysen adäquater, weil operationalisierbar, bestimmt werden.

Entsprechend den hier vorgelegten Postulaten sind die konkreten sprachlichen Phänomene erst über das Konzept des spezifischen Sprechhandlungstyps "Kontakt" auf das soziale Phänomen der Beziehung zurückführbar. Diese Zurückführung der Sprache auf die Beziehung bzw. umgekehrt der konkreten Realisierung der Beziehung in und durch die Sprache wird aufgrund der speziellen Dialektik des übersituationellen Handlungssystems der Beziehung und der dieses Handlungssystem konstituierenden speziellen Sprechhandlung des Kontakts theoretisch adäquat faßbar, was den bisherigen Versuchen linguistischer Analysen beziehungsrelevanter Kommunikation in dieser präzisen und systematischen Form nicht gelungen ist und auch nicht gelingen konnte, da sie sich weitgehend auf das äußerst vage Watzlawicksche Konzept stützten.

Indem nun das Sprechhandlungskonzept "Kontakt" in detailliert expliziter Weise über die unterschiedlichen funktional spezifizierten Deutungsebenen bestimmbar wird, bietet es gleichzeitig eine operationalisierte Grundlage für eine genaue Analyse sprachlichen Datenmaterials. In einer solchen Analyse kann ein Modell der beziehungsrelevanten Funktion eines jeweils speziellen Dialogs entwikkelt werden, indem auf den Deutungsniveaus 0 bis 3 die auf diesen Niveaus bestimmbaren speziellen kommunikativen Wechselwirkungen rekonstruiert werden können. Aufgrund solcher Analysen wird es dann möglich, sehr komplexe kommunikative Phänomene, wie etwa den allmählichen Wechsel von Gebrauchs- zu Beziehungskommunikation in Form des 'Kommunikativen Drifts', faßbar zu machen und beschreiben zu können.

Die hier entwickelte Theorie des Zusammenhangs von zwischenmenschlicher Beziehung und sprachlicher Kommunikation über das spezielle Sprechhandlungskonzept des Kontakts ermöglicht es also in weitaus größerem Maße, adäquate Aussagen über Formen beziehungsrelevanter Kommunikation zu machen, als die bisherigen, in diese Richtung zielenden linguistischen Ansätze es konnten. Das liegt letztlich daran, daß das detailliert hier explizierte Kontaktkonzept auf der Grundlage einer kritischen und expliziten Analyse des Beziehungsbegriffs auf den verschiedenen Reflexionsniveaus entwickelt werden konnte.

Trotz der hier erreichten Systematisierung und Präzisierung einer Theorie beziehungsrelevanter Kommunikation kann die vorgelegte Arbeit natürlich nur einen ersten Ansatz zur Untersuchung jenes vielschichtigen, verwickelten und daher theoretisch nur schwer faßbaren Phänomenbereichs darstellen, der durch die beiden Stichworte 'Beziehung' und 'Sprachverhalten' abgesteckt wird. Aber mit Hilfe der hier vorgelegten Theorie dürfte es möglich sein, weite Bereiche jener Kommunikationsformen linguistisch adäquat zu erfassen, die immer wieder bemerkt und beschrieben wurden, bisher jedoch nicht unter einer einheitlichen Theorie zusammengefaßt werden konnten. So wird es etwa möglich, so verschiedene linguistische Verhaltensformen wie "Grüßen" oder "Aneinander-vorbei-Reden" (im Sinne Transaktionaler Kommunikation) als lediglich verschiedene Ausprägungen einer bestimmten Kommunikationsart zu kategorisieren. Andererseits wird es möglich, ein und denselben Dialog oder Dialogausschnitt sehr differenziert nach den verschiedenen kommunikativen Momenten, die in ihm realisiert werden, zu bestimmen.

Gleichwohl aber sind mit der vorgelegten Darstellung von Theorie und empirischer Analyse längst noch nicht alle möglichen oder wichtigen Aspekte des hier problematisierten Zusammenhangs erfaßt. Es gibt noch eine ganze Reihe von Fragen und Problemstellungen, die noch nicht behandelt wurden und auch nicht im Rahmen dieser Arbeit behandelt werden konnten. Dennoch muß man feststellen, daß der hier vorgelegte Ansatz die Möglichkeit bietet, die noch ausstehenden Probleme und Problembereiche zu benennen, sie zu formulieren und schließlich mit dem bereitgestellten Begriffsinstrumentarium adäquat zu bearbeiten. Prinzipiell kann man sagen, daß eine mögliche und wünschenswerte Weiterentwicklung in zwei Richtungen erfolgen müßte:

(1) Zum einen müßte die Theorie selber weiterentwikkelt und hinsichtlich ihrer Formulierung präzisiert werden;
(2) zum anderen müßten eine Reihe empirischer Einzelanalysen an individuellen Beziehungssystemen durchgeführt werden, um die einzelnen Aspekte der Theorie zu überprüfen.

In beiden Richtungen ließen sich bereits jetzt eine Reihe interessanter Fragen formulieren: So ließe sich die Theorie, so wie sie bis jetzt vorgelegt wurde, dadurch weiter präzisieren, daß ihre fundamentalen Thesen im Rahmen eines formalen Modells zusammengefaßt werden könnten. Ein solches formales Modell könnte als erster Ansatz des von Watzlawick et al. postulierten und geforderten pragmatischen Kalküls angesehen werden. Erste Überlegungen für einen solchen pragmatischen Kalkül sind von eigener Seite bereits angestellt worden, ohne daß sie jedoch schon in die hier vorgelegte Darstellung mit aufgenommen werden konnten. Weitere theoretische Überlegungen müßten hinsichtlich einer detaillierteren theoretischen Untersuchung der impliziten Kontakte und der damit zusammenhängenden kontaktiven Implikaturen angestellt werden. Man kann sicher davon ausgehen, daß die weitaus meisten Kontakte implizit sind. Die impliziten Schlußverfahren, Regel- und Normensysteme, die eine Kontaktidentifikation erlauben, müßten genauer beschrieben werden. Hier wäre auch zu untersuchen, wie weit diese Phänomene im Zusammenhang mit der Präsuppositionenproblematik behandelt werden könnten. Ein ähnliches Problem entsteht hinsichtlich der Valuative.

Wann welcher ausgedrückte Sachverhalt positiv oder negativ bewertet wird, hängt häufig von Ort, Zeit und den beteiligten Personen ab wie auch von allgemeinen, sozial anerkannten Normensystemen. Welche gesetzmäßigen Zusammenhänge hier bestehen, könnte genauer in die Beschreibung von Valuativen aufgenommen werden. Ebenso wie auch die Mechanismen, wie es zur Umwertung von Werten kommt (etwa im Beispiel der Farbigen oder der Homosexuellen). Generell wäre zu überlegen, wie die Kontakte vielleicht einer expliziteren semantischen Beschreibung zugänglich gemacht werden könnten.

Eine Weiterentwicklung der hier vorgeschlagenen Theorie in eine ganz andere Richtung wäre folgende: In der vorliegenden Arbeit ging es vornehmlich um die Explizierung der Kontakttheorie. Die Sprechakttheorie wurde entsprechend nur sporadisch, bzw. soweit sie zur Abgrenzung gegen die Kontakttheorie herangezogen werden konnte, behandelt. Nun könnte und müßte die Sprechakttheorie neu überdacht werden. Das betrifft vor allem das Konzept der perlokutiven Akte, die jetzt parallel zu einem holistischen Ansatz durch ein übersituationelles Gebrauchssystem bestimmt und klassifiziert werden müßten. Hier wäre etwa zu überlegen, wie weit nicht eine allgemeine Argumentationstheorie in diesem Sinne mit zu einer Systematisierung perlokutiver Akte verwendet werden könnte. Weiter müßte in dem Zusammenhang geprüft werden, wie weit sich nicht genauso wie beim Beziehungssystem auch bei den verschiedenen Gebrauchssystemen allgemeine Eigenschaften feststellen lassen, die dann zur genaueren Klassifikation perlokutiver Akte und damit zu einer weiteren Systematisierung von Sprechakten dienen könnten. Die Sprechakttheorie müßte also entsprechend dem hier vorgeschlagenen Ansatz einer allgemeinen Sprechhandlungstheorie modifiziert werden.

Schließlich sei noch auf einen weiteren theoretischen, äußerst relevanten Themenkomplex hingewiesen, der eine notwendige Weiterentwicklung des hier vertretenen Ansatzes bedeutet. In der hier vorliegenden Arbeit wurde, bedingt durch das Thema und den institutionellen Rahmen, in dem die Arbeit verfertigt wurde (Linguistik), der Schwerpunkt auf die rein verbale Kommunikation gelegt. Nun ist allerdings die verbale Kommunikation lediglich ein (wenn auch bedeutender) Ausschnitt aus dem Gesamtspektrum menschlichen Kommunikationsverhaltens. Soll aber die hier entwickelte Theorie Allgemeingültigkeit für sich beanspruchen, muß sie auch auf das gesamte Kommunikationsverhalten des Menschen anwendbar sein. Und dazu gehört auch das para- und nonverbale Verhalten. Gerade für die Beziehungskommunikation dürfte nonverbales Verhalten eine besonders große Rolle spielen. Die hier entwickelte Theorie der Sprechakte und Kontakte müßte also zunächst daraufhin geprüft werden, wie weit die in diesen Konzepten erfaßten kommunikativen Funktionen auch auf nonverbales Verhalten übertragbar sind oder ob hier Modifikationen der Theorie notwendig werden. Die Frage müßte also geklärt werden, ob es auch nonverbale "Sprechakte" und "Kontakte" gibt. Damit eng zusammenhängend ist ein anderes Problem, nämlich das der Indikatoren. So müßte etwa geklärt werden, wie weit nonverbales Verhalten lediglich als Indikator für einen verbalen Kontakt aufzufassen ist oder wie weit es selbst einen nonverbalen Kontakt darstellt, der dann seinerseits wiederum durch verbales oder nonverbales Verhalten indiziert wird.

Neben diesen mehr theoretischen Problemstellungen und Weiterentwicklungen lassen sich bereits jetzt eine große Zahl empirischer Analysen nennen, die im Rahmen der vorliegenden Arbeit aufgrund ihres großen Umfangs nicht durchgeführt werden konnten. Zunächst wäre es notwendig, das hier entwickelte Analyseinstrumentarium detailliert in Einzelanalysen bestimmter einmaliger Beziehungen anzuwenden. Das heißt, es könnte und müßte untersucht werden, wie sich spezifische individuelle Beziehungen sprachlich realisieren.

Einzelne Fragen in dem Zusammenhang wären etwa die nach den jeweiligen spezifischen Leithandlungen der einzelnen Distanzzonen. Welche Äußerungen treten also in welchen Beziehungen, wann, in welchen Distanzzonen auf? Wie lange dauern die einzelnen Beziehungsphasen? Gibt es wirklich die vier hier postulierten Phasen bzw. Zonen oder sind es mehr oder weniger? All diese Fragen könnten in verschiedenen Langzeituntersuchungen, die an einzelnen Beziehungen durchgeführt werden müßten, beantwortet werden. Dabei wäre es möglich, in regelmäßigen Abständen Dialoge zwischen immer denselben Personen zu dokumentieren und zu analysieren, um zu prüfen, ob sich in ihrem Kommunikationsverhalten etwas ändert. Auf diese Weise könnte festgestellt werden, ob sich unterschiedliche Beziehungstypen nachweisen lassen. Eine solche Untersuchung wäre sowohl innerhalb einer Gesellschaft oder einer Kultur möglich wie auch transkulturell. Dabei könnte geprüft werden, wie weit sich Gesellschaften auch nach den unterschiedlichen, in ihnen sich konstituierenden Beziehungstypen unterscheiden. Eine Frage in dem Zusammenhang wäre etwa, ob es in unterschiedlichen Gesellschaften auch unterschiedliche Arten von "Freundschaften" gibt oder ob der Beziehungstyp "Freundschaft" universal ist in seiner Struktur, seinen Phasen und dem direkten Beziehungsverhalten, durch das diese Beziehung konstituiert wird.

Eine weitere Frage in dem Zusammenhang wäre auch, ob und welche besonderen Formen von Beziehungskommunikation in den verschiedenen Gesellschaften ausgebildet wurden. Hinweis auf derartige spezifische (teilweise ritualisierte) Beziehungsdialoge ist etwa das von Eibl-Eibesfeld beschriebene Kontraktsingen der Waika-Indianer (1), das eine bestimmte Form von Beziehungskommunikation dar-

---

1 Eibl-Eibesfeld 1973,244

stellt. Andererseits ließe sich untersuchen, wie Beziehungsdialoge in den verschiedenen Beziehungen im einzelnen gestaltet werden. Dabei ließe sich dann im einzelnen etwa prüfen, ob Kovarianten zwischen einem bestimmten Dialogverhalten und der jeweils vorliegenden Distanzzone bestehen, etwa welche Beendigungsrituale in Dialogen in bestimmten Beziehungen oder Beziehungsphasen auftreten etc.

In verschiedenen Gruppen ließe sich das Verhältnis von Gebrauchs- und Beziehungskommunikation im einzelnen untersuchen. Dabei könnte genauer geprüft werden, ob und wie die Gebrauchskommunikation durch Beziehungskommunikation beeinflußt wird und umgekehrt. Ob eine bestimmte notwendige Gebrauchskommunikation durch eine bestimmte Beziehungskommunikation besser gestaltet werden könnte etc.

Schließlich könnte genauer untersucht werden, wie sich speziell die Beziehungskommunikation in den verschiedenen Altersstufen unterschiedlich realisiert. Es müßte also geprüft werden, ob und wie sich die Beziehungskommunikation entwickelt, ob in ihr angeborene oder erworbene Aspekte dominieren, ob es etwa in der Entwicklung eine Tendenz von expliziten zu impliziten Kontakten gibt oder ob in bestimmten Entwicklungsphasen bestimmte Kontakttypen (Präsentative, Valuative, Relative) dominieren oder ob Kindern schon von Anfang an alle Möglichkeiten zur Verfügung stehen.

Dieses sind nur einige wichtige, längst aber noch nicht alle möglichen Fragen, die im Rahmen der hier entwickelten Theorien bearbeitet werden könnten und die eine Weiterentwicklung dieser Theorie bewirken würden. Mit dem hier unternommenen Versuch der Entwicklung einer systematischen Theorie des Zusammenhangs von Sprache und zwischenmenschlicher Beziehung ist ein weiter Bereich wichtiger Forschung angerissen worden, der von seiten der Linguistik bisher noch nicht in seiner Bedeutung erkannt wurde. Das liegt einerseits an der langen Tradition atomistisch isolierender Betrachtungsweise, die die Linguistik nahezu bis heute gekennzeichnet hat, in der der Blick stets von größeren sozialen Zusammenhängen weg auf das Einzelelement (das Phonem, das Wort, den Satz, den Sprechakt) gerichtet wurde. Das liegt andererseits an der historischen Entwicklung der Linguistik aus geisteswissenschaftlichen, philosophischen, literaturwissenschaftlich philologischen Disziplinen. Dies hat weitgehend verhindert, daß die für das konkrete Sprachverhalten des Menschen so wichtigen verhaltens- und sozialwissenschaftlichen Disziplinen bisher einen größeren Einfluß auf die Linguistik gehabt haben. Das hat sich erst in letzter Zeit etwas geändert. Daß man dennoch bisher nicht viel weiter in der Linguistik gekommen ist, liegt vielleicht darin, daß bisher noch nicht konsequent genug ein integrativ holistischer Ansatz vorgelegt und bis in die empirische Analyse durchgeführt wurde - d.h.

es liegt daran, daß bisher zu wenig das Problem Sprache interdisziplinär behandelt wurde.

Das sprachliche Verhalten des Menschen ist aber letztlich nur ein Teil aus dem Spektrum seines Gesamtverhaltens. Eine rein linguistische Analyse ist von daher stets nur begrenzt gültig. Gerade Beziehungen aber, jene so grundlegenden und fundamentalen sozialen Phänomene, lassen sich nur dann wirklich adäquat erfassen und beschreiben, wenn man das gesamte Verhaltensspektrum menschlichen Kommunikationsverhaltens berücksichtigt. Der Zweck der vorgelegten Arbeit wäre voll erfüllt, wenn das Konzept speziell der Beziehungskommunikation am Beispiel verbalsprachlichen Verhaltens es erleichtern würde, Untersuchungen in anderen Bereichen menschlichen Verhaltens besser und sinnvoller mit verbalsprachlichem Verhalten zu kombinieren und damit die Natur menschlichen Verhaltens und menschlicher Beziehungen in der vollen Breite ihrer Erscheinung adäquater und systematischer erfassen zu können. Das daraus resultierende Mehr an Wissen über zwischenmenschliche Beziehungen könnte dann für die bessere Gestaltung eben solcher zwischenmenschlicher Beziehungen und damit für ein Mehr an individueller wie sozialer Zufriedenheit verwendet werden.

LISTE VERWENDETER LITERATUR

Abraham, Werner (1974), Terminologie zur neueren Linguistik, Tübingen

Agricola, Erhard / Fleischer, Wolfgang / Protze, Helmut (Hrsg) (1969), Die deutsche Sprache, Bd. 1/2, Leipzig

Ammon, Ulrich (1972), Zur sozialen Funktion der pronominalen Anrede im Deutschen, in: Zeitschrift für Literaturwissenschaft und Linguistik 2.7; 43-88

-- (1973), Probleme der Soziolinguistik, Tübingen

Arbeitsgruppe Bielefelder Soziologen (1973), siehe Mathes et al. (1973)

Argyle, Michael (1969), Social Interaction, London; zit.dt.F.: Soziale Interaktion, Köln 1975

Argyle, Michael / Dean, J. (1965), Eye-Contact, Distance and Affiliation, in: Sociometry 28: 289-304

Ashby, W. Ross (1956), An Introduction to Cybernetics, zit.dt.F.: Einführung in die Kybernetik, Frankfurt/M 1974

Atteslander, P. (1974), Methoden der empirischen Sozialforschung, Berlin

Austin, John L. (1962), How to do Things With Words, Cambridge/Mass.; zit.dt.F.: Zur Theorie der Sprechakte, Stuttgart 1972

Auwärter, Manfred / Kirsch, Edit / Schröter, Klaus (Hrsg) (1976), Seminar: Kommunikation, Interaktion, Identität, Frankfurt/M

Baacke, Dieter (1973), Kommunikation und Kompetenz, München

Ballmer, T.T. (1976), Inwiefern ist Linguistik empirisch? in: Wunderlich 1976: 6-53

Bartsch, Renate / Vennemann, Theo (Hrsg) (1973), Linguistik und Nachbarwissenschaften, Kronberg

Bateson, Gregory / Jackson, Don D. / Haley, Jay / Weakland, John (1956), Towards a Theory of Schizophrenia, in: Behavioral Science 1: 251-264

Baumgärtner, Klaus / Steger, Hugo (1974), Lehrgang Sprache. Einführung in die moderne Linguistik. 1. Lieferung: Kommunikation und Sprache, Weinheim, Basel

Bausch, Karl-Heinz (1975), Vorschlag zu einer Typik der Kommunikationssituationen in der gesprochenen deutschen Standardsprache, in: Engel/Vogel 1975: 76-110

Behnke, Heinrich / Remmert, Reinhold / Steiner, Hans-Georg / Tietz, Horst (Hrsg) (1964), Fischer Lexikon Mathematik 1, Frankfurt/M

Behnke, Heinrich / Tietz, Horst (Hrsg) (1966), Fischer Lexikon Mathematik 2, Frankfurt/M

Behr, Klaus / Grönwodt, Peter / Nüdel, Ernst / Röseler, Richard / Schlatthaus, Werner (1972), Grundkurs für Deutschlehrer: Sprachliche Kommunikation, Weinheim, Basel; zit.F.: 1975 (3. völlig überarb. Aufl.)

Bense, Max (1969), Einführung in die informationstheoretische Ästhetik, Reinbek

Bentele, Günter / Bystrina, Ivan (1978), Semiotik. Grundlagen und Probleme, Stuttgart, Berlin, Köln, Mainz

Berens, Franz-Josef / Jäger, Karl-Heinz / Schank, Gerd / Schwittalla, Johannes (1976), Projekt Dialogstrukturen. Ein Arbeitsbericht, München

Bernstein, Basil (1971), Class, Codes and Control, London

Bergman, Ingmar (1975), Szenen einer Ehe, Hamburg

von Bertalanffy, Ludwig (1950), An Outline of General System Theory, in: British Journal of the Philosophy of Science 1: 134-165

-- (1956), General Systems Theory, in: General Systems Yearbook 1: 1-10

-- (1962), General Systems Theory - A Critical Review, in: General Systems Yearbook 7: 1-20

-- (1969), General Systems Theory. Foundations, Development, Applications, New York

Besozzi, Claudio / Zehnpfennig, Helmut (1976), Methodologische Probleme der Index-Bildung, in: Koolwijk/ Wieken-Mayer 1976: 9-55

Birdwhistell, R.L. (1952), Introductions to Kinesics: An Annotated System for Analysis of Body Motion and Gesture, Washington

-- (1960), Kinesics and Communication, in: Carpenter/ McLuhan 1960: 54-64

-- (1968), Kinesics, in: Sills 1968 Bd. VIII: 379-385

-- (1970), Kinesics and Context, Philadelphia

Blumer, Herbert (1969), Symbolic Interactionism, New York

-- (1969), The Methodological Position of Symbolic Interactionism, in: Blumer 1969: 1-60; zit.dt.F.: Der methodologische Standort des Symbolischen Interaktionismus, in: Arbeitsgruppe Bielefelder Soziologen 1973: 80-146

Bocheński, J.M. / Menne, Albert (1973), Grundriß der Logistik, Paderborn

Boettcher, Wolfgang (1975), Metakommunikation, in: Diskussion Deutsch 24: 379-398

Braunroth, Manfred / Seyfert, Gernot / Siegel, Karsten / Vahle, Fritz (1975), Ansätze und Aufgaben der linguistischen Pragmatik, Frankfurt/M

-- (1976), Pragmatik und Textanalyse - Vier verschiedene Ansätze, in: Diskussion Deutsch 29: 258-286

Brennenstuhl, Waltraud (1975), Handlungstheorie und Handlungslogik, Kronberg

Brinker, Klaus (1971), Aufgaben und Methoden der Textlinguistik, in: Wirkendes Wort 21: 217-237

-- (1972a), Konstituentenstrukturgrammatik und operationale Satzgliedanalyse, Frankfurt/M

-- (1972b), Textlinguistik, in: Engel/Schwencke 1972: 48-63

-- (1973), Zum Textbegriff in der heutigen Linguistik, in: Brinker/Sitta 1973: 9-41

-- (1977), Modelle und Methoden der strukturalistischen Syntax, Stuttgart, Berlin, Köln, Mainz

Brinker, Klaus / Sitta, H. (Hrsg) (1973), Studien zur Texttheorie und zur deutschen Grammatik, Düsseldorf

Brown, R. (1970), Psycholinguistics, New York

Brown, R. / Ford, M. (1961), Adress in American English, in: Journal of Abnormal and Social Psychology 63,2: 375-385

Brown, R. / Gilman, A. (1960), The Pronouns of Power and Solidarity, in: Sebeok 1960; zit.F.: in Brown 1970: 302-334

Buddemeier, H. (1973), Kommunikation als Verständigungshandlung, Frankfurt/M

Bühler, Karl (1933), Die Axiomatik der Sprachwissenschaften, in: Kant-Studien 38: 19-90

Buhr, Manfred / Klaus, Georg (1964), Philosophisches Wörterbuch, Berlin (DDR); zit.F.: 1972

Carpenter, E. / McLuhan, M. (Hrsg) (1960), Explorations in Communication, New York

Cazden, Courtney B. (1971), Die Situation. Eine vernachlässigte Ursache sozialer Klassenunterschiede im Sprachgebrauch, in: Klein/Wunderlich 1971: 279-308

Chapman, R. (1936), Names, Designations and Appellations, Oxfort

Chomsky, Noam (1965), Aspects of the Theory of Syntax, Massachusetts; zit.dt.F.: Aspekte der Syntax-Theorie, Frankfurt/M 1969 und 1973

Cicourel, Aron V. (1964), Method and Measurement in Sociology, Glence; zit.dt.F.: Methode und Messung in der Soziologie, Frankfurt/M 1970

-- (1970), Basic and Normative Rules in the Negotiation of Status and Role, in: Dreitzel 1970: 4-45; zit.dt.F.: Basisregeln und normative Regeln im Prozeß des Aushandelns von Status und Rolle, in: Arbeitsgruppe Bielefelder Soziologen 1973: 147-188

-- (1973), Cognitive Sociology, London; zit.dt.F.: Sprache in der sozialen Interaktion, München 1975

-- (1973), Generative Semantic and the Structure of Social Interaction, in: Cicourel 1973; zit.dt.F.: Generative Semantik und die Struktur der sozialen Interaktion, in: Wiggershaus 1975: 212-250

Cole, Peter / Morgan, Jerry L. (Hrsg) (1975), Syntax and Semantics, Vol. 3: Speech Acts, New York, San Francisco, London

von Cube, Felix (1967), Was ist Kybernetik? Bremen; zit. F.: München 1971

Dietrich, Rainer / Klein, Wolfgang (1974), Computerlinguistik. Eine Einführung, Stuttgart, Berlin, Köln, Mainz

Dietrich, Wolf / Ramge, Hans / Rigol, Rosmarie / Vahle, Fritz / Weber, Rudolf (1975), Strukturierung einer Kommunikationssituation, in: Diskussion Deutsch 24: 342-368

Dittmann, Norbert (1973), Soziolinguistik, Frankfurt/M

Dittmann, Jürgen (1976), Sprechhandlungstheorie und Tempusgrammatik, München

Dornseif, F.D. (1943), Der deutsche Wortschatz nach Sachgruppen, Berlin

Dreitzel, H.P. (Hrsg) (1970), Recent Sociology, No. 2: Patterns of Communicative Behavior, New York

Drever, James / Fröhlich, W.D. (1972), dtv Wörterbuch zur Psychologie, München

Eco, Umberto (1968), La Struttura Assente, Milano; zit. dt.F.: Einführung in die Semiotik, München 1972

Ehlich, Konrad (1972), Thesen zur Sprechakttheorie, in: Wunderlich 1972: 122-126

Ehrich, Veronika / Saile, Günter (1972), Über nicht-direkte Sprechakte, in: Wunderlich 1972: 255-287

Ehrismann, Gustav (1901-1904), Duzen und Ihrzen im Mittelalter, in: Zeitschrift für deutsche Wortforschung 1, 1901: 117-149; 2, 1902: 118-159; 4, 1903: 210-248; 5, 1904: 127-220

Eibl-Eibesfeld, Irenäus (1973), Der vorprogrammierte Mensch, Wien, München, Zürich; zit.F.: München 1977

-- (1977), Das Dokumentationsprogramm des Humanethologischen Filmarchivs der Max-Planck-Gesellschaft, in: Research Film, Vol 9, No. 4: 286-290

Engel, Ulrich / Schwencke, Olaf (Hrsg) (1972), Gegenwartssprache und Gesellschaft. Beiträge zu aktuellen Fragen der Kommunikation, Düsseldorf

Engel, Ulrich / Vogel, Irmgard (Hrsg) (1975), Gesprochene Sprache. Bericht der Forschungsstelle Freiburg, Tübingen

Engelkamp, Johannes (1974), Psycholinguistik, München

Ervin-Tripp, Susan M. (1971), Sociolinguistics, in: Fishman 1971: 15-91

Essler, Wilhelm K. (1969), Einführung in die Logik, Stuttgart

-- (1972), Analytische Philosophie I, Stuttgart

Fast, J. (1970), Body Language, New York

Feigel, H. (1973), Leib-Seele, kein Scheinproblem, in: Gadamer/Vogler 1973: Bd. 5: 3-14

Finke, Peter (1977), Eine Sneed-Matrix für die Linguistik, in: Viethen et al. 1977: Bd. 1: 3-13

Fishman, Joshua A. (Hrsg) (1968), Readings in the Sociology of Language, The Hague

-- (Hrsg) (1971), Advances in the Sociology of Language, Vol. 1: Basic Concepts, Theories and Problems. Alternative Approaches, The Hague, Paris

Frankenberg, Hartwig (1975), Vorwerfen und Rechtfertigen als verbale Teilstrategien der innerfamilialen Interaktion (Diss), Düsseldorf

Frese, Jürgen (1974), Sprechen als Metapher für Handeln, in: Schmidt 1974: 52-62

Friederich, W. (1966), Moderne deutsche Idiomatik, München

Friedrichs, Jürgen (1973), Methoden empirischer Sozialforschung, Reinbek

Fuchs, Harald P. / Schank, Gerd (Hrsg) (1975), Texte gesprochener deutscher Standardsprache III, München

Gadamer, Hans-Georg / Vogler, Paul (Hrsg) (1972-1975), Neue Anthropologie Bd. 1 - 7, Stuttgart

Garfinkel, Harold (1961), Aspects of Common-Sense Knowledge of Social Structures, in: Transactions of the Fourth World Congress of Sociology, Milan and Stresa, 8. - 15.9.1959, Vol. V: The Sociology of Knowledge, Louvain 1961: 51-65; zit.dt.F.: Das Alltagswissen über soziale und innerhalb sozialer Strukturen, in: Arbeitsgruppe Bielefelder Soziologen 1973 Bd. 1: 189-262

Garfinkel, Harold / Sacks, Harvey (1970), On Formal Structures of Practical Actions, in: McKinney/ Tiryakian 1970: 337-366; zit.dt.F.: Über formale Strukturen praktischer Handlungen, in: Weingarten et al. 1976: 130-176

Gedike, F. (1974), Über du und sie in der deutschen Sprache, Berlin

Gipper, Helmut (1972), Gibt es ein sprachliches Relativitätsprinzip, Frankfurt/M

Goeppert, Sebastian / Goeppert, Herma C. (1973), Sprache und Psychoanalyse, Reinbek

Goffman, Ervin (1971), Relations in Public, New York

-- (1971), Supportive Interchanges, in: Goffman 1971, Kp. III; zit.dt.F.: Der bestätigende Austausch, in: Auwärter et al. 1976: 35-72

Graumann, C.F. (1969-1972), Handbuch der Psychologie. Bd. 7: Sozialpsychologie, 1. Halbband: Theorien und Methoden 1969, 2. Halbband: Forschungsberichte 1972, Göttingen

-- (1972), Interaktion und Kommunikation, in: Graumann 1972: 1109-1262

Grimm, Jacob (1866), Über den Personenwechsel in der Rede, in: Grimm 1866: 236-311

Grice, H.P. (1967), Logic and Conversation, Vorlesungsnachschrift, Harvard; zit.F.: in: Cole/Morgan 1975: 41-58

Gumperts, J.J. / Hymes, D. (Hrsg) (1972), Directions in Sociolinguistics, New York

Habermas, Jürgen (1968), Technik und Wissenschaft als "Ideologie", Frankfurt/M

-- (1971), Vorbereitende Bemerkungen zu einer Theorie der kommunikativen Kompetenz, in: Habermas/Luhmann 1971: 101-141

Habermas, Jürgen (1974), Zur Entwicklung der Interaktionskompetenz, Institutsinterne Arbeitsvorlage, Max-Planck-Institut zur Erforschung der Lebensbedingungen der wissenschaftlich technischen Welt, Oktober 1974; zit.F.: vom Autor nicht lizensierte Ausgabe, Gesellschaft zur Förderung der Wissenschaft, Frankfurt/M 1975; teilweise abgedruckt als: Universalpragmatische Hinweise auf das System der Ich-Abgrenzungen, in: Auwärter et al. 1977: 332-346

Habermas, Jürgen / Luhmann, Niklas (1971), Theorie der Gesellschaft oder Sozialtechnologie - Was leistet die Systemforschung? Frankfurt/M

Händle, Frank / Jensen, Stefan (Hrsg) (1974), Systemtheorie und Systemtechnik, München

Hager, Fritjof / Haberland, Hartmut / Paris, Rainer (1975), Soziologie und Linguistik, Stuttgart

Halbe, Helli (Hrsg) (1976), Psycholinguistik, Darmstadt

Hall, Edward T. (1963), A System for the Notation of Proxemic Behavior, in: American Anthropologist 65: 1003-1026

-- (1966), The Hidden Dimension, New York

Hall, A.D. / Fagen, R.E. (1956), Definition of System, in: General Systems Yearbook 1: 18-28

Halliday, M.A.K. (1973), Explorations in the Functions of Language, London; zit.dt.F.: Beiträge zur funktionalen Sprachbetrachtung, Hannover 1975

Hartmann, Dietrich (1972), Der Gebrauch von Namen und Personenbezeichnungen als Ausdruck sozialer Beziehungen in einer Kleingruppe, in: Hyldgaard-Jensen 1972: 285-306

Haseloff, Otto Walter (Hrsg) (1969), Kommunikation, Berlin

-- (1969), Über Wirkungsbedingungen politischer und werblicher Kommunikation, in: Haseloff 1969: 151-187

Hassenstein, B. (1972), Das spezifisch Menschliche nach den Resultaten der Verhaltensforschung, in: Gadamer/ Vogler 1972 Bd. 2: 60-97

Heckhausen, Heinz (1974), Faktoren des Entwicklungsprozesses, in: Weinert et al. 1974 Bd. 1: 101-132

Heisenberg, Werner (1958), Physic and Philosophy, New York; zit.dt.F.: Physik und Philosophie, Stuttgart 1959

Helbig, Gerhard (1971), Geschichte der neueren Sprachwissenschaft. Unter dem besonderen Aspekt der Grammatiktheorie, Leipzig; zit.F.: München 1973

Henne, Helmut (1975), Sprachpragmatik. Nachschrift einer Vorlesung, Tübingen

Hennig, Joerg/ Huth, Lutz (1975), Kommunikation als Problem. Eine Einführung, Göttingen

Heringer, Hans Jürgen (1972), Deutsche Syntax, Berlin, New York

-- (1974), Praktische Semantik, Stuttgart

Herrlitz, Wolfgang (1973), Sprache als soziales Verhalten, Bebenhausen

Heupel, Carl (1973), Taschenwörterbuch der Linguistik, München

Hörmann, Hans (1970), Psychologie der Sprache, Berlin, Heidelberg, New York

Holder, Joachim (1975), Kommunikation, Wiesbaden

Holly, Werner (1976), Selbst- und Partnereinschätzungen in Gesprächen, in: Weber/Weydt 1976: 175-186

-- (1979), Imagearbeit in Gesprächen. Zur linguistischen Beschreibung des Beziehungsaspekts, Tübingen

Human, Paul (1975), Pragmatik und Sprachunterricht, in: Diskussion Deutsch 23: 213-232

Hyldgaard-Jensen, K. (Hrsg) (1972), Linguistik. Referate des 6. linguistischen Kolloquiums 1971, Kopenhagen

Hymes, Dell H. (1968), The Ethnography of Speaking, in: Fishman 1968: 99-138; zit.dt.F.: Die Ethnographie des Sprechens, in:Arbeitsgruppe Bielefelder Soziologen 1973 Bd. 2: 338-432

-- (1972), Models of the Interaction of Language and Social Life, in: Gumperts/Hymes 1972: 35-71

Israel, J. (1973), zit.dt.F.: Die sozialen Beziehungen, Reinbek 1977

Jäger, Karl-Heinz (1976), Zur Beendigung von Dialogen. Überlegungen, Vorschläge und erste Systematisierungsversuche, in: Berens et al. 1976: 105-135

Joos, M. (1962), The Five Clocks, in: International Journal of American Linguistics 28.2. Teil V: 9-62

Kaiser, Michael (1977), Der Beziehungsaspekt literarischer Kommunikation als literaturpädagogisches Problem, in: Linguistik und Didaktik 3: 194-209

Kalgren, Bernhard (1923), Sound and Symbol in Chinese, Oxford; zit.dt.F.: Schrift und Sprache der Chinesen, Berlin, Heidelberg, New York 1975

Kallmeyer, W. / Klein, W. / Meyer-Hermann, R. / Netzer, K./ Siebert, H.J. (Hrsg) (1974), Lektürekolleg zur Textlinguistik. Bd. 1 und 2, Frankfurt/M

Kamlah, Wilhelm / Lorenzen, Paul (1967), Logische Propädeutik, Vorschule des vernünftigen Redens, Mannheim, Wien, Zürich

Keller, Rudi (1977), Kollokutionäre Akte, in: Germanistische Linguistik 1.2: 4-50

Kendziorra, Eckhard (1976), Sequenzierung von Sprechakten, in: Weber/Weydt 1976: 357-366

Klaus, Georg (1971), Wörterbuch der Kybernetik, Frankfurt/M, Hamburg

-- (1972), Kybernetik und Erkenntnistheorie, Berlin (DDR)

-- (1973), Moderne Logik, Berlin (DDR)

-- (1974), Rationalität, Integration, Information, Berlin (DDR)

Klein, Wolfgang / Wunderlich, Dieter (Hrsg) (1971), Aspekte der Soziolinguistik, Frankfurt/M

Knilli, Friedrich / Reiss, Erwin (Hrsg) (1971), Semiotik des Films. Mit Analysen kommerzieller Pornos und revolutionärer Agitationsfilme, München

Kochan, Detlef C. (Hrsg) (1973), Kommunikative Kompetenz, Stuttgart

König, René (Hrsg) (1967), Handbuch der empirischen Sozialforschung. Bd. 3a: Grundlegende Methoden und Techniken II, Stuttgart; zit.F.: 1974

van Koolwijk, Jürgen / Wieken-Mayser, Maria (Hrsg) (1976), Techniken der empirischen Sozialforschung. Bd. 5: Testen und Messen, München

Kotten, Anneliese (1972), Sprache und Kommunikation bei Aphatikern. Linguistische Textanalysen, Hamburg

Krampen, Martin (1978), Problems of Movement Notation - Kinetography, in: Researchfilm, Vol. 9, No. 5: 426-444

Kruse, Lenelis (1972), Gruppen und Gruppenzugehörigkeit, in: Graumann 1972: 1539-1593

Küchler, Raimund / Jäger, Siegfried (1975), Fast menschliche Kommunikation. Versuch einer kritischen Aufhebung Watzlawicks et al. und zugleich Ansätze zu einer exemplarischen Kritik bürgerlicher Wissenschaft, in: Diskussion Deutsch 22: 173-189

Kuhn, Thomas S. (1962), The Structure of Scientific Revolution, Chicago; zit.dt.F.: Die Struktur wissenschaftlicher Revolutionen, Frankfurt/M 1976

Kummer, Werner (1975), Grundlagen der Texteorie, Reinbek

von Kutschera, Franz (1973), Einführung in die Logik der Normen, Werte und Entscheidungen, Freiburg, München

Labov, William (1966), The Social Stratification of English in New York City, Washington

Laing, Ronald D. / Phillipson, H. / Lee, A. Russel (1966), Interpersonal Perception, London; zit.dt.F.: Interpersonelle Wahrnehmung, Frankfurt/M 1976

Lenneberg, Eric H. (1967), Biological Foundations of Language, New York; zit.dt.F.: Biologische Grundlagen der Sprache, Frankfurt/M 1972

Lersch, P. (1964), Der Mensch als soziales Wesen. Eine Einführung in die Sozialpsychologie, München

Lévi-Strauss, Claude (1958), Anthropologie Structurale, Paris; zit.dt.F.: Strukturale Anthropologie, Frankfurt/M 1967

Lewandowski, Theodor (1976), Linguistisches Wörterbuch. Bd. 1 - 3, Heidelberg

zur Lippe, Rudolf (1975), Bürgerliche Subjektivität: Autonomie als Selbstzerstörung, Frankfurt/M

List, Gundula (1972), Psycholinguistik. Eine Einführung, Stuttgart, Berlin, Köln, Mainz

Llobera, José Ramon / Lévi-Strauss (1973), Las Sociedades Primitivas, Lausanne; zit.dt.F.: Naturvölker. Sozialsysteme im Einklang mit der Umwelt, Reinbek 1978

Lorenz, Kuno (1970), Elemente der Sprachkritik, Frankfurt/M

-- (1976), Sprachtheorie als Teil einer Handlungstheorie. Ein Beitrag zur Einführung linguistischer Grundbegriffe, in: Wunderlich 1976: 250-266

Lorenz, Konrad (1973), Die Rückseite des Spiegels. Versuch einer Naturgeschichte menschlichen Erkennens, München

Lotka, A. (1925), Elements of Physical Biology, Baltimore (zitiert nach von Bertalanffy 1956, 2, Anmerkung 8)

Luhmann, Niklas (1970), Soziologische Aufklärung, Köln/ Opladen

Maas, Utz / Wunderlich, Dieter (1972), Pragmatik und sprachliches Handeln. Mit einer Kritik am Funkkolleg "Sprache", Frankfurt/M

Malinowski, Bronislav (1923), The Problem of Meaning in Primitive Languages, in: Ogden/Richards 1923: 296-336

Mathes, Joachim / Meinefeld, Werner / Schütze, Fritz / Springer, Werner / Weymann, Ansgar / Bohnsack, Ralf (Hrsg) (1973), Alltagswissen, Interaktion und gesellschaftliche Wirklichkeit. Bd. 1; Symbolischer Interaktionismus und Ethnomethodologie. Bd. 2; Ethnotheorie und Ethnographie des Sprechens, Reinbek

Marx, Otto (1967), Die Geschichte der Ansichten über die biologische Grundlage der Sprache, in: Lenneberg 1967: 541-574

Marx, Karl / Engels, Friedrich (1962), Werke, Berlin (DDR)

-- (1962), Die deutsche Ideologie, in: Marx/Engels 1962, Bd. 3: 9-77

McKinney, J.C. / Tiryakian (Hrsg) (1970), Theoretical Sociology, New York

Mead, Georg Herbert (1934), Mind, Self and Society. From the Standpoint of a Social Behaviorist, Chicago; zit.dt.F.: Geist, Identität und Gesellschaft. Aus der Sicht des Sozialbehaviorismus, Frankfurt 1973

Meibauer, J. (1977), Sprechaktsequenzen, in: Papiere zur Linguistik 13: 168-192

Meier, Georg F. (1974), Wirksamkeit der Sprache, in: Schmidt 1974: 63-83

Meschkowski, Herbert (1971), Einführung in die moderne Mathematik, Mannheim

Meyer, Peter (1976), Taschenlexikon der Verhaltenskunde, Paderborn

Meyer-Eppler, W. (1959), Grundlagen und Anwendungen der Informationstheorie, Berlin, Heidelberg, New York; zit.F.: 1969

Miller, James G. (1971), The Nature of Living Systems, in: Behavioral Science Bd. 16, zit.F.: in: Händle/ Jensen 1974: 62-86

Mitscherlich, Alexander (1966), Krankheit als Konflikt. Studien zur psychosomatischen Medizin I, Frankfurt/M; zit.F.: 1971

Mollenhauer, K. (1974), Theorien zum Erziehungsprozeß, München

Moreno, J. (1934), Who shall survive? Washington; zit. dt.F.: Die Grundlagen der Soziometrie, Köln, Opladen 1954

Morris, Charles William (1938), Foundations of the Theory of Signs, Chicago; zit.dt.F.: Grundlagen der Zeichentheorie, München 1972

Morris, Desmond (1967), The Naked Ape, London; zit.dt. F.: Der Nackte Affe, München, Zürich 1978

Oevermann, Ulrich (1970), Sprache und soziale Herkunft, Berlin

Ogden, Charles K. / Richards, Ivor A. (1923), The Meaning of Meaning. A Study of the Influence of Language Upon Thought and of the Science of Symbolism, London; zit.dt.F.: Die Bedeutung der Bedeutung. Eine Untersuchung über den Einfluß der Sprache auf das Denken und über die Wissenschaft des Symbolismus, Frankfurt/M 1974

Opp, Karl-Dieter (1970), Methodologie der Sozialwissenschaften. Einführung in Probleme ihrer Theoriebildung, Reinbek

van Os, Charles (Hrsg) (1974), Texte gesprochener deutscher Standardsprache II, München

Pelc, Jercy (1978), Prolegomena to a Definition of the Concept of Sign, Tonbandmitschnitt eines Referats, gehalten auf dem zweiten semiotischen Kolloquium in Regensburg, 3.9. - 6.9.1978

Pleines, Jochen (1976), Handlung, Kausalität, Intention, Tübingen

Plenge, Johann (1931/32), Zum Ausbau der Beziehungslehre I, II, III, in: Kölner Vierteljahreshefte für Soziologie, I in: 9.3,1931: 271-288, II in 9.4,1931: 448-493, III in: 10,1932: 320-354

Ploog, D. (1972), Kommunikation in Affengesellschaften und deren Bedeutung für die Verständigungsweisen des Menschen, in: Gadamer/Vogler 1972: 98-178

Posner, Roland / Reinecke, Hans-Peter (Hrsg) (1977), Zeichenprozesse. Semiotische Forschung in den Einzelwissenschaften, Wiesbaden

Prewo, Rainer / Risert, Jürgen / Stracke, Elmar (1973), Systemtheoretische Ansätze in der Soziologie. Eine kritische Analyse, Reinbek

Prieto, Luis J. (1966), Messages et Signaux, Paris; zit.dt.F.: Nachrichten und Signale, Berlin 1972

Psathas, Georges (1968), Ethnomethods and Phenomenology, in: Social Research 35.3: 500-520; zit.dt.F.: Ethnotheorie, Ethnomethodologie und Phänomenologie, in: Arbeitsgruppe Bielefelder Soziologen 1973 Bd. 2: 263-284

Rehbein, Jochen (1972), Entschuldigen und Rechtfertigen. Zur Sequenzierung von kommunikativen Handlungen, in: Wunderlich 1972: 288-317

Rehbein, Jochen (1977), Komplexes Handeln. Elemente zur Handlungstheorie der Sprache, Stuttgart

Reinhardt, Fritz / Soeder, Heinrich (1974), dtv-Atlas zur Mathematik, München

Ropohl, Günter (1970), Systemtechnik als umfassende Anwendung kybernetischen Denkens in der Technik, in: wt - Zeitschrift für industrielle Fertigung 60.8 und 60.9; zit.F.: in: Händle/Jensen 1974: 191-214

Rudolph, Wolfgang / Tschohl, Peter (1977), Systematische Anthropologie, München

Sader, M. (1969), Rollentheorie, in: Graumann 1969 Bd. 7.1.: 205-231

Sager, Sven Frederik (1977a), Zur Empirie in der Linguistik, in: Viethen et al. 1977: 37-47

-- (1977b), Zum Begriff kommunikativer Regeln, in: Papiere zur Linguistik 17.18: 149-210

Saussure, Ferdinand (1916), Cours de linguistic général. Lausanne, Paris; zit.dt.F.: Grundlagen der allgemeinen Sprachwissenschaft, Berlin 1967

Schaff, Adam (1960), Wstęp do semantyki, Warschau; zit. dt.F.: Einführung in die Semantik, Frankfurt/M 1969

-- (1964), Język a Poznanie/ Szkice z filozofii języka, Warschau 1964/1968; zit.dt.F.: Sprache und Erkenntnis, Reinbek 1974

Schank, Gerd (1976), Zur Binnensegmentierung natürlicher Dialoge, in: Berens et al. 1976: 35-72

Scheflen, Albert E. (1972), Body Language and Social Order, Englewood Cliffs; zit.dt.F.: Körpersprache und soziale Ordnung. Kommunikation als Verhaltenskontrolle, Stuttgart 1976

Scherer, Klaus R. (1970), Non-verbale Kommunikation: Ansätze zur Beobachtung und Analyse der außersprachlichen Aspekte von Interaktionsverhalten, Hamburg

Scheuch, Erwin K. / Zehnpfennig, Helmut (1967), Skalierungsverfahren in der Sozialforschung, in: König 1967: 97-203

Schleichert, Hubert (1966), Elemente der physikalischen Semantik, München, Wien

Schlieben-Lange, Brigitte (1975), Linguistische Pragmatik, Stuttgart, Berlin, Köln, Mainz

Schmidt, Siegfried J. (Hrsg.) (1974), Pragmatik I. Interdisziplinäre Beiträge zur Erforschung der sprachlichen Kommunikation, München

Schnelle, Helmut (1973), Sprachphilosophie und Linguistik, Reinbek

Schülein, Johann August (1976), Psychotechnik als Politik. Zur Kritik der pragmatischen Kommunikationstheorie, Frankfurt/M

Schwittalla, Johannes (1976), Dialogsteuerung. Vorschläge zur Untersuchung, in: Berens et al. 1976: 73-104

Searle, John R. (1969), Speech Acts, Cambridge; zit.dt. F.: Sprechakte. Ein sprachphilosophischer Essay, Frankfurt/M 1971

-- (1973), Linguistik und Sprachphilosophie, in: Bartsch/Vennemann 1973: 113-125

Sebeok, Thomas A. (Hrsg) (1960), Style in Language, Cambridge/Mass

Sills, D.L. (Hrsg) (1968), International Encyclopedia of the Social Science. Bd. I - XVI, New York

Silverberg, W.V. (1940), On the Psychological Significance of "du" and "sie", in: Psychoanalytic Quarterly 9: 509-525

Simmel, Georg (1908), Soziologie. Untersuchungen über die Formen der Vergesellschaftung, Berlin

Simon, Gerd (1974), Bibliographie zur Soziolinguistik, Tübingen

Sinnreich, Johannes (Hrsg) (1972), Zur Philosophie der idealen Sprache, München

Slobin, Dan I. (1963), Some Aspects of the Use of Pronouns of Address in Jiddish, in: Word 19: 193-202

Slobin, Dan I. / Miller, S.H. / Porter, L.W. (1968), Forms of Address and Social Relations in a Business Organization, in: Journal of Personal Social Psychology 8: 289-293

Sollberger, A. (1972), Biologische Rhythmusforschung, in: Gadamer/Vogler 1972 Bd. 1: 108-151

Sommer, R. (1967), Small Group Ecology, in: Psychological Bulletin 67: 145-152

Spitz, René A. (1965), The First Year of Life, New York; zit.dt.F.: Vom Säugling zum Kleinkind. Naturgeschichte der Mutter-Kind-Beziehung im ersten Lebensjahr, Stuttgart 1972

Stachowiak, Herbert (1973), Allgemeine Modelltheorie, Berlin, Heidelberg, New York

Stammerjohann, Harro / Jensen, Hildegard (1975), Handbuch der Linguistik, Darmstadt

Steger, Hugo (1976), Sprechintentionen, unveröffentlichtes Manuskript, Freiburg

Steger, Hugo / Engel, Ulrich / Mooor, Hugo (Hrsg) (1971), Texte gesprochener deutscher Standardsprache I, München

Stegmüller, Wolfgang (1969), Wissenschaftliche Erklärung und Begründung, Berlin, Heidelberg, New York

-- (1973), Probleme und Resultate der Wissenschaftstheorie und Analytischen Philosophie. Bd. 2: Theorie und Erfahrung. 2. Halbband: Theoriestrukturen und Theoriendynamik, Berlin, Heidelberg, New York

-- (1975), Hauptströmungen der Gegenwartsphilosophie. Eine kritische Einführung. Bd. 2, Stuttgart

Stok, Wilhelm (1926/27), Das Wesen der sozialen Beziehung, in: Kölner Vierteljahreshefte für Soziologie 5, 1926: 349-361, 6, 1927: 21-28

Stokoe, William C. (1977), Die "Sprache" der Taubstummen, in: Posner/Reinecke 1977: 167-179

Strombach, Werner / Emde, Helmut / Reyersbach, Walter (1972), Mathematische Logik. Ihre Grundprobleme in Theorie und Anwendung, München

Svenning, J. (1958), Anredeformen. Vergleichende Forschungen zur indirekten Anrede in der dritten Person und zum Nominativ für den Vokativ, Lund

Tarski, Alfred (1944), The Semantic Conception of Truth and the Foundation of Semantics, in: Philosophy and Phenomenological Research 4: 341-375; zit.dt. F.: Die semantische Konzeption der Wahrheit und die Grundlagen der Semantik, in: Sinnreich 1972: 53-100

Tembrock, Günther (1962), Grundlagen der Tierpsychologie, Berlin (DDR); zit.F.: Reinbek 1974

-- (1971), Biokommunikation, Berlin (DDR); zit.F.: Reinbek 1975

Tinbergen, Nico (1953), Tiere untereinander. Formen sozialen Verhaltens, Hamburg

Tugendhat, Ernst (1976), Vorlesungen zur Einführung in die sprachanalytische Philosophie, Frankfurt/M

Ungeheuer, Gerold (1968), Grundriß einer Kommunikationswissenschaft, IPK-Forschungsbericht 4; zit.F.: in: Ungeheuer 1972b: 213-271

-- (1972a), Aspekte sprachlicher Kommunikation, in: Engel/Schwencke 1972: 16-30

-- (1972b), Sprache und Kommunikation, Hamburg

Viethen, Heinz Werner / Bald, Wolf Dietrich / Sprengel, Konrad (Hrsg) (1977), Grammatik und interdisziplinäre Bereiche der Linguistik. Akten des 11. Linguistischen Kolloquiums Aachen 1976. Bd. 1, Tübingen

Wall, Robert (1973/74), Einführung in die Logik und Mathematik für Linguisten. Bd. 1: Logik und Mengenlehre. 1973; Bd. 2: Algebraische Grundlagen 1974, Kronberg

Walther, Elisabeth (1974), Allgemeine Zeichenlehre, Stuttgart

Watzlawick, Paul (1964), An Anthology of Human Communication; Text and Tape, Palo Alto

-- (1975), Wesen und Formen menschlicher Beziehungen, in: Gadamer/Vogler 1975 Bd. 7: 103-131

-- (1976), Wie wirklich ist die Wirklichkeit. Wahn, Täuschung, Verstehen, München

Watzlawick, Paul / Beavin, Janet H. / Jackson, Don D. (1969), Menschliche Kommunikation. Formen, Störungen, Paradoxien, Bern, Stuttgart, Wien

Watzlawick, Paul / Weakland, John H. / Fisch, Richard (1974), Lösungen. Zur Theorie und Praxis menschlichen Wandels, Bern, Stuttgart, Wien

Weber, Heinrich / Weydt, Harald (Hrsg) (1976), Sprachtheorie und Pragmatik. Akten des 10. Linguistischen Kolloquiums Tübingen 1975. Bd. 1, Tübingen

Wehrle, H. / Eggers, H. (1961), Deutscher Wortschatz, Stuttgart

Weinert, F.E. / Graumann, C.F. / Heckhausen, H. / Hofer, M. (Hrsg) (1974), Funk-Kolleg Pädagogische Psychologie. Bd. 1 und 2, Frankfurt/M

Weingarten, Elmar / Sack, Fritz / Schenkein, Jim (Hrsg) (1976), Ethnomethodologie. Beiträge zu einer Soziologie des Alltagshandelns Frankfurt/M

von Weizsäcker, Carl Friedrich (1971), Die Einheit der Natur, München

von Weizsäcker, Carl Friedrich / Juilfs, J. (1952), Physik der Gegenwart, Bonn

Welte, Werner (1974), Moderne Linguistik: Terminologie/Bibliographie. Bd. 1 und 2, München

Wendt, Heinz F. (1961), Das Fischer Lexikon Sprachen, Frankfurt/M

Whitehead, Alfred N. / Russel, Bertrand (1910/13, Principia Mathematica. Bd. 1, 2 und 3, Cambridge

von Wiese, Leopold (1926), Das Verfahren bei beziehungswissenschaftlichen Induktionen und Analysen von Schriftwerken, in: Kölner Vierteljahreshefte für Soziologie 5: 84-90

-- (1933), System der Allgemeinen Soziologie, München, Leipzig

Wiggershaus, Ralf (Hrsg) (1975), Sprachanalyse und Soziologie, Frankfurt/M

Winch, Peter (1972), Ethics and Action, London

-- (1972), Was heißt "Eine primitive Gesellschaft verstehen"? in: Winch 1972: 8-49; zit.dt.F.: in: Wiggershaus 1975: 59-102

Wittgenstein, Ludwig (1958), Philosophical Investigations, Oxford; zit.dt.F.: Philosophische Untersuchungen, Frankfurt/M 1967

Wunderlich, Dieter (1969), Unterrichten als Dialog, in: Sprache im technischen Zeitalter 32: 263-287

-- (1971a), Pragmatik, Sprechsituation und Deixis, in: Zeitschrift für Literaturwissenschaft und Linguistik 1.2: 153-190

-- (1971b), Der kinetische Film. Über Analyse und Synthese von Bewegung im Film, in: Knilli/Reiss 1971: 158-175

-- (1972), Zur Konventionalität von Sprechhandlungen, in: Wunderlich 1972: 11-58

-- (1974), Grundlagen der Linguistik, Reinbek

-- (1976), Studien zur Sprechakttheorie, Frankfurt/M

-- (Hrsg) (1972), Linguistische Pragmatik, Frankfurt/M

-- (Hrsg) (1976), Wissenschaftstheorie der Linguistik, Kronberg 1976

von Wright, Georg Henrik (1971), Explanation and Understanding, New York; zit.dt.F.: Erklären und Verstehen, Frankfurt/M 1974

Zadeh, L.A. (1965), Fuzzy Sets, in: Information and Control 8: 338-353

Ziegler, Jürgen (1977), Kommunikation als paradoxer Mythos. Analyse und Kritik der Kommunikationstheorie Watzlawicks und ihrer didaktischen Verwertung, Weinheim, Basel